기업재무의 이해

UNDERSTANDING OF CORPORATE FINANCE

UNDERSTANDING

of

CORPORATE FINANCE

UNDERSTANDING OF CORPORATE FINANCE

기업재무의 이해

박수철 지음

SOO CHEOL PARK

MEDIA JIPHIL
(주)지필미디어

서 문

'기업재무의 이해'는 저자의 해결되지 않는 과제인 어떻게 하면 재무/금융 관련 과목들을 대학생들에게 쉽게 가르칠 수 있을까에 대한 나름의 결과물입니다. 매년 대학에서 강의를 진행하면서 어떤 내용을, 어떻게 이해하기 쉽게 책에 담을까 고민하던 중 최근 대학생들 사이에서도 주식과 비트코인 투자가 화제이고 실제로 많은 학생들이 투자하고 있다는 것을 알게 되었습니다. 또한 남들이 하니 나도 해야 되지 않을까 하는 생각으로 투자 하시는 분들도 많다는 것과 그들과 대학생들 대부분이 체계적은 물론 기초적인 분석 없이 도박처럼 운에 맡기는 주식 투자를 하고 있다는 것도 알게 되었습니다.

본서는 경영학이나 재무/금융을 전공하는 대학생들을 대상으로 준비하기 시작하였다가 주식 투자에 관심 있는 분들까지도 기업의 재무적 의사결정과 관련된 내용들과 주식 투자에 필요한 기초적인 분석 등에 대한 학문적인 접근을 쉽게 할 수 있도록 작성하고자 하였습니다. 그러나 저자 능력의 한계로 여전히 내용이 어려우신 분들에게는 이렇게 변명을 해봅니다. "수 없이 많은 제품들을 출시하는 수많은 기업들 중에서 지속적으로 살아남기 위해서, 내 영혼을 모아 가용할 수 있는 모든 자금을 끌어 모은 주식 투자를 하면서 너무 쉽게 성공하기를 원하는 것은 아닌가?" 또한 저자가 강의 시간에 자주 언급하는 '세상에 공짜 점심은 없다(No free lunch)!'와 'High risk, high return'처럼 쉽게 얻을 수 있는 이익은 없습니다. 저자는 여러분의 노력에 조금이나마 도움을 주고자 본서의 내용을 고민한 것이며 개인이나 기업의 투자결정을 비롯한 재무적 의사결정 관련 내용을 이해하기 위해서는 여러분의 노력이 기본적으로 요구됩니다.

'기업재무의 이해'는 재무/금융 분야 중에서 기업의 재무적 의사결정과 관련된 내용에 초점을 맞추어 기업재무의 기초, 투자결정, 자본조달결정, 기타주제 등의 네 개 파트로 구성하였습니다. 기업의 재무적인 의사결정은 결국은 크게 지속적으로 많은 수익을 낼 수 있는 투자결정과 비용을 적게 부담하면서 적시에 자금을 조달하는 자본조달결정이 핵심이므로 이들에 대하여 본서의 많은 지면을 할애하였고, 이들을 이해하기 위한 기초 내용을 첫 번째 파트 기업재무의 기초에서 설명하였습니다. 마지막 기타주제는 최근 기업의 재무적 의사결정에 많이 활용되고 있는 옵션, 선물과 투자결정과 자본조달결정이 기업 외부를 대상으로 이루어지는 M&A에 대해서 설명하였습니다. 특히 본서는 학문적인 분야에만 치중하지 않고 실제로 우리나라 상법을 비롯한 관련 법규와 제도에서는 해당 내용에 대하여 어떻게 규정하고 있는가와 최근 언론에서 접할 수 있는 사례들도 간단하게나마 담으려고 하였습니다. 우리나라 현실과 맞지 않는 내용들과 우리 학생들에게 생소한 기업들이 번역본에서 언급되는 것이 아쉬웠기에 본서에서 조금이나마 노력하였습니다.

저자 나름대로 많은 고민을 하고 작성하였다고 생각했음에도 여전히 많은 부분에서 아쉬움이 남습니다. 보다 깔끔한 문장과 유용한 내용들을 알기 쉽게 담기 위해서 앞으로도 계속 고민하고 노력하겠습니다. 본서가 완성되는데 언제나 힘이 되어주시고 많은 가르침을 주신 서울대학교 박철 교수님을 비롯한 울산대학교 동료 교수님들, 지필미디어 김성준 부장님과 편집자님, 언제나 힘이 되어주는 가족들 모두에게 감사드립니다.

- 2022년 2월 연구실에서

목 차

목 차

PART 3 자본조달결정

목 차

1

PART

기업재무의 기초

제 1장 | 기업재무의 개요

제 2장 | 재무제표

제 3장 | 재무분석

제 4장 | 화폐의 시간가치

CHAPTER

01

기업재무의 개요

1. 기업재무의 의의

2. 기업의 유형

3. 기업과 기업재무의 목표

4. 기업재배구조

5. 금융시장

6. 주요 개념과 원칙

1. 기업재무의 의의

1.1 기업재무의 학문적인 위치와 개념

재무관리와 기업재무라는 제목의 국내외 교재들 머리말(preface)에는 거의 모두 '본서는 기업에서 해결해야 하는 재무적 의사결정(financial decision)에는 어떤 것들이 있고, 어떻게 의사결정을 내려야 하는지를 쉽게 설명하고자 한다.'는 문구가 포함되어 있다. 이는 재무관리와 기업재무 모두 기업에서 이루어지는 재무적 의사결정과 관련된 내용을 다룬다는 것을 의미한다.

'재무관리(財務管理)'라는 용어는 'Financial Management'라는 원서의 제목이 직역되어 사용된 것이다. 최근에는 학문적으로 '재무학(Finance) 또는 재무 · 금융론'이라는 대분류 하에 기업재무(Corporate finance), 투자론(Investments), 금융기관경영론(Financial institution management) 또는 금융론(Banking) 등을 세부 학문 또는 과목으로 분류하는 것이 일반적이다[1].

재무학이 자금의 흐름과 관련된 내용을 광범위하게 다루는 학문이라면, 기업재무는 기업(특히 주식회사)에서 이루어지는 재무적 의사결정을 최고경영자(CEO, Chief Executive Officer)나 최고재무책임자(Chief Financial Officer, 이하 CFO)가 어떻게 내려야 하는지를 다루고, 투자론은 금융투자상품과 금융시장을 분석하고, 여기에 투자이론을 적용하여 투자자의 목표를 달성하기 위한 내용을 다루고, 금융기관경영론은 금융시장에서 금융기관의 역할과 금융거래 전략 등을 주로 다룬다. 최근에는 금융 시장의 급속한 성장과 투자에 대한 관심이 증가하면서 채권과 파생상품관련 내용들도 투자론에서 세부적으로 다루어지고 있다.

1.2 재무적 의사결정과 기업재무

기업의 가장 기본적이면서도 핵심적인 재무적 의사결정은 '어떤 사업을 할 것인가? 즉, 어떤 자산에 투자할 것인가?'와 '그 투자와 기업 운용에 필요한 자금을 어떻게 조달할 것인가?'로 요약될 수 있다. 이들은 처음 사업을 시작하는 경우, 이미 수행하고 있는 사업의 확장 여부, 새로운 사업 진출 여부를 결정해야 하는 경우에 기본적으로 이루어져야 하는 결정들이다.

---

1 원론에 해당하는 재무학은 '재무론' 또는 '재무·금융론'이라고 하며, 세부 과목에 대해서는 어떤 주제에 더 초점을 두는가에 따라서 '금융기관론, 금융시장론, 자본시장론, 금융투자론, 파생상품론, 채권시장론' 처럼 분류가 다양해진다. 저자의 분류도 여러 분류 중의 하나에 불과하다.

'어떤 사업을 할 것인가? 즉, 어떤 자산에 투자할 것인가?'는 사업을 수행하기 위해서는 핵심자산을 포함한 다양한 실물자산(real asset)에 투자해야 하므로 투자결정(investing decision)에 해당되고, '그 투자와 기업 운용에 필요한 자금을 어떻게 조달할 것인가?'는 실물자산 투자과 기업 운영에 필요한 자금조달과 관련된 자본조달결정(financing decision)에 해당된다. 따라서 기업의 재무적 의사결정의 핵심이자 양 축은 투자결정과 자본조달결정이다.

그러나 기업이 자금을 장기간 안정적으로 조달하여 핵심자산에 투자한 결정이 성공하기 위해서는 짧은 간격으로 반복되는 기업 활동도 원활하게 이루어져야 한다. 이와 같은 기업 활동을 원활하게 관리하는 것을 운전자본관리(working capital management) 또는 유동성관리(liquidity management)라고 한다.

운전자본관리도 유동자산 투자와 유동부채 관리에 대한 것이므로 투자결정과 자본조달결정이 포함된다. 따라서 기업재무는 CFO의 중요한 의사결정인 '투자결정과 자본조달결정'에 대한 답을 찾는 과정을 다루는 학문이라고 할 수 있다.

(1) 투자결정

기업이 어떤 사업을 수행할지, 그에 따라 어떤 자산들에 투자할 것인가를 선택하는 투자결정(investing decision)은 대규모의 자금을 투입하여 기업을 장기간 존속시킬 수 있는 사업 또는 투자안을 찾아내는 중요한 결정이다.

구체적으로 투자결정은 어떤 사업이 투자비용 이상의 수익을 기업에 가져다 줄 수 있는지를 경기 변동, 해당 업종의 현재와 앞으로의 상황 등을 고려하여 선별하고, 그 사업이 진행되면 언제, 얼마의 수익을 얼마나 확실하게 얻을 수 있는지를, 즉 사업이 진행되는 기간 동안 시점별 현금흐름(cash flow, 이하 CF) 발생 규모를 추정하여 사업투자 여부를 결정한다.

CF가 언제, 얼마나 발생할 지를 추정하는 것이 중요한 이유는 어떤 사업은 초기투자 이후 CF가 발생하기까지 상당 기간이 소요되지만 그 기간의 비용을 상쇄시키고도 남는 대규모의 CF가 나중에 발생할 수도 있고, 어떤 사업은 대규모의 (+)CF와 (−)CF가 반복되다가 결국은 막대한 손실로 끝날 수도 있기 때문이다. 이로 인하여 투자되어야 할 사업이 투자되지 못하거나 반대로 투자되지 말았어야 할 사업이 투자되어 기업에게 커다란 손실을 발생시킬 수 있기 때문이다.

기업의 투자결정에는 다른 기업을 인수합병하는 것도 포함되는데 2006년 금호아시아나 그룹은 대우건설을 약 6조 4,000억원(주당 26,200원)에 인수하는 투자결정을 하였다[2]. 그러

2 금호아시아나 그룹의 건설사업 투자는 직접 건설사업에 참여할 수도 있고, 이미 건설업에 진출해 있는

나 글로벌 금융위기 여파 등으로 불과 3년 만인 2009년 말 산업은행에 다시 주당 18,000원에 매각하였다. 이와 같은 참담한 투자실패의 원인으로 대우건설의 2006년 이후 CF에 근거한 금호아시아나그룹의 인수가격 26,200원(=시장가격 14,000원+premium 12,200원)이 과도하게 높게 설정된 것도 포함된다[3].

기업재무는 이와 같은 사업투자 결정에 대하여 '자본예산(capital budgeting)'에서 다루며, 투자사업의 CF 추정과 경제성 분석을 통하여 기업가치를 극대화시키는 사업을 선별하는 과정을 중요하게 다룬다.

과거 현대그룹의 조선사업 진출, 삼성그룹의 반도체사업 진출, SK그룹의 하이닉스 인수를 통한 반도체사업 진출, 카카오의 daum 인수 등은 기업가치를 매우 크게 증가시킨 성공적인 투자결정의 사례이다. 이들을 보면 투자결정이 기업의 가치(firm value)에 얼마나 중요한 영향을 미치는지 알 수 있다.

<표 1>의 재무상태표와 연결하면 자본예산에서 다루는 투자결정은 '① 비유동자산'의 가치를 증가시켜 기업가치를 극대화시키기 위한 CFO의 의사결정이다[4].

〈표 1〉 재무상태표

<table>
<tr><th colspan="2">자 산</th><th colspan="2">부채와 자본</th></tr>
<tr><td rowspan="3">자산</td><td>③ 유동자산</td><td rowspan="2">부채</td><td>③ 유동부채</td></tr>
<tr><td rowspan="2">① 비유동자산</td><td>② 비유동부채</td></tr>
<tr><td colspan="2">② 자본</td></tr>
<tr><td colspan="2">자산총계</td><td colspan="2">부채와 자본총계</td></tr>
</table>

(2) 자본조달결정

기업의 운용과 장기투자에 필요한 자금조달 방법, 즉 자본조달결정(financing decision)은 비용(cost)을 최소화하면서 자본을 조달할 수 있는 방법을 찾아내는 결정이다. 기업이 장기적으로 자본을 조달할 수 있는 방법은 채권발행이나 은행대출 등의 부채를 사용하거나 주식을 발행하여 자기자본을 증가시키는 것이다.

부채를 사용할 때는 일정 기간마다 이자를, 주식을 발행할 때는 주주들의 요구수익률을

회사를 인수하여 참여할 수도 있다.

3 M&A에서 인수가격(bid price)은 인수대상기업의 미래 CF에 기반한 가치를 추정하여 인수시점의 시장가격(주가)에 프리미엄(premium)을 더하여 결정된다.

4 재무상태표에 대한 자세한 설명은 2장을 참고하기 바람.

각각 자본제공에 대한 대가로 부담해야 한다. 또한 부채는 정해진 기간 내에 원금상환의 의무를, 자기자본의 주식은 원금상환 의무는 없지만 여러 집단들과의 갈등을 발생시킨다. 이와 같이 기업이 자본을 조달하면서 부담해야 하는 여러 비용들을 자본비용(cost of capital)이라고 하고, 부채와 자기자본에서 발생하는 비용을 각각 부채비용(또는 타인자본비용)과 자기자본비용이라고 한다. 투자수익이 동일하다면 자본비용을 적게 부담하면서 자본을 조달하는 것이 투자이익을 극대화시킬 것이다. 자본조달결정은 이와 같이 자본비용을 최소화시킬 수 있는 부채와 자기자본의 최적조합을 찾아내는 결정이며, 이와 관련된 내용은 기업재무의 '자본구조(capital structure)'에서 다룬다. 구체적으로 부채와 자기자본의 증감이 기업가치에 미치는 긍정적인 효과와 부정적인 효과, 개별 기업의 재무적 상황 등을 분석하여 최적자본구조(optimal capital structure)를 찾아내는 것이다.

2006년 금호아시아나 그룹은 대우건설 인수를 위하여 재무적 투자자들에게 의결권을 위임받는 대신 3년 후(2009년 12월 15일) 대우건설 주가가 34,000원 이하이면 차액을 보전해준다는 Put-back option을 제공하였다. 그러나 2009년 3월 대우건설 주가는 8,000원 초반에 형성되어 옵션행사 부담금이 적게는 2.5조원, 많게는 4조원에 달할 것으로 추정되는 최악의 상황이 발생하였다. 옵션행사 시점 이전에 산업은행에 매각되었지만 재무적 투자자를 확보하기 위한 금호아시아나의 무리한 자본조달결정도 참담한 실패의 원인이 되었다.

일반적으로 기업들은 신제품을 출시하여 이익이 발생하기까지 오랜 기간 동안 막대한 개발비용을 투입해야 한다. 따라서 CFO가 대기 기간(waiting time)의 자본관리에 실패하면 큰 성공을 거둘 수 있는 기회를 놓칠 수 있다. 애플의 아이폰 개발비용은 $1,500억로 엄청났지만 2019년 4분기 매출액만 $918억이나 되는 등 수년 동안 엄청난 수익을 누리고 있다.

<표 1>의 재무상태표와 연결하면 자본구조에서 다루는 자본조달결정은 자본비용을 최소화시킬 수 있는 '② 비유동부채와 자기자본'의 최적조합을 찾아 기업가치를 극대화시키기 위한 CFO의 의사결정이다.

자본조달결정에서 파급되는 CFO의 중요한 재무적 의사결정으로 기업의 경영성과 중에서 주주에게 얼마를 분배하고 얼마를 새로운 투자를 위하여 기업 내부에 보유하고 있어야 하는지를 결정하는 주주환원정책도 있다. 기업은 현금배당, 주식배당 또는 무상증자, 자사주매입(stock repurchase) 등의 다양한 주주환원 정책을 통하여 기업가치를 증가시키는 주주환원정책을 수행해야 한다.

(3) 어느 결정이 기업가치에 더 많은 영향을 미치는가?

앞에서 투자결정과 자본조달결정이 기업가치를 극대화시키도록 이루어져야 한다고 하였다. 그러면 기업가치는 투자결정과 자본조달결정 중 어느 결정에 의해 더 많은 부분이 창출될까?

2019년 9월 Microsoft의 시가총액 $1조(=₩1,187조), Apple $9,889억, Amazon $8,535억, Google $8,501억과 2020년 2월 삼성전자의 시가총액 359조원, SK하이닉스 74조원의 거의 대부분은 우수한 제품과 서비스, 브랜드가치, 전 세계적인 소비자, R&D와 핵심기술 등에 대한 가치평가이지 자본비용을 얼마나 줄이면서 자금을 조달하였는가에 대한 부분은 크게 영향을 미치지 않은 것으로 추정된다. Microsoft의 자본조달결정은 'No Debt, 무차입 경영'으로 아주 간단하다. 내부보유현금으로만 투자자금을 조달한다는 것이다.

삼성전자의 2020년 부채비율(=부채총액/자기자본)은 37.06%로 다른 기업에 비하여 매우 낮은 수준이다. 이것은 반도체, 스마트폰, 가전제품에 대한 투자결정의 좋은 성과(2020년 매출액 236조 8,070억원, 순이익 26조 4,078억원, 이익잉여금 271조 682억원)가 부채사용 부담을 줄여주었기 때문이다.

그러나 자본조달결정이 투자결정만큼 가치 창출에 직접적으로 기여하지는 못하더라도 가치를 하락시킬 수는 있다. 금호아시아나 그룹처럼 거액의 부채로 인수한 기업의 실적 악화로 부채를 감당하지 못하는 경우, 2008년 한화그룹이 대우조선해양 인수금액 6조원을 조달하지 못하여 3,000억원의 계약금만 날리고 인수를 포기한 경우 등은 부실한 자본조달결정이 주가, 기업가치에 부정적인 영향을 미친다는 것을 보여주고 있다.

(4) 운전자본관리

기업의 투자결정과 자본조달결정은 장기적인 관점에서 이루어지지만 하루하루의 기업 활동이 원활하지 못하면 장기적으로 이루어지는 투자와 자본조달이 제대로 수행될 수가 없다.

기업에서 일정기간마다 반복적으로 이루어지는 현금거래와 신용거래의 비교, 매출채권과 매입채무 관리, 현금과 재고자산의 적정 보유수준 등과 같은 유동자산과 유동부채를 관리하는 것을 운전자본관리(working capital management) 또는 유동성관리(liquidity management)라고 한다.

운전자본관리에서는 유동자산에서 유동부채를 차감한 순운전자본(net working capital, 이하 NWC)의 적정 수준을 유지하는 것이 중요하다. 만약 NWC가 (-)라면 1년 이내에 현금화시킬 수 있는 유동자산보다 1년 이내에 갚아야 하는 유동부채가 많다는 것이므로 기업의 단기 지불능력 또는 유동성에 문제가 발생한다. 그렇다고 유동자산을 너무 많이 보유하면 안정적인 수익을 장기간 얻을 수 있는 비유동자산 투자기회를 놓칠 수 있다. 극단적으로 기업의 모든 자산이 현금이라면 유동부채를 쉽게 상환하여 유동성에는 문제가 없겠지만 아무런 수익도 얻을 수 없게 된다. 또한 장기자본보다 적은 비용으로 조달할 수 있는 유동부채의 장점도 적절하게 활용되어야 한다.

<표 1>의 재무상태표와 연결하면 1년 이내의 현금유입과 유출을 발생시키는 유동자산과 유동부채에 대한 운전자본관리는 '③ 유동자산과 유동부채'의 적정 수준을 유지하여 기업가치를 극대화시키기 위한 CFO의 의사결정이다.

2. 기업의 유형

기업은 재화와 용역을 고객에게 제공하는 경제활동을 통하여 이익을 추구하는 조직이다. 따라서 기업이 사업을 시작할 때는 각 기업이 처한 상황에서 이익을 추구하는 활동에 가장 적합한 기업 유형을 선택해야 한다. 우리나라 상법은 기업의 형태 또는 유형으로 합명회사, 합자회사, 주식회사, 유한회사, 유한책임회사 등 5가지를 규정하고 있다[5]. 우선 5가지 기업형태로 구분되는 과정을 먼저 설명하고 주식회사를 중심으로 5가지 기업형태의 특징을 살펴보자.

2.1 기업의 분류

기업은 경영주체를 기준으로 국가 또는 공공단체가 운영하는 공기업과 사인(私人)이 운영하는 사기업으로 구분할 수 있다. 공기업은 전매청과 철도청처럼 정부 부처의 일부로 운영되기도 했었으나 최근에는 한국전력공사와 한국가스공사처럼 특별법에 따른 특수법인 형태와 주식회사 형태로도 운영되고 있다.

또한 「공공기관의 운영에 관한 법률」에 따라 정부가 50% 이상의 지분을 보유하거나 30% 이상의 지분을 보유하면서 사실상 지배력을 확보하고 있는 기관을 공공기관으로 정의하여 특별규제를 하고 있다.

사기업은 1명이 단독으로 운영하는 개인기업과 다수의 동업자가 운영하는 공동기업으로 분류할 수 있다. 개인기업은 기업을 운영하는 과정에서 발생하는 권리와 의무가 1명의 기업

5 상법에서는 회사로 표기하고 있지만 본서에서는 기업재무와 일관성을 유지하기 위하여 '회사'와 '기업'을 동의어로 사용하고자 한다.

주에게 귀속되는 가장 단순한 기업형태로 우리나라에서는 최근 1인 창업으로 증가하고 있다. 투자결정과 자금조달결정이 모두 기업주 개인에 의해서 신속하게 이루어지므로 자본제공자와 경영자 사이의 갈등은 없지만 사업위험과 자금조달 등을 기업주 개인이 모두 부담해야 하는 어려움이 있다.

공동기업은 기업 활동과 관련된 자금과 성과를 다수의 동업자가 나누는 형태로 기업주가 자금조달과 사업위험 등을 혼자 부담하지 않아도 되지만 기업규모가 커져서 동업자가 늘어나면 동업자 사이의 갈등이 문제가 될 수 있다. 공동기업은 동업자가 기업운영에 소극적으로 참가하는 대신에 사업의 손실위험을 부담하지 않는 형태와 기업운영에 적극적으로 참여하고 사업위험도 공동으로 부담하는 형태처럼 기업운영과 손익배분에 관여하는 정도에 따라 여러 유형으로 구분할 수 있다. 우리나라 상법도 이와 같은 기준으로 합명회사, 합자회사, 주식회사, 유한회사, 유한책임회사 등 5가지를 회사형태로 규정하고 있다.

2.2 합명회사

합명회사(general partnership)는 회사의 채무에 대하여 무한책임을 지는 사원만으로 구성된 회사를 말한다. 사원들이 회사채무와 사업위험에 대한 무한책임과 직접책임을 지기 때문에 사원들이 회사의 업무도 집행하고 대표하는 것이 원칙이다. 합명회사 사원의 책임은 채무의 종류, 발생 원인에 상관없이 회사의 모든 채무에 대한 연대책임이며, 사원의 지분양도는 사원 전원의 동의가 요구된다.

합명회사는 법인(a legal person)으로 인정되지만 사원들의 신용과 능력이 중요하므로 인적회사로 분류된다. 따라서 인간적인 신뢰관계를 가진 소수가 동업하는데 적합한 반면에 대규모 자금조달을 위하여 다수의 출자를 받아야 하는 사업에는 적합하지 않다.

여기서 사원이 회사채무와 사업위험에 대하여 모든 책임을 지면 무한책임(無限責任, unlimited liability), 출자한 금액까지만 책임지면 유한책임(有限責任, limited liability)이라고 하고, 사원이 직접 책임을 지면 직접책임(直接責任), 출자의무만 지면 간접책임(間接責任)이라고 한다.

예를 들어 회사가 부채 3억원을 갚지 못하는 상황에 직면했을 때, 무한책임사원은 부채 3억원 전액에 대한 책임을 져야 하지만 유한책임사원은 출자한 금액(예를 들어, 1억원)까지만 책임지면 된다. 즉 유한책임(有限責任)과 무한책임(無限責任)의 차이는 회사채무나 사업손실에 대한 책임의 한계가 있느냐(limited), 없느냐(unlimited)이다.

2.3 합자회사

합자회사(limited partnership)는 회사의 채무에 대하여 무한책임을 지는 사원과 유한책임을 지는 사원 각각 1인 이상으로 구성된 회사로 무한책임사원이 회사의 경영과 대표를 담당하고 유한책임사원은 경영에 관연하지 않고 회사의 경영과 재산 상태에 대한 감사권만 가진다. 따라서 합자회사는 무한책임사원의 사업에 유한책임사원이 지분을 참가하는 형태로 기업가와 자본가의 동업에 적합하다. 보통 파트너 중 한 명의 개인적 명성이 사업의 기반이 되어 설립되는 경우가 많으며 로펌이나 회계법인 등이 대표적이다. 자본을 출자한 소수의 무한책임 파트너들이 직접 운용하고, 유한책임 파트너들로부터 자본을 추가적으로 조달하는 사모펀드(private equity fund)와 벤처캐피털펀드(venture capital fund)들도 합자회사 형태와 유사하다.

유한책임사원에 대해서는 특별한 자격이 요구되지 않으며 자연인과 회사 모두 가능하며 출자는 재산만 가능하고 노무나 신용은 허용되지 않는다. 또한 유한책임사원의 책임은 직접·연대책임이지만 출자금액까지만 책임지는 유한책임이다.

2.4 주식회사[6]

주식회사(corporation)는 주인인 주주(株主, shareholders)와 구별되는 하나의 독립적인 법인(法人, legal person)으로 인정된다. 따라서 법인인 주식회사는 주주와 독립적으로 자산을 소유할 수 있고, 차입도 할 수 있고, 이익에 대하여 세금도 납부해야 한다. 주식회사는 소유경영자가 직접 경영하는 경우가 있지만, 그들의 지분은 많지 않으며 소유와 경영이 분리되어 소유자와 경영자가 동일인이 아닌 경우가 대부분이다. 주식회사는 순수 투자목적의 회사 참여가 가능하므로 자본을 대규모로 형성할 수 있으며 우리나라 기업들이 많이 취하고 있는 형태이다.

주식회사에 출자 또는 투자할 수 있는 주주의 수나 자격에는 제한이 없으며, 출자회수를 위한 지분 양도 등의 주식거래는 자유롭게 이루어질 수 있다. 그러나 수많은 주주들 모두가 직접 의사결정에 관여할 수 없고, 매일매일 이루어지는 의사결정에는 더욱 직접 참가할 수 없으므로 주식회사에서는 주주들이 자신들의 의견을 대변하는 이사(director)를 선출하고, 그 이사들로 구성된 이사회(board of directors)의 대표이사나 이사회가 고용한 경영자가 회사를 운영하여 소유와 경영의 분리가 이루어진다. 주주로 구성된 주주총회에서는 주로 이사회 결

6 본서에서 기업이라고 하면 특별한 설명이 없는 한 '주식회사'를 의미한다.

정사항들에 대한 결의가 이루어진다.

미국 기업들 대부분이 소유권이 넓게 분산되는 것과는 다르게 우리나라 대부분의 주식회사는 창업자와 그 일가, 즉 소유경영자가 직접 경영을 하고 있으며, 기업 규모가 클수록 주식발행을 통한 자본조달이 증가하여 직접 기업을 경영하고 통제하는 소유경영자의 지분(持分)은 낮은 편이다. 따라서 소유와 경영이 실질적으로 분리되는 경우는 매우 드물며, 지분상의 형식적인 분리가 대부분이다.

주식회사의 정관(article of corporation) 작성은 회사설립의 기본요건이며, 회사의 상호, 설립목적, 회사가 발행할 주식의 총수와 금액, 회사 설립 시에 발행하는 주식의 총수, 본점의 소재지, 공고방법, 발기인의 인적사항 등이 반드시 기재되어야 하고, 공증을 받아야 효력이 발생한다.

소유와 경영이 분리된 주식회사의 소유권 이전은 주식 매매를 통하여 간단하게 이루어진다. 또한 파산과 청산 등의 특별한 경우를 제외하면 계속기업(going concern) 형태를 유지하므로 소유자의 수명에 회사가 영향을 받지 않는다.

주식회사는 기업공개(initial public offering, IPO)를 통하여 소유권의 분산이 이루어지고, 주식시장 상장(上場)을 통하여 소유권 이전이 상대적으로 간단하게 이루어진다. 여기서 기업공개란 일정한 요건을 갖춘 기업이 소유권을 널리 분산시키면서 일반투자자들로부터 대규모의 자금을 조달하기 위하여 신주를 발행하거나 기존 주주들의 주식을 매출하는 최초의 주식 공모(공개모집)를 말하고, 상장이란 한국거래소(Korea Exchange, KRX)처럼 시장을 총괄하는 기관이 정한 요건(기업규모, 소유권의 분산, 경영성과, 수익의 안정성 및 재무상태의 건전성 등)을 충족시키는 기업의 주식이 시장에서 공개적으로, 안전하게 거래되도록 허용되는 것을 말한다. 이와 같은 IPO와 상장을 통하여 주식회사는 주식을 발행하여 대규모의 자금을 조달할 수 있으며, 상장요건을 충족시킨 기업들은 금융기관 대출이나 채권발행 비용부담도 줄일 수 있다. 이와 같은 주식회사의 자금조달과 소유권 이전이 원활하게 진행되기 위해서는 금융시장이 발전해야 한다.

주식회사의 소유자인 주주는 주식회사의 채무나 손실에 대하여 자신들이 출자한 금액까지만 유한책임을 지는데, 이는 주주와 독립된 법인인 주식회사의 과실을 주주가 모두 책임질 필요가 없기 때문이다. 주주들의 유한책임은 투자자들로부터 출자를 받는데 유리하게 작용한다. 2008년 글로벌 금융위기 당시 Lehman Brothers가 파산될 때도 주주들은 출자금 모두를 잃었지만 회사의 막대한 채무에 대하여 주주 재산으로 회사의 채무를 부담하지 않았다.

그러나 주주들은 기업의 청산이나 성과 분배 과정에서는 잔여재산청구권자(residual

claimants)로 기업의 다른 이해관계자들(종업원, 임원, 납품업자, 채권자, 정부 등)의 몫이 먼저 분배된 후 남은 것에 대해서만 청구권을 갖는다.

주주의 유한책임과 잔여재산청구권자 특징을 기업에게 장기자본을 제공하는 또 다른 그룹인 채권자(creditors)와 비교하면 채권자는 채권 발행 또는 대출 계약 시점에 정해진 이자와 원금에 대한 우선변제권을 갖지만 주주는 남은 잔여재산에 대한 청구권을 갖는다. 채권자에게 우선 변제하고 남은 금액이 없으면 주주 몫은 없지만 남은 금액이 있다면 그 금액이 얼마이든 모두 주주 몫이 될 수 있다. 또한 채권자에게 우선 변제할 원리금이 주주의 출자금액을 넘더라도 주주는 유한책임이므로 출자금액까지만 변제하면 된다. 변제되지 못한 나머지 원리금은 채권자가 주식회사 자산의 소유권을 이전 받아 해결한다. 주주의 유한책임은 재무상태표 등식(또는 회계 등식)을 변형한 '[자본=자산-부채]'로 설명할 수 있다. 이 식은 주식회사의 자산을 모두 처분하여 부채를 우선 상환하고 남은 금액이 자본, 즉 주주의 몫이라는 것과 자본은 자산에서 부채를 차감하고 남은 순자산이란 것을 의미한다.

예제 1-1

청산과정에 있는 X기업의 부채가 5,000만원이라고 한다. 자산가치가 2,000만원, 5,000만원, 1억원, 10억원일 때 각각의 부채가치(채권자 몫)와 자본가치(주주 몫)는 얼마인가?

풀이

자산	2,000만원	5,000만원	10,000만원	100,000만원
부채	2,000만원	5,000만원	5,000만원	5,000만원
자본	0만원	0만원	5,000만원	95,000만원

주주는 잔여재산청구권자이므로 자산가치가 부채보다 작으면, 모든 자산으로 부채를 우선 상환하므로 자본가치는 0만원, 자산가치가 부채보다 크면 부채를 우선 상환하고 남은 모든 가치가 자본가치에 해당된다. 또한 주주는 유한책임이므로 자산가치가 부채보다 적어도 자본가치는 (-)가 되지 않는다. 주주들은 출자한 자본만 책임지면 되므로.

주식회사도 단점을 가지고 있다. 주주와 구분되는 독립적인 법인으로 인정되기 때문에 이중과세(double taxation), 소유와 경영의 분리 때문에 대리문제(agency problem)가 발생한다. 이중과세 문제는 주식회사가 벌어들인 이익에 대하여 법인세(corporation tax)를 주식회사가 납부하고 남은 이익을 주주에게 배당하면 주주 역시 개인소득세(personal income tax)를 부담하는 것을 말한다. 동일한 이익에 대하여 주식회사와 주인인 주주가 이중으로 세금을 부담한다는 것이다. 여기에는 이익을 얻은 주체라면 주식회사이든 주주이든 예외 없이 세금을 부담해야 한다는 원칙이 적용되어 있다.

대리문제는 주식회사의 소유자인 주주가 이사회를 통하여 고용된 경영자에게 자신의 권한을 위임하였는데 경영자가 그 권한을 주주보다 자신의 이익을 우선하는 경영활동에 사용하여 주주와 경영자 사이의 갈등이 발생하는 상황을 말하여, 이로 인하여 발생하는 각종 비용들과 기업가치 감소분을 대리비용(agency cost)이라고 한다.

주식회사는 여러 기준으로 구분할 수 있으며 우선 주주의 지위를 외부 투자자에게 공개했는가에 따라 '공개회사'와 '폐쇄회사'로 구분할 수 있다. 공개회사는 주주 수가 많으며 상대적으로 주주의 개성이 덜 중요하고 대부분 상장회사인 반면에 폐쇄회사는 소수 주주들로만 구성되어 주주의 개성이 상대적으로 강한 조합에 가까운 주식회사이다.

자본시장법에서는 주식회사를 거래소에 상장된 증권을 발행한 법인 '상장회사'와 그 외의 법인 '비상장회사'로 구분하고 있다. 상장회사는 주식의 시장거래로 유동성이 높고 주식발행으로 자본조달이 상대적으로 용이하다. 주식회사는 주주가 많은 대기업에 적합함에도 우리나라의 많은 소규모 기업들도 주식회사 형태로 운영되고 있다.

주식회사의 규모는 특정 법규 적용여부의 기준이 되고 있다. 상법은 자본금 10억원 미만의 소규모회사에 대해서 설립과 운영의 편의를 위한 특례를 두고 있고, 자본금 1천억원, 자산총액 2조원 초과 상장회사에 대해서 상장회사 특례규정을 두고 있다. 또한 공정거래법은 자산총액 5조원 이상의 기업집단(공시대상 기업집단)에 대해서는 경제력 집중에 따른 폐해를 줄이기 위하여 다양한 공시의무를 부과하고 있으며, 자산총액 10조원 이상의 기업집단(상호출자제한 기업집단)에 대해서는 상호출자, 순환출자, 채무보증 등을 제한하고 있다.

지배구조 관점에서 주식회사는 '모회사'와 '자회사'로 구분할 수 있다. 특정회사가 다른 회사 발행주식총수의 50%를 초과하여 보유하면 상법은 특정회사를 모회사, 다른 회사를 자회사로 규정한다. 50% 미만이더라도 특정 회사에 종속되면 자회사라고 할 수 있다. 또한 지배 여부의 판단 기준에 대해서 상법은 직접적으로 규정하고 있지 않지만 일반적으로 다른 회사의 재무정책과 영업정책을 결정할 수 있는 능력을 가지고 있으면 지배한다고 보아 지배회사와 종속회사로 구분한다.

특히 공정거래법은 지배관계를 기초로 결합된 회사의 집단을 '기업집단', 동일한 기업집단에 속하는 회사를 '계열회사', 모회사 중에서 자회사 관리를 주된 사업으로 하는 회사를 '지주회사'라고 규정한다. 최근 우리나라 대기업 대부분은 기업집단에 속하며 대부분 총수라는 특정의 자연인 지배주주가 지배하고 있다[7].

7 총수가 있는 대기업 집단 상위 55개 그룹에 대한 공정거래위원회 자료(2020년 5월1일)에 의하면 지배주주인 총수가 지배할 수 있는 계열사 내부 지분율은 57%로, 총수 일가가 직접 보유한 지분 3.6%(총수 자신 1.7%, 일가 친족 1.9%)에 비하여 15.8배나 된다. 상위 10대 재벌로 한정하면 의 총수의 지분율은 2000년 1.1%에서 2019년 0.9%로 감소하였지만 통제하는 계열사 지분율은 41.2%에서 54.3%로 증가

주식회사에 대해서 1911년 컬럼비아 대학 총장 니콜라스 버틀러(N. Butler)는 "기업(즉 주식회사)은 현대사회가 만들어낸 가장 위대한 발명품"이라고 칭송했다. 그는 주식회사 주주의 유한책임, 자본의 증권화, 소유와 경영의 분리 등으로 위험 부담을 꺼려하는 주주들도 회사 설립에 참여할 수 있고, 대규모 자금이 투입되는 사업도 가능해지면서 미국의 철도, 철강, 석유화학 산업 등이 빠르게 성장할 수 있었다고 주장하였다.

또한 현재와 같은 주식회사의 발전에는 주식회사의 설립을 특정 개인이나 조직만이 얻을 수 있는 특권에서 7명의 발기인이 회사 규정서에 서명하고 회사 소재지에 등기를 마치면 누구나 자유롭게 설립할 수 있도록 허용한 '1862년 영국 의회의 주식회사법(Company Act of 1862) 통과'가 매우 큰 역할을 하였다고 한다. 이 법의 통과로 회사 설립 허가를 받기 위하여 필수였던 정부 관료들에 대한 접대가 사라지면서 발기인은 수익 창출에 보다 집중하면서 기업을 설립할 수 있게 되었다.

우리나라에 주식회사가 처음 소개된 것은 1882년 개화론자 유길준이 서유럽 발전의 핵심 요소가 주식회사 제도라고 하면서, 주식의 발행 및 출자 등에 대하여 자세히 설명한 「회사 규칙」이라고 한다. 1896년 조선은행이 우리나라 최초로 주식회사 형태로 설립되었고, 이후에 한성은행, 부하철도회사, 대한천일은행 등의 주식회사가 설립되었으나 일제 식민지하에서 대부분 도산하여 주식회사 제도가 우리나라에 정착된 시기는 해방 이후라고 한다.

2.5 유한회사와 유한책임회사

유한회사(private company)는 주식회사처럼 유한책임사원으로 구성되지만 조직과 운영은 주식회사보다 단순한 회사이다. 사원은 회사에 대해서 원칙적으로 출자금액까지만 책임지는 유한책임을, 회사채권자에 대해서는 책임지지 않는 간접책임을 진다.

유한책임회사는 2011년 상법 개정 시 미국의 LLC(limited liability company)를 모방하여 도입된 형태로 유한회사처럼 모든 사원이 유한책임을 지지만 합명회사와 합자회사처럼 사원의 이익과 권한이 많이 인정된다. 인적자본이 중요한 회사에서 특별한 기술이나 경영능력을 보유한 자에게 출자비율과 상관없이 이익과 권한을 분배해줄 수 있도록 고안된 형태이므로 최근 IT분야 기업들에서 많이 나타나고 있는 유형이다.

했다.

3. 기업과 기업재무의 목표

3.1 기업의 경제적 목표와 사회적 목표

경영학자들은 기업의 목표를 경제적 목표와 사회적 목표로 구분하여 설명한다. 경제적 목표는 기업은 소비자가 원하는 재화와 서비스를 공급하여 이익을 얻고자 하는 것이며, 이익 극대화, 기업가치 또는 주주가치 극대화 등으로도 표현되고 영미(英美)식 시장자유경쟁을 신봉하는 경영학자들이 강조한다. 그들은 개인의 사적 이윤 추구 행위가 '보이지 않는 손'을 통하여 사회 전체에 이익을 제공한다는 아담 스미스(A. Smith)의 이론에 기초하여 이윤 추구 행위는 기업의 목표를 달성하기 위해서는 당연하다고 본다. 시장 경제학파의 대가 밀튼 프리드만(M.Friedman)은 "기업의 사회적 책임도 이익을 창출하는 것이며, 기업의 사회 공헌 활동도 이익을 얻어야 수행할 가치가 있다"고 주장했다.

기업의 경제적 목표는 기업의 주인인 주주의 이익을 창출해야 하므로 주주가치 극대화라고 할 수 있다. 이와 같이 기업의 목표를 주주와 연계하여 경제적 목표를 강조하는 것을 '주주 자본주의(stockholder capitalism)'라고 한다.

주주 자본주의에서는 회계 기준상 주주의 자본은 회사 자산, 정확히는 자본으로 분류되지만 기업의 경제적 목표인 이익 극대화를 위하여 직원을 비용 관리 대상으로 파악할 정도로 주주 중심의 개념이다.

반면에 사회적 목표는 기업을 사회적 공동체의 구성원이라고 보아 기업은 사회가 원하는 역할을 수행하도록 운영되어야 한다는 것이다. 독일과 같은 유럽 국가에서 기업을 하나의 공동체 구성으로 취급하는 경향이 강하므로 사회적 목표는 유럽식 관점의 기업 목표라고도 한다. 유럽식 관점에서는 기업을 주주만의 사유재산으로 보지 않으므로 적대적 인수합병이 거의 발생하지 않고, 종업원도 주주와 마찬가지로 회사의 주인이라는 인식에 따라 퇴직연금을 회사 운영자금으로 사용하기도 한다.

사회적 목표를 강조하는 호워드 보웬(H. Bowen)은 그의 저서 「기업인의 사회적 책임(Social Responsibilities of the Businessman)」에서 "기업은 사회의 구성원으로서 사회 전체의 발전에 기여해야 한다"고 주장하였고, 미래 경영학자 피터 드러커(P. Drucker)는 "기업의 목표는 이익 창출이 아니다. 이익은 목표가 아니라 기업 활동의 결과에 불과하다"고 주장했다.

사회적 목표가 최근에 더욱 부각되는 이유는 기업이 경제적 목표만을 추구하면서 많은 문제점들이 발생하였기 때문이다. 주주에 의해 고용된 경영자가 주주 가치 극대화를 위하여 단기적인 관점에서 자신의 재임 기간의 주가 상승에만 집중하다 보면 기업의 장기적인 전략과 성장, 지속가능성 등에 소홀하게 된다. 이로 인하여 투자가 적시에 이루어지지 못하고, 임금도 억제되고, 비정규직이 증가하는 등의 문제들이 발생하면서 사회의 양극화와 불평등 악화, 환경오염으로까지 이어졌다.

기업에게 눈앞의 이익에만 집중하게 만드는 현재의 자본주의 시스템이 오히려 자본주의를 망치고 있다는 주장이 제기되었고, 결정적으로 2008년 글로벌 금융위기를 계기로 이익극대화와 주주가치에만 초점을 두었던 신자유주의에 대한 비판이 공론화되었다. 여기에 1978년부터 기업지배구조의 원칙(principle of corporate governance)에 대해서 정기적으로 발표하고 있는 미국 CEO 모임 BRT(business round table)도 2019년 주주 우선주의 시대는 막을 내렸다고 선언하고 기업의 목적을 '고객, 종업원, 거래기업, 지역사회, 주주 등 모든 이해관계자에게 봉사하는 것'이라고 하면서 이해관계자 모두가 중요하다는 점을 강조하였다.

그들의 주장처럼 기업의 이해관계자 모두를 중요하게 생각하는 '이해관계자 자본주의(stakeholder capitalism)'에 기초한 사회적 목표가 기업의 목표로 자리 잡기 위해서는 아직도 많은 시간과 시행착오가 필요하고 주주 자본주의 기득권층의 저항을 해결해야 한다.

3.2 주주 가치 극대화

본서는 기업의 경제적 목표에 초점을 두고 어떻게 주주 가치 또는 기업가치 극대화가 경제적 목표로 설정되는지를 설명하고자 한다. 그렇다고 사회적 목표는 중요하지 않고 경제적 목표만이 중요하다는 것은 아니다.

기업의 경제적 목표로 삼을 수 있는 것들에는 어떤 것들이 있을까? 자금 문제를 겪지 않으면서 사업을 계속 수행하는 생존(survival), 매출액 또는 시장점유율 증가, 이익 극대화, 비용 최소화, 기회비용 이상의 수익을 지속적으로 유지하는 것 등 다양할 것이다. 그러나 이와 같은 목표들이 기업의 주인인 주주에게 가장 좋은 결과를 가져다줄지는 확실하지 않다.

경제적 목표로 가장 많이 언급되는 이익의 극대화 역시 어떤 이익을 극대화시켜야 하는지 명확하지 않다. 올 해의 이익만을 극대화시키는 것이 목표라면 비용 지출은 가능한 뒤로 미루고 재고수준과 매출채권을 줄이고 매입채무를 늘리면 이룰 수 있겠지만 그 결과가 기업과 주주 모두에게 바람직할까?

이익을 여러 기간 이익들의 평균이라고 하더라도 회계적 이익을 극대화시키는 것이 기업에게 유리한지 직접적으로 파악하기 어렵고, 현재와 미래의 이익에 대한 주주들의 선호도 다를 수 있다. 주주들은 미래의 이익에 부정적인 영향을 미치면서 현재의 이익에만 집중하는 것도 원하지 않을 것이고, 현재의 배당금을 줄이면서 수행한 투자에서 현재의 희생을 보상해 주지도 못하는 이익이 발생하는 것도 원하지 않을 것이다.

그럼에도 불구하고 앞에서 언급한 기업이 목표로 삼을 수 있는 것들을 보면 매출액, 시장 점유율, 비용 등은 수익성(profitability)과, 파산위험과 이익의 불안정성은 위험(risk)과 관련되므로 이익을 극대화하고 위험을 최소화하는 것이 기업의 목표에 포함되어야 한다. 그리고 무엇보다도 기업의 목표는 소유자인 주주들을 만족시켜야 한다.

삼성전자의 2021년도 3분기 보고서 '주주에 관한 사항'을 보면 최대주주(삼성생명 지분율 8.51%, 개인은 홍라희 2.30%, 이재용 1.63%, 이부진과 이서진 0.93%) 및 특수관계인 19명(지분율 21.15%), 5% 이상 주주 4개 기관(국민연금 지분율 8.82%로 최대), 소액주주(발행주식 총수의 100분의 1에 미달하는 주식을 보유한 주주, 지분율 64.23%)가 5,188,804명이라고 한다[8]. 이렇게 많은 주주들이 삼성전자의 경영에 직접적으로 참가하는 것은 현실적으로 불가능하므로 주주들의 권한은 이사회를 통하여 전문경영인에게 위임될 수밖에 없고, 원칙적으로는 전문경영인은 수많은 주주들을 만족시키는 경영을 해야 한다.

그러나 현실적으로는 나이, 재산, 위험성향, 투자기간, 투자전략 등이 각기 다른 주주들이 만족할 수 있는 공동의 목표를 찾아서 달성시킨다는 것은 쉽지 않을 것이다. 이런 상황에서 2020년 삼성전자 주식에 대한 개인투자자들의 집중적인 투자를 보면 경영권에 관심 있는 일부 주주들을 제외하면 대부분의 주주들은 배당금이나 주가 상승에 따른 매매차익을 원하는 투자자라고 생각할 수 있다. 따라서 주식 가치 상승은 그들을 포함하여 경영권 때문에 주식을 보유한 주주들까지도 만족시킬 수 있을 것이다.

경영자 또는 CFO가 모든 주주들의 개별적인 욕구를 직접 만족시킬 수 없다면 주식 가치를 상승시킬 수 있도록 경영하면 주주들은 상승된 주식 가치로 각자가 원하는 것을 스스로 해결하면 될 것이므로 주식 가치를 상승시키는 것이 현실적인 기업의 목표로 매우 적합하다고 판단된다. 2010년 1월 80만원이었던 삼성전자의 주가가 2021년 11월 7.1만원×50 = 355만원(2018년 5월 50:1 액면분할 실시)으로 증가한 것에 대하여 모든 주주들은 자신들의 부도 4배 이상 증가했으므로 만족할 것이다.

중요한 것은 어떻게 해야 주가를 상승시켜 주주 가치를 증가시킬 수 있는가이다. 주가는 기업과 관련된 다양한 정보들에 영향을 받지만 이익 관련 정보에 가장 크게 영향을 받는다. 이익이 앞으로 꾸준히 증가할 것으로 예상되면 주가는 상승할 것이다. 또한 기업의 이익이

8 2019년 삼성전자 사업보고서 기준 소액주주 568,313명 → 2020년 결산보고서 기준 소액주주 2,153,969명 → 2021년 3사분기 보고서 기준 5,188,804명으로 개인투자자가 급격히 증가함.

증가해야 기업의 주인이면서 잔여재산청구권자인 주주의 몫도 증가할 것이다. 잔여재산청구권자의 몫이 증가한다는 것은 먼저 분배 받은 이해관계자들도 받아야 할 몫을 받았다는 것이므로 이익이 증가해야 주주를 비롯한 모든 이해관계자들이 만족할 수 있는 성과분배가 이루어진다[9]. 따라서 기업의 목표는 이익극대화를 통한 주가 상승으로 주주 가치를 극대화시키는 것이다.

그러나 주주 자본주의에서 언급한 것처럼 주주 몫의 이익극대화만을 무리하게 추구하다 보면 다른 이해관계자들의 불만(인건비의 과도한 감축과 납품단가의 무리한 요구 등)이 발생할 수 있다는 것도 고려해야 한다. 비윤리적이고 법을 위반하면서까지 주식가치를 극대화시키는 의사결정이 아니라 시장경제에 바람직하고 가치 있는 경영을 하면서 주주 가치를 극대화시키는 재무적 의사결정이 이루어져야 한다.

주가는 이익이 극대화되지 않아도 배당정책 등의 다른 요인들에 의하여 일시적으로 증가할 수 있지만 기회비용을 초과하는 이익을 오랜 기간 지속적으로 얻을 수 있는 투자가 많이 이루어져야 주가의 상승세가 지속될 것이다. 또한 기업이 수행하는 사업위험(business risk)과 부채사용에 따른 재무위험(financial risk) 등은 주가에 부정적인 영향을 미치는 요소들이므로 기업의 통제와 관리가 이루어져야 한다.

3.3 기업재무와 CFO의 목표

기업의 경제적 목표가 이익극대화를 통한 주주 가치의 극대화라면 CFO와 그들의 재무적 의사결정과 관련된 내용을 다루는 기업재무의 목표는 무엇일까? CFO가 여러 변수들과 상황들을 고려하여 의사결정을 내릴 때는 방향을 제시하고 그 결정에 대하여 평가할 수 있는 기준이 필요하다.

'1.2 재무적 의사결정과 기업재무'의 내용에 의하면 CFO 의사결정의 기준으로는 '기업가치 극대화' 여부가 가장 적합하다. 투자결정에서는 수익을 최대화시키고, 자본조달결정에서는 자본비용을 최소화시켜 이익을 극대화시키면 주가가 상승하여 기업가치도 증가할 것이기 때문이다. 예를 들어, 새로운 스마트폰 출시 여부는 '스마트폰 출시로 이익이 증가하는가? 어떤 기능을 탑재한 스마트 폰을 출시해야 이익을 가장 많이 증가시킬 수 있는가? 개발비용을 어떻게 조달하는 것이 비용을 최소화시킬 수 있는가?' 등을 고려하여 신규 스마트폰이

9 기업의 경영성과인 수익이 이해관계자들(근로자, 임직원, 납품업자, 채권자, 정부, 주주 등)에게 분배되는 과정은 2장 <표 3>의 손익계산서 매출액에서 차감되는 항목들을 순서대로 살펴보면 이해에 도움이 될 것이다.

기업가치를 극대화시킬 수 있는가를 기준으로 출시 여부를 결정해야 한다.

CFO의 의사결정 관련 내용을 다루는 기업재무 역시 CFO의 목표와 동일하게 기업가치 극대화를 이끌어 낼 수 있는 이론들을 다루므로 CFO와 기업재무 목표로 기업가치 극대화가 적합하다고 할 수 있다.

또한 기업가치는 시가총액(market capitalization)으로 파악할 수 있는데 시가총액은 [주가×발행주식수]이므로 기업의 경제적 목표인 주가 상승을 통한 주주 가치가 극대화되면 CFO와 기업재무의 목표인 기업가치도 극대화될 수 있다[10].

4. 기업지배구조

기업지배구조(corporate governance)는 기업의 통제권과 관련된 구조, 과정, 규정 등과 관련된 것으로 구체적으로 기업보유의 자산과 이익의 배분과 관련된 의사결정권에 대한 지배관계를 말한다. 기업 내에서 이루어지만 사회 전체적으로는 기업의 다양한 이해관계자 사이의 부의 분배가 원만하게 이루어져 사회 전체의 효용이 극대화될 수 있는 기업지배구조가 바람직할 것이다. 기업의 이해관계자인 임·직원, 납품업자, 주주, 채권자, 정부도 사회구성원이기 때문이다.

기업의 의사결정은 최종적으로 주주총회 의결로 이루어지지만 대부분은 주주의 권한을 위임받는 이사회가 결정하고 주주총회에서는 형식적인 승인절차만 이루어진다. 우리나라 재벌기업들 대부분은 이사회의 대표이사, 최대주주와 특수관계인 등을 통하여 이사회 결정을 통제하고 있다.

기업지배구조의 오래된 문제와 연구 주제는 바로 대리문제(agency problem)이다. 주인(principal)이 자신의 권한을 대리인(agent)에게 위임하면 둘 사이에 대리관계가 형성되고, 대리인이 자신의 이익을 우선하여 주인에게 금전적인 피해를 입히는 등 그들 간의 이해관계가 충돌될 때 대리문제(agency problem)가 발생하며, 이로 인하여 발생하는 비용을 대리비용(agency cost)이라고 한다.

---

10 과거에는(최근에도 일부에서는) 자산총액을 기업의 규모를 측정하는 지표로 사용하였다. 그러나 자산에는 부채가 포함되므로 과도한 부채가 기업가치를 과대평가할 가능성이 있으므로 최근에는 시가총액으로 기업규모를 판단한다. 실제로 1997년 외환위기에 직면했을 때 한국 기업들의 부채비율(=부채/자기자본)은 약 500% 정도나 되어 부채가 기업가치를 결정한 적도 있다.

기업 내에서는 주주와 경영자(소수 지배주주와 다수의 소액주주 관계도 포함), 주주와 채권자 사이에, 기업 밖으로 확장하면 기업과 사회 사이에도 대리관계가 형성되고, 대리문제가 발생할 수 있다[11].

4.1 주주와 경영자 사이의 대리문제

주식회사에서 소유와 경영이 분리되면서 주인인 주주가 기업을 대신 경영할 대리인 전문 경영자를 고용하여 주주의 의사결정권한이 경영자에게 위임되면서 주주와 경영자 사이에 대리관계가 형성되고, 경영자가 위임받은 권한을 주주의 이익을 우선하지 않는 경영활동에 사용하면 대리문제와 대리비용이 발생한다.

기업의 목표에서 설명한 것처럼 경영자는 고용인 주주를 위하여 주주 가치를 증가시키는 경영활동을 해야 한다. 그러나 수많은 주주들이 존재하고, 소유와 경영이 분리된 주식회사에서는 경영자가 오히려 기업을 효율적으로 지배할 수 있는 환경이 형성된다. 이런 환경에서 경영자가 주주를 위하지 않고 주주들의 비용으로 자신의 이익을 추구하는 의사결정을 내리면 주주와 경영자 사이에 대리문제가 발생하는 것이다.

4.2 대리비용

주주와 경영자 사이의 대리문제로 발생하는 비용은 직접 대리비용과 간접 대리비용으로 나눌 수 있다. 직접 대리비용(direct agency cost)에는 주주가 비용을 부담하지만 그 혜택은 경영자가 누리는 특권적 소비(perquisite consumption)와 고용인 경영자의 행동을 감시하기 위한 비용(monitoring cost) 등이 포함된다. 예를 들면, 사무실의 고가 인테리어, 불필요한 회사 전용기, 초호화 워크샵, 과도한 자선기부, 재무제표 정보의 진위를 파악하기 위한 외부 감사 비용 등이 여기에 해당된다. 직접 대리비용은 대략적인 금액 파악과 기업의 통제가 가능한 비용들이다.

간접 대리비용(indirect agency cost)은 피해 금액 파악이 쉽지 않을 정도로 직접 대리비용보다 기업에게 미치는 부정적인 효과가 훨씬 더 큰 비용이다. 주요 간접 대리비용으로는 우선 경영자와 주주가 투자에 대한 위험성향이 다르기 때문에 나타나는 주주에게 좋은 투자기회를 상실하는 것이다. 기업의 소유자인 주주는 투자가 주가에 긍정적인 영향을 미치면 위험이 크더라도 투자하기를 원하지만 경영자는 투자결과에 대한 직접적인 책임을 져야 하므로 위험이

11 여기서는 주식회사의 주주와 경영자 사이의 대리문제만 살펴보고자 한다.

큰 투자는 수익 크기에 상관없이 회피할 수 있다. 더구나 주주는 유한책임이므로 최악의 경우 실패의 피해액을 출자금까지만 부담하면 되므로 경영자보다 위험에 대한 부담이 적다.

두 번째, 경영자가 자신만이 통제할 수 있는 자원, 영향력, 부(wealth)를 극대화하려는 행위(empire building)도 간접 대리비용에 해당된다. 기업의 규모나 확장을 과도하게 중시하는 환경을 조성하여 무리한 기업 인수, 수익성이 없는 사업임에도 지속적인 확장, 불필요한 자본적 지출 확대 등을 통하여 경영자의 통제범위는 증가하지만 주가에는 부정적인 영향을 미치게 된다.

세 번째, 재벌 회장이나 대주주 개인 등 오너(owner) 또는 총수의 잘못된 판단이나 불법 행위로 인해 주식가치가 하락하는 오너 리스크(owner risk)이다. 최근 모 기업 일가의 땅콩회황 사건과 물컵 사건이나 회장의 성추행 파문 또는 경비원 폭행 사건 등과 같이 해당 기업의 매출액, 주가와 브랜드 가치를 감소시켜서 주주와 프랜차이즈 가맹점들이 상당한 피해를 보았던 것들이 여기에 해당된다.

4.3 대리문제 해결 방법

주주와 경영자 사이에 발생하는 대리문제를 해결하기 위해서는, 즉 경영자가 주주를 위한 경영을 하도록 만들기 위해서는 첫 번째, 주주에게 좋은 결과가 경영자에게도 좋은 결과가 되도록 주주와 경영자의 목표를 최대한 가깝게 만드는 것이다. 가장 많이 언급되는 방법이 경영자의 보수를 주식가격에 연동시키는 스탁옵션(stock option) 지급이다.

스탁옵션이란 기업의 임직원이나 종업원들에게 지급되는 증권으로 일정 기간 후에 자사 주식을 미리 정한 가격으로 매입할 수 있는 권리가 부여된 증권을 말한다. 예를 들어, X기업 CEO의 보수가 '연봉 1원 + 스탁옵션(1년 후 X기업 주식 1주를 10,000원에 매입할 수 있는 권리) 10,000개'라면, 1년 후 X기업 주가가 10,000원보다 높게 형성될수록 권리 행사로 인한 차익[=1년 후 주가−행사가격 10,000원]이 증가할 것이다. 따라서 X기업 주가 상승은 주주뿐만 아니라 CEO에게도 유리하므로 경영자는 적극적으로 주주 가치를 극대화시키려 할 것이다.

우리나라에서는 2001년 국민은행과 주택은행이 합병될 때 김정태 통합은행장의 보수가 '연봉 1원+스탁옵션'으로 책정되면서 스탁옵션이 알려지게 되었다. 김정태 행장은 2006년 스톡옵션 행사로 110억원의 이익을 실현하였다. 애플의 CEO 팀 쿡(T. Cook)도 2018년 스탁옵션 56만주의 절반을 행사해 642억원 정도의 차익을 실현시켰다고 한다.

이외에도 경영자가 좋은 조건의 보수를 받을 수 있도록 경력이나 명성(reputation)을 쌓게 해주는 것도 주주와 경영자의 목표를 가깝게 만들 수 있는 해결책이다. 경영자가 과거에 주주를 위했던 경영 능력이 인정되어 더 좋은 조건의 보수를 받을 수 있다면 경영자는 주주를 위한 적극적인 경영을 수행할 것이다.

주주와 경영자의 대리문제를 해결할 수 있는 두 번째 방법은 기업지배권을 통제하는 것이다. 기업지배권을 통제한 주주들이 경영자의 성과에 만족하지 못하면 이사회를 통하여 해고할 수 있다. 애플의 창업자 스티브 잡스(S. Jobs), 월트디즈니의 마이클 아이즈너(M. Eisner), 휴렛패커드의 칼리 피오리나(C. Fiorina) 등이 주주들이 구성한 이사회에 의하여 해고된 대표적인 거물 CEO들이다.

경영진에 불만인 주주들은 그를 교체하기 위하여 그를 고용한 주주들과 경쟁해야 하는데, 그 과정에서 양측은 사장(死藏)될 수 있는 소액주주들의 권한을 위임 받으려는 위임장 대결(proxy fight)을 벌이기도 한다. 2006년 사모펀드 칼 아이칸(Carl Icahn) 측이 자신들을 대변하는 이사를 선출하기 위하여 KT&G와 위임장 대결을 벌인 적이 있었고, 2003년 외국계 사모펀드 소버린(Sovereign)이 SK에게 최태원 회장 퇴진 등 경영진 교체 및 기업지배구조 개선과 계열사 청산을 요구하여 SK가 1조원 정도를 투입하여 방어한 경우와 2015년 미국계 헤지펀드 엘리엇(Elliot Management)이 제일모직과 삼성물산의 합병에 제동을 걸었던 경우에도 소액주주로부터 위임장을 얻기 위한 대결이 있었다.

또한 사외이사 제도도 경영자의 내부통제 수단으로 활용된다. 주주가 선임한 사외이사들로 구성된 감사위원회를 통하여 경영활동의 감시와 견제를, 보상위원회를 통하여 경영성과에 따른 보상과 징계를 수행하여 경영자가 주주를 위한 의사결정을 하도록 하는 것이다. 여기서 중요한 점은 사외이사가 경영자와 이해관계가 없는 사람들로 구성되어야 도입 취지가 실현된다는 것이다.

기업 외부에서 이루어지는 적대적 인수합병(hostile takeover)도 경영자와 주주 사이의 대리문제 해결에 도움이 된다. 만약 성장과 이익창출 잠재력이 높은 기업이 현재 경영자에 의해 부실하게 경영되고 있음에도 이사회가 경영자를 교체하지 않아 주가가 계속 하락하면 기업사냥꾼들에게는 좋은 인수대상(target)이 될 것이다. 이런 Target을 적대적 인수(hostile takeover)하고 능력 있는 경영자로 교체하여 주가를 상승시키면 기업사냥꾼뿐만 아니라 주주들에게도 이익이 될 것이다. 따라서 적대적 인수에 대한 위협만으로도 경영자는 사냥꾼들의 Target이 되지 않기 위하여 주가를 상승시킬 것이므로 주주 가치도 상승하게 된다.

우리나라에서는 적대적 인수합병을 시도한 업체가 외국계 사모펀드이고 Target이 한국을 대표하는 기업들이어서 적대적 인수합병을 부정적으로 바라보지만 미국에서는 전문경영자의 잘못된 경영으로 가치가 손상된 기업들이 주로 적대적 인수합병의 대상이어서 기업가치 측면에서나 경영자와 주주 사이의 대리문제 해결에 적대적 인수합병도 도움이 된다고 평가하고 있다.

5. 금융시장

5.1 금융시장의 역할

금융시장(financial market)은 기업, 정부, 지방자치단체나 금융기관 등이 증권을 발행하여 필요한 자금을 조달하고 투자자들 사이의 투자활동이 이루어지는 시장이다. 물리적인 장소와 구체적인 조직을 갖춘 거래소뿐만 아니라 증권의 공급자와 소유자가 참가하여 거래가 이루어지는 곳이라면 어디든지 금융시장이라고 할 수 있다.

금융시장은 자금의 수요자와 공급자를 연결해주므로 양측 모두의 탐색비용(search cost)을 줄여주며, 주식회사처럼 소유와 경영의 분리를 가능하게 해준다. 금융시장이 발달하면 기업의 실물자산을 관리하는 경영자와 기업에 출자한 주주가 주식이라는 금융상품을 통하여 분리될 수 있다. 또한 주주는 금융시장 거래를 통하여 기업의 소유권을 쉽게 이전할 수 있고, 자신이 원하는 기업의 주식도 쉽게 소유할 수 있다.

금융시장은 또한 증권의 적정가격이 형성될 수 있도록 해준다. 시장이 효율적(efficient)이라면 수많은 수요자와 공급자들의 정보 분석에 따라 형성되는 증권가격은 그 증권(또는 증권발행자)과 관련된 정보들이 반영된 적정가치라고 할 수 있다. 따라서 금융시장을 통하여 기업은 적정가격에 주식이나 채권을 발행하여 자금을 조달할 수 있고, 투자자는 적정가격에 주식이나 채권에 투자할 수 있게 된다.

5.2 금융시장의 분류

금융시장은 기업이 자금을 조달하기 위하여 발행하는 증권의 거래 순서에 따라 발행시장과 유통시장으로 구분할 수 있다. 발행시장(primary market)은 기업이 발행한 증권들이 처음 거래되어 투자자에게서 기업으로 자금이 유입되는 시장을 말하고, 유통시장(secondary market)은 발행시장에서 발행된 증권들이 투자자들 사이에 거래되는 시장이다. 주식회사의 소유권 분산은 발행시장, 투자자 사이의 소유권과 자금의 이동은 유통시장에서 이루어진다.

금융시장은 또한 거래되는 증권의 만기에 따라 화폐시장과 자본시장으로 구분할 수도 있다[12]. 화폐시장(money market)은 만기가 1년 이내에 도래하고 신용도가 매우 높아서 현금(money)처럼 유동성이 풍부한 Call, 환매조건부채권(RP, repurchase agreement), 양도성예금증서(CD, certificate of deposit), 기업어음(CP, commercial paper) 등이 주로 금융기관들 사이에 거래되는 시장이다. 반면에 자본시장(capital market)은 정부나 기업 등이 장기간 사용할 수 있는 자본(capital)을 조달하기 위하여 발행하는 만기가 1년 이후에 도래하는 채권(bond)이나 만기 개념이 없는 주식(stock)이 거래되는 시장을 말한다.

그 외에도 금융시장은 다양한 기준에 따라 다양하게 분류될 수 있다.

6. 주요개념과 원칙

본서나 다른 재무/금융 관련 서적을 읽다 보면 주제는 다르지만 설명 과정에서 공통적으로 사용되는 개념과 원칙들을 접하게 된다. 이들은 어떤 경우에는 쉽게 이해되지만 어떤 경우에는 해당 주제를 복잡하게 보이도록 한다. 본장의 마무리는 재무/금융의 여러 주제들을 이해하는데 기초가 되는 주요 개념과 원칙들 몇 가지를 설명하는 것으로 하고자 한다.

6.1 현금흐름과 이익

이익(profit or income)이란 손익계산서의 매출액과 영업외수익에서 각종 비용들을 차감하여 당기순이익이 계산되듯이 수익에서 비용을 차감한 것으로 회계적 이익(accounting profit)이라고도 한다. 반면에 현금흐름(cash flow, 이하 CF)은 현금유입액에서 현금유출액을 차감한 것으로 이익과 유사하면서도 다른 개념이다.

발생주의 원칙에 따른 회계적 이익은 매출채권과 같이 해당 기간에 실제로 현금유입이 되지 않은 수익 항목들과 매입채무와 같이 해당 기간에 실제로 현금유출이 발생하지 않은 비용 항목들이 포함되어 계산되기 때문에 특정 기간의 현금 변화를 정확하게 반영하지 못하지만 CF는 특정 기간에 실제로 발생한 현금유입액과 현금유출액으로 계산되므로 현금 변화로 창출된 가치를 평가하는데 보다 유용하다.

12 실무에서는 금융시장과 자본시장은 거의 비슷한 의미로 사용되고 있다. 다만 증권의 만기에 따른 시장 구분에서 capital market을 자본시장으로 번역하기도 하여 본서에서는 금융시장이이라고 하였다.

X기업이 2023년에 매출액 1,000만원, 매출원가를 비롯한 모든 비용이 700만원 발생하였고, 매출액에는 신용거래로 아직 현금회수가 되지 않은 매출채권 200만원, 매출원가에는 현금지출이 되지 않은 매입채무 100만원이 포함되어 있다고 하자. 이 경우 회계적 이익, 즉 순이익은 1,000만원에서 700만원을 차감한 300만원으로 인식하지만 2023년 실제 현금유입액은 매출액 1,000만원에서 200만원을 제외한 800만원이고, 현금유출액은 매출원가 700만원에서 100만원을 제외한 700만원이므로 CF는 100만원이 된다.

이와 같이 CF에서 현금(cash)은 지금 바로 사용할 수 있는 돈을 말하며, 재무/금융에서는 '현금이 최고다!(Cash is king)'를 제 1법칙이라고 할 정도로 CF를 강조한다.

6.2 화폐의 시간가치와 순현재가치

동일한 금액이라도 시점에 따라 가치가 달라지며 그 차이를 화폐의 시간가치(time value of money)라고 한다. 현재 10,000원과 1년 후의 10,000원은 금액은 동일하지만 현재 10,000원의 1년 후 가치와 1년 후 10,000원의 현재가치는 10,000원과 다를 것이다. 이때 그 다른 정도를 시간 때문에 발생하는 화폐의 시간가치라고 한다.

이자율이 (−)인 특수한 경우를 제외하면 현재 10,000원의 1년 후 가치는 10,000원보다 할증(compounding)되어 클 것이고, 1년 후 10,000원의 현재가치는 할인(discounting)되어 10,000원보다 작을 것이다.

순현재가치 또는 순현가(net present value, 이하 NPV)는 현금유입액의 현재가치에서 현금유출액의 현재가치를 차감한 것으로 현재 시점에 NPV만큼 현금이 유입되거나 유출되어 해당 자산의 가치가 그만큼 증감한다는 것을 의미한다.

CFO의 재무적 의사결정은 여러 기간 동안 발생하는 CF를 고려하여 이루어지는 경우가 대부분이다. 따라서 기업가치 극대화를 목표로 하는 재무적 의사결정에서는 미래 여러 기간 동안 발생하는 CF에 화폐의 시간가치를 반영하여 정확한 NPV를 추정하는 것이 중요하다. 100만원 투자로 발생하는 수익 110만원이 1년 후 발생하는 경우와 10년 후 발생하는 경우의 가치는 분명 다르기 때문이다.

NPV는 기업의 재무적 의사결정뿐만 아니라 개인들의 투자결정과 일상의 여러 선택들에서도 활용될 수 있다. 어떻게 하면 비용을 적게 들여 더 큰 만족을 이끌어낼 것인가에 대한 고민은 NPV를 극대화시키려는 의사결정과 동일하기 때문이다. 자동차를 구입할 때, 버스와 지하철, 수강신청 모두가 심리적으로 NPV를 극대화시키려고 고민하는 것이다.

6.3 위험-수익 상충관계

상충관계(trade-off relationship)란 한 쪽을 얻기 위해서는 다른 쪽을 포기해야 하는, 즉 두 가지 모두를 동시에 얻을 수 없는 관계를 말한다. 재무/금융의 대표적인 상충관계는 위험(risk)과 수익(return) 사이에 발생한다. 투자자들은 수익은 가능한 많이 얻기를 원하지만 위험 또는 불확실성은 가능한 적게 부담하기를 원한다. 그러나 세상에 공짜란 없다(No free lunch!).

국채, CD, RP 등의 무위험자산(risk-free asset) 투자에서는 위험은 거의 부담하지 않지만 대신에 수익률은 낮다. 반면에 주식과 파생상품 등의 위험자산(risky asset) 투자에서는 투자원금의 몇 배나 되는 이익을 얻을 수도 있지만 투자원금 모두를 잃을 정도로 수익률의 변동성이 매우 크므로 높은 수익을 추구하지만 그에 상응하는 많은 위험을 부담해야 한다. 따라서 높은 수익률은 그에 상응하는 위험을 부담한 대가로 얻을 수 있는 것이지 공짜로 얻는 것이 아니다.

투자자들이라면 누구나 바라는 저위험, 고수익(low risk, high return)을 얻을 수 있는 투자기회는 매우 드물며, 높은 수익을 얻기 위해서는 그에 상응하는 위험을 부담하거나(high risk, high return), 위험을 부담하기 싫으면 낮은 수익률에 만족(low risk, low return)해야 하는 관계를 위험과 수익의 상충관계라고 한다.

6.4 차익거래와 무차익원칙

차익거래(arbitrage)는 미래수익과 위험이 동일한 금융상품들이 현재 다른 가격으로 거래될 때 추가적인 위험과 자금을 부담하지 않고 이익을 얻을 수 있는 거래를 말한다[13]. 예를 들어, 1년 후 주가가 12,000원으로 예상되는 X주식과 Y주식이 현재 각각 10,000원과 11,000원에 거래되고, 두 주식의 위험을 비롯한 다른 모든 조건들은 동일하다고 가정하자. 이런 상황에서 상대적으로 높은 가격의 주식을 공매도(short sale)하고, 그 자금으로 상대적으로 낮은 가격의 주식을 매입하면(buy low, sell high) 다음과 같은 절차로 t=0에 추가적인 자금과 위험 부담 없이 두 주식의 가격차이 1,000원만큼의 차익을 실현시킬 수 있다.

- 현재(t=0), Y주식 1주 공매도, X주식 1주 매수

13 차익거래는 금융상품뿐만 아니라 투자할 수 있는 모든 대상에 적용할 수 있다. 다만 본서에서는 주식 등의 금융상품 차익거래를 다루기 때문에 금융상품만 언급하였다.

⇒ (+)1,000원[=11,000원−10,000원]+X주식 1주−Y주식 1주

- 1년 후(t=1), X주식 1주 매도, Y주식 1주 매수하여 상환

  ⇒ 0원[=12,000원−12,000원]

여기서 공매도(short sale)란 투자자의 신용으로 주식을 차입하여 일정 기간 후에 주식으로 상환하는 거래로 돈을 빌리는 신용융자거래와 다르게 주식을 빌리고 갚는 신용거래이다. 공매도로 주식을 차입하면 그날 바로 매도해야 한다. 현재 시점에서 Y주식 1주 공매도의 CF가 (+)11,000원인 것은 Y주식을 1주 차입하여 11,000원에 매도했기 때문이고, (−)Y주식 1주는 상환해야 할 Y주식 1주가 있다는 의미이고, 1년 후의 CF가 (−)12,000원인 것은 빌린 Y주식을 상환하기 위하여 12,000원에 매수했기 때문이다.

이와 같은 차익거래가 가능한 것은 동일한 수익을 얻을 수 있는 두 자산의 가격은 동일하게 형성되어 차익거래 기회가 존재하지 말아야 한다는 무차익원칙(No arbitrage principle)이 성립하지 않았기 때문이다.

차익거래와 무차익원칙이 재무/금융에서 중요한 이유는 자산이나 금융상품의 균형가격을 설명하는 기초가 되기 때문이다. X와 Y주식을 이용한 차익거래로 추가적인 자금과 위험을 부담하지 않고 이익을 실현시킬 수 있으므로 모든 투자자들이 따라할 것이다. 그러면 t=0에서의 X주식 매수(수요)와 Y주식 공매도(공급)가 급증하여 수요와 공급의 원리에 의하여 X주식의 가격은 10,000원에서 점점 상승하고 Y주식의 가격은 11,000원에서 점점 하락하여 두 주식의 가격이 일치하여 차익거래 기회가 사라질 때까지 가격조정이 발생할 것이다. 이와 같이 차익거래가 존재하지 않는 상태를 균형(equilibrium), 그 상태의 가격을 균형가격이라고 한다.

6.5 이자율, 수익률, 자본비용, 기회비용, 할인율

재무/금융을 공부하는 과정에서 가장 혼란스러운 기호는 아마도 'r 또는 R'일 것이다. 설명하는 주제에 따라 이자율, 수익률, 자본비용, 할인율, 기회비용 등 다양한 용어로 사용되기 때문이다.

이자율(interest rate)이란 '돈의 사용료'인 이자의 원금에 대한 비율로 은행에서 100만원 빌릴 때 적용되는 이자율 5%는 100만원에 대한 사용료가 5만원이란 의미이다. 수익률(rate of return)은 투자이익을 투자원금으로 나눈 값으로 주식을 10,000원에 매수(투자)하여 11,000원에 매도했다면 수익률은 10%[=1,000원/10,000원]가 된다. 자본비용(cost of capital)은 자금을 조달하면서 부담하는 비용으로 은행에서 대출받을 때 적용되는 이자율이 대표적이다.

이번에는 금융(金融)에서 자금을 제공하는 측(자금공급자 또는 투자자)과 제공받는 측(자금수요자)을 구분하여 생각해보자. 자금을 제공하는 은행 입장에서는 100만원을 빌려주고 받는 5%의 이자율은 100만원을 투자하여 얻을 수 있는 수익률이지만, 자금을 제공받는 또는 차입하는 개인이나 기업 입장에서는 5%의 이자율은 100만원을 조달하면서 부담하는 자본비용이다. 이와 같이 같은 거래에서의 'r=5%'이지만 어느 측 입장에서 보느냐에 따라 용어는 달라진다.

기업은 부채를 통하여 자금을 조달할 때는 은행과 같은 채권자에게, 주식을 발행하여 조달할 때는 주주들에게 자금을 제공받는다. 자본제공자인 채권자와 주주는 채권이나 주식 투자 여부를 자신들이 원하는 수익률을 기준으로 판단할 것이다. 그들은 기업의 신용위험, 미래 수익성, 업계 경쟁력 등을 바탕으로 위험을 판단하여 적정한 보상이 포함된 기대수익률(또는 요구수익률)을 설정할 것이다.

그들은 자신들의 원하는 기대수익률을 실현시키기 위해서는 채권이나 주식투자에서 얻을 수 있는 CF를 그들의 기대수익률로 할인한 현재가치만큼 투자해야 한다. 10%의 수익률을 요구하는 투자자는 1년 후 주가가 11,000원으로 예상되는 주식을 지금(t=0) 11,000원을 10%로 할인한 10,000원[=11,000원/(1+0.1)]에 매입해야 기대수익률 10%[=1,000원/10,000원]를 실현시킬 수 있다.

자본의 기회비용(opportunity cost of capital)이란 그 자본을 다른 곳에 투자하였을 경우 얻을 수 있는 수익률들 중에 최고의 수익률을 의미한다. X기업이 신사업에 1억원을 투자하려고 하는데 5%의 수익률을 얻을 수 있는 투자를 포기했거나 은행에 맡기면 5%의 이자율을 얻을 수 있으면 X기업 투자자금 1억원의 기회비용은 5%가 되고, X기업은 신사업에서 최소한 포기한 기회비용 5% 이상의 수익률을 얻어야 적절한 투자선택이 된다.

이와 같이 'r 또는 R'은 이자율, 수익률, 자본비용, 할인율, 기회비용 등 다양한 의미로 사용되지만 서로 밀접하게 연결되어 있다는 것을 알 수 있다. 어떤 상황에서 나오는 'r 또는 R'인지를 파악하면 의미를 이해하는데 도움이 된다.

참고로 이자율을 표시할 때는 5%, 10%처럼 '퍼센트(%)'를 단위로 사용한다. 그러나 한국은행이 기준금리를 '0.25%포인트' 인상하였다고 할 때처럼 금리의 변화를 표현할 때는 '퍼센트·포인트(%P)'를 단위로 사용한다. 주가가 10,000원에서 11,000원으로 상승하면 10%[=1,000원/10,000원] 상승하였다고 하는 것처럼 기준금리가 0.75%에서 1.00%로 인상되면 기준금리는 33.33%[=0.25%/0.75%] 상승한 것이지, 0.25% 상승한 것이 아니다. 그러나 0.75%에서 33.33% 상승하였다고 표현하는 것이 어색하므로 '0.25%포인트(P)' 상승하였다고 표현하는 것이다.

연습문제

1-1. 기업재무(corporate finance)와 투자론(investments)에서 다루는 학문적 내용을 비교 설명하시오.

1-2. CFO(Chief Financial Officer)의 중요한 의사결정을 재무제표 항목들과 연결하여 설명하시오.

1-3. 투자결정과 자본조달결정 중에서 어떤 결정이 기업가치에 더 많은 영향을 미친다고 한다. 그 이유를 추정해보시오.

1-4. 기업을 기준에 따라서 분류해보시오.

1-5. 기업의 경제적 목표와 사회적 목표를 비교 설명하고 당신이 경영자라면 기업의 목표를 어떻게 설정할 것인지 판단해보시오.

1-6. 주주와 경영자 사이의 대리문제(agency problem)에 대해서 설명하고 대리문제를 해결할 수 있는 방안을 제시해보시오.

1-7. 금융시장(financial market)의 역할에 대해서 설명하시오.

1-8. 현금흐름(cash flow)과 이익(income)의 차이를 설명하시오.

1-9. 순현재가치(net present value) 개념에 대해서 설명하고 당신의 생활 속에서 내리는 결정들 중에 한 가지만 순현재가치 개념으로 설명하시오.

1-10. 위험-수익 상충관계에 대해서 설명하고 당신의 생활 속에서 직면하는 상충관계 (trade-off relationship)를 한 가지만 설명하시오.

1-11. 차익거래(arbitrage)와 무차익원칙에 대해서 설명하시오.

1-12. 동일하게 r로 표기되는 수익률과 자본비용에 대해서 비교 설명하시오.

CHAPTER

02

재무제표

1. 재무제표의 기초
2. 재무상태표
3. 손익계산서
4. 현금흐름표
5. 세금
6. 현금흐름 계산하기

1. 재무제표의 기초

기업재무도 쉽지 않은데 회계학까지 알아야 하는가에 대한 부담이 있겠지만 많은 기업재무 이론에는 회계학의 기초인 재무제표와 관련된 내용들이 많이 포함되어 있다. 본 장에서는 기업재무 이론에 필요한 수준의 재무제표 관련 내용들을 다루고자 한다.

1.1 발생주의 회계

회계학이 어렵게 느껴지는 이유들 중의 하나는 여기저기서 튀어나오는 '발생주의' 개념 때문이다. '회계는 발생주의에서 출발하여 발생주의로 끝나다'고 할 정도로 발생주의는 중요한 기초개념이다.

예를 들어, 빵집 주인이 밀가루를 5,000원에 외상매입하여 빵으로 만들어 10,000원에 팔았는데 손님이 신용카드로 계산했다고 하자. 두 번 거래가 이루어졌음에도 빵집 금고에서는 아직 돈이 나가지도, 들어오지도 않았다. 빵집의 두 번의 거래에 대해서 수익과 비용을 발생시키는 경제적 사건이 발생했기 때문에 수익 10,000원, 비용 5,000원으로 인식해야 한다고 하면 '발생주의 회계'를 따르는 주장이다. 반면에 현금이 들어오지도, 나가지도 않았는데 수익과 비용으로 인식하는 것이 문제가 있다며 신용카드 결제 금액이 빵집으로 유입되었을 때 수익으로 인식하고, 밀가루 외상금 5,000원을 갚았을 때 비용으로 인식해야 한다고 하면 '현금주의 회계'를 따르는 주장이다.

이와 같이 발생주의(accrual basis)란 현금유입과 유출 여부에 상관없이 수익과 비용으로 인식할 수 있다고 판단되는 획득 시점과 발생 시점에 각각 인식하는 것이다. 여기에는 실현주의 원칙과 수익-비용 대응의 원칙이 내포되어 있다. 실현주의 원칙(realization principle)이란 수익을 얻기 위한 활동이 모두 완료되어 받을 금액의 액수를 객관적으로 측정가능 할 때를 '수익을 획득한 시점'으로 인식하고 현금유입의 실현가능성이 높아지면 현금이 유입되지 않아도 수익으로 인식할 수 있다는 것이다. 따라서 대형선박을 수주한 조선회사가 계약금을 받았지만 선박을 완성하여 제공하지 못하면 수익으로 인식할 수 없지만, 신용카드 거래로 현금을 받지 못했지만 제품이나 서비스 제공이 완료되면 제품 판매시점 또는 서비스 제공시점에 수익으로 인식할 수 있다.

수익-비용 대응의 원칙(matching principle)이란 비용을 어느 시점에 인식하는가에 대한 기준으로 그 비용이 언제, 어떻게 발생한 수익과 관련되었는지를 파악하여 그 수익 획득시점의 비용으로 대응시킨다는 원칙이다. 'BMW코리아'처럼 수입제품 판매기업이 수입제품을 자산으로 인식하였다가 판매되었을 때 매출원가, 즉 비용으로 인식하는 경우와 '☆벅스'가 커피제조 기계 구입비용을 감가상각비로 사용기간 동안 나누어 인식하는 경우가 바로 수익-비용 대응의 원칙을 따른 것이다. 수익-비용 대응의 원칙 역시 현금유출 발생시점보다는 비용을 발생시킨 경제적 사건 발생시점에 비용을 인식하는 원칙이다.

반면에 현금주의(cash basis)에 따르면 실현가능성 정도에 상관없이 실제로 현금유입과 유출이 실현된 시점의 수익과 비용으로 인식하므로 제품이나 서비스 제공이 완료되지 않아도 계약금을 받은 시점에 수익으로 인식하지만, 완료되어도 현금을 받지 못하면 수익으로 인식하지 않는다. 따라서 현금주의 원칙을 따른다면 조선회사의 계약금은 수익으로 인식할 수 있지만, 신용카드 거래는 수익으로 인식할 수 없다.

최근 기업들의 경영활동은 신용거래를 통한 거래대상과 현금의 교환이 동시에 이루어지지 않는 거래가 훨씬 더 많으므로 현금주의보다는 발생주의 회계로 기업의 특정연도 경영성과를 측정하고 있다.

1.2 일반적으로 인정된 회계원칙, GAAP

기업의 재무상태와 경영성과를 보여주는 재무제표는 신뢰성을 기본으로 누구나 쉽게 이해하고 비교할 수 있도록 작성되어야 한다. 따라서 모든 기업들은 국가가 정한 기준에 따라 재무제표를 작성해야 하며, 여기서 모든 기업들이 따라야 하는 재무제표 작성 기준이 바로 '일반적으로 인정된 회계원칙(Generally Accepted Accounting Principle, 이하 GAAP)'이다.

우리나라 상법에는 '회사가 재무제표를 작성할 때, 일반적으로 공정 타당한 회계 관행에 따라야 한다'고 규정되어 있고, 한국회계기준원에서는 '주식회사 외부감사에 관한 법률'에 의거하여 제정된 '한국채택국제회계기준'과 '일반기업회계기준' 중 하나를 채택하도록 하고 있다. 따라서 우리나라의 현재 GAAP는 '한국채택국제회계기준과 일반기업회계기준'이 되는 것이다. 또한 상법에서는 중소기업들(외부감사 대상 이외의 주식회사)이 간편하게 적용할 수 있는 '중소기업회계기준'도 규정하고 있다.

현재 우리나라는 상장법인과 금융회사는 국제회계기준위원회(International Accounting Standard Board)가 국제적으로 통일된 회계기준을 마련하기 위하여 제정한 국제회계기준(International Financial Reporting Standard)을 우리나라 환경에 맞게 일부 수정한 한국채택국제회계기준(이하 K-IFRS)을 의무적으로 사용해야 하며, 나머지 기업들은 K-IFRS과 일반기업회계기준 중에서 자율적으로 선택할 수 있다.

1.3 일반기업회계기준과 국제회계기준

우리나라는 여러 가지 논란에도 불구하고 국가 간 비교가능성과 회계투명성이 높아지면 외국인 투자자들의 Korea Discount가 감소할 것이라는 기대 속에서 선진금융국가들에 비하면 조금 늦었지만 2012년 상장기업들에게 국제회계기준(IFRS) 채택을 의무화 하였다.

일반기업회계기준이 '규칙중심 회계기준'이라면 IFRS는 '원칙중심 회계기준'이라고 할 수 있다. 일반기업회계기준은 세부적인 사항들까지 규정하므로 기업들은 그 규정에 맞게 회계처리를 하면 되었으나, IFRS는 기본 원칙만 제시할 뿐, 그 원칙을 어떻게 적용하는가는 기업이 처한 상황에 맞게 선택하도록 하고 있다. 기업은 왜 그런 선택을 했는지에 대한 합리적인 근거를 주석으로 공시만 하면 된다.

도입 당시에는 익숙하지 않은 자율적인 선택으로 기업들이 혼란도 겪었지만 시행착오를 거치면서 기업의 재무상태와 내재적 가치를 정보이용자들에게 가능한 충실하게 전달하고자 하는 IFRS의 의도가 조금씩 자리 잡아가고 있는 중이다.

2. 재무상태표

GAAP에 따라 작성되어야 하는 재무제표(財務諸表, Financial Statements, F/S)는 '재무(財務)에 관련된 모든(諸) 표(表)'라는 뜻으로 Financial Statements를 직역한 용어이다. 여기에는 투자자를 포함한 이해관계자들의 의사결정에 유용한 특정 시점의 기업의 재무상태를 보여주는 재무상태표(또는 대차대조표), 일정 기간 동안의 기업의 경영성과를 보여주는 손익계산서(또는 포괄손익계산서)와 현금유입과 유출 정보를 보여주는 현금흐름표, 기업을 실제로 소유하는 주주들의 지분 변동을 보여주는 자본변동표 등의 핵심보고서와 이들을 이해하는데 도움이 되는 추가 정보를 보고하는 주석까지 5개의 표가 포함된다[1]. 그러면 재무제표의 핵심보고서인 재무상태표, 손익계산서와 현금흐름표에 대하여 살펴보자.

1 일반기업회계기준에서 '대차대조표'와 '손익계산서'라고 불렀던 보고서를 K-IFRS에서는 각각 '재무상태표'와 '포괄손익계산서'라고 명칭을 변경하였지만 두 명칭 모두 사용되고 있다.

2.1 재무상태표의 의의

〈표 1〉 삼성전자의 2019년(51기), 2018년(50기) 재무상태표 (단위 :억원)

자 산	2019년	2018년	부채와 자본	2019년	2018년
유동자산	1,813,853	1,746,974	유동부채	637,828	690,815
현금및현금성자산	268,860	303,405	매입채무	87,182	84,799
단기금융상품	762,520	658,938	단기차입금	143,935	135,867
매출채권	351,313	338,677	미지급금	120,025	107,115
재고자산	267,665	289,847	미지급비용	193,596	203,397
기타유동자산	163,495	156,107	기타유동부채	93,090	159,637
			비유동부채	259,013	225,225
			사채	9,753	9,619
			장기차입금	21,972	851
			장기미지급금	21,842	31,940
			이연법인세부채	170,538	151,625
			기타비유동부채	34,908	31,190
			부채총계	896,841	916,040
			지배기업소유주지분	2,549,155	2,400,690
			자본금	8,975	8,975
비유동자산	1,711,792	1,646,598	자본잉여금	44,039	44,039
유형자산	1,198,255	1,154,167	이익잉여금	2,545,829	2,426,990
무형자산	207,035	148,916	기타자본항목	(49,688)	(79,314)
이연법인세자산	45,050	54,680	비지배지분	79,649	76,842
기타비유동자산	261,452	288,835	자본총계	2,628,804	2,477,532
자산총계	3,525,645	3,393,572	부채와 자본총계	3,525,645	3,393,572

재무상태표(Statement of Financial Position)는 <표 1>처럼 특정 시점(대부분 회계연도 말 또는 분기 말, 삼성전자는 51기와 50기 기말)의 기업의 재무상태를 보고하는 정태적(static) 재무제표이다[2]. 재무상태란 기업의 재산인 자산의 상태, 즉 어떤 자산에 얼마를 투자하고 있는가와 자산의 구입 또는 투자자금을 어디서 얼마나 조달했는지를 보여주는 부채와

2 재무제표에서는 특정연도(2019년, 2018년)보다 결산기를 의미하는 '○○기'라고 표기한다. <표 1>의 삼성전자의 경우 51기(2019년)와 50기(2018년)의 기말시점의 재무상태표를 의미하여, 50기 기말 자료는 51기 기초 자료로도 활용된다. 또한 재무제표의 ( )로 표기되는 항목은 (−)를 의미한다.

자본의 상태를 말한다.

재무상태표의 왼쪽 차변(借邊, debit)은 자산의 운용을, 오른쪽 대변(貸邊, credit)은 자산을 운용할 수 있는 자금의 원천을 보여준다. 복식부기(double-entry bookkeeping)의 원리에 따라 자산과 부채, 자본 사이에는 식 (1)과 같은 관계가 성립하며, 이를 '재무상태표 등식 또는 회계방정식'이라고 한다. 재무상태표 등식은 차변의 자산총액은 대변의 부채총액과 자본총액의 합과 동일하다는 의미이다.

● 재무상태표 등식 또는 회계등식

자산총액 = [부채총액 + 자본총액] … 식 (1)

2.2 자산

기업회계기준에 의하면 자산(Assets)은 과거 사건의 결과로 현재 기업에 의해 지배되고 있으며, 미래의 경제적 효익(benefit)을 창출해 줄 것으로 기대되는 자원을 말한다. 자산으로 분류되기 위해서는 기업에 의해 실질적으로 통제되고, 미래에 경제적 효익을 발생시켜야 한다. 기업에 의해 실질적으로 통제된다는 것은 오직 그 기업만이 그 자산을 이용할 수 있어서 제 3자의 접근을 제한할 수 있다는 것을, 미래에 경제적 효익을 발생시킨다는 것은 기업이 그 자산을 사용함으로써 수익이 증가하거나 비용이 감소하여 이익을 얻을 수 있다는 것을 각각 의미한다. 쉽게 이해하려면 자산은 기업에게 앞으로 경제적 효익 또는 이익을 가져다 줄 수 있는 것들이라고 생각하면 된다.

기업회계기준에 의하면 재무상태표에 표시해야 하는 자산계정으로 유형자산, 투자부동산, 무형자산, 금융자산, 지분법에 따라 회계 처리하는 투자자산, 생물자산, 재고자산, 매출채권 및 기타채권, 현금 및 현금성자산, 매각예정자산, 당기법인세자산, 이연법인세자산 등을 제시하고 있지만 기업은 회계기준을 참고하되 자신에게 적합한 계정을 새로 만들거나 수정할 수 있으며, 적합하지 않으면 삭제할 수도 있다. 실제로 삼성전자, 한국조선해양, 미래에셋대우, KB금융지주, 스타벅스 등의 재무상태표 자산항목들을 비교하면 동일한 항목도 있지만 기업 특성에 맞는 고유항목들도 있다[3]. 예를 들어, 수주산업(조선업과 건설업 등)에 속하는 현대건설의 2019년 유동자산(13조 1,720억원)에 포함된 미청구공사금액(2조 2,825억원)은 아파트, 토목 등의 공사는 진행되었지만 발주처에 청구하지 못한 채권금액으로 수주산업 고유의 자산

3 본서에서는 일반제조업 기업들의 자산항목들을 중심으로 설명하고자 한다.

계정이다[4].

자산은 일반적으로 유동자산과 비유동자산으로 구분한다. 여기서 '유동(流動, current)'이란 용어에는 '보고기간 후 1년 이내에 실현될 것으로 예상되거나 정상영업주기 내에 판매되거나 소비할 의도가 있는 ~'이라는 의미가 포함되어 있으며, 특히 '1년 이내'라는 표현이 중요하다. 지금도 대부분의 기업들은 유동성배열법에 따라 다양한 자산들을 재무상태표에 보고한다. 즉 유동성(liquidity)이 높은 자산부터 순서대로 나열한다. 여기서 유동성이 높다는 것은 가치손실을 적게 보면서 빨리 현금화가 된다는 것을 의미하고 유동자산이 비유동자산보다 먼저, 유동자산에서는 현금 및 현금성자산이 가장 먼저 보고된다. 이와 같이 유동성이 높은 순서로 자산항목들을 보고하는 것은 기업에게 있어 현금이 그만큼 중요하다는 것을 보여주고 있다.

유동자산(current assets)에는 현금 및 현금성자산(또는 현금등가물), 매출채권 및 기타채권, 재고자산 등이 포함된다. 현금성자산(cash equivalents)에는 현금은 아니지만 확정된 금액으로 현금전환이 쉽고(당좌예금이나 보통예금 등), 이자율 변동에 따른 가치변화도 크지 않아서(기업어음, 양도성예금증서, 환매채처럼 만기가 짧은 금융상품들) 현금과 거의 유사한 유동성을 보여주는 금융상품들이 포함된다.

매출채권(account receivable)은 정상적인 영업활동 과정에서 제품이나 서비스를 구매자에게 제공하여 매출로는 인식되지만 대금은 나중에 받기로 합의한 것을, 기타채권은 정상적인 영업활동 이외의 원인으로 받을 돈을 말하며 미수금과 선급금이 대표적이다.

재고자산(inventory)은 정상적인 영업활동 과정에서 판매를 목적으로 보유하고 있는 제품이나 생산 중인 재공품, 생산이나 서비스 제공에 사용할 목적으로 보유하고 있는 원재료나 소모품 등의 실물자산을 말한다. 재고자산과 매출채권은 가까운 미래에 기업에 수익을 가져다 줄 것으로 예상되어 유동자산으로 분류되지만 과대평가될 가능성이 높으므로 정보이용자들이 주의해야 할 항목이다.

비유동자산(non-current assets)에는 투자자산, 유형자산, 무형자산, 이연법인세자산 등이 포함된다. 투자자산(investment assets)은 기업이 투자수익을 얻기 위하여 장기적으로 투자하는 금융상품이나 부동산을 말한다.

유형자산(tangible assets)은 기업이 주된 영업활동, 즉 재화나 용역을 생산 또는 제공하거나 타인에 대한 임대 또는 관리활동에 사용할 목적으로 장기간 보유하고 있는 물리적인 형태

4 만약 30%의 공정이 진행되었지만 발주처가 20%만 인정하여 공사대금을 지불하면 나머지 10% 공정에 대한 청구금액은 앞으로 받을 자산 '미청구공사금'으로, 반대로 35%나 인정하여 과도하게 받은 5% 공정에 대한 초과지급액은 앞으로 갚아야 할 부채 '초과청구공사금'으로 인식한다.

가 있는 자산으로 토지, 건물, 기계장치, 사무용 가구 등이 해당된다. 반면에 무형자산(intangible assets)은 기업이 제품이나 서비스를 제공하기 위하여 보유하는 물리적인 실체는 없지만, 식별 가능하고, 기업이 통제하고 있으며, 미래 경제적 효익을 발생시킬 것으로 예상되는 비화폐성 자산으로 산업재산권, 개발비, 라이센스와 프렌차이즈 등이 해당된다.

이연법인세자산(deferred tax asset)이란 기업회계기준의 손익인식 기준과 과세소득 인정기준의 차이로 기업회계기준으로 계산된 법인세보다 실제로 부담해야 하는 세법상의 법인세 비용이 크게 발생한 경우에 두 금액의 차이를 말한다. 이런 차이는 단기적인 현상으로, 장기적으로는 세금감면을 통한 상쇄효과(현재 추가 부담한 만큼의 세금감세)로 사라질 것이므로 자산으로 처리한다.

자산분류에서 주의해야 할 점은 동일한 자원이라도 보유 목적에 따라 자산계정이 다르다는 것이다. 같은 자동차라도 회사에서 직접 사용할 목적으로 보유하면 유형자산으로, 영업활동인 판매를 목적으로 보유하면 재고자산으로 분류하며 건물도 본사 건물로 사용하고 있으면 유형자산으로, 시세차익을 얻기 위한 투자목적으로 보유하고 있으면 투자자산으로 분류한다.

자산에서 또 하나 중요한 개념은 감가상각(減價償却, depreciation)이다. 구입한 연도에 모두 소비되는 소모품은 구입시점과 비용 발생시점이 동일하지만 1년 이상 사용할 목적의 유형자산은 시간이 지남에 따라 노후, 소모, 파손, 진부화 등으로 그 효용이 감소하는 '감가(減價)'가 발생한다. 또한 유형자산은 구입시점에 현금을 전액 지불하여도 비용으로 인식하지 않고 자산으로 인식한 후 사용 기간(또는 내용연수) 동안 나누어 비용으로 인식한다. 이렇게 처리하는 과정을 '감가상각', 비용을 '감가상각비'라고 한다. 무형자산 역시 오랜 기간 사용하면 감가 현상이 발생하는데 유형자산의 감가상각과 구분하기 위하여 '상각(償却, amortization)'이라고 하며, 광산이나 산림 등의 천연자원에 대해서는 '감모상각(減耗償却, depletion)'이라고도 한다.

정리하면, 유형자산의 효용감소를 감가상각(depreciation)이라고 하고 감가상각비로, 무형자산은 상각(amortization)이라고 하고 무형자산상각비로, 천연자원은 감모상각(depletion)이라고 하고 감모상각비로 처리한다. 단, 토지는 효용이 감소하지 않는다고 판단하여 감가상각을 진행하지 않는다.

자산은 또한 영업자산과 금융자산으로도 구분하기도 한다. 기간에 상관없이 기업가치를 창출하는 핵심 활동인 영업활동과 관련된 자산을 영업자산, 그 이외의 자산을 금융자산으로 분류한다. 영업자산에는 유동자산의 매출채권, 재고자산과 비유동자산의 유형자산, 무형자산 등이 포함되며 금융자산으로는 유동자산의 현금 및 현금성자산, 단기금융상품과 비유동자산의 장기금융자산 등이 포함된다.

2.3 부채와 자본

부채(Liabilities or Debt)는 기업이 미래에 자원의 유출을 반드시 부담해야 하는 의무로, 상환해야 할 시점(또는 만기)이 1년 이내에 도래하는가를 기준으로 유동부채와 비유동부채로 구분한다. 여기서 의무란 현금을 지급하거나 자산과 용역을 제공해야 하는 의무를 의미한다. 기업회계기준에 의하면 재무상태표에 표시해야 할 부채로는 매입채무 및 기타채무, 충당부채, 금융부채, 당기법인세부채, 이연법인세부채, 매각예정부채 등이 있다.

1년 이내에 상환해야 하는 유동부채(current liabilities)에는 매입채무와 기타채무(미지급금, 선수금, 미지급비용 등), 유동성장기부채 등이 포함된다. 매입채무(account payable)는 정상적인 영업활동 과정에서 상품이나 원재료 등을 외상으로 매입한 것을 말하고, 미지급금(accrued expenses)은 아직 지급하지 못한 비용들 중에서 매입채무를 제외한 것들을 말하고, 선수금(advance received)은 정상적인 영업활동에서 제품이나 서비스를 제공하기로 약속하고 미리 받은 대금으로 계약금이나 각종 상품권 등이 여기에 해당된다. 매입채무나 미지급금은 미래에 현금을 상환해야 하는 의무, 선수금은 재화나 서비스를 제공해야 하는 의무이므로 부채로 분류되는 것이다. 유동성장기부채(current maturities of long-term debt)는 장기부채의 만기가 시간이 지나면서 1년 이내로 다가온 부채를 말한다.

1년 이후에 상환해야 하는 비유동부채(non-current liabilities)에는 사채와 장기차입금 등의 금융부채와 충당부채 등이 포함된다. 사채(corporate bond)는 기업이 채권을 발행하여 채무형식으로 자금을 조달한 확정채무로 회사채(會社債)를 의미한다. 우리나라 기업들의 회사채는 대부분 3년 만기에 원금에 대한 일정한 비율의 이자를 연 4회에 걸쳐 나누어 지급한다. 장기차입금(long-term borrowing)은 금융기관에서 1년 이후에 상환하기로 약정하고 차입한 은행대출(bank loan) 등을 말한다.

충당부채는 지출의 시기 또는 금액이 불확실한 부채로 과거 사건이나 거래 결과로 현재 의무가 존재하고, 이를 이행하기 위하여 회사가 보유한 자원이 유출될 가능성이 높고, 의무 이행에 소요되는 금액을 신뢰성 있게 추정할 수 있을 때 인식되며, 퇴직급여충당부채가 대표적이지만 기업의 상황에 따라 다양한 이름의 충당부채를 설정할 수 있다. 예를 들어, 자동차 판매회사의 품질보증 의무에 따른 보증비용은 언제, 얼마나 발생할지 정확하게 알 수 없지만 비용을 추정하여 현재 시점에서 '판매보증충당부채'로 인식한다.

자본(Equity)은 자산에서 부채를 차감한 나머지로 주주들이 기업의 설립 때부터 출자한 자본금과 기업이 벌어들인 주주 몫의 이익들의 총합으로 자본금, 자본잉여금, 이익잉여금(또는 결손금), 기타자본(또는 자본조정), 기타포괄손익누계액이 포함된다.

K-IFRS에서는 연결재무제표를 작성하므로 자본을 '지배기업 소유주지분'과 '비지배지분'으로 구분한다. 연결재무제표는 지배기업과 지배기업이 50% 이상의 지분을 가진 종속기업의 수치를 합하여 작성되므로 연결재무제표에 기록된 자산, 부채, 자본 항목은 지배기업 주주의 몫(지배기업 + 종속기업 항목의 지배기업 소유분)뿐만 아니라 지배기업이 소유하지 않은 종속기업의 몫까지 더한 것이다. 예를 들어, 지배기업 삼성전자가 종속기업 삼성디스플레이어의 지분을 84.8%(2020년 결산 기준) 소유하더라도 나머지 15.2%에 해당하는 수치들도 연결재무제표에 포함되는 것이다. 이에 자본항목은 부채, 자산 항목과는 다르게 지배지분(지배기업 소유주지분)과 비지배지분으로 나누어서 표기하고, 지배지분이 지배회사에 투자한 주주의 몫을 말한다. 따라서 삼성전자에 투자한 주주들에게는 자본총액(삼성전자와 삼성디스플레이어의 총액)보다 지배지분(삼성전자+삼성전자의 삼성디스플레이어 지분에 해당하는 금액)이 자신들에게 귀속되는 몫이므로 보다 유용한 정보가 된다.

주주가 회사에 출자한 납입자본(paid-in-capital) 중 자본금(capital stock)은 법정자본금(상법에 따른 주식의 액면가액)이고, 자본잉여금(capital surplus)은 주주와의 거래에서 자본을 증가시킨 잉여금이다. 만약 액면가 500원인 X기업 주식이 주식시장에 상장되면서 공모가격이 10,000원으로 결정되었다면 주주들에게 출자 받은 주당 10,000원은 자본금에 500원, 나머지 9,500원은 자본잉여금에 나누어 인식한다.

이익잉여금(earned surplus)은 기업 설립 이후 영업활동 등으로 발생한 이익(당기순이익에서 배당금 등을 지급하고 남은 유보이익)을 누적한 것이다. 기타자본 또는 자본조정(capital adjustment)은 자본금, 자본잉여금, 이익잉여금으로 분류될 수 없는 것들을 일시적으로 기록한 항목으로 자본의 증감을 가져오는 자본거래이지만 최종 납입된 자본에는 포함되지 않는 주식할인발행차금, 자기주식처분손실, 배당건설이자 등을 말한다. 기타포괄손익누계액(other accumulative gain or loss)은 회계기준상 당기순이익 계산에 포함되지 않는 수익과 비용들을 말한다.

예제 2-1

자산과 부채의 정의와 특징으로 판단할 때 당신은 부모님의 자산인가? 부채인가?

풀이 각자 판단하기 바람.

CHAPTER 02 재무제표

2.4 장부가치, 시장가치, 공정가치

K-IFRS 도입 이전 우리나라 기업들은 기업회계기준의 '취득원가주의'에 따라 자산가치를 측정하여 대차대조표에 표기하였다. 즉, 기업이 현금을 지급하고 자산을 취득하면 취득시점에는 지급한 총액을 자산의 가치로 인식하고, 내용연수 동안에는 해마다 누적되는 감가상각누계액을 차감한 금액을 그 해의 자산가치로 표기하였다. 여기서 처음 자산 취득 시점에 지급한 현금총액을 역사적 원가(historical cost) 또는 취득원가(acquisition cost), 감가상각누계액을 차감한 자산의 가치를 장부가치(book value, 이하 BV)라고 한다.

BV에 대비되는 시장가치(market value, 이하 MV)는 자산이 시장에서 실제 거래되는 가격으로 매수자와 매도자의 가치평가에 의하여 결정된다. 예를 들면, 아파트나 상가건물의 거래가격, 주식들의 거래가격 등이 해당 자산의 MV가 된다. 건물, 토지 등의 부동산은 취득시점이 오래될수록 BV와 MV의 차이가 크게 발생하고, 파생상품이나 외화관련 금융자산과 부채들은 이자율과 환율 변동이 심할수록 취득시점의 BV는 최근의 MV를 제대로 반영하지 못하게 된다. 이와 같이 BV와 MV 사이의 괴리가 점점 커지면서 취득원가주의에 따른 자산가치 정보의 적시성(timeliness)과 유용성(usefulness)이 문제 되기 시작하였다.

반면에 K-IFRS는 정보이용자들에게 기업의 재무상태와 내재적 가치(intrinsic value)에 대한 의미 있는 정보를 충실하게 제공하기 위하여 금융자산과 금융부채뿐만 아니라 유형자산, 무형자산과 투자부동산까지 공정가치(fair value) 측정을 의무화 하였다. 여기서 내재적 가치란 기업의 본질적 가치로 기업의 영업 활동을 통한 미래 현금 창출 능력을 반영한 가치를 말하고, 공정가치는 합리적인 판단력과 거래의사가 있는 독립된 당사자 사이의 거래에서 자산이 교환되거나 부채가 결제될 수 있는 금액을 말한다.

공정가치의 '공정(fair)'이란 '합리적인 판단력으로 과대평가(overvalued) 또는 과소평가(undervalued)하지 않고 내재적 가치만큼만 평가한다'는 의미를 담고 있으므로 BV보다는 MV의 정의가 공정가치에 더 가깝다[5]. MV는 또한 BV와는 다르게 회계정책의 변경에도 변하지 않으므로 BV보다 공정가치에 가깝다고 할 수 있다.

현실적으로 내재적 가치를 잘 반영하는 MV를 측정하는 것은 쉽지 않다. 주식시장에 상장된 주식은 매일매일 형성되는 주가를 통하여 적절한 MV를 비교적 쉽게 알 수 있지만, 상장되지 않는 주식의 MV, 장외시장 거래량이 훨씬 더 많은 채권의 MV, 복잡한 구조를 가진 파생

5 그러나 언제나 MV가 공정가치라고 할 수는 없다. 특정 자산의 MV의 신뢰성이 의심되어, BV보다 내재가치를 반영하지 못한다면 fair value라고 할 수 없을 것이다.

상품의 MV, 외화표시 자산의 MV를 평가하는 것은 쉽지 않으며, 평가하였다고 하더라도 내재적 가치를 잘 반영하는 공정가치인가에 대한 논란은 항상 제기될 수 있다.

다음 <표 2>는 2020년 6월 18일 기준 한국의 유가증권시장 시가총액 Top 5 기업들 자본의 MV와 BV를 보여주고 있다. MV는 기준일 시가총액, BV는 2020년 3월 31일 기준 분기보고서 재무상태표의 자기자본 총액과 액면가(par value)이다.

〈표 2〉 2023년 7월 25일 유가증권시장의 시가총액 Top 5 기업의 MV와 BV

구 분		삼성전자	LG엔솔	SK하이닉스	POSCO홀딩스	삼성바이오
MV	시가총액(억원)	418조 4,818	139조 9,320	82조 1,915	54조 9,713	53조 1,670
	주가(원)	70,100	598,000	113,000	645,000	745,000
BV	자본총액(억원)	354조 7,496	20조 5,938	63조 2,905	58조 2,574	8조 9,845
	액면가(원)	100	500	5,000	5,000	2,500
MV/BV	총액(배)	1.18	6.80	1.30	0.94	5.92
	1주당(배)	701	1,196	22.6	129	298

3. 손익계산서

3.1 손익계산서의 의의

손익계산서(Income Statement)[6]는 <표 3>처럼 일정 기간(회계연도 또는 분기, 삼성전자는 50기와 49기) 동안 기업의 경영성과에 대한 정보를 보고하는 동태적(dynamic) 재무제표로, 기업이 소유하고 있는 경제적 자원(자산)을 활용하여 창출된 수익, 수익창출 과정에서 발생한 비용, 수익에서 비용을 차감한 이익이 얼마인지를 보여준다.

수익(revenue)은 자산의 유입이나 증가 또는 부채의 감소로 자본이 증가하여 일정 기간 동안 발생한 경제적 효익의 증가를, 비용(cost)은 자산의 유출이나 감소(또는 소멸) 또는 부채의 증가로 자본이 감소하여 일정 기간 동안 발생한 경제적 효익의 감소를 각각 의미한다. 재무상태표가 특정 시점의 기업의 재무상태를 보고한다면 손익계산서는 일정 기간 동안 기업의 경영성과를 보고하며, <표 3>의 '구분'에 표시된 것처럼 손익계산서는 수익(+), 비용(−)

6 K-IFRS에서는 손익계산서에 기타포괄손익을 추가하여 포괄손익계산서라고 하고, 일반기업회계기준에서는 손익계산서라고 하고, 포괄손익계산서는 주석으로 기재한다.

과 이익(=)으로 구성된다[7].

〈표 3〉 삼성전자의 2019년(51기), 2018년(50기) 손익계산서 (단위 : 억원)

항 목	구 분	2019년(51기)	2018년(50기)
매출액	(+)수익	230조 4,009	243조 7,714
매출원가	(−)비용	147조 2,395	132조 3,944
유형자산 감가상각비		25조 23	25조 1,671
무형자산 감가상각비		2조 5,545	8,760
매출총이익	(=)이익	83조 1,613	111조 3,770
판매비와 관리비	(−)비용	55조 3,928	52조 4,903
유형자산 감가상각비		1조 5,715	1조 88
무형자산 감가상각비		4,693	4,389
영업이익	(=)이익	27조 7,685	58조 8,867
금융수익	(+)수익	10조 1,616	9조 9,993
기타수익	(+)수익	1조 7,787	1조 4,850
금융비용	(−)비용	8조 2,749	8조 6,089
이자비용		6,863	6,746
기타비용	(−)비용	1조 4,147	1조 1,420
지분법이익	(+)수익	4,129	5,398
법인세비용차감전순이익	(=)이익	30조 4,322	61조 1,599
법인세비용	(−)비용	8조 6,933	16조 8,151
당기순이익	(=)이익	21조 7,389	44조 3,448

※ 유형자산과 무형자산의 감가상각비는 매출원가와 판매비와 관리비에 나누어 인식되어 있고, 이자비용은 금융비용에 포함되어 있음. 2019년 삼성전자 사업보고서 재무제표의 주석 참고.

3.2 손익계산서의 수익

손익계산서에 표기되는 수익은 매출액, 금융수익과 기타수익이다. 매출액(Sales)은 기업

7 K-IFRS에서는 비용을 성격별 또는 기능별 분류 방법 중에서 신뢰성 있고, 목적 적합한 정보를 제공할 수 있는 방법을 기업이 선택할 수 있도록 하는 반면에 일반기업회계기준에서는 매출원가, 판매비와 일반관리비, 영업외손익, 법인세비용 등으로 구분하여 표시하도록 하고 있다. 또한 일반기업회계기준의 영업외수익과 영업외비용에는 이자수익, 배당금수익, 외환차익, 이자비용, 외화환차손처럼 금융관련 항목들의 비중이 크므로 K-IFRS에서는 금융관련 여부를 기준으로 금융수익(금융비용)과 기타수익(기타비용)으로 구분하여 표시하고 있다.

고유의 정상적인 영업활동에서 발생하는 수익으로 예를 들면, 삼성전자는 반도체와 스마트폰 판매, 한국조선해양은 선박 및 플랜트 판매, KB금융지주는 대출 등의 금융거래에서 벌어들이는 수익을 말한다. 매출액은 어떤 사업을 하는가에 따라서 상품매출액, 제품매출액, 서비스 매출액 등으로 세분할 수도 있다.

반면에 매출액 이외에 기업의 부수적인 활동에서 발생하는 수익으로는 이자, 배당금, 임대료, 자산처분이익, 외환차익과 외화환산 이익 등이 있으며 이들을 과거 기업회계기준에서는 영업외수익으로 분류하였으나 K-IFRS에서는 금융수익이 차지하는 비중이 크다는 이유로 금융수익과 기타수익으로 구분하여 분류한다.

삼성전자의 2019년 재무제표의 주석에 의하면 금융수익에는 이자수익, 외환차이, 파생상품관련이익 등이, 기타수익에는 배당금, 임대료, 투자자산처분이익과 유형자산처분이익 등이 포함되어 있다.

매출액을 금융수익과 기타수익과 구분하는 것은 기업의 내재적 가치에 많은 영향을 미치는 주된 사업에서 얻는 수익(매출액)이 전체 수익 중에서 얼마나 되는지를 보여주기 위해서이다. 삼성전자의 2019년 매출액은 230조 4,009억원, 금융수익은 10조 1,616억원, 기타수익은 1조 7,787억원이므로 주된 사업에서 벌어들이는 수익이 부수적인 활동으로 벌어들이는 수익보다 약 20배[=230조 4,009억원/(10조 1,616억원+1조 7,787억원)] 정도 많은 것으로 나타났다.

3.3 손익계산서의 비용

손익계산서에 표기되는 비용으로는 매출원가, 판매비와 관리비, 금융비용, 기타비용, 법인세비용 등이 있다. 매출원가(cost of goods sold)는 기업 고유의 정상적인 영업활동에서 발생한 비용으로 매출액에 직접 대응되는 판매상품이나 제품의 원가와 관련된 비용이다.

판매비와 (일반)관리비(selling and administrative expense)는 상품이나 제품을 판매하고 관리하는 활동과 관련된 비용으로 매출원가에 속하지 않는 임원과 관리직 급여, 대손상각비, 퇴직급여, 복리후생비, 광고선전비 등이 포함된다.

금융비용(financial expense)과 기타비용에는 매출원가 이외의 기업의 부수적인 활동 또는 정상적인 영업 이외의 활동에서 발생하는 비용에 해당되는 이자비용, 투자자산처분손실과 평가손실, 외환차손과 외화환산손실, 기부금 등이 포함된다. 이들도 기업회계기준에서는 영업외비용으로 통합 분류하던 것을 K-IFRS에서는 금융비용의 비중이 크기 때문에 금융비용과 기타비용으로 구분하고 있다.

삼성전자의 2019년 재무제표의 주석에 의하면 금융비용에는 이자비용, 외환차이, 파생상품관련손실 등이, 기타비용에는 기부금과 유형자산처분손실 등이 분류되어 있다.

정부에 납부하는 법인세비용(corporate tax)은 기업이 회계기간 동안 벌어들인 법인소득에 대하여 부과되는 세금으로 국세청에 납부하는 법인세와 지방자치단체에 납부하는 지방소득세가 포함된다.

3.4 손익계산서의 이익

손익계산서의 수익(매출액, 금융수익, 기타수익)에서 비용(매출원가, 판매비와 관리비, 금융비용, 기타비용, 법인세비용)을 차감하여 발생되는 이익에는 매출액에서 매출원가를 차감한 매출총이익(gross profit), 매출총이익에서 판매비와 관리비를 차감한 영업이익(earning before interest and tax, EBIT), 영업이익에서 금융수익과 기타수익을 더하고 금융비용과 기타비용을 차감한 법인세비용차감전순이익(earning before tax, EBT), 법인세비용차감전순이익에서 법인세 비용을 차감한 순이익(net income, NI) 등이 포함된다. 이와 같이 손익계산서의 이익들은 수익에서 비용을 차감한 항목들이다.

K-IFRS 기준에 따라 작성되는 연결재무제표의 손익계산서 이익에는 <표 3>처럼 '지분법이익'도 포함된다. 지배기업의 지분보유 회사 실적에 대한 인식은 지분율이 20%~50%인 관계기업은 지분법 이익[=지분보유 회사 순이익×지분율]으로, 지분율이 50% 이상인 종속기업은 지배회사의 연결재무제표에 매출, 비용, 손익 전액을 인식한다. 만약 삼성전자가 10억원의 당기순이익이 발생한 X기업의 지분을 30% 보유하고 있으면 삼성전자 손익계산서의 지분법이익에 3억원[=10억원×0.3]이 인식되고, 84.8%의 지분을 보유한 종속기업 삼성디스플레이어의 매출액, 비용, 이익 등은 전액 삼성전자의 연결손익계산서에 인식된다.

손익계산서에서 이익을 구분하여 보고하는 이유는 기업의 이해관계자별로 필요한 정보가 다르기 때문이다. 기업이 영업활동으로 소비자에게 제품이나 서비스를 판매하여, 즉 정상적인 영업활동으로 벌어들인 매출액에서 재료나 상품, 노동 등을 제공한 공급자들에게 해당 금액(매출원가)을 지불하고 남은 매출총이익은 임직원, 채권자, 정부, 주주에게 배분할 수 있는 이익이고, 매출총이익에서 임직원 급여 등의 판매비와 관리비를 차감한 영업이익(EBIT)은 채권자, 정부, 주주에게 배분할 수 있는 이익이고, 영업이익에 영업외수익을 더하고 채권자에게 이자비용 등을 지불하고 남은 법인세차감전순이익(EBT)은 정부와 주주에게 배분할 수 있는 이익이고, 법인세차감전순이익에서 법인세비용을 차감하고 남은 순이익(NI)은 주주에게 배분할 수 있는 이익을 각각 의미한다. 따라서 이해관계자들 입장에서는 기업의 경영성과 중에서 구체적으로 어떤 이익이 자신의 몫으로 배분될 수 있는지를 판단할 수 있게 된다.

이와 같이 <표 3>의 'Top line의 매출액'에서 'Bottom line의 순이익'까지의 도출과정을 보면 손익계산서는 일정기간 동안 기업이 얼마를 어떻게 벌어서, 이해관계자들에게 얼마씩 배분하여, 주주들의 몫이 얼마나 되는지를 보여준다.

K-IFRS로 작성된 포괄손익계산서에는 매도가능금융자산평가손익, 파생금융상품평가손익, 유형자산의 재평가이익, 해외산업환산손익 등 당기순이익에 인식되지 않는 수익과 비용들에 해당되는 기타포괄손익과 이것을 당기순이익에 더한 총포괄손익이 추가된다.

이외에도 손익계산서를 통하여 추정할 수 있는 주주에게 유용한 정보로는 주당순이익(earning per share, EPS)과 주당현금배당금(dividend per share, DPS) 등이 있다. EPS는 당기순이익을, DPS는 배당총액을 발행주식수로 나눈 값으로, 주주들의 보유 주식 1주당 성과를 보여준다. 1주당 성과를 측정할 때 발행주식수 대신 유통주식수[=발행주식수-대주주지분-자기주식]을 사용하기도 하는데, 자기주식은 보통주의 기본 권리인 의결권 등이 주어지지 않고, 대주주 보유주식은 특별한 경우를 제외하고는 시장에 유통되지 않기 때문이다.

CHAPTER 02 재무제표

3.5 비현금항목

가치평가의 원칙(Valuation principle)은 특정 자산의 가치는 그 자산이 발생시킬 것으로 예상되는 미래의 현금흐름들을 적절할 할인율로 할인한 현재가치의 합으로 평가한다는 것이다. 이는 기업가치 측정에도 그래도 적용할 수 있으며 기업이 발생시킬 것으로 예상되는 현금흐름(cash flow, 이하 CF)은 합리적이고 객관적인 방법으로 추정되어야한다. 그러기 위해서는 특정 연도에 실제로 발생한 현금유입액에서 현금유출액을 차감한 CF로 특정 연도의 창출된 가치를 측정해야 하고, 그렇게 측정한 미래의 CF들에 적절한 할인율을 통하여 화폐의 시간가치를 반영해야 한다.

앞에서 설명한 것처럼 수익에서 비용을 차감하여 계산되는 손익계산서의 이익과 현금유입액에서 현금유출액을 차감한 CF는 개념적으로는 유사하지만 이익은 발생주의 원칙을, CF는 현금주의 원칙을 따르므로 특정 연도의 이익과 CF는 대부분 일치하지 않는다.

예를 들어, X기업의 2023년 매출액(수익) 1,000만원에는 신용거래로 2023년 기준 아직 받지 못한 매출채권 200만원이 포함되어 있고, 매출원가 800만원은 전액 지출이 완료되었고, 다른 비용들은 없다고 가정하면 손익계산서의 2023년 이익은 200만원[=매출액-매출원가]으로 표시된다. 그러나 2023년 CF는 현금유입액은 800만원에 불과하므로 현금유출액 800만원을 차감하면 0만원이 된다. 매출채권은 1년 이내에 받을 유동자산에 해당되므로 2023년말 기준으로는 아직 현금이 유입되지 않은 수익이다.

만약 X기업 매출원가 800만원에도 아직 지급하지 않은 매입채무가 100만원 포함되어 있다고 하면, 2023년 이익은 여전히 200만원으로 변함이 없지만 CF는 800만원에서 700만원을 차감한 100만원이 된다. 매입채무는 1년 이내에 갚아야 할 유동부채에 해당되므로 2023년 말 기준으로는 아직 현금이 유출되지 않은 비용이다. 여기에 2022년 매출채권과 매입채무의 현금유입과 유출은 실제로 2023년에 발생함에도 2022년 이익 계산에 포함되고, 2023년 CF 계산에는 제외된다는 점도 2023년 이익과 CF가 달라지는 원인이다.

이와 같이 발생주의 원칙에 따라 현금유출입 여부와 상관없이 수익과 비용으로 인식된 매출채권과 매입채무 등의 항목들은 기업의 내재적 가치를 충실하게 보고해야 하는 재무제표에서 주의해야 하는 비현금(non-cash) 항목이다.

또 하나의 중요한 비현금 항목은 감가상각비이다. 예를 들면, 유형자산인 업무용 자동차를 취득할 때의 현금유출은 취득시점에 발생하지만 비용은 내용연수 동안 감가상각 정도에 따라 나누어 인식하므로, 자동차 취득비용 인식시점과 현금유출 시점이 다르게 된다. 감가상각비를 내용연수 동안 나누어 인식하는 것은 발생주의 회계의 수익-비용 대응의 원칙에 따르기 때문이다. 2023년 1월 1일에 5,000만원을 지불하고 취득한 자동차가 2023년 30% 감가(depreciation)되었다면 2023년 수익을 발생시키는데 그만큼 기여했기 때문에 자동차 취득비용의 30%인 1,500만원을 2023년 비용(감가상각비)으로 인식하게 된다.

예제 2-2

X기업은 5,000만원의 현금을 지급하고 5년 사용할 수 있는 업무용 자동차를 2023년 1월 1일 매입하였다. 5년 후 중고가격 500만원에 처분할 것으로 예상되며, 정액법으로 감가상각이 진행될 경우 2023년부터 5년 동안 매 연도 말 자동차의 장부가치를 추정하시오.

풀이 연도별 감가상각비 = [(취득가격-잔존가치)/내용연수] = [(5,000-500)/5] = 900만원

항목	2021년	2022년	2023년	2024년	2025년
감가상각비	900만원	900만원	900만원	900만원	900만원
감가상각누계액	900만원	1,800만원	2,700만원	3,600만원	4,500만원
장부가치(BV)	4,100만원	3,200만원	2,300만원	1,400만원	500만원

<예제 2-2>에서 잔존가치(survival value)란 감가상각이 진행되는 자산의 내용연수가 종료되어 감소한 자산의 효용을 감안하더라도 매각처분하여 받을 수 있는 가치를 말하고, 내용연수(useful life)는 자산이 사용 가능할 것으로 기대되는 기간 또는 자산으로부터의 생산량 등을 의미한다.

표에서 보는 것처럼 자동차 구입비용은 2021년 전액 현금유출이 이루어졌지만 비용은 수익-비용 대응의 원칙에 따라 내용연수 5년 동안 나누어 인식하면 5,000만원의 현금유출이 발생한 2021년에 비용으로는 900만원만 인식하므로 이익은 확대되고, 현금유출이 없음에도 900만원의 비용으로 인식되는 2022년~2025년의 이익은 축소된다. 이와 같이 감가상각비도 특정 연도의 실제 현금유입과 유출을 반영하는 CF와 손익계산서 이익 간의 차이를 발생시킨다.

반면에 감가상각비는 내용연수 동안은 실제 현금을 유출시키지 않지만 비용으로 인식되어 기업의 세금부담을 줄여주는 세금공제효과(tax-shield effect)를 발생시킨다. <표 3>의 손익계산서를 보면 감가상각비는 매출원가와 판매비와 일반관리비에 포함되어 법인세차감전순이익을 감가상각비만큼 감소시킨다. 따라서 '[감가상각비×법인세율]'만큼 법인세가 감소하여 CF에 긍정적인 영향을 미친다.

감가상각비는 <표 3>의 삼성전자 경우와 같이 공장 건물처럼 제품 생산활동을 위한 원가에 해당되면 매출원가에, 본사 건물처럼 제품의 판매활동 및 관리활동을 위한 원가에 해당되면 판매비와 관리비에 인식된다. 구체적인 내용은 손익계산서보다는 재무제표 주석의 유형자산과 무형자산의 상각내용에서 확인할 수 있다.

예제 2-3

〈표 3〉에서 만약 2019년 삼성전자의 유무형자산 등 모든 감가상각비가 없다면 법인세비용은 얼마로 변하는가? 다른 항목들은 변화가 없고, 삼성전자의 2019년 법인세율이 28.57%라고 한다. 감가상각비의 세금공제효과는 구체적으로 얼마가 발생한 것인가?

풀이 모든 감가상각비 29조 5,976억원[=유형자산 26조 5,738억원+무형자산 3조 238억원]
감가상각비가 없을 경우 EBT=[현재 EBT+모든 감가상각비]
=[30조 4,322억원+29조 5,976억원]=60조 298억원
감가상각비가 없을 경우 법인세비용=[60조 298억원×0.2857]=17조 1,505억원
세금공제효과=[감가상각비가 없는 경우 법인세비용-있는 경우 법인세비용]
=[17조 1,505억원-8조 6,933억원]=8조 4,572억원
또는 세금공제효과=[감가상각비×법인세율]=[29조 5,976억원×0.2857]=8조 4,560억원

K-IFRS가 추구하는 정보이용자들에게 기업의 재무상태와 내재적 가치에 대한 의미 있는 정보를 충실하게 제공하기 위해서는 손익계산서의 이익과 CF의 차이가 발생하는 것을 정보이용자들이 알 수 있도록 해야 한다. 그 방법의 하나로 다음 절에 설명할 현금주의 원칙에 따라 작성되는 현금흐름표가 재무제표에 추가되었다.

4. 현금흐름표

4.1. 현금흐름표의 의의

현금(cash)은 매일매일 이루어지는 기업의 영업활동, 투자활동, 재무활동 수행에 반드시 필요한 경제적 자원이다. 현금은 인체의 혈액과 같아서 원활하게 순환되지 못하거나 부족하면 기업의 각종 활동이 정체되어 어려운 상황을 발생시킨다.

〈표 4〉 삼성전자의 2019년(51기), 2018년(50기) 현금흐름표 (단위 : 억원)

항목	2019년(51기)	2018년(50기)
영업활동으로 인한 현금흐름	45조 3,829	67조 0,318
영업에서 창출된 현금흐름	56조 6,358	78조 0,250
당기순이익	21조 7,389	44조 3,448
조정	37조 4,427	43조 6,046
영업활동으로 인한 자산·부채의 변동	(2조 5,457)	(9조 9,244)
이자의 수취	2조 3,064	1조 7,885
이자의 지급	(5,800)	(5,483)
배당금 수입	2,418	2,160
법인세 납부액	(13조 2,211)	(12조 4,494)
투자활동으로 인한 현금흐름	(39조 9,482)	(52조 2,404)
⋮		
유형자산의 처분	5,132	5,569
유형자산의 취득	(25조 3,677)	(29조 5,564)
⋮		
재무활동으로 인한 현금흐름	(9조 4,845)	(15조 0,902)
외화환산으로 인한 현금의 변동	5,952	942
현금 및 현금성자산의 증가(감소)	(3조 4,545)	(2,046)
기초 현금 및 현금성자산	30조 3,405	30조 5,451
기말 현금 및 현금성자산	26조 8,860	30조 3,405

재무제표는 기업의 내재적 가치에 대한 정보를 충실하게 제공하기 위하여 작성된다고 하였다. 내재적 가치를 평가하기 위한 중요한 정보는 기업이 미래에 발생시킬 CF에 대한 정보이다. 앞에서 설명한 재무상태표와 손익계산서의 항목들도 CF 관련 정보를 제공하기는

하지만 발생주의 원칙에 따라 작성된 항목들이므로 한계가 있다. 이런 한계점을 극복하기 위하여 현금흐름표가 재무제표에 추가된 것이다.

현금흐름표(Statement of Cash Flow)는 <표 4>처럼 일정 기간(회계연도 또는 분기, 삼성전자는 50기와 49기) 동안 발생하는 기업의 모든 현금유입과 유출에 대한 정보를 보고하는 재무제표로 발생주의 원칙에 따라 작성되는 손익계산서와는 다르게 현금주의 원칙에 따라 작성된다. 구체적으로 일정 기간 동안 기업의 영업활동, 투자활동, 재무활동으로 발생한 현금 변화가 각각 얼마나 되는지를 구분하여 보여줌으로써 기업의 영업활동으로 인한 CF 규모와 추세, 이익의 질, 잉여현금흐름(free cash flow)의 변화, 주요 투자활동과 자본조달에 따른 현금 변화 등의 정보를 제공한다.

현금흐름표는 영업활동으로 인한 CF, 투자활동으로 인한 CF, 재무활동으로 인한 CF으로 구성된다. 먼저 영업활동으로 인한 CF는 제품 생산 또는 서비스 제공과 관련된 CF로, 현금유입은 제품 생산 또는 서비스 제공으로 고객에서 수취한 현금과 금융자산 투자수익(주식의 배당금, 채권의 이자수익 등) 등으로 발생하고, 현금유출은 원자재 대금, 직원 급여, 임대료, 세금, 광고·홍보·R&D 지출 등 비용으로 처리된 현금, 부채의 이자비용, 유동자산 취득으로 지출된 현금, 법인세 등으로 발생한다. 현금흐름표의 영업활동으로 인한 CF에는 영업활동에서 창출된 현금흐름, 이자의 수취, 이자의 지급, 배당금 수입, 법인세 납부액 등이 포함된다.

투자활동으로 인한 CF는 비유동자산 투자 및 금융자산 투자와 관련된 CF로, 현금유출은 기계설비, 공장건물 등의 비유동자산 취득과 장·단기 금융자산의 증가로 발생하고, 현금유입은 비유동자산 처분과 장·단기 금융자산의 감소로 발생한다. 영업활동과 투자활동을 구분하는 이유는 영업활동은 기업의 경영성과를 반영하지만 투자활동은 경영성과를 얻기 위한 기초를 만드는 투자에 해당하므로 기업의 투자대비 성과를 파악하기 위함이다.

재무활동으로 인한 CF는 기업이 자금조달을 위하여 자본제공자들인 주주와 채권자들과 거래하는 과정에서 발생하며, 현금유입은 주식, 채권 등의 증권발행과 금융부채의 증가로 발생하고, 현금유출은 채권 등의 부채상환에 따른 금융부채의 감소, 자기주식취득, 현금배당 지급 등으로 발생한다.

3가지 활동에는 포함되지 않지만 현금변화를 가져오는 환율변동으로 인한 현금및현금성자산의 변동, 매각예정자산의 순현금변동 등도 현금흐름표에 추가된다.

현금흐름표의 구조는 3가지 활동과 추가항목들로 일정 기간의 현금및현금성자산의 변화량을 측정하여, 기초의 현금및현금성자산에 더하거나 차감하여 기말의 현금및현금성자산이 얼마가 되었는지 보고하도록 되어 있다.

핵심재무제표인 재무상태표와 손익계산서가 공시됨에도 현금흐름표를 재무제표 의무공시에 추가한 이유는 발생주의 원칙에 따라 작성되는 손익계산서의 수익과 비용이 그 해에 유입되고 유출되는 현금과 달라서 당기순이익(순손실) 전액이 그 해에 실현된 CF[=현금유입액-현금유출액]가 아닌 경우들이 계속 발생하기 때문이다.

매출액에 포함되는 매출채권의 일부가 회수되지 못하거나 감가상각비나 대손충당금의 추정 오류가 발생하는 경우 특정 연도의 순이익과 그 해 기업의 순가치증가분 또는 지금 바로 주주들이 가져갈 수 있는 현금 사이의 차이가 발생한다. 이런 차이가 확대되면 기업은 이익이 발생하고 있음에도 현금부족으로 파산위험에 직면하게 되고, 그 피해는 투자자를 포함하는 이해관계자들이 보게 된다.

또한 현금흐름표에 제시되는 영업활동으로 인한 CF는 특정연도 기업의 실제 발생한 현금변화 중에서 손익계산서의 당기순이익으로 설명되지 않는 부분을 보완해준다. 예를 들면, 기업의 주된 영업활동으로 벌어들이는 CF의 규모와 최근 추세가 어떻게 되는지를 통하여 기업의 장단기 지불능력에 대한 유용한 정보를 얻을 수 있다. 기업의 이익과 CF는 주된 사업에서 많이, 지속적으로 발생해야 이해관계자들이 자신의 몫에 대해서 안심할 것이다.

일반적으로 영업활동과 재무활동으로 인한 CF는 (+)의 금액을, 투자활동으로 인한 CF는 (-)의 금액을 보이는 경우가 많다. 영업활동으로 인한 CF가 (+)이면 해당 연도의 가치창출에 기업의 활동이 기여했다는 의미이지만 재무활동으로 인한 CF가 (+)이면 금융부채의 증가 또는 신주발행 등의 자본조달로 현금유입이 발생한 것이므로 기업의 가치창출에 기여하였는지를 알 수 없다. 따라서 현금흐름표의 3가지 CF 중에서도 영업활동으로 인한 CF가 정보이용자에게 유용한 정보를 많이 제공해준다[8].

4.2. 재무상태표 항목의 변화와 현금흐름

현금흐름표의 영업활동, 투자활동, 재무활동으로 인한 CF의 세부 항목들에는 자산, 부채, 자본항목들의 변화가 언급되어 있다. 이들의 변화와 현금흐름은 어떤 관계가 있는지 간단하게 살펴보자.

재무상태표 차변의 현금을 제외한 자산항목의 증가는 새로운 자산의 취득이나 투자의 결과로 기업에게는 현금유출을 발생시킨다. 예를 들어, 2023년 새로운 기계를 1,000만원을 지출하여 구입했으면 기초보다 기말에 자산이 1,000만원 증가할 것이다. 반면에 자산항목

8 현금흐름표와 손익계산서가 영업활동 결과에 대한 상반된 정보를 보여주는 기업은 주의해야 하며, 특히 현금흐름표의 정보가 부정적인 경우에는 추가적인 원인 분석이 요구된다.

감소는 기존 보유자산을 처분할 때 발생하므로 기업에게 현금유입을 발생시킨다. 2023년 기존 기계를 중고시장에서 500만원에 처분했다면 기초보다 기말에 자산이 500만원 감소할 것이다.

재무상태표 우변의 부채항목 증가는 은행대출 등으로 차입하는 경우에 발생할 것이므로 기업에게 현금유입을 발생시키고, 부채항목의 감소는 부채를 상환한 경우에 발생하므로 기업은 현금유출을 하게 된다. 자본항목 증가는 신주발행을 통한 자금조달 또는 이익증가로 이익잉여금이 증가하는 경우에 발생하므로 기업에게 현금유입을, 자본항목의 감소는 현금배당 지급이나 자기주식취득의 경우에 발생할 것이므로 현금유출을 발생시킨다.

예제 2-4

X기업은 2023년 기초와 비교한 기말의 유동부채와 유동자산의 변화량이 상황별로 다음과 같다면 그들로 인한 현금유입과 유출 규모를 파악하시오.

구분	상황 1	상황 2	상황 3	상황 4
유동자산변화량	+1,000만원	+800만원	−1,000만원	−800만원
유동부채변화량	+800만원	+1,000만원	−800만원	−1,000만원

풀이 유동자산과 유동부채의 변화량을 순운전자본변화량[= 유동자산변화량−유동부채변화량]으로 측정하면 현금흐름과 규모는 다음 표와 같게 된다.

구분	상황 1	상황 2	상황 3	상황 4
순운전자본변화량	+200만원	−200만원	−200만원	+200만원
현금유출입 여부	현금유출	현금유입	현금유입	현금유출

삼성전자는 2019년 유동자산 변화로 (+)6조 6,879억원[=181조 3,853 − 174조 6,794]의 현금유출이, 유동부채 변화로 (−)5조 2,987억원[=63조 7,828 − 69조 815]의 현금유출이 발생하여 순운전자본변화량은 (+)11조 9,866억원의 현금유출을 발생시켰다.

5. 세금

5.1. 기업의 대표적인 현금유출 항목, 법인세

<표 5>는 2023년 7월 25일 기준 한국유가증권시장의 시가총액 최상위 기업들의 2020

년~2022년 3년 동안의 법인세비용을 보여주고 있다. 법인세 수준과 해당 연도의 순이익을 비교하면 세금은 기업이 매우 큰 현금유출 항목임을 알 수 있다.

〈표 5〉 시가총액 최상위 기업들의 최근 법인세(2023년 7월 25일 기준, 억원)

구 분		삼성전자	LG엔솔	SK하이닉스	POSCO홀딩스	삼성바이오
시가총액(억원)		418조 4,818	139조 9,320	82조 1,915	54조 9,713	53조 1,670
2022년	법인세	(9조 2,136)	2,155	1조 7,611	(4,539)	2,109
	순이익	55조 6,540	7,798	2조 2,417	3조 5,604	7,980
2021년	법인세	13조 4,443	765	3조 7,998	(2조 2,202)	1,677
	순이익	39조 9,074	9,299	9조 6,162	7조 1,959	3,936
2020년	법인세	9조 9,373	(1,473)	1조 4,781	(2,369)	250
	순이익	26조 4,078	(4,517)	4조 7,589	1조 7,881	2,409

<표 6>은 우리나라의 법인세율 변화과정을 보여주고 있다. 표에 제시된 세율들은 세법에 제시된 명목세율(nominal tax rate)이고, 기업이 실제로 부담하는 세율은 각종 공제와 감면 적용 후의 실효세율(effective tax rate)이다. 기업들은 경제가 어려워지면 항상 법인세 부담을 줄여달라고 정부에 요구하지만 실제로 법인세율은 계속 감소하고 있으며, 실효세율도 대기업이 중소기업보다 낮은 것으로 나타나고 있다.

〈표 6〉 한국의 법인세율 변천과정

<table>
<tr><th>연도
과세표준</th><th>2002
~
2004</th><th>2005
~
2007</th><th>2008</th><th>2009</th><th>2010,
2011</th><th>2012
~
2019</th><th>2020
~
2022</th><th>2023
~</th></tr>
<tr><td>1억 이하</td><td rowspan="2">15%</td><td rowspan="2">13%</td><td rowspan="3">11%</td><td rowspan="3">11%</td><td rowspan="3">10%</td><td rowspan="2">10%</td><td rowspan="2">10%</td><td rowspan="2">9%</td></tr>
<tr><td>2억 이하</td></tr>
<tr><td>1억 초과</td><td rowspan="5">27%</td><td rowspan="5">25%</td><td rowspan="2"></td><td rowspan="2"></td><td rowspan="2"></td></tr>
<tr><td>2억 초과</td><td rowspan="4">25%</td><td rowspan="4">22%</td><td rowspan="4">22%</td></tr>
<tr><td>2억 초과 ~ 200억 이하</td><td>20%</td><td>20%</td><td>19%</td></tr>
<tr><td>200억 초과 ~ 3,000억 이하</td><td rowspan="2">22%</td><td>22%</td><td>22%</td></tr>
<tr><td>3,000억 초과</td><td>25%</td><td>24%</td></tr>
</table>

5.2. 평균세율과 한계세율

CFO들이 투자결정을 할 때 커다란 현금유출 항목인 세금에 대해서 고려하는 것은 현재 부담하고 있는 세율과 앞으로 추가적으로 부담해야 할 세율이다. 기업의 투자결정은 이번 투자로 인한 성과에 초점을 두고 투자 여부를 판단해야 하므로, 현재 이 정도의 세금을 납부하는 상황에서 이번 투자로 이익이 증가하면 추가적으로 얼마의 세금을 더 납부해야 하는지를 분석해야 한다.

여기서 현재 기업이 부담하고 있는 세율은 평균세율(average tax rate, 이하 ATR)로 측정한다. 세금은 과세표준 구간별로 적용되므로 현재 소득 1단위가 평균적으로 부담하는 ATR은 과세표준 구간별로 과세대상소득을 분할하여 세금총액을 계산한 후에 과세대상소득으로 나누어 계산한다. 만약 삼성전자의 2019년 과세표준이 30조 4,322억원이라면 <표 6>의 2019년 과세표준 구간별 세율을 적용하여 다음과 같이 계산하면 ATR은 21.99%로 계산된다.

- 세금총액 = [2억원×10% + 198억원×20% + (30조 4,322억원 − 200억원)×22%]
  = 6조 6,946.64억원
- 평균세율(ATR) = [세금총액/과세표준]
  = [6조6,946.64억원/30조4,322억원]×100% = 21.99%

추가적인 이익으로 부담해야 하는 세율을 한계세율(marginal tax rate, 이하 MTR)이라고 하는데 2019년의 삼성전자는 지금 소득도 가장 높은 세율 구간에 속하지만 추가적인 소득도 이 구간에 속할 것이므로 MTR은 22%가 된다.

예제 2-5

삼성전자의 2020년 과세표준이 2019년과 동일하게 30조 4,322억원이라면 2020년의 평균세율과 한계세율은 각각 얼마인가?

풀이

- 세금총액 = [2억원×10% + 198억원×20% + (3,000억원−200억원)×22% + (30조4,322억원−3,000억원)×25%] = 7조 5,986.3억원
- ATR = [7조5,986.3억원/30조4,322억원]×100% = 24.97%
- MTR = 25%

6. 현금흐름 계산하기

6.1 현금흐름의 의의

앞에서 K-IFRS는 정보이용자에게 기업의 내재적 가치에 대한 의미 있는 정보 제공을 추구한다고 하였다. 기업의 내재적 가치를 평가하기 위해서는 기업이 미래에 창출할 것으로 예상되는 CF을 적절한 할인율을 할인한 현재가치를 추정해야 한다. 적절한 할인율은 8장 자본자산가격결정모형(Capital Asset Pricing Model)과 11장 자본비용(cost of capital)에서 살펴보기로 하고 여기서는 CF에 대하여 살펴보자.

손익계산서의 수익에서 비용을 차감한 이익과 현금유입액에서 현금유출액을 차감한 CF의 차이가 발생하는 이유는 발생주의 원칙에 따르는 수익과 비용의 인식시점과 실제 현금유출입 시점과 다르기 때문이라고 하였다. '결국 유입될 금액을 몇 개월 먼저 또는 나중에 인식하는 것이 큰 문제가 될까?'라고 생각할 수 있지만 실제로는 인식한 금액만큼 유입되지 않는 경우가 빈번하게 발생하고 화폐의 시간가치 때문에 실제 유입 여부와 정확한 유입과 유출시점은 중요하다.

기업의 내재적 가치를 평가하기 위해서는 수익으로 인식하였는데 현금유입이 되지 않는 것과 실제 발생시점보다 빠르거나 늦은 시간의 가치를 반영하는 것은 적절하지 않다. 따라서 가치평가를 위한 CF에는 식 (2)와 같이 특정 연도에 실제로 발생한 현금유입액(cash inflow, CIF)에서 현금유출액(cash outflow, COF)을 차감한 순현금흐름이 반영되어야 한다. 이것은 '현금이 최고다(Cash is king!)'이라는 재무관리 제 1법칙과 현금주의 원칙에 따른 접근이다.

● 특정 연도의 현금흐름, CF_t

$$CF_t = [CIF_t - COF_t] \quad \cdots \quad \text{식 (2)}$$

6.2 현금흐름 계산

주식이나 일반 투자의 이익은 투자수익에서 투자비용을 차감하여 순이익을 계산한다. 예를 들어, 주식을 10,000원에 1주 매입하여 11,000원에 매도하면 투자수익 11,000원에서 투자비용 10,000원을 차감한 1,000원의 이익이 발생한다.

CF 역시 비슷한 논리로 기업의 주된 활동인 영업활동으로 인한 CF에서 그것을 얻기 위해

투자된, 즉 투자활동으로 인한 CF를 차감하여 계산한다. 그러나 이들은 현금흐름표에 보고되는 영업활동으로 인한 CF와 투자활동으로 인한 CF와는 다르게 측정된다.

기업의 주된 활동인 영업활동으로 인한 CF의 측정은 손익계산서의 영업이익(EBIT) 항목에서 출발한다. EBIT는 매출액에서 매출원가와 판매비와 일반관리비를 차감한 이익이다. 그러나 매출원가와 판매비와 일반관리비에는 비현금항목인 감가상각비가 포함되어 실제 현금유출이 이루어지지 않았음에도 매출액에서 비용으로 차감하여 EBIT를 계산한다. 따라서 정확한 CF를 계산하기 위해서는 EBIT에 현금유출이 이루어지지 않은 감가상각비를 다시 더해주어야 한다.

다음으로 고려해야 하는 사항은 'CF를 계산할 때는 재무활동으로 인한 CF를 직접적으로 고려하지 않는다'는 것이다. 대신에 미래의 CF를 현재가치로 전환하기 위한 적절한 할인율로 자본비용을 사용하여 간접적으로 반영한다. 자본비용이란 기업의 재무활동과 관련되어 발생하므로 만약 재무활동으로 인한 CF가 포함된 미래의 CF를 다시 자본비용으로 할인하면 재무적 활동 관련 CF를 기업가치 추정에 직·간접적으로 이중 인식하게 된다. 또한 금융자산 투자, 외화자산 보유 등으로 발생하는 금융비용과 금융수익 등도 재무활동으로 발생하므로 CF 계산에서 제외된다.

세금은 대표적인 현금유출 항목이므로 차감해 주어야 한다. 그러나 금융비용이 차감되고 금융수익이 더해진 법인세차감전순이익을 과세대상으로 계산된 법인세비용을 차감하지 않고, 금융비용과 금융수익이 반영되지 않은 EBIT에 법인세율을 곱하여 차감한다.

이 과정을 정리하면 특정 연도의 영업활동으로 인한 CF를 측정하는 영업현금흐름(operating cash flow, 이하 OCF)은 다음 식 (3)과 같이 EBIT에 감가상각비를 더하고, 세금을 차감하여 계산된다. 여기서 t_C는 법인세율, D_t는 유형자산의 감가상각비와 무형자산의 감모상각비를 더한 감가상각비(depreciation)를 각각 의미한다.

• 특정 연도의 영업현금흐름, OCF_t

$$OCF_t = [EBIT_t \times (1 - t_C) + D_t] \quad \cdots \text{ 식 (3)}$$

<표 3>의 삼성전자 손익계산서의 매출원가와 판매비와 관리비에 인식되어 있는 유형자산과 무형자산의 감가상각비는 총 29조 5,976억원으로 2019년 OCF는 다음과 같이 49조 4,326억원으로 계산된다. t_C는 실효세율[=법인세비용/법인세차감전순이익]을 사용하였다.

- t_C =[8조 6,933억원/30조 4,322억원] =0.2857
- OCF_{2019} =[$EBIT_{2019}$×(1 −t_C) +D_{2019}]
  =[27조 7,685억원×(1 −0.2857) +29조 5,976억원] =49조 4,326억원

이번에는 투자활동으로 인한 CF 측정을 살펴보자. 투자활동으로 인한 CF에는 자본적 지출(capital expenditure, CAPEX)과 순운전자본투자가 포함된다. 자본적 지출은 영업활동으로 인한 CF를 창출하기 위한 장기적 투자이므로 비유동자산 항목들 중에서 유형자산 투자가 여기에 해당된다. 2019년도 삼성전자의 유형자산 투자가 얼마나 이루어졌는지는 2019년도 기말과 기초의 변화량을 비교하면 알 수 있다. 그러나 <표 2>의 삼성전자 재무상태표를 보고 유형자산이 2019년 기초(2018년) 115조 4,167억원에서 기말(2019년) 119조 8,255억원으로 증가하였으므로 2019년 유형자산 투자는 기초와 기말의 차액인 4조 4,088억원만큼 이루어졌다고 잘못 측정할 수 있다.

유형자산 투자관련 CF 측정에서는 유형자산의 감가상각비에 주의해야 한다. 유형자산과 관련된 투자활동이 없더라도 기말가치는 기초보다 상각되어 감소하기 때문이다. 예를 들어, 삼성전자가 1년 동안 유형자산 투자관련 활동을 아무것도 하지 않았다면 기초 115조 4,167억원이 기말에 그대로 115조 4,167억원이 되는 것이 아니라, 유형자산 감가상각비 26조 5,738억원만큼 가치가 감소하여 88조 8,429억원이 된다는 것이다. 따라서 기말 유형자산에서 기초를 차감하기만 하면 (−)26조 5,738억원만큼 투자관련 CF가 발생하게 되어, 아무런 유형자산 관련 투자활동이 없었음에도 현금유입이 발생한 것으로 잘못 추정된다.

따라서 삼성전자의 2019년 유형자산 투자관련 CF는 다음 식 (4)처럼 유형자산의 기말가치에서 기초를 차감한 후 유형자산의 감가상각비를 다시 더해서 측정해야 한다.

- **특정 연도의 자본적 지출, $CAPEX_t$**

$$CAPEX_t = [\Delta\text{유형자산}_t + D_t] \quad \cdots \quad \text{식 (4)}$$

여기서 $CAPEX_t$는 자본적 지출, Δ유형자산$_t$은 [기말유형자산−기초유형자산], D_t는 유형자산 감가상각비를 각각 의미한다[9].

9 만약 자본적 지출에 무형자산의 투자까지 포함시킨다면 감가상각비에도 무형자산의 감모상각비까지 추가하여 측정해야 한다. 여기서 Δ는 delta라고 읽고, 변화량을 의미할 때 주로 사용된다.

- $CAPEX_{2019}$ =[(119조 8,255억원－115조 4,167억원)+26조 5,738억원]
  =30조 9,826억원

이와 같이 삼성전자의 2019년 유형자산 투자관련 CF는 4조 4,088억원이 아니라 감가상각비 26조 5,738억원이 더해진 30조 9,826억원이 된다. 즉, 감가상각이 26조 5,738억원 진행되었음에도 유형자산이 기초 115조 4,167억원에서 기말 119조 8,255억원으로 30조 9,826억원만큼의 유형자산 투자가 이루어졌다는 것이다.

유형자산의 장기적인 투자가 진행되면 단기적으로 유동자산과 유동부채의 변화도 발생하게 된다. 예를 들어, 유형자산 투자 이후 매출이 증가하면서 매출채권과 재고자산이 증가하고, 매출원가도 증가하여 매입채무와 미지급금이 증가하면 유동자산과 유동부채 변화에 따른 현금흐름도 발생하게 된다.

<예제 2-3>처럼 유동자산이 증가(감소)하면 현금유출(유입)이, 유동부채가 증가(감소)하면 현금유입(유출)이 발생하므로, ⊿순운전자본(net working capital, 이하 NWC)[=⊿유동자산－⊿유동부채]으로 순운전자본투자를 측정하면 유동자산과 유동부채 변화에 따른 현금흐름을 모두 반영할 수 있다. 그러나 여기서도 주의해야 할 점이 있다. 유동자산에 포함되는 '현금및현금성자산'의 처리이다. '6.2. 현금흐름계산'에서 우리가 최종적으로 측정하고자 하는 것은 1년 사이의 현금흐름이다. ⊿유동자산[=기말 유동자산－기초 유동자산]의 '현금및현금성자산'의 변화량에는 전액은 아니더라도 우리가 측정하고자 하는 1년 사이의 CF와 중복된 금액들이 포함되므로 그것을 제외하기 위하여 ⊿유동자산은 '현금및현금성자산'을 제외한 유동자산 항목들로만 측정해야 한다. 따라서 순운전자본투자 CF는 다음 식 (5)와 같이 계산되며, 여기서 '⊿유동자산'은 '현금및현금성자산'을 제외한 유동자산의 변화량을 의미한다.

- 특정 연도의 순운전자본투자, ΔNWC_t

$$\Delta NWC_t = [\Delta \text{유동자산}_t - \Delta \text{유동부채}_t] \quad \cdots \quad \text{식 (5)}$$

<표 2>의 삼성전자 재무상태표로 계산하면 삼성전자의 2019년 순운전자본투자(⊿NWC)는 다음과 같이 15조 4,411억원으로 계산된다.

- ⊿유동자산$_{2019}$ =[(181조3,853억원－26조8,860억원)－(174조6,974억원
  －30조3,405억원)]=10조 1,424억원

- Δ유동부채$_{2019}$ = [63조7,828억원 − 69조815억원] = (−)5조 2,987억원
- ΔNWC$_{2019}$ = [Δ유동자산$_{2019}$ − Δ유동부채$_{2019}$]

  = [10조1,424억원 − (−)5조2,987억원] = 15조 4,411억원

최종적으로 계산하고자 했던 CF는 영업활동으로 인한 CF를 측정한 식 (3)의 OCF_t에서 투자활동으로 인한 CF를 측정한 식 (4)의 $CAPEX_t$와 (5)의 ΔNWC_t를 차감하여 식 (6)과 같이 계산된다.

● **특정 연도의 현금흐름, CF_t**

$$CF_t = [OCF_t - (CAPEX_t + \Delta NWC_t)] \quad \cdots \quad \textbf{식} \ (6)$$

식 (6)으로 계산하면 삼성전자의 2019년 CF는 최종적으로 다음과 같이 (+)3조 89억원으로 측정된다. <표 4> 현금흐름표의 2019년 '현금 및 현금성자산의 증가(감소)' 항목의 (−)3조 4,545억원과 큰 차이를 보이고 있다.

- CF_{2019} = [OCF_{2019} − ($CAPEX_{2019}$ + ΔNWC_{2019})]

  = [49조4,326억원 − (30조9,826억원 + 15조4,411억원)] = (+)3조 89억원

연습문제

2-1. 실현주의 원칙과 수익-비용 대응의 원칙에 대해서 설명하시오.

2-2. 일반적으로 인정되는 회계원칙(GAAP)과 현재 우리나라의 GAAP에 대해서 설명하시오.

2-3. 재무제표의 재무상태표와 손익계산서에 대해서 비교 설명하시오.

2-4. 장부가치(book value)와 시장가치(market value)의 개념을 비교 설명하시오.

2-5. 감가상각에 대해서 설명하고 비용을 유형자산, 무형자산, 천연자원으로 구분해보시오.

2-6. 자본에 대해서 각 항목별로 구분하여 설명하시오.

2-7. A기업이 2021년 12월 1일 액면가 5,000원 주식이 상장되면서 IPO(공모가격 45,000원, 신규발행 200,000주)가 이루어졌다. 상장일 A주식 주가는 90,000원으로 마감되었다. IPO 이전 A기업은 PARK과 KIM이 액면가로 각각 100,000주씩 출자하였다고 한다. 2021년까지 누적된 이익잉여금은 200,000만원이라고 한다. 다음 질문들에 답하시오.

① IPO 이전 A기업 자본총액은 얼마인가?

② IPO가 이루어지면서 PARK과 KIM의 상장일 주식가치 및 지분율은 각각 얼마가 되겠는가?

③ ①의 자본총액과 자본구성항목들은 IPO 이후 어떻게 변하였는가?

④ 만약 PARK과 KIM이 보유한 주식의 50,000주씩을 일반투자자에게 매출하면서 IPO가 진행되었다면 ③의 자본총액과 자본구성항목들은 IPO 이후 어떻게 변하였는가?

2-8. 동네 치킨점이 튀김기계를 3,000만원의 현금으로 2021년 1월 1일 구입하였다. 기계는 3년 후 새로운 기계로 교체해주어야 한다.

① 3년 후 잔존가치가 300만원으로 예상되고 정액법으로 감가상각할 경우 내용연수 3년 동안의 연도별 감가상각비, 감가상각누계액, 장부가치를 계산하시오.

② 튀김기계의 감가상각을 정률법(매년 40%씩 상각)으로 감가상각할 경우 내용연수 3년 동안의 연도별 감가상각비, 감가상각누계액, 장부가치를 계산하시오.

③ ①의 정액법과 ②의 정률법의 감가상각에서 이루어지는 감가상각비의 세금공제액이 연도별로 얼마나 차이가 나는지 추정하시오. 법인세율 20%.

2-9. U기업이 부채를 사용하지 않는 것과 L기업은 부채 500억원(이자율 10%)을 사용하는 것을 제외하고는 모든 상황이 다음과 같이 동일하고, 과세대상소득에 따른 세율구간이 다음과 같을 경우 질문들에 답하시오.

매출액 5,000억원, 매출원가 3,000억원, 감가상각비 500억원, 세금 외의 비용은 없다고 가정

구간	0원~2억원 이하	2억원 초 ~200억 이하	200억원 초과 ~3,000억원 이하	3,000억원 초과
세율	10%	20%	22%	25%

① 두 기업의 평균세율은 각각 얼마인가?

② ①보다 두 기업의 매출액과 매출원가가 1.5배 상승하였고 나머지는 동일하다고 할 경우 평균세율, 추가된 세금, 한계세율을 각각 계산하시오.

③ ①보다 두 기업의 영업이익이 3배로 증가할 경우 평균세율, 추가된 세금, 한계세율을 각각 계산하시오.

2-10. B기업 재무제표 관련 항목들이 다음과 같다고 할 경우 다음 질문들에 답하시오. 단 감가상각비와 판매비와 일반관리비는 매출원가에 이미 포함되어 있고, 법인세율은 20%.

항목	2021년	2020년	항목	2021년	2020년
매출액	19,284억원	18,696억원	유동자산	3,393억원	2,894억원
매출원가	8,954억원	8,343억원	현금	23억원	1,662억원
감가상각비	529억원	485억원	비유동자산	10,417억원	9,614억원
이자비용	83억원	84억원	유형자산	2,797억원	2,427억원
배당금	400억원	400억원	유동부채	5,340억원	4,582억원
			비유동부채	3,261억원	3,044억원

① 표의 항목들을 활용하여 2021년과 2020년 다음 재무상태표를 완성하시오.

2021년, 2020년 재무상태표 (단위 : 억원)					
항 목	2021년	2020년	항목	2021년	2020년
유동자산	[ ]	[ ]	유동부채	[ ]	[ ]
현금	[ ]	[ ]	비유동부채	[ ]	[ ]
비유동자산	[ ]	[ ]	부채총액	[ ]	[ ]
유형자산	[ ]	[ ]	자기자본총액	[ ]	[ ]
자산총액	[ ]	[ ]	부채와 자기자본총액	[ ]	[ ]

② 표의 항목들을 활용하여 2021년과 2020년 다음 손익계산서를 완성하시오.

2021년, 2020년 손익계산서 (단위 : 억원)		
항 목	2021년	2020년
매출액	[ ]	[ ]
매출원가	[ ]	[ ]
영업이익	[ ]	[ ]
이자	[ ]	[ ]
법인세차감전순이익	[ ]	[ ]
법인세	[ ]	[ ]
순이익	[ ]	[ ]
배당금	[ ]	[ ]
유보이익	[ ]	[ ]

③ 재무상태표와 손익계산서 항목들을 활용하여 2021년 영업현금흐름, 자본적 지출, 순운전자본변화량, CF를 추정하시오.

2-11. C기업의 2021년 매출액 50,000만원, 매출원가는 매출액의 50%, 판매비와 일반관리비 10,000만원(이중에서 감가상각비 3,000만원), 영업외수익 6,800만원, 영업외비용(모두 이자비용) 1,800만원, 법인세율 20%, 순이익 16,000만원, 배당금 8,000만원이라고 한다.

① 영업이익(EBIT), 법인세차감전이익(EBT), 법인세, 유보이익은 각각 얼마인가?

② C기업의 2021년 재무상태표가 다음과 같을 경우 2021년 이익잉여금의 빈칸을 채운 후 2021년 CF를 계산하시오.

2021년, 2020년 재무상태표 (단위 : 만원)					
항 목	2021년	2020년	항목	2021년	2020년
유동자산	21,000	15,000	유동부채	14,000	12,000
현금	7,000	5,000	매입채무	14,000	12,000
매출채권	7,000	5,000	비유동부채	23,000	18,000
재고자산	7,000	5,000	부채총액	37,000	30,000
비유동자산	44,000	35,000	자본총액	28,000	20,000
투자자산	7,000	5,000	자본및자본잉여금	10,000	10,000
유형자산	37,000	30,000	이익잉여금	( )	10,000
자산총액	65,000	50,000	부채와 자기자본총액	65,000	50,000

2-12. 현금흐름 계산과 관련된 다음 질문들에 답하시오.

① 매출액 200억원, 매출원가 150억원, 감가상각비 10억원, 이자비용 1억원, 법인세율 20%라고 하면 영업현금흐름은 얼마인가?

② 기초 유형자산 120억원, 금년에 유형자산과 관련하여 30억원의 처분과 20억원의 신규투자가 이루어졌고, 감가상각비는 5억원 발생하였다. 기말 유형자산과 유형자산에 대한 자본적 지출은 각각 얼마인가?

③ 2021년과 2020년 유동자산은 각각 50억원과 45억원, 현금및현금등가물은 각각 2.5억원과 4억원, 유동부채는 각각 45억원과 50억원이라면 2021년 운전자본관련 투자는 얼마인가?

④ ①~③이 동일한 기업의 상황이라면 이 기업의 2021년 CF는 얼마인가?

⑤ EBIT는 10,000만원, 법인세율 20%, 자본적 지출(이하 CAPEX) 2,000만원, 순운전자본변화량(이하 ΔNWC)은 500만원, CF는 7,000만원이라고 하면 감가상각비는 얼마인가?

⑥ 자본적 지출=5,000만원, ΔNWC=1,000만원, 감가상각비=1,000만원, 법인세율=22%라면 CF가 (+)의 값을 가지려면 EBIT는 얼마 이상이 되어야 하는가?

⑦ 법인세율=0.2, ΔNWC=(−)1,500만원, 감가상각비=1,000만원, 자본적 지출=2,000만원이면 영업이익과 CF가 동일하다고 한다. CF와 영업이익은 얼마인가?

⑧ CF=2,500만원, EBIT=5,000만원, 법인세율=10%, 비유동자산은 기초 10,000만원, 기말 10,000만원이고 그 중에 투자자산은 기초 2,000만원, 기말 1,000만원이라고 하면 순운전자본변화량은 얼마인가?

⑨ 작년 매출액은 10,000만원이고 올해 추정자료들은 다음과 같다고 한다. 매출원가와 판매비및일반관리비의 합은 매출액의 70%, 감가상각비는 320만원, 법인세율은 20%, CAPEX는 매출액변화량의 50%, △NWC는 매출액변화량의 10%, CF는 2,000만원으로 예상된다고 한다. 올해 매출액성장률(g)은 얼마가 되어야 하는가?

CHAPTER

03

재무분석

1. 재무분석의 기초

2. 표준화된 재무제표

3. 재무비율 분석

4. 듀퐁항등식과 차트

5. 재무분석의 유용성과 한계

1. 재무분석의 기초

1.1 재무제표의 활용과 재무분석

2장에서 재무제표는 기업의 이해관계자와 잠재적 투자자들에게 기업의 특정 시점 재무상태와 일정 기간 경영성과와 관련된 정보를 제공하기 위하여 작성된다고 하였고, K-IFRS도 의사결정에 유용한 정보를 제공하기 위한 원칙을 제시한다고 하였다. 그러나 일반인들은 일부 소수 항목들(자산, 부채, 자본, 매출액, 이익 정도)을 제외하면 재무제표를 유용하게 사용하기가 쉽지 않다.

재무제표 이용자들이 재무제표 작성 의도에 맞게 활용하기 위해서는 재무제표를 활용하여 자신이 필요로 하는 정보를 파악할 수 있어야 한다. 동일한 재무제표를 가지고도 이용자의 능력에 따라 파악할 수 있는 정보의 양과 질은 차이가 날 것이다. 그러나 능력을 키우기 위해서 재무나 회계 관련 전공을 해야 하는 것은 아니다. 자신들이 원하는 정보에 맞는 비율을 만들거나 찾을 수만 있어도 재무제표를 활용하는 능력을 키울 수 있다. 다행히 많은 실무자들과 학자들이 특정 정보를 파악하는데 유용한 비율들을 재무제표 항목들을 가지고 구축해 놓았다.

K-IFRS에 따라 작성된 재무제표는 시장가치(market value, 이하 MV)를 충실하게 담는다고는 하지만 여전히 장부가치(book value, 이하 MV)의 한계는 존재한다. 전문가가 아닌 이용자들에게는 재무제표의 MV 관련 정보를 어떤 항목에서 찾아야 하는지, 찾았다고 하더라도 그 수치를 어떻게 해석해야 하는지 쉽지 않다. 따라서 재무제표로 파악하기 어려운 정보는 시장가치 관련비율로 파악할 수 있다.

이와 같이 재무적 의사결정 과정에서 기업의 재무제표를 통하여 원하는 정보를 찾기 위한 분석을 재무분석(financial analysis)이라고 하며, 여기에는 재무제표 항목들로 구성한 재무비율과 시장가치를 나타내는 변수를 활용한 비율 분석, 표준화된 재무제표 분석 등이 포함된다.

학문적으로는 재무비율들이 이론적 근거가 부족하다고 비판받지만 수리적으로 잘 정리된 이론이 현실을 설명하지 못하는 경우보다는 이론적으로 조금 부족하더라도 이용자들이 알고 싶은 정보를 잘 반영하고 있다면 유용하게 활용될 수 있을 것이다.

1.2 기업의 목표와 재무분석

기업의 목표는 주주 가치를 극대화하는 것이고, 여기서 주주 가치는 주식의 가치를 말하는 것이므로 기업의 목표에 맞게끔 재무적 의사결정이 제대로 이루어졌는지는 '그 결정으로 주식의 가치가 얼마나 창출되었는가?'로 판단할 수 있다. 주식의 가치가 창출되기 위해서는 무엇보다도 기업 또는 CFO의 투자결정과 자본조달결정이 제대로 이루어져야 한다.

투자결정은 자본비용(cost of capital) 이상의 투자수익률을 얻을 수 있도록 이루어져야 주식가치를 창출시킬 것이다. 그러기 위해서는 투자 수익성(profitability)이 좋아야 하고, 투자 자산들도 효율적으로 활용되어야 한다. 자본조달결정에서는 기업이 감당할 수 있는 수준의 위험을 부담하면서 장단기적으로 지불 가능한 수준의 자금조달이 이루어져야 할 것이다.

기업의 목표인 주주 가치를 극대화시키는 투자결정과 자본조달결정에서 '주주 가치가 얼마나 창출되었는지, 그 과정에서 투자결정과 자본조달결정이 얼마나 잘 이루어졌는지, 만약 제대로 이루어지지 못했다면 어떤 요인들 때문인지'를 분석하는 것이 재무분석(financial analysis)이다. 다음 <그림 1>은 이 과정을 보여주고 있다.

〈그림 1〉 기업의 목표와 재무분석

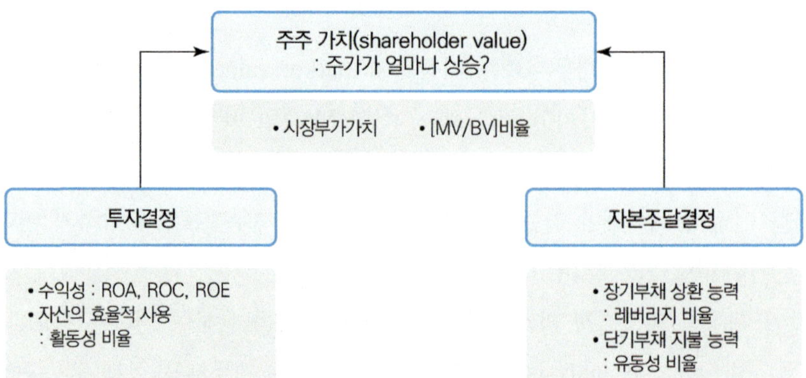

2. 표준화된 재무제표

재무제표 항목들을 통하여 관심 기업의 원하는 정보를 파악하기 위해서는 각 항목의 수치로 그 기업의 성과나 현황을 판단해야 한다. 가장 쉬운 방법은 경쟁기업과 비교하는 것인데, 두 기업의 자산이나 매출액이 수십 배 차이가 나거나, 해외 기업이어서 작성된 통화가 $와

₩로 다르면 관심 기업의 이익 100억원이 좋은 결과인지 나쁜 결과인지 판단할 수 없다. 또한 관심 기업의 이익이 1억원 증가한 경우도 매출액이 몇 배 증가했음에도 1억원만 증가한 것인지는 이익 항목의 수치만으로는 판단할 수 없다.

이런 상황을 해결할 수 있는 방법은 재무제표 각 항목의 총액을 상대적인 비율로 전환하는 것이다. 기업간 규모와 재무제표 작성 기준 통화가 다르다면 특정 항목 대비 각 항목의 비율로 표준규모 재무제표를 작성하고, 비교 시점이 다르다면 특정 항목의 과거 시점 대비 관심 시점의 비율로 표준연도 재무제표를 작성하면 두 기업 간의 비교가 가능해진다. 이와 같이 특정 항목 대비 비율로 재무제표를 작성하는 것을 '재무제표를 표준화한다(standardize financial statements)'고 한다.

2.1 표준규모 재무제표

표준규모 재무제표(common-size statement)는 재무상태표는 각 항목을 자산대비 비율로, 손익계산서는 각 항목을 매출액 대비 비율로 작성하는 것을 말한다. 비율의 분모 자산과 매출액은 각 재무제표에서 가장 큰 값의 항목들이다.

<표 1>은 관심 기업 삼성전자의, <표 2>는 비교 기업 SK하이닉스의 2019년과 2018년 표준규모 재무상태표를, <표 3>은 두 기업의 표준규모 손익계산서를 보여주고 있다[1]. 관심기업 삼성전자의 2019년 현금및현금성자산 26조 8,86억원과 당기순이익 21조 7,389억원은 언뜻 보아도 상대한 금액이라 느껴지지만 다른 기업과 비교하면 그 수준이 어느 정도인지 더욱 명확해진다.

삼성전자와 같이 반도체 생산이 주력이고 유가증권시장에서 최근 시가총액 상위권을 유지하고 있는 SK하이닉스의 2019년 현금및현금성자산 2조 3,061억원, 당기순이익 2조 163억원과 비교하면 2019년 삼성전자의 현금및현금성자산은 SK하이닉스의 11.66배, 당기순이익은 10.78배 정도이다.

그러나 2019년 삼성전자의 자산과 매출액 규모는 SK하이닉스보다 각각 5.44배와 8.54배 크므로 삼성전자의 현금및현금성자산과 당기순이익이 SK하이닉스보다 큰 것은 당연한 결과라고 할 수도 있다. 이런 경우에는 표준규모 재무제표처럼 자산 대비 현금및현금성자산의 비율, 매출액 대비 당기순이익의 비율로 비교하면 관심기업 삼성전자에 대한 보다 유용한 정보를 파악할 수 있다.

1 삼성전자는 2장 <표 1>의 재무상태표와 <표 3>의 손익계산서의 내용을 바탕으로, SK하이닉스는 이번 장 끝의 <참고사항>에 정리한 재무상태표와 손익계산서의 내용을 바탕으로 작성되었다.

- 2019년 현금및현금성자산/자산총액
- 삼성전자=[268,860억원/3,525,645억원]=7.63%
- SK하이닉스=[23,061억원/647,895억원]=3.56%

- 2019년 당기순이익/매출액
- 삼성전자=[217,389억원/2,304,009억원]=9.44%
- SK하이닉스=[20,163억원/269,907억원]=7.47%

2019년 삼성전자의 자산 대비 현금및현금성자산 비율은 7.63%로 SK하이닉스의 3.56%보다 높았고, 매출액 대비 당기순이익 비율도 9.44%로 SK하이닉스의 7.47%보다 높은 것으로 나타났다. 따라서 삼성전자의 현금및현금성자산은 두 기업의 자산규모 차이를 고려하더라도 삼성전자가 2.14배[=7.63%/3.56%] 큰 것으로, 당기순이익은 매출액 차이를 고려하더라도 삼성전자가 1.26배[=9.44%/7.47%] 큰 것으로 나타났다. 이와 같이 두 기업을 비교할 때는 규모의 차이를 고려하면 보다 유용한 정보를 얻을 수 있다.

〈표 1〉 삼성전자의 2019년(51기), 2018년(50기) 표준규모 재무상태표

자 산	2019년	2018년	부채와 자본	2019년	2018년
유동자산	51.45%	51.48%	유동부채	18.09%	20.36%
현금및현금성자산	7.63%	8.94%	매입채무	2.47%	2.50%
단기금융상품	21.63%	19.42%	단기차입금	4.08%	4.00%
매출채권	9.96%	9.98%	미지급금	3.40%	3.16%
재고자산	7.59%	8.54%	미지급비용	5.49%	5.99%
기타유동자산	4.64%	4.60%	기타유동부채	2.64%	4.70%
			비유동부채	7.35%	6.64%
			사채	0.28%	0.28%
			장기차입금	0.62%	0.03%
			이연법인세부채	4.84%	4.47%
			기타비유동부채	1.61%	0.57%
			부채총계	25.44%	26.99%
비유동자산	48.55%	48.52%	자본금	0.25%	0.26%
유형자산	33.89%	34.01%	자본잉여금	1.25%	1.30%
무형자산	5.87%	4.39%	이익잉여금	72.21%	71.52%
이연법인세자산	1.28%	1.61%	기타자본항목	−1.41%	−2.34%
기타비유동자산	10.31%	8.51%	자본총계	74.56%	73.01%
자산총계	100.00%	100.00%	부채와 자본총계	100.00%	100.00%

〈표 2〉 SK하이닉스의 2019년(72기), 2018년(71기) 표준규모 재무상태표

자 산	2019년	2018년	부채와 자본	2019년	2018년
유동자산	22.31%	31.25%	유동부채	12.15%	20.47%
현금및현금성자산	3.56%	3.69%	매입채무	1.61%	1.72%
단기금융상품	2.61%	9.46%	단기차입금	4.23%	2.54%
매출채권	6.58%	9.93%	미지급금	3.65%	5.80%
재고자산	8.17%	6.95%	기타지급채무	1.94%	2.95%
기타유동자산	1.40%	1.23%	기타유동부채	0.72%	7.48%
			비유동부채	13.85%	5.93%
			장기차입금	12.02%	5.76%
			장기미지급금	0.03%	0.02%
			이연법인세부채	0.02%	0.01%
			기타비유동부채	1.78%	0.13%
			부채총계	26.00%	26.40%
비유동자산	77.69%	68.75%	자본금	5.65%	5.75%
유형자산	61.66%	54.91%	자본잉여금	6.40%	6.51%
무형자산	3.97%	4.21%	이익잉여금	66.26%	66.03%
이연법인세자산	1.04%	0.85%	기타자본항목	−4.31%	−4.69%
기타비유동자산	11.02%	8.78%	자본총계	74.00%	73.60%
자산총계	100.00%	100.00%	부채와 자본총계	100.00%	100.00%

〈표 3〉 삼성전자와 SK하이닉스의 2019년, 2018년 표준규모 손익계산서

항 목	삼성전자		SK하이닉스	
	2019년	2018년	2019년	2018년
매출액	100.00%	100.00%	100.00%	100.00%
매출원가	63.91%	54.31%	69.75%	37.53%
매출총이익	36.09%	45.69%	30.25%	62.47%
판매비와 관리비	24.04%	21.53%	20.20%	10.93%
영업이익	12.05%	24.16%	10.05%	51.54%
금융수익	4.41%	4.10%	4.62%	4.18%
기타영업외수익	0.77%	0.61%	0.41%	0.31%
금융비용	3.59%	3.53%	5.61%	2.82%
기타영업외비용	0.61%	0.47%	0.42%	0.44%
법인세비용차감전순이익	13.21%	25.09%	9.05%	52.77%
법인세비용	3.77%	6.90%	1.58%	14.34%
당기순이익	9.44%	18.19%	7.47%	38.42%

2.2 표준연도 재무제표

표준연도 재무제표(common-base year statement)는 재무제표의 각 항목들을 과거 특정 시점 대비 비율로 작성하는 것을 말한다. 특정 기업의 금년도 당기순이익이 과거와 비교하여 어느 정도 수준인지를 파악해야 할 때 유용한 방법이다. 과거 재무제표를 활용하여 관심 항목의 추세를 분석(trend analysis)하는 것이다.

〈표 4〉 삼성전자와 SK하이닉스의 2019년 표준연도 재무상태표

자 산	삼성전자	SK하이닉스	부채와 자본	삼성전자	SK하이닉스
유동자산	103.83%	72.67%	유동부채	92.33%	60.42%
현금및현금성자산	88.62%	98.16%	매입채무	102.81%	95.08%
단기금융상품	115.72%	56.99%	단기차입금	105.93%	169.60%
매출채권	103.73%	67.43%	미지급금	112.05%	64.13%
재고자산	92.34%	119.74%	미지급비용	95.18%	-
기타유동자산	104.74%	115.75%	기타지급채무	-	66.93%
			기타유동부채	58.33%	9.86%
			비유동부채	115.00%	237.28%
			사채	101.35%	-
			장기차입금	2,584.7%	212.28%
			장기미지급금	68.38%	120.39%
			이연법인세부채	112.48%	120.00%
			기타비유동부채	89.89%	9.86%
			부채총계	97.91%	100.24%
비유동자산	103.96%	115.01%	자본금	100.00%	100.00%
유형자산	103.82%	54.91%	자본잉여금	100.00%	100.00%
무형자산	139.03%	95.98%	이익잉여금	104.90%	102.13%
이연법인세자산	82.39%	123.33%	기타자본항목	62.65%	93.50%
기타비유동자산	90.52%	218.34%	자본총계	106.11%	102.33%
자산총계	103.89%	101.78%	부채와 자본총계	103.89%	101.78%

〈표 5〉 삼성전자와 SK하이닉스의 2019년 표준연도 손익계산서

항 목	삼성전자	SK하이닉스
매출액	94.52%	66.73%
매출원가	111.21%	124.01%
매출총이익	74.67%	32.32%
판매비와 관리비	105.53%	123.35%
영업이익	47.16%	13.01%
금융수익	101.63%	73.74%
기타수익	119.80%	88.08%
금융비용	96.12%	132.64%
기타비용	123.91%	63.71%
법인세비용차감전순이익	49.76%	11.45%
법인세비용	51.70%	7.35%
당기순이익	49.02%	12.97%

<표 4, 5>는 각각 삼성전자와 SK하이닉스의 2019년 표준연도 재무상태표와 표준연도 손익계산서를 보여준다. 두 재무제표 모두 기준시점을 2018년으로 하여 각 항목의 2018년 값 대비 2019년 값의 비율로 계산하였다. 관심 기업 삼성전자의 2019년 현금및현금성자산 26조 8,860억원과 당기순이익 21조 7,389억원을 다음과 같이 2018년 해당 항목 값들과 비교하면 2019년 현금및현금성자산은 기준연도 2018년의 88.68% 수준, 당기순이익은 49.02% 수준으로 감소했다는 것이다.

- 2019년 현금및현금성자산/2018년 현금및현금성자산
- 삼성전자=[268,860억원/303,405억원]=88.61%
- SK하이닉스=[23,061억원/23,493]=98.16%

- 2019년 당기순이익/2018년 당기순이익
- 삼성전자=[217,389억원/443,448억원]=49.02%
- SK하이닉스=[20,163억원/155,401억원]=12.97%

SK하이닉스와 비교하면 삼성전자의 2018년 기준 2019년 현금및현금성자산의 88.61% 수준은 SK하이닉스의 98.16% 수준보다는 낮지만, 당기순이익은 2018년의 49.02% 수준에 불과하였던 당기순이익은 SK하이닉스의 12.97% 보다는 높은 수준이다.

2.3 표준규모 및 표준연도의 결합

특정 기업의 표준규모 재무제표 항목들을 다른 기업과 비교하여 '좋다 또는 나쁘다'라고 판단할 때 특정 기업의 그 해 비율의 변화는 과거보다 증가하거나 감소한 자산 또는 매출액 변화에도 영향을 받는다. 따라서 표준규모 재무제표 비율들의 분모항인 자산과 매출액의 추세까지 고려하기 위해서는 표준규모와 표준연도의 결합이 필요해진다.

먼저 <표 1>과 <표 3>처럼 관심 기업인 삼성전자 각 항목들의 2019년과 2018년의 표준규모 재무제표를 작성하고, 2018년이 기준시점이고 2019년이 비교시점이라면 2018년도 표준비율 대비 2019년도의 표준비율을 표준연도 재무제표 작성하는 것처럼 작성하면 표준규묘와 표준연도의 결합 재무제표가 작성된다. <표 6>과 <표 7>은 이와 같은 방식으로 계산된 삼성전자와 SK하이닉스의 2019년 표준규모 및 표준연도의 결합 재무상태표와 결합 손익계산서를 각각 보여주고 있다.

표준연도 재무상태표에 의하면 2019년 삼성전자의 현금및현금성자산 26조 8,860억원은 2018년 30조 3,405억원의 88.62% 수준으로 감소하였다. 또한 표준규모 재무상태표의 자산대비 비율은 2018년 8.94%에서 2019년 7.63%로 감소하였다. 여기에 2019년 표준규모 재무상태표의 비율도 2018년의 어느 정도 수준으로 감소하였는지를 파악하면 보다 쉽게 비교할 수 있을 것이다. 이것을 보여주는 것이 다음과 같이 계산하는 표준규모와 표준연도의 결합 재무상태표이다.

- [(2019년 현금및현금성자산/자산)/(2018년 현금및현금성자산/자산)]
- 삼성전자=[2019년 7.63%/2018년 8.94%]=85.30%
- SK하이닉스=[2019년 3.56%/2018년 3.69%]=96.45%

이와 같이 표준규모 재무상태표의 비율로도 삼성전자의 2019년 자산 대비 현금및현금성자산 비율이 2018년의 85.30% 수준으로 감소하여 총액의 88.62% 수준보다 더 많이 감소한 것으로 추정된다. 삼성전자의 2019년 자산총액이 2018년보다 3.89% 증가했음에도 현금및현금성자산이 88.62% 수준으로 감소했다는 것은 자산 증가를 고려하면 실제로는 85.30% 수준까지 하락하였다는 의미이다.

동일한 논리로 2019년 삼성전자 순이익 2조 1,739억원을 분석하면 2018년 순이익 4조 4,333억원의 49.02% 수준으로 감소했지만, 매출액 대비 비율은 18.19%에서 9.44%로 2018년의 51.87% 수준으로 총액보다는 조금 적게 감소한 것으로 추정된다. 이것은 2019년 매출액이 2018년의 94.52% 수준으로 감소하여 순이익이 감소한 부분도 있으므로 매출액 감소로 인한 영향을 제외하면 순이익은 2018년의 51.87% 수준이라는 의미이다.

- [(2019년 순이익/매출액)/(2018년 순이익/매출액)
- 삼성전자=[2019년 9.44%/2018년 18.19%]=51.87%
- SK하이닉스=[2019년 7.47%/2018년 38.42%]=19.44%

<표 6>과 <표 7>의 표준규모 및 표준연도 결합 재무상태표와 손익계산서는 각각 2018년(기준시점) 대비 2019년(비교시점) 자산 변화, 매출액 변화를 통제한 후 각 항목들의 기준시점 대비 비교시점의 수준을 보여준다.

〈표 6〉 삼성전자와 SK하이닉스의 2019년 표준규모 및 표준연도 결합 재무상태표

자 산	삼성전자	SK하이닉스	부채와 자본	삼성전자	SK하이닉스
유동자산	99.04%	71.40%	유동부채	88.87%	59.37%
현금및현금성자산	85.30%	96.45%	매입채무	98.96%	93.42%
단기금융상품	111.38%	56.00%	단기차입금	101.93%	166.64%
매출채권	99.84%	66.25%	미지급금	107.86%	63.01%
재고자산	88.88%	117.73%	미지급비용	91.61%	–
기타유동자산	100.82%	113.73%	기타지급채무	–	65.76%
			기타유동부채	56.14%	9.68%
			비유동부채	110.69%	233.58%
			사채	97.55%	–
			장기차입금	2,487.9%	208.58%
			장기미지급금	65.82%	118.29%
			이연법인세부채	108.26%	233.73%
			기타비유동부채	86.53%	181.91%
			부채총계	94.24%	98.49%
비유동자산	100.06%	113.00%	자본금	96.25%	98.25%
유형자산	99.93%	112.30%	자본잉여금	96.25%	98.25%
무형자산	133.82%	94.30%	이익잉여금	100.97%	100.35%
이연법인세자산	79.30%	121.17%	기타자본항목	60.31%	91.87%
기타비유동자산	87.13%	214.53%	자본총계	102.13%	100.54%
자산총계	100.00%	100.00%	부채와 자본총계	100.00%	100.00%

〈표 7〉 삼성전자와 SK하이닉스의 2019년 표준규모 및 표준연도 결합 손익계산서

항 목	삼성전자	SK하이닉스
매출액	100.00%	100.00%
매출원가	117.67%	185.82%
매출총이익	79.00%	48.43%
판매비와 관리비	111.65%	184.84%
영업이익	49.89%	19.50%
금융수익	107.53%	110.50%
기타수익	126.75%	131.98%
금융비용	101.70%	198.76%
기타비용	131.10%	95.47%
법인세비용차감전순이익	52.65%	17.15%
법인세비용	54.70%	11.01%
당기순이익	51.87%	19.44%

예제 3-1

SK하이닉스의 2019년 매출채권과 영업이익의 표준규모, 표준연도, 표준규모와 표준연도의 결합 재무제표 분석을 해보시오.

풀이 매출채권 4조 2,617억원, 영업이익 2조 7,127억원의 표준규모 재무제표 비율은 각각 6.58%와 10.05%로 삼성전자의 9.93%와 12.05%와 비교하면 매출채권과 영업이익 성과 모두 다소 미흡한 것으로 나타났다.

표준연도 재무제표에 의하면 매출채권은 2018년의 67.43%, 영업이익은 13.01% 수준으로 모두 크게 감소하였다. 그러나 표준규모와 표준연도 결합 재무제표에 의하면 매출채권은 자산 증가량보다 적게 증가하여 2018년의 66.25% 수준에 불과하였고, 영업이익은 매출액 증가의 영향을 제외하면 전년도의 19.50% 수준이라고 추정된다.

3. 재무비율 분석

3.1 재무비율 분석의 기초

앞에서 기업의 규모나 재무제표를 작성한 통화가 다른 기업들도 비교할 수 있는 표준화된 재무제표에 대해서 살펴보았다. 그러나 표준화된 재무제표는 각 항목의 변화에 대한 정보만 제공할 뿐 여전히 이용자가 원하는 구체적이고 유용한 정보를 얻기에는 한계가 있다. 규모와 통화가 다른 기업들을 비교하면서 이용자가 원하는 구체적인 정보를 얻는 방법은 두 기업의 재무비율(financial ratio)을 비교 분석하는 것이다.

재무제표의 항목들을 활용하면 수많은 비율들이 만들어지지만 이용자는 자신이 원하는 특정 정보를 제공하는 재무비율들을 찾아야 한다. 따라서 재무비율 분석에서는 ① 어떤 정보를 알고자 하는가?, ② 그 정보를 알기 위하여 어떤 비율을 사용해야 하는가?, ③ 그 비율 사용에 대한 합리적인 이유, ④ 비율의 측정 단위(%, 배, 일, 회 등), ⑤ 비율의 높고 낮음의 의미, ⑥ 그 비율을 개선할 수 있는 방법 등이 고려되어야 한다.

본서에서는 재무와 회계 관련 서적과 실무에서 공통적으로 많이 언급되는 다음과 같은 정보를 파악할 수 있는 비율들에 대해서 관심 기업은 '삼성전자', 비교 기업은 'SK하이닉스'로 하여 삼성전자의 2019년 재무비율 분석을 통하여 설명하고자 한다.

- 단기지급 능력 또는 유동성 ⇒ 유동성 비율
- 장기지급 능력 또는 재무건정성 ⇒ 레버리지 비율
- 자산의 효율적인 관리 ⇒ 활동성 비율
- 수익성 ⇒ 수익성 비율 또는 회계적 이익률
- 시장가치 창출 능력 ⇒ 시장가치 비율

3.2 단기지불능력 또는 유동성

단기지불능력(short-term solvency)과 유동성(liquidity)은 기업이 1년 이내 갚아야 할 부채를 1년 이내 현금화시킬 수 있는 자산으로 상환할 수 있는 능력을 말하므로 유동자산과 유동부채 항목들을 활용한 비율들로 측정된다. 유동자산과 유동부채는 상대적으로 BV와 MV의 차이가 적어 예외적인 경우를 제외하면 현재의 수치가 미래 정보를 대변할 수 있다.

(1) 유동비율(current ratio)

유동비율은 유동자산을 유동부채로 나눈 비율로 유동부채 1단위당 유동자산이 얼마나 되는지 또는 유동자산이 유동부채의 몇 배에 해당하는지를 측정한다.

기업에게 단기자금을 제공한 채권자나 물건을 제공한 납품업자에게는 유동비율이 높을수록 만족스럽겠지만, 기업 입장에서는 유동비율이 높다고 항상 좋은 것은 아니다. 예를 들어, 어떤 기업이 자산을 모두 현금으로 보유하면 유동성은 최고 수준이겠지만 수익은 하나도 발생하지 않는다. 기업의 장기적이고 안정적인 수익은 대부분 비유동자산 투자에서 발생하기 때문이다.

일반적으로 유동비율은 1을 기준으로 적정 여부를 판단한다. 만약 유동비율이 1보다 작으면 1년 이내 갚아야할 부채를 1년 이내 현금화시킬 수 있는 자산으로 모두 갚을 수 없다는 것이므로 유동비율이 1보다 큰 것이 좋지만 너무 높은 것도 수익성 측면에서는 바람직하지 못하므로 1을 적정 수준으로 보는 것이다.

- 유동비율=[유동자산/유동부채]
- 2019년 삼성전자=[1,813,853억원/637,828억원]=2.84
- 2019년 SK하이닉스=[144,576억원/78,740억원]=1.84

이와 같이 삼성전자의 2019년 유동비율은 2.84로 유동자산이 유동부채보다 2.84배 많거나, 유동부채 1억원 당 2.84억원의 유동자산을 보유하여 유동부채에 대한 단기지급능력은 충분한 것으로 판단된다.

SK하이닉스도 유동비율 1.84로 단기지급능력은 적정 수준이라고 판단되지만 삼성전자가 보다 높은 수준의 유동자산을 보유하고 있어 상대적으로 SK하이닉스보다 유동성은 좋다고 할 수 있다.

(2) 당좌비율(quick ratio)

유동자산에는 비유동자산보다는 유동성이 높은 자산들이 포함되지만 유동자산 내에서도 유동성의 차이는 발생한다. 그 중에서 재고자산은 가장 유동성이 낮은 자산으로 분류되며, 손상, 파손, 진부화 등으로 BV와 MV의 차이도 다른 자산들보다 크게 발생한다. 또한 재고자산이 많으면 매출액을 과도하게 추정하여 실제보다 완성품으로 전환될 가능성이 낮아지면 유동성이 하락할 수 있다.

이와 같은 이유로 재고자산을 제외한 유동자산을 유동부채로 나누어 단기지급능력이나 유동성을 측정한 것이 당좌비율이다.

- 당좌비율=[(유동자산−재고자산)/유동부채]
- 2019년 삼성전자=[(1,813,853억원−267,655억원)/637,828억원]=2.42
- 2019년 SK하이닉스=[(144,576억원−52,958억원)/78,740억원]=1.16

삼성전자의 2019년 상대적으로 유동성이 떨어지는 재고자산을 제외한 유동자산도 유동부채보다 2.42배 많으므로 SK하이닉스의 1.16배 보다 높은 수준의 단기지급능력을 보여주고 있다.

(3) 현금비율(cash ratio)

현금비율은 유동자산에서 가장 유동성이 높은 현금(또는 현금및현금성자산)으로 단기지급능력을 파악한 비율로 현금을 유동부채로 나누어 계산한다.

- 현금비율=[현금/유동부채]
- 2019년 삼성전자=[268,860억원/637,828억원]=0.42
- 2019년 SK하이닉스=[23,061억원/78,740억원]=0.29

삼성전자의 2019년 현금비율은 0.42배로 보유현금만으로도 유동부채의 42% 정도를 지급할 수 있을 것으로 추정된다. SK하이닉스의 0.29배 또는 29%보다 높은 유동성을 보여주고 있다.

(4) 순운전자본비율(net working capital ratio)

유동자산에서 유동부채를 차감한 순운전자본(net working capital, 이하 NWC)이 자산총액에서 차지하는 비율, 즉 순운전자본비율은 그 기업의 전반적인 유동성 수준을 보여준다. 따라서 순운전자본비율이 낮을수록 상대적으로 유동성이 낮다고 평가할 수 있다. 유동비율이 1보다 작으면 순운전자본비율은 (−)가 되므로, (+) 여부가 적정 유동성의 기준이 된다.

- 순운전자본비율=[순운전자본(=유동자산−유동부채)/자산총액]
- 2019년 삼성전자=[(1,813,853억원−637,828억원)/3,525,645억원]=0.33

- 2019년 SK하이닉스=[(144,576억원-78,740억원)/647,895억원]=0.10

삼성전자의 2019년 순운전자본은 자산총액의 33% 또는 자산 1억원 당 0.33억원 정도로 나타났고, SK하이닉스의 10% 또는 0.10억원보다 유동성이 높다고 평가된다.

<표 8>에 의하면 삼성전자의 2019년 단기지급능력은 현금비율만 제외하고 2018년보다 좋아졌으며, SK하이닉스의 2019년 단기지급능력보다는 모든 비율에서 우수한 것으로 나타났다. 다만 유동비율 2.84의 적정 수준 여부에 대해서는 삼성전자가 속한 산업 고유의 특성까지 고려하여 판단해야 한다.

〈표 8〉 삼성전자와 SK하이닉스의 단기지급능력

항 목	삼성전자		SK하이닉스	
	2019년	2018년	2019년	2018년
유동비율	2.84	2.53	1.84	1.53
당좌비율	2.42	2.11	1.16	1.19
현금비율	0.42	0.44	0.29	0.18
순운전자본비율	0.33	0.31	0.10	0.11

3.3 장기지불능력 또는 재무건전성

장기지불능력(long-term solvency)과 재무건전성은 기업이 1년 이상 장기간 조달한 부채에 대한 상환 능력을 말하며, 부채는 자기자본과는 다르게 특정 기간(만기) 이내에 원리금 상환의 법적 의무를 이행해야 하므로 장기 부채의 상환능력은 중요한 재무건전성 판단 요소이다. 특히 기업에게 대출한 은행이나 채권을 매입한 채권자들에게 더욱 중요한 항목이다.

(1) 총부채비율(total debt ratio)

총부채비율은 기업의 모든 부채를 자산총액[=부채+자기자본]으로 나눈 비율로 부채가 자산총액의 어느 정도를 차지하고 있는지 또는 자산 1단위당 부채가 얼마나 되는지를 측정한다. 자본잠식 등의 매우 예외적인 경우를 제외하면 총부채비율은 1보다 작은 (+)의 값을 갖는다. 1에 가까울수록 자산 중에 부채의 비중이 크다는 것을 의미한다.

- 총부채비율=[부채총액/자산총액]
- 2019년 삼성전자=[896,841억원/3,525,645억원]=0.25

- 2019년 SK하이닉스=[168,463억원/647,895억원]=0.26

삼성전자의 2019년 총부채비율은 0.25로 부채총액은 자산의 25% 또는 자산 1억원 당 0.25억원 부채 수준을 보이고 있다. 삼성전자의 부채총액(896,841억원)이 SK하이닉스(168,463억원)보다 5배 이상 많지만 자산대비 부채비율은 거의 유사한 수준을 보이고 있다. 총부채비율은 다음과 같이 자기자본부채비율과 자기자본승수로 변형되어 기업의 장기지불능력을 측정한다.

(1)-① 자기자본부채비율(debt-equity ratio) 또는 부채비율

자기자본부채비율은 부채총액을 자기자본총액으로 나누어 부채가 자기자본의 몇 배인지를 측정한다. 부채가 많으면 자기자본부채비율은 1보다 커질 수 있으며 뉴스 등의 경제기사에서 기업들의 부채비율이 200%, 500%라고 언급될 때는 총부채비율이 아니라 자기자본부채비율을 말한다.

- 자기자본부채비율=[부채총액/자기자본총액]
- 2019년 삼성전자=[896,841억원/2,628,804억원]=0.34
- 2019년 SK하이닉스=[168,463억원/479,432억원]=0.35

삼성전자의 2019년 부채비율은 0.34로 부채총액은 자기자본의 34% 수준이므로 부채를 자기자본으로 충분히 상환할 수 있다고 해석할 수 있다. SK하이닉스 역시 자기자본의 35% 정도에 해당하는 낮은 수준의 부채를 사용하고 있다.

(1)-② 자기자본승수(equity multiplier)

자기자본승수는 자산총액을 자기자본으로 나누어 자산이 자기자본의 몇 배인지를 측정하며 다음과 같이 자기자본승수를 변형하면 [1+자기자본부채비율]과 동일해진다.

- 자기자본승수=[자산총액/자기자본총액]
  =[(부채총액+자기자본총액)/자기자본총액]
  =[(부채총액/자기자본총액)+1]=[자기자본부채비율+1]
- 2019년 삼성전자=[(896,841억원/2,628,804원)+1]=[0.34+1]=1.34
- 2019년 SK하이닉스=[(168,463억원/479,432원)+1]=[0.35+1]=1.35

삼성전자의 2019년 자기자본승수는 1.34로 자산은 자기자본의 1.34배 수준이며, 자기자본부채비율처럼 SK하이닉스와 비슷한 수준을 보이고 있다.

(2) 장기부채비율(long-term debt ratio)

1년 이내 상환해야 할 유동부채는 거래조건 등으로 금액이 자주 변동하고, 만기가 90일 이내의 짧은 항목들도 많으므로, 장기부채상환 능력은 유동부채를 제외한 기업이 장기적으로 조달한 자본으로 파악하는 것이 적절하다고 판단되면 장기부채인 비유동부채를 장기자본인 비유동부채와 자기자본의 합으로 나눈 장기부채비율로 측정할 수 있다.

- 장기부채비율=[비유동부채/(비유동부채+자기자본총액)]
- 2019년 삼성전자=[259,013억원/(259,013억원+2,628,804억원)]=0.09
- 2019년 SK하이닉스=[89,723억원/(89,723억원+479,432억원)]=0.16

삼성전자의 2019년 장기부채(비유동부채)는 장기자본의 9% 또는 장기자본 1억원 당 0.09억원의 수준으로 SK하이닉스의 16% 또는 0.16억원의 수준보다 장기지불능력이 좋을 것으로 판단된다.

(3) 이자보상비율(time interest earned, TIE ratio)

이자보상비율은 기업 본연의 영업활동의 성과를 보여주는 영업이익(EBIT)을 이자로 나눈 비율로 영업이익으로 이자를 몇 번이나 지불할 수 있는 지를 측정하여 장기지불능력을 평가한다. 삼성전자의 2019년 연결재무제표 주석을 보면 손익계산서의 금융비용 항목에는 이자비용, 외환차이, 파생상품관련손실이 포함되어 있어, 본서에서는 여기의 이자비용 6,863억원을 사용하였다.

- 이자보상비율=[영업이익/이자비용]
- 2019년 삼성전자=[277,685억원/6,863억원]=40.46배
- 2019년 SK하이닉스=[27,127억원/2,385억원]=46.20배

삼성전자의 2019년 이자보상비율은 40.46배로 SK하이닉스의 11.37배보다는 낮은 수준을 보여주고 있다.

(4) 현금보상비율(cash coverage ratio)

이자보상비율에 사용된 영업이익에는 실제로 현금이 유출되지 않은 감가상각비가 비용으로 차감되어 있다. 따라서 현금주의 관점에서 보면 기업 본연의 영업활동으로 인한 성과는 영업이익보다 감가상각비만큼 많을 것이므로 감가상각비를 영업이익에 더한 EBITDA[=영업이익 EBIT+감가상각비]로 이자보상비율을 계산한 것이 현금보상비율이다.

- 현금보상비율=[EBITDA(=영업이익+감가상각비)/이자비용]
- 2019년 삼성전자=[(277,685억원+295,976억원)/6,863억원]=47.17
- 2018년 SK하이닉스=[(27,127억원+83,068억원)/2,385억원]=46.20

삼성전자의 2019년 감가상각비 295,976억원(유형자산의 감가상각비 265,738억원+무형자산의 상각비 30,238억원)을 영업이익에 더하면 현금보상비율은 이자비용을 47.17배나 지불할 수 있는 수준으로, SK하이닉스의 46.20배보다 많이 증가한다.

삼성전자의 2019년 이자보상비율과 현금보상비율의 차이가 크게 발생한 것은 영업이익보다 높게 발생한 감가상각비의 영향이라고 판단된다. 따라서 이자보상비율과 더불어 현금보상비율까지 고려하여 보다 면밀하게 장기지불능력을 평가할 필요가 있는 것이다.

<표 9>의 삼성전자의 2019년 장기지불능력을 측정한 비율들을 보면 이자보상비율을 제외한 나머지 비율들은 2018년보다 개선된 것으로 보이며, SK하이닉스의 2019년 장기지급능력과 비교하면 이자보상비율은 낮지만, 장기부채비율은 높은 것으로 나타나는 등 두 기업의 장기지불능력은 비슷한 수준이라고 판단된다.

〈표 9〉 2019년 삼성전자와 SK하이닉스의 장기지불능력

항 목	삼성전자		SK하이닉스	
	2019년	2018년	2019년	2018년
총부채비율	0.25	0.27	0.26	0.26
자기자본부채비율	0.34	0.37	0.35	0.36
자기자본승수	1.34	1.37	1.35	1.36
장기부채비율	0.09	0.08	0.16	0.07
이자보상비율	40.46	87.29	11.37	220.34
현금보상비율	47.17	47.99	46.20	288.29

3.4 자산의 효율적 관리

자산의 효율적 관리는 기업의 매출액을 달성하는데 자산이 얼마나 효율적으로 사용되었는가에 대한 관리이다. 효율성은 매출액을 달성시키는데 자산이 몇 번이나 회전되었는가? 얼마나 빠른 기간 안에 매출채권이 회수되고, 재료가 완성품으로 만들어졌는가? 매입채무가 얼마 만에 지급되었는가? 등으로 파악할 수 있다.

(1) 재고자산 회전율(inventory turnover)

특정 연도의 매출액을 달성하는데 재고자산이 몇 번 회전되었는가를 매출원가를 재고자산으로 나눈 재고자산회전율로 측정한다. 매출액은 수익이고 재고자산은 원가에 해당하는 비용이기 때문에 비용 항목들로 일관성 있게 측정하기 위하여 재고자산 회전율은 매출액 대신 매출원가를 사용한다. 재고자산회전율이 높다는 것은 그만큼 재고자산이 완성품으로 자주 만들어져 수익을 발생시켰다는 것을 의미한다.

만약 재고자산 1단위당 발생시킨 매출액을 알고 싶다면 매출액을, 과거 재고자산의 효율성도 포함하려면 기말과 기초 재고자산의 평균을, 현재 재고자산의 미래의 효율성을 파악하고자 한다면 기말 재고자산만 사용하여 회전율을 계산하면 된다. 본서에서는 기말 재고자산을 사용한다.

- 재고자산회전율=[매출원가/재고자산]
- 2019년 삼성전자=[1,472,395억원/267,665억원}]=5.50회
- 2019년 SK하이닉스=[269,907억원/52,958억원}]=3.55회

삼성전자의 2019년 매출액을 발생시키는데 재고자산이 완성품으로 만들어져 수익을 발생시키는 과정이 총 5.50회 발생하여 SK하이닉스의 3.55회와 비교하면 재고자산이 효율적으로 활용되었다고 할 수 있다.

재고자산 관리의 효율성은 365일을 재고자산회전율로 나눈 평균재고일(day's sales in inventory)로도 측정할 수 있다. 평균재고일은 재고자산이 완성품으로 전환되어 수익을 발생시키는데 걸리는 평균기간을 또는 재고자산이 완성품으로 전환될 때까지 기업 내에 머무른 기간을 의미하므로 짧을수록 재고자산이 효율적으로 활용된 것이다.

- 평균재고일=[365일/재고자산회전율]

- 2019년 삼성전자=[365일/5.50]=66.35일
- 2019년 SK하이닉스=[365일/3.55]=102.68일

2019년 삼성전자의 평균재고일은 66.35일, 즉 재고자산이 완성품으로 전환되어 매출액(수익)을 발생시키는데 66.35일 소요되어 SK하이닉스의 102.68일보다 재고자산이 빨리 회전되었다.

(2) 매출채권 회전율(receivables turnover)

매출채권은 기업이 현금이 아닌 신용거래의 결과 보유하는 채권이므로 기업 입장에서는 빨리 현금으로 회수되어야 한다. 매출채권 회전율은 1년 동안의 매출액을 달성하면서 신용거래 후 현금이 회수되는 과정이 몇 번이나 이루어졌는지를 측정하기 위하여 매출액을 매출채권으로 나눈 비율이다. 매출채권 회전율이 높으면 신용거래의 현금회수가 빨리 이루어져 채권관리가 효율적으로 이루어졌다고 할 수 있다.

- 매출채권회전율=[매출액/매출채권]
- 2019년 삼성전자=[2,304,009억원/351,313억원]=6.56회
- 2019년 SK하이닉스=[269,907억원/42,617억원]=6.33회

삼성전자의 2019년 신용거래 후 매출채권이 현금으로 회수되는 과정은 총 6.56회 이루어져 SK하이닉스의 6.33회와 비슷한 수준의 채권관리의 효율성을 보였다.

매출채권 관리의 효율성은 365일을 매출채권회전율로 나눈 매출채권 평균회수기간(ACP, average collecting period)으로도 측정할 수 있다. 이는 신용거래로 발생한 매출채권이 현금으로 회수되는 평균기간을 의미하므로 짧을수록 빠른 현금화가 이루어져 매출채권이 효율적으로 관리되었다는 것을 의미한다.

- 매출채권평균회수기간=[365일/매출채권회전율]
- 2019년 삼성전자=[365일/6.56]=55.65일
- 2019년 SK하이닉스=[365일/6.33]=57.66일

2019년 삼성전자의 매출채권 평균회수기간은 55.65일로 SK하이닉스의 57.66일보다 조금 짧은 것으로 보인다. 따라서 매출채권회전율과 매출채권 평균회수기간을 비교하면 삼성전

자는 2019년 SK하이닉스보다 매출채권 관리를 잘한 것으로 추정된다.

(3) 매입채무 회전율(payables turnover)

매입채무는 기업의 신용거래로 발생하는 채무이므로 기업 입장에서는 가능한 현금을 늦게 지불하는 것이 유리하다. 매입채무회전율은 매출채권회전율과 반대로 회전율이 낮으면 현금유출이 늦게 이루어져 채무관리가 효율적으로 이루어진 것으로 판단한다. 여기서도 매입채무는 비용 개념이므로 매출액 대신 매출원가로 회전율을 계산한다.

- 매입채무회전율=[매출원가/매입채무]
- 2019년 삼성전자=[1,472,395억원/87,182억원]=16.89회
- 2019년 SK하이닉스=[188,253억원/10,425억원]=18.06회

삼성전자는 2019년 신용거래로 발생한 매입채무를 현금으로 지급하는 과정을 16.89회 진행하여 SK하이닉스의 18.06회와 비교하면 현금으로 지급한 횟수가 조금 적었다. 이와 같은 다소 애매한 의미는 다음의 365일을 매입채무회전율로 나눈 매입채무 평균지급기간(APP, average paying period)까지 포함하면 명확해진다.

- 매입채무 평균지급기간=[365일/매입채무회전율]
- 2019년 삼성전자=[365일/16.89]=21.61일
- 2019년 SK하이닉스=[365일/18.06]=20.21일

2019년 삼성전자는 매출원가에 발생한 매입채무를 현금으로 갚을 때까지 소요된 기간이 평균 21.61일로 SK하이닉스의 20.21일보다 하루 정도 늦게 갚아오고 있다. 매입채무회전율과 매입채무 평균지급기간으로 삼성전자와 SK하이닉스를 비교하면 거의 비슷한 수준의 관리 능력을 보이는 것으로 판단된다.

(4) 회전율(turnover)

회전율은 매출액을 자산총액, 비유동자산, 순운전자본(=유동자산-유동부채)으로 나눈 비율이며, 매출액을 달성하는데 자산 전체가, 비유동자산이, 순운전자본이 각각 얼마나 잘 활용되었는지를 측정하며, 투입된 자산, 비유동자산, 순운전자본 1단위당 매출액이 얼마나 발생되었는가도 보여준다. 가장 많이 활용되는 회전율은 매출액을 자산총액으로 나눈 자산회

전율이며, 분모 항목들은 기말 또는 기초와 기말의 평균 모두 사용 가능하다.

- 자산회전율=[매출액/자산총액]
- 2019년 삼성전자=[2,304,009억원/3,525,645억원]=0.65
- 2019년 SK하이닉스=[269,907억원/647,895억원]=0.42

- 비유동자산회전율=[매출액/비유동자산]
- 2019년 삼성전자=[2,304,009억원/1,711,792억원]=1.35
- 2019년 SK하이닉스=[269,907억원/503,319억원]=0.54

- 순운전자본회전율=[매출액/순운전자본]
- 2019년 삼성전자=[2,304,009억원/(1,813,853−637,828)억원]=1.96
- 2019년 SK하이닉스=[269,907억원/(144,576−78.740)억원]=4.10

삼성전자의 2019년 매출액을 발생하는데 자산, 비유동자산과 순운전자본은 각각 0.65회, 1.35회, 1.96회 활용되었으며 이는 또한 2019년 투입된 자산, 비유동자산과 순운전자본 1억원 당 각각 0.65억원. 1.35억원, 1.96억원의 매출액을 발생시켰다는 것도 의미한다. SK하이닉스와 비교하면 순운전자본을 제외한 자산과 비유동자산은 삼성전자가 2019년 보다 효율적으로 활용한 것으로 판단된다.

〈표 10〉 2019년 삼성전자 자산의 효율적 관리

항 목	삼성전자		SK하이닉스	
	2019년	2018년	2019년	2018년
재고자산회전율	5.50	4.57	3.55	3.43
평균재고일	66.35	79.91	102.68	106.34
매출채권회전율	6.56	7.20	6.33	6.40
평균회수기간	55.65	50.71	57.66	57.04
매입채무회전율	16.89	15.61	18.06	13.85
평균지불기간	21.61	23.38	20.21	26.36
총자산회전율	0.65	0.72	0.42	0.64
비유동자산회전율	1.35	1.48	0.54	0.92
순운전자본회전율	1.96	2.31	4.10	5.89

<표 10>은 삼성전자의 2019년 자산의 효율적 관리를 측정하는 비율들의 결과를 보여주고 있다. 2019년 삼성전자는 2018년보다 재고자산은 13일 늦게 완성품으로 전환되었고, 매출채권은 5일 늦게 현금으로 회수되었고, 매입채무는 하루 먼저 지급하여 효율성이 하락하였고, 자산, 비유동자산, 순운전자본회전율도 하락한 것으로 나타났다. 2019년 SK하이닉스와 비교하면 매입채무의 현금지급기간과 순운전자본회전율은 제외하면 삼성전자의 자산이 보다 효율적으로 관리된 것으로 추정된다.

3.5 수익성

기업의 특정 연도 순이익(net income)을 얼마나 효율적으로 달성했는가는 총액 기준이 아닌 매출액, 자산총액, 자기자본, 장기자본 1원당 비율로 측정할 수 있다. 이 비율들은 손익계산서와 재무상태표 항목으로 측정하기 때문에 회계적 이익률(accounting rate of return)이라고도 하며, 효율성을 순이익에 초점을 둔 것이 앞에서 자산의 효율성을 측정한 활동성 비율과의 차이이다.

(1) 매출액순이익률(ROS, return on sales)

매출액순이익률, ROS는 순이익을 매출액으로 나눈 비율로 단위는 이익률이므로 %로 측정되며 매출액 1단위당 벌어들인 이익을 의미한다.

- 매출액순이익률(ROS)=[순이익/매출액]
- 2019년 삼성전자=[217,389억원/2,304,009억원]=9.44%
- 2019년 SK하이닉스=[20,163억원/269,907억원]=7.47%

(2) 총자산순이익률(ROA, return on assets)

총자산순이익률, ROA는 순이익을 자산총액으로 나눈 비율로 자산 1단위당 벌어들인 이익을 측정한다. 자산총액은 부채와 자기자본총액의 합이므로 ROA에는 채권자와 주주의 투자성과가 모두 포함되어 있다. 여기서 총자산은 기초금액 또는 기초와 기말금액의 평균을 사용할 수 있다. 기초 자산총액을 사용하는 것은 예를 들어, 2018년이 시작될 때 투자된 자산이 1년 동안 활용되어 순이익을 발생시킨 것이므로 기초 금액이 투자금액에 적합하다고 보는 것이다. 그러나 2018년 1년 동안에도 자산투자가 발생하므로 그것까지 반영한 투자비용을 생각하면 기초와 기말 자산총액의 평균이 투자비용을 더 잘 반영할 수 있을 것이다.

- ROA =[순이익/자산총액]
- 2019년 삼성전자=[217,389억원/3,525,645억원]=6.17%
- 2019년 SK하이닉스=[20,163억원/647,895억원]=3.11%

(3) 자기자본순이익률(ROE, return on equity)

자기자본순이익률, ROE는 순이익을 자기자본총액으로 나눈 비율로 자기자본 1단위당 벌어들인 이익을 측정한다. 따라서 ROE는 주주만의 투자성과 또는 주주들의 보상 수준을 보여준다. 여기서도 자기자본총액을 기초금액 또는 기초와 기말금액의 평균을 사용할 수 있다.

- ROE =[순이익/자기자본총액]
- 2019년 삼성전자=[217,389억원/2,628,804억원]=8.27%
- 2019년 SK하이닉스=[20,163억원/479,432억원]=4.21%

(4) 장기자본이익률(ROC, return on capital)

장기자본이익률, ROC는 기업이 장기적으로 조달한 자본인 비유동부채와 자기자본의 투자성과를 채권자 몫의 이자와 주주 몫의 순이익을 비유동부채와 자기자본의 합으로 나누어 측정하는 비율이다. ROA의 자산총액에는 단기자금인 유동부채도 포함되어 있어 장기자본만의 성과는 ROC로 파악할 수 있다. 여기서 이자는 세후이자를 사용하며, 장기자본에 해당되는 비유동부채와 자기자본총액은 기초금액 또는 기초와 기말금액의 평균을 사용할 수 있다.

- ROC =[(세후이자+순이익)/(비유동부채+자기자본총액)]
- 2019년 삼성전자=[(4,902.56+217,389)억원/(259,013+2,628,804)억원]=7.70%
- 2019년 SK하이닉스=[(1,968.75+20,163)억원/(89,723+479,432)억원]=3.89%

삼성전자의 2019년 실효세율 28.57%[=법인세 86,933억원/법인세차감전순이익 304,322억원]와 이자비용 6,863억원으로 세후이자를 계산하였다.

<표 11>의 2019년 삼성전자 수익성을 보면 매출액, 자산총액, 자기자본, 장기자본 1억원당 각각 0.0944억원, 0.0617억원, 0.0827억원, 0.0923억원의 이익을 얻게 되어 SK하이닉스의 0.0747억원, 0.0311억원, 0.0421억원, 0.0389억원보다 적게는 1.26배, 많게는 2.37배 높지만, 삼성전자의 2018년 수준보다는 절반 이하로 급락하였다.

<표 11> 2019년 삼성전자의 수익성

항 목	삼성전자		SK하이닉스	
	2019년	2018년	2019년	2018년
매출액순이익률, ROS	9.44%	18.19%	7.47%	38.42%
총자산순이익률, ROA	6.17%	13.07%	3.11%	24.41%
자기자본순이익률, ROE	8.27%	17.90%	4.21%	33.17%
장기자본이익률, ROC	7.70%	16.59%	3.89%	11.91%

3.6 시장가치 비율과 경제적 부가가치

앞에서 설명한 유동성비율, 레버리지비율, 활동성비율, 수익성비율은 모두 재무제표의 BV(book value, 장부가치) 항목들로 측정된 비율들이다. BV는 과거부터 재무제표 작성 시점까지의 그 기업 재무상태와 경영성과를 보여주지만 미래에 대한 전망을 반영하지는 않는다. 따라서 앞에서 설명한 재무제표 관련 비율들로 기업의 과거부터 현재까지를 분석했다면 기업의 미래에 대한 현재의 평가를 분석하기 위해서는 관심 기업의 미래 수익성과 위험 등에 대한 전망 또는 평가가 담겨 있는 시장가치(MV, market value)관련 비율 분석도 병행되어야 한다.

(1) 시가총액과 시장부가가치(market value added)

시가총액(market capitalization)은 [주가×발행주식수]로 계산되는 주식의 시장가치로 자기자본에 대한 시장의 평가를 의미한다. 주가는 매일매일 변동하기 때문에 시가총액은 어느 시점의 주가를 사용하였는지를 명시해야 한다.

본서의 관심 기업인 삼성전자와 비교 기업인 SK하이닉스는 2019년 결산보고서 공시일인 2020년 3월 30일 주가를 각각 사용하였다[2]. 기업별 시가총액을 비교할 때는 우선주를 발행한 기업들이 상대적으로 많지 않고, 삼성전자를 제외하면 가치도 크지 않으므로 보통주의 시가총액으로 비교한다.

- 시가총액 =[주가×발행주식수]

2 12월 결산법인인 삼성전자와 SK하이닉스의 2019년 재무제표의 내용은 12월 31일 기준이므로 MV도 12월 31일 주가자료를 사용하는 것이 맞을 수도 있지만 본서에서는 2019년 재무제표 정보에 대한 시장의 평가는 정보 공시일에 이루어질 것이라고 가정하여 공시일 주가자료를 사용하였다. 관련 자료는 본장의 참고사항에 정리해 두었다.

- 2020년 3월 30일 삼성전자=[47,850원×5,969,782,550주]=285조 8,541억원
- 2020년 3월 30일 SK하이닉스=[83,700원×728,002,365주]=60조 9,338억원

시장부가가치(market value added)는 주식의 시가총액에서 자기자본총액을 차감하여 주주들이 출자한 자기자본에 시장가치가 얼마나 창출되었는가를 측정한다. 즉 자기자본의 BV를 주주들이 출자한 또는 투자한 금액으로 보고, MV를 그 투자의 결과로 형성된 가치라고 보아 주주들의 투자에 대하여 시장가치 기준으로 얼마나 증가하였는지를 보여준다.

- 시장부가가치=[MV, 시가총액 − BV, 자기자본총액]
- 2019년 삼성전자=[2,858,541억원−2,628,804억원]=22조 9,737억원
- 2019년 SK하이닉스=[609,338억원−479,432억원]=12조 9,906억원

2019년 삼성전자의 자기자본 262조 8,804억원은 정보가 공시되는 시점의 시가총액 285조 8,541억원으로 시장에서 평가되어 22조 9,737억원의 시장부가가치(market value added)가 창출되었다. SK하이닉스는 절반 수준인 12조 9,906억원의 시장부가가치가 창출되었지만 시가총액과 자기자본총액의 차이가 크므로 직접적인 비교와 판단은 어렵다.

(2) PER, PBR, PSR

PER(Price-Earning Ratio, 주가순이익비율)은 1주당 가격인 주가(price)를 주당순이익(EPS, earning per share)로 나눈 비율로 MV인 주가가 BV의 EPS의 몇 배로 형성되었는지를 보여준다. EPS는 당기순이익을 발행주식수로 나누어 계산한다. 주식의 가치평가에서는 PER의 크기로 주가의 저평가/고평가 여부를 판단한다. 그러나 PER는 손실이 발생한 기업에게는 사용할 수 없는 단점이 있다.

PBR(Price-Book Value Ratio, 주가순자산비율)은 시장부가가치의 1주당 비율 개념으로 주가를 주당 장부가치로 나눈 비율이다. 앞에서 2019년의 삼성전자와 SK하이닉스의 시장부가가치가 총액 수준의 차이로 직접적인 비교가 어렵다고 하였는데, 이런 경우에 활용할 수 있는 비율이다. 주당 장부가치(BPS, book value per share)는 자기자본총액을 발행주식수로 나누어 계산한 값 또는 액면가를 사용한다. PBR은 MV인 주가가 BPS의 몇 배로 형성되었는지를 보여준다. 분모의 BPS를 주주들의 그 기업에 대한 투자비용이라고 하면 분자의 주가는 투자의 시장가치라고 할 수 있으므로, PBR은 1을 기준으로 주주에게 투자금액 이상의 시장가치가 창출되었는지를 판단한다.

PSR(Price-Sales Ratio, 주가매출액비율)은 주가를 주당매출액(SPS, sales per share)으로 나눈 비율로 MV인 주가가 BV의 SPS의 몇 배로 형성되었는지를 보여준다. SPS는 매출액을 발행주식수로 나누어 계산하며 손실이 발생하여 PER로 측정할 수 없는 기업의 시장가치 평가에 활용된다.

- PER =[주가/EPS]
- 2019년 삼성전자 EPS =[217,389억원/5,969,782,550주] =3,641.51원
- 2020년 3월30일 삼성전자 PER =[47,850원/3,641.51원] =13.14배
- 2019년 SK하이닉스 EPS =[20,163억원/728,002,365주] =2,769.63원
- 2020년 3월30일 SK하이닉스 PER =[83,700원/2,769.63원] =30.22배

- PBR =[주가/BPS]
- 2019년 삼성전자 BPS =[2,628,804억원/5,969,782,550주] =44,035.10원
- 2020년 3월30일 삼성전자 PBR =[47,850원/44,035.10원] =1.09배
- 2019년 SK하이닉스 BPS =[479,432억원/728,002,365주] =65,855.83원
- 2020년 3월30일 SK하이닉스 PBR =[83,700원/65,855.83원] =1.27배

- PSR =[주가/SPS]
- 2019년 삼성전자 SPS =[2,304,009억원/5,969,782,550주] =38,594.54원
- 2020년 3월30일 삼성전자 PSR =[47,850원/38,594.54원] =1.24배
- 2019년 SK하이닉스 SPS =[269,907억원/728,002,365주] =37,075.02원
- 2020년 3월30일 SK하이닉스 PSR =[83,700원/37,075.02원] =2.26배

삼성전자의 2019년 재무제표 공시 시점인 2020년 3월 30일 주가 47,850원은 EPS의 13.14배, BPS의 1.09배, SPS의 1.2배로 형성되었다. SK하이닉스의 30.22배, 1.27배, 2.26배와 비교하면 상대적으로 저평가 되고 있다고 추정된다. 또한 시장부가가치와 유사한 PBR을 보면 시장부가가치 총액은 삼성전자가 10조 정도 많았지만 자기자본 1원당 부가가치로 비교하면 SK하이닉스의 시장가치가 오히려 1.27배로 더 많이 창출되었다.

(3) EBITDA 비율

EBITDA 비율은 EV를 EBITDA로 나눈 비율로 EV가 EBITDA의 몇 배로 평가되고 있는지를 의미한다. 앞에서 설명한 PER, PBR, PSR과 유사한 개념이지만 총액으로 비율을

산정하는 것이 다르다. EV는 기업총가치(enterprise value)로 현금을 제외한 기업의 영업자산(operating asset) MV를 의미하며, 주식의 시가총액에 부채총액을 더한 후 현금을 차감하여 계산한다. EV는 또한 특정 기업을 100% 인수하는데 소요되는 비용을 의미하기도 한다. 기업을 완전히 인수하려면 주식을 100% 매수해야 하는 금액인 시가총액과 부채 중에서 그 기업의 현금으로 갚을 수 있는 부분을 제외한 순부채(=부채총액-현금)만큼의 인수자금이 소요되기 때문이다. EV가 MV 개념임에도 재무상태표의 부채총액, 즉 BV를 사용하는 것은 부채의 MV 추정이 쉽지도 않지만 부채는 상대적으로 BV와 MV의 차이가 크지 않기 때문이다.

EBITDA(Earning Before Interest, Taxes, Depreciation and Amortization)는 이자, 법인세, 감가상각비 및 감모상각비 차감전 이익으로 EBIT에 감가상각비와 감모상각비를 더한 값으로 기업의 영업현금흐름, 즉 영업능력을 보여준다.

따라서 EBITDA 비율[=EV/EBITDA]은 기업의 영업자산 MV가 영업현금흐름의 몇 배로 평가되고 있는지를 보여주며, M&A에서는 인수대상기업(target firm)의 영업능력으로 보았을 때 인수비용 전액을 회수하는데 소요되는 기간을 의미하기도 한다.

- **EBITDA 비율=[EV/EBITDA]**
  =[(주식 시가총액+부채총액-현금)/(EBIT+감가상각비+감모상각비)]
- 2020년 3월20일 삼성전자 EV
  =[2,858,541억원+(896,841억원-268,860억원)]=3,486,522억원
- 2019년 삼성전자 EBITDA=[277,685억원+295,976억원]=573,661억원
- 2020년 3월30일 삼성전자 [EV/EBITDA]=[3,486,522억원/573,661억원]=6.08배
- 2020년 3월30일 SK하이닉스 EV
  =[609,338억원+(168,463억원-23,061억원)]=754,740억원
- 2019년 SK하이닉스 EBITDA=[27,127억원+83,068억원]=110,195억원
- 2020년 3월30일 SK하이닉스 [EV/EBITDA]=[754,740억원/110,195억원]=6.85배

삼성전자의 2020년 3월 30일 EBITDA 비율은 6.08로 영업자산의 MV가 영업현금흐름의 6.08배로 평가되고 있으며, 2020년 3월 30일 기준 삼성전자의 영업능력으로 보았을 때 삼성전자를 100% 인수하는데 소요되는 비용은 6.08년이 지나면 전액 회수될 수 있다는 의미이기도 하다. 상대적으로 같은 날 기준 SK하이닉스의 6.85배보다는 조금 낮은 평가를 받고 있다.

〈표 12〉 2020년 3월 30일 기준 삼성전자의 시장가치비율

항 목	삼성전자	SK하이닉스
시가총액	285조 6,541억원	60조 9,338억원
시장부가가치	22조 9,737억원	12조 9,906억원
PER	13.14	30.22
PBR	1.09	1.27
PSR	1.24	2.26
EV/EBITDA	6.08	6.85

(4) 시장가치 비율들의 한계

앞에서 BV가 그 기업의 과거부터 지금까지의 상황을 보여준다면 MV는 그 기업의 미래의 수익성과 위험 등에 대한 기대를 반영한다고 하였다. 즉 미래에 대한 기대를 반영하고 있는 MV는 추정치(expected value)이므로 불확실성을 항상 내포하고 있으며, 경영자가 통제할 수 없는, 예측하지 못했던 사건들이 발생하면 급격하게 변동할 수도 있다.

또한 비상장기업의 주가 등의 MV 관련 정보는 구할 수 없으며, 삼성전자처럼 반도체, 스마트폰, 가전 등의 여러 사업을 수행하고 있는 기업들의 특정 사업부별 MV 관련 정보 역시 측정하기 어려운 한계가 있다.

이와 같은 한계점 때문에 정보이용자들이 관심인 특정 기업의 미래에 대한 정보가 100% 정확하다는 것은 불가능하다. '이런 상황 또는 가정이라면 MV는 이 정도는 되지 않을까?' 정도로 해석해야 한다. Warren Buffett이 "완전히 틀리기보다는 근사치라도 맞추는 편이 좋다!"라고 말한 것처럼 미래를 추정하는 것은 쉽지 않지만 노력할 필요도 없다는 것은 아니다.

(5) 경제적 부가가치(EVA)

손익계산서에는 각종 비용들이 명시되어 있지만 기업이 주주와 채권자들로부터 자금을 조달하면서 부담하는 자본비용(cost of capital)이 제대로 반영되어 있지 않다. 기업이 창출한 가치를 정확하게 측정하기 위해서는 자본비용을 포함한 모든 비용을 차감한 이익이 얼마나 발생하였는지를 알아야 한다.

자본비용은 자본제공자들이 금융시장에서 얻을 수 있는 수익률, 즉 기회비용을 고려하여 기업이 그들에게서 조달한 자금으로 투자하여 얻어야 할 수익률의 기준 역할을 해준다. 기업은 자본비용 이상의 수익률을 얻을 수 있어야 자본제공자들에게 가치를 창출할 수 있기 때문이다.

경제적 부가가치(economic value added, 이하 EVA)는 바로 자본비용을 포함한 모든 비용을 차감한 이익으로 자본제공자(채권자와 주주)에게 분배된 성과에서 자본제공자들이 요구한 수익을 차감하여 계산할 수 있다. 자본제공자들이 요구한 투자수익은 '그들의 투자금액×그들의 요구수익률'에 해당하는 '[(장기부채+자기자본총액)×r_W][3]'로 계산할 수 있고, 자본제공자들에게 분배된 성과는 채권자들에게 분배된 세후이자비용(after-tax interest)과 주주들에게 분배된 순이익의 합으로 계산할 수 있다. 이를 정리하면 다음과 같다.

- EVA =[(세후이자비용+순이익)-(장기자본×r_W)]
  =[{(세후이자비용+순이익)/장기자본}-r_W]×장기자본
  =[(ROC-r_W)×장기자본]

여기서 가중평균자본비용, $r_W = \left[\frac{D}{D+E} \times r_D \times (1-t_C) + \frac{E}{D+E} \times r_E\right]$

장기자본이익률, $ROC = \left[\frac{I^T + NI}{D+E}\right]$

EVA의 마지막 계산식을 보면 EVA는 장기자본이익률(ROC)이 자본비용(r_W)보다 높은 수준으로 실현되어야 (+)의 값을, 즉 가치가 창출될 수 있다는 것을 보여주고 있다. 여기서는 r_D와 r_E는 부채비용과 자기자본비용을, I^T와 NI는 세후이자비용과 순이익을, D와 E는 장기부채와 자기자본총액을 각각 의미한다.

4. 듀퐁항등식과 차트

4.1 듀퐁항등식

듀퐁항등식(DuPont Identity)이란 미국의 글로벌기업 듀퐁(DuPont)사가 1920년대 개발한 분석기법으로 자기자본순이익률(ROE)을 영업효율성을 보여주는 매출액순이익률, 자산의 효율적 관리를 보여주는 총자산회전율과 장기지불능력을 보여주는 자기자본승수로 구분하여 분석하는 방법이다.

3 여기서 '그들의 투자금액'은 기업 입장에서는 장기적으로 조달한 자본에 해당되며, 재무상태표와 비유동부채와 자기자본이 여기에 포함된다. 비유동부채를 부채(Debt)라고 하면 가중평균자본비용, r_W은 부채비용과 자기자본비용의 가중평균에 해당되고, 기업에게 자본비용은 출자자인 채권자와 주주에게는 요구수익률이 되므로 r_W가 자본제공자들의 요구수익률로 사용된 것이다.

듀퐁항등식은 다음 식 (1)과 같이 3가지 요인들로 구분할 수도 있고, ROA와 ROE를 직접 비교할 수 있도록 구분할 수도 있다.

● 듀퐁항등식(DuPont Identity)

$$ROE = \left[\frac{\text{순이익}}{\text{자기자본}}\right] = \left[\left(\frac{\text{순이익}}{\text{매출액}}\right)\times\left(\frac{\text{매출액}}{\text{자산총액}}\right)\times\left(\frac{\text{자산총액}}{\text{자기자본}}\right)\right] \cdots \textbf{식 (1)}$$

$$= [\text{ROA} \times \textbf{자기자본승수}]$$

$$= [\textbf{매출액순이익률} \times \textbf{자산회전율} \times \textbf{자기자본승수}]$$

만약 어떤 기업이 영업효율성이 떨어지고, 자산의 효율적인 관리가 이루어지지 않는다면 ROA가 하락하고, ROE도 하락할 것이다. 듀퐁항등식으로 분석하면 ROE가 상대적으로 낮은 것은 영업효율성과 자산의 효율적인 관리가 원인이라고 파악할 수 있다.

그러면 부채를 많이 사용하여 자기자본승수가 상승하면 ROE는 증가할까? 듀퐁항등식에 의하면 ROE가 증가할 것 같다. 그러나 부채가 증가하면 이자도 증가하기 때문에 순이익이 감소하여 매출액순이익률도 감소할 것이므로 ROE가 하락할 수도 있다. 따라서 부채사용의 효과는 자기자본승수 상승과 매출액순이익률의 하락 정도를 비교하여 판단해야 한다. 이와 같이 듀퐁항등식을 활용하면 ROE의 변화에 대한 원인 분석이 보다 효율적으로 진행될 수 있다.

- 2019년 삼성전자 ROE =[순이익/자기자본]

  =[217,389억원/2,628,804억원] =8.27%

- 2019년 삼성전자 듀퐁항등식 =[매출액순이익률×자산회전율×자기자본승수]

  =[9.44%×0.65회×1.34배] =8.22%

- 2019년 SK하이닉스 ROE =[순이익/자기자본]

  =[20,163억원/479,432억원] =4.21%

- 2019년 SK하이닉스 듀퐁항등식 =[매출액순이익률×자산회전율×자기자본승수]

  =[7.47%×0.42회×1.35배] =4.23%

두 기업의 직접 계산한 ROE와 듀퐁항등식의 ROE 사이에 약간의 차이가 발생한 것은 반올림한 소수점 때문이다. <표 13>에 의하면 삼성전자는 2018년보다 매출액순이익률이 절반 수준으로 하락한 것이 2019년 ROE가 급감한 원인이라고 판단되며, SK하이닉스 역시

ROE가 2018년의 1/8 수준으로 하락한 직접적인 원인은 매출액순이익율의 급격한 감소라고 판단된다. 삼성전자가 그나마 SK하이닉스보다 매출액순이익률이 적게 하락하여 ROE가 높게 나타난 것으로 보인다.

〈표 13〉 2019년 삼성전자의 듀퐁항등식

항 목	삼성전자		SK하이닉스	
	2019년	2018년	2019년	2018년
매출액순이익률	9.44%	18.19%	7.47%	38.42%
총자산회전율	0.65회	0.72회	0.42회	0.64회
자기자본승수	1.34배	1.37배	1.35배	1.36배
자기자본순이익률, ROE	8.27%	17.90%	4.21%	33.17%

4.2 듀퐁항등식의 확장 : 듀퐁차트

듀퐁차트(DuPont chart)는 듀퐁항등식을 조금 더 확장한 분석방법으로 <그림 2>와 같이 차트처럼 펼쳐서 여러 항목들을 동시에 분석하여 특정 기업의 ROE 강점과 약점은 무엇인지 파악하게 해준다.

〈그림 2〉 듀퐁차트

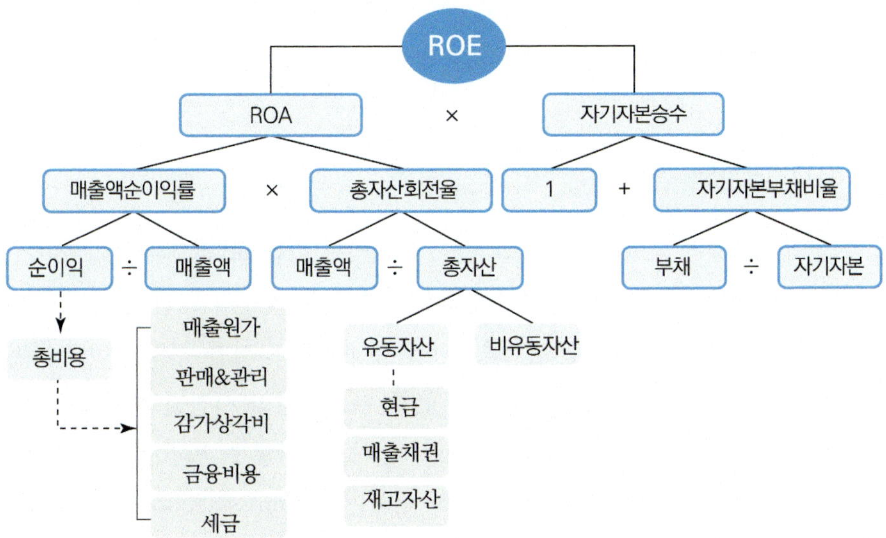

5. 재무분석의 유용성과 한계

5.1 재무분석의 유용성

지금까지 재무제표 항목들로 구성한 비율들과 시장가치 관련 비율을 활용할 수 있는 재무분석을 설명하였다. 본서에서 언급된 비율 이외에도 해당 정보를 얻기 위한 비율들은 다양하게 존재한다.

MV 정보는 기업의 미래의 수익과 위험에 대한 전망을 반영하여 현재 투자자들이 보다 많은 관심을 가지는 값이지만 재무분석의 많은 비율들은 BV로 작성된 재무제표의 항목들로 이루어진다. 그 이유는 MV 정보를 얻을 수 없는 자산과 부채 항목들이 많기 때문에 BV를 활용해서라도 원하는 정보를 분석할 필요가 있기 때문이다.

기업은 예상치 못한 위기가 발생할 때 안전하게 탈출할 수 있어야 한다. 그러기 위해서는 발생한다면 큰 위험이 될 수 있는 요소들을 미리 파악하는 것이 필요한데, 특정 기업의 재무비율들을 산업평균이나 경쟁기업과 비교하면 어떤 항목들이 문제가 될 가능성이 높은지를 파악할 수 있다.

재무분석은 기업 내부적으로는 CEO들의 보수를 결정하거나 부서들 간의 성과를 비교평가할 때와 미래에 대한 재무계획을 수립할 때 유용하게 사용되며, 외부적으로는 채권자, 잠재적 투자자, 납품업자, 신용평가기관 등이 기업의 재무적 건전성을 파악할 때 활용된다. 또한 M&A 과정에서도 인수기업의 적정가격 평가에 유용하게 활용된다.

5.2 비교 대상의 선택

관심 기업의 재무분석 과정에서 특정 비율이 의미하는 바를 보다 자세히 파악하기 위해서는 비교 대상이 있어야 한다. 당기순이익이 얼마이면 좋은 것인지 나쁜 것인지에 대해서는 무언가와 비교해야 보다 의미 있는 정보를 얻을 수 있다. 그러면 무엇과 비교해야 할까?

특정 기업에 대한 추세분석(trend analysis), 즉 특정기업의 시점별 비교 분석이라면 그 기업의 과거 특정 시점과 비교하면 그 이후 해당 비율들이 어떻게 변화하고 있는지를 평가할 수 있을 것이고, 특정 시점의 특정 기업에 대한 횡단면분석(cross-sectional analysis)이라면 동일한 업종의, 유사한 자산규모를 가지고 있고, 사업도 유사한 방식으로 진행되는 Peer group과 비교하면 특정 기업의 위치를 보다 정확하게 평가할 수 있을 것이다. 그러나 현실적으로 이와 같이 유사한 기업을 찾는 것은 거의 불가능하다. 대신에 경쟁기업의 해당비율, 산업평균비율 또는 그 기업이 이상형으로 평가하는 목표기업(target firm)의 비율과 비교해야 평가할 수 있다.

5.3 재무분석의 한계점

재무비율을 활용한 재무분석은 이용자들에게 유용한 정보를 제공하지만 다음과 같은 한계점도 가지고 있다. 첫 번째, 어떤 내용을 파악하려면 어떤 비율을 보아야 하는지? 무엇과 비교해야 하는지 등은 다른 분석들보다 상대적으로 이론적인 근거가 부족하다. 따라서 어떤 내용을 파악하기 위한 가장 유용한 비율, 어떤 비율이 높은 것이 또는 낮은 것이 좋은지에 대해서 이론적으로 판단하기 어려운 경우들이 많다.

두 번째, 최근에는 많은 기업들이 한 가지 사업만을 전문적으로 하는 경우보다 다양한 사업을 동시에 수행하고 있기 때문에 비교 대상을 선택하기 어렵다. 본 장의 삼성전자와 SK하이닉스만 하더라도 SK하이닉스는 반도체 전문 생산기업이지만 삼성전자는 스마트폰과 가전제품의 매출액도 상당한 기업이다.

세 번째, 회계정책이 기업마다, 회계기준이 국가마다 다르면 두 기업 간의 비교 분석의 신뢰성은 떨어질 것이다. 또한 장난감이나 아이스크림 회사처럼 특정 계절에 매출이 집중되는 기업들이나 1회성 사건으로 특정 시점의 재무제표만 영향을 받은 기업들의 비교 대상 선택도 쉽지 않다.

<참고 사항>

삼성전자와 SK하이닉스의 주가 관련 자료

항 목	삼성전자		SK하이닉스
	보통주	우선주	보통주
2019년 사업보고서 공시일	2020년 3월 30일		
주가(종가)	47,850원	40,450원	83,300원
발행주식수	5,969,782,550주	822,886,700주	728,002,365주
시가총액(MV)	285조 6,541억원	33조 2,858억원	60조 6,426억원

SK하이닉스의 2019년(72기), 2018년(71기) 재무상태표 (단위 : 억원)

자 산	2019년	2018년	부채와 자본	2019년	2018년
유동자산	144,576	198,941	유동부채	78,740	130,318
현금및현금성자산	23,061	23,493	매입채무	10,425	10,964
단기금융상품	2,984	5,236	단기차입금	27,378	16,143
단기투자자산	13,903	54,964	미지급금	23,677	36,919
매출채권	42,617	63,200	기타지급채무	12,579	18,795
재고자산	52,958	44,227	기타유동부채	4,681	47,497
기타유동자산	9,053	7,821	비유동부채	89,723	37,742
			장기차입금	77,857	36,676
			장기미지급금	183	152
			리스부채	9,956	0
			이연법인세부채	157	66
			기타비유동부채	1,570	848
			부채총계	168,463	168,060
			지배기업 소유지분	479,284	468,457
비유동자산	503,319	437,642	자본금	36,576	36,576
장기투자자산	43,818	43,255	자본잉여금	41,437	41,437
유형자산	399,499	349,526	기타자본항목	(27,888)	(29,826)
무형자산	25,710	26,788	이익잉여금	429,307	420,336
이연법인세자산	6,709	5,440	비지배지분	148	66
기타비유동자산	27,583	12,633	자본총계	479,432	468,523
자산총계	647,895	636,583	부채와 자본총계	647,895	636,583

<참고 사항>

SK하이닉스의 2019년(72기), 2018년(71기) 손익계산서 (단위 : 억원)

항 목	2019년(72기)	2018년(71기)
매출액	269,907	404,450
매출원가	188,253	151,808
감가상각비(유형자산)	68,783	54,213
상각비(무형자산)	884	659
매출총이익	81,654	252,652
판매비와 관리비	54,527	44,205
감가상각비(유형자산)	5,749	3,655
상각비(무형자산)	7,054	4,563
영업이익	27,127	208,437
금융수익	12,476	16,919
기타영업외수익	1,108	1,258
금융비용	15,149	11,421
이자비용	2,385	946
기타영업외비용	1,136	1,783
감가상각비(유형자산)	585	1,173
상각비(무형자산)	13	19
법인세비용차감전순이익	24,426	213,411
법인세비용	4,263	58,010
당기순이익	20,163	155,401
기타포괄손익	940	(672)
총포괄손익	21,103	154,729
현금배당총액	6,840	10,260

연습문제

3-1. 기업의 목표와 재무분석의 관계를 설명하시오.

3-2. 표준재무제표가 어떤 경우에 필요한지 설명하시오.

3-3. 표준규모, 표준연도, 혼합 재무제표의 작성 방법을 설명하시오.

3-4. 3-8의 X기업 재무상태표와 손익계산서의 표준규모 재무제표를 작성하시오.

3-5. 3-8의 X기업 재무상태표와 손익계산서의 표준연도 재무제표를 작성하시오. (기준 연도는 2020년)

3-6. 3-8의 X기업의 표준규모와 표준연도 혼합 재무제표를 작성하시오. (기준 연도는 2020년).

3-7. 재무비율과 관련된 다음 질문들에 답하시오.

① 어느 기업이 원료 납품업자와 단기채권자에 대한 부채를 상환한다면 유동비율은 어떻게 변하겠는가? 증가, 감소, 변화 없다?

② 재고자산을 현금으로 추가 구입한다면 유동비율은 어떻게 변하겠는가? 증가, 감소, 변화 없다?

③ 완성품으로 생산하여 판매할 경우 유동비율은 어떻게 변하겠는가? 증가, 감소, 변화 없다?

④ 매출액 10,000만원, 매출원가 6,000만원, 매출채권 4,000만원, 매입채무 3,000만원일 경우 매출채권회전율과 매출채권평균회수기간, 매입채무회전율과 매입채무평균지불기간은 각각 얼마인가?

⑤ 어떤 기업의 총자산 1원당 매출액이 0.5원이라고 한다. 이 기업은 보유자산을 얼마나 자주 회전시켰고 총자산을 완전히 1회 회전시키는데 소요되는 기간은 얼마인지 계산해보시오.

⑥ 3-8 X기업의 2021년 ROE와 ROA를 평균자기자본과 평균자산으로 계산하여 기말 자기자본과 자산총액으로 계산하였을 경우와 비교해보시오.

⑦ 어떤 기업의 순운전자본은 2,500만원, 유동부채는 3,000만원, 재고자산은 3,500만원이라면 유동비율과 당좌비율은 각각 얼마인가?

⑧ 어떤 기업의 매출액은 2,000억원, 자산총액은 1,500억원, 부채총액은 500억원, 매출액순이익률이 18%라면 순이익, ROA, ROE는 각각 얼마인가?

⑨ 어떤 기업의 총부채비율은 0.4라고 한다. 자기자본부채비율과 자기자본승수는 각각 얼마인가?

⑩ 어떤 기업의 매출액은 200억원, 유보이익은 25억원, 현금배당금은 총 10억원, 기말 자기자본총액은 300억원, 발행주식총수는 100만주라고 한다. 2021년 주당순이익, 주당 현금배당금, 주당 장부가치는, 주당 매출액은 각각 얼마인가? 또한 현재 주가가 105,000원이라면 PER, PBR, PSR은 각각 얼마인가?

⑪ 어떤 기업의 시가총액은 500억원, 재무상태표의 현금은 50억원, 부채는 400억원, 손익계산서의 영업이익(EBIT)과 유·무형자산 감가상각비는 각각 100억원과 40억원이라고 한다. [EV/EBITDA]는 얼마인가?

⑫ 어떤 기업의 자기자본승수는 1.25, 총자산회전율은 1.50회, 매출액순이익률은 4.25%라면 ROE, ROA, 자기자본부채비율은 각각 얼마인가?

⑬ 어떤 기업의 자기자본부채비율은 1.25, ROA는 6.50%, 자기자본총액은 200억원이라고 한다, 자기자본승수, 순이익, ROE는 각각 얼마인가?

⑭ 어떤 기업의 순이익은 30억원, 법인세율은 20%, 이자비용은 4.5억원, 감가상각비는 8억원이라면 이자보상비율과 현금보상비율은 각각 얼마인가?

3-8. 다음 X기업의 재무제표와 관련 정보를 활용하여 질문에 답하시오.

2021년 12월 31일 기준 재무상태표 (단위 : 천만원)					
항 목	2021년	2020년	항목	2021년	2020년
유동자산	1,000	700	유동부채	400	500
현금	450	200	매입채무	350	350
매출채권	350	250	지급어음	50	50
재고자산	200	250	비유동부채	1,800	1,500
			부채총액	2,200	2,000
비유동자산	3,000	2,800	자본금	400	400
유형자산	2,800	2,500	자본잉여금	600	600
무형자산	200	300	이익잉여금	800	500
			자기자본총액	1,800	1,500
자산총액	4,000	3,500	부채와 자기자본총액	4,000	3,500

- 2021년 기준 : 발행주식수 = 1,000,000주, 주가 = 27,000원, 장기부채비용 = 10%, 자기자본비용 = 12%
- 2020년 기준 : 발행주식수 = 1,000,000주, 주가 = 18,750원, 장기부채비용 = 10%, 자기자본비용 = 12%
- 2019년 기준 : 장기부채 = 자기자본총액 = 140억원, 자산총액 = 320억원, 법인세율 = 20%

2021년 12월 31일 기준 손익계산서 (단위 : 천만원)		
항목	2021년	2020년
매출액	3,500	3,000
매출원가	2,300	2,000
매출총이익	1,200	1,000
감가상각비	220	200
감모상각비	100	100
이자 및 법인세비용 차감전 순이익(= 영업이익, EBIT)	880	700
이자비용(I)	180	150
법인세 차감전 순이익 또는 과세대상소득(= EBT)	700	550
세금(t_C = 20%, T)	140	110
순이익(= NI)	560	440
배당금	260	205
유보이익	300	235

① X기업의 2021년 시장부가가치(Market value added), EV/EBITDA, PER를 계산하여 2020년과 비교 평가하시오.

② X기업의 2021년 EVA(economic value added), ROE(return on equity), ROA(return on asset)를 2020년과 비교 평가하시오.

③ X기업의 총부채비율, 현금보상비율로 2021년 장기부채 상황을, 운전자본비율과 당좌비율로 유동성을 2020년과 비교하여 평가해보시오.

④ ROE를 Du Pont 시스템으로 분석하여 2020년과 비교하여 2021년 ROE의 변동원인을 추정해보시오.

3-9. 다음 Y기업의 2021년 재무상태표와 손익계산서 일부 정보를 활용하여 질문에 답하시오.

2021년 재무상태표 (단위 : 천원)				손익계산서(단위:천원)	
자산	금액	부채&자본	금액	항목	금액
현금	77,500	매입채무	129,000	매출액	1,607,500
매출채권	346,000	지급어음	84,000	매출원가	1,351,000
재고자산	231,500	기타유동부채	117,000	감가상각비	41,500
비유동자산	292,500	장기차입금	256,500	판매비와관리비	145,000
		자기자본	361,000	영업이익	70,000
				이자비용	23,500
				법인세(40%)	18,200
자산총액	947,500	부채및자본총계	947,500	순이익	27,300

① Y기업의 다음 표의 재무비율을 구하시오.

재무비율	Y기업	산업평균	재무비율	Y기업	산업평균
유동비율	[ ]	200%	매출액순이익률	[ ]	1.2%
당좌비율	[ ]	150%	총자산순이익률	[ ]	3.6%
재고자산회전율	[ ]	6.7회	자기자본순이익률	[ ]	9.0%
총자산회전율	[ ]	3.0회	부채비율	[ ]	100%

② Y기업의 ① 비율들을 산업평균과 비교하여 Y기업을 평가해보시오.

CHAPTER

04

화폐의 시간가치

1. 화폐의 시간가치 기초
2. 1회 발생금액의 시간가치
3. 2회 이상 발생금액의 시간가치
4. 화폐의 시간가치 응용

1. 화폐의 시간가치 기초

1.1 수익과 비용의 크기와 발생시점

지금 100만원을 투자하여 1년 후 110만원의 수익이 발생하는 투자안 X와 10년 후 110만원의 수익이 발생하는 투자안 Y는 수익은 110만원으로 동일하지만 발생하는 시점이 다르다. 다른 조건들이 동일하다면 합리적인 투자자는 가까운 시기에 110만원이 발생하는 X에 투자할 것이다.

이번에는 X와 동일하게 지금 100만원이 투자되지만 2년 후에 121만원의 수익이 발생하는 투자안 Z 중에서 어디에 투자할지 선택하라면 Y와 비교하여 선택할 때만큼 쉽게 X 투자를 결정하지 못할 것이다. 1년을 더 기다리면 11만원이 수익을 더 얻을 수 있으므로 1년의 기다림과 11만원의 추가수익을 놓고 고민할 것이다.

X, Y, Z의 투자결정 예는 수익의 크기뿐만 아니라 발생 시점도 중요하다는 것을 보여주고 있다. 따라서 CFO의 재무적 의사결정은 비용이 투입되는 시점과 수익이 실현되는 시점이 일치하지 않고, 수익과 비용은 여러 기간에 걸쳐 발생하므로 수익과 비용의 크기뿐만 아니라 발생 시점도 고려해야 하는 것이다.

1.2 화폐의 시간가치

수익과 비용의 발생시점을 의사결정 과정에서 어떻게 고려해야 하는지를 다음 간단한 질문에 답을 찾는 과정을 통하여 살펴보자. 만약 어떤 기회가 생겨서 지금 10,000원 받는 것과 1년 후 10,000원 받는 것을 선택할 수 있다면 당신은 언제 받는 것을 선택하겠는가? 동일한 금액이라면 1년의 기다림은 의미 없기 때문에 거의 대부분은 지금 10,000원 받는 것을 선택한다. 이것은 지금 10,000원의 가치를 1년 후 10,000원의 가치보다 크게 평가한 것으로 동일한 10,000원이지만 발생시점에 따라 가치는 다르게 평가된다는 것이다.

지금 10,000원과 1년 후 10,000원의 가치가 얼마나 다른가는 지금 10,000원을 1년 동안 어떻게 활용할 수 있는가에 달려 있다. 은행에 1년 예금하여 5%의 이자를 받을 경우의 1년 후 가치와 비교하면 500원[=10,000원×(1.05)−10,000원]의 차이가, 주식 투자로 연 15%의 수익률을 얻을 수 있다면 1,500원의 차이가 둘 사이에 발생한다.

그러면 1년 후 10,000원을 지금(t=0) 가치로 판단하면 지금 10,000원과 얼마나 차이가 나겠는가? 합리적인 결정은 논리적인 일관성(consistency)이 유지되어야 하므로 1년 후 10,000원의 지금 가치는 지금의 10,000원보다 작아야 하고, 얼마나 작은가는 어떻게 활용할 수 있는가에 달려 있다. 은행에 1년 예금하여 5%의 이자를 받는다면 지금 가치로 판단하면 476.19원[=10,000원-10,000원/(1.05)]의 차이가, 주식 투자로 연 15%의 수익률을 얻을 수 있다면 1,304.35원의 차이가 지금 10,000원과 1년 후 10,000원 사이에 발생하게 된다. 이는 또한 1년 동안 5%의 이자와 15%의 수익률을 얻을 수 있다면 1년 후 10,000원의 지금 가치는 각각 9,523.81원과 8,695.65원이라는 것을 의미한다.

1년 후 가치로 비교할 때의 차이 500원과 1,500원, 지금 가치로 비교할 때의 차이 476.19원과 1,304.35원 모두는 1년이라는 시간 때문에 발생하는 '화폐의 시간가치(time value of money)'에 해당된다. 또한 지금 10,000원의 가치를 1년 후 10,000원의 가치보다 높게 평가한다는 것은 가치가 추가되지 않는 1년의 기다림은 의미 없다는 것이고, 반대로 생각하면 1년이란 시간에는 가치가 동반되어야 한다는 것을 의미한다. 이와 같은 화폐의 시간가치 때문에 CFO의 재무적 의사결정은 물론 개인의 의사결정에서도 금액의 크기와 더불어 발생시점까지 고려해야 하는 것이다.

1.3 미룸에 따른 할증과 당김에 의한 할인

<그림 1>은 현재 10,000원의 1년 후 가치가 형성되는 과정을 보여주고 있다. 1년 동안 5%의 이자를 얻을 수 있다면 1년 후 가치는 현재 10,000원에 10,000원에 대한 5%의 이자 500원[=10,000×0.05]이 추가되어 10,500원이 되며, 1년 사이에 증가된 금액 500원은 현재 10,000원을 1년 후 미래로 미룸에 대한 보상이다. 특별한 상황($r \leq 0$)을 제외하고 미래시점의 가치는 현재 금액을 미래로 미루면서 r로 할증(compounding)되어 증가하고, 증가한 금액이 화폐의 시간가치이다[1].

1 $r \leq 0$인 경우는 실질금리[=명목금리-인플레이션]에서는 발생하지만 명목금리는 경제 위기 등에서 정부의 긴급정책에 의한 일시적으로 사용하는 'Zero 금리정책'을 제외하면 거의 발생하지 않으므로, 본서도 금리는 기본적으로 (+)로 가정하고 설명을 진행하고자 한다.

〈그림 1〉 미룸에 따른 할증

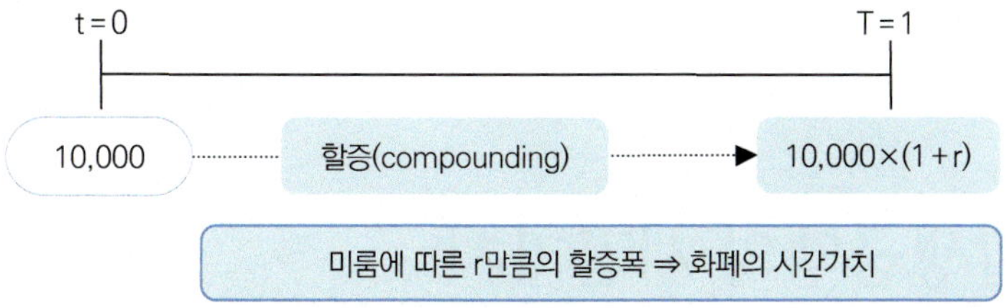

〈그림 2〉 당김에 의한 할인

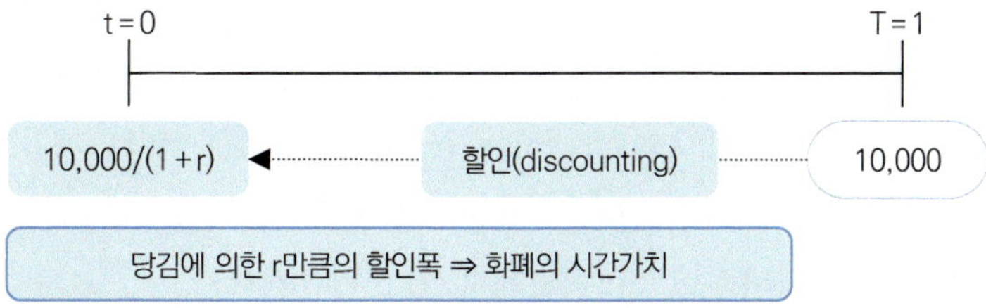

<그림 2>는 1년 후 10,000원의 현재 가치가 형성되는 과정을 보여주고 있다. 1년 동안 5%의 이자를 얻을 수 있다면 지금 9,523.81원은 5%의 이자 476.19원[=9,523.81×0.05]이 추가되어 1년 후 10,000원이 된다. 따라서 5%의 이자를 얻을 수 있다면 1년 후 10,000원은 지금 9,523.81원의 가치를 가진다.

1년 사이에 감소한 가치 476.19원은 1년 후 10,000원을 현재로 당김에 대한 대가이다. 특별한 상황(r≤0)을 제외하고 현재시점의 가치는 미래 금액을 현재로 당기면서 r로 할인(discounting)되어 감소하고, 감소한 금액이 화폐의 시간가치에 해당된다.

<그림 1, 2>를 통하여 화폐의 시간가치가 적용되는 원리는 '현재시점 1원의 미래 T시점 가치는 T기간 동안 r로 할증되어 증가하고, 미래 T시점 1원의 현재 시점 가치는 T기간 동안 r로 할인되어 감소한다'로 정리할 수 있다.

여기에는 재무/금융 전반에 적용되는 재무관리 제 2 법칙, '오늘의 현금이 내일의 현금보다 가치 있다(Cash today is worth more than cash tomorrow)'와 제 3 법칙, '확실한 현금이 불확실한 현금보다 가치 있다(A certain cash is worth more than a risky cash)'가 반영되어 있다[2]. 대부분의 재무적 의사결정에서 현재 발생하는 10,000원은 확실(certain)하지만 1년

2 재무관리의 제 1 법칙은 '현금이 최고다!(Cash is king!)'이다. 회계적 이익과 비교하여 현금흐름(cash flow, CF)[=현금유입액-현금유출액]의 중요성을 강조한 내용이다.

후 10,000원은 1년 사이에 어떤 상황이 발생할지 예측하기 어렵기 때문에 현재 10,000원만큼 확실하지 않다. 따라서 불확실성(uncertainty or risk)을 화폐의 시간가치를 통하여 반영해야 한다.

2. 1회 발생금액의 시간가치

2.1 미래가치와 할증

1회 발생하는 금액의 미래가치(future value, 이하 FV)는 지금 10,000원의 1년 후 가치, 10년 후 가치처럼 특정 시점(t)에 1회 발생하는 금액(P)의 미래시점(T) 가치를 말하며, 다음 식 (1)과 같이 계산한다. 여기서 t는 현재(t=0)를 포함한 특정 시점, P는 특정 시점에 발생하는 금액, r은 이자율, T는 t이후의 미래 시점을 각각 의미한다.

● 1회 발생금액의 미래가치(future value)

$$FV_{T-t} = \left[P_t \times (1+r)^{T-t}\right] \cdots \text{식 (1)}$$

식 (1)을 보면 미래가치는 금액(P)이 고정되어 있다면, 이자율 r과 특정 시점과 미래 시점과의 간격(T-t)에 따라 다양한 값을 가지게 된다[3]. 이자율이 5%일 때 현재 10,000원의 1년 후 미래가치와 2년 후 미래가치, 이자율이 10%일 때 현재 10,000원의 2년 후 가치와 1년 후 10,000원의 2년 후 가치는 식 (1)에 의하면 각각 다음과 같다. 미래가치에 대한 직관적인 의미는 지금 10,000원은 r=5%를 고려할 때 1년 후의 가치는 10,500원이라는 것이다. 동일한 r=5%에서는 먼 미래일수록(즉, T가 클수록), 동일한 미래 시점(T=2년)에서는 r이 클수록 미래가치는 증가하는 것을 알 수 있다.

- FV_{1-0}=[10,000원×$(1+0.05)^{1-0}$]=10,500원
- FV_{2-0}=[10,000원×$(1+0.05)^{2-0}$]=11,025원
- FV_{2-0}=[10,000원×$(1+0.1)^{2-0}$]=12,100원
- $FV_{2-1=1}$=[10,000원×$(1+0.1)^{2-1=1}$]=11,000원

3 T-t는 t시점 금액의 T-t 기간 후의 미래가치를 의미하며, t=0이면 T-t는 T가 된다.

만약 현재 시점의 P가 1원이라면 식 (1)은 'FV_T =[1원×$(1+r)^T$]', 여기서 [$(1+r)^T$]를 미래가치요소(future value interest factor, 이하 FVIF)라고 하며, 특정 시점(t)에 발생하는 1원의 미래 T시점에서의 가치를 의미한다. FVIF는 다른 조건이 동일하다면 T와 r이 클수록 증가한다.

예제 4-1

입사 첫 해의 연봉은 4,000만원이고 매년 평균적으로 5%씩 연봉은 인상된다고 하면 2년 후 연봉, 5년 후 연봉, 20년 후 연봉은 각각 얼마인가? 연봉은 모두 연초에 발생한다고 가정함.

풀이 식 (1)에 의하면 각각 4,410만원, 5,105.13만원, 10,613.19만원이 될 것이다.
FV_2 = [4,000만원×$(1+0.05)^2$] = 4,410만원, FV_5 = [4,000만원×$(1+0.05)^5$] = 5,105.13만원
FV_{20} = [4,000만원×$(1+0.05)^{20}$] = 10,613.19만원

이번에는 r=10%일 때 현재 10,000원의 FV_2=12,100원을 조금 더 자세히 살펴보자. 12,100원에는 원금 10,000원과 1년차와 2년차의 원금에 대한 10% 이자 각각 1,000원씩 총 2,000원이 포함될 것이다. 그러면 나머지 100원은 어디서 나온 것일까? 이것이 미래가치에서 매우 중요한 개념인 '복리(compounding interest)', 즉 이자에 대한 이자(interest on interests)이다.

예금은 1년이 지나면 원금 10,000원과 원금에 대한 1년차 이자 1,000원이 추가되어 11,000원이 된다. 그러나 다시 1년이 지나면서 발생하는 이자는 원금 10,000원에 대해서만 10% 계산되는 것이 아니라 1년차 이자까지 추가된 11,000원에 대하여 10%의 이자가 계산된다. 따라서 2년차 이자는 원금 10,000원에 대한 10%의 2년 동안 이자 2,000원과 1년차 이자 1,000원에 대한 10%인 100원까지 더해져서 2,100원이 된다. 즉, 2년차 이자에는 원금뿐만이 아니라 이자에 대한 이자도 포함된 것이다. 다시 1년이 지나면 3년차 이자에는 원금 10,000원과 2년차까지 누적된 이자 2,100원에 대한 10%인 1,210원, 또 1년이 지난 4년차 이자에는 원금 10,000원과 3년차까지 누적된 3,310원에 대한 10%인 1,331원 … 이런 식으로 T가 지날수록 이자에 대한 이자가 계속 누적되므로, 이자에 대한 10%의 이자도 계속 증가한다.

- FV_2 =[10,000원×$(1+0.1)^2$] =[11,000원×$(1+0.1)^1$] =12,100원
  =[원금 10,000원 + 원금 10,000원에 대한 2년 동안의 이자 2,000원
  + **1년차 이자 1,000원에 대한 2년차 이자 100원**]

재무적 의사결정에서 화폐의 시간가치를 고려할 때는 복리(compound interest)계산 또는

CHAPTER 04 화폐의 시간가치

할증(compounding)을 원칙으로 한다. 반면에 단리(simple interest)계산은 복리와는 다르게 원금에 대해서만 이자가 계산된다. 현재 10,000원의 2년 후 가치를 단리로 계산하면 다음과 같이 12,000원으로 복리계산의 12,100원보다 작은데, 복리계산에 의한 미래가치는 할증되어 누적적(exponentially)으로 증가하는 반면에 단리계산에 의한 미래가치는 직선적으로(linearly) 증가하기 때문이다.

- 단리계산의 FV_2 = [10,000원×(1 + 0.1×2회)] = 12,000원
  < 복리계산의 12,100원

예제 4-2

〈예제 4-1〉의 연봉을 단리로 계산하면 복리계산과 각각 얼마나 차이가 나는가? 그 이유는 무엇인가?

풀이 단리로 미래의 연봉을 계산하면 다음과 같다.
FV_2 = [4,000만원×(1 + 0.05×2)] = 4,400만원 → 4,410만원과 10만원 차이 발생
FV_5 = [4,000만원×(1 + 0.05×5)] = 5,000만원 → 5,105.13만원과 105.13만원 차이 발생
FV_{20} = [4,000만원×(1 + 0.05×20)] = 8,000만원 → 10,613.19만원과 2,613.19만원 차이 발생
복리계산은 인상된 연봉에 대해서도 계속 인상률이 적용되기 때문에 첫 해 연봉에 대해서만 인상률이 적용되는 단리계산과 차이가 발생하고, 그 차이는 기간이 길수록 확대된다. 이것은 인상된 연봉증가분에 대한 인상률을 적용할 때 인상된 증가분이 시간이 지날수록 점점 누적(할증)되기 때문이다.

2.2 할증의 힘(Power of Compounding)

화폐의 시간가치 개념을 설명할 때 많이 언급되는 사례가 1626년 네덜란드의 식민지 총독 Peter Minuit가 뉴욕의 맨해튼(Manhattan) 섬을 원주민으로부터 $24에 매수한 거래이다[4]. 지금 맨해튼 섬의 가격을 정확히 모르더라도 30,000원도 안되는 금액으로 매수한 것은 엄청난 거래라는 생각이 먼저 들 것이다.

4 예전 맨해튼 섬에서는 원주민들이 강에서 물고기를 잡거나 옥수수와 강낭콩을 경작하고 숲에서 노루와 곰을 사냥하며 살았다. 그러다 1524년 이탈리아 항해사 Giovanni Da Verrazzano가 처음 맨해튼 섬을 발견하고, 1609년 Henry Hudson이 맨해튼 섬을 탐험하여 자신의 이름을 따서 맨해튼 섬을 둘러싼 강을 '허드슨강'이라고 부르기 시작했다. 맨해튼을 본격적으로 발전시킨 것은 대항해시대의 주역, 네덜란드였다. 약 400년 전인 1621년 네덜란드는 아메리카 및 아프리카와의 무역을 목적으로 서인도 회사를 설립하고, 1624년 허드슨강 입구에 본격적인 무역 거점을 세우기 시작했다. 네덜란드의 식민지 총독 Peter Minuit는 원주민으로부터 맨해튼 섬을 단돈 24달러에 매입하여, '뉴 암스테르담'(New Amsterdam)이라고 이름을 붙였다. 이후 새로운 식민지 무역거점 뉴 암스테르담을 식민지 지역과 주거 지역을 나누기 위해 벽을 쌓았는데, 이것이 벽(wall)의 시초가 되어 월스트리트(Wall Street)가 생겨났다.

그러나 $24의 거래는 399년(현재 2023년 기준) 전에 이루어진 것이므로 399년 전의 $24와 지금 맨해튼 섬의 가격을 비교하는 것은 399년 동안의 시간가치를 무시한 것이다. 정확한 판단은 399년 전 $24의 지금 가치와 맨해튼 섬의 지금 가치를 비교해야 한다.

만약 원주민이 399년 전에 $24를 받아서 평균적으로 연 5%의 이자를 얻을 수 있는 예금을 했다면 지금 $24의 가치는 다음과 같아진다. 환율은 [₩1,270/$]을 적용하였다.

- $FV_{399}=[\$24\times(1+0.05)^{399}]=\$6,835,048,029$ → 8조 6,817.81억원

따라서 Peter Minuit의 거래는 399년 전 $24와 지금의 맨해튼 섬의 가격을 비교해서 판단하지 말고 지금 맨해튼 섬 가격이 $6,835,048,029 또는 8조 6,817.81억원보다 높은지 낮은지를 가지고 평가해야 한다.

여기서 주목해야 하는 점은 $24의 FV_{399}가 $6,835,048,029나 된다는 것으로 앞에서 설명한 '복리계산 또는 할증의 힘(Power of compounding)'을 보여준다는 것이다. FV399는 원금 $24, 399년 동안의 원금에 대한 이자와 이자에 대한 이자로 다음과 같이 나눌 수 있다. 복리에 해당하는 이자에 대한 이자가 FV_{399}의 99.99%를 차지하고 있다.

- $6,835,048,029 → 원금 $24
  → 원금에 대한 이자 = [$24×0.05×399년]=$478.8
  → 이자에 대한 이자 = [FV_{399} − 원금 − 원금에 대한 이자]
  = [$6,835,048,029 − $24 − $478.8]=$6,835,047,526

〈표 1〉 복리계산과 단리계산의 FVIF[$=(1+r)^T$]

r \ T		1	2	5	10	30	50
5%	복리	1.0500	1.1025	1.2763	1.6289	4.3219	11.4674
	단리	1.0500	1.1000	1.2500	1.5000	2.5000	3.5000
10%	복리	1.1000	1.2100	1.6105	2.5937	17.4494	117.3909
	단리	1.1000	1.2000	1.5000	2.0000	4.0000	6.0000
50%	복리	1.5000	2.2500	7.5938	57.6650	191,751.06	637,621,500
	단리	1.5000	2.0000	3.5000	6.0000	16.0000	26.0000
100%	복리	2.0000	4.0000	32.0000	1,024.00	1,073,741,824	1,125,899십억
	단리	2.0000	3.0000	6.0000	11.0000	31.0000	51.0000

<표 1>은 r이 5%, 10%, 50%, 100%이고, T가 1, 2, 5, 10, 30, 50일 경우의 FIVF를 복리로 계산한 것과 단리로 계산한 것을 보여주고 있다. r=5%인 경우를 보면 기간이 2, 5처럼 짧으면 복리와 단리의 차이가 크지 않지만 기간이 30, 50처럼 길어지면 차이가 점점 확대된다. 또한 T=5인 경우를 보면 r이 5%와 10%처럼 상대적으로 크지 않을 때는 복리와 단리의 차이가 크지 않지만, r이 50%, 100%로 커지면 차이는 점점 확대된다. 즉 단리계산과 비교하여 할증의 힘은 r이 커질수록, T가 길어질수록 더욱 강해짐을 알 수 있다. 앞의 원주민이 받은 $24도 r은 5%로 크지 않지만 T가 399년으로 길기 때문에 누적된 이자가 할증되어 399년 후의 미래가치가 엄청나게 증가한 것이다.

예제 4-3

월 10%의 수익을 얻을 수 있는 투자에 100만원을 투자하면 1개월 후, 1년, 3년 후 이익을 비교하시오. 1년 후 이익은 1개월 후 이익의 12배인가? 3년 후 이익은 1년 후 이익의 3배인가? 아니면 왜 그런지 설명하시오.

풀이 이익 = [투자수익-투자비용]으로 계산할 수 있다.

1개월 후 이익 = FV_1[= 100만원×$(1.1)^1$ = 110만원]-100만원 = 10만원

1년(12개월) 후 이익 = FV_{12}[= 100만원×$(1.1)^{12}$ = 313.84만원]-100만원 = 213.84만원

3년(36개월) 후 이익 = FV_{36}[= 100만원×$(1.1)^{36}$ = 3,091.27만원]-100만원 = 2,991.27만원

1년 후 이익 213.84만원은 1개월 후 이익 10만원의 12배인 120만원보다 크고, 3년 후 이익 2,991.27만원은 1년 후 이익 213.84만원의 3배인 641.52만원보다 훨씬 크다. 이것은 매월 누적되는 이익에 대해서도 매월 이익이 10%씩 추가되는 할증의 힘 때문이다.

예제 4-4

〈예제 4-3〉의 3년 후 이익에서 할증의 힘으로 발생한 이익은 얼마인가?

풀이 3년 후 이익 2,991.27만원은 투자수익 FV_{36}[= 3,091.27만원]에서 투자원금이 차감되었으므로 투자원금에 대한 이익과 이익에 대한 이익의 합이다. 따라서 3년 후 이익에서 투자원금에 대한 이익 360만원을 차감하면 할증의 힘으로 발생한 이익에 대한 이익이 다음과 같이 2,631.72만원이 된다.

투자원금에 대한 이익 = [100만원×0.1×36개월] = 360만원

이익에 대한 이익 = [2,991.72만원-360만원] = 2,631.72만원

2.2 현재가치와 할인

미래 시점에 1회 발생하는 금액의 현재가치(present value, 이하 PV)는 1년 후 10,000원, 10년 후 10,000원의 지금 가치처럼 미래 시점(T)에 1회 발생하는 금액(F)의 T 이전 특정 시점(t) 가치를 말하며, 다음 식 (2)와 같이 계산한다. 여기서 T는 미래 시점, F는 미래 시점에 발생하는 금액, r은 이자율, t는 t=0 현재를 포함하는 T 이전 특정 시점을 각각 의미한다.

● 1회 발생금액의 현재가치(present value)

$$PV_t = \left[F_T \times \frac{1}{(1+r)^{T-t}} \right] \quad \cdots \text{ 식 (2)}$$

식 (2)을 보면 현재가치는 금액(F)이 고정되어 있다면, 이자율 r과 미래 특정 시점(T)과 가치계산 시점(t)과의 간격(T−t)에 따라 다양한 값을 가지게 된다. 이자율이 5%일 때 1년 후 10,000원과 2년 후 10,000원의 현재가치, 이자율이 10%일 때 2년 후 10,000원의 현재가치와 1년 후 가치는 식 (2)에 의하면 각각 다음과 같다. 현재가치의 의미는 1년 후 발생하는 10,000원은 r=5%를 고려할 때 지금 시점에서의 가치는 9,523.81원이란 것이다. 이는 반대로 지금 9,523.81원은 r=5%를 고려할 때 1년 후 10,000원의 가치라는 것을 의미하기도 한다. 동일한 r=5%에서는 먼 미래일수록(즉, T가 클수록), 동일한 미래 시점(T=2년)에서는 r이 클수록 현재가치는 감소하는 것을 알 수 있다.

- PV_{1-0}=[10,000원/(1+0.05)$^{1-0}$]=9,523.81원
- PV_{2-0}=[10,000원/(1+0.05)$^{2-0}$]=9,070.29원
- PV_{2-0}=[10,000원/(1+0.1)$^{2-0}$]=8,264.46원
- $PV_{2-1=1}$=[10,000원/(1+0.1)$^{2-1=1}$]=9,090.91원

만약 미래 T 시점의 F가 1원이라면 식 (2)의 현재가치는 'PV_0=[1/(1+r)^T]'가 되고, 여기서 [1/(1+r)^T]는 현재가치요소(present value interest factor, 이하 PVIF)라고 하며, T시점에 발생하는 1원의 현재 시점의 가치를 의미한다. PVIF는 다른 조건이 동일하다면 T와 r이 클수록 감소한다.

식 (1)의 [1+r]^{T}는 FIVF이고, FVIF의 역수 1/[1+r]^{T}는 PVIF이므로, FIVF와 PVIF는 r과 T에 대하여 정반대의 영향을 받는다. FVIF는 r이 크고, T가 길수록 할증(compounding)

되어 증가하고, PVIF는 r이 크고, T가 길수록 할인(discounting)되어 감소한다. r>0이면 FIVF는 점점 더 할증되어 ∞로 확산(spread)되지만, PVIF는 점점 더 할인되어 0으로 수렴(convergence)한다. 따라서 어떤 수의 FV는 ∞까지 커질 수 있지만, PV는 아무리 작아도 0이 되는 것이다(단 r>0인 경우).

'PVIF = [1/FVIF]'라는 것은 현재 1원의 미래가치는 식 (1)에 의하여 다음과 같이 FVIF이고, T시점 $[1+r]^T$원의 현재가치는 식 (2)에 의하여 다음과 같이 1원이 된다는 것을 의미한다. 즉, 현재 1원이 할증된 미래가치는 동일한 조건으로 할인되면 다시 1원이 된다는 것이다.

- $FV_T = [1원 \times (1+r)^T] = [1원 \times FVIF] = FVIF$
- $PV_0 = [(1+r)^T \times \{1/(1+r)^T\}] = [FVIF \times PVIF(=1/FVIF)] = 1원$

반면에 우리가 자주 접하는 제품들의 '00% 세일'은 이와는 다르게 계산된다. 백화점에서 15만원하는 운동화가 30% 할인이라면 10.5만원[=15만원−15만원×0.3]에 거래된다. 그러나 30% 할인된 10.5만원에 30%를 할증시키면 13.65만원[=10.5×(1+0.3)]에 불과하다. 여기서는 할인이 식 (2)의 나눗셈이 아니라 뺄셈 형태로 적용되었기 때문이다.

할인이 나눗셈 형태로 이루어지는 것은 미래가치를 계산할 때 복리계산, 뺄셈 형태로 이루어지는 것은 단리계산과 유사하다. 만약 2기간 후 15만원을 뺄셈 형태로 두 기간 동안 30% 할인하면 현재가치는 6만원[=15만원−15만원×0.3×2], 식 (2)와 같이 나눗셈 형태로 할인하면 8.88만원[=15만원/$(1.3)^2$]이 된다. 할인된 6만원과 8.88만원을 동일한 조건으로 할증시키면 각각 10.14만원과 15만원이 되므로, 나눗셈 형태의 할인이 'PVIF = [1/FVIF]'에도 부합되는 방식이다. 따라서 미래가치의 할증과 현재가치 할인의 역의 관계 때문에 현재가치는 뺄셈이 아니라 나눗셈 형태로 할인된다.

예제 4-5

S은행은 X기업의 1,000만원짜리 어음을 화폐의 시간가치와 수수료 등을 고려하여 20% 할인율을 적용하여 800만원으로 교환해준다고 한다. S은행의 할인과정을 추정하시오.

풀이 S은행이 20%로 1,000만원 어음을 할인하면 식 (2)에 의하여 833.33만원이 되어야 한다.

[1,000만원/(1 + 0.2)] = 833.33만원

그러나 S은행은 다음과 같이 뺄셈 형태로 20% 할인하여 800만원이라고 한 것이다. 실제로 S은행이 적용한 할인율은 다음과 같이 25%나 되는 것이다.

[1,000만원−1,000만원×0.2] = 800만원, 800만원 = [1,000/(1 + r)] → r = 0.25

2.3 현재가치 기본등식

앞에서 설명한 'PVIF = [1/FVIF]'의 관계에 의하면 현재 1원이 할증된 FV_T를 동일한 조건으로 할인하면 다음과 같이 1원이 된다고 하였다.

- $FV_T = [1원 \times (1+r)^T] = [1원 \times FVIF] = FVIF$
- $PV_0 = [(1+r)^T \times \{1/(1+r)^T\}] = [FVIF \times PVIF(=1/FVIF)] = 1원$

두 식을 활용하면 식 (3)과 같은 현재가치 기본등식(basic present value equation)이 도출된다. 기본등식에 포함되는 변수들은 PV(또는 현재 발생하는 금액), FV(또는 미래 발생하는 금액), r, T 등 4가지이다. 따라서 3가지 변수를 알고 있다면 식 (3)을 활용하여 나머지 변수의 값을 추정할 수 있다.

● 현재가치 기본등식

$$PV_0 = \left[\frac{1원 \times (1+r)^T}{(1+r)^T}\right] = \left[\frac{FV_T}{(1+r)^T}\right] \quad \cdots \text{ 식 (3)}$$

예제 4-6

친구 Park이 3년 후 연 25% 수익률로 1,000만원을 보장한다면서 지금 750만원을 투자하라고 한다. 750만원 투자해야 하는가? 친구가 적용한 수익률은 몇 %인가?

풀이 연 25%의 수익률을 얻을 수 있다면 3년 후 1,000만원의 현재가치는 식 (2)나 (3)에 의하면 다음과 같이 512만원이다. 즉, 연 25%의 수익률로 3년 후 1,000만원이 되려면 지금 512만원만 투자하면 된다는 것이다. 따라서 750만원 투자는 하지 말아야 한다.

$1,000만원/(1+0.25)^3 = 512만원$

Park이 적용한 수익률은 다음과 같이 10.06%에 불과하다.

$1,000만원/(1+r)^3 = 750만원 \rightarrow r = [(1,000/750)^{1/3} - 1] = 0.1006$

CHAPTER 04 화폐의 시간가치

예제 4-7

Park은 5년 후 3,000만원 하는 자동차를 구입하려고 한다. 지금까지 저축한 1,000만원으로 주식 투자를 한다면 몇 %의 수익률을 얻어야 자동차를 구입할 수 있는가? 연 20% 수익률로 얻을 수 있다면 지금 모아둔 돈이 얼마가 되어야 하는가?

풀이 1,000만원이 5년 후 3,000만원이 되어야 하므로 식 (3)에 의하면 연 24.57%의 수익률을 얻어야 자동차를 구입할 수 있다.

1,000만원 = [3,000만원/$(1+r)^5$] → [1,000×$(1+r)^5$] = 3,000 → r = [$(3{,}000/1{,}000)^{1/5}$−1] = 0.2457

r = 20%로 5년 후 3,000만원이 되어야 하므로 식 (3)에 의하면 지금 1,205.63만원은 모아 두었어야 한다.

PV = [3,000만원/$(1+0.2)^5$] = 1,205.63만원

예제 4-8

Park의 첫 해 연봉(6,000만원)이 10년 후 2배가 되었다. 그 동안 매년 몇 %씩 인상되었는가? 그 만큼 매년 계속 인상된다면 3배가 될 때까지 걸리는 기간은?

풀이 6,000만원이 10년 후 12,000만원이 되어야 하므로 식 (3)에 의하면 연 7.18%씩 연봉이 증가해야 한다.

6,000만원 = [12,000만원/$(1+r)^{10}$] → [6,000×$(1+r)^{10}$] = 12,000 → r = [$(2배)^{1/10}$−1] = 0.0718

6,000만원이 r = 7.18%씩 증가하여 3배 18,000만원이 되어야 하므로 식 (3)과 자연로그(ln)을 활용하면 15.84년이 걸린다.

6,000 = [18,000만원/$(1+0.0718)^T$] → [6,000×$(1.0718)^T$] = 18,000

→ T = [ln(18,000/6,000)/ln(1.0718)] = 15.84년

식 (3) 현재가치 기본등식을 활용한 계산에서 r과 T를 찾는 것이 상대적으로 조금 복잡하다. 그나마 r은 지수의 법칙을 이용하면 쉬우나 T는 자연로그를 활용하는 복잡한 과정을 거치게 된다. 다행히도 미래 금액이 현재 금액의 2배가 되는데 소요되는 기간에 대해서는 r이 6~10%에 포함된다면 다음 식 (4)의 72 법칙을 활용하면 간단하게 구할 수 있다[5].

• 72법칙(rule of 72)

r이 6~10%일 때 현재 금액이 2배가 되는데 걸리는 기간은 대략 $\left[\frac{72}{r\%}\right]$ … **식 (4)**

5 식 (4)에서 주의할 것은 r=10%이면 분모를 0.1이 아니라 10으로 계산해야 한다는 것이다. 72법칙은 사회 현상을 설명할 때 자주 활용되는 유용한 법칙이다.

<예제 4-8>에서 Park의 연봉이 2배가 되는 기간을 모른다고 하면, r=7.18%로 식 (4)의 조건에 해당되므로 다음과 같이 72법칙에 의하여 대략적으로 계산한 값이 자연로그를 활용하여 정확하게 계산한 값과 거의 같다는 것을 알 수 있다.

- [72/7.18] = 10.03년
- $6{,}000 \times (1+0.0718)^T = 12{,}000$만원 $\Rightarrow$ $T = [\ln(12{,}000/6{,}000)/\ln(1.0718)] = 10$년

3. 2회 이상 발생금액의 시간가치

3.1 여러 번의 PV와 FV

기업의 CEO나 CFO들의 의사결정에서는 수익과 비용 등이 1회 발생하는 경우보다는 새로운 사업에 진출할 경우 향후 발생하는 수익, 특정 기업을 인수하였을 때 그 기업이 가져다주는 수익, 공장이나 설비 유지비용처럼 여러 번에 걸쳐 발생하는 경우들이 훨씬 더 많다. 개인들도 주택담보대출, 연금저축, 자동차할부, 커피점 사업 등 여러 번에 걸쳐 수익과 비용이 발생하는 경우의 의사결정을 더 많이 해야 한다.

〈그림 3〉 여러 번의 할인

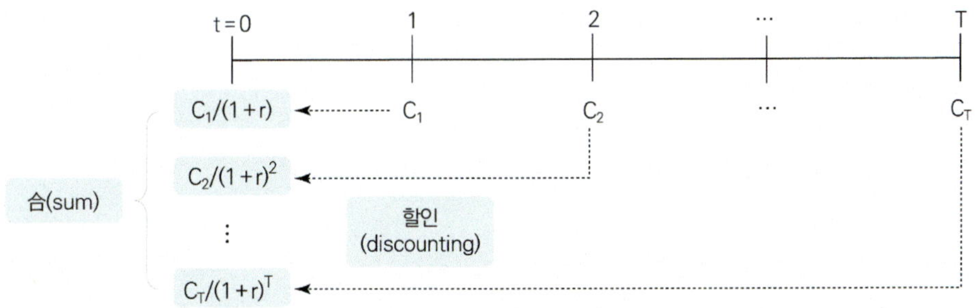

〈그림 4〉 여러 번의 할증

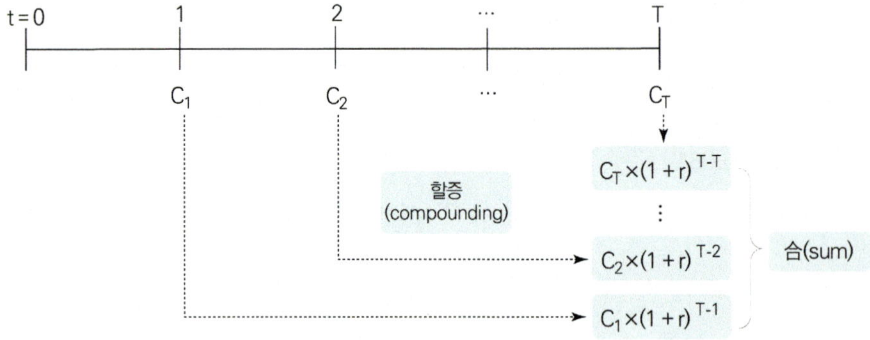

앞에서 살펴본 것처럼 1회 발생하는 금액의 현재가치는 식 (1), 미래가치는 식 (2)처럼 계산되지만 더 자주 접하는 여러 번에 걸쳐서 발생하는 금액들의 시간가치는 어떻게 계산해야 할까? 답은 간단하다. <그림 3, 4>처럼 1회 발생하는 경우의 PV_0와 FV_T를 여러 번 발생하는 금액마다 각각 계산하여 모두 합하면 된다. 여기서 C_t는 특정 시점 t에 발생한 금액을 의미한다.

예제 4-9

Park과 Kim은 방학 2달 동안 아르바이트를 하려고 한다. Park은 첫 달에 30만원, 두 번째 달에 40만원을, Kim은 첫 달에 40만원, 두 번째 달에 30만원 받는다고 한다. 아르바이트 급여는 모두 월말에 지급된다면 2달 동안의 총액은 70만원으로 동일한 Park과 Kim 아르바이트의 현재가치와 미래가치를 비교하시오. 매월 이자율은 5%라고 가정.

풀이 먼저 <그림 3>와 같이 현재가치로 비교하면 Kim의 가치가 65.31만원으로 더 크다.

Park의 PV_0= [30만원/$(1.05)^1$ + 40만원/$(1.05)^2$] = 64.85만원

Kim의 PV_0 = [40만원/$(1.05)^1$ + 30만원/$(1.05)^2$] = 65.31만원

<그림 4>와 같이 2달 후의 미래가치로 비교하여도 Kim의 가치가 72만원으로 더 크다.

Park의 FV_2 = [30만원×$(1.05)^{2-1}$ + 40만원×$(1.05)^{2-2}$] = 71.5만원

Kim의 FV_2 = [40만원×$(1.05)^{2-1}$ + 30만원×$(1.05)^{2-2}$] = 72만원

<예제 4-9>을 보면 현재가치 계산과 비교하여 미래가치 계산에서 특이한 점을 볼 수 있다. 2달 급여의 현재가치를 계산할 때는 첫 번째 달 급여는 1회 할인, 두 번째 달 급여는 2회 할인되지만 미래가치를 계산할 때는 첫 번째 달 급여는 1회 할증, 두 번째 달 급여는 0회 할증된다. 이것은 급여가 기말에 지급되었기 때문이다. 첫 번째 달 마지막 날과 두 번째 달 첫 번째 날은 달력상으로는 하루 차이가 있지만 물리적인 시간 차이는 거의 없고, 특히 화폐의 시간가치 차이를 유의미하게 발생시킬 정도는 아니다. 따라서 첫 번째 달 말에 지급된

급여는 두 번째 달 초에 지급된 것과 동일한 시점에 발생한 것으로 간주하여 두 번째 달 말의 가치로 평가할 때는 1회 할증, 두 번째 달 말에 지급된 급여는 두 번째 달 가치를 평가하는 바로 그 시점에 지급된 것이므로 0회 할증되는 것이다. 화폐의 시간가치는 기초에 발생했다고 언급되지 않으면 기말에 발생한 것으로 간주한다[6].

3.2 연금의 시간가치

금액이 여러 번 발생하는 경우가 몇 번에 불과하면 각각의 시간가치를 적용한 후 합하는 것이 어렵지 않은데 발생하는 횟수가 많고, 금액도 다양해지면 일일이 적용하는 것이 번거로울 수 있다[7]. 그러나 여러 번 발생하는 금액들이 어떤 규칙을 따른다면 공식으로 단순화하여 화폐의 시간가치를 쉽게 적용할 수 있다. 그러면 발생하는 금액이 매 기간 동일한 경우의 화폐의 시간가치를 적용하는 공식부터 살펴보자.

3.2.1 연금의 현재가치와 미래가치

연금(annuities)은 매 기간 말에 동일한 크기의 금액이 발생하는 형태를 말한다. t=1~T 기간 동안 매 기간 말에 동일한 크기의 금액, C가 T회 발생하는 연금의 현재가치는 <그림 3>처럼 매 기간의 C를 각각 할인한 PV들을 합하여 다음 식 (5)와 같이 계산된다.

● 연금의 현재가치(present value of annuities)

$$PVA_0 = \sum_{t=1}^{T}\left[C\times\frac{1}{(1+r)^t}\right] = C\times\left[\frac{1-\frac{1}{(1+r)^T}}{r}\right] = C\times PVIFA(r,T) \quad \cdots \text{ 식 (5)}$$

t=1~T 기간 말에 동일하게 발생하는 C가 1원이라면 식 (5)는 다음과 같아지고, 이것을 연금의 현재가치요소(present value interest factor of annuities, 이하 PVIFA)라고 하고, t=1부터 T까지 기간 말에 발생하는 1원들의 현재가치를 의미한다. PVIF와 마찬가지로 r이 클수록, 발생하는 기간(T)이 길수록 PVIFA는 감소한다.

6 화폐의 시간가치 관련 공식들 대부분은 금액들이 기말에 발생한 것으로 가정하고 도출되었다. 기초에 발생하는 경우는 '3.2.2. 기초발생 연금의 시간가치'에서 설명하고자 한다.

7 기간마다 r이 다른 경우가 가장 복잡한 경우인데 여기서는 모든 기간의 r은 동일하다고 가정한다.

- $PVA_0 = 1\text{원} \times \left[\frac{1 - \frac{1}{(1+r)^T}}{r} \right] = \left[\frac{1 - \frac{1}{(1+r)^T}}{r} \right]$

예제 4-10

연간수익률이 5%인 경우 t=1부터 3년 동안 매년 말에 1,000만원씩 발생하는 경우의 현재가치와 6년 동안 발생하는 경우의 현재가치를 비교하시오. 만약 연간 수익률이 10%라면 두 경우의 현재가치는 각각 얼마로 변하는가?

풀이 PVIFA(r = 5%,T = 3) = $[\{1-1/(1.05)^3\}/0.05]$ = 2.723,
PVIFA(r = 5%,T = 6) = $[\{1-1/(1.05)^6\}/0.05]$ = 5.076
3년 발생 PVA_0 = [1,000만원×2.723] = 2,723만원, 6년 발생 PVA_0 = [1,000만원×5.076] = 5,076만원
PVIFA(r = 10%,T = 3) = $[\{1-1/(1.1)^3\}/0.1]$ = 2.487, PVIFA(r = 10%,T = 6) = $[\{1-1/(1.1)^6\}/0.1]$ = 4.355
3년 발생 PVA_0 = [1,000만원×2.487] = 2,487만원, 6년 발생 PVA_0 = [1,000만원×4.355] = 4,355만원

이번에는 t=1~T 기간 동안 매 기간 말에 동일한 크기의 금액, C가 T회 발생하는 연금의 미래가치는 <그림 4>처럼 매 기간의 C를 각각 할증한 FV_T들을 합하여 다음 식 (6)과 같이 계산된다.

● 연금의 미래가치(future value of annuities)

$$FVA_T = \sum_{t=1}^{T} [C \times (1+r)^{T-t}] = C \times \left[\frac{(1+r)^T - 1}{r} \right] = C \times FVIFA(r, T) \quad \cdots \text{ 식 (6)}$$

C가 1원이라면 식 (6)은 다음과 같아지고, 이것을 연금의 미래가치요소(future value interest factor of annuities, 이하 FVIFA)라고 하고, t=1부터 T까지 기간 말에 발생하는 1원들의 미래가치를 의미한다. FVIF와 마찬가지로 r이 클수록, 발생하는 기간(T)이 길수록 FVIFA는 증가한다.

- $FVA_T = 1\text{원} \times \left[\frac{(1+r)^T - 1}{r} \right] = \left[\frac{(1+r)^T - 1}{r} \right]$

예제 4-11

연간수익률이 5%인 경우 t=1부터 3년 동안 매년 말에 1,000만원씩 발생하는 경우의 3년 후 미래가치와 6년 동안 발생하는 경우의 미래가치를 비교하시오. 만약 연간 수익률이 10%라면 두 경우의 미래가치는 각각 얼마로 변하는가?

풀이 $FVIFA(r=5\%, T=3) = [\{(1.05)^3-1\}/0.05] = 3.153$,
$FVIFA(r=5\%, T=6) = [\{(1.05)^6-1\}/0.05] = 6.802$
$FVA_3 = [1{,}000\text{만원} \times 3.153] = 3{,}153\text{만원}$, $FVA_6 = [1{,}000\text{만원} \times 6.802] = 6{,}802\text{만원}$
$FVIFA(r=10\%, T=3) = [\{(1.1)^3-1\}/0.1] = 3.31$, $FVIFA(r=10\%, T=6) = [\{(1.1)^6-1\}/0.1] = 7.716$
$FVA_3 = [1{,}000\text{만원} \times 3.31] = 3{,}310\text{만원}$, $FVA_6 = [1{,}000\text{만원} \times 7.716] = 7{,}716\text{만원}$

3.2.2 기초발생 연금의 시간가치

앞에서 연금(annuities)은 매 기간 말에 동일한 크기의 금액이 발생하는 형태라고 했다. 그러나 급여를 먼저 받고 일을 시작하는 경우처럼 매 기간 초에 금액이 발생하는 경우도 있다. 이와 같이 기초발생 연금의 현재가치와 미래가치는 어떻게 계산할까?

<예제 4-9>의 Park이 매월 초에 아르바이트 급여를 받는 경우의 현재가치와 미래가치를 계산해보자. 2달 동안 월초에 받는 급여와 월말에 받는 급여는 다음 <그림 5>와 같이 나타낼 수 있다.

〈그림 5〉 기초와 기말 발생 비교

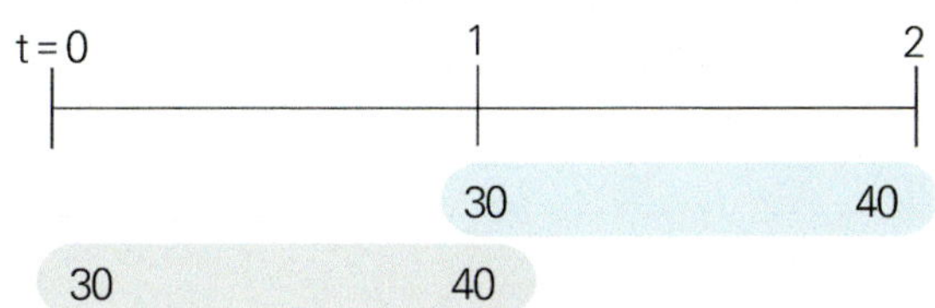

먼저 매월 이자율 5%로 월말 발생과 월초 발생의 Park 아르바이트의 현재가치를 계산하면 각각 다음과 같다.

- $PV_0(\text{월말}) = \left[\dfrac{30}{(1+0.05)^1} + \dfrac{40}{(1+0.05)^2}\right] = 64.85\text{만원}$
- $PV_0(\text{월초}) = \left[30 + \dfrac{40}{(1+0.05)^1}\right] = 68.09\text{만원}$

여기서 월말 발생의 현재가치에 (1+0.05)를 곱하면 다음과 같이 월초 발생의 현재가치와 동일하게 된다.

- $PV_0(\text{월말}) \times (1+0.05) = \left[\dfrac{30}{(1.05)^1} + \dfrac{40}{(1.05)^2}\right] \times (1+0.05) = \left[30 + \dfrac{40}{(1.05)^1}\right]$

$= [64.85\text{만원} \times (1+0.05)] = 69.85\text{만원} = PV_0(\text{월초})$

미래가치 역시 다음과 같이 월말 발생의 미래가치에 (1+0.05)를 곱하면 월초 발생의 미래가치와 동일하게 된다.

- $FV_2(\text{월말}) = [30 \times (1.05)^{2-1} + 40 \times (1.05)^{2-2}] = 71.5\text{만원}$
- $FV_2(\text{월초}) = [30 \times (1.05)^{2-0} + 40 \times (1.05)^{2-1}] = 75.06\text{만원}$
- $FV_2(\text{월말}) \times (1+0.05) = [30 \times (1.05)^{2-1} + 40 \times (1.05)^{2-2}] \times (1+0.05)$

$= [30 \times (1.05)^{2-0} + 40 \times (1.05)^{2-1}] = 75.06\text{만원} = FV_2(\text{월초})$

이와 같이 미래가치와 현재가치 모두 매 기간 초에 발생하는 금액들의 가치는 기간 말에 발생하는 금액들의 가치에 (1+r)을 곱하면 되므로, 매 기간 동일한 C가 발생하는 연금에도 그대로 적용되어 기초발생 연금의 현재가치와 미래가치는 각각 식 (7)과 (8)처럼 계산된다.

● 기초발생 연금의 현재가치와 미래가치

$$PVA(\text{기초}) = [PVA(\text{기말}) \times (1+r)] \quad \cdots \text{ 식 (7)}$$

$$FVA_T(\text{기초}) = [FVA_T(\text{기말}) \times (1+r)] \quad \cdots \text{ 식 (8)}$$

예제 4-12

월 이자율이 1%인 경우 매월 말에 100만원씩 2년 동안 예금하는 경우 2년 후 예금총액은 얼마인가? 매월 초에 예금한다면 2년 후 예금총액은 얼마인가?

풀이 24개월 동안 월말에 예금하는 경우의 2년 후 예금총액은 다음과 같이 2,697.35만원이다.

$FVA_{24}(\text{월말}) = 100\text{만원} \times [\{(1.01)^{24} - 1\}/0.01] = 2{,}697.35\text{만원}$

월초에 예금하는 경우는 식 (8)를 이용하면 다음과 같이 2,724.32만원이다.

$FVA_3(\text{월초}) = [FVA_{24}(\text{월말}) \times (1+0.01)] = [2{,}697.35\text{만원} \times (1+0.01)] = 2{,}724.32\text{만원}$

3.2.2 성장연금의 현재가치와 미래가치

성장연금(growing annuities)은 매 기간 말에 동일한 비율(g)로 금액이 증가하는 형태를 말한다. t=1~T 기간 동안 매 기간 말에 발생하는 금액은 바로 직전 기간 말 발생금액보다 동일한 비율로 증가하므로 성장연금의 기간 별 금액 사이에는 다음 관계들이 성립한다.

- $C_1=[C_0\times(1+g)^1] \Rightarrow C_2=[C_1\times(1+g)^1]=[C_0\times(1+g)^1\times(1+g)^1]=[C_0\times(1+g)^2]$
- $C_t=[C_{t-1}\times(1+g)^1]$ & $C_t=[C_0\times(1+g)^t]$

예제 4-13

X기업은 이번 기에 배당금을 500원 지급하였다. 앞으로 배당금은 매 기간 5%씩 증가시킬 예정이라고 한다. 1년 후, 5년 후 배당금은 각각 얼마로 예상되는가?

풀이 1년 후 배당금은 $D_1=[D_0\times(1+g)^1]=[500\text{원}\times(1+0.05)^1]=525\text{원}$
5년 후 배당금은 $D_5=[D_0\times(1+g)^5]=[500\text{원}\times(1+0.05)^5]=638.14\text{원}$

예제 4-14

Y기업은 3년 후 배당금은 1,331원으로 예상되고, 배당금은 매년 10%씩 증가했다고 한다. 2년 후 배당금과 이번 기에 지급한 배당금은 각각 얼마인가?

풀이 2년 후 배당금은 $D_3=[D_2\times(1+g)^1] \rightarrow 1{,}331\text{원}=[D_2\times(1.1)^1] \rightarrow D_2=1{,}210\text{원}$
이번 기 지급한 배당금은 $D_3=[D_0\times(1+g)^3] \rightarrow 1{,}331\text{원}=[D_0\times(1.1)^3] \rightarrow D_0=1{,}000\text{원}$

t=1~T 기간 동안 매 기간 말에 발생하는 금액이 일정한 비율(g)로 증가하는 성장연금(growing annuities)의 현재가치와 미래가치는 각각 다음 식 (9)와 (10)처럼 계산된다.

• 성장연금의 현재가치와 미래가치

$$PVA_0(r,g,T)=\left[\frac{C_1}{r-g}\times\left\{1-\left(\frac{1+g}{1+r}\right)^T\right\}\right] \cdots \text{식 (9)}$$

$$FVA_T(r,g,T)=\left[\frac{C_1}{r-g}\times\{(1+r)^T-(1+g)^T\}\right] \cdots \text{식 (10)}$$

예제 4-15

X기업은 첫 해에 배당금을 500원 지급하고, 10년까지 매년 5%씩 증가시킬 예정이라고 한다. X기업 10년 동안의 배당금의 현재가치와 미래가치는 각각 얼마인가? 연간 이자율은 8%라고 한다.

풀이 현재가치는 식 (9)에 의하면 4,091.78원이고, 미래가치는 식 (10)에 의하면 8,833.84원이다.

$$PVA_0(8\%,5\%,10) = \left[\frac{500}{0.08-0.05} \times \left\{1-\left(\frac{1.05}{1.08}\right)^{10}\right\}\right] = 4{,}091.78\text{원}$$

$$FVA_{10}(8\%,5\%,10) = \left[\frac{500}{0.08-0.05} \times \{(1.08)^{10}-(1.05)^{10}\}\right] = 8{,}833.84\text{원}$$

3.2.4 영구연금과 성장영구연금의 현재가치

연금(annuities)은 매 기간 말에 동일한 크기의 금액이 t=1부터 발생하여 T시점에 종료되지만 영구연금(perpetuities)은 무한대로 계속 발생하는 형태를 말한다. 또한 성장연금(growing annuities)은 t=1부터 매 기간 말에 동일한 비율(g)로 금액이 증가하여 T시점에는 종료되지만 성장영구연금(growing perpetuities)은 무한히 계속 동일한 비율로 증가는 금액이 발생하는 형태를 말한다.

영구연금과 성장영구연금 모두 금액의 발생이 종료되지 않으므로 미래가치는 계산할 수 없고 현재가치는 다음 식 (11)과 (12)처럼 계산되어 기업이나 주식 등의 가치평가에 유용하게 활용된다.

- 영구연금과 성장영구연금의 현재가치

$$PVA_0(r, \infty) = \left[\frac{C}{r}\right] \quad \cdots \text{ 식 (11)}$$

$$PVA_0(r, g, \infty) = \left[\frac{C_1}{r-g}\right], \text{ 단 } r > g \quad \cdots \text{ 식 (12)}$$

단, 식 (12)는 'r > g'인 조건이 성립되는 경우만 적용할 수 있다. r은 미래 증가하는 금액들을 현재가치로 할인하는 비율이고, g는 미래 금액들이 증가하는 비율이다. 따라서 특정 시점에 종료되지 않고 무한 기간 동안 g만큼 매 기간 증가하는 금액을 증가율 g보다 낮은 할인율 r로 할인한다면 현재가치들의 합은 무한대로 큰 값이 되므로 계산할 수 없다.

예제 4-16

X기업은 앞으로 계속 배당금을 500원씩 지급할 예정이고, XX기업은 첫 해에 배당금을 500원 지급하고, 그 이후에는 매년 5%씩 증가시킬 예정이라고 한다. 두 기업 모두 할인율은 8%라고 하면, 두 주식의 가치는 각각 얼마인가? 만약 할인율이 2.5%라면 주식 가치는 어떻게 변하는가?

풀이 X기업 주식은 영구연금 형태의 배당지급이므로 식 (11)에 의하면 6,250원이고,

$P(X)(8\%,\infty) = [500/0.08] = 6,250$원

XX기업 주식은 'r = 8% > g = 5%'이고 성장영구연금 형태의 배당지급이므로 식 (12)에 의하면 16,667원이다.

$P(XX)(8\%,5\%,\infty) = [500/(0.08-0.05)] = 16,667$원

r = 2.5%라면 X기업 주식은 20,000원으로 상승하지만, XX기업 주식은 'r = 2.5% < g = 5%'이므로 가치가 너무 커서 평가할 수 없다.

$P(X)(2.5\%,\infty) = [500/0.025] = 20,000$원

<예제 4-16>처럼 영구연금과 성장영구연금의 현재가치 공식은 주식이나 기업의 가치를 평가할 때 많이 활용된다. 기업은 시간이 지나야 현금흐름, 이익, 배당금 등이 몇 년 동안 발생했는지를 알게 되므로 가치평가 시점에서는 청산(liquidation) 등의 특수한 경우를 제외하고 그 기업은 계속 존재하여, 그 기업과 주식의 현금흐름, 이익, 배당금 등도 지속적으로 발생할 것이라고 보고 가치평가를 한다. 따라서 무한대로 발생하는 금액의 현재가치를 계산하는 식 (11)과 (12)가 유용하게 활용된다.

예제 4-17

Y기업은 1년에 반기별로 2회, 동일한 금액의 배당을 실시할 예정인 주식이 50,000원에 거래되기를 원하고, 투자자들은 Y주식 가치를 평가할 때 할인율을 연 10%를 적용한다고 한다. Y기업은 매년 총 얼마의 배당금을 지급해야 하는가?

풀이 배당금은 반년 단위, 할인율은 1년 단위의 값이므로 이를 통일시켜야 한다. 1년 동안 10%이면 반년 동안은 절반인 5%라고 생각할 수 있다. 식 (11)에 의하면 반기별 배당금은 2,500원을 지급해야 한다. 따라서 매년 총 배당금은 5,000원[= 2,500원×2회]을 지급해야 한다.

$P(Y)(5\%,\infty) = [D/0.05] = 50,000$원 → $D = 2,500$원

3.2.5 t시점 이후 발생하는 연금의 시간가치

연금(annuities)의 정의에 의하면 t = 1부터 2기간 동안 10,000원씩 발생하여 t = 2에 종료되는 형태만을 연금이라고 생각할 수 있는데, t = 4부터 2기간 동안 10,000원씩 발생하여 t = 5에 종료되는 형태도 연금이다. 즉 언제부터 발생하는가가 중요하지 않고 발생하는 금액들의

특징이 연금, 성장연금, 영구연금, 성장영구연금 등에 해당되는가가 중요하다.

이와 같이 t=4 이후 발생하는 연금의 현재가치는 어떻게 계산해야 할까? 다음 <그림 6>을 보면 두 경우의 10,000원이 발생하는 기간은 2기간으로 동일하지만 발생시점은 t=1~2과 t=4~5로 다르다. 따라서 t=1~2에 식 (5)의 연금의 현재가치 공식을 적용하여 계산한 t=0에서의 $PVA_0(r,2)$와 t=4~5에 발생하는 연금의 t=3에서의 $PVA_3(r,2)$는 동일한 값을 가진다. 이렇게 식 (5)의 연금의 현재가치 공식을 활용하여 $PVA_3(r,2)$을 먼저 계산한 후 $PVA_3(r,2)$을 식 (2)의 1회 발생하는 금액의 현재가치 공식으로 계산하면 t=4 이후 발생하는 연금의 현재가치가 된다. 이 과정은 성장연금, 영구연금, 성장영구연금 등에도 동일하게 적용할 수 있다.

〈그림 6〉 t=1~2 과 t=4~5 비교

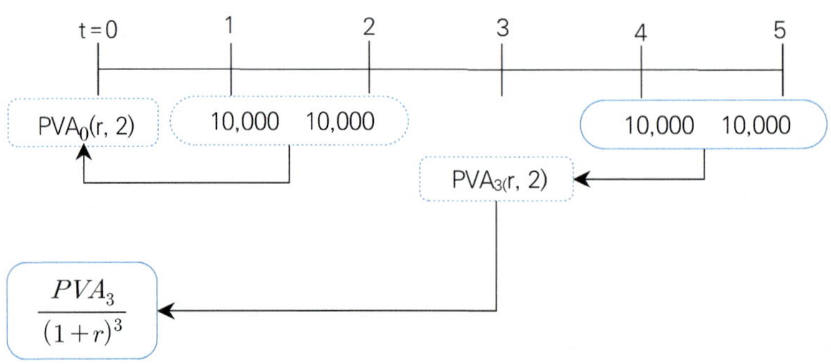

여기서 r=10%라면 t=4~5에 10,000원씩 발생하는 연금의 현재가치는 다음과 같이 계산된다.

- $PVA_3(10\%,\ 2) = \left[10{,}000 \times \left\{\dfrac{1-\dfrac{1}{(1.1)^2}}{0.1}\right\}\right]$ =17,355.37원
- $PV_0 = \left[\dfrac{PAV_3(10\%,2)}{(1.1)^3}\right] = \left[\dfrac{17{,}355.37}{(1.1)^3}\right]$ =13,039.35원

예제 4-18

X기업 첫 해에 배당금을 500원 지급하고, 그 이후에는 매년 5%씩 증가시킬 예정이라고 한다. XX기업은 3년 후부터 X기업과 동일한 형태의 배당금을 지급할 예정이라고 한다. 두 기업 모두 할인율은 10%라고 하면, 주식의 가치는 각각 얼마인가?

풀이 X기업 주식은 'r = 10%>g = 5%'이고 성장영구연금 형태의 배당지급이므로 식 (12)에 의하면 10,000원이다.

P(X)(10%,5%,∞) = [500/(0.1−0.05)] = 10,000원

XX기업 주식은 t = 3부터 X기업과 동일한 형태의 배당을 지급할 예정이므로 t = 2에서의 가치는 10,000원일 것이므로, 현재가치는 8,264.46원이다.

P(XX) = [10,000/$(1.1)^2$] = 8,264.46원

4. 화폐의 시간가치 응용

4.1 이자계산 횟수와 실효연이자율

2020년 1월 KB카드의 홈페이지에는 개인별 단기카드대출(현금서비스) 이자율이 '연 5.90%~23.60%(신용등급별 차등적용)'이라고 1년 동안의 이자율이 명시되어 있지만, 현금서비스 결제는 한 달 단위로 진행된다. 그러면 1년 이자율이 최대 23.60%라고 명시되어 있는데 100,000원을 현금서비스 받으면 한 달 후 얼마를 결제해야 할까? 또한 1년, 즉 12개월 후에 결제(계속 연체된 경우처럼)하면 1년 동안 실제 부담한 이자율은 몇 %일까?

100,000원 현금서비스의 한 달 후 결제금액은 명시된 1년 이자율 23.60%의 1달치에 해당하는 1.967%[=23.60%/12]를 적용하여 101,967원이 된다. 1년에 한번 이자 계산할 때 23.60%를 적용하는 것을 1달에 한번 이자 계산할 때는 23.60%를 12개월로 나눈 1.967%를 적용한 것이다.

연체되어 12개월 후에 결제한다는 것은 1개월 후에 1.967%가 적용된 101,967원을 결제하지 못하였고, 2개월 후에는 101,967원에 1.967%가 적용된 103,973원[=101,967원×(1 + 0.01967)]을, 3개월 후에는 103,973원에 1.967%가 적용된 106,018원을 결제하지 못했다는 것이다. 매월 결제해야 할 금액(여기서는 연체금)이 증가하는 과정은 식 (1)의 복리계산과 동일하다. 따라서 12개월 후에 결제해야 할 금액은 다음과 같이 126,332.68원이 되고, 1년간 실제로 부담한 이자율은 명시된 23.60%가 아니라 26.33%가 된다.

- 12개월 후 결제금액 $= FV_{12} = [100,000$원$\times(1+0.01967)^{12}] = 126,332.68$원

- 1년간 실제 부담한 이자율 $= \left[\frac{100,000\times(1+0.01967)^{12}}{100,000} - 1\right]\times 100\% = 26.33\%$

여기서 KB카드 홈페이지에 명시되어 있는 23.60%를 명시연이자율(annual percentage rate), 실제로 1년간 부담한 이자율 26.33%를 실효연이자율(effective annual rate)이라고 하고, 둘 사이에는 다음 식 (13)과 같은 관계가 성립된다. 여기서 r은 명시연이자율, r_E는 실효연이자율, m은 1년 동안 이자계산횟수를 각각 의미한다. m이 클수록, 즉 1년 동안 이자계산횟수가 많을수록 실효연이자율(r_E)은 증가한다.

● 실효연이자율과 명시연이자율

$$r_E = \left[\left(1+\frac{r}{m}\right)^m - 1\right] \quad \cdots \text{ 식 (13)}$$

예제 4-19

KB카드에서 Park의 신용등급을 고려하여 연 12%로 단기대출을 해준다고 한다. 6개월마다, 3개월마다, 매일 복리계산 한다면 Park이 1년간 부담한 실제이자율은 각각 얼마인가?

풀이 6개월은 연 2회, 3개월은 연 4회, 매일은 연 365회 이자를 계산한다는 것이므로 식 (13)을 이용하면 실효연이자율은 다음과 같고, m이 증가할수록 실효연이자율도 증가한다.

6개월(m = 2)의 $r_E = [\{1 + (0.12/2)\}^2 - 1] = 0.1236$,
3개월(m = 4)의 $r_E = [\{1 + (0.12/4)\}^4 - 1] = 0.1255$
매일(m = 365)의 $r_E = [\{1 + (0.12/365)\}^{365} - 1] = 0.1275$

4.2 부채상환

4.2.1 부채상환방식의 종류

기업과 개인들이 은행이나 채권자로부터 차입한 부채는 일정 기간 안에 차입한 원금(principal)과 원금 사용에 대한 대가인 이자(interest)를 상환해야 한다. 원리금을 상환하는 방식은 크게 4가지가 있다.

첫 번째는 순수할인(pure discount) 상환으로 차입 시점에 원금을 할인한 금액을 차입하

고 만기에 원금 전액을 한 번에 상환하는 방식으로, 할인된 금액이 이자에 해당된다. Call, CD(certificate of deposit, 양도성예금증서), RP(repurchase agreement, 환매조건부채권), 기업어음(commercial paper), 1년 이하 만기의 국채 등 주로 만기가 1년 이내의 금융상품들이 순수할인상환 방식으로 거래된다.

두 번째는 이자우선(interest-only) 상환으로 만기 이전에는 원금에 대한 이자만 지급하다가 만기에 원금을 일시에 상환하는 방식이다. 기업이나 국가가 발행한 이표채(coupon bond)와 일부 신용대출도 이자우선 상환 방식으로 진행된다.

세 번째는 분할상환(amortizing)으로 차입 이후부터 만기까지 원금의 일부와 이자를 나누어 상환하는 방식이다. 분할상환은 매 기간 원금을 동일하게 나누어 상환하는 원금균등상환과 원리금을 동일하게 나누어 상환하는 원리금균등상환으로 나눌 수 있다.

순수할인상환과 이자우선상환은 채권(bond)의 종류와 특징을 설명할 때 자세히 다루기로 하고 여기서는 분할상환에 대해서 조금 더 알아보자.

4.2.2 원금균등상환과 원리금균등상환 비교

원금균등상환과 원리금균등상환은 매 기간 원금의 일부와 이자를 상환하는 것은 동일하지만 원금균등상환은 원금의 일부를, 원리금균등상환은 원금의 일부와 이자가 포함된 원리금을 균등하게 상환한다는 것이 다르다.

다음 간단한 조건의 대출을 통하여 두 방식이 어떻게 다른지 비교해보자. <표 2>는 원금 300만원, 연 이자율 6%, 3회(4개월마다) 분할상환의 동일한 조건의 원금균등상환과 원리금균등상환의 상환과정을 보여주고 있다. 두 상환방식 모두 기간별 이자는 4개월마다 이자율 2%[연 이자율 6%/3회]를 매 기간 초 남아 있는 원금에 적용하여 계산된다.

원금균등상환 방식의 t=2 기간 초 남아 있는 원금은 전체 원금 300만원에서 1기간에 납입한 원금 일부 100만원을 제외한 200만원이고, t=2의 이자는 남아 있는 원금 200만원에 대하여 2%가 적용되어 4만원이 계산된다.

〈표 2〉 원금균등상환과 원리금균등상환 비교

구분	항목	t=1	t=2	t=3	총액
원금균등상환	원금일부	100만원	100만원	100만원	300만원
	이자	300만원×0.02	200만원×0.02	100만원×0.02	12만원
	원리금	106만원	104만원	102만원	312만원
원리금균등상환	원리금	104.03만원	104.03만원	104.03만원	312.09만원
	이자	300만원×0.02	201.97만원×0.02	101.98만원×0.02	12.09만원
	원금일부	98.03만원	99.99만원	101.98만원	300만원

원리금균등상환 방식의 t=2 기간 초 남아 있는 원금은 다음과 같이 먼저 매 기간 균등하게 상환하는 원리금(C) 104.03만원을 계산하고, 104.03만원에서 t=1의 이자 6만원을 차감하여 t=1에 상환된 원금 일부 98.03만원을 계산하여, 전체 원금 300만원에서 이를 차감한 201.97만원으로 계산한다. 따라서 t=2의 이자는 201.97만원에 이자율 2%가 적용되어 4.04만원이 된다.

- 균등상환원리금(C) : 빌린 원금 300만원=[매 기간 C들의 현재가치의 합]
  ⇒ 300만원=[C×PVIFA(r=2%, 3)]=[C×2.8839]
  ⇒ C=104.03만원
- t=1 상환원금 : [C−이자]=[104.03만원−300만원×0.02]=98.03만원
- t=2 기초원금 : [300만원−98.03만원]=201.97만원
- t=2 이자 : [t=2 기초원금×이자율]=[201.97만원×0.02]=4.04만원

<표 2>에서 보는 바와 같이 동일한 차입금, 동일한 금리와 동일한 상환기간임에도 불구하고 원리금균등상환 방식의 총이자 부담이 조금 더 많다. 이것은 상환기간 동안 원금을 어떻게 갚는지에 따라서 부담해야 하는 이자가 달라지기 때문이다. 여기서는 금액과 기간 등을 단순하게 설정했기 때문에 이자 차이가 크지 않았지만, 일반인들이 많이 이용하는 주택담보대출, 자동차할부, 학자금대출처럼 기간이 길어지고 규모가 커지면 이자 차이도 확대된다는 것에 유의해야 한다.

4.3 순현재가치와 투자결정

본서에서 재무적 의사결정 관련 내용을 설명하면서 가장 많이 언급하게 될 용어가 '순현재가치'이다. 재무/금융이나 회계학에 사용되는 純 또는 net이란 접두어는 수익에서 비용을 차감한 순이익(純利益, net income)처럼 '어떤 것에서 무언가를 제외하고 남은 ~'의 의미로 주로 사용된다. 순현재가치(純現在價値, net present value, 이하 NPV)도 현금유입액의 현재가치에서 현금유출액의 현재가치를 차감한 현재가치를 의미한다.

투자결정이 이루어지는 현재 시점에서는 이 투자로 인하여 미래에 유입되는 현금들의 현재가치와 유출되는 현금들의 현재가치를 비교하여 어떤 현재가치가 더 큰가에 따라 투자여부를 결정해야 한다. 미래에 발생할 금액들을 추정하는 것 역시 매우 어렵고 복잡한 과정이지만 미래 발생할 현금유입액과 현금유출액이 추정되었다면 어떤 할인율(discount rate)로 현재가치를 평가해야 할까?

NPV를 계산할 때 사용되는 할인율은 투자목표에 따라 여러 가지가 사용될 수 있다. 투자비용을 5%의 이자로 은행에서 대출했다면 이자율 이상의 수익을 얻는 것을 목표로 할인율은 이자율 5%를 사용할 수 있고, 그 투자에서 최소한 20% 이상의 수익률을 얻고자 하는 것이 투자의 목표라면 최소목표수익률인 20%를 할인율로 사용할 수 있다.

만약 X기업이 고려중인 투자가 지금 1억원이 투입되어 매년 0.1억원의 현금흐름이 지속적으로 발생할 것으로 예상되고, 투자비용은 5%의 이자로 대출받아 조달했으며, CEO는 최소한 20%의 수익률을 원한다고 가정하면 NPV는 식 (11) 영구연금의 현재가치를 이용하여 다음과 같이 계산된다.

- $r=5\%$인 경우의 $NPV=\left[-1\text{억원}+\dfrac{0.1\text{억원}}{0.05}\right]=(+)1\text{억원}$
- $r=20\%$인 경우의 $NPV=\left[-1\text{억원}+\dfrac{0.1\text{억원}}{0.2}\right]=(-)0.5\text{억원}$

현금유출액은 지금 투자비용 1억원이 투입되므로 따로 할인하지 않아도 되고, 현금유입액은 투자 이후 미래에 지속적으로 발생하므로 5% 또는 20%로 할인하여 NPV는 각각 (+)1억원과 (−)0.5억원이 계산되었다.

계산과정을 통하여 NPV의 의미를 유추하면 NPV는 현금유입액의 현재가치에서 현금유출액의 현재가치를 차감한 값이므로 그 값이 (+)1억원이면 그 투자로 1억원의 현재가치가 증가할 수 있다는, (−)0.5억원이면 그 투자로 0.5억원의 현재가치가 감소할 수 있다는 의미이다. 따라서 투자는 (+)NPV일 때에 진행되어야 하며, 여기에는 할인율 이상의 수익률을 얻을 수 있는 투자만을 진행한다는 의미도 포함되어 있다. 따라서 X기업 투자는 이자율 5% 이상의 수익률을 얻을 수는 있지만 최소목표수익률 20%는 달성하지 못한다는 의미이다.

예제 4-20

Kim은 1년 후 110,000원의 가격이 예상되는 S주식 투자에서 10% 이상의 수익률 얻고 싶다고 한다. Kim은 지금 S주식을 얼마 이하에 매입해야 하는가?

풀이 1년 후 현금유입액 110,000원, 할인율은 최소목표수익률 10%, NPV는 (+)가 되기를 원할 것이므로 다음의 NPV 계산을 통하여 P는 100,000원 이하로 매입해야 한다는 것을 알 수 있다.

$NPV \geq 0 \rightarrow [-P + (110{,}000\text{원}/(1+0.1)^1] \geq 0 \rightarrow P \leq 100{,}000\text{원}$

NPV를 활용한 하나의 투자안에 대한 결정에서는 'NPV>0', 상호배타적인 투자안들 중에서 하나만을 선택해야 하는 결정에서는 '0보다 큰 NPV들 중에서 가장 큰 NPV'가 투자기준이 된다.

< 참고 : 엑셀의 재무함수로 계산한 화폐의 시간가치 >

여러 기간에 걸쳐 CF가 발생하는 경우의 미래가치, 현재가치, 이자율, 기간, 매 기간 납입금액 등은 '재무함수'를 활용하면 본문의 복잡한 과정을 거치지 않고 바로 계산할 수 있다.

1. 미래가치를 계산하는 FV함수

[Q_1] 연이자율 3.6%, 매년 1,200만원씩 10년 동안 예금할 경우 10년 후의 총액은?
= FV(이자율, 기간, -납입액, PV, type)

여기서 이자율과 기간은 연(year) 단위이다. 납입액은 반드시 (-)를 붙어야 하고, PV는 현재가치이므로 '0(또는 생략)', type은 '금액이 기초에 발생하면 1, 기말에 발생하면 0(0은 생략해도 된다)'을 입력해야 한다. 따라서 다음과 같이 FV함수의 각 항에 해당하는 값을 입력하면 10년 후 총액은 14,142.9047만원으로 다음 줄의 식을 이용한 값과 동일함을 알 수 있다.

=FV(0.036, 10, −1200, ,0) ⇒ 14,142.9047만원

$$비교 : FVA_{10} = \left[1,200 \times \frac{(1+0.036)^{10}-1}{0.036}\right] = 14,142.9047$$

[Q_2] 연이자율 3.6%, 매월 1,200만원씩 10년 동안 예금할 경우 10년 후의 총액은?
= FV(이자율/12, 기간×12, -납입액, PV, type)

이자율과 기간이 연(year) 단위이므로 월(month) 단위로 조정해야 한다. 0을 입력해야 하는 항은 생략해도 되므로 다음과 같은 결과를 얻게 된다.

=FV(0.036/12, 10×12, −100) ⇒ 14,418.5723만원

$$비교 : FVA_{120} = \left[100 \times \frac{\left(1+\frac{0.036}{12}\right)^{10\times 12}-1}{\frac{0.036}{12}}\right] = 14,418.5723$$

2. 현재가치를 계산하는 PV함수

[Q_3] 연이자율 3.6%, 매년 1,200만원씩 10년 동안 수령하는 연금의 현재가치?
= PV(이자율, 기간, -수령액, FV, type)

여기서 'PV와 FV가 바뀐 것'을 제외하고 FV함수와 동일하게 적용하면 된다.

=PV(0.036, 10, −1200) ⇒ 9,929.8129만원

$$비교 : PVA_0 = \left[1,200 \times \frac{1-\left(\frac{1}{(1+0.036)^{10}}\right)}{0.036}\right] = 9,929.8129$$

CHAPTER 04 화폐의 시간가치

[Q_4] 연이자율 3.6%, 매월 1,200만원씩 10년 동안 수령할 경우 지금 가치는?
=PV(이자율/12, 기간×12, -수령액, PV, type)

이자율과 기간이 연(year) 단위이므로 월(month) 단위로 조정해야 한다.
=PV(0.036/12, 10×12, -100) ⇒ 10,064.9193만원

$$\text{비교 : } PVA_0 = \left[100 \times \frac{1 - \dfrac{1}{\left(1 + \dfrac{0.036}{12}\right)^{10 \times 12}}}{\dfrac{0.036}{12}} \right] = 10,064.9193$$

3. 매 기간 상환해야 하는 원리금을 계산하는 PMT함수

[Q_5] 연이자율 2.99%, 10,000만원 대출 받았을 때 5년 동안 매월 상환해야 하는 원리금은?
=PMT(이자율, 기간, -대출금, FV, type)
=PMT(0.0299/12, 5*12, -10000) ⇒ 1,796,425원

$$\text{비교 : } 10,000 = \left[C \times \frac{1 - \left(\dfrac{1}{1 + \dfrac{0.0299}{12}}\right)^{12 \times 5}}{\dfrac{0.0299}{12}} \right] \Rightarrow C = 1,796,425\text{원}$$

4. 매 기간 일정액씩 납입하여 특정 금액을 만드는데 걸리는 기간을 계산하는 NPER함수

[Q_6] 연이자율 3.6%, 매월 100만원씩 예금하여 1억원을 만드는데 걸리는 기간은?
=NPER(이자율, -납입액, PV, FV, type)
=NPER(0.036/12, -100, ,10000) ⇒ 87.5878개월

$$\text{비교 : } \left[100 \times \frac{\left(1 + \dfrac{0.036}{12}\right)^t - 1}{\dfrac{0.036}{12}} \right] = 10,000 \Rightarrow t = [\ln(1.3)/\ln(1 + 0.036/12)] = 87.5878\text{개월}$$

연습문제

4-1. 화폐의 시간가치(time value of money) 개념에 대해서 간단히 설명하시오.

4-2. 할인(discounting)과 할증(compounding)에 대해서 설명하시오.

4-3. CF가 1회 발생하는 경우 각 문제의 표 빈칸들을 채우시오.

①

현재 금액	기간(t)	r	미래가치(FV)
10,000	1	5%	[ ]
5,000	50	1%	[ ]
1,000	200	0.5%	[ ]

②

현재가치(PV)	기간(t)	r	미래 금액
[ ]	1	5%	10,000
[ ]	50	1%	5,000
[ ]	200	0.5%	1,000

③

현재가치(PV)	기간(t)	r	미래 금액
10,000	1	[ ]	15,000
5,000	50	[ ]	20,000
1,000	200	[ ]	10,000

④

현재가치(PV)	기간(t)	r	미래 금액
10,000	[ ]	5%	15,000
5,000	[ ]	10%	20,000
1,000	[ ]	15%	10,000

4-4. A은행 예금은 단리계산, 적금은 복리계산 금융상품이라고 한다. 다음 각 질문들에 답하시오.

① 지금 10,000원을 납입하면 2년 후 금액은 각각 얼마인가? 이자율이 2.4%일 경우 연 1회 이자를 계산하는 경우, 분기별 계산하는 경우, 월별 계산하는 경우 모두 계산하여 두 상품의 차액도 비교하시오.

② 지금 투자한 10,000원의 1년 후 예금/적금과 5년 후 예금/적금을 비교하고 5년 후 이자가 1년 후 이자 5배와 동일한지 확인하고 그렇지 않은 상품이 있다면 왜 그런지 설명하시오. 이자는 연 1회 계산하고 이자율은 5%를 가정하시오.

4-5. PARK이 은퇴 후(15년 후) 세계여행을 하려면 10,000만원이 필요할 것으로 예상된다. 다음 각 질문들에 답하시오.

① 지금 1,000만원을 금융상품에 투자한다면 매년 몇 %의 수익률을 얻어야 여행 자금이 마련될까?

② 매년 말 얼마씩 일정하게 예금하면 여행 자금이 마련될까? 연 수익률 8% 가정

③ 매년 500만원씩 예금하고 이자율이 6%라면 몇 년을 예금해야 여행 자금이 마련될까?

④ 여행 경비의 절반 5,000만원을 예금하고 이자율이 6%를 계속 유지한다면 지금부터 몇 년 후에 여행 자금이 마련되는가?

4-6. 다음 각 질문들에 답하시오.

① 30년 전 K대학 구내식당의 백반은 500원, 라면은 200원이었다고 한다. 지금은 백반이 4,500원, 라면이 2,000원이라면 백반과 라면가격의 연평균 물가상승률은 각각 얼마인가?

② KIM이 국민연금을 매월 15만원씩 15년 후인 60세까지 납부하면 총액은 얼마가 되겠는가? 이자율이 2.5%일 때와 5%로 두 배 상승했을 때의 금액을 비교해보시오.

③ PARK은 5년 후부터 은퇴할 때까지 매월 90만원씩 10년 동안 정기적금을 납부하려고 한다. 이자율은 2.8%라고 한다. 은퇴시점에 받을 수 있는 총액의 지금 가치는 얼마인가?

④ 오늘 200만원을 주고 구입한 노트북은 매년 20%씩 하락된 가격으로 중고거래가 가능하다고 한다. 3년 후 노트북을 처분하여 200만원하는 TV를 구입하려고 한다. 모자라는 금액을 채우기 위해서 지금 얼마를 저축해두어야 하는가? 은행 이자율은 연 2%라고 한다.

⑤ 10년 전 신상품이었던 K카메라가 단종 되는 바람에 애호가들 사이에서는 지금 450만원에 거래되고 있다고 한다. 중고거래점 사장은 비슷한 기능을 가진 KK카메라는 계속 판매되고 있어서 매년 10%씩 가격이 하락하여 지금 108만원에 거래되고 있지만 K카메라는 단종 되는 바람에 오히려 가격이 매년 5%씩 상승한다고 한다. 10년 전 K와 KK 카메라 가격은 각각 얼마로 추정되는가?

⑥ HONG은 2년 후 대학 졸업 때까지 500만원을 모을 수 있을 것으로 예상된다. 그 돈을 은행에 예금하면 연 2.5%의 이자율, 주식에 투자하면 연 10%의 수익률, 부동산 투기를 하면 연 50%의 수익률을 얻을 수 있을 것이라고 HONG은 예상하고 있다. 위험은 무시하고 1억원을 만들기 위해서는 각각의 상황에서 몇 년을 기다려야 하는가?

⑦ 어느 회사가 신기계를 도입하면 앞으로 5년 동안 매년 1,200만원의 각종 비용들을 절약할 수 있다고 한다. 신기계 구입비용을 은행에서 4%의 이자율로 차입하려고 한다면 신기계가 얼마 이하여야 회사에 도움이 되는가?

⑧ 신용카드 현금서비스를 100만원 이용하였더니 이번 달 101만원이 청구되었다면 명시연이자율과 실효연이자율은 각각 얼마인가?

⑨ 지난 달에 친구에게 10만원을 빌렸더니, 이자로 삼겹살을 사달라고 한다. 고기값이 4만원이 나왔다. 실효연이자율은 얼마인가?

⑩ 사채업자는 100만원을 빌려주면서 매주 1.1%씩 이자계산을 한다고 한다. 명시연이자율과 실효연이자율은 각각 얼마인가? 1년 후에 갚아야 할 금액은 원금의 몇 배인가?

⑪ 오늘 TV, 냉장고 등의 가전제품을 새로 구입하려고 한다. 다음 달부터 30만원씩 2년 할부하면 오늘 지출할 수 있는 규모는 얼마인가? 또한 오늘부터 2년 갚아나가면 지출할 수 있는 규모는 얼마인가? 할부수수료는 연 4.8%라고 한다.

⑫ K보험은 오늘 1,000만원을 지급하고 가입하면 다음 달부터 사망할 때까지 지속적으로 매달 10만원씩 보험금을 지불해 준다고 한다. 보험에 가입하면 수익률은 얼마인가? O보험은 오늘 1,200만원을 지급하고 가입하면 다음 달 10만원이 지급된 후부터는 매달 0.1%씩 계속 보험금을 늘려서 지급해준다고 한다. 어느 보험의 수익률이 더 높은가?

⑬ Park이 3년 전에 Kim에게 10,000만원을 빌려서 S전자 주식을 10,000만원만큼 매수하였다. 3년 동안 월평균수익률이 1%라면 10,000만원은 얼마가 되어 있겠는가? Kim은 Park에게 10,000만원에 대한 이자율을 연 12%를 요구하였다. Park이 Kim에게 갚아야 할 금액을 원금, 원금에 대한 이자, 이자에 대한 이자로 구분해 보시오.

⑭ Kim은 신형 SUV를 구입하면서 3,000만원을 자동차할부금융을 이용하여 1년 동안 4회에 걸쳐 분할상환하려고 한다. 상환방법에는 원금균등상환과 원리금균등상

환 두 가지 방법이 있다고 한다. 연 3.6%의 금리가 적용된다면 두 상환방법의 두 번째 기간 이자는 각각 얼마인가?

4-7. LEE는 5년 후 대출금(원금과 이자가 포함) 20,000만원을 상환해야 한다. 다음 각 질문들에 답하시오.

① 대출금리가 3.5%와 4%일 때 대출금의 현재가치는 각각 얼마인가?

② 대출금리가 3.5%와 4%일 때 5년 후 한 번에 20,000만원을 상환할 경우 지금 대출받을 수 있는 원금은 각각 얼마인가?

③ 이번 달 말부터 매월 얼마씩 5년 동안 예금하면 20,000만원을 모두 납부할 수 있는가? 예금금리가 3.5%와 4%일 때 각각 계산해보시오.

④ ③에서 계산된 매월 예금하는 금액만큼 원금의 일부와 이자를 상환할 수 있다면 지금 빌릴 수 있는 원금은 얼마인가? 3.5%와 4%일 때 각각 계산해보시오(예금금리와 대출금리가 동일하다고 가정).

4-8. 30년 전에는 금 1돈을 50,000원에 구입할 수 있었다고 한다. 다음 각 질문들에 답하시오.

① 현재 금 1돈 거래가격은 265,000원이라면 금 가격의 연간 상승률은 평균 얼마인가?

② ①의 상승률을 계속 유지한다면 15년 후 금 1돈의 거래가격은 얼마로 예상되는가?

4-9. 30년 전 알바로 모은 돈 500만원을 5% 고정 금리 상품에 넣어 두었다.

① 500만원은 지금 얼마가 되어 있을까? 이자는 연 1회 계산된다고 가정.

② ①에서 만약 이자가 매월 계산된다면 지금 얼마가 되어 있을까?

③ ②에서 계산된 현재 금액 중 원금에 대한 이자, 이자에 대한 이자는 각각 얼마인가?

4-10. KIM의 4년 동안(휴학 없이 계속 다녔다고 가정) 대학생활에서 등록금과 각종 비용들이 1년에 평균 2,000만원씩 발생하였다. 다음 질문들에 답하시오.

① 대학 비용을 4년 동안 매년 말에 저축했다면 졸업 시점 얼마가 되었을까(이자율 3%)?

② KIM의 친구 CHOI는 대학을 포기하고 고등학교 졸업 후 바로 직장에 취업하여 첫 해 1,800만원의 연봉을 받은 후 34년 근무하는 동안 매년 5%씩 인상될 것으로 예상된다. CHOI의 34년 후 은퇴시점 연봉의 가치는 얼마인가(이자율 3%)?

③ 4년 동안 매년 2,000만원을 더 부담한 KIM의 대학교육 투자가 ②번 CHOI의

고등학교 졸업 후 바로 취업한 선택보다 더 나은 선택이 되기 위해서는 KIM이 벌어들인 소득들의 은퇴시점(30년 후) 가치가 CHOI보다 커야 할 것이다. KIM은 대학졸업의 프리미엄으로 연봉이 매년 6%씩 상승한다고 했을 때, KIM의 입사 후 첫 연봉은 얼마가 되어야 하는가(이자율 3%)?

4-11. 다음과 같은 거래에서 자본비용 이상의 수익을 얻기 위해서는 건물을 얼마 이하로 매입해야 하는가? 즉 건물의 최대지불 금액은 얼마이어야 하는가?

① 20년 동안 매월 1,500만원의 임대료 수익이 예상될 경우, 건물 매입 자금을 조달비용이 연 4%, 12%, 24%인 경우 모두 답하시오.

② 처음 5년은 매월 1,500만원의 임대수익이 발생하지만, 5년 후(6년차부터) 임대료가 5% 인상될 것으로 예상된다면 얼마까지 지불해야 하는가? 자본비용은 연 12%라고 한다.

③ 처음 5년은 매월 1,500만원의 임대수익이 발생하지만, 5년 후부터(6년차부터)는 임대료가 매년 5%씩 계속 상승할 것으로 예상된다면 얼마까지 지불해야 하는가? 자본비용은 연 12%라고 한다.

4-12. 은퇴 후 20년 동안 일정한 금액을 수령할 수 있는 연금의 이자율이 연 5%라고 한다. 다음 질문들에 답하시오.

① 은퇴할 때까지 납부한 금액이 20,000만원이라면 은퇴 후 매년 수령할 수 있는 금액은 얼마인가?

② ①에서 나머지 조건은 동일한 상태에서 매월 일정한 금액을 연금으로 수령한다면 월수령액은 얼마가 되겠는가?

4-13. PARK은 B은행에서 아파트를 구입하기 위하여 25,000만원을 대출 받았다. 주택담보대출 금리는 연 4%라고 한다. 다음 질문들에 답하시오.

① 내년부터 15년 동안 원리금균등상환 한다면 매년 얼마씩 부담해야 하는가?

② 3년 후(4년차)부터 15년 동안 원리금균등상환 한다면 총 18년 동안 부담해야 하는 금액은 얼마인가?

③ 다음달부터 15년 동안 매월 원리금균등상환 한다면 매월 얼마씩 부담해야 하는가?

④ 3년 후(4년차)부터 15년 동안 매월 원리금균등상환 한다면 총 18년 동안 부담해야 하는 금액은 얼마인가?

4-14. 다음 표의 빈칸들을 명시연이자율과 실효연이자율 사이의 관계를 활용하여 채우시오.

①

명시연이자율	이자계산 주기	실효연이자율
25.00%	일별	[ ]
10.00%	월별	[ ]
2.50%	분기별	[ ]

②

명시연이자율	이자계산 주기	실효연이자율
[ ]	일별	10.00%
[ ]	월별	20.00%
[ ]	분기별	30.00%

4-15. 자동차 구입을 위한 할부 조건 원금균등상환과 원리금균등상환의 차이를 비교하려고 한다. 자동차 구입비용은 4,500만원(전액 할부 이용), 이자율은 4%라고 한다.

① 3년 동안 매년 말에, 즉 총 3회에 걸쳐 나누어 상환하는 경우 원금균등상환과 원리금균등상환의 3년 동안 다음 표를 완성시오.

연차	상환	기초원금	상환원금	이자	원리금	기말원금
1	원금균등	4,500	1,500	180	1,680	3,000
	원리금균등	4,500	[ ]	[ ]	[ ]	[ ]
2	원금균등	[ ]	[ ]	[ ]	[ ]	[ ]
	원리금균등	[ ]	[ ]	[ ]	[ ]	[ ]
3	원금균등	[ ]	[ ]	[ ]	[ ]	[ ]
	원리금균등	[ ]	[ ]	[ ]	[ ]	[ ]

② ①에서 어떤 방식의 상환이 이용자에게 더 많은 부담이 되는가? 그 이유는?

③ 3년 동안 매월 말에, 즉 총 36개월 걸쳐 나누어 상환하는 경우 원금균등상환과 원리금균등상환의 부담한 이자 총액의 차이를 엑셀로 ①과 같은 표를 만들어서 직접 해보시오(Tip : yearly 기준을 monthly 기준으로 변경).

2

PART

투자결정

CHAPTER

05

주식투자

1. 주식의 기초

최근 주식 투자에 대한 관심이 엄청나게 증가하고 있다. 어떤 기업들이 상장하면서 투자자들의 엄청난 수익률을 얻었다는 뉴스가 저금리 상황, 서울 집값의 폭등 등과 맞물리면서 20, 30대의 영혼을 끌어 모은 투자로 이어졌기 때문이다. 그러나 체계적인 분석 없이 단순히 "누구나 다 주식 투자를 한다는데 나도 한 번 해볼까" 라는 생각으로 시작하는 투자는 대부분 손실로 이어지기 마련이다.

본 장에서는 주식 투자에 반드시 또는 최소한 고려되어야 하는 주식의 가치 평가와 그에 따른 투자전략에 대해서 설명하고자 한다. 여기서 설명되는 모형을 비롯한 많은 가치평가 모형들은 미래의 수익과 위험에 대한 예측(expectation)에 기반을 두고 있으므로 정확하게 가치를 추정하지는 못한다. 그러나 "완전히 틀리기보다는 근사치라도 맞추는 편이 좋다"라는 워렌 버핏의 말처럼 미래 결과들의 불확실한 부분을 최대한 줄인 추정치만으로 투자결정을 내려도 이익이 발생할 가능성 또는 손실을 막을 가능성은 높아질 것이다. 이것만으로도 가치 평가모형은 의의가 있다고 판단된다.

주식은 기업이 장기적으로 자본을 조달할 때 주주들에게 발행하는 증서이고, 이렇게 발행된 증서는 투자자들 사이에 주식의 미래 수익에 대한 기대감의 차이로 거래가 이루어진다. 먼저 자기자본을 구성하는 장기자본조달 수단 주식에 대한 기초적인 내용을 알아보자. 자세한 내용은 '14장 자본조달수단'에서 설명하고자 한다.

주식은 이익이나 잔여자산 분배 순서에 따라 우선주(preferred stock), 보통주(common stock), 후배주(deferred stock)로 구분된다. 여기서 이익이란 기업 활동의 다른 이해관계자들에게 분배되어야 할 몫이 분배되고 남은 이익, 구체적으로 손익계산서의 순이익(net income)을 의미하고, 잔여자산은 기업의 청산(liquidation) 또는 파산(bankruptcy) 과정에서 채권자를 비롯한 선순위(先順位) 청구권자들에게 분배되고 남은 자산을 각각 의미한다.

현재 우리나라에서는 후배주는 거의 발행된 경우가 없으나 해외에서는 주식공모(공개모집) 과정에서 보통주에 투자할 주주들의 관심을 이끌어내기 위하여 그들에게 먼저 성과가 분배되도록 회사의 창업자 또는 발기인의 주식을 후배주로 발행하는 경우가 있었다고 한다.

1.1 보통주와 우선주

일반적으로 주식이라고 하면 보통주(common stock)를 말하며, 이는 주식회사가 투자 또는 기업 운영자금을 조달하기 위하여 자본가치를 표시하여 발행하는 증서를 말하고, 주식을 발행하여 조달한 자본은 재무상태표의 자본에 인식된다. 주식을 매입하여 보유하고 있는 투자자를 주주(stockholder)라고 하고, 주식을 최초로 발행할 때 정한 주식 1주당 자본가치를 액면가(par value)라고 한다. 예를 들어, X회사가 액면가 5,000원인 주식 10주를 공모가격 20,000원에 주주들에게 발행하여 자본을 조달하였다면, '자본총액'은 20만원[=10주×2만원], 이 중에 액면가에 해당하는 50,000원[=10주×5,000원]은 '자본금', 액면가을 초과하는 150,000원[=10주×(20,000원−5,000원)]은 '자본잉여금'으로 각각 구분된다. 주주들은 X회사 주식에 1주당 20,000원을 투자 또는 출자(出資)한 것이다.

주주들은 자본금 조성에 기여한 금액 또는 지분에 해당하는 지분율[=지분/자본금]을 가지게 된다. Park이 X회사 주식 공모에서 2주를 매입했다면 그의 지분율은 20%[=2주×5,000원/5만원=2주/10주]가 된다. Park은 지분율 20%에 해당하는 권한을 주주들 사이에서 갖게 되는데 대표적인 주주의 권한에는 기업의 주요 경영사항에 대한 의결권(voting right)과 잔여재산청구권(residual claim)이 있다. 차등의결권과 같은 특별한 규정이 없다면 의결권은 대통령이나 국회의원 선거권처럼 1인당 1개의 권리가 부여되는 것이 아니라 1주당 1개의 권리(one share, one right)를 갖게 된다. 따라서 X회사에서 Park을 제외한 8명이 주주가 1주씩 보유하고 있다면 Park은 20%의 권리를, 나머지 8명의 주주들이 10%[=1주/10주=5,000원/5만원]씩의 권리를 나누어 갖게 되므로 Park이 다른 주주들보가 많은 권한을 가지게 된다. 이는 출자금액이 다른 주주보다 많기 때문이다.

주주의 잔여재산청구권은 기업의 경영성과나 자산에 대한 분배순위는 다른 이해관계자(채권자, 근로자, 납품업자, 정부 등)보다 후순위(後順位)이므로 그들에게 먼저 분배되고 남은 잔여성과 또는 잔여재산에 대한 청구권을 갖는 것을 말한다. 남은 잔여분이 없으면 주주는 아무것도 받지 못하지만 남은 것이 있으면 금액이나 수량에 상관없이 모두 주주 몫이 된다(all or nothing).

주식회사 주주가 갖게 되는 매우 중요한 특징은 '유한책임(limited liability)'이다. 유한책임은 주식회사 부채, 기업의 손실액, 납품업자 대금 등 주식회사가 책임져야 할 금액이 아무리 많아도 주주의 책임은 그들이 출자한 금액까지 제한된다는 것이다. X회사의 주주들은 총 20만원을 출자했으므로, 부채나 누적 손실 또는 납품업자에게 지불해야할 대금이 100만원이라도 그들은 출자금액 20만원을 초과하는 80만원에 대해서는 책임지지 않아도 된다는 것이다.

우선주(preferred stock)는 일반적으로 보통주에 부여된 의결권을 제한하는 대신 보통주

보다 선순위(先順位)의 배당청구권이 부여된 이익배당 우선주를 말한다. 이익배당 우선주의 배당금은 '①일정액 우선 배당, ②보통주 배당금+α, ③시중금리와 연동된 배당률' 등 다양한 형태로 우선주 발행 시점에 결정한다.

우리나라는 2011년 상법 개정에서 "회사는 이익의 배당, 잔여재산의 분배, 주주총회에서의 의결권 행사, 상환 및 전환 등에 관하여 내용이 다른 종류의 주식을 발행할 수 있다"라고 규정하면서 다양한 형태의 우선주가 발행되고 있다. 대표적으로 일정 기간(보통 1~10년 정도)이 지나면 보통주로 전환할 수 있는 권리가 부여된 '전환(convertible) 우선주', 일정 기간 동안만 우선주로 발행했다가 기간이 만료되면 발행기업이 다시 매입하는(채권이나 대출의 원금을 상환하는 것처럼) '상환(callable) 우선주', 이익배당과 상환, 전환조건을 모두 가지고 있는 '상환전환 우선주' 등이 기업들의 상황에 맞게 활용되고 있다.

이익배당 우선주 배당금은 보통주 배당금보다 우선 지급된다는 측면에서는 채권 또는 대출 이자와 비슷하지만, 특정 시점까지 반드시 지급되어야 한다는 의무는 강제되지 않는다. 만약 작년에 지급되어야 할 우선주 배당금이 전액 또는 일부 지급되지 못했으면 발행자는 올 해 배당금보다 먼저 지급한 후 올 해 배당금을 지급하면 된다. 이와 같은 특징을 가진 우선주를 '누적적(cumulative) 우선주'라고 하며, 우선주 발행조건에 '배당금은 누적된다'고 정해둔다. 그런 조항이 없으면 작년에 지급되지 못한 우선주 배당금에 대해서는 책임지지 않아도 된다.

또한 우선주와 보통주 배당금을 모두 지급한 후에도 배당가능이익이 남아서 추가 배당이 진행될 때 보통주와 함께 참가할 수도 있는데 이와 같은 우선주를 '참가적(participating) 우선주'라고 한다. 이 역시 발행조건에 정해두는데 대부분의 우선주는 '누적적·비참가적 우선주' 형태로 발행된다.

우선주는 대부분 지배구조에 영향을 받지 않는 자금조달을 원하는 기업들에 의하여 경영 참여보다는 배당금이나 주가 상승을 통한 매매차익에 관심이 많은 투자자들을 대상으로 발행되고 있다.

보통주, 우선주 상관없이 모든 주주의 부(wealth) 또는 주주 가치는 보유주식의 가치 또는 가격에 따라 결정된다. 주주는 기업의 회계연도 결산 후 배당금을 지급받기도 하지만 지급 여부와 얼마가 지급될지는 결산 내용과 기업의 배당정책에 따라 달라진다. 대부분의 배당금은 정기결산 후 연 1회 지급되는데, 금액도 크지 않으면서 배당소득세율이 부과되므로 세후 투자수익으로는 적은 수준이다. 반면에 주식시장에서 거래되는 주식의 가격은 매일매일 수시로 변하므로, 주주가 매입한 금액보다 주가가 상승 또는 하락하기도 하고, 그 상승폭 또는 하락폭이 매우 크게 발생하는 경우도 자주 발생한다. 따라서 주주 가치는 주가 변동에 따라 크게 변동할 수 있으므로 주식은 고위험(High risk) 투자자산에 해당된다. 매입가격의 몇 배로 가격이 상승할 수도 있고, 가격이 하락하면 투자원금의 상당 부분을 손실 볼 수도 있고, 상장폐지 경우는 원금 전액을 날릴 수도 있다.

동일한 기업이 발행한 우선주와 보통주 가격을 비교하면 대부분 보통주 가격이 높게 형성된다. 2023년 7월 25일 기준 삼성전자 보통주는 69,890원으로 우선주 57,100원보다, 현대자동차 보통주는 196,200원으로 우선주 105,200원보다 높은 가격으로 거래되고 있다. 여러 가지 원인이 있겠지만 기업지배권에 관심이 많은 대주주들에게는 의결권이 없는 것이, 투자 목적의 소액주주들에게는 배당금이 보통주보다 매력적이지 못한 것이 중요한 원인이라고 한다.

1.2 주식거래 관련 정보

스마트폰의 주식거래 웹이나 포털사이트의 증권세션을 보면 특정 종목에 대한 가격정보를 확인할 수 있다. 이곳에서는 거의 실시간에 가까운 체결가격을 확인할 수 있으며, 해당 종목에 대한 많은 투자관련 정보들이 정리되어 있다. 투자관련 정보에는 재무제표 관련 과거 자료부터 애널리스트들이 추정한 가까운 미래에 대한 자료까지 포함되어 있다.

투자관련 정보들 중에서 가장 기본적인 주식거래 관련 정보를 다음 <표 1>를 통하여 살펴보자. 우선 다른 주식들과 구분해주는 특정 주식의 종목명과 코드명이 있다.

〈표 1〉 2023년 7월 25일 주식거래 관련 정보

종목명	코드명	시가	고가	저가	종가	등락	거래량
삼성전자	005930	70,000	70,500	69,800	70,000	▼400	14,314,945
KB금융	105560	48,200	48,400	47,300	47,650	0	879,405
POSCO	005490	655,000	679,000	636,000	658,000	▲16,000	5,728,769

시가(始價, open price)는 정규시장이 시작되면서 처음 거래되는 가격을, 종가(終價, close price)는 정규시장이 종료되면서 마지막으로 거래되는 가격을 각각 의미한다. 접수되는 매수/매도 주문조건(수량과 가격)에 맞는 순서대로 연속적으로 체결시키는 장중(場中) 거래체결 방식과는 다르게, 정규시장의 시작과 종료 거래는 각각 개장 직전 8시 30분~9시 사이와 마감 직전 3시 20분~3시 30분 사이에 거래를 정지하고 매수(buy)/매도(sell) 주문(order)만 받아서 가장 많은 주문을 체결시킬 수 있는 가격을 결정하여 거래를 체결시킨다. 이 과정에서 개장하

면서 결정되는 가격이 시가, 마감하면서 결정되는 가격이 종가이다.

고가(高價, high price)와 저가(低價, low price)는 7월 25일 체결된 가격들 중에서 가장 높은 가격과 낮은 가격을 각각 의미한다. 고가와 저가는 앞에 '52주'처럼 특정 기간이 같이 사용되면 지금부터 과거 52주 사이에 가장 높았거나 낮았던 체결가격을 의미하고, H나 L이 함께 쓰이면 新고가 또는 新저가로 새롭게 경신된 고가와 저가를 각각 의미한다. 고가와 저가 관련 정보들은 투자자들이 놓칠 수 있는 가격 추세에 대한 정보를 제공해준다.

등락은 전일 종가와 비교한 당일 종가의 변화량을 의미하며, '▲(붉은색)'은 ( )의 금액만큼 상승, '▼(파란색)'은 ( )의 금액만큼 하락, '－검은색'은 변화 없음을 각각 의미한다. <표 1>을 보면 삼성전자는 당일 종가가 전일 종가보다 400원 하락, POSCO는 16,000원 상승, KB금융은 동일하다는 것을 알 수 있다. 거래량은 당일 접수된 많은 매수/매도 주문들 중에서 체결된 주식수량을 의미한다. 보통 가격이 상승하면서 거래량이 증가하면 가격 상승세가, 가격이 하락하면서 거래량이 증가하면 가격 하락세가 조금 더 지속될 것이라고 해석한다.

이외에도 당일 가격제한폭의 기준이 되는 기준가(base price)가 있는데 발행주식수나 자본금에 변화가 발생하는 경우를 제외하면 전일 종가가 기준가 역할을 한다. 한국주식시장의 일일가격 제한폭은 유가증권(KOSPI)시장과 코스닥(KOSDAQ)시장은 기준가 대비 ±30%, 코넥스(KONEX) 시장은 기준가 대비 ±15%로 설정되어 있다[1]. 따라서 유가증권시장에 상장된 삼성전자 주식의 가격은 다음 거래일(trading day)에는 최고 91,000원까지 상승할 수 있고, 49,000원까지 하락할 수 있다[2].

주식시장에 상·하한가 제한을 두는 이유는 주가의 단기간 내 큰 폭의 상승이나 하락을 완화하여 시장의 안정적인 운영과 개인투자자를 보호하기 위해서이다. 그러나 미국, 영국, 홍콩 주식시장에서는 가격제한폭을 도입하고 있지 않다. 그들의 논리는 증시가 제 기능을 발휘하려면 특정 종목의 호재나 악재의 수준에 맞게 주가에 반영되어야 한다는 것이다. 주가를 50% 하락시킬 수 있는 사건이 발생했으면 주가는 50% 하락해야지, 인위적으로 30%까지만 하락하게 만드는 것은 시장의 기능을 제한하는 행위로 보는 것이다. 그러나 가격제한폭이 없으면 시장 기능이 개선되겠지만 투자자들의 투기 성향이 증가할 수도 있으므로, 제도와 규정에 맞는 투자전략을 투자자는 선택해야 한다.

1 단 시간외 매매는 당일 종가 대비 ±10%를 적용하고 있음.

2 상한가=[70,000원×(1+0.3)]=91,000원, 하한가=[70,000원×(1-0.3)]=49,000원

2. 가치평가모형의 개념

자산이나 주식의 가치(value)란 직관적으로 그와 관련된 모든 정보를 고려할 때 받을만한 가치를 의미하여, 이를 내재적 가치(intrinsic value) 또는 적정가치(fair value)라고 한다. 관련된 모든 정보에는 자산 또는 주식투자로부터 예상되는 미래의 CF와 그 CF의 불확실성 또는 투자자가 부담해야 하는 위험 등이 포함될 것이다. 이와 같은 정보를 반영한 자산이나 주식의 가치는 다음 식 (1)로 평가 또는 추정할 수 있다.

● 가치평가의 기본식

$$V_0 = \left[\frac{E(CF_1)}{(1+r)^1} + \frac{E(CF_2)}{(1+r)^2} + \cdots\right] = \sum_{t=1}^{\infty}\frac{E(CF_t)}{(1+r)^t} \quad \cdots \text{ 식 (1)}$$

여기서 V_0는 현재 시점에서 평가한 자산이나 주식의 가치를, $E(CF_t)$는 미래 t시점에 발생할 것으로 추정한 CF를, r은 자산이나 주식의 가치평가에 사용되는 할인율을 각각 의미한다.

앞에서 언급한 'CF의 불확실성'은 추정된 $E(CF_t)$에 대부분 반영된다. 예를 들어 1년 후 매도하려는 X주식의 가격을 100% 확신은 못하지만 50% 확률로 20,000원, 50% 확률로 18,000원이 될 것이라고 분석했다면 X주식 1년 후 CF의 추정치 또는 기댓값(expectation), $E(CF_1)$은 다음과 같이 19,000원으로 추정된다.

- $E(CF_1) = [0.5 \times 20{,}000 + 0.5 \times 18{,}000]$ =19,000원

또한 자산이나 주식에 대해서 투자자가 부담해야 하는 위험은 할인율 r에도 반영할 수 있다. X주식과 Y주식 모두 1년 후 가격에 대한 정보가 앞에서 언급한 것과 동일하지만 X주식보다 Y주식 투자에서 부담해야 할 위험이 크다고 판단하여 투자자가 Y주식에 대해서는 X주식의 5.56%보다 높은 26.67%의 수익률을 요구한다고 하면 두 주식의 가치는 각각 다음과 같이 동일한 $E(CF_1)$임에도 차이가 발생한다. 즉, Y주식 투자 위험이 더 크다는 것을 1년 후 19,000원을 26.67%로 크게 할인하여 5.56%로 할인한 X주식 가치보다 낮게 평가하여 투자위험을 반영한 것이다(두 주식 모두 배당금 지급은 없다고 가정).

- X주식 가치 : $\left[\dfrac{19,000}{(1+0.056)^1}\right]$ =18,000원
- Y주식 가치 : $\left[\dfrac{19,000}{(1+0.2667)^1}\right]$ =15,000원

본 장에서 설명하는 주식의 가치평가 모형들, 즉 배당평가모형, 현금흐름할인모형, 초과이익모형은 식 (1)에서 분자항과 분모항을 어떤 항목들을 활용하여 가치를 추정하였는가에 따라서 구분된 것이다. 각각의 모형으로 추정된 가치가 적절한가 여부는 각 항목들이 반영해야 할 내용들을 제대로 반영하였는가와 얼마나 논리적으로 측정하였는가에 따라 결정될 것이다. 각 평가모형들이 어떤 과정으로 가치를 추정하는지에 초점을 두기 위해서 배당금, CF, 초과이익, 자기자본비용, 부채비용에 대한 추정은 단순하게 주어진 것으로 가정하였다.

3. 배당할인모형

3.1 배당할인모형의 계산

배당할인모형(dividend discount model)은 주식의 내재가치 또는 적정가치를 미래에 지급될 것으로 예상되는 배당금들의 현재가치의 합으로 추정하는 가장 기본적인 모형이다.

그러나 X주식을 1기간 보유한 후 매도하는 투자라면 주식 투자에서 얻을 수 있는 수익에는 배당금(기말에 지급[3])뿐만 아니라 1기간 후 매도가격까지 포함되므로 X주식의 가치는 다음과 같이 평가하게 된다.

- $V_0 = \left[\dfrac{E(D_1)+E(P_1)}{(1+r)^1}\right]$ ⋯ 식 (2)

여기서 $E(D_1)$과 $E(P_1)$은 1기간 후 예상되는 배당금과 주식가격을 각각 의미하고, r은 주식투자의 요구수익률 또는 자기자본비용을 의미한다. 분모항의 할인율 추정의 어려움을 무시하더라도 가치평가식 분자항의 추정해야 할 항목이 두 가지나 되는 것은 부담스러운 상황이다. 배당금은 기업의 과거 배당성향 등의 배당정책에 영향을 받을 것이므로 기업의 매우

3 가치평가모형의 배당금, CF, 초과이익 등은 모두 기말에 발생하는 것으로 가정함.

다양한 변수들에 영향을 받는 가격을 추정하는 것보다는 상대적으로 어렵지 않을 것이므로 분자항을 배당금만으로 만들 수 있으면 적정가치 추정이 보다 수월해질 것이다.

그러면 어떻게 하면 식 (2)에서 가격 추정치, E(P_1)를 제거할 수 있을까? 우선 1년 후에 형성되는 X주식 가격은 어떻게 결정되는지 추정해보자. 시장이 효율적(efficient)라서 주식시장에서 형성되는 가격에 그 주식과 관련된 모든 정보가 반영된다면, 1년 후 주가는 1년 후에 평가하는 적정가치와 동일할 것이다. 이런 상황에서 1년 후 X주식을 매입하여 1기간 보유한 후 2년 후에 매도한다면 $E(P_1)$는 다음과 같을 것이다. 여기서의 투자 시작부터 종료까지는 t=1~2이지만 투자기간이 1기간인 것은 식 (2)와 동일하다.

- $E(P_1)=\left[\dfrac{E(D_2)+E(P_2)}{(1+r)^1}\right]$ … 식 (3)

식 (3)을 식 (2)에 대입하면 다음과 같이 식 (4)가 도출된다.

- $$V_0=\left[\frac{E(D_1)+E(P_1)}{(1+r)^1}\right]=\left[\frac{E(D_1)+\left\{\dfrac{E(D_2)+E(P_2)}{(1+r)^1}\right\}}{(1+r)^1}\right]$$
$$=\left[\frac{E(D_1)}{(1+r)^1}+\frac{E(D_2)+E(P_2)}{(1+r)^2}\right] \cdots \text{식 (4)}$$

여기서의 $E(P_2)$도 t=2~3 투자를 통하여, 그 이후의 $E(P_t)$들도 t=t~t+1 투자를 통하여 추정하여 정리하면 다음 식 (5)가 도출된다.

- $V_0=\left[\dfrac{E(D_1)}{(1+r)^1}+\dfrac{E(D_2)}{(1+r)^2}+\cdots+\dfrac{E(D_\infty)}{(1+r)^\infty}+\dfrac{E(P_\infty)}{(1+r)^\infty}\right]$ … 식 (5)

식 (5)에도 여전히 포함되어 있는 X주식 가격은 $(1+r)^\infty$로 나누어 주기 때문에 정확히 0은 아니지만 0으로 수렴하게 된다. $r>0$이면 $(1+r)^\infty$은 무한대의 값이 되고, $1/(1+r)^\infty$은 거의 0에 가까운 수가 되기 때문이다. 따라서 식 (5)는 다음 식 (6)과 같이 배당금만으로 추정하는 배당할인모형이 되는 것이다.

● 배당할인모형 기본식

$$V_0 = \left[\frac{E(D_1)}{(1+r_E)^1} + \frac{E(D_2)}{(1+r_E)^2} + \frac{E(D_3)}{(1+r_E)^3} + \cdots \right] \cdots \textbf{식 (6)}$$

식 (6)에서 할인율로 주주 또는 주식 투자자의 요구수익률 또는 자기자본비용 r_E가 사용된다. 배당금은 주주 또는 주식투자자의 몫이므로 그들이 얻고자 하는(기대하는) 요구수익률로 주식 가치를 평가하여 투자전략을 결정해야 한다. 기업 입장에서는 그들의 요구수익률은 주식을 발행하여 자금을 조달할 때 부담해야 하는 자본비용에 해당되므로 자기자본비용(cost of capital of equity)이 되는 것이다.

그러나 식 (6)의 배당할인모형을 실무적으로 활용하기 위해서는 다음과 같은 문제에 직면하게 된다. 가까운 미래(보통 3년 정도까지)의 배당금은 Daum 또는 NAVER 포탈 증권 세션의 애널리스트 예상을 활용하거나 최근 재무제표를 활용하여 추정할 수 있지만 그 이후의 먼 미래의 배당금을 추정하는 것이 매우 어렵다는 것이다. 최근 자료를 활용한 t=1~3년 배당금의 정확한 추정도 쉽지 않은데 그보다 먼 미래의 배당금을 어떻게 추정해야 할까? 현실적으로 가능한 방법은 합리적인 가정을 통하여 불확실성을 줄이는 것이다.

만약 t=1~3 배당금은 직접 추정하였다면, t=4부터의 배당금은 '① t=3의 배당금과 동일하다 또는 ② 직전 시점의 배당금보다 일정한 비율, g만큼 증가한다'와 같은 두 가지 가정이 많이 활용된다. ①과 같이 가정하면 영구연금의 현재가치 공식을 활용하여, ②와 같이 가정하면 성장영구연금의 현재가치 공식을 활용하여 t=4 부터의 배당금들을 t=3에서의 가치, $E(TV_3)$로 간단하게 만들 수 있다. 여기서 TV(terminal value)는 '잔존가치 또는 계속가치'라고 하는데 특정 시점 이후 항목들의 가치를 의미한다. 이 과정을 정리하면 배당할인모형은 가정에 따라 각각 식 (7), (8)과 같다.

- 가정 ① t=4 부터의 배당금은 t=3의 배당금과 동일함.

$$\Rightarrow E(TV_3) = \left[\frac{E(D_4)\{= E(D_3)\}}{r_E} \right]$$

$$\Rightarrow V_0 = \left[\frac{E(D_1)}{(1+r_E)^1} + \frac{E(D_2)}{(1+r_E)^2} + \frac{E(D_3)}{(1+r_E)^3} + \frac{E(TV_3)\left\{= \frac{E(D_3)}{r_E}\right\}}{(1+r_E)^3} \right] \cdots \text{식 (7)}$$

CHAPTER 05 주식투자

▪ 가정 ② t=4 부터의 배당금은 직전 시점의 배당금보다 g만큼 증가함.

$$\Rightarrow E(TV_3) = \left[\frac{E(D_4)}{r_E - g}\right] = \left[\frac{E(D_3)\times(1+g)}{r_E - g}\right]$$

$$\Rightarrow V_0 = \left[\frac{E(D_1)}{(1+r_E)^1} + \frac{E(D_2)}{(1+r_E)^2} + \frac{E(D_3)}{(1+r_E)^3} + \frac{E(TV_3)\left\{= \frac{E(D_4)}{r_E - g}\right\}}{(1+r_E)^3}\right] \cdots \text{식 (8)}$$

단 식 (8)에서는 배당성장률 g가 할인율 r_E보다 작아야 한다는 조건이 필요하다. t=1~T의 배당금이 직접 추정되었고, 그 이후의 배당금은 가정을 통하여 $E(TV_T)$로 추정된다면 배당할인모형은 다음 식 (9)와 같이 일반화할 수 있다. <그림 1>은 이 과정을 보여주고 있다. 여기서 $E(D_t)$를 주당배당금을 사용하면 식 (9)의 결과가 바로 1주당 주식가치이지만, 배당총액을 사용하면 식 (9)로 추정한 가치는 자기자본의 가치가 되므로 발행주식수로 나누어야 1주당 주식가치가 된다.

● **배당할인모형**

$$V_0 = \left[\frac{E(D_1)}{(1+r_E)^1} + \frac{E(D_2)}{(1+r_E)^2} + \cdots + \frac{E(D_T)}{(1+r_E)^T} + \frac{E(TV_T)}{(1+r_E)^T}\right] \cdots \textbf{식 (9)}$$

〈그림 1〉 **배당할인모형**

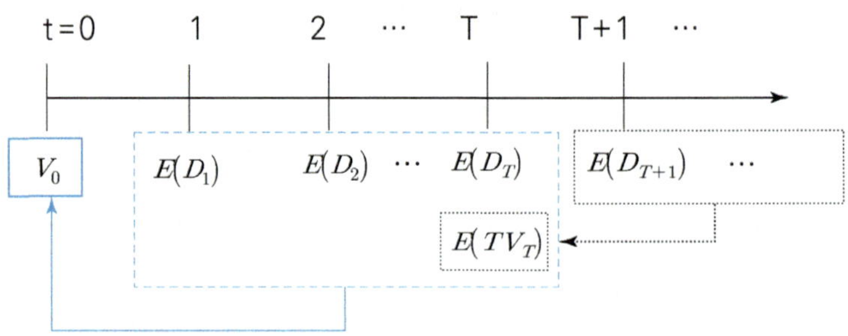

이제 예를 통하여 배당할인모형의 가치추정 과정을 살펴보자. Park과 Kim의 X주식 관련 추정 정보들이 다음과 같다고 한다.

■ X기업 관련 추정 정보

- 1~3년 예상배당금은 각각 1,000원, 2,000원, 4,000원
- 투자자 Park과 Kim의 요구수익률 모두 10%
- 4년부터의 배당금은 3년차 배당금과 동일하다고 추정한 Park
- 4년부터의 배당금들은 직전 연도보다 5%씩 증가한다고 추정한 Kim

두 투자자의 추정은 4년부터의 배당금에 대해서만 다를 뿐 나머지는 동일하다면, Park은 다음과 같이 X주식의 가치를 35,620원으로 추정할 것이고,

$$E(TV_3)=\left[\frac{E(D_3)}{r_E}\right]=\left[\frac{4,000}{0.1}\right]=40,000$$

$$\Rightarrow V_0=\left[\frac{1,000}{(1+0.1)^1}+\frac{2,000}{(1+0.1)^2}+\frac{4,000}{(1+0.1)^3}+\frac{40,000}{(1+0.1)^3}\right]=35,620\text{원}$$

Kim은 다음과 같이 68,678원으로 추정할 것이다.

$$E(TV_3)=\left[\frac{E(D_3)\times(1+g)}{r_E-g}\right]=\left[\frac{4,000(1.05)}{0.1-0.05}\right]=84,000$$

$$\Rightarrow V_0=\left[\frac{1,000}{(1+0.1)^1}+\frac{2,000}{(1+0.1)^2}+\frac{4,000}{(1+0.1)^3}+\frac{84,000}{(1+0.1)^3}\right]=68,678\text{원}$$

Park과 Kim이 X주식의 t=1~3의 배당금과 요구수익률에 대해서는 동일하게 추정하였지만 주식 가치는 35,620원과 68,678원으로 매우 큰 차이를 보이고 있다. 두 사람의 X주식에 대한 다른 견해는 4년차부터의 배당금에 대한 가정뿐이므로, 이것이 거의 2배에 가까운 추정치 차이를 발생시킨 것이다. 이를 보면 직접적으로 추정하기 어려운 먼 미래의 배당금에 대한 가정이 가치 추정에 매우 커다란 부분을 차지하고 있다는 것을 알 수 있다. 또한 Park과 Kim이 추정한 가치 35,620원과 68,678원에서 직접 추정한 t=1~3의 배당금이 기여한 부분은 각각 15.62%와 8.11%에 불과하다는 것을 다음과 같이 확인할 수 있다.

$$\text{PV}[\text{E}(\text{D}_1)\sim\text{E}(\text{D}_3)]=\left[\frac{1,000}{(1+0.1)^1}+\frac{2,000}{(1+0.1)^2}+\frac{4,000}{(1+0.1)^3}\right]=5,567\text{원}$$

$$\text{Park}:\ \frac{PV[E(D_1)\sim E(D_3)]}{V_0}=\left[\frac{5,567}{35,620}\right]=0.1562$$

- Kim : $\frac{PV[E(D_1) \sim E(D_3)]}{V_0} = \left[\frac{5,567}{68,678}\right]$ =0.0811

이는 반대로 Park의 추정치 35,620원에서는 84.38%가, Kim의 추정치 68,678원에서는 91.89%가 가정으로 추정한 먼 미래의 배당금에 의한 가치라는 것을 의미한다. 따라서 가치 추정 과정에서 이루어지는 가정(assumption)들도 직접 추정하는 배당금 이상으로 객관적이고 신뢰할 수 있는 정보를 근거로 이루어져야 한다.

3.2 고든의 배당성장모형

식 (9)은 가까운 미래의 배당금은 직접 추정하고, 먼 미래의 배당금은 가정하여 주식의 가치를 평가하는 모형이다. 만약 t=1부터 모든 미래의 배당금이 직전 시점보다 일정한 비율, g만큼 증가한다면 주식의 가치는 T=0에서의 $E(TV_T)$, 즉 $E(TV_0)$를 추정하면 될 것이다. 이와 같이 추정한 배당할인모형을 고든(Gordon)의 배당성장모형(dividend growth model) 또는 배당성장률모형, 고든모형 등 다양하게 부르고 있으며 식 (10)과 같이 표현된다.

- 고든의 배당성장모형

$$V_0 = \left[\frac{E(D_1)}{r_E - g}\right],\ \textbf{단}\ r_E > g \quad \cdots \ \textbf{식}\ (10)$$

만약 t=0에 이미 배당금을 1,000원 지급한 X주식(자기자본비용은 10%)의 미래 배당금에 대하여 Park은 앞으로도 계속 1,000원씩 지급할 것으로 추정하고, Kim은 t=1부터 매년 직전 연도 배당금보다 5%씩 증가시킬 것이라고 추정한다면 Park과 Kim이 식 (10)으로 추정한 X주식 가치는 각각 10,000원과 21,000원이 된다.

- Park : $V_0 = \left[\frac{E(D_1)}{r_E - g}\right] = \left[\frac{D_0(=1,000)}{0.1 - 0.00}\right]$ =10,000원
- Kim : $V_0 = \left[\frac{E(D_1) = D_0 \times (1+g)}{r_E - g}\right] = \left[\frac{1,000 \times (1+0.05)}{0.1 - 0.05}\right]$ =21,000원

Park이 추정한 매 기간 배당금이 이미 지급한 1,000원과 동일하다는 것은 매 기간 배당금

이 직전 연도 배당금보다 0%씩 증가하는 것과 마찬가지이므로 Park도 식 (10)을 활용하여 X주식 가치를 추정할 수 있는 것이다. 여기서도 10,000원과 21,000원의 커다란 차이는 배당성장율 g의 차이 때문에 발생한 것이므로, 얼마나 합리적이고 객관적인 배당성장률을 추정할 수 있는지가 적정가치 추정에 매우 중요하다는 것을 알 수 있다.

3.3 배당할인모형의 특징

배당할인모형의 의의는 이론적인 틀을 갖춘 거의 최조의 주식가치평가 모형이라는 점과 주주의 관심인 배당금으로 주식의 내재가치를 추정하였다는 점이다. 그러나 배당성장률을 비롯한 배당금 추정의 어려움, 배당금을 지급하지 않는 기업에는 사용할 수 없다는 점 등이 현실적인 한계점이다. 이런 어려움 때문에 배당할인모형으로 추정한 가치는 거래가격과 많은 괴리를 보이는 경우가 많다.

우리나라 대부분의 기업들은 최근 삼성전자의 주주환원정책 중장기 방안을 제외하면 배당금을 주주환원의 수단으로 중요하게 생각하지 않는 경향이 있다. 실제로 유가증권시장과 코스닥시장 상장기업들 중에 설립 이후 배당금을 한 번도 지급하지 않은 기업들도 적지 않다. 많은 투자자들 역시 매매차익에 비하여 크지 않은 금액에, 배당소득세(2023년 기준 기본 배당소득세율 15.4%[4])까지 원천징수 되므로 배당금은 투자수익에서 중요하지 않다고 생각할 수 있다.

투자자들이 배당금을 중요한 투자수익으로 여기지 않고, 기업들도 배당정책에 대해서 중요하게 생각하지 않는다면 배당금으로 추정한 주식의 내재적 가치에는 그 주식과 관련된 정보들이 제대로 반영되지 않았을 것이다. 이 부분도 배당할인모형으로 추정한 가치와 거래가격의 차이가 커지는 원인이 될 것이다.

4. 현금흐름할인모형

4.1 현금흐름과 가중평균자본비용

현금흐름할인모형(discounted cash flow model)은 CF와 가중평균자본비용(weighted

4 기본이라고 표현한 것은 일반적인 경우에 적용된다는 의미이고, 주식의 상장 여부, 대주주 여부, 금융소득 수준 등에 따라서 다양한 세율이 적용된다.

average cost of capital, 이하 WACC)을 이용하여 자산의 가치를 평가한다. 여기서 CF는 3장의 식 (6)으로 계산한 자산투자로부터 발생하는 CF와 동일하다.

● 특정 연도의 현금흐름, CF_t

$$CF_t = [OCF_t - (CAPEX_t + \Delta NWC_t)] \quad \cdots \text{ 식 (11)}$$

- $OCF_t = [EBIT_t \times (1 - t_C) + D_t]$
- $CAPEX_t = [\Delta \text{유형자산}_t + D_t]$
- $\Delta NWC_t = [\Delta \text{유동자산}_t - \Delta \text{유동부채}_t]$

여기서 OCF_t(operating cash flow, 영업현금흐름)은 특정 연도의 영업활동으로 발생한 CF로, 세후 영업이익, $EBIT_t \times (1 - t_C)$에 감가상각비(depreciation), D_t를 더해서 계산한다. 세금은 기업의 대표적인 현금유출 항목이므로 차감하고, 영업이익을 계산할 때 차감된 감가상각비는 현금유출이 발생하지 않은 비용 항목이므로 CF를 계산할 때는 영업이익에 다시 더해준 것이다.

$CAPEX_t$(capital expenditure, 자본적 지출)은 특정 연도의 장기적인 투자활동으로 발생한 CF로 투자자산과 부동산 등을 제외한 비유동자산 변화량 또는 유형자산 변화량에 감가상각비를 더하는데, 본서에서는 유형자산 변화량, Δ유형자산$_t$에 감가상각비, D_t를 더해서 추정하고자 한다. 여기서 D_t를 더하는 것은 아무런 투자활동이 없음에도 유형자산 감가상각으로 야기되는 오류를 제거하기 위해서이다. 만약 기초 유형자산이 1억원이고 기말까지 아무런 유형자산 투자활동이 없었다면 CAPEX는 0으로 측정되어야 한다. 그러나 기말 유형자산 장부가치는 유형자산의 감가상각분(예를 들어, 0.1억원)이 차감되어 0.9억원이 되므로 유형자산의 기말과 기초 변화량으로 측정하면 '(−)0.1[=0.9−1]억원' 만큼 자본적 지출 활동이 이루어진 것으로 측정한다. 따라서 정확한 측정을 위하여 Δ유형자산$_t$(=0.9억원−1억원)에 D_t(=0.1억원)를 더하는 것이다.

ΔNWC_t은 특정 연도의 단기적인 투자활동으로 발생한 CF를 유동자산과 유동부채의 변화량으로 측정한다. 단 유동자산 변화량은 '현금및현금성자산'을 제외하고 측정해야 한다. 식 (11)로 측정하고자 하는 것은 1년 사이의 현금흐름이다. 유동자산의 '현금및현금성자산' 변화량에는 전액은 아니더라도 측정하고자 하는 1년 사이의 CF와 중복된 금액들이 포함될 것이므로 중복된 금액을 제외하기 위하여 Δ유동자산은 '현금및현금성자산'을 제외한 유동자

산 항목들로만 측정해야 한다.

식 (11)의 CF는 영업활동으로 인한 CF에서 그것을 얻기 위한 투자활동으로 인한 CF(장기+단기 모두 포함)를 차감한 것으로 '잉여현금흐름(free cash flow, FCF)'이라고도 한다. 이는 다른 이해관계자에게 모두 분배하고 남은 CF로 주주와 채권자에게 분배될 수 있으므로, 주식과 부채 가치의 합인 자산 가치 추정에 활용되는 것이다. 따라서 할인율도 주주와 채권자의 요구수익률이 모두 반영된 식 (12)와 같은 가중평균자본비용을 사용한다.

● 가중평균자본비용, r_W 계산

$$r_W = \left[\left(\frac{D}{D+E}\right)(r_D)(1-t_C) + \left(\frac{E}{D+E}\right)(r_E)\right] \quad \cdots \text{ 식 (12)}$$

여기서 D와 E는 부채와 자기자본총액을, r_D와 r_E는 부채비용과 자기자본비용을, t_C는 법인세율을 각각 의미한다. 식 (12)의 r_W는 채권투자자의 요구수익률, r_D와 주식투자자의 요구수익률, r_E를 자본총액에서 D와 E가 차지하는 비중(weight)으로 가중평균한 비용을 의미한다[5].

Y기업의 2022년(t=0) 재무제표 자료가 다음과 같다고 한다면 CF_0와 가중평균자본비용, r_W은 각각 얼마일까?

- 영업이익 10,000만원, 이자비용과 감가상각비는 각각 1,000만원, 영업외수익과 이자비용을 제외한 영업외비용은 모두 0만원, 법인세율 20%, 순이익 7,200만원, 배당금 3,600만원, 유형자산변화량 5,000만원, 순운전자본변화량(현금및현금등가물을 제외한) 1,000만원, 발행주식수 2만주
- 부채 20,000만원, 자기자본 30,000만원, 부채비용 8%, 자기자본 비용 16%

- $OCF_0 = [EBIT_0 \times (1-t_C) + D_0] = [10,000 \times (1-0.2) + 1,000] = 9,000$만원
- $CAPEX_0 = [\Delta \text{유형자산}_0 + D_0] = [5,000 + 1,000] = 6,000$만원
- $CF_0 = [OCF_0 - (CAPEX_0 + \Delta NWC_0)] = [9,000 - (6,000 + 1,000)] = 2,000$만원
- $r_W = \left[\left(\frac{20,000}{20,000+30,000}\right)(8\%)(1-0.2) + \left(\frac{30,000}{20,000+30,000}\right)(16\%)\right] = 12.16\%$

5 $(1-t_C)$항이 포함된 이유는 11장 자본비용을 참고하기 바람.

4.2 현금흐름할인모형

현금흐름할인모형은 미래 예상되는 자산 투자로부터의 CF들을 식 (11)과 같이 추정하여 식 (12)의 가중평균자본비용을 할인율로 할인한 현재가치의 합으로 다음 식 (13)과 같이 자산의 내재가치를 평가하는 모형이다.

● 현금흐름할인모형

$$V_0 = \left[\frac{E(CF_1)}{(1+r_W)^1} + \frac{E(CF_2)}{(1+r_W)^2} + \cdots + \right] \quad \cdots \text{ 식 (13)}$$

자산은 부채와 자기자본의 합과 동일하다는 재무상태표 등식을 활용하면 자산의 내재가치에서 부채를 차감한 자기자본의 내재가치를 발행주식수로 나누면 1주당 주식 가치가 최종적으로 추정된다.

현금흐름할인모형도 가까운 미래의 CF는 추정재무제표 등을 통하여 직접 추정하지만 먼 미래의 CF들은 합리적인 가정을 통하여 'TV(terminal value), 잔존가치 또는 계속가치'로 단순화하여 자산가치를 추정한다.

Y기업의 2023년(t=1)과 2024년(t=2)의 재무제표관련 정보들은 2022년(t=0) 자료를 기초로 다음과 같은 변화가 예상될 경우 1주당 주식가치를 추정해보자.

- EBIT, 감가상각비, 유형자산변화량, 순운전자본변화량은 t=1에서 100%, t=2에서 50% 상승(직전 연도보다)
- 이자비용과 감가상각비는 매년 20%씩 증가하지만, 가중평균자본비용은 동일함.

- OCF_1 = [10,000(1+1)×(1−0.2)+1,000(1+0.2)] = 17,200만원
- $CAPEX_1$ = [5,000(1+1)+1,000(1+0.2)] = 11,200만원
- ΔNWC_1 = [1,000(1+1)] = 2,000만원
- $E(CF_1)$ = [17,200−(11,200+2,000)] = 4,000만원

- OCF_2 = [20,000(1+0.5)×(1−0.2)+1,200(1+0.2)] = 25,440만원
- $CAPEX_2$ = [10,000(1+0.5)+1,200(1+0.2)] = 16,440만원
- ΔNWC_2 = [2,000(1+0.5)] = 3,000만원

- $E(CF_2)$ = [25,440 − (16,440 + 3,000)] = 6,000만원

먼저 t = 3(2025년)부터의 CF가 $E(CF_2)$ = 6,000만원과 동일할 경우의 1주당 주식가치는 다음과 같이 13,779원으로 추정된다.

- $E(TV_2) = \left[\frac{E(CF_3)}{r_W}\right] = \left[\frac{6,000}{0.1216}\right]$ = 49,342.11만원
- 자산가치, $V_0 = \left[\frac{4,000}{(1.1216)^1} + \frac{6,000}{(1.1216)^2} + \frac{49.342.11}{(1.1216)^2}\right]$ = 47,558.94만원
- 1주당 주식가치 = [(47,558.94 − 20,000)만원/2만주] = 13,779원

반면에 t = 3(2025년)부터의 CF가 직전 연도의 CF보다 4.16%씩 일정한 비율로 증가하는 경우의 1주당 주식가치는 다음과 같이 25,218원으로 추정된다.

- $E(TV_2) = \left[\frac{E(CF_3)}{r_W - g}\right] = \left[\frac{6,000 \times (1 + 0.0416)}{0.1216 - 0.0416}\right]$ = 78,120만원
- 자산가치, $V_0 = \left[\frac{4,000}{(1.1216)^1} + \frac{6,000}{(1.1216)^2} + \frac{78,120}{(1.1216)^2}\right]$ = 70,435.09만원
- 1주당 주식가치 = [(70,435.09 − 20,000)만원/2만주] = 25,218원

4.3 현금흐름할인모형의 특징

현금흐름할인모형은 배당할인모형의 현실적인 한계점인 배당을 지급하지 않거나, 배당성장률이 일정하지 않은 주식의 가치평가도 할 수 있으며, 무엇보다도 실제로 특정 연도의 가치창출에 기여한 CF를 근거로 가치를 추정한다는 것이 가장 큰 장점이다. 여기서 특정 연도의 CF는 그 해의 현금유입액(cash inflow)에서 현금유출액(cash outflow)을 차감한 순현금흐름(net cash flow)으로 그 해 가치창출에 직접적으로 기여한 측정치이다.

그러나 초기투자비용이 많이 발생하고 투자수익이 안정 수준에 이를 때까지 시간이 필요한 사업의 경우 현재가치로 할인되는 정도가 상대적으로 작은 초기 CF가 (−)로 추정되고, 할인되는 정도가 큰 먼 미래의 CF가 (+)로 추정되어 자산가치가 과소평가될 가능성과 사업이 성숙기를 거쳐 쇠퇴기에 접어든 경우에는 투자활동이 거의 이루어지지 않아 작은 영업현금흐름에도 CF가 높게 추정되어 자산가치가 과대평가될 가능성에 대해서는 주의해야 한다.

5. 초과이익모형

5.1 초과이익

현금흐름할인모형은 자산투자로부터 발생하는 CF로 자산의 가치를 추정한, 즉 현금주의에 기반을 둔 모형이다. 그러나 어떤 주식들은 CF는 (-)의 값을 보이지만 순이익(Net income) 또는 주당순이익(EPS, earning per share)이 지속적으로 (+)의 값을 유지하거나 상승하면 주가도 지속적으로 상승하는 경우들이 발생한다. 이런 경우는 발생주의 원칙에 따른 이익에 대해서 주가가 반응한 것이므로 주식 가치는 CF가 아닌, 이익을 활용해서도 추정할 수 있을 것이다.

순이익은 손익계산서의 가장 마지막 항목으로 기업의 다른 이해관계자들의 몫이 모두 분배되고 남아서 잔여재산청구권자인 주주에게 분배될 수 있는 몫이다. 순이익은 배당금으로 주주에게 직접 분배될 수도 있고, 기업 내에 유보하여 재투자를 통한 주가 상승으로 주주가치를 증가시킬 수 있다. 두 경우 모두 주주 가치를 창출할 수 있지만 때로는 주주가 기업에 투자하면서 기대한 수익보다 작을 수도 있을 것이다. 이것은 주주들이 바라는 상황이 아닐 것이다.

초과이익(residual income)은 순이익 중에서 주주가 기대한 수익을 초과한 이익을 말한다. 순이익이 주주 기대수익보다 많이 발생한 (+)의 초과이익은 주주가 원하는 결과이므로 주가를 상승시킬 수 있는 호재(good news)인 반면에 순손실이나 순이익이 발생했지만 주주가 기대한 수익보다 적게 발생한 (-)의 초과이익은 주주가 원하지 않는 결과이므로 주가를 하락시킬 수 있는 악재(bad news)가 될 것이다.

초과이익 개념은 기업이 주주들로부터 출자 받아서 설립되는 과정부터 살펴보면 이해에 도움이 된다. 예를 들어, Z기업이 2023년 10%의 수익률을 기대하는 주주들이 30,000만원의 자본(E_0)을 출자하여 설립하였다고 하자. 그러면 자본금으로 수행한 사업에서 수익을 발생시키면 다른 이해관계자들의 몫을 분배하고 남은 이익, 즉 순이익(NI_1)을 주주에게 배당금(D_1)으로 일부 지급하고 나머지는 다음 연도 사업자금으로 유보시킬 것이다. 여기서 NI_1 =10,000만원, D_1 =5,000만원이라고 하면 다음 연도 초 자기자본(E_1)은 다음과 같이 35,000만원, 설립한 해의 초과이익(RI_1)은 7,000만원이 된다. 초과이익(RI_1)은 순이익 10,000만원 중에서 자기자본에 대한 주주 기대수익 3,000만원[=30,000만원×0.1]을 초과한 7,000만원이 된다.

- $E_1 = [E_0 + (NI_1 - D_1)] = [30,000 + (10,000 - 5,000)] = 35,000$만원
- $RI_1 = [NI_1 - E_0 \times r_E] = [10,000 - 30,000 \times 0.1] = 7,000$만원

t=2부터의 초과이익을 추정할 때는 그 해 초에 자기자본이 전년도보다 증가하거나 감소할 수 있으므로 변화된 자기자본에 대한 주주 기대수익률을 반영해야 하는 것에 주의해야 한다. 여기에 주주 기대수익률까지 변하면 그것도 반영하여 주주 기대수익을 추정해야 한다. Z기업의 2년차 순이익(NI_2)이 5,000만원으로 감소하고, 2년차 주주 기대수익률이 20% 상승하였다면 RI_2는 다음과 (−)2,000만원이 된다. 순이익이 발생했지만 주주 기대수익 7,000만원에는 미치지 못하여 초과이익이 (−)가 된 것이다. 여기서 r_E^*는 변경된 주주의 기대수익률을 의미하고, t=2의 기초자본, E_1은 35,000만원으로 E_0=30,000만원보다 증가한 것을 알 수 있다.

- $RI_2 = [NI_2 - E_1 \times r_E^*] = [5,000 - 35,000 \times 0.2] = (-)2,000$만원

이와 같이 초과이익을 구하는 과정을 일반화하면 다음 식 (14)와 같다. 여기서 E_{t-1}은 특정 기간(t) 초의 자기자본을, NI_t, $r_{E,t}$는 그 기간(t)의 순이익과 주주의 기대수익률을 각각 의미한다. $ROE_t[=NI_t/E_{t-1}]$는 순이익을 기간 초 자기자본으로 나눈 자기자본순이익률(return on equity)을 의미한다. 그 기간에 자기자본으로 벌어들인 이익을 계산하므로 기말이 아닌 기초 자기자본을 사용한다.

● 특정 기간 초과이익 계산

$$RI_t = [NI_t - E_{t-1} \times r_{E,t}] = [ROE_t - r_{E,t}] \times E_{t-1} \quad \cdots \textbf{식 } (14)$$

식 (14)를 보면 자기자본(E_{t-1})이 (−)가 아니라면, 초과이익(RI_t)는 '$ROE_t > r_{E,t}$'인 경우에만 (+)의 값을 가지게 된다. 따라서 자기자본순이익률을 증가시키거나 주주 요구수익률을 감소시키는 재무정책이 이루어져야 초과이익이 증가한다. 또한 '$ROE_t > r_{E,t}$'인 상황에서는 자기자본이 확대되면 초과이익 증가폭도 확대될 것이다. 즉 자기자본 조달을 통한 투자는 주주 요구수익률 이상의 ROE가 보장되는 사업에 이루어져야 주주 가치가 상승하지, (+)의 ROE라도 주주 요구수익률보다 낮은 사업 투자는 오히려 주주 가치를 감소시킨다는 것을 알 수 있다.

5.2 초과이익모형[6]

초과이익모형은 주식의 내재가치를 최초의 자기자본, E_0와 미래 예상되는 초과이익, $E(RI_t)$의 현재가치의 합으로 평가하는 모형으로 다음 식 (15)와 같다. 여기서 최초 자기자본과 미래 초과이익을 총액으로 추정하면 자기자본 가치가 되므로 발행주식수로 나누어야 1주당 주식가치가 되고, 처음부터 발행주식수로 나누어 1주당 자기자본(BPS, book-value per share)과 초과이익으로 추정하면 바로 그 결과가 1주당 주식가치가 된다. 할인율은 초과이익이 주주 기대수익 초과분이므로 주주 요구수익률, r_E을 사용한다.

● 초과이익모형

$$V_0 = \left[E_0 + \frac{E(RI_1)}{(1+r_E)^1} + \frac{E(RI_2)}{(1+r_E)^2} + \cdots \right] \quad \cdots \text{ 식 } (15)$$

초과이익모형도 직접 추정하기 어려운 T시점 이후의 초과이익에 대해서는 $E(TV_T)$를 활용한다.

다음 W기업의 재무관련 정보를 바탕으로 1주당 주식가치를 초과이익모형으로 추정해보자. 우선 t=1, 2의 초과이익은 다음과 같이 각각 5,000만원과 9,250만원이 될 것이다.

- W기업은 올 해 자기자본 50,000만원과 은행에서 차입한 부채 50,000만원으로 사업을 시작함. 자기자본 비용 10%와 부채비용은 5%는 매년 동일하다고 가정.
- 올 해 순이익은 10,000만원, 내년 순이익은 50% 상승할 것으로 예상됨.
- 배당금은 순이익의 25%를 매년 지급할 예정임. 발행주식수 5만주

- $RI_1 = [NI_1 - E_0 \times r_E] = [10{,}000 - 50{,}000 \times 0.1] = 5{,}000$만원
- $E_1 = [E_0 + (NI_1 - D_1)] = [50{,}000 + (10{,}000 - 10{,}000 \times 0.25)] = 57{,}500$만원
- $RI_2 = [NI_2 - E_1 \times r_E] = [10{,}000(1 + 0.5) - 57{,}500 \times 0.1] = 9{,}250$만원

t=3부터의 초과이익이 $E(RI_2)$=9,250만원과 동일하다면 1주당 주식가치는 다음과 같이 27,727원으로 추정된다. 세 번째 ▪까지는 총액으로 추정하는 과정을, 마지막 ▪는 1주당 금

6 초과이익모형에서 확장된 초과이익성장모형에 대한 자세한 내용은 서울대학교 황이석 교수님의 "CFO 강의노트-회계정보를 활용한 新재무전략"을 참고하기 바람.

액으로 추정하는 과정을 각각 보여주고 있다.

- $E(TV_2) = \left[\dfrac{E(RI_3)\{=E(RI_2)\}}{r_E}\right] = \left[\dfrac{9,250}{0.1}\right]$ =92,500만원
- 자본가치, $V_0 = \left[E_0 + \dfrac{E(RI_1)}{(1+r_E)^1} + \dfrac{E(RI_2)}{(1+r_E)^2} + \dfrac{E(TV_2)}{(1+r_E)^2}\right]$

$$= \left[50,000 + \frac{5,000}{(1.1)^1} + \frac{9,250}{(1.1)^2} + \frac{92,500}{(1.1)^2}\right] = 138,636.36\text{만원}$$

- 1주당 주식가치=[138,636.36만원/5만주]=27,727원
- 1주당 주식가치 $= \left[\left(\dfrac{50,000}{5}\right) + \dfrac{\left(\dfrac{5,000}{5}\right)}{(1.1)^1} + \dfrac{\left(\dfrac{9,250}{5}\right)}{(1.1)^2} + \dfrac{\left(\dfrac{92,500}{5}\right)}{(1.1)^2}\right]$ =27,727원

만약 t=3부터의 초과이익이 직전 연도보다 8%씩 증가하는 경우의 1주당 주식가치는 다음과 같이 95,000원으로 추정된다.

- $E(TV_2) = \left[\dfrac{E(RI_3)}{r_E - g}\right] = \left[\dfrac{9,250(1+0.08)}{0.1-0.08}\right]$ =499,500만원
- 자본가치, $V_0 = \left[E_0 + \dfrac{E(RI_1)}{(1+r_E)^1} + \dfrac{E(RI_2)}{(1+r_E)^2} + \dfrac{E(TV_2)}{(1+r_E)^2}\right]$

$$= \left[50,000 + \frac{5,000}{(1.1)^1} + \frac{9,250}{(1.1)^2} + \frac{499,500}{(1.1)^2}\right] = 475,000\text{만원}$$

- 1주당 주식가치=[475,000만원/5만주]=95,000원
- 1주당 주식가치 $= \left[\left(\dfrac{50,000}{5}\right) + \dfrac{\left(\dfrac{5,000}{5}\right)}{(1.1)^1} + \dfrac{\left(\dfrac{9,250}{5}\right)}{(1.1)^2} + \dfrac{\left(\dfrac{499,500}{5}\right)}{(1.1)^2}\right]$ =95,000원

5.3 초과이익모형의 특징

초과이익모형은 배당할인모형이나 현금흐름할인모형과 다르게 배당금과 CF의 미래 예상금액만으로 가치를 추정하지 않고, 그 기업에 최초로 투입된 자기자본도 가치의 일부로 인정한다. 위에서 초과이익으로 추정한 W주식의 가치 27,727원과 95,000원 중에는 최초 투입자본 10,000원[=50,000만원/5만주]도 포함된 것이다. 따라서 초과이익모형은 주식가치를 미래

초과이익이 (+)의 값을 가지면 최초 투입자본보다 높게, (-)의 값을 가지면 낮게 추정한다.

W기업의 $ROE_1=[NI_1/E_0]=20\%$와 $ROE_2=[NI_2/E_1]=26.09\%$가 주주 요구수익률(즉 자기자본비용) 10%보다 크게 발생하여, RI_1과 RI_2도 (+)값을 보여 주식 가치가 확대되는 것을 보면 기업의 제한된 자금은 주주의 기대수익 이상을 얻을 수 있는 사업에 집중 투자되어야 한다는 것을 알 수 있다.

그러나 발생주의에 바탕을 둔 순이익을 통한 가치 추정은 실제 해당 연도에 유입되고 유출된 CF와 비교할 때 여전히 이론적인 한계점을 가지고 있다.

6. 비율을 통한 가치 추정

실무에서 많이 활용되는 비교적 간단한 가치 추정 방법에는 이미 형성되어 있는 주가를 활용하는 방법이 있다. 투자자가 분석하고자 하는 종목의 과거 주가 또는 그 종목과 유사한 종목의 현재 주가를 통하여 분석하고자 하는 종목의 지금 가치를 추정하는 것이다. 이와 같은 추정 방법은 암묵적으로 이미 형성되어 있는 주가가 그 종목과 관련된 정보를 적절하게 반영하고 있고, 유사한 종목과 분석하고자 하는 종목에 대한 투자자들의 판단이 크게 다르지 않다는 것이 전제되어야 한다.

6.1 주가 관련 비율을 통한 가치 추정

PER(주가수익비율, price-earning ratio), PBR(주가순자산비율, price-book value ratio)와 PSR(주가매출액비율, price-sales ratio)은 각각 주가(price)가 주당순이익(EPS, earning per share), 주당순자산가치(BPS, book-value per share)와 주당매출액(SPS, sales per share)의 몇 배로 형성되어 있는가 또는 시장은 이들의 몇 배로 그 기업의 주가를 평가하고 있는지를 보여준다. 따라서 관심종목의 과거 PER^*, PBR^*, PSR^* 자료가 이용 가능하다면 앞으로도 그렇게 평가 받을 것이라는 가정 하에 관심기업의 t시점의 $E(EPS_t)$, $E(BPS_t)$, $E(SPS_t)$를 추정하여 다음과 같이 주가를 추정하면 된다.

- $V=[E(EPS_t)\times PER^*]$ 여기서 $E(EPS_t)=[E(순이익_t)/발행주식수]$
- $V=[E(BPS_t)\times PBR^*]$ 여기서 $E(BPS_t)=[E(자기자본_t)/발행주식수]$
- $V=[E(SPS_t)\times PSR^*]$ 여기서 $E(SPS_t)=[E(매출액_t)/발행주식수]$

만약 관심기업 과거 또는 관심기업과 동일 업종에 속하면서 자산 규모, 매출액 규모 등이 유사한 기업의 PER^*, PBR^*, PSR^*를 활용하면 관심기업의 주가를 추정할 수 있다.

A기업의 올해 말(t=1) 매출액, 자기자본, 순이익이 각각 100,000만원, 50,000만원, 10,000만원으로 추정되었고, 작년 평균 PER, PBR, PSR은 각각 15, 3, 1.5배이고, 발행주식수는 2만주라고 하면 A주식의 추정가치는 세 경우 모두 다음과 같이 75,000원이 된다.

- $V = [E(EPS_t) \times PER^*] = [(10{,}000\text{만원}/2\text{만주}) \times 15] = 75{,}000\text{원}$
- $V = [E(BPS_t) \times PBR^*] = [(50{,}000\text{만원}/2\text{만주}) \times 3] = 75{,}000\text{원}$
- $V = [E(SPS_t) \times PSR^*] = [(100{,}000\text{만원}/2\text{만주}) \times 1.5] = 75{,}000\text{원}$

만약 A기업과 동일한 사업을 하고, 매출액, 자기자본, 순이익 수준이 비슷한 B기업의 현재 주가는 EPS의 10배, BPS의 1.8배, SPS의 1.25배로 형성되고 있다면 A주식의 추정가치는 다음과 같이 각각 50,000원, 45,000원, 62,500원으로 다르게 추정될 수도 있다.

- $V = [E(EPS_t) \times PER^*] = [(10{,}000\text{만원}/2\text{만주}) \times 10] = 50{,}000\text{원}$
- $V = [E(BPS_t) \times PBR^*] = [(50{,}000\text{만원}/2\text{만주}) \times 1.8] = 45{,}000\text{원}$
- $V = [E(SPS_t) \times PSR^*] = [(100{,}000\text{만원}/2\text{만주}) \times 1.25] = 62{,}500\text{원}$

6.2 기업가치 관련 비율을 통한 가치 추정

PER를 활용하여 주가를 추정하는 것과 유사하게 기업가치(enterprise value, 이하 EV)도 추정할 수 있다. 그런 후에 현금흐름할인모형처럼 EV에서 부채를 차감한 자기자본 가치를 발행주식수로 나누어주면 1주당 주식가치가 추정된다.

주당순이익의 몇 배로 주가가 형성되어 있는지를 보여주는 PER를 활용하여 주가를 추정한 것처럼, EV가 기업의 영업창출 능력의 몇 배로 평가되고 있는지를 알 수 있으면, 영업창출 능력을 추정하여 EV를 추정할 수 있다.

EV는 기업가치 또는 기업총가치로 기업을 100% 인수하기 위하여 지불해야 할 총액을 말한다. 100% 인수한다는 것은 그 기업의 모든 것을 인수한다는 것이므로, 발행주식뿐만 아니라 부채도 모두 인수해야 한다. 이에 소요되는 금액을 기업의 총가치로 보는 것이다. 단 부채는 그 기업의 현금으로 상환할 수 있는 부분을 제외한 순부채만을 포함한다. 영업창출 능력은 영업활동으로 창출된 이익으로 파악할 수 있다면 비현금 항목인 감가상각비와 감모상각비를 차감하기 전의 영업이익이 영업창출능력을 보여줄 수 있을 것이다. 보통 EBIT에 감가상각비와 감모상각비를 더한 EBITDA(Earning Before Interest, Tax, Depreciation and Amortization)로 영업창출 능력을 측정한다. 따라서 특정 기업의 영업창출 능력에 대한 기업의 총가치가 몇 배로 평가되고 있는지를 보여주는 비율은 다음과 같이 계산된다.

- [EV/EBITDA] = [(주식 시가총액 + 순부채)/(EBIT + 감가상각비 + 감모상각비)]

PER를 활용하여 주식가치를 추정한 것처럼, [EV/EBITDA] 비율을 활용하여 관심기업의 1주당 주식가치를 추정하는 과정을 순서대로 정리하면 다음과 같다. 여기서 $[EV/EBITDA]^*$는 관심기업의 과거 비율 또는 동일업종의 자산과 매출액 수준이 유사한 기업의 비율을 의미한다.

- $E(EBITDA_t) \times [EV/EBITDA]^* = EV$
- 주식 시가총액 = [EV − 순부채]
- 1주당 주식가치 = [주식 시가총액/발행주식수]

앞의 A기업의 올해 말(t = 1) 영업이익은 50,000만원, 감가상각비 10,000만원, 감모상각비 5,000만원, 부채 50,000만원, 현금및현금등가물 2,500만원이고, 작년 평균 [EV/EBITDA]가 4.5배였고, 앞으로도 그 비율이 유지될 것이라면 A기업 주가는 다음과 같이 122,500으로 추정된다.

- $EV = [E(EBITDA_t) \times (EV/EBITDA)^*]$
  = [(50,000 + 10,000 + 5,000)×4.5] = 292,500만원
- 주식 시가총액 = [EV − 순부채] = [292,500 − (50,000 − 2,500)] = 245,000만원
- 1주당 주식가치 = [245,000만원/2만주] = 122,500원

6.3 비율을 통한 가치추정의 특징

주가나 기업가치 관련 비율을 통한 가치 추정은 가치평가모형들에 비하여 이론적인 부분은 다소 미흡하지만 실무에서 투자 판단 정보로 많이 활용되고 있다.

관심 종목의 과거 주가로 계산된 비율을 활용할 때는 EPS 등에 대한 과거 주가 반응이 미래에도 유사하게 나타날 것이라는 단순한 가정이 포함되고, 유사기업의 주가로 계산된 비

율을 활용할 때는 유사기업의 주가 반응이 관심 기업에서도 동일하게 이루어진다는 가정이 포함되므로 이론적인 부분이 미흡하다는 것이다. 그러나 가치평가모형들도 먼 미래 추정치들에 대한 가정의 한계점이 있으므로 가정의 문제는 여기서만 문제 되는 것은 아니다.

비율을 통한 가치추정은 상대적으로 복잡하지 않으며, IPO 종목들처럼 과거 주가가 존재하지 않는 경우에는 유용하게 사용될 수 있다. 그리고 앞의 예처럼 비율마다 추정가치가 다르거나, 특정 비율 하나만을 사용하여 신뢰도가 문제가 될 수 있는 경우 실무에서는 유사기업들 몇 개의 평균비율을 사용하여 추정한다.

7. 가치평가와 투자전략

주식 투자자가 앞에서 설명한 가치평가모형들로 주식의 가치를 추정하는 이유는 무엇일까? 이는 특정 주식의 현재 거래가격이 가치평가모형으로 추정한 적정 가치보다 어떤가에 따라서 투자전략을 다르게 운영해야 하기 때문이다. 만약 X주식이 현재 10,000원에 거래되고 있는데, 가치평가모형으로 추정한 X주식의 내재적 가치는 15,000원 또는 5,000원일 경우 투자자들이 이익을 실현시키기 위해서는 어떤 투자전략을 취해야 할까?

이익을 실현시키는 아주 단순하면서 기본적인 원칙은 'buy low, sell high'이다. 즉 싸게 사서 비싸게 파는 것이다. 주식시장에는 X주식만 존재하고, 투자자 Park은 매수를 고민하고 있고, 투자자 Kim은 매도를 고민하고 있고 그 외의 많은 투자자들도 X주식의 매수와 매도를 고민하고 있다고 가정하고 다음 4가지 상황으로 구분하여 투자자 Park의 매수, Kim의 매도 결정을 살펴보자.

- 상황 1 : 매수결정, 거래가격 10,000원, 추정된 적정가치 15,000원
- 상황 2 : 매수결정, 거래가격 10,000원, 추정된 적정가치 5,000원
- 상황 3 : 매도결정, 거래가격 10,000원, 추정된 적정가치 15,000원
- 상황 4 : 매도결정, 거래가격 10,000원, 추정된 적정가치 5,000원

상황 1은 적정가치 15,000원인 X주식이 과소평가(under-valued)된 10,000원에 거래되고 있으므로 Park은 매수하여 거래가격이 적정가치 15,000원 수준으로 상승할 때 매도하면, 즉 'buy 10,000원, sell 15,000원'의 투자전략을 취하면 5,000원의 이익을 실현시킬 수 있다.

이와 같은 성과를 얻을 수 있다는 정보를 취득한 다른 투자자들 역시 X주식을 매수할 것이므로 X주식의 수요가 증가하여, 가격이 10,000원에서 점점 상승할 것이다. 언제까지 상승? 적정가치 15,000원이 될 때까지.

상황 2는 적정가치 5,000원인 X주식이 과대평가(over-valued)된 10,000원에 거래되고 있으므로 Park은 매수하지 말아야 한다.

상황 3은 적정가치 15,000원인 X주식이 과소평가된 10,000원에 거래되고 있으므로 Kim은 매도하지 말아야 한다.

상황 4는 적정가치 5,000원인 X주식이 과대평가된 10,000원에 거래되고 있으므로 10,000원에 공매도(short sale)한 후 거래가격이 적정가치 5,000원 수준으로 하락할 때 매수하여 상환하면, 즉 'short sale 10,000원, buy 5,000원'의 투자전략을 취하면 5,000원의 이익을 실현시킬 수 있다. 이와 같은 성과를 얻을 수 있다는 정보를 취득한 다른 투자자들 역시 X주식을 공매도할 것이므로 X주식의 공급이 증가하여, 가격이 10,000원에서 점점 하락할 것이다. 언제까지 하락? 적정가치 5,000원이 될 때까지. 여기서 공매도(short salse)란 돈을 빌렸다가 갚는 것처럼 주식을 차입하였다가 그 주식으로 상환하는 것을 말한다. 상황 4처럼 주가 하락이 예상될 경우 취할 수 있는 투자전략이다.

상황 1과 3처럼 매수자 Park과 매도자 Kim의 적정가치에 대한 정보가 15,000원으로 동일하면 거래가격 10,000원에는 둘 사이에 거래가 형성되지 않는다. 적정가치 15,000원인 X주식을 Park은 10,000원에 매수하고 싶지만, Kim은 10,000원에 매도하지 않을 것이기 때문이다. 상황 2와 4처럼 적정가치에 대한 정보가 5,000원으로 동일하여도 거래는 형성되지 않는다. Kim은 10,000원에 공매도를 취하려고 하지만 적정가치가 5,000원인 것을 알고 있는 Park이 매수하지 않을 것이기 때문이다. 두 경우처럼 매수자와 매도자가 적정가치에 대한 정보가 동일하면 한 쪽만 거래하고 싶으므로 거래가 이루어지지 않는다.

상황 1과 4 또는 상황 2와 3처럼 매수자와 매도자 사이의 적정가치에 대한 추정이 다르거나, 상황 1과 3 또는 상황 2와 4처럼 적정가치에 대한 추정이 동일하더라도 매도하거나 매수할 수밖에 없는 이유가 존재하면(예를 들면, 급하게 현금이 필요하거나, 경영권 방어를 위해서 지분이 급하게 필요한 경우) 거래는 형성된다.

만약 상황 1과 4가 연결되어 Park과 Kim이 X주식 1주를 10,000원에 거래한 상황에서 Kim이 추정한 5,000원이 정확한 가치라면 Park은 5,000원의 손실을, Kim은 5,000원의 이익을 보게 될 것이고, 반대로 Park이 추정한 15,000원이 정확한 가치라면 Park이 5,000원의 이익을, Kim이 5,000원의 손실을 볼 것이다. 이와 같이 투자전략의 이익과 손실 발생 여부는 적정가치를 얼마나 정확하게 추정하는가에 달려 있다. 이것이 가치평가 모형을 통하여 적정가치를 추정하는 중요한 이유이다.

주식투자를 하고자 하면 관심종목의 가격은 거의 실시간으로 확인할 수 있지만, 적정가치는 각종 정보들을 활용하여 추정해야 한다. 정보의 양과 질에 따라 동일 주식에 대해서 추정되는 적정가치는 다양할 수 있다. 그럼에도 가치평가모형을 통한 적정가치 추정은 투자 전략을 세울 때 반드시 이루어져야 한다. 최근 IPO를 통한 투자수익률 뉴스를 듣고 한탕주의에 빠진 초보자들이 주식투자에서 기본적으로 수행해야 할 적정가치 평가나 재무제표 분석 등을 무시하고 있는 거래들은 결국 커다란 손실로 이어질 것이다.

연습문제

5-1. 다음 각각의 질문에 답하시오.

① t=0에 10,000원에 매수한 주식을 1기간 보유 후 매도하려고 한다. 기간 말에 배당금 1,000원이 지급된다면 20%의 수익률을 원하는 투자자 입장에서는 매도 시점의 주가는 얼마로 형성되어야 하는가?

② 1기간 후 주가가 11,000원으로 예상되고, 배당금은 지급되지 않는 상황에서 투자자가 10%의 수익률을 실현시키고자 한다면 지금 얼마에 주식을 매수해야 하는가?

③ 현재 주가는 10,000원이고, 배당금 1,000원은 기초에 지급되고, 무위험이자율은 2%, 1년 후 주가는 11,000원으로 예상된다면 투자자가 얻을 수 있는 수익률은 얼마인가?

④ ③에서 투자자가 20%의 수익률을 얻고자 한다면 지금 매수하는 주가는 얼마이어야 하는가?

5-2. 채권 B는 만기 1년 후에 이자 100만원과 원금 1,000만원이 상환될 것으로 예상되고, 주식 S는 1년 후 가격이 120,000원으로 예상된다고 한다. 다음 각각의 질문에 답하시오.

① 채권 투자자는 10%의 이상의 수익률, 주식 투자자는 20% 이상의 수익률을 얻고자 한다면 채권과 주식을 각각 얼마 이하로 매수해야 하는가?

② 만약 주식 투자자가 투자 수익의 불확실성이 크다면서 기대수익률이 50%는 되어야 투자할 용의가 있다고 하면 주식 S의 가격이 얼마일 때 투자가 이루어지겠는가?

5-3. 1년 후 배당금 6,000원을 받은 후 50,000원에 매도 가능한 주식이 현재 50,000원에 거래되고 있다면 주식 투자자의 요구수익률은 얼마인가?

5-4. 매 기간 주당 5,000원의 배당금을 지급할 것으로 예상되는 주식이 현재 20,000원에 거래되고 있다면 주식 투자의 기대수익률은 얼마인가?

5-5. 1년 후 배당금은 주당 1,000원, 그 이후의 배당금은 매년 5%씩 증가, 할인율은 10%라고 하면, 지금 주가와 3년 후 주가는 각각 얼마로 추정되는가?

5-6. A주식에 대하여 투자자들은 12%의 수익률을 요구하고 있고, A기업은 자신들의 적정 주가를 45,000원으로 평가하고 있다. 다음 각각의 질문에 답하시오.

① 매년 일정한 금액의 배당을 얼마씩 지불해야 적정 주가가 형성되겠는가?

② 지난 기에 주당 2,000원의 배당금을 지급했다면, 적정 주가가 형성되게 위해서는 앞으로 배당금을 매년 몇 %씩 늘려나가야 하는가?

5-7. B주식의 1년, 2년 후 배당금은 각각 1,100원과 1,210원, 2년 후 주가는 12,100원으로 추정되었다고 한다. 다음 각각의 질문에 답하시오.

① 1년 후(t=1)에 투자하여 2년 후(t=2)에 매도할 때 t=1의 가격이 얼마일 때 매수해야 하는가? 투자수익률은 10%라고 한다.

② 현재 할인율이 10%일 때 B주식의 가치를 추정하시오.

③ 지금(t=0) 투자하여 1년 후(t=1)에 매도할 때 얼마에 매수해야 10%의 수익률이 실현되는가?

5-8. C회사는 작년 순이익은 500억원, 배당금은 100억원(배당성향=0.2), 발행주식수는 1,000만주라고 공시하였다. 주주 요구수익률은 12%이고 배당금은 올 해 25%, 내년에는 20% 증가하였다가 그 이후에는 매년 10%로 일정하게 증가시킬 것이라고 한다. C회사 자기자본 가치와 1주당 주식가치를 추정하시오.

5-9. D주식은 작년 주당 1,500원의 배당금을 지급하였으며, 올 해(t=1)부터 3년 동안 매년 배당금을 25%씩 증가시킨 후, 4년차부터는 매년 10%씩 지속적으로 증가시킬 것이라고 한다. 할인율이 15%라면 현재 주가와 2년 후 주가를 각각 추정하시오.

5-10. E주식 현재 주가는 100,000원, 지난 해 배당금은 주당 2,500원 지급되었다고 한다. 다음 각각의 질문에 답하시오.

① 올 해부터 매년 동일한 금액의 배당금을 지급한다면 현재 주가에 반영된 주주 요구수익률은 얼마인가?

② 올 해부터 매년 20%씩 일정한 비율로 배당금을 늘려나간다면 현재 주가에 반영된 주주 요구수익률은 얼마인가?

③ 주주 요구수익률이 10%라면 현재 주가를 통하여 올 해부터 일정하게 증가할 배당 성장률은 얼마인지 추정하시오.

5-11. F주식의 내년도 배당금은 5,000원, 그 이후 배당금은 매년 8%씩 증가할 것으로 예상된다. 만약 Park, Kim, Lee의 F주식 투자 기대수익률이 각각 16%, 24%, 33%라면 그들이 평가하는 F주식 가치는 각각 얼마인가?

5-12. G주식의 올해 말 예상배당금과 주가는 각각 1,000원과 40,000원이라고 한다.

① 지금 투자하여 1년 후 매도하는 주식 투자에서 25%의 수익률을 기대하는 투자자라면 35,000원에 거래되고 있을 때 투자해야 하는가?

② ①에서 25% 이상의 수익률이 실현되기 위해서는 주가가 얼마 이하일 때 매수해야 하는가?

5-13. H기업의 작년도 주당순이익(EPS)은 5,000원이었고, 올 해부터 순이익은 매년 10%씩 증가할 것으로 예상된다. 배당금은 내년까지 2년 동안 지급되지 않을 것이고, 3년차부터는 배당성향을 40%로 계속 유지할 것이라고 한다. 자기자본비용이 15%라면 H주식의 가치는 얼마인가?

5-14. I회사 전년도 결산자료에 의하면 영업이익 35,000만원, 감가상각비 5,000만원, 법인세율 20%, 자기자본과 부채는 각각 100,000만원(모두 기말), 유형자산은 기초 50,000만원, 기말 60,000만원, 현금은 기초 5,000만원, 기말 10,000만원, 유동부채는 기초 18,000만원, 기말 20,000만원이다, 자기자본비용은 12%, 부채비용은 5%, 발행주식수는 20만주라고 한다. 다음 질문들에 답하시오.

① 전년도 영업현금흐름(OCF), 자본적 지출과 순운전자본 변화량은 각각 얼마인가?

② ①의 결과에 의하면 전년도 현금흐름은 얼마인가?

③ I회사의 가중평균자본비용은 얼마인가?

④ 내년부터의 현금흐름들이 작년과 동일하게 지속된다면 I기업 주식 1주당 가치는 얼마로 추정되는가?

⑤ 내년부터의 현금흐름들은 직전 연도보다 4%씩 일정한 비율로 증가한다면 I기업 주식 1주당 가치는 얼마로 추정되는가?

5-15. J회사의 올해 초 유형자산은 100,000만원이고 감가상각비는 1년 동안 8,000만원 발생하였다고 한다. 다음 각각의 질문들에 답하시오.

① 자본적 지출이 1년 동안 이루어지지 않았다면 기말 유형자산은?

② 올 해 자본적 지출이 (+)10,000만원인 경우와 (−)10,000만원인 경우의 기말 유형자산은 각각 얼마가 되겠는가?

③ 기말 유형자산이 기초와 동일하다면 올 해 자본적 지출은 얼마나 이루어졌는가?

5-16. J회사의 올해 초 유동자산과 현금은 각각 100,000만원과 20,000만원, 기말 현금은 3,000만원이고 올 해 유동부채 변화량은 25,000만원이라고 한다. 다음 각각의 질문들에 답하시오.

① 올 해 순운전자본 변화량이 0이라면 기말 유동자산은 얼마가 되겠는가?

② 올 해 기말 유동자산이 기초와 동일하다면 순운전자본 변화량은 얼마가 되겠는가?

5-17. K회사는 가중평균자본비용 8%를 목표로 하고 있다. 다음 각각의 질문들에 답하시오.

① K회사 자기자본은 100,000만원, 부채비율(=부채/자기자본)은 1.5, 법인세율은 20%, 부채비용은 5%라고 하면 자기자본비용이 얼마가 되어야 목표를 달성할 수 있는가?

② 이번에는 자기자본 100,000만원, 부채비용 5%, 자기자본비용 15%, 법인세율 20%라고 하면 부채비율이 얼마가 되어야 목표를 달성할 수 있는가?

③ 이번에는 자기자본 100,000만원, 자기자본비용 15%, 부채비율은 2, 법인세율 20%라고 하면 부채비용이 얼마가 되어야 목표를 달성할 수 있는가?

5-18. 어떤 회사의 부채가 30억원, 가중평균자본비용이 8%, 발행주식수는 5만주, 1년과 2년 후 현금흐름 추정치는 각각 10억원과 15억원이라고 한다. 다음 질문들에 답하시오.

① t=3부터의 현금흐름들은 직전 연도보다 매년 0%씩 성장한다면 1주당 주식가치는 얼마로 추정되는가?

② t=3부터의 현금흐름들은 직전 연도보다 매년 3%씩 성장한다면 1주당 주식가치는 얼마로 추정되는가?

5-19. L회사가 공시한 작년도 재무제표 주요 항목들은 다음과 같다. 영업이익(EBIT) 10,000만원, 이자비용 1,000만원, 법인세차감전이익(EBT) 9,000만원, 법인세율과 법인세는 각각 20%와 1,800만원, 순이익 7,200만원과 배당금 3,600만원으로 배당성향은 0.5, 감가상각비 1,000만원, 유형자산 변화량과 현금을 제외한 순운전자본 변화량은 각각 5,000만원과 1,000만원, 자기자본 25,000만원(발행주식수 5만주, 자기자본비용

13.6%), 부채 25,000만원(부채비용 8%). 이들을 바탕으로 다음 질문들에 답하시오.

① L회사의 작년도 현금흐름은 얼마인가?

② 영업이익, 감가상각비, 유형자산 변화량, 순운전자본 변화량이 올 해(t=1)는 작년보다 100% 증가하고, 내년(t=2)에는 올 해보다 50% 증가할 것으로 예상되고, 이자비용은 매년 동일하다면 올 해와 내년 현금흐름을 추정하시오.

③ L기업의 가중평균자본비용을 계산하시오.

④ t=3부터의 현금흐름들이 2년차 현금흐름과 동일하다고 하면 L회사 주식의 1주당 가치는 얼마로 추정되는가?

⑤ t=3부터의 현금흐름들이 직전 연도보다 5%씩 증가할 것으로 예상된다면 L회사 주식의 1주당 가치는 얼마로 추정되는가?

⑥ 작년도의 배당성향을 계속 유지한다면 올 해와 내년도 주당배당금은 각각 얼마로 추정되는가?

⑦ t=3부터의 배당금들이 2년차 배당금과 동일하다면 주식가치는 얼마로 추정되는가?

⑧ t=3부터의 배당금들이 직전 연도 배당금보다 3.6%씩 증가한다면 주식가치는 얼마로 추정되는가?

5-20. M회사의 작년 매출액은 200억원, 올 해와 내년도 매출액은 모두 10%씩 성장할 경우로 예상된다. 그 외의 M회사 과거 재무제표들을 통하여 추정한 재무관련 정보로는 영업이익(EBIT)은 매출액의 평균 15%, 법인세율(실효세율)은 평균 20%, 현금을 제외한 순운전자본 변화량과 유형자산 변화량은 매출액 변화량의 각각 10%와 25% 등이 있다. 이들을 바탕으로 다음 질문들에 답하시오.

① 올 해와 내년도 현금흐름을 추정하시오.

② 작년 부채는 100억원, 부채비용은 9%, 자기자본은 50억원, 자기자본비용은 12%, 발행주식수는 100만주였다고 한다. 가중평균자본비용은 얼마인가?

③ t=3부터의 현금흐름들이 2년차 현금흐름과 동일하다면 1주당 주식가치는 얼마로 추정되는가?

④ t=3부터의 현금흐름들이 직전 연도보다 3.8%씩 증가할 것으로 예상된다면 1주당 주식가치는 얼마로 추정되는가?

⑤ ④에서 나머지 항목들은 동일하고 ②에서 계산된 가중평균자본비용만 1%포인트

증가한 경우와 감소한 경우 1주당 주식가치를 각각 추정하시오.

⑥ ③과 ④에서 추정된 자산가치 중에서 t=3 이후의 현금흐름들이 기여한 비중은 각각 얼마인가?

⑦ ④에서 나머지 항목들은 동일하고, 매출액 성장률이 올 해 10%, 내년에 5%, 영업이익이 매출액의 평균 18% 수준이라고만 변경하면 1주당 주식가치는 얼마로 변하는가?

5-21. N회사 작년 결산보고서의 재무제표 관련 정보들에 의하면 매출액 200,000만원, 영업이익 20,000만원, 감가상각비 1,000만원, 유형자산 변화량 6,000만원, 현금을 제외한 순운전자본 변화량 3,000만원, 배당금 10,000만원, 자본총액은 120,000만원(비용 10%, 발행주식수 2.4만주), 부채총액은 180,000만원(비용 5%), 법인세율 20%라고 한다. 이들을 바탕으로 다음 질문들에 답하시오.

① 올 해와 내년도 매출액 성장률이 각각 50%와 20%이고, 영업이익, 감가상각비, 유형자산 변화량, 현금을 제외한 순운전자본 변화량, 배당금은 작년 매출액 대비 비율과 동일하다면 올 해와 내년도 영업이익, 감가상각비, 유형자산 변화량, 현금을 제외한 순운전자본 변화량, 배당금(주당배당금도 포함)을 추정하시오.

② ①의 추정치를 활용하여 올 해와 내년도 현금흐름을 추정하시오.

③ t=3부터의 현금흐름들이 2년차와 동일하다면 1주당 주식가치는 얼마인가?

④ t=3부터의 현금흐름들이 직전 연도 현금흐름보다 2.4%씩 증가한다면 1주당 주식가치는 얼마인가?

⑤ t=3부터의 배당금들이 2년차 배당금과 동일하다면 1주당 주식가치는 얼마인가?

⑥ t=3부터의 배당금들이 직전 연도 배당금보다 5%씩 증가하는 경우와 15%씩 증가하는 경우의 1주당 주식가치는 각각 얼마로 추정되는가?

5-22. X기업이 Y기업에게 올해 주당 26,000원에 인수합병 되었다. 합병 당시 Y기업 보유현금은 50억원, 부채는 없었으며 발행주식수는 10만주였다고 한다. 다음 질문들에 답하시오.

① X기업의 가중평균자본비용 10%, 내년부터의 매년 현금흐름 성장률이 0%인 경우와 5%인 경우의 주당 인수가격 26,000원의 인수가격이 현금흐름할인모형으로 평가한 적정가치가 되기 위해서는 내년 현금흐름은 각각 얼마가 되어야 하는가?

② X기업의 올해 매출액이 50억원, 법인세율 20%, 유형자산 변화량과 현금을 제외한 순운전자본 변화량은 모두 0으로 가정하면 영업이익(EBIT)은 매출액의 몇 %가 되어야 주당 취득가격 26,000원이 현금흐름할인모형으로 평가한 적정가치가 되겠는가? 현금흐름 성장률이 0%인 경우와 5%인 경우 각각 추정해보시오.

③ ②에서 유형자산 변화량과 현금을 제외한 순운전자본 변화량의 합이 10억원으로 변경된다면 영업이익은 매출액의 몇 %가 되어야 하는가?

5-23. 올해 초 자본총액이 500,000만원이라고 한다. 다음 각각의 질문들에 답하시오.

① 자기자본비용이 15%라면 초과이익이 (+)가 되기 위해서는 순이익은 최소 얼마 이상이 되어야 하는가?

② 올해 말 순이익이 50,000만원으로 예상된다면 자기자본비용은 얼마 이하가 되어야 초과이익이 (+)가 되는가?

5-24. O회사의 이번 결산연도 기초 자기자본은 50,000만원, 주주 요구수익률은 10%, 발행주식수는 10만주, 배당성향[=배당금/순이익]은 0.4라고 한다. 다음 질문들에 답하시오.

① 이번 결산연도(t=1)에 10,000만원의 순이익이 발생한다면 내년 초 자기자본은 얼마가 되겠는가?

② t=1에 순이익이 10,000만원이 발생한다면 올 해 자기자본순이익률(ROE)과 초과이익은 각각 얼마인가?

③ 내년도(t=2) 순이익이 올해와 동일하고, 주주 요구수익률과 배당성향은 변하지 않는다면 내년도 ROE, 초과이익과 기말 자기자본은 각각 얼마가 되겠는가?

④ ③의 결과를 바탕으로 만약 t=3의 순이익이 8,000만원으로 하락한다면 ROE, 초과이익과 기말 자기자본은 각각 얼마가 되겠는가?

⑤ ④의 결과를 바탕으로 만약 t=4의 순이익이 5,000만원으로 하락한다면 ROE, 초과이익과 기말 자기자본은 각각 얼마가 되겠는가?

⑥ ②~⑤에서 추정한 초과이익들을 활용하여 1주당 주식가치를 추정하시오. 단 O회사는 t=4 회계기간이 종료되면 회사를 청산하다고 가정하시오.

5-25. P회사의 자본금은 10,000만원(발행주식수 4만주), 부채 10,000만원으로 올해 초에 설립하였고, 주주들의 요구수익률은 15%, 부채비용은 10%라고 한다. 다음 질문들에 답하시오.

① 올해 말(t=1) 초과이익이 (+)의 값을 가지기 위해서는 순이익이 얼마 이상 발생해야 하는가?

② P회사의 배당성향이 0.5라면 올해 말(t=1) 순이익이 얼마나 되어야 자본금이 기초보다 25% 증가하겠는가?

③ 올해 말(t=1) 순이익 3,000만원, 내년 순이익은 올해보다 25% 증가할 것으로 예상된다. 배당성향은 0.25로 변하지만 자본비용이 모두 동일하다면 t=1, 2의 초과이익은 얼마로 추정되는가?

④ t=3부터의 초과이익들이 t=2와 동일하다면 1주당 주식가치는 얼마로 추정되는가?

⑤ t=3부터의 초과이익들이 직전 연도보다 5%씩 증가한다면 1주당 주식가치는 얼마로 추정되는가?

5-26. Q회사 이번 연도의 기초 자본총액은 100,000만원, 발행주식수는 100만주이고, 순이익이 10,000만원으로 예상되고 앞으로 2년 동안 매년 25% 성장할 것이라고 한다. 그러나 배당성향은 계속 0.4를 유지할 것이라고 한다. 다음 질문들에 답하시오.

① t=1~3의 자본총액을 추정하시오.

② t=1~3의 자기자본 순이익률(ROE)을 추정하시오.

③ t=1~3의 초과이익을 추정하시오. 자기자본비용은 10%로 일정하다고 가정.

④ t=4부터의 초과이익들이 t=3과 동일하다면 1주당 주식가치는 얼마로 추정되는가?

⑤ t=4부터의 초과이익들이 직전 연도보다 5%씩 증가한다면 1주당 주식가치는 얼마로 추정되는가?

⑥ t=1~3의 주당배당금을 추정하시오.

⑦ t=4부터의 배당금들이 t=3과 동일하다면 1주당 주식가치는 얼마로 추정되는가?

⑧ t=4부터의 배당금들이 직전 연도보다 5%씩 증가한다면 1주당 주식가치는 얼마로 추정되는가?

5-27. R회사의 올해 말 주당순이익은 5,000원, EBITDA는 50억원, 순부채는 100억원으로 추정되었다. 발행주식수가 10만주라면 R회사 사업이 속한 산업평균 PER=15와 [EV/EBITDA]=5를 활용한 R회사 주가를 각각 추정하시오.

5-28. S회사의 올해 매출액 200억원, EBIT 30억원, 감가상각비(감모상각비 포함) 8억원, 주당순이익은 2,000원으로 예상되고, 자기자본총액은 100억원, 발행주식수는 100만주, 부채총액은 200억원, 보유현금은 50억원라고 한다. 다음 질문들에 답하시오.

① 경쟁기업들의 PER는 17.4, 14.3, 12.7이라고 한다. 이들을 활용할 경우 S주식의 최고, 최저, 평균 추정치는 각각 얼마인가?

② S회사와 동일한 사업을 수행하는 기업들 중 가장 큰 PBR은 0.97, 가장 작은 PBR은 0.55, 평균은 0.806이라고 한다. 이들을 활용할 경우 S주식의 추정가치의 범위를 추정하시오.

③ 산업평균 [EV/EBITDA]=6.6을 활용하여 S주식의 가치를 추정하시오.

④ 경쟁기업들의 [EV/EBITDA] 7.86, 10.25, 8.27의 평균을 활용하여 S주식 가치를 추정하시오.

5-29. T회사의 작년 매출액 100,000만원, EBIT 20,000만원, 순이익 5,000만원, 감가상각비(감모상각비 포함) 9,000만원, 부채 80,000만원, 자본 80,000만원(발행주식수 4만주), 현금 15,000만원, 작년 말 주가는 20,000원이었다고 한다. 다음 질문들에 답하시오.

① 작년 PER, PSR, PBR, [EV/EBITDA] 비율은 각각 얼마인가?

② T회사의 올해 매출액, EBIT, 순이익은 작년의 1.5배, 부채, 자본, 현금과 감가상각비는 작년의 1.25배로 예상되고 발행주식수는 변화가 없을 경우 ①의 비율들을 활용하여 T주식의 가치를 각각 추정하시오.

CHAPTER

06

채권투자

1. 채권의 기초
2. 채권가격 계산
3. 채권수익률
4. 채권투자의 위험
5. 듀레이션과 볼록성
6. 채권투자전략

1. 채권의 기초

1.1 채권의 개념

채권(bond)은 발행자가 투자자에게 원금과 이자의 지급을 약속하고 자금을 빌리면서 발행하는 채무증서를 말한다. 채무증서에는 원금, 이자, 원금과 이자 상환방법, 만기 등이 구체적으로 명시되어 있다.

채권 보유자는 정해진 시점에 채무증서에 명시된 내용에 따라 이자 및 원금을 받을 수 있는 권리를 보유하게 되며 채권 투자에서 얻을 수 있는 미래 현금흐름(cash flow, 이하 CF)은 발행 시점에 결정(고정)되므로 채권을 '고정수익증권(fixed income security)'이라고 한다.

채권 발행자는 정부, 지방자치단체, 은행, 기업 등이며 채권을 발행하여 조달한 금액은 미래에 반드시 갚아야 하는 채무이므로, 재무상태표의 타인자본으로 분류되어 채권을 '부채증권(debt security)'이라고도 한다.

채권 투자자는 주로 자산운용회사, 보험회사, 은행, 연기금 등의 기관투자자이며 최근에 개인도 투자하고 있다. 투자자에게 채권은 주식, 펀드, 파생상품 등과 같은 투자 대상의 하나지만 이들과 다른 점은 사전에 약속된 일정에 따라 투자 수익에 해당되는 이자와 원금이 확실하게 발생한다는 것이다. 또한 이자와 원금상환은 은행대출과 유사하지만 대출과는 다르게 만기 이전이라도 유통시장에서 채권을 사고 팔 수 있어서 현금화가 가능하고 매수가격과 매도가격의 차액에 해당되는 자본이익 또는 손실도 발생한다.

채권은 다음과 같은 기본적인 성격을 가지고 있다. 첫째, 채권은 만기까지의 원금과 이자 지급 또는 지급기준이 확정되어 있는 '확정이자부증권(確定利資附證券)'이다. 따라서 발행자는 자신의 재정 상황에 관계없이 채권 보유자에게 사전에 정한 이자와 원금을 지급할 의무가 있다. 채권 이자와 유사한 성격의 주식의 배당이 경영성과에 따라 지급 여부와 규모가 결정되는 것과 비교되는 성격이다.

둘째, 채권은 만기를 포함한 원리금의 상환일이 정해져 있고 그 기간 동안만 효력이 발생하는 '기한부증권(期限附證券)'이다. 따라서 발행자는 만기까지 이자 지급과 이자상환의 의무를 져야 하고, 채권 투자자는 만기 이후에는 수익을 얻을 수 없으므로 채권 만기를 고려한 투자전략을 취해야 한다.

셋째, 채권은 만기를 발행 시에 다양하게 결정할 수 있으며, 대부분 장기간 차입하는 '장기증권(長期證券)'이다. 따라서 발행자는 장기간 안정적으로 자금을 조달할 수 있어서 채권은 장기 투자를 위한 유용한 자본조달 수단이다.

넷째, 채권은 '선순위증권(先順位證券)'이다. 채권자는 주주보다 발행자의 경영성과나 자산에 대한 우선청구권을 가지고 있어 주식의 배당금보다 채권의 이자가 먼저 지급되고, 기업 청산 시 자산 배분에서도 채권자가 먼저 자신의 몫을 청구할 수 있다.

채권 투자자에게 발생하는 수익은 이자와 자본이익으로 구분할 수 있는데, 이자는 채권 발행 시에 정해진 표면이자율(coupon rate)에 따라 지급되므로 고정적으로 얻을 수 있는 수익이다[1]. 반면에 자본이익은 채권 매수/매도가격의 차액이므로 채권가격 변동에 따라 규모가 결정되며, 손실이 발생할 수도 있다. 그러나 투자원금까지 손실을 볼 가능성은 매우 낮아 채권은 안정적인 수익을 가져다주는 안전자산 또는 무위험자산으로 분류된다. 이는 채권발행이 주로 정부, 지방자치단체, 금융기관, 신용등급이 높은 기업들에 의해 이루어져 채무불이행 가능성이 낮기 때문이다. 그러나 최근 그리스, 러시아, 베네주엘라 정부의 파산을 보면 채무불이행 위험이 낮다는 것이지 전혀 없다는 것은 아니다.

유동성(liquidity)을 투자 관점에서 가치 손실을 최소화하면서 현금으로 빠르게 전환할 수 있는 정도라고 정의하면 채권은 상대적으로 유동성이 낮은 상품이다. 유통시장에서 만기 이전에 자유롭게 매매할 수 있지만 거래 규모가 커서 거래할 수 있는 투자자와 거래량이 적기 때문이다.

1.2 채권의 분류

채권은 발행조건, 형식 및 권리 등이 다양하여 절대적인 분류기준이 있는 것은 아니지만 <표 1>과 같은 분류기준에 따라 채권들을 분류할 수 있다.

첫 번째, 발행주체에 따라 채권은 국채, 지방채, 특수채, 회사채, 외국채 등으로 분류할 수 있다. 국채는 국가정책 수행자금 조달을 위하여 중앙정부가 국회의 의결을 거쳐 발행하며, 지방채는 특별시, 광역시 등의 지방자치단체가 특정 목적 달성 자금을 조달하기 위하여 발행하며, 특수채는 한국전력공사, 한국토지주택공사, 예금보험공사 등 특별법에 의하여 설립된 법인이 발행하며, 회사채는 상법상의 주식회사가 발행하며, 외국채는 외국법인이 발행한다.

두 번째, 채권은 원리금 지급에 대한 제 3자의 지급보증 유무에 따라 보증채와 무보증채로 분류할 수 있다. 무보증채는 발행자의 신용만으로 발행되는 채권이며, 우리나라에서는 1997년 외환위기 이후 회사채 시장은 보증채에서 무보증채 중심으로 재편되었다.

1 할인채, 복리채, 단리채 등의 이자는 적용되는 이자율에 따라 변동되는데 이는 채권가격의 계산을 참고하기 바람.

세 번째, 약정이자 지급방법에 따라 채권은 할인채, 복리채, 단리채, 이표채 등으로 분류할 수 있다. 할인채는 단리로 계산된 만기까지의 이자를 액면금액에서 차감한 가격으로 발행한 후 만기에 액면금액을 상환 받아 할인금액을 이자소득으로 얻는 채권이고, 복리채와 단리채는 모두 만기일에 원금에 원금의 재투자수익까지 만기에 일시 상환 받으나 재투자수익을 표면이자율로 복리와 단리로 계산하는 것이 다른 채권이며, 이표채는 만기까지는 일정 기간마다 이자만 지급되고 만기에 원금이 전액 상환되는 채권이다.

네 번째, 액면이자 확정 여부에 따라 채권은 고정금리채, 변동금리채, 역변동금리채로 분류할 수 있다. 할인채, 복리채, 단리채, 이표채 등은 액면이자율이 발행 시점에 정해진 고정금리채이고, 액면이자율이 특정 기준금리에 연동되어 매 기간마다 이자율이 변동되는 채권을 변동금리채(FRN, floating rate note), 액면이자율이 기준금리와 반대 방향으로 움직이게 설정된 변동금리채를 역변동금리채라고 한다. 변동금리채의 액면이자율은 보통 '기준금리+α%', 역변동금리채의 액면이자율은 'β%−기준금리' 형태로 설정된다.

다섯 번째, 원금상환 방법에 따라 채권은 만기상환채와 분할상환채로 분류할 수 있다. 만기상환채는 채권의 원금에 해당되는 액면금액을 만기에 전액 상환하는 채권으로 대부분의 채권이 여기에 해당되고, 분할상환채는 일정 기간 거치 후 액면금액을 분할상환하는 채권을 말한다[2].

여섯 번째, 만기에 따라 단기채, 중기채, 장기채로 구분하나 몇 년을 기준으로 구분하는지는 국가별 시장 관행에 따라 다르다. 우리나라는 만기 1년 이하의 채권을 단기채, 1년 초과 ~ 5년 이하이면 중기채, 그 이상이면 장기채로 분류하고 있지만 유럽, 미국 등의 금융선진국에서는 10년 초과물을 장기채로 분류하고 있다.

일곱 번째, 발행가액을 액면금액과 비교하여 채권을 할인발행채, 할증발행채, 액면발행채로 분류할 수 있다. 채권수익률이 액면이자율보다 높아서 액면금액보다 낮은 가격으로 발행되면 할인발행채, 채권수익률이 액면이자율보다 낮아서 액면금액보다 높은 가격으로 발행되면 할증발행채, 액면이자율과 채권수익률이 동일하여 액면금액과 동일한 가격으로 발행되면 액면발행채라고 한다[3].

마지막으로 채권에 포함된 옵션의 기능에 따라 채권을 수의상환채, 상환요구채, 전환사채, 교환사채, 신주인수권부사채 등으로 분류할 수 있다. 수의상환채(callable bond)는 채권 발행자에게 만기 이전에 원금을 상환할 수 있는 권리가 부여된 채권이며, 상환요구채(puttable

2 1998년 8월 이전 발행된 서울도시철도채권과 2011년부터 발행된 인천지방채 등이 분할상환채임.

3 여기에 대해서는 '채권수익률과 표면이자율의 관계'에서 자세히 설명하고자 한다.

bond)는 채권 보유자가 발행자에게 원금 상환을 요구할 수 있는 권리가 부여된 채권을 말한다. 전환사채(convertible bond, 이하 CB)는 채권 보유자가 발행자의 주식으로 전환할 수 있는 전환권이 부여된 채권인 반면에 교환사채(exchangeable bond, 이하 EB)는 채권 발행자고 보유하고 있는 유가증권으로 교환할 수 있는 교환권(대부분 상장주식이 교환대상)이 부여된 채권을 말한다. 신주인수권부사채(bond with warrant, 이하 BW)는 채권 보유자가 발행자의 신주를 인수할 수 있는 신주인수권(warrant)이 부여된 채권을 말한다. CB의 전환권이 행사되면 채권자는 주주가 되고, 채권 원금은 부채에서 자본으로 전환되며, BW의 신주인수가격은 대부분 시장가격보다 낮은 수준으로 설정된다.

〈표 1〉 채권의 분류

기 준	채권
발행주체	국채, 지방채, 특수채, 회사채, 외국채
보증유무	보증채, 무보증채
이자지급방법	할인채, 복리채, 단리채, 이표채
액면이자 확정여부	고정금리채, 변동금리채, 역변동금리채
상환방법	만기상환, 분할상환
상환기간	단기채, 중기채, 장기채
발행가액	액면발행채, 할인발행채, 할증발행채
내재옵션여부	수의상환채, 상환요구채, CB, EB, BW

1.3 주식과 채권의 비교

기업은 주로 주식과 채권을 발행하여 장기자금을 조달한다[4]. 주식을 발행하여 출자 받은 자금은 재무상태표의 자기자본에, 채권을 발행하여 차입한 자금은 타인자본(부채)에 인식된다. 둘 다 장기자금 조달에 활용되지만 채권은 정해진 만기가 있어서 그 때까지 원금을 상환해야 하지만 주식은 원칙적으로 만기 개념이 없어서 원금 상환의 부담이 없다.

또한 주식 보유자인 주주에게는 회사 경영에 참가할 수 있는 의결권이 주어지지만 채권투자자인 채권자에게는 의결권이 주어지지 않는다. 주주에게 자금 제공의 대가로 지급되는 배당금은 지급 여부와 지급액을 회계결산이 이루어질 때마다 기업이 결정할 수 있지만 채권자에게 지급되는 이자는 발행 조건에 따라 정해진 시점에 정해진 금액을 의무적으로 지급해

4 중소기업은 채권보다 금융기관 대출 비중이 높지만 대출도 채권과 거의 유사한 특징을 가진다.

야 한다.

투자자 입장에서 주식과 채권은 투자 포트폴리오 구성에 우선적으로 고려되는 전통적인 금융상품이다. 투자원금의 몇 배로 상승하기도 하고 원금 전액의 손실도 발생할 수 있는 주식과 비교하여 채권은 발행 시에 정해진 조건에 따라 이자와 원금이 보장되어 상대적으로 안전자산으로 분류된다.

최근에는 자본조달을 보다 원활하게 수행하고 싶은 기업과 전통적인 주식과 채권 이외의 다양한 투자 성과를 원하는 투자자를 만족시키는 채권과 주식의 특징을 모두 가지고 있는 '종류증권'의 발행이 증가하고 있다.

종류증권에는 주식에 채권 성격이 포함된 '무의결권 주식', '비참가적 누적적 우선주', '상환주식' 등이 있고, 채권에 주식 선택권이 부여된 'CB', 'EB', 'BW' 등도 있다.

무의결권 주식은 이익배당의 혜택은 확대되었지만 의결권이 부여되지 않는 주식이며, 비참가적 누적적 우선주는 채권의 이자와 같은 고정적인 이익 배당금을 지급 받는 대신에 의결권이 부여되지 않는 우선주이며, 상환주식은 만기나 상환의 개념이 없는 일반적인 주식과 다르게 발행 후 일정 기간이 지나면 상환되어 소각된다는 조건으로 발행되는 주식을 말한다.

이외에도 이자도 지급 받으면서 배당에도 참가할 수 있는 '이익참가부사채'와 만기가 없는 '영구채' 등도 주식과 채권의 특징이 섞여 있는 금융상품에 해당된다.

<표 2>는 주식과 채권의 비교를 정리한 것이다.

〈표 2〉 주식과 채권의 비교

기 준	주식	채권
증권의 성격	출자증권으로 자기자본	대부증권으로 타인자본
투자자 지위	주주 - 회사경영 참가	채권자 - 경영 참여 불가
자금 제공의 대가	배당금	이자
투자 회수	주식매도, 주식매수청구권	채권매도, 만기 상환
상환 여부	상환 없음 (단, 상환주식은 예외)	만기 상환 (단, 영구채는 예외)

2. 채권가격 계산

2.1 채권용어

채권가격을 계산하기 위해서는 채권의 종류, 채권의 CF, 채권 발행조건 등을 파악해야 한다. 이와 같은 내용을 파악하고 채권가격 계산과정을 보다 수월하게 진행하기 위해서는 기초적인 채권용어와 각 나라 실정에 맞게 활용되는 제도에 대한 이해가 필요하다.

먼저 기초적인 채권용어에 대하여 다음과 같은 가상의 S기업 SS채권을 예를 들어 살펴보자.

- S기업은 SS채권을 발행하여 3년 동안 10,000만원을 빌리고자 한다.
- 차입 대가로 액면금액의 5%를 6개월 단위로 계산하여 후지급할 것이며,
- SS채권 1개당 만기의 원금상환액은 10,000원이라고 한다.

먼저 6개월마다 계산하기로 한 액면금액의 5%인 500원을 '표면이자(coupon)', 5%를 '표면이자율(coupon rate)'이라고 하며, 6개월마다 이자를 계산한다는 것은 1년에 1회 지급할 이자를 연 2회에 걸쳐 나누어 지급한다는 것을 의미한다. 따라서 SS채권 보유자는 6개월마다 500원의 표면이자를 지급 받는 것이 아니라 250원[=500원/2회]씩 받는 것이다. 또한 후지급(後支給)한다는 것은 채권 발행시점부터 6개월이 지난 후에 표면이자를 지급한다는 의미이다.

만기에 지급하는 원금상환액 10,000원을 '액면금액 또는 액면가치(face value)', '만기(maturity)'는 채권 발행부터 채권의 권리와 생명이 소멸되는 시점까지의 기간으로 SS채권은 3년이며, 이를 보통 '3년만기' 또는 '3년물' 식으로 표현한다. 만기는 채권 발행 후 시간이 지남에 따라 점점 감소할 것이므로 투자 전략을 선택할 때 그 시점에서 만기까지 남은 있는 '잔존 만기(time to maturity)'가 더 중요하다.

다음 박스는 SS채권의 발행조건을 채권용어로 다시 정리한 것이다. 이번 장의 많은 내용을 가상의 SS채권을 가지고 설명할 것이다.

● 종목명 : SS채권		
채권종류 : 회사채, 이표채	액면금액(FV) : 10,000원	발행일 : 21년 8월 2일
표면이자율 : 5%	이자계산주기 : 6개월	만기일 : 24년 8월 2일

이외에도 채권가격을 계산하기 위해서는 선매출 제도, 발행일 전 거래제도 등 실무에서

적용되고 있는 제도들도 파악해야 한다[5]. 여기서는 채권가격 계산과정에서 언급될 선매출 제도와 발행일 전 거래제도에 대해서 간단히 살펴보고자 한다.

선매출 제도란 발행일 이전에 채권을 매출하는 것으로, 이전에는 신규물의 발행일이 속한 月의 해당 입찰일에만 매출이 이루어졌는데 신규물의 발행 초기에 발행잔액 및 유통물량이 적어 일부 세력의 집중 매수로 금리가 왜곡될 가능성이 제기되면서 2015년 3월부터 신규 발행 3개월 전부터 지표 종목과 차기 지표 종목을 동시에 발행하는 선매출 제도를 도입하게 되었다. 지금은 선매출 대상 종목은 신규 발행 명목국채(3, 5, 10, 20, 30년물)와 물가채이고, 선매출 기간은 2개월(20, 30년물 및 물가채는 1개월)이다.

국채 발행에 대해서는 발행 전 금리 탐색 기능을 강화하고 신규 거래 수요를 끌어내기 위하여 2015년 12월 '발행일 전 거래(When Issued Trading)'를 도입하고 있다. 거래기간은 발행 공고일 다음날부터 입찰일까지 보통 3일이다. 국채는 발행을 공고하고, 입찰을 받아서 매출(거래)하는 과정을 거치는데 입찰일(t일)을 기준으로 발행 공고일은 t-3일, 공고일 익일은 t-2일, 매출일 또는 상장일은 t+1일이 된다.

2.2 채권가격 계산 기초

가치평가의 원칙(principle of valuation)을 적용하면 채권가격은 기본적으로 채권을 보유함에 따라 예상되는 미래 CF를 거래일 현재의 수익률로 잔존기간만큼 할인한 현재가치로 계산한다. 이는 식 (1)과 같이 표현되며 가장 기본적인 형태의 채권가격 계산식이다. 여기서 B_0는 t=0에서 계산한 채권가격, I_N는 채권 보유에 따른 미래 CF들의 총액, r은 채권수익률, N은 잔존기간(또는 투자기간)을 각각 의미한다. 채권가격, B_0를 계산하기 위해서는 채권의 종류, 발행조건, 투자전략, 시중금리 등을 통하여 I_N, r, N을 파악해야 한다.

● 채권가격 계산식

$$B_0 = \left[\frac{I_N}{(1+r)^N} \right] \cdots \text{식 (1)}$$

우리나라 채권시장에서 채권가격을 계산할 때 적용되고 있는 관행으로는 ① 일수 계산할

5 한국채권시장의 실무 관련 내용과 채권에 대한 보다 많은 내용은 한국거래소에서 2019년 발행한 '한국의 채권시장(개정판)'을 참고하기 바람. 본서의 채권과 관련된 부분도 이 책의 내용들을 일부 인용하였음.

때는 초일불산입, 말일산입, ② 윤달이 포함된 경우 윤달의 날짜 추가 고려, ③ 2005년 7월 이후부터 세전(before-tax)단가로만 거래 등이 있다.

채권가격은 발행 시점의 발행(또는 매출)단가(이하 '발행단가')와 발행 이후 거래 시점의 매매단가(이후 '매매단가')로 구분되며, 발행단가는 채권의 원금상환방식 등에 따라 다양한 방법으로 계산되지만, 매매단가는 화폐의 시간가치에서 설명했던 복리할인 방식으로 계산된다.

복리할인 방식도 이론적 할인방식과 관행적 할인방식의 적용이 다르다. 예를 들어, 어떤 채권의 잔존기간(또는 투자기간) 1년 162일, r=5%, I_N=10,000원이라면 각 할인방식에 따른 채권가격은 다음과 같이 조금 다르다.

- 이론적 할인방식 가격 : $B_0 = \left[\dfrac{10{,}000}{(1+0.05)^{\left(1+\frac{162}{365}\right)}}\right]$ =9,319.79
- 관행적 할인방식 가격 : $B_0 = \left[\dfrac{10{,}000}{(1+0.05)^1 \times \left(1+0.05 \times \dfrac{162}{365}\right)}\right]$ =9,317.05

위의 내용을 일반화한 식 (2)와 (3)의 차이는 이론적 할인방식은 잔존기간만큼 복리할인 방식으로 계산하지만, 관행적 할인방식은 연단위(n) 기간은 복리할인 방식을, 연단위 초과 기간(d)은 단리할인방식을 사용한다는 것이다. 한국거래소 채권시장에서는 관행적 할인방식으로 계산한 가격으로 주문과 체결이 진행된다.

- 이론적 할인방식 계산 : $B = \left[\dfrac{I_{N\left(=n+\frac{d}{365}\right)}}{(1+r)^{\left(n+\frac{d}{365}\right)}}\right]$ ⋯ 식 (2)
- 관행적 할인방식 계산 : $B = \left[\dfrac{I_{N\left(=n+\frac{d}{365}\right)}}{(1+r)^n \times \left(1+r \times \dfrac{d}{365}\right)}\right]$ ⋯ 식 (3)

2.3 할인채 가격계산

할인채(pure discount bond 또는 zero-coupon bond)는 만기에 액면금액을 일시에 상환받는 채권이므로 채권 보유로 얻을 수 있는 CF는 액면금액뿐이다.

할인채의 발행단가와 매매단가는 각각 식 (4)-1, (4)-2와 같이 계산한다. 여기서 FV는 액면금액으로 설명을 위해서 10,000원으로 가정하고, r는 할인율, n은 연단위 잔존기간, d는 선(후)매출일수, b는 이자계산 단위 일수로 관행적으로 365일을 적용하고 있다. 채권가격은 계산 시점에서 만기 또는 투자기간 종료까지 남아 있는 기간을 정확하게 파악하여 계산한다.

- 할인채 발행단가 : $B=\left[FV-\left\{FV\times r\times\left(n\pm\frac{d}{b}\right)\right\}\right]$ … 식 (4)-1
- 할인채 매매단가 : $B=\left[\frac{FV}{(1+r)^n}\times\left(\frac{1}{1+r\times\frac{d}{b}}\right)\right]$ … 식 (4)-2

다음과 같은 조건의 통화안정증권의 발행단가를 시점별로 계산해보자.

● 종목명 : 통화안정증권	
채권종류 : 특수채, 할인채	발행수익률 : 1.75%
발행일 : 21년 3월 20일	만기일 : 21년 6월 19일

- 발행일 발행단가 : 잔존만기 91일(21년 3월 20일~21년 6월 19일)

  ⇒ $B_0=\left[10{,}000-\left\{10{,}000\times0.0175\times\left(\frac{91}{365}\right)\right\}\right]$ =9,956.37원

- 발행일 9일 전 발행단가 : 잔존만기 100일(21년 3월 11일~21년 6월 19일)

  ⇒ $B_0=\left[10{,}000-\left\{10{,}000\times0.0175\times\left(\frac{91+9}{365}\right)\right\}\right]$ =9,952.06원

- 발행일 5일 후 발행단가 : 잔존만기 86일(21년 3월 25일~21년 6월 19일)

  ⇒ $B_0=\left[10{,}000-\left\{10{,}000\times0.0175\times\left(\frac{91-5}{365}\right)\right\}\right]$ =9,958.77원

각 시점별 잔존만기를 적용하여 계산한 할인채인 통화안정증권의 가격이 각각 9,956.37원, 9,952.06원, 9,958.77원이란 것은 통화안정증권 투자자는 각 시점에 해당 가격으로 매수하여 만기까지 보유하면 만기에 10,000원을 상환 받으므로 매수가격과의 차액인 43.63원, 47.95원, 41.23원이 10,000원을 빌려준 것에 대한 이자인 것이다.

만약 앞의 통화안정증권이 만기일만 22년 3월 20일로 변경되면 잔존만기가 365일, 정확히 1년이 되므로 발행일 매출단가는 다음과 같이 계산된다.

- 발행일 매출단가 : 잔존만기 365일(21년 3월 20일~22년 3월 20일)

$$\Rightarrow B_0 = \left[10{,}000 - \left\{10{,}000 \times 0.0175 \times \left(\frac{365}{365} = 1\right)\right\}\right] = 9{,}825.00\text{원}$$

이번에는 통화안정증권이 21년 3월 26일 매매될 때의 매매단가를 계산해보자. 매매수익률이 1.85%이라고 하면 식 (4)-2에 의하여 다음과 같이 계산되는데, 여기서 결제가 매매 당일에 이루어지느냐, 매매 다음 날(익일)에 이루어지냐에 따라 잔존일수가 달라져서 채권가격도 달라진다.

- 매매단가(당일결제) : 잔존만기 85일(21년 3월 26일~21년 6월 19일)

$$\Rightarrow B = \left[\frac{10{,}000}{(1+0.0185)^0} \times \left(\frac{1}{1+0.0185 \times \frac{85}{365}}\right)\right] = 9{,}957.10\text{원}$$

- 매매단가(익일결제) : 잔존만기 84일(21년 3월 27일~21년 6월 19일)

$$\Rightarrow B = \left[\frac{10{,}000}{(1+0.0185)^0} \times \left(\frac{1}{1+0.0185 \times \frac{84}{365}}\right)\right] = 9{,}957.60\text{원}$$

2.4 단리채 가격계산

단리채는 액면금액(face value)을 단리(simple interest)로 만기까지 재투자하여 만기에 원금과 함께 지급하는 채권이며 보통 액면가로 발행되지만 선매출 되는 경우 선매출기간만큼 단리이자율을 적용하여 할인발행할 수도 있다.

액면가로 발행되는 경우에는 채권가격은 액면가치와 동일하므로 따로 계산하지 않아도 되지만 선매출 되는 경우는 선매출기간에 대한 이자를 어떻게 지급하는가에 따라서 다음과 같이 두 가지 방식으로 채권가격을 계산할 수 있다.

액면가로 선매출되는 경우 선매출기간을 보상해주기 위하여 발행금리로 선매출기간에 대한 이자수익을 계산하여 만기에 원리금과 함께 지급하는 경우의 발행단가와 만기상환금액은 다음과 같이 계산한다[6]. 여기서 c는 표면이자율을 의미하며, 만기상환금액의 이자는 액면금액에 대한 표면이자율을 만기까지 단리로 계산한다.

---

6 2001년 발행된 '산업금융채권'과 2001년부터 2008년까지 발행된 '중소기업채권'이 여기에 해당됨.

- 발행단가 : $B_0 = FV$ … 식 (5)-1
- 만기상환금액 : $I_T = \left[FV \times \left\{1 + c \times \left(n + \frac{d}{b}\right)\right\}\right]$ … 식 (5)-2

반면에 선매출기간에 대한 이자를 액면가에서 단리 할인하여 보상해주는 경우의 발행단가와 만기상환금액은 다음과 같이 계산한다. 여기서도 할인되는 금액과 만기상환금액의 이자는 표면이자율로 계산된다.

- 발행단가 : $B_0 = \left[FV - \left\{FV \times c \times \frac{d}{b}\right\}\right]$ … 식 (5)-3
- 만기상환금액 : $I_T = [FV \times (1 + c \times T)]$ … 식 (5)-4

단리채의 매매단가는 앞에서 설명한 만기원리금총액, 즉 I_T를 복리할인과 단리할인 방식을 혼합하여 다음과 같이 계산한다.

- 매매단가 : $B_t = \left[\frac{I_T}{(1+r)^n} \times \left(\frac{1}{1 + r \times \frac{d}{b}}\right)\right]$ … 식 (5)-5

다음과 같은 조건의 한국전력공사채권의 발행단가, 만기상환금액, 매매단가를 계산해보자.

● 종목명 : 한국전력공사채권		
채권종류 : 특수채, 단리채	표면이자율 : 3.75%	매매수익률 : 3.95%
선매출일 : 21년 6월 1일	발행일 : 21년 6월 15일	이자계산주기 : 12개월
매매일 : 21년 8월 18일	만기일 : 41년 6월 15일	이자지급유형 : 단리/만기일시지급

- 선매출기간 이자를 만기에 지급하는 경우(액면가 10,000원 가정)
  - ⇒ 선매출일과 발행일과의 차이 14일, 매매일과 첫 번째 이자지급일(19년 6월 15일)과의 차이 30일
  - ⇒ 발행단가 : $B_0 = FV$ = 10,000원
  - ⇒ 만기상환금액 : $I_T = \left[10{,}000 \times \left\{1 + 0.0375 \times \left(20 + \frac{14}{365}\right)\right\}\right]$ = 17,514.38원

$$\Rightarrow \text{ 매매단가(당일결제): } B=\left[\frac{17{,}514}{(1.0395)^{19}}\times\left(\frac{1}{1+0.0395\times\dfrac{301}{365}}\right)\right]=8{,}124.54\text{원}$$

- 선매출기간 이자를 매출가격에서 차감하여 할인발행하는 경우

$$\Rightarrow \text{ 발행단가 : } B_0=\left[10{,}000-\left\{10{,}000\times 0.0375\times\frac{14}{365}\right\}\right]=9{,}985.62\text{원}$$

$$\Rightarrow \text{ 만기상환금액 : } I_T=\left[10{,}000\times\left\{1+0.0375\times\left(20+\frac{0}{365}\right)\right\}\right]=17{,}500\text{원}$$

$$\Rightarrow \text{ 매매단가(당일결제): } B=\left[\frac{17{,}500}{(1.0395)^{19}}\times\left(\frac{1}{1+0.0395\times\dfrac{301}{365}}\right)\right]=8{,}118.05\text{원}$$

2.5 복리채 가격계산

복래채는 액면금액(face value)을 복리(compound interest)로 만기까지 원금과 함께 지급하는 채권이며 단리채와 마찬가지로 보통 액면가로 발행되지만 선매출 기간만큼 할인하여 할인발행할 수 있다.

액면가로 선매출 되고 그 기간에 대한 이자를 만기에 원리금과 함께 지급하는 경우의 발행단가와 만기상환금액은 다음과 같이 계산한다[7]. 여기서 m은 연간 이자지급 횟수를 의미한다.

- 발행단가 : $B_0 = FV$ ⋯ 식 (6)-1
- 만기상환금액 : $I_T=\left[FV\times\left(1+\dfrac{c}{m}\right)^{\left(m\times n+\frac{d}{b}\right)}\right]$ ⋯ 식 (6)-2

선매출기간에 대한 이자를 액면가에서 복리 할인하여 보상해주는 경우의 발행단가와 만기상환금액은 다음과 같이 계산한다.

- 발행단가 : $B_0=\left[\dfrac{FV}{\left(1+\dfrac{c}{m}\right)^{\left(\frac{d}{b}\right)}}\right]$ ⋯ 식 (6)-3

7 1996년 1월 이전에 발행된 산업금융채권, 중소기업채권, 주택은행채권 등이 여기에 해당됨.

- 만기상환금액 : $I_T = \left[FV \times \left(1 + \dfrac{c}{m}\right)^{(n \times m)} \right]$ … 식 (6)-4

복리채의 매매단가는 만기상환금액, I_T를 복리할인과 단리할인 방식을 혼합하여 계산하므로 식 (5)-5의 단리채의 매매단가와 동일한 방식으로 계산된다.

- 매매단가 : $B_t = \left[\dfrac{I_T}{(1+r)^{(n-1)}} \times \left(\dfrac{1}{1 + r \times \dfrac{d}{b}} \right) \right]$ … 식 (6)-5

다음과 같은 조건의 산업금융채권의 발행단가, 만기상환금액, 매매단가를 계산해보자.

● 종목명 : 산업금융채권		
채권종류 : 특수채, 복리채	표면이자율 : 2.50%	
가상이자일 : 21년 9월 30일	선매출일 : 21년 2월 11일	
발행일 : 20년 12월 31일	만기일 : 30년 12월 31일	이자계산주기 : 3개월
매매일 : 21년 5월 2일	매매수익률 : 2.75%	이자지급유형 : 복리/만기일시

- 선매출기간 이자를 만기에 지급하는 경우(액면가 10,000원 가정)
  - ⇒ 선매출일과 발행일과의 차이 20일, 가상이자일과 발행일과의 차이 92일, 매매일 기준 첫 번째 연도까지 잔존기간 243일
  - ⇒ 발행단가 : $B_0 = FV$=10,000원
  - ⇒ 만기상환금액 : $I_T = \left[10{,}000 \times \left(1 + \dfrac{0.025}{4}\right)^{\left(10 \times 4 + \frac{20}{92}\right)} \right]$ =12,847.66원
  - ⇒ 매매단가(당일결제) & 잔존만기 9년 243일

    : $B = \left[\dfrac{12{,}847.66}{(1.0275)^9} \times \left(\dfrac{1}{1 + 0.0275 \times \dfrac{243}{365}} \right) \right]$ =9,883.44원

- 선매출기간 이자를 액면금액에서 복리할인하여 발행하는 경우
  - ⇒ 발행단가 : $B_0 = \left[\dfrac{10{,}000}{\left(1 + \dfrac{0.025}{4}\right)^{\left(\frac{20}{92}\right)}} \right]$ =9,986.46원
  - ⇒ 만기상환금액 : $I_T = \left[10{,}000 \times \left(1 + \dfrac{0.025}{4}\right)^{(10 \times 4)} \right]$ =12,830.27원

$$\Rightarrow \text{매매단가(당일결제)} : B_t = \left[\frac{12,830.27}{(1.0275)^9} \times \left(\frac{1}{1+0.0275 \times \frac{243}{365}} \right) \right] = 9,870.07\text{원}$$

2.6 이표채 가격계산

이표채(coupon bond)는 만기까지 발행 조건에 따른 표면이자(coupon)를 일정 기간마다 지급하고 만기에 원금에 해당하는 액면금액 전액을 일시에 상환하는 채권이다. 만기까지 지급되는 이자는 '표면이자율(coupon rate)×액면금액'으로 계산된다.

우리나라에서의 이표채는 표면이자율에 시중 금리가 반영되어 대부분 액면발행되고 있으며, 표면이자는 3개월 또는 6개월 후지급이다. 즉 이자지급 시점이 3개월 또는 6개원 간격으로 발생하고, 지급되는 이자는 표면이자의 1/4 또는 1/2이 지급된다.

이표채 발행단가는 주식의 가치평가에서 설명한 '현금흐름할인법' 방식으로 계산되어 발행단가나 매매단가의 계산방법이 동일하지만 선매출 여부에 따라서 발행단가는 달라진다.

선매출이 아닌 경우와 선매출인 경우의 발행단가는 다음 식 (7)-1, (7)-2와 같이 계산된다. 식을 보면 이자지급일 사이에서의 발행단가와 매매가격은 바로 돌아오는 이지지급일까지는 단리 할인하고, 그 이후의 CF들에 대해서는 복리 할인하고 있음을 알 수 있다. 매매단가도 당일결제와 익일결제에 따라 단리할인기간을 조정하여 계산된다.

- 선매출이 아닌 경우의 발행단가

$$: B = \left[\left\{ \sum_{t=1}^{n} \frac{\frac{FV \times c}{m}}{\left(1+\frac{r}{m}\right)^{t-1}} \right\} + \frac{FV}{\left(1+\frac{r}{m}\right)^{n-1}} \right] \times \frac{1}{\left(1+\frac{r}{m} \times \frac{d}{b}\right)} \quad \cdots \text{ 식 (7)-1}$$

- 선매출인 경우의 발행단가

$$: B = \left[\left\{ \sum_{t=1}^{n} \frac{\frac{FV \times c}{m}}{\left(1+\frac{r}{m}\right)^{t}} \right\} + \frac{FV}{\left(1+\frac{r}{m}\right)^{n}} \right] \times \frac{1}{\left(1+\frac{r}{m} \times \frac{d}{b}\right)} \quad \cdots \text{ 식 (7)-2}$$

또한 주로 이표채로 발행되는 우리나라 국고채의 발행은 낙찰일 다음 영업일에 이루어지고, 발행일은 정해져 있으나 입찰일은 정하고 있지 않아서 선매출과 후매출 모두 가능하다. 이 정도만 읽어도 복잡해 보이는데 실무에서는 발행일, 입찰일, 납입일, 매매일, 결제일, 이자

지급일 등을 정확하게 적용하여 발행단가와 매매단가가 계산된다. 여기서는 국고채들의 예를 통하여 특정 시점에서 계산할 때 기간들을 어떻게 파악해야 하는지, 그에 따라서 가격이 어떻게 계산되는지 정도만 이해하고 보다 자세한 내용은 한국거래소의 관련 자료들을 확인하기 바란다.

첫 번째 예는 국고채 매출(납입)일이 발행일 이후인 경우이며 관련 내용은 다음 표와 같다. 복잡한 내용을 <그림 1>로 정리하였다.

● 종목명 : 국고채권		
채권종류 : 국채, 이표채	표면이자율 : 2.50%	이자계산주기 : 6개월
입찰일 : 21년 3월 12일(13일 납입)	낙찰수익률 : 2.65%	이자지급유형 : 이표지급형
발행일 : 21년 3월 10일	만기일 : 26년 3월 10일	
매매일 : 21년 5월 2일(익일결제)	매매수익률 : 2.80%	

〈그림 1〉 국고채권의 주요 일정

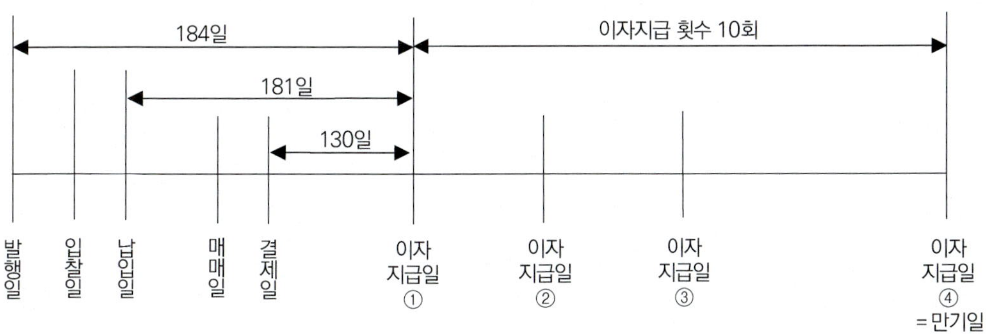

▪ 납입일이 발행일 이후인 경우의 발행단가

$$: B = \left[\left\{\sum_{t=1}^{10}\frac{\frac{10{,}000\times 0.025}{2}}{\left(1+\frac{0.0265}{2}\right)^{t-1}}\right\}+\frac{10{,}000}{\left(1+\frac{0.0265}{2}\right)^{10-1}}\right]\times\frac{1}{\left(1+\frac{0.0265}{2}\times\frac{181}{184}\right)}$$

$$= \left[\left\{125+125\times\left(\frac{1-\frac{1}{(1.01325)^9}}{0.01325}\right)\right\}+\frac{10{,}000}{(1.01325)^9}\right]\times\frac{1}{\left(1+0.01325\times\frac{181}{184}\right)}$$

$$= 9{,}932.31\text{원}$$

- 매매단가(익일결제)

$$: B = \left[\left\{\sum_{t=1}^{10}\frac{\frac{10{,}000\times 0.025}{2}}{\left(1+\frac{0.028}{2}\right)^{t-1}}\right\}+\frac{10{,}000}{\left(1+\frac{0.028}{2}\right)^{10-1}}\right]\times\frac{1}{\left(1+\frac{0.028}{2}\times\frac{130}{184}\right)}$$

$$=\left[\left\{125+125\times\left(\frac{1-\frac{1}{(1.014)^9}}{0.014}\right)\right\}+\frac{10{,}000}{(1.014)^9}\right]\times\frac{1}{\left(1+0.014\times\frac{130}{184}\right)}$$

= 9,901.05원

여기서 6개월마다 지급되는 표면이자 125원의 현재가치는 t=1에서는 분모 할인율의 제곱 자리는 '(1-1)=0'이 되고, 분모는 1이 되어서 125원이 현재가치인 것이고, 나머지 t=2~10의 표면이자 125원들의 현재가치는 t=1~9 동안의 연금의 현재가치 공식을 활용하여 계산한 것이다.

이번에는 국고채 매출(납입)일이 발행일 이전인 선매출인 경우이며 관련 내용은 다음 표와 같다.

● 종목명 : 국고채권		
채권종류 : 국채, 이표채	표면이자율 : 2.50%	이자계산주기 : 6개월
입찰일 : 21년 1월 15일(16일 납입)	낙찰수익률 : 2.65%	이자지급유형 : 이표지급형
발행일 : 21년 3월 10일	만기일 : 26년 3월 10일	
매매일 : 21년 7월 2일(익일결제)	매매수익률 : 2.92%	

〈그림 2〉 국고채권의 주요 일정

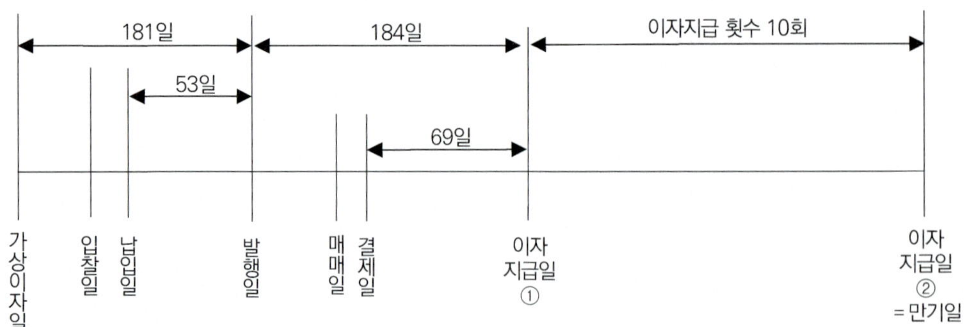

▪ 납입일이 발행보다 앞서는 경우의 발행단가

$$: B = \left[\left\{\sum_{t=1}^{10}\frac{\frac{10,000\times 0.025}{2}}{\left(1+\frac{0.0265}{2}\right)^{t}}\right\}+\frac{10,000}{\left(1+\frac{0.0265}{2}\right)^{10}}\right]\times\frac{1}{\left(1+\frac{0.0265}{2}\times\frac{53}{181}\right)}$$

$$= \left[\left\{125\times\left(\frac{1-\frac{1}{(1.01325)^{10}}}{0.01325}\right)\right\}+\frac{10,000}{(1.01325)^{3}}\right]\times\frac{1}{\left(1+0.01325\times\frac{53}{181}\right)}$$

= 10,016.33원

▪ 매매단가(익일결제)

$$: B = \left[\left\{\sum_{t=1}^{10}\frac{\frac{10,000\times 0.025}{2}}{\left(1+\frac{0.0292}{2}\right)^{t-1}}\right\}+\frac{10,000}{\left(1+\frac{0.0292}{2}\right)^{10-1}}\right]\times\frac{1}{\left(1+\frac{0.0292}{2}\times\frac{69}{184}\right)}$$

$$= \left[\left\{125+125\times\left(\frac{1-\frac{1}{(1.0146)^{9}}}{0.0146}\right)\right\}+\frac{10,000}{(1.0146)^{9}}\right]\times\frac{1}{\left(1+0.0146\times\frac{69}{184}\right)}$$

= 9,894.92원

일반적으로 이표채의 가격을 계산하는 방법은 다음 식 (8)처럼 일반화하여 많은 교재에서 설명하고 있다. 본서는 이를 기초로 실무에서는 할인기간을 정확하게 조정하여 채권가격을 계산한다는 것을 보여주고자 다소 복잡한 과정으로 설명하여 독자들이 어려울 수 있을 것이라고 판단된다.

▪ 표면이자 연 m회 지급 : $B=\left[\left\{\sum_{t=1}^{n=T\times m}\frac{\frac{FV\times c}{m}}{\left(1+\frac{r}{m}\right)^{t}}\right\}+\frac{FV}{\left(1+\frac{r}{m}\right)^{T\times m}}\right]$ ··· 식 (8)

앞에서 예를 든 만기 3년, 액면금액 10,000원, 표면이자율 5%, 채권수익률 10%인 SS채권도 이표채이다, 표면이자를 연 1회 지급하는 경우, 2회, 4회 지급하는 경우의 채권가격을 식 (8)을 가지고 계산하면 다음과 같이 각각 8,756.57원, 8,731.08원, 8,717.78원으로 이자지급 횟수(m)가 많을수록, 즉 이자계산주기가 짧을수록 채권가격은 점점 작아지고 있다.

- 표면이자 연 1회 지급 : $B=\left[\left\{\sum_{t=1}^{3\times1}\frac{\frac{10,000\times0.05}{1}}{\left(1+\frac{0.1}{1}\right)^t}\right\}+\frac{10,000}{\left(1+\frac{0.1}{1}\right)^{3\times1}}\right]$

$$=\left[500\times\left\{\frac{1-\frac{1}{(1.1)^3}}{0.1}\right\}+\frac{10,000}{(1+0.1)^3}\right]=8,756.57\text{원}$$

- 표면이자 연 2회 지급 : $B=\left[\left\{\sum_{t=1}^{3\times2}\frac{\frac{10,000\times0.05}{2}}{\left(1+\frac{0.1}{2}\right)^t}\right\}+\frac{10,000}{\left(1+\frac{0.1}{2}\right)^{3\times2}}\right]$

$$=\left[250\times\left\{\frac{1-\frac{1}{(1.05)^6}}{0.05}\right\}+\frac{10,000}{(1+0.05)^6}\right]=8,731.08\text{원}$$

- 표면이자 연 4회 지급 : $B=\left[\left\{\sum_{t=1}^{3\times4}\frac{\frac{10,000\times0.05}{4}}{\left(1+\frac{0.1}{4}\right)^t}\right\}+\frac{10,000}{\left(1+\frac{0.1}{4}\right)^{3\times4}}\right]$

$$=\left[125\times\left\{\frac{1-\frac{1}{(1.025)^{12}}}{0.025}\right\}+\frac{10,000}{(1+0.025)^{12}}\right]=8,717.78\text{원}$$

본 장의 나머지 부분에서 다룰 채권가격과 관련된 내용들은 설명의 편의를 위하여 실무에서 적용되는 정확한 날짜 계산을 생략하고 기간을 단순화하여 설명하고자 한다.

3. 채권수익률

3.1 채권수익률, 만기수익률

채권 거래도 주식처럼 가격을 기준으로 거래되기는 하지만 주식과는 다르게 다양한 발행조건에 따라 다양한 형태의 CF가 발생하므로 가격으로 채권들을 직접 비교 평가하는 것은 투자 관점에서 의미가 없다.

그러면 투자자들이 채권을 선택할 때 가격 대신에 채권들을 비교할 수 있는 기준 역할을 해주는 것이 무엇이 있을까? 그 채권을 보유하면 연평균 어느 정도의 수익률을 얻을 수 있는지가 그 역할을 해줄 수 있을 것이다. 그것이 바로 채권수익률(y)의 개념이다.

채권수익률은 다음과 같이 그 채권을 보유함에 따라 얻을 수 있는 미래 CF들의 현재가치 합과 채권가격을 일치시켜주는 할인율(y)을 말한다. SS채권(표면이자 연 1회 지급) 가격 8,756.57원과 1년마다 지급되는 3회의 표면이자 500원과 만기에 지급되는 액면금액 10,000원의 현재가치의 합을 일치시켜주는 10%가 채권수익률인 것이다.

$$■\ 8,756.57 = \left[500 \times \left\{\frac{1 - \frac{1}{(1+y)^3}}{y}\right\} + \frac{10,000}{(1+y)^3}\right] \Rightarrow y = 10\%$$

채권수익률은 채권가격 결정에 매우 중요한 변수이다. 채권은 발행시점에 액면가치, 표면이자, 만기, 이자지급방식 등이 결정되므로 주식처럼 미래의 CF를 추정해야 하는 어려움은 거의 없다. 발행 이후 채권을 매매할 때도 매매 시점을 기준으로 남은 만기가 얼마이고, 그 기간 동안 표면이자와 액면금액 등의 CF가 얼마나 되는지 바로 추정할 수 있으므로 채권가격을 계산할 때 유일하게 변동될 수 있는 변수는 할인율 자리에 들어갈 '채권수익률(y)'이다. 이는 미래 CF와 남은 만기가 정해진 상황에서 채권가격은 채권수익률이 얼마로 형성되는가에 따라 결정되므로 채권수익률이 그만큼 중요한 변수라는 것을 의미한다.

채권가격을 계산할 때 채권수익률과 혼동할 수 있는 것이 이표채의 표면이자율(c)이다. 표면이자율은 채권 발행자가 보유자에게 지급하는 이자를 액면금액으로 나눈 비율로 채권 발행 시점에 정해지면 특별한 경우를 제외하고는 만기까지 변하지 않는다. 표면이자는 은행 대출 이자와 비슷하므로 표면이자율을 채권수익률로 혼동할 수 있지만 엄연히 이 둘은 다른 개념이다.

채권수익률은 발행단가를 계산할 때는 채권수요자들의 입찰과정을 통하여 결정되므로 '낙찰수익률'이라고도 하며, 매매가격을 계산할 때는 '매매수익률'이라고도 한다. 낙찰수익률과 매매수익률은 각각 발행단가와 매매가격을 미래 CF들의 현재가치와 일치시켜주는 할인율에 해당되므로 채권수익률의 개념과 일치한다.

채권수익률은 또한 만기수익률(yield to maturity, 이하 YTM)이라고도 하는데 이는 투자자가 채권을 현재 가격에 매수하여 만기까지 보유할 경우 얻을 수 있는 연평균수익률을 말한다. YTM은 투자 종목을 선택할 때 만기, 표면이자와 액면금액이 다른 채권들을 비교 분석할 수 있게 해준다. YTM은 또한 실제 채권 거래에서도 가격 대신 매매호가로 사용되고 있다.

YTM은 ① 발행자의 채무불이행 위험이 없고, ② 만기까지 보유하고, ③ 표면이자를 YTM으로 만기까지 재투자한다는 가정하의 수익률이므로 채권 매수시점에서의 기대수익률(expected return)이지, 투자 종료시점에 실현되는 수익률(realized return)은 다를 수 있다. 여기에 대해서는 '채권투자의 위험'에서 살펴볼 것이다.

이번에는 채권수익률을 채권 발행자와 투자자 입장에서 살펴보자. 예를 들어, 만기 1년, 액면금액 10,000원인 할인채를 국가, 예금보험공사(공공기관), X기업이 발행하여 투자자들에게 자금을 차입하려고 한다고 해보자. 동일한 발행조건의 채권을 국가, 공공기관, 일반회사가 발행한다는 것만 다를 뿐이다. 할인채이므로 투자자는 할인율을 통하여 이자 수익을 취하게 된다. 당신이 투자자라면 누가 발행하는 할인채를 조금 더 싸게 매수하여 많은 이자를 받고자 하겠는가? 아마도 갚지 못할 가능성이 높을수록 싸게 매수하여 적은 자금을 빌려주고자 할 것이다.

채권시장 참여자들 대부분도 투자하였다가 만기에 상환 받지 못할 가능성을 국가, 공공기관, 회사 순서로 낮게 평가하여 예를 들면, 국가는 2%, 공공기관은 5%, 회사는 10%의 할인율로 식 (4)-1과 같이 할인한 가격에 매수하여 만기에 10,000원을 받으려고 할 것이다. 이때 2%, 5%, 10%는 대출금리처럼 발행자에게는 10,000원을 조달하기 위하여 부담하는 자본비용(cost of capital)이며, 채권에 적용되니 '채권금리'라고도 부른다.

투자자 입장에서는 국가에게는 2%, 공공기관에는 5%, 회사에는 10%의 할인율을 적용했다는 것은 그 채권에 만기까지 1년 투자하면서 그 만큼의 수익률을 원한다는 것이다. 1년 후 11,000원에 매도할 수 있는 주식 투자에서 10%의 수익률을 얻고 싶다면, 11,000원을 1년 동안 원하는 투자수익률인 10%로 할인한 10,000원[$=11{,}000$원$/(1+0.1)^1$]에 매수해야 하는 것과 마찬가지이다. 따라서 채권수익률은 투자자 입장에서는 채권투자에서 얻고자 하는 요구수익률(required rate of return)이며, 요구수익률이 반영된 발행자별 채권가격과 이자수익은 각각 다음과 같을 것이다.

- 국가 발행 : $B=[10{,}000-\{10{,}000\times 0.02\times 1\}]$ =9,800원
  ⇒ 이자수익=[10,000－9,800원]=200원

- 공공기관 발행 : $B=[10{,}000-\{10{,}000\times 0.05\times 1\}]$ =9,500원
  ⇒ 이자수익=[10,000－9,500원]=500원

- 회사 발행 : $B=[10{,}000-\{10{,}000\times 0.1\times 1\}]$ =9,000원
  ⇒ 이자수익=[10,000－9,000원]=1,000원

3.2 채권수익률의 구조

(1) 신용위험과 채권등급

정부가 발행하는 국채와 같이 원리금이 거의 확실하게 보장되는 채권을 제외한 일반 채권들을 신용채권(credit bond)이라고 한다. 신용채권의 원리금은 발행조건대로 지급되지 않을 수 있으며, 이와 같은 상황을 신용위험(credit risk)이라고 한다.

신용위험은 좁게는 발행자가 원리금을 지급하지 못하는 채무불이행 위험(default risk)을 말하지만, 넓게는 발행자의 신용등급이 하락하고 신용 스프레드가 확대될 위험까지 포함한다.

신용등급이 낮거나 하락하게 되면 채권 투자자의 요구수익률이 커질 것이므로 채권수익률이 상승하여 채권가격은 하락하게 된다. 신용 스프레드(credit spread)는 특정 신용채권의 금리와 그 신용채권과 만기와 발행조건이 동일하거나 유사한 국고채 금리와의 차이를 말하며, 신용 스프레드가 적을수록 국고채에 가까운 우량채권으로 인정되어 채권가격이 높게 형성된다.

국내·외 주요 신용평가기관은 채권의 주요 발행자인 국가와 회사들의 신용위험을 일정 기간마다 신용등급으로 평가하고 조정한다. 평가기관에 따라 약간의 차이는 있지만 대부분의 신용등급은 원리금 지급 능력 정도에 따라 'AAA, AA, A, BBB, BB, B, CCC, CC, C, D'처럼 10개의 등급으로 구분되며, AAA~BBB 등급은 원리금 상환능력이 안정적인 투자등급, BB~C 등급은 환경 변화에 따라 원리금 상환능력이 크게 영향을 받는 투기등급, D 등급은 원리금 상환불능 상태로 평가된다.

S&P(Standard & Poor's), 무디스(Moody's Investors Service), Fitch IBCA 등의 3대 신용평가사가 전 세계 신용평가 시장의 90% 이상을 차지하고 있으며, 이들이 평가하는 국가별 신용등급은 그 나라의 경제 상황을 보여주는 중요한 지표로 활용되고 있다. 국내 3대 신용평가기관은 한국기업평가(한기평), 한국신용평가(한신평), NICE 신용평가 등이다.

채권발행자 입장에서는 좋은 신용등급을 받아서 채권가격이 높게 형성되어야 동일한 조건의 채권을 발행하면서 보다 많은 자금을 조달할 수 있거나 계획한 금액을 조달하는데 조금이라도 적은 채권을 발행할 수 있게 되므로 신용등급은 매우 중요하다.

채권투자자 입장에서는 직접 파악하기가 어려운 다양한 발행자의 신용위험을 신용등급으로 파악하여 채권투자에 활용할 수 있다. 채권투자자는 특정 채권 투자 시점의 신용등급뿐만 아니라 채권 보유기간 동안 지속적으로 신용등급의 추이를 분석하여 투자에 활용해야 한다.

(2) 채권수익률의 구조

금융거래에서 자금공급자(lender)에게는 빌려주는 기간과 차입자(borrower)의 원리금 상환능력이 중요하다. 채권거래에서도 채권투자자(자금공급자)에게는 채권 발행자(차입자)에게 얼마 동안 빌려줄 것인가와 발행자의 신용위험이 중요하며, 이는 채권수익률을 결정하는 주요 요인이 된다.

일반적으로 채권의 금리는 금융당국이 통제하는 기준금리와 발행채권의 만기, 발행자의 신용위험을 반영한 스프레드(이하 SPREAD)로 결정된다. 우리나라는 금융통화위원회에서 물가를 조절하는 수단으로 기준금리를 결정하고 한국은행이 '환매조건부채권(repurchase agreement, RP or Repo) 7일물'을 이용하여 실행한다. SPREAD는 크게 발행채권의 만기를 반영하는 '기간 SPREAD'와 발행자의 신용위험을 반영하는 '신용 SPREAD'로 구분된다.

기간 SPREAD(Term SPREAD)는 신용위험이 없는 발행자가 기준금리를 조정하는 RP 7일물(이 역시 한국은행이 발행하는 것이므로 신용위험이 없음)보다 오랜 기간 차입하고자 할 때 '7일 이상의 기간' 때문에 추가적으로 부담해야 하는 채권수익률을 말한다. 여기에는 채권 투자자가 포기해야 하는 유동성과 부담해야 하는 인플레이션에 대한 보상 등이 반영된다. 투자자는 7일 빌려주는 것보다 3년 빌려줄 때 현금화할 수 있는 유동성(liquidity)을 더 오래 기간 포기해야 하며, 인플레이션 상승에 따른 실물구매력이 하락할 가능성이 높아지기 때문이다. 기간 SPREAD는 'RP 7일물과 만기가 다른 국고채 금리와의 차이'로 추정한다.

신용 SPREAD(Credit SPREAD)는 채권 발행자의 신용위험에 대한 보상에 해당된다. 신용위험은 회사채와 같은 신용채권에서 발생하므로 신용 SPREAD는 '만기가 동일하거나 유사한 국고채와 신용채권의 금리 차이'로 추정한다.

지금까지의 내용을 정리하면 다음 식 (9)와 같다. 채권수익률은 기준금리와 SPREAD로 구성되고, SPREAD는 다시 기간과 신용 SPREAD로 세분된다.

● 채권수익률 구조

채권수익률 = [**기준금리** + SPREAD]
= [**기준금리** +(**기간** SPREAD + **신용** SPREAD)] ··· **식** (9)

2023년 7월 25일 기준 3년만기 AA- 등급 회사채 금리는 4.435%, 3년 만기 국고채 금리는 3.645%, 기준금리는 3.50%이다. 회사채 금리를 기준금리, 기간 SPREAD와 신용 SPREAD로 구분하면 다음과 같다.

- 기간 SPREAD=[3년만기 국고채 금리-기준금리]=[3.645%-3.50%]=0.145%
- 신용 SPREAD=[3년만기 AA-회사채 금리-3년만기 국고채 금리]
  =[4.435%-3.645%]=0.79%
- 3년만기 AA-회사채 금리, 4.435%
  =[기준금리, 3.50%+기간 SPREAD, 0.145%+신용 SPREAD, 0.79%]

3.3 채권수익률과 표면이자율의 관계

만기 3년, 액면금액 10,000원, 표면이자율 5%, 채권수익률 10%인 SS채권가격(표면이자 연 1회 지급)은 다음과 같이 8,756.57원으로 액면금액 10,000원보다 낮게 형성된다. 만약 채권수익률이 5%로 하락하면 채권가격은 액면금액과 동일한 10,000원, 2.5%로 더 하락하면 액면금액보다 높은 10,714원이 된다. 동일한 조건이라면 채권수익률이 감소할수록 채권가격이 상승하는 것을 알 수 있다.

- 채권수익률=10% : $B=\left[500\times\left\{\dfrac{1-\dfrac{1}{(1.1)^3}}{0.1}\right\}+\dfrac{10,000}{(1.1)^3}\right]$=8,756.57원
- 채권수익률=5% : $B=\left[500\times\left\{\dfrac{1-\dfrac{1}{(1.05)^3}}{0.05}\right\}+\dfrac{10,000}{(1.05)^3}\right]$=10,000원
- 채권수익률=2.5% : $B=\left[500\times\left\{\dfrac{1-\dfrac{1}{(1.025)^3}}{0.025}\right\}+\dfrac{10,000}{(1.025)^3}\right]$=10,714원

채권수익률은 채권투자자들이 그 채권에 요구하는 수익률이라고 하였다. 즉, SS채권에 투자할 때 요구하는 수익률이란 것이다. 반면에 표면이자율은 SS채권 발행자가 투자자들에게 제공하는 이자율에 해당된다. 일정 기간마다 액면금액에 대한 비율로 지급되므로 은행 대출의 이자와 유사한 개념이다. 따라서 표면이자율과 채권수익률의 비교는 채권 투자자가 요구하는 수익률과 채권 발행자가 제공하는 이자율 간의 비교라고 할 수 있다. 그럼 SS채권의 표면이자율 5%에 대해서 채권수익률별로 비교해보자.

첫 번째, 채권수익률이 10%라면 채권 투자자들이 SS채권 투자에서 10% 수익률을 얻고자 하는데 SS채권은 5%의 이자율만 제시하고 있어서 투자자들의 요구수익률이 표면이자만

으로는 충족되지 못한다. 두 번째, 채권수익률이 5%라면 채권 투자자가 5%의 수익률을 얻고자 하는데 SS채권이 정확히 5%의 이자율을 제시하여 표면이자만으로도 요구수익률을 충족시키고 있다. 세 번째, 채권수익률이 2.5%라면 채권 투자자가 2.5%의 수익률을 얻고자 하는데 SS채권이 5%의 표면이자를 제공하므로 요구수익 이상을 얻을 수 있게 된다.

투자자와 발행자 입장에서는 각각의 경우에 어떤 판단을 할까? 첫 번째, 채권수익률(10%)보다 표면이자율(5%)이 낮은 경우에는 다른 것으로 나머지 수익률을 보상해야 채권거래가 발생할 것이다. 나머지 수익을 보상해 줄 수 있는 것이 바로 채권가격이다. 즉 투자자가 액면금액을 할인한 가격에 매수하여 만기에 액면금액을 상환 받도록 하면 그 차액이 표면이자율로 충족되지 못한 요구수익률을 완성시켜줄 것이다. 두 번째, 채권수익률(5%)과 표면이자율(5%)이 동일한 경우에는 투자자는 자신들이 얻고자 하는 수익을 표면이자로 충족시킬 수 있으므로 액면금액과 동일하게 채권가격을 지불할 수 있을 것이다. 세 번째, 채권수익률(2.5%)보다 표면이자율(5%)이 높은 경우에는 투자자가 요구하는 수준보다도 높은 수익률을 표면이자율만으로도 얻을 수 있으므로 투자자는 액면금액보다 높은 가격이라도 SS채권에 투자할 것이다.

앞에서 채권수익률이 하락하면 채권가격이 상승한 것도 채권투자자의 요구수익률이 하락하여 표면이자율의 상대적인 가치가 증가하게 되면서 투자자들의 수요가 증가했기 때문이다.

〈표 3〉 채권수익률과 표면이자율 관계에 따른 채권가격 변화

표면이자율 vs 채권수익률	채권가격 vs 액면금액	채권분류
표면이자율 〈 채권수익률	채권가격 〈 액면금액	할인(discount) 채권
표면이자율 = 채권수익률	채권가격 = 액면금액	액면가(par value) 채권
표면이자율 〉 채권수익률	채권가격 〉 액면금액	할증(premium) 채권

이와 같이 표면이자율과 채권수익률을 비교하면 채권가격이 액면금액보다 어떤 수준에서 형성되는지를 추정할 수 있다. 그 과정을 정리한 것이 앞의 <표 3>이다. 이 관계를 채권 발행 시점에 적용한 것이 할인발행채(권), 액면발행채(권), 할증발행채(권)의 구분이다.

4. 채권투자의 위험

4.1 체계적 위험과 비체계적 위험

<표 3>처럼 채권 투자자와 발행자 사이의 거래 또는 투자자 간의 거래가 이루어지면서 형성된 채권수익률은 거래가격으로 매입하여 만기까지 보유할 경우의 연평균 투자수익률인 YTM이라고 하였다. 그러나 투자한 채권을 만기 이전에 매도하거나 만기까지 보유하였을 때 실현되는 수익률은 YTM과 다를 수 있다. 이와 같이 투자수익률이 채권수익률과 달라지는 상황을 '채권 투자의 위험'이라고 한다.

고정수익증권으로 발행 시점에 CF가 정해져 있으면 만기까지 보유하면 최소한 채권수익률과 동일한 투자수익률이 발생할 것으로 예상하지만 채권 역시 금융상품이므로 위험이 전혀 없을 수는 없다. 국가도 파산을 선언하는 것을 보면 채권은 상대적으로 위험이 적은 금융상품일뿐이지 위험이 전혀 없지는 않다.

채권투자의 위험도 기본적으로 체계적 위험과 비체계적 위험으로구분할 수 있으며, 7, 8장의 포트폴리오 이론에서 자세히 다룰 것이므로 여기서는 개념만 설명하면 체계적 위험(systematic risk)은 여러 채권에 분산투자하여도 제거되지 않는 위험으로 경제 상황이나 채권시장 전반에 영향을 미치는 시장위험(market risk)을 말한다. 채권투자의 체계적 위험에는 이자율위험과 구매력위험이 있다.

비체계적 위험(unsytematic risk)은 특정 채권 발행자 또는 특정 채권만의 위험으로 반대 특징을 가진 채권으로 포트폴리오를 구성하면 제거하거나 축소시킬 수 있는 위험으로 채무불이행 위험, 수의상환위험, 유동성 위험이 여기에 해당된다.

채권투자 위험에서 가장 중요하고 체계적인 분석 과정이 요구되는 위험은 이자율 위험이므로 여기에 대해서 자세히 살펴보고 나머지 위험들은 기본적인 개념만 설명하고자 한다.

4.2 이자율 위험

이자율 위험(interest risk)은 투자자가 채권을 만기 이전에 매도할 때 채권수익률, 즉 이자율이 변동하여 발생하는 가격위험(price risk)과 채권을 만기까지 보유할 때 이자율 변동으로 재투자수익이 감소하여 발생하는 재투자위험(reinvestment risk)으로 나눌 수 있다.

먼저 투자자가 만기 이전에 채권을 매도할 때 채권수익률 상승으로 채권가격이 하락하여 투자수익률이 채권 매입 시점의 YTM보다 낮아지는 '가격위험'부터 살펴보자.

만기 3년, 액면금액 10,000원, 표면이자율 5%, 표면이자 연 1회 지급하는 SS채권이 채권수익률 5%로 액면발행 되어 SS채권을 10,000원에 매입하였다고 하자.

1년이 지난 후 시중금리가 전체적으로 상승하면서 SS채권 수익률도 7.5%로 상승하면 채권가격이 다음과 같이 9,551.11원으로 하락하게 된다. 이 가격에 채권을 매도하면 1년 동안의 채권투자 수익률은 채권 매입 시점의 YTM=5%보다 낮은 (-)0.51%가 실현된다. 이와 같이 채권투자 수익률이 채권수익률 상승에 따른 채권 매도가격 하락으로 YTM보다 낮아지는 것을 가격위험이라고 한다. 여기서 1년 동안 SS채권을 보유하면서 얻게 된 투자수익에는 후지급된 1년차 표면이자와 채권 매도가격이 포함된다.

- 1년 후 가격 : $B_1 = \left[\frac{500}{(1.075)^1} + \frac{500+10,000}{(1.075)^2}\right]$ =9,551.11원
- 1년 투자수익률 : $r_1 = \left[\frac{500+9,551.11-10,000}{10,000}\right] \times 100\%$ =(-)0.51%

반면에 1년 후 시중금리가 전체적으로 하락하면서 SS채권 수익률도 2.5%로 하락하면 채권가격은 다음과 같이 10,481.86원으로 상승하게 되고, 그 가격으로 매도하면 1년 동안의 채권투자 수익률은 채권 매입 시점의 YTM =5%보다 높은 (+)9.82%이 실현된다.

- 1년 후 가격 : $B_1 = \left[\frac{500}{(1.025)^1} + \frac{500+10,000}{(1.025)^2}\right]$ =10,481.86원
- 1년 투자수익률 : $r_1 = \left[\frac{500+10,481.86-10,000}{10,000}\right] \times 100\%$ =(+)9.82%

채권을 만기 이전에 매도하고자 할 때 채권수익률 상승으로 채권가격이 하락하는 가격위험이 발생할 수 있다면 채권을 만기까지 보유하면 이를 회피할 수 있을 것이다. 그러나 불행이도 이 경우에도 채권투자의 위험은 발생할 수 있다.

YTM은 표면이자를 YTM으로 만기까지 재투자한다는 가정하의 수익률이라고 하였다. SS채권을 발행시점에 10,000원에 매수할 때의 채권수익률 5%에는 만기까지 보유할 경우 연평균수익률이 표면이자율과 동일한 5%라는 의미와 함께 다음과 같이 매년 받는 표면이자들이 만기까지 채권수익률 5%로 재투자되어야 연평균수익률 5%가 실현된다는 의미도 포함되어 있다. 그러나 이는 매입 시점의 YTM이 만기까지 변하지 않아야 다음과 같이 3년 동안

투자수익률이 연평균 5%가 실현된다는 것이다.

- 만기의 총투자수익 = [표면이자들의 재투자수익 + 액면금액]
  = [1,576.25원 + 10,000원] = 11,576.25원
- 표면이자들의 재투자수익 = $\left[C_1 \times (1+y)^2 + C_2 \times (1+y)^1 + C_3 \times (1+y)^0\right]$
  = $\left[500 \times (1.05)^2 + 500 \times (1.05)^1 + 500 \times (1.05)^0\right]$
  = 1,576.25원
- 연평균 투자수익률 = $\left[\left(\frac{\text{총투자수익}}{\text{매수금액}}\right)^{1/T} - 1\right] = \left[\left(\frac{11,576.25}{10,000}\right)^{1/3} - 1\right] = 0.05$
  = 5%

여기서 두 번째 ▪의 후지급된 표면이자들의 재투자수익 계산은 1년 차의 표면이자 500원은 2년차와 3년차에 걸쳐 2년 동안, 2년 차의 표면이자 500원은 3년차 1년 동안 만기까지 재투자된 것이고, 3년 차의 표면이자 500원은 만기에 지급되므로 재투자가 발생하지 않는다는 것을 보여주고 있다.

그러나 1년 후 시중금리가 전체적으로 하락하면서 SS채권에 대한 수익률도 2.5%로 하락하여 만기까지 지속된다면 표면이자들의 만기까지의 재투자수익이 다음과 같이 감소하여 만기의 총투자수익도 감소하게 된다. 따라서 연평균 투자수익률도 4.88%로 채권 매입 시점의 YTM 5%보다 하락하게 된다. 이와 같이 채권수익률이 하락하면서 표면이자의 만기까지 재투자수익이 감소하여 채권투자 수익률이 YTM보다 낮아지는 것을 재투자위험이라고 한다.

- 표면이자들의 재투자수익 = $\left[500 \times (1.025)^2 + 500 \times (1.025)^1 + 500 \times (1.025)^0\right]$
  = 1,537.8125원
- 만기의 총투자수익 = [1,537.8125원 + 10,000원] = 11,537.8125원
- 연평균 투자수익률 = $\left[\left(\frac{11,537.8125}{10,000}\right)^{1/3} - 1\right] = 0.0488$ = 4.88%

앞의 상황과는 반대로 1년 후 시중금리가 전체적으로 상승하면서 SS채권에 대한 수익률도 7.5%로 상승하여 만기까지 지속된다면 표면이자들의 만기까지의 재투자수익도 다음과 같이 상승하여 만기의 총투자수익도 상승하고, 연평균 투자수익률도 5.12%로 채권 매입 시점의 YTM 5%보다 높게 실현된다. 즉 만기까지 보유하는 채권 투자에서도 YTM보다 높은 수익률이 발생할 수 있다는 것이다.

- 표면이자들의 재투자수익 = $[500\times(1.075)^2+500\times(1.075)^1+500\times(1.075)^0]$
  = 1,615.3125원
- 만기의 총투자수익 = [1,615.3125원 + 10,000원]=11,615.3125원
- 연평균 투자수익률 = $\left[\left(\frac{11,615.3125}{10,000}\right)^{1/3}-1\right]=0.0512$ = 5.12%

가격위험과 재투자위험은 채권 발행 이후 시중금리의 변동에 따라 해당 채권수익률이 증가하거나 감소하여 투자 종료 시의 투자수익률이 투자 시점의 채권수익률보다 낮아지는 경우로 모두 이자율 변동에 따라 발생하기 때문에 이자율 위험이라고 하는 것이다.

또한 이자율 상승은 만기 이전 채권을 매도할 경우 채권가격을 하락시켜 가격 위험을 발생시키지만 만기까지 보유할 경우에는 표면이자들의 재투자수익을 증가시켜 오히려 투자수익률에 유리하게 작용하고, 이자율 하락은 채권을 만기까지 보유할 경우에는 표면이자들의 재투자수익을 감소시켜 재투자위험을 발생시키지만 만기 이전 채권을 매도할 경우에는 채권가격을 상승시켜 투자수익률에 유리하게 작용한다. 따라서 채권 투자에서는 투자 이후 이자율 변화에 따라 채권을 만기 이전 어느 시점에 매도하는 것이 유리한지, 아니면 만기까지 보유하는 것이 유리한지를 적시에 판단하는 것이 투자성과를 결정한다.

이번에는 채권별 가격위험의 크기에 대해서 살펴보자. 먼저 액면발행된 SS채권과 다른 조건들을 동일하지만 만기만 4년으로 1년 더 긴 Long 채권(역시 액면발행)의 채권수익률 1%P 변화에 대한 가격 변화 정도를 비교하면 다음 <표 4>와 같다. 만기가 긴 Long 채권의 가격변화폭이 더 크다는 것을 알 수 있다.

〈표 4〉 만기만 다른 채권들의 이자율 변화에 대한 가격변화

채권	만기	채권가격	6%(1%P↑)		4%(1%P↓)	
			채권가격	변화율	채권가격	변화율
SS	3년	10,000원	9,732.70원	(−)2.67%	10,277.51원	(+)2.78%
Long	4년	10,000원	9,653.49원	(−)3.47%	10,362.99원	(+)3.63%

이번에는 액면발행된 SS채권과 다른 조건들을 동일하지만 표면이자율만 6%로 더 큰 Large 채권(역시 액면발행)의 채권수익률 1%P 변화에 대한 가격 변화 정도를 비교하면 다음 <표 5>와 같다. 표면이자율이 큰 Large 채권의 가격변화폭이 더 작다는 것을 알 수 있다.

〈표 5〉 표면이자율만 다른 채권들의 이자율 변화에 대한 가격변화

채권	표면이자율	채권가격	6%(1%P↑)		4%(1%P↓)	
			채권가격	변화율	채권가격	변화율
SS	5%	10,000원	9,732.70원	(−)2.67%	10,277.51원	(+)2.78%
Large	6%	10,272.32원	10,000원	(−)2.65%	10,555.02원	(+)2.75%

이와 같이 만기 또는 잔존기간이 길수록, 표면이자율이 적을수록 동일한 수준의 이자율 변화에 대한 채권가격의 변화가 민감하게 나타난다. 따라서 예상되는 금리 변화가 상승이냐 하락이냐에 따라서 채권 포트폴리오의 구성을 유리하게 조정하면 보다 좋은 투자 성과를 얻을 수 있을 것이다.

4.3 나머지 위험들

(1) 구매력 위험

일반적으로 이자율은 명목이자율(nominal interest)을 말하며, 다음 식 (10)의 피셔의 방정식(Fisher's equation)에 의하면 명목이자율(R)은 실질이자율(real interest, r)에 인플레이션(π)을 더한 개념이다.

- Fisher's equation: $(1+R)=[(1+r)(1+\pi)] \Rightarrow R \approx (r+\pi)$ ··· 식 (10)

따라서 채권 투자 이후 명목이자율인 채권수익률은 변하지 않는데, 인플레이션이 증가하면, 실질이자율이 감소하여 투자수익이 감소하는 효과가, 인플레이션이 감소하면 실질이자율이 증가하여 투자수익이 증가하는 효과가 발생할 것이다.

예를 들어, 채권 투자 시점에 스타벅스 커피 1잔이 4,000원이어서 100,000원을 투자하여 1년 후 4%의 수익률을 얻고, 커피 가격의 변화가 없다면 수익 4,000원으로 커피 1잔을 마실 수 있을 것이다. 그러나 1년 사이에 2.5%의 인플레이션이 발생하여 스타벅스 커피 1잔이 4,100원이 되었다면 4,000원의 수익으로 스타벅스 1잔을 살 수 없게 되어 구매력이 감소하게 된다. 반대로 1년 사이에 인플레이션이 2.5% 하락하여 스타벅스 커피 1잔이 3,900원이 되었다면 4,000원의 채권 수익으로 스타벅스 1.02잔을 살 수 있어서 구매력이 증가하게 된다.

이와 같이 채권투자 수익의 구매력이 미래 인플레이션 변동에 따라 하락하는 것을 구매력 위험(purchasing power risk)이라고 한다. 우리나라에서는 인플레이션(π)에 연동하여 원리금

을 지급하는 물가연동국고채가 발행되고 있어서 구매력 위험을 제거하거나 감소시키는데 활용되고 있다. 물가연동국고채는 일정 기간마다 소비자물가지수에 연동하여 채권의 원금을 재계산한 후 그것에 대한 표면이자를 지급하여 투자자는 소비자물가에 연동된 이자수익을 얻을 수 있게 된다.

(2) 채무불이행 위험

신용채권 발행자 또는 매우 드물지만 국채 발행자가 원리금 지불 능력이 악화되어 정해진 시점에 원리금이 지급되지 못하거나 감소될 가능성을 채무불이행 위험(default risk)이라고 한다.

신용등급이 낮은 채권 발행자는 채무불이행 위험이 상대적으로 크므로 투자 시에 주의해야 하고, 신용등급이 나쁘지 않았던 발행자도 발행 이후 등급이 하락하면 대외적인 신뢰도 하락, 채권금리 상승 등으로 재무상태가 악화될 수 있다.

(3) 중도상환 위험

Call 옵션이 부여된 수의상환채권은 만기 이전에 채권 발행자가 원금을 상환할 수 있는 권리를 가진다. 발행자는 채권 발행 이후 시중 금리가 하락하여 그 채권과 동일한 조건의 채권을 낮은 금리로 발행할 수 있다면 높은 금리의 기존 채권의 Call 옵션을 행사하여 원금을 상환하는 것이 유리할 것이다.

그러나 채권 보유자 입장에서는 보유 채권의 원금이 상환되면 그 자금으로 투자할 수 있는 채권들은 이전보다 수익률이 하락한 채권들이 대부분이다. 이와 같이 기존의 높은 채권 수익률 대신 낮은 수익률을 제공하는 채권에 투자할 수밖에 없게 되는 상황을 '중도상환 위험(Call risk)'이라고 한다.

중도상환 위험은 만기 이전 발행자가 원금을 상환할 수 있는 권리, 즉 Call 옵션이 부가된 채권에서 추가적으로 부담해야 하는 위험이다

(4) 유동성 위험

금융 거래에서 투자 상품을 신속하게 사고팔 수 있고, 최대한 원하는 가격에 사고팔 수 있다면 유동성(liquidity)이 높다고 하고, 반대로 원하는 시기에 매매가 쉽지 않거나, 원하는 시기에 매매하려면 원하는 가격과 차이가 큰 가격, 즉 매수자는 적정가격보다 비싸게, 매도자는 적정가격보다 싸게 거래해야 한다면 유동성이 낮다고 한다. 이와 같이 유동성이 낮은 상황

에서 거래해야 하는 경우를 유동성 위험(liquidity risk)이라고 한다.

유동성 위험은 주로 발행물량이 적거나, 시장 규모가 작거나, 시중 자금 사정이 악화되거나, 신용등급이 매우 낮거나 채권 발행자가 거의 파산 직전인 경우에 발생할 가능성이 높다.

참고로 유동성을 측정하는 대표적인 측정치는 최우선 매수(bid)호가와 매도(ask)호가 간의 차이인 'Bid-Ask Spread'이다. 최우선 매수호가는 지금 체결되는 가격 바로 다음으로 체결될 수 있는 사고자(buy) 하는 주문가격, 최우선 매도호가는 팔고자(sell) 하는 주문가격으로 두 가격 간의 차이가 크다면 매수자의 지불하고자 하는 금액과 매도자의 받고자 하는 금액의 차이가 크다는 것이므로 거래가 체결될 가능성은 낮아져서 유동성이 하락하게 된다. 따라서 Bid-Ask Spread가 적을수록 유동성이 높다고 평가한다.

5. 듀레이션과 볼록성

5.1 듀레이션(Duration)

(1) 듀레이션의 의미와 계산

경제학에서는 일반적으로 가격 상승하면 수요가 감소하여 가격과 수요 사이에은 (-)의 상관관계가 존재하고, 수요량이 가격 변화량에 얼마나 민감하에 반응하는가를 수요의 가격탄력성[=수요량의 변화율/가격의 변화율]으로 측정하여 1 이상이면 탄력적인, 1 이하이면 비탄력적인 반응을 보인다고 한다.

채권가격과 채권수익률 사이에도 (-)의 상관관계가 존재한다고 하였다. 둘 사이의 (-) 상관관계는 채권이론을 이해하는데 매우 기초적이고 중요한 내용이다. 그러면 채권수익률 또는 채권금리가 상승(하락)하면 구체적으로 채권가격은 얼마나 하락(상승)할까? 채권수익률이 변하는 방향과 정도가 예상되면 보유채권의 가격이 얼마나 변할지를 추정하여 투자전략을 세울 수 있을 것이다.

채권시장에서는 금리 변화에 대한 채권가격의 변화 정도를 '듀레이션(duration)'이란 통계치를 활용하여 측정한다.

듀레이션(Duration, 이하 D)은 표면이자, 액면금액 등의 투자 수익으로 채권 투자비용을 회수하는데 소요되는 기간을 의미하며, 다음과 같이 두 단계를 거쳐 계산된다. Step 1은 회수시점을 시점별 회수금액 현재가치로 가중평균하는 과정이고, Step 2는 가중평균값을 채권가격으로 나누어 D를 계산하는 과정이다. 이와 같이 계산된 D를 '맥컬리 듀레이션(Macaulay Duration)'이라고도 한다.

- Step 1. 채권투자 후 회수되는 투자수익들의 현재가치에 회수시점(t)을 곱한 값들의 합

$$: \sum_{t}^{\tau}\left[t \times \frac{CF_t}{(1+r)^t}\right]$$

- Step 2. [Step 1의 가중평균/채권가격(투자비용)] : $\left[\dfrac{\sum_{t}^{\tau}\left\{t \times \dfrac{CF_t}{(1+r)^t}\right\}}{B_0}\right]$

표면이자율 5%, 만기 3년, 채권수익률 10%, 채권가격 8,756.57원인 SS채권의 표면이자가 연 1회 지급되는 경우의 D를 계산하면 다음과 같이 2.85년이 된다.

- Step 1. $\sum_{t}^{\tau}\left[t \times \frac{CF_t}{(1+r)^t}\right] = \left[1 \times \frac{500}{(1.1)^1} + 2 \times \frac{500}{(1.1)^2} + 3 \times \frac{500+10{,}000}{(1.1)^3}\right] = 24{,}947.41$ 원
- Step 2. $\left[\dfrac{\sum_{t}^{\tau}\left\{t \times \dfrac{CF_t}{(1+r)^t}\right\}}{B_0}\right] = \left[\dfrac{24{,}947.41}{8{,}756.57}\right] = 2.85$ 년

D =2.85년은 SS채권 투자금액 8,756.57원은 만기 이전 2.85년이 되면 표면이자와 액면금액의 수익으로 모두 회수되고, 2.85년 이후부터 만기 3년까지 발생하는 CF는 투자비용을 초과하는 수익이라는 것을 의미한다.

그러면 채권 투자비용을 회수하는데 소요되는 기간을 의미하는 D가 채권 금리 변화에 대한 채권가격의 변화 정도와 어떻게 연결된다는 것일까? D와 채권가격의 변화 정도를 연결시키기 위해서는 다음과 같이 한 단계를 더 거친 '수정된 듀레이션(Modified Duration, 이하 D_M)'이 필요하다. 여기서 r은 채권수익률, m은 표면이자 지급횟수를 각각 의미한다.

- Step 3. 수정된 D : $D_M = \left[\dfrac{D}{\left(1+\dfrac{r}{m}\right)}\right] = \left[\dfrac{\dfrac{\sum_{t}^{\tau}\left\{t \times \dfrac{CF_t}{(1+r)^t}\right\}}{B_0}}{\left(1+\dfrac{r}{m}\right)}\right]$

SS채권의 D_M은 다음과 같이 2.5899%가 된다. 여기서 주의해야 할 것은 D의 단위는 기간이었지만 D_M의 단위는 %라는 것이다. SS채권의 D_M=2.5899%는 채권금리가 1%P 상승(하락)하면 가격은 2.5899% 하락(상승)한다는 것을 의미한다. 따라서 D_M은 금리 변화에 대한 채권가격의 반응 정도를 측정하게 된다.

- Step 3. $D_M = \left[\dfrac{2.8489}{\left(1+\dfrac{0.1}{1}\right)}\right] = 2.5899\%$

이번에는 채권수익률이 1%P 상승하거나 하락한 경우 D_M으로 추정한 SS채권의 가격과 직접 계산한 가격을 비교해보자.

- 10%에서 11%로 1%P 상승한 경우
  ⇒ D_M 추정 가격 : 8,756.57원×[1 − D_M(=0.025899)] =8,529.78원
  ⇒ 직접 계산 가격 : $\left[\dfrac{500}{(1.11)^1}+\dfrac{500}{(1.11)^2}+\dfrac{500+10,000}{(1.11)^3}\right]$ =8,533.77원

- 10%에서 9%로 1%P 하락한 경우
  ⇒ D_M 추정 가격 : 8,756.57원×[1 +D_M(=0.025899)] =8,983.36원
  ⇒ 직접 계산 가격 : $\left[\dfrac{500}{(1.0.9)^1}+\dfrac{500}{(1.0.9)^2}+\dfrac{500+10,000}{(1.09)^3}\right]$ =8,987.48원

이와 같이 직접 계산한 가격들과 D_M으로 추정한 가격이 정확히 일치하지 않는다. 이는 다음 <그림 3>처럼 채권금리와 가격 사이의 (−)관계는 직선 형태로 나타나지 않고, 곡선의 형태로 나타나기 때문이다. 실제로 채권수익률 변화에 따른 채권가격의 변화는 곡선 형태임에도 D_M는 직선 형태의 변화로 측정했기 때문에 두 측정치 사이에 차이가 발생한 것이다. 채권수익률 변화폭이 작으면 차이가 크지 않지만 변화폭이 확대될수록 둘 사이의 차이도 점점 확대된다. 여기서 실제 변화된 채권가격과 D_M으로 추정한 가격과의 차이를 '듀레이션 오차(D_M 오차)'라고 한다.

〈그림 3〉 채권수익률과 채권가격 관계

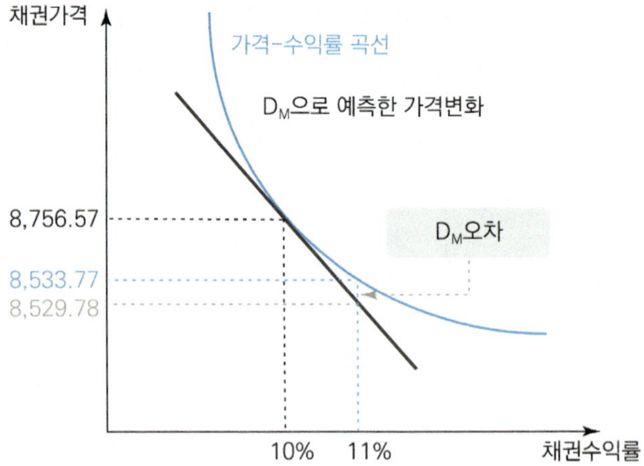

(2) 듀레이션 결정 요인들

앞에서 Step 3의 D_M 계산식을 구성하는 요인들을 통하여 D_M은 어떤 요인들로 결정되고, 그 요인들과는 어떤 상관관계를 가지고 있는지 살펴보자.

첫 번째 요인은 만기(T) 또는 잔존만기(T－t)이다. D는 채권투자 비용의 회수기간이므로 투자수익의 가장 큰 규모인 액면금액이 회수되는 T가 멀수록 회수기간이 오래 걸릴 것이므로 D는 증가하게 된다. 따라서 D와 T 사이에는 (+)의 상관관계가 존재한다. 그러나 T가 증가할수록 D가 증가하는 폭은 한계효용의 체감법칙처럼 점점 감소한다.

SS채권의 채권수익률이 10%이고 만기가 3년일 때 D와 D_M은 각각 2.8489년과 2.5899%였다. 만약 다른 조건은 동일하고 만기만 4년으로 증가시키면 D와 D_M은 각각 3.6951년과 3.3592%로 증가하고, 5년으로 증가시키면 D와 D_M은 각각 4.4879년과 4.0799%로 증가한다. 그러나 만기가 3년에서 4년으로 1년 증가할 때의 D는 0.8462년[＝3.6951년－2.8489년], D_M은 0.7693%P[＝3.3592%－2.5899%] 증가했지만, 4년에서 5년으로 1년 증가할 때의 D는 0.7928년[＝4.4879년－3.6951년], D_M은 0.7207%P[＝4.0799%－3.3592%]만 증가하여 증가폭이 감소하는 것을 알 수 있다. 만기가 3년에서 4년으로 증가한 경우의 D와 D_M의 계산과정은 다음과 같으며 나머지 조건들이 변경할 때의 D와 D_M도 이와 같이 계산되므로 D_M 계산식에 포함되는 요인들이 변하면 채권가격도 변한다는 것에 주의하여 만기가 4년에서 5년으로 증가하는 경우의 D와 D_M은 공학용 계산기를 이용하여 직접 확인해보기 바란다.

- 만기가 4년으로 증가할 경우 SS 채권가격

$$\Rightarrow \quad B_0 = \left[\frac{500}{(1.10)^1} + \frac{500}{(1.10)^2} + \frac{500}{(1.10)^3} + \frac{500+10,000}{(1.10)^4}\right] = 8,415.07\text{원}$$

- $$D = \left[\frac{1\times\frac{500}{(1.1)^1} + 2\times\frac{500}{(1.1)^2} + 3\times\frac{500}{(1.1)^3} + 4\times\frac{500+10,000}{(1.1)^4}}{8,415.07}\right] = 3.6951\text{년}$$

- $$D_M = \left[\frac{3.6951}{\left(1+\frac{0.1}{1}\right)}\right] = 3.3592\%$$

두 번째 요인은 표면이자 또는 표면이자율이다. 표면이자가 큰 채권은 작은 채권보다 초기에 회수되는 금액이 클 것이므로 채권투자 비용이 회수되는 기간이 짧아진다. 따라서 표면이자와 D 사이에는 (−)의 상관관계가 존재한다.

SS채권의 표면이자율만 5%에서 6%로 증가시키면 D는 2.8489년에서 2.8238년으로, D_M은 2.5899%에서 2.5671%로 감소하고, 표면이자율을 5%에서 4%로 감소시키면 D는 2.8757년, D_M은 2.6142%로 각각 증가한다.

세 번째 요인은 채권수익률이다. 채권수익률은 D를 계산할 때 회수되는 미래 CF들의 현재가치를 계산하는 할인율 역할을 하고 있다. 미래 특정 시점의 CF가 동일하더라도 할인율이 커지면 현재가치는 작아지는데, 특히 가장 먼 미래에 가장 많이 발생하는 만기의 액면금액의 현재가치가 가장 많이 할인되어 전체 수익에서 차지하는 비중이 감소하고, 가까운 미래 CF들의 비중이 증가할 것이므로 채권투자금액 회수기간은 짧아진다. 따라서 채권수익률(r)과 D 사이에는 (−)의 상관관계가 존재한다.

SS채권의 수익률이 10%에서 15%로 상승하면 D는 2.8489년에서 2.8383년으로, D_M은 2.5899%에서 2.4681%로 감소하고, 5%로 하락하면 D는 2.8594년으로, D_M은 2.7232%로 증가한다.

정리하면 D와 D_M는 만기 또는 잔존만기가 길수록, 표면이자율이 낮을수록, 채권수익률이 낮을수록 증가한다. 이는 또한 D_M은 채권금리 변화폭에 대한 채권가격의 변화정도, 즉 민감도를 의미하므로 만기 또는 잔존만기가 길수록, 표면이자율이 낮을수록 채권금리 변화에 따른 가격 변화가 확대되어 가격위험이 크게 발생한다는 것을 의미한다. 다음 <표 4>는 SS채권의 만기, 표면이자율, 금리 변화에 따른 채권가격, D와 D_M과 상관관계를 정리한 것이다.

〈표 4〉 만기, 표면이자율, 금리 변화에 따른 SS 채권의 D와 D_M

조건	채권가격	D	D_M
현재 : 채권수익률 10%, 만기 3년 표면이자율 5%, 액면금액 10,000원	8,756.57원	2.8489년	2.5899%
만기 4년으로 1년 증가	8,415.07원(-)	3.6951년(+)	3.3592%(+)
만기 5년으로 2년 증가	8,104.61원(-)	4.4879년(+)	4.0799%(+)
만기 2년으로 1년 감소	9,132.23원(+)	1.9502년(-)	1.7729%(-)
표면이자율 6%로 증가	9,005.26원(+)	2.8238년(-)	2.5671%(-)
표면이자율 4%로 감소	8,507.89원(-)	2.8757년(+)	2.6142%(+)
채권수익률 15%로 상승	7,716.77원(-)	2.8383년(-)	2.4681%(-)
채권수익률 5%로 하락	10,000원(+)	2.8594년(+)	2.7232%(+)

5.2 볼록성(Convexity)[8]

채권가격의 볼록성(convexity)은 채권수익률과 채권가격 사이의 관계가 원점에 대하여 볼록(convex)하다는 것으로, 동일한 규모의 채권수익률이 변하더라도 채권수익률이 낮은 수준에서는 가격변화가 크게, 높은 수준에서는 낮게 나타나는 것을 말한다.

앞의 <그림 3>의 채권수익률에 따른 채권가격의 변화를 보여주는 채권가격-수익률 곡선을 보면 채권수익률과 채권가격이 (-)의 상관관계를 가지고 있지만 직선이나 아니라 볼록한 곡선 형태의 관계이므로 채권 수익률이 하락할수록 또는 상승할수록 채권가격이 변하는 정도가 다른 것이다. 따라서 D_M으로 채권수익률 변화에 따른 채권가격을 추정하면 직접 계산한 채권가격과 차이, 즉 듀레이션 오차가 발생하고, 채권발행 조건들에 따라서 볼록한 정도(degree of curvature)가 다르기 때문에 듀레이션 오차도 달라진다.

6. 채권투자 전략

채권투자 전략은 포트폴리오나 다른 투자전략처럼 크게 '소극적 투자전략'과 '적극적 투자전략'으로 구분할 수 있다. 소극적 투자전략(Passive investment strategy)은 채권 시장은

8 채권의 볼록성은 본서를 넘어서는 수준의 수학 지식이 요구되어 본서에는 볼록성의 개념만 설명하고 보다 자세한 내용은 '한국의 채권시장(2019년)' 또는 투자론 등의 교과서를 참조하기 바람.

효율적(efficient)이므로 해당 채권과 관련된 모든 정보는 이미 채권가격에 반영되어 있어 정보를 활용한 투자전략으로는 시장을 초과하는 수익을 얻을 수 없다고 전제하고 세우는 투자전략인 반면에, 적극적 투자전략(active investment strategy)은 채권시장은 비효율적(inefficient)이므로 채권과 관련된 모든 정보가 현재의 채권가격에 충분히 반영되지 않아서 반영되지 않은 정보를 발굴하고 금리 변화를 예측하여 적극적으로 초과수익을 추구하는 투자전략을 말한다.

본서에서는 구체적인 전략 실행방법은 내용도 많고, 무엇보다 본서의 수준을 넘어서는 내용들이 많이 포함되어, 소극적, 적극적 투자전략에는 어떤 전략들이 있는지와 개념에 대해서만 간단하게 설명하고자 한다.

6.1 소극적 투자전략

소극적 투자전략으로 많이 언급되는 전략은 '만기보유 전략', '채권면역 전략', '인덱스 전략', '사다리형 전략' 등이 있다.

만기보유(Buy and hold) 전략은 투자한 채권을 만기까지 보유하여 투자 시점에 수익을 확정해버리는 전략이다. 채권 투자 이후 금리 변화를 신경쓸 필요가 없는 가장 기본적이며 단순한 투자전략이다. 채권 매수 이후 금리가 상승하면 투자 시점에 확정된 수익이 상대적으로 적게 여겨질 수 있지만 반대로 금리가 하락하면 상대적으로 높은 수익을 확실하게 얻을 수도 있다.

채권면역(Immunization) 전략이란 투자 기간과 동일한 듀레이션을 갖는 채권 포트폴리오를 구성하여 시장의 금리 변동에 따른 리스크를 최소화하는 면역 상태의 포트폴리오를 구성하는 전략이다. 예를 들어, 채권 투자기간 3년과 동일한 듀레이션을 갖도록 채권 포트폴리오를 만기 1, 3, 5년 채권으로 구성하면, 시장 금리가 상승하였을 때의 포트폴리오 채권 가격들의 하락을 표면이자의 재투자수익이 증가하여 상쇄시켜줄 것이고, 금리가 하락하였을 때의 표면이자의 재투자수익이 감소를 포트폴리오 채권 가격들이 상승하여 상쇄시켜줄 것이다. 이와 같이 채권투자 수익이 시장 금리 변동에 영향을 받지 않는, 즉 면역 상태의 채권 포트폴리오를 구성하는 것이 채권면역 전략이다.

인덱스 전략(Indexing)은 채권시장을 대표하는 지수(index) 변화와 동일하게 수익률이 변하도록 포트폴리오를 구성하는 전략이다. 만기별, 종목별, 테마별 대표 종목들을 중심으로 시장 전체를 복제하는 포트폴리오를 구성하는 전략이므로 시장 상황이나 금리 변동 등에 대한 투자자의 주관적인 판단은 필요 없는 전략이다.

ETF 등의 인덱스 상품들은 상대적으로 매매회전율이 낮아서 거래비용이 낮고 운용 수수료율도 낮아서 투자자의 부담이 상대적으로 적지만 시장 지수와 실제 구성된 포트폴리오 간의 성과 차이, 즉 '추적 오차(tracking error)'가 발생할 수 있어서 추적 오차를 관리하는 것이 투자자 요구에 적합한 인덱스를 선택하는 것과 함께 인덱스 전략에서는 중요하다.

사다리형(Ladder) 전략은 이자율 위험, 유동성 위험을 줄이면서 분산투자효과를 누리다가, 보유 채권들의 만기에 이르게 되면 다시 장기 채권에 투자하여 만기별 채권보유 비중을 지속적으로 유지하는 전략을 말한다. 포트폴리오 내에 다양한 만기의 채권들이 포함되므로 시장 금리 및 수익률 곡선 변화에 따른 위험을 평준화시킬 수 있고, 만기가 도래하면 거래비용이 발생하는 채권 매도를 하지 않아도 유동성을 확보할 수 있고, 포트폴리오에는 다양한 만기의 채권들이 포함되므로 유동성 확보를 위해 매도할 채권의 선택 폭이 넓은 것도 유동성 확보에 도움이 된다.

6.2 적극적 투자전략

적극적 투자전략에는 크게 '방향성 전략', '상대가치 전략', '모멘텀 전략' 등으로 구분할 수 있으며, 상대가치 전략은 다시 시장 중립형 전략과 비중립형 전략으로 구분되고, 시장 중립형 전략에는 '현물-선물 차익거래 전략', '지표-비지표 차익거래 전략', '버터플라이 전략', '수익률 곡선 전략', '신용 스프레드 전략' 등이 있다. 각 전략들을 간단하게 살펴보자

첫 번째, 방향성 전략은 Market Timing이라고 하는데 시장의 금리 방향을 예측하여 초과수익을 추구하는 기본적인 전략이다. 금리 상승(하락)이 예상되면 보유채권의 듀레이션을 축소(확대)하여 가격 하락(상승)을 축소(확대)하는 전략이다. 따라서 이 전략에서는 금리 변화를 가져오는 주요 요인들인 물가, 원자재 가격, GDP와 실업률, 채권 발행량 변화, 통화정책 등을 주시해야 한다.

두 번째, 상대가치 전략은 다양한 만기의 동종 또는 이종 채권, 국채 선물, 금리 스왑과 같은 파생상품 등 다양한 채권 종목과 채권 관련 상품들 간의 스프레드 확대 또는 축소를 예측하여 초과수익을 추구하는 전략으로 시장 중립형 전략과 비중립형 전략으로 나눌 수 있다.

시장 중립형 전략(Market-neutral relative value)은 만기가 비슷하여 연관성이 높은 채권들 간의 스프레드를 활용하여 저평가 종목을 매수하고 고평가 종목을 매도하는 전략으로 채권 및 채권관련 상품들 간의 스프레드가 적정 수준을 벗어나면 곧 평균으로 회귀할 것이라고 전제하고 취하는 투자전략이다. 대표적인 시장 중립형 전략들을 살펴보면 우선 현물-선물 차익거래 전략은 채권 현물과 국채 선물 간의 적정 가치 수준에 기반을 둔 차익거래 전략으로, 예를 들어, 현재 국채선물이 국채(현물)에 비하여 저평가 상태라면 고평가된 국채를 매도

하고, 저평가된 국채 선물을 매수하는 차익거래를 통하여 추가수익을 얻으려는 전략이다.

지표-비지표 차익거래 전략은 일시적인 국고채 지표 채권과 비지표 채권 간의 스프레드를 활용하여 고평가된 지표 채권을 매도하고 저평가된 비지표 채권을 매수하여 차익을 얻으려는 전략이다. 국고채 지표 채권은 최근에 발행되어 유동성과 거래량이 풍부하지만 비지표 채권은 과거에는 발행되었으나 지금은 더 이상 발행되지 않아서 유동성과 거래량이 상대적으로 떨어진다. 이로 인한 유동성 프리미엄 때문에 지표 채권이 선호되어 만기가 길어도 일반적인 경우와는 반대로 비지표 채권의 금리보다 낮아지는 현상이 발생하여 차익거래가 가능해진다.

채권의 만기가 길어지면 채권수익률도 증가하여 채권수익률 곡선은 일반적으로 우상향하지만 특정 만기 채권의 수급 문제가 발생하면 그 관계가 깨지는 상황이 발생할 수 있다. 예를 들어, 통화안정증권 2년 만기에 대한 외국인 투자자들의 단기적인 적극 매수로 2년물 금리가 통안채 1년물이나 국고채 3년물 금리보다 상대적으로 낮아질 수 있다(가격은 상승). 이런 경우에 상대적으로 금리가 높은(가격이 싼) 통안채 1년물이나 국고채 3년물을 매수하고 금리가 낮은(가격이 비싼) 통안채 2년물을 매도하는 전략을 취하면 차익을 실현시킬 수 있다. 이와 같이 짧고 긴 만기(butterfly wing)를 매수하고, 중간 만기(butterfly body)를 매도하는 전략을 Butterfly 전략이라고 한다.

채권의 만기와 수익률 사이의 관계를 나타내는 수익률 곡선이 보통 우상향하는 형태를 보이는데 곡선의 기울기는 펀더멘탈, 채권 수급물량, 정책 변수 등에 따라 계속 변한다. 수익률 곡선(Yield curve) 전략은 기울기 등의 변화를 예상하고 수립하는 전략으로 Flattening 전략, Steepening 전략, Barbel 전략, Bullet 전략 등이 있다.

신용 스프레드 전략은 국고채와 회사채 간의 금리 차이인 신용 스프레드를 활용하는 전략을 말한다. 만약 현재 국고채 대비 회사채 금리의 스프레드가 적정 수준 이상으로 확대(축소)되었다고 판단되면, 앞으로 신용 스프레드는 축소(확대)될 것으로 예상하여 회사채를 매수(매도)하고 동일한 만기의 국고채를 매도(매수)하는 전략을 통하여 차익을 실현시킬 수 있다. 이는 신용등급이 다른 회사채 간에도 활용할 수 있는 전략이다.

세 번째, 모멘텀(Momentum) 전략은 펀더멘탈, 통화정책, 수급 물량, 가치평가 등의 기본적 분석(fundamental analysis)보다는 시장의 추세와 분위기를 따르는 기술적 분석(technical analysis)으로 시장의 추세가 한 번 형성되면 시장의 움직임은 계속 그 추세를 이어간다는 전제하에 취하는 전략이다. 만약 시장 금리 상승세가 형성되면 계속 상승할 가능성이 높지, 반전 하락할 가능성은 거의 없다고 판단하여 지속적으로 채권을 매도하거나 채권의 듀레이션을 줄이는 전략을 취하는 것이다.

연습문제

6-1. 채권수익률을 발행자와 투자자 입장에서 각각 설명하시오.

6-2. 채권수익률과 표면이자율의 관계를 통하여 채권을 분류해보시오.

6-3. 이자율 위험에 대해서 설명하시오.

6-4. 다음과 같은 공통 조건과 각 문제에서 제시되는 채권발행 조건들을 가지고 질문에 답하시오.

종목명 : T-bond	액면가치(FV) : 10,000원
발행일 : 21년 1월 1일	만기일 : 23년 12월 31일

① 발행수익률이 3.00%인 할인채라면 발행일과 발행일 7일 이전 기준 발행단가, 21년 5월 30일 매매(당일결제)할 경우 매매단가(매매수익률 2.85%)는 각각 얼마인가?

② 발행수익률이 3.00%, 표면이자율 2.75%(연 1회 지급), 선매출일이 20년 12월 26일인 단리채의 선매출기간 이자를 만기에 지급하는 경우와 할인발행하여 지급하는 경우의 발행단가, 매매일(21년 5월 30일, 당일결제) 매매단가는 각각 얼마인가?

③ ②에서 표면이자 지급만 3개월 후지급으로 변경하면 각각의 발행단가와 매매일의 매매단가는 얼마인가?

④ 발행수익률이 3.00%, 표면이자율 2.75%(연 1회 지급), 선매출일이 20년 12월 26일인 복리채의 선매출기간 이자를 만기에 지급하는 경우와 할인발행하여 지급하는 경우의 발행단가, 매매일(21년 5월 30일, 당일결제) 매매단가는 각각 얼마인가?

⑤ ④에서 표면이자 지급만 3개월 후지급으로 변경하면 각각의 발행단가와 매매일의 매매단가는 얼마인가?

⑥ 발행수익률이 3.00%, 표면이자율 2.75%, 선매출이 아닌 경우 표면이자를 연 1회 지급하는 경우와 4회 지급하는 경우의 발행단가는 각각 얼마인가? 납입일은 21년 1월 7일이라고 가정.

⑦ 발행수익률이 3.00%, 표면이자율 2.75%, 표면이자를 연 1회 지급하는 경우와 4회 지급하는 경우의 발행단가는 각각 얼마인가? 납입일은 20년 12월 7일이라고 가정.

⑧ 발행수익률이 3.00%, 표면이자율 2.75%, 선매출이 아닌 경우 표면이자를 연 1회 지급하는 경우와 4회 지급하는 경우의 매매일(21년 5월 30일, 익일결제) 매매단가는 각각 얼마인가?

6-5. A회사 3년 만기 채권(이표채)의 금리가 2.75%로 결정되었다. 한국은행 경제통계시스템에 가서 필요한 실시간 자료를 찾아서 A회사 채권금리의 기간 SPREAD, 신용 SPREAD을 계산하시오.

6-6. 액면가치가 10,000원, 만기는 2년, 연 4%의 표면이자를 지급하는 B채권이 현재 9,600원에 거래되고 있다. 이자율계산주기가 1년 단위, 6개월 단위, 3개월 단위의 채권수익률을 각각 추정하시오(만기가 2기간을 넘어서면 엑셀의 IRR 함수를 이용하거나 시행착오법으로 추정해야 함)

6-7. C기업은 새로운 사업의 투자자금 300억원을 조달하기 위하여 액면가 10,000원, 표면이자율 4.00%, 만기 5년의 채권을 발행할 예정이다.

① 표면이자를 연 1회 지급하는 경우의 액면발행, 채권수익률이 3%, 5%일 경우 사업자금 300억원을 조달하기 위하여 발행해야 할 채권의 수는 각각 얼마인가?

② 표면이자를 연 4회 지급하는 경우의 액면발행, 채권수익률이 3%, 5%일 경우 사업자금 300억원을 조달하기 위하여 발행해야 할 채권의 수는 각각 얼마인가?

③ D은행은 ①의 액면발행된 C채권에 50억원을 투자하였다가 2회의 표면이자를 수령하고 2년이 지난 시점에서 유동성 강화를 위하여 C채권을 매도하였다. 매도 당시 C채권 수익률이 표면이자율과 동일, 3%, 5%인 경우의 채권투자 수익률(연평균)을 계산하시오. 채권매도 전까지는 액면발행의 채권수익률이 계속 유지되었다고 가정.

④ ③에서 D은행이 C채권을 매도하지 않고 만기까지 보유할 경우 채권투자 수익률(연평균)을 2년이 지난 시점에서 채권수익률이 표면이자율과 계속 동일, 3%, 5%로 변한 후 만기까지 지속되는 경우별로 각각 계산하시오.

6-8. 액면가치 10,000원, 만기 5년인 채권(이표채)이 채권수익률 4.50%, 가격 9,122원에 거래되고 있다.

① 표면이자가 연 1회 지급된다면 표면이자율은 얼마인가?

② 표면이자가 연 4회 지급된다면 표면이자율은 얼마인가?

6-9. 다음과 같은 공통 조건과 각 문제에서 제시되는 채권발행 조건들을 가지고 질문에 답하시오.

종목명 : X-bond	표면이자율 : 5% (연 1회 지급)
액면가치 : 10,000원	잔존만기 : 3년

① X-bond의 만기수익률(yield to maturity, YTM)이 3%라면 채권가격은 얼마인가?

② 만약 채무불이행 위험이 존재한다면 채권가격은 ①보다 증가하겠는가? 감소하겠는가? 채무불이행 위험을 반영한 채권수익률이 3.75%로 상승했다면 채권가격은 어떻게 되겠는가? 변하는 이유도 설명하시오.

③ 발행 후 1년이 지난 시점에서 9,132.23원에 거래되는 경우와 10,788.16원에 거래될 경우의 채권수익률은 각각 얼마인가? 결과들을 통하여 채권수익률과 채권가격 사이에는 어떤 관계가 있는지와 그 관계가 의미하는 바도 설명하시오.

④ 채권수익률이 3.75%일 때 표면이자가 연 2회 지급되는 경우와 4회 지급되는 경우의 채권가격을 계산하시오.

⑤ 투자자 Park이 발행시점에 5%의 수익률로 X-bond(표면이자 연 1회 지급)를 매수한 후 2년이 지난 시점에서 채권을 매도해야 하는 상황이 발생하였다. Park이 보유하는 동안은 채권수익률 변동이 없었지만 매도 시점에서 동일한 확률로 7.5%로 상승할 수도, 2.5%로 하락할 수도 있다고 한다. Park의 채권투자 기대수익률은 얼마인가? 연평균수익률로 계산하시오.

⑥ 투자자 Kim은 발행시점에 5%의 수익률로 X-bond(표면이자 연 1회 지급)를 매수한 후 만기까지 보유하고자 하는데 2년이 지난 시점에서 동일한 확률로 채권수익률이 7.5%로 상승할 수도, 2.5%로 하락할 수도 있다고 한다. Kim의 채권투자 기대수익률은 얼마인가? 연평균수익률로 계산하시오

CHAPTER 06 채권투자

6-10. Y채권은 액면가치 10,000원, 표면이자율 2.75%, 채권수익률 3.75%, 만기는 3년이라고 한다.

① 표면이자를 연 1회 지급할 경우 듀레이션(D)과 수정된 듀레이션(D_M)은 각각 얼마인가?

② 표면이자를 3개월 후지급하는 경우 듀레이션(D)과 수정된 듀레이션(D_M)은 각각 얼마인가?

③ ①의 결과를 활용하여 채권수익률이 0.25%P 상승하거나 하락할 경우 '듀레이션 오차'를 구하시오.

④ ①에서 표면이자율만 2.00%와 3.50%로 다른 채권을 가정하여 각각의 듀레이션과 수정듀레이션을 계산하여 표면이자율이 듀레이션에 미치는 영향을 설명하시오.

⑤ ①에서 만기만 2년과 4년으로 다른 채권을 가정하여 각각의 듀레이션과 수정듀레이션을 계산하여 만기가 듀레이션에 미치는 영향을 설명하시오.

⑥ ①에서 채권수익률이 3.00%와 4.50%로 다른 채권을 가정하여 각각의 듀레이션과 수정듀레이션을 계산하여 채권수익률이 듀레이션에 미치는 영향을 설명하시오.

CHAPTER

07

투자수익과 위험

1. 투자 수익
2. 투자 위험
3. 포트폴리오와 위험분산 효과

1. 투자 수익

지금 당신 앞에는 A와 B 두 개의 투자대상이 있고, A는 1기간 후 어떤 상황이 발생하여도 110의 수익이 발생할 것으로, B는 상황이 좋으면 140, 나쁘면 80의 수익이 발생할 것으로 예상된다. B의 2개 상황이 발생할 확률은 0.5로 동일하다. 그러면 A와 B 투자에서 (+)의 NPV(net present value, 순현재가치)를 얻기 위해서는 각각 얼마까지 투자해야 할까? 여기서 NPV는 미래 수익들의 현재가치에서 최초 투자비용을 차감한 것으로 NPV가 (+)이면 그 만큼의 가치가 투자로 증가한다는 것이고 반대로 (-)이면 그 만큼의 가치가 감소한다는 것이므로 투자자 입장에서 (+)의 NPV를 얻을 수 있는 투자를 선택해야 하고, 그러기 위해서는 미래 수익들의 현재가치를 추정해야 한다[1].

NPV 추정에서는 미래 수익들의 현재가치를 추정하기 위한 할인율의 선택이 중요하다. 당신에게 신용이 확실한 부자 친구가 10,000원을 빌려달라고 하는 경우와 갚을 지가 의심스러운 친구가 10,000원을 빌려달라고 하는 경우에 어떤 생각이 드는지를 투자대상 A와 B에 대한 판단에 적용하면 이해에 도움이 될 것이다.

먼저 A 투자의 1기간 후 수익 110은 확실(certain)하지만 B 투자의 1기간 후 수익은 0.5의 확률로 140 또는 80으로, 즉 불확실(uncertain)하다. 확실한 A 수익의 현재가치를 계산할 때는 불확실성이란 위험(risk)을 부담하지 않으므로 무위험(자산)위험률(risk-free rate)을, 불확실한 B 수익의 현재가치를 계산할 때는 불확실성으로 상향 조정된 위험(자산)수익률(risky rate)을 사용해야 한다[2]. 만약 무위험수익률이 2%이고, 위험수익률이 10%라면 A와 B 미래 수익의 현재가치, NPV, NPV가 (+)가 되기 위한 최대투자금액(I_0)은 각각 다음과 같이 계산된다. 투자대상 B는 1년 후 수익을 기대수익으로 계산하였다.

- $NPV_A = \left[-I_0 + \dfrac{110}{(1+0.02)^1} \right] > 0 \Rightarrow I_0 < 107.84$
- $NPV_B = \left[-I_0 + \dfrac{(0.5 \times 140 + 0.5 \times 80)}{(1+0.1)^1} \right] > 0 \Rightarrow I_0 < 100$

앞의 두 식은 A는 수익 110이 확실하게 발생하는 무위험자산이므로 2%의 무위험수익률

1 NPV에 대한 보다 자세한 내용은 1장과 10장을 참고하기 바람.

2 수익률은 위험수익률과 무위험수익률로 구분할 수도 있는데, 이들은 또한 위험자산수익률과 무위험자산수익률이라고 '자산'이란 용어가 추가되기도 한다.

을 얻을 수 있으므로 지금 107.84까지 투자해도 되지만, B는 수익이 140이 될 수도 있지만 80도 될 수 있는 불확실한 위험자산이므로 위험부담에 대한 보상(risk premium)까지 포함된 10%의 수익률을 얻기 위하여 지금 100까지만 투자해야 한다는 것을 보여주고 있다.

그러면 당신에게 110의 확실한 수익을 가져다주는 A대신 불확실한 140 또는 80의 수익이 예상되는 B에 투자하여 위험을 부담하라고 하면 어떤 조건을 제시해야 부담하겠는가? 아마도 A에서 얻을 수 있는 무위험수익률보다는 위험부담에 대한 대가, 위험보상을 포함하여 무위험수익률보다는 높은 수익률이 제시되어야 B에 투자할 것이다. 이는 위험자산 또는 위험투자에서 투자자의 기대수익률에는 무위험수익률에 위험보상이 고려되어야 한다는 것을 의미한다.

정리하면 위험을 부담해야 하는 투자의 미래 수익에 대한 현재가치는 무위험수익률이 아닌 위험수익률로 할인(discounting)해야 하고, 무위험투자의 미래 수익의 현재가치는 무위험수익률로 할인해야 하고, 각 투자자가 원하는 수익률로 할인한 미래 수익의 현재가치보다는 적은 비용을 투자해야 NPV가 (+)가 된다는 것이다. 수익 110을 얻을 수 있는 투자에서 10%의 수익률을 원한다면 지금 100을 투자해야 하는 것과 동일한 논리이다. 다만 현실적인 문제는 위험수익률에 투자대상의 위험 크기와 투자자마다 다른 위험성향이 어떻게 반영되는가이다.

지금까지 설명한 것은 본 장에서 다룰 수익(률)과 위험에 대한 사전 학습에 해당된다. 몇 가지 이해되지 않는 용어들은 해당 내용을 본격적으로 다루면서 설명할 것이므로 지금은 가볍게 읽고 넘어가길 바란다. 또한 본장과 8장의 투자이론 관련 부분들은 주식 투자를 가정하고 설명을 진행하고자 한다. 주식을 투자대상으로 설명하지만 채권, 파생상품, 최근의 ETF와 ELW 등의 금융자산 투자와 기업의 사업투자 결정에도 모두 적용할 수 있는 내용들이다.

1.1 수익과 수익률

수익(return)은 투자성과를 금액으로 나타내는 것이고, 수익률(rate of return)은 수익을 투자비용으로 나누어 투자금액 1단위당 투자성과를 나타낸 것이다. 즉 수익은 절대적인(absolute) 금액(amount)으로, 수익률은 상대적인(relative) 비율(ratio)로 나타내는 투자성과이다.

수익률은 계산 방법에 따라 다양하게 분류되지만 투자수익을 투자비용을 제외하지 않는 총수익으로 측정하느냐, 투자비용을 제외한 순수익으로 측정하는가에 따라서 총수익률(gross rate of return)과 순수익률(net rate of return)로 구분하는 것이 출발점이다. 대부분의 투자이론은 투자의 효율성을 강조하는 수익률, 그 중에서도 순수익률로 설명이 이루어진다.

Y주식을 10,000원에 매수(buy)하여 다음 날 11,000원에 매도(sell)하는 투자의 총수익률과 순수익률은 다음과 같이 계산되며, 총수익률에서 1을 빼면 순수익률이 된다.

- 총수익률 = $\left[\dfrac{11,000}{10,000}\right] \times 100\% = 110\%$
- 순수익률 = $\left[\dfrac{11,000-10,000}{10,000}\right] \times 100\% = 10\%$
- 순수익률 = $[1.1-1] \times 100\% = 10\%$

예제 7-1

Y기업 주식 100주를 주당 10,000원에 매수하여 주당 배당금 1,500원을 받고 1년 후 주당 9,500원에 매도한다면 주식 투자로 인한 수익과 수익률은 각각 얼마인가?

풀이 투자수익 = [배당수익 + 자본손실] = [1,500원 + (9,500원 - 10,000원)]×100주 = 100,000원
투자수익률 = [1,500원 + (9,500원 - 10,000원)]/10,000원 = [0.15 - 0.05] = 0.1 → 10%

1.2 단일기간 수익률

하루, 일주일, 한 달, 일 년처럼 1기간 동안의 투자 성과를 측정한 수익률을 단일기간 수익률(single period return)이라고 한다.

다음 <그림 1>과 같이 2기간 동안의 가격(P_t)과 배당금(D_t)이 예상되는 X주식 투자를 가정해보자. 설명의 편의를 위하여 t=1, 2의 가격과 배당금은 확실하다고 가정한다.

〈그림 1〉 X주식 시점별 가격과 배당금

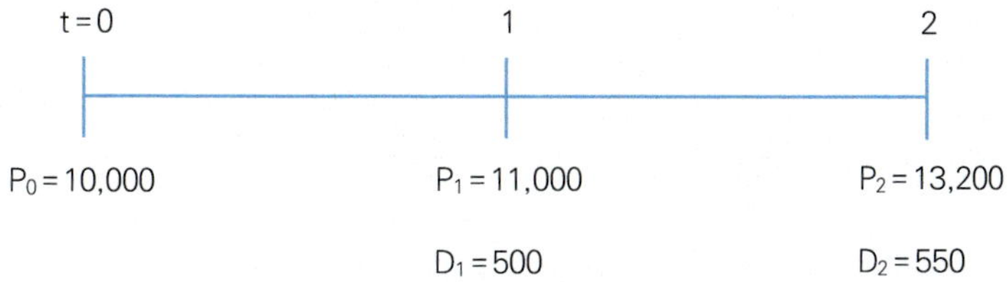

배당금은 모두 시점 말에 지급된다고 하면, X주식 투자수익은 배당금과 매도가격이 되고,

투자비용은 매수가격이 된다. t=0에 매수하여 배당금을 받고 t=1에 매도하는 경우와 t=1에 매수하여 배당금을 받고 t=2에 매도하는 경우의 각 기간별 수익률은 다음과 같이 계산된다. 여기서 ${}_0r_1$은 t=0~1의 1기간 수익률을, ${}_1r_2$은 t=1~2의 1기간 수익률을 의미한다.

- $${}_0r_1=\left[\frac{500+(11{,}000-10{,}000)}{10{,}000}\right]=\left[\frac{500}{10{,}000}+\frac{1{,}000}{10{,}000}\right]=[0.05+0.1]=0.15$$

- $${}_1r_2=\left[\frac{550+(13{,}200-11{,}000)}{11{,}000}\right]=\left[\frac{550}{11{,}000}+\frac{2{,}200}{11{,}000}\right]=[0.05+0.2]=0.25$$

X주식 투자 수익률은 수익 원천에 따라 배당수익률(dividend yield)과 자본수익률(capital gains)로 나눌 수 있다. ${}_0r_1$ =15%는 D_1=500이 발생시킨 배당수익률 5%와 매도가격과 매수가격의 차액인 자본수익 1,000원이 발생시킨 자본수익률 10%로 구분할 수 있다. 만약 주가가 하락하여 9,000원에 매도했다면 배당수익률 5%에도 불구하고 1기간 수익률이 다음과 같이 (-)5%가 될 수도 있다.

- $${}_0r_1=\left[\frac{500+(9{,}000-10{,}000)}{10{,}000}\right]=[0.05-0.1]=(-)0.05$$

1기간 수익률을 일반화하면 분자항은 투자 순수익, 분모항은 투자비용에 해당된다. 식 (1)은 주식을 t-1시점에 매수하여 t기간까지 1기간 투자할 경우의 단일기간 수익률을 의미한다.

● 단일기간 수익률

$${}_{t-1}r_t=\left[\frac{\text{투자 순수익}}{\text{투자비용}}\right]=\left[\frac{D_t+(P_t-P_{t-1})}{P_{t-1}}\right]$$

=[배당수익률+자본수익률] … 식 (1)

1.3 보유기간 수익률

보유기간 수익률(holding period return, HPR)은 여러 기간에 걸쳐 투자하는 경우의 수익률을 말하여 보유기간 동안 1기간 수익률로 매 기간 재투자된다고 가정하여 계산된다.

앞의 X주식의 예에서 t=0 매수하여 t=2까지 보유하다 매도하는 투자의 2기간 수익률은 다음과 같이 계산되며, 이는 t=0~1에서 발생한 수익($_0r_1$=15%) 11,500원[=500원+11,000원]으로 t=1에서 1주당 11,000원하는 X주식을 1.04545주[=11,500원/11,000원] 매수하여 t=2까지 1기간 투자하면 14,375원[=(550원+13,200원)×1.04545주]의 수익($_1r_2$=25%)이 발생하여 보유기간 2기간 동안 $_0r_2$=43.75%의 수익률이 실현된다는 것을 보여주고 있다.

- $_0r_2 = [(1+{}_0r_1)(1+{}_1r_2)-1] = [(1+0.15)(1+0.25)-1]$ =0.4375

보유기간 수익률 계산과정을 일반화하면 다음 식 (2)와 같고 $_0r_n$은 t=0부터 n기간 동안의 수익률을 의미한다.

- 보유기간 수익률(HPR)

$$_0r_n = [(1+{}_0r_1)(1+{}_1r_2)\cdots(1+{}_{n-1}r_n)-1] \cdots \text{식 (2)}$$

예제 7-2

Y주식의 가격이 t=0, 1, 2에 각각 10,000원, 8,000원, 10,000원으로 예상되고 배당은 지급되지 않을 것이라고 한다. $_0r_1$, $_1r_2$는 각각 얼마인가? 그런데 $_0r_2$에 대해서 Park은 식 (2)와 다르게 $_0r_1$과 $_1r_2$을 알면 두 기간의 수익률을 더하면 될 것이라고 한다. Park의 주장은 맞는 말인가?

풀이 $_0r_1$ = [(8,000−10,000)/10,000] = (−)0.2, $_1r_2$ = [(10,000−8,000)/8,000] = (+)0.25
Park의 주장은 (−)20%와 25%를 더하면 2기간 보유수익률이 5%라는 것인데, Y주식을 t = 0에 10,000원에 매수하여 2기간 보유하다 t = 2에 매수가격과 동일한 10,000원에 매도하면 수익률은 식 (2)로 계산한 $_0r_2$ = [(1−0.2)(1 + 0.25)−1] = 0%이므로 Park의 주장은 잘못된 것임.

화폐의 시간가치에서 CF가 1회 발생하는 경우의 미래 T시점에서의 가치를 'FV_T = [CF×$(1+r)^T$]'로 계산하면서 미래가치는 현재 금액이 할증적으로 증가한다고 설명했던 것을 여기서 다시 살펴보자. 현재 10,000원의 2년 후의 가치는 이자율이 10%라면 다음과 같이 계산한다. FV_2=12,100원은 $_0r_1$과 $_1r_2$ 모두가 10%인 경우에 해당된다. 화폐의 시간가치에서는 설명의 편의를 위해서 기간별 수익률이 매 기간 동일하다고 가정한 것이었다.

- $FV_2 = [10,000\times(1+0.1)^2] = 12,100$원

만약 1년 후부터 2년까지의 이자율, ${}_1r_2$가 8%로 하락했다면 FV_2는 다음과 같이 계산되어야 한다.

- FV_2 =[10,000×(1 +0.1)×(1 +0.08)] =11,880원

1.4 평균수익률

이번에는 보유기간 동안의 기간별 평균수익률을 계산하는 방법을 살펴보자. 예를 들면, 2년 동안의 투자수익률은 0% 발생했는데 연평균 투자수익률이 얼마인지를 계산하는 것이다. 전체기간 수익률이 0%이면 기간 평균수익률도 당연히 0% 아닐까? 계산 방식에 따라서 그럴 수도 있고 그렇지 않을 수도 있다.

평균수익률은 식 (3)과 같이 산술평균 수익률(arithmetic mean rate of return, 이하 AMR), 식 (4)와 같이 기하평균 수익률(geometric mean rate of return)로 계산할 수 있다.

● 산술평균 수익률과 기하평균 수익률

$$AMR=\left[\frac{({}_0r_1+{}_1r_2+\cdots+{}_{n-1}r_n)}{n}\right]\cdots \text{식 (3)}$$

$$GMR=\left[\{(1+{}_0r_1)(1+{}_1r_2)\cdots(1+{}_{n-1}r_n)\}^{\frac{1}{n}}-1\right]\cdots \text{식 (4)}$$

X주식 투자의 기간평균 수익률을 AMR과 GMR로 계산하면 다음과 같다.

- $AMR=\left[\frac{({}_0r_1+{}_1r_2)}{2}\right]=\left[\frac{(0.15+0.25)}{2}\right]$ =0.2
- $GMR=\left[\{(1+{}_0r_1)(1+{}_1r_2)\}^{\frac{1}{2}}-1\right]=\left[\{(1+0.15)(1+0.25)\}^{\frac{1}{2}}-1\right]$ =0.1989

AMR은 1기간 수익률들을 단순 평균하므로 이전 기간 수익을 재투자하는 과정이 포함되지 않는 반면에 GMR은 1기간 수익률로 이전 기간 수익을 재투자하는 과정을 포함하므로 복리로 수익이 증가하는 것을 반영한 평균수익률을 보여준다.

예제 7-3

〈예제 7-2〉의 Y주식 투자의 AMR과 GMR을 계산하시오.

풀이 AMR = [(−0.2 + 0.25)/2] = 0.025, GMR = $[(1-0.2)(1+0.25)^{1/2}-1]$ = 0.00
이와 같이 GMR로 계산하면 2기간 보유수익률 0%와 동일하게 평균수익률이 계산되지만 AMR로 계산하면 2.5%의 평균 수익률이 계산된다. 이런 이유로 학문적으로는 평균수익률을 계산할 때 GMR을 주로 사용함.

2. 투자 위험

2.1 위험과 불확실성

기업이 새로운 사업에 진출하거나 주식 등의 금융상품에 투자하는 경우 모두 미래성과를 예측하여 결정해야 한다. 그러나 최근의 급변하는 투자 환경 속에서 미래에 발생할 사업 성과와 주식 투자수익(구체적으로는 미래 주가 변화와 배당금 수준)을 예측한다는 것은 매우 어려운 일이다. 그나마 투자 대상과 관련된 정보들을 수집하여 미래 발생 가능한 상황, 그 상황에서의 성과, 그 상황이 발생할 확률 등을 추정하여 통계적으로 추론하는 것이 최선이다.

그러나 실무적으로는 어떤 상황이 발생할 것인지, 그 상황에서 실현되는 값이 얼마가 될지, 그 상황이 발생할 확률은 또한 얼마나 될지를 추정하는 것도 점점 어려워지고 있어서 고도의 분석이 요구되고 있다. 본 절에서는 주식 투자의 불확실한 미래 상황들을 통계학의 기초 개념으로 분석하여 투자결정에 활용하는 과정을 살펴보고자 한다.

투자에서 미래성과가 불확실하다는 것은 미래에 대해서 아무 것도 모른다는 것과는 다르다. 아무 것도 모른다면 운(運, luck)에 맡겨야지 투자 여부를 고민할 필요가 없을 것이다. 투자의 미래성과가 불확실(uncertain)하다는 것은 투자 후에 여러 가지 상황이 발생할 수 있고, 각 상황별로 다양한 성과가 발생할 수 있고, 각 상황이 발생할 가능성(또는 확률)도 다양할 수 있어서 미래에 정확히 어떤 상황에서 얼마의 성과가 발생할지가 지금으로서는 확실하지 않다는 의미이다. 투자에서는 미래성과가 하나로 확실하게 고정되어 있지 않고 상황에 따라서 다양하게 발생할 수 있는 경우를 '미래성과가 불확실하다!' 또는 '투자에 불확실성 또는 위험이 존재한다!'고 한다.

이와 같은 투자 성과의 불확실성(uncertainty)을 위험(risk)이라고 하고 위험을 기준으로 투자 대상이 되는 자산(사업이든 주식이든)을 '위험자산'과 '무위험자산'으로 구분한다. 무위험자산(risk-free asset)은 미래성과가 어떤 상황이 발생하더라도 항상 동일한 값을 가지는 자산으로 미래성과를 확실하게 알 수 있는 투자대상인 반면에 위험자산(risky asset)은 미래성과가 상황에 따라 다양한 값을 가지는 불확실성 또는 위험이 존재하는 자산을 의미한다. 이들 자산을 투자할 때 얻을 수 있는 수익률을 각각 무위험수익률과 위험수익률이라고 한다.

예를 들어, 투자비용이 모두 100만원이 소요되지만 A은행 예금은 1기간 후 어떤 상황이 발생해도 110만원을 지급해준다고 하고, B채권 투자는 좋은 상황이면 120만원, 나쁜 상황이면 100만원의 투자성과가 발생할 것으로, C주식 투자는 좋은 상황이면 140만원, 나쁜 상황이면 80만원의 투자성과가 발생할 것으로 예상된다고 하자. 각 상황이 발생할 확률이 동일하다고 하면 A은행 예금은 상황에 상관없이 110만원의 수익을 발생시키는 무위험자산, B채권과 C주식은 상황에 따라 다른 수익을 발생시키는 위험자산에 해당된다. 그러면 B와 C중 어떤 투자가 더 위험한가? 이 질문의 답을 찾기 위해서는 위험의 크기를 측정해야 한다. 지금부터 그 과정을 살펴보자.

2.2 확률변수의 기댓값, 기대수익률

통계학에서 다양한 상황에서 다양한 값을 가지는 변수를 확률변수(random variable)라고 하며, 날씨, 프로팀의 게임결과, 수강과목 성적 등 우리 주변에 확률변수는 매우 다양하게 존재한다. 투자수익률 역시 미래에 발생 가능한 상황별로 다양한 값을 가질 수 있으므로 확률변수에 해당된다.

확률변수의 미래 결과를 추정하기 위해서는 2개의 통계치(statistics)가 필요하다. 첫 번째는 발생 가능한 상황별로 [그 상황이 발생할 확률×그 상황에서 실현되는 확률변수의 값]을 구한 후 모두 더한 기댓값(expected value)이다. 확률변수의 기댓값은 평균의 개념으로 바로 그 값이 실현된다는 것은 아니지만 동일한 추정이 계속 반복되면 평균적으로 발생할 또는 가장 발생할 가능성이 높은 확률변수의 값이라는 의미이다.

확률변수에 해당되는 투자수익률의 기댓값은 다음 식 (5)와 같이 기대수익률, $E(r)$로 계산된다. 여기서 $E(\sim)$는 'Expected value'를 나타내는 연산자(operator), $p_j(j=1,2,\cdots,J)$와 $r_j(j=1,2,\cdots,J)$는 상황 j가 발생할 확률과 상황 j에서 실현되는 수익률, j는 발생 가능한 상황을 각각 의미한다.

• 기대수익률(Expected return)

$$E(r) = [(p_1 \times r_1) + (p_2 \times r_2) + \cdots + (p_n \times r_n)] = \sum_{j=1}^{J}(p_j \times r_j) \cdots \text{ 식 } (5)$$

기대수익률과 위험을 설명하기 위한 투자 관련 자료를 다음 <표 1>과 같이 가정해보자. 주식 시장에는 KS, K, S주식 3개만 있고, 1기간 후 상황은 3가지, 각 상황이 발생할 확률 ( )안의 값이다. <표 2>는 각 주식과 주가지수의 상황별 수익률을 계산한 것이다.

〈표 1〉 상황별 추정 자료

구분	t=0			t=1		
	시가총액	가중치	가격 및 지수	상황 1 (확률 0.5)	상황 2 (확률 0.3)	상황 3 (확률 0.2)
KS주식	50조	0.5	80,000원	96,000원	84,000원	72,000원
K주식	20조	0.2	125,000원	137,500원	125,000원	112,500원
S주식	30조	0.3	50,000원	44,000원	48,000원	60,000원
주가지수(M)	100조	1	1,000P	1,084P	1,013P	990P

〈표 2〉 상황별 수익률

구분	t=1		
	상황 1(확률 0.5)	상황 2(확률 0.3)	상황 3(확률 0.2)
KS주식	[(96,000/80,000)−1]=0.20	[(84,000/80,000)−1]=0.05	[(72,000/80,000)−1]=(−)0.10
K주식	0.10	0.00	(−)0.10
S주식	(−)0.12	(−)0.04	0.2
주가지수	0.084	0.013	(−)0.01

<표 2>의 자료를 가지고 3개 주식과 주가지수의 기대수익률을 식 (5)로 계산하면 다음과 같다. 각각의 기대수익률은 상황별로 실현되는 수익률은 다양하지만 동일한 투자를 반복한다면 평균적으로 또는 발생할 가능성이 가장 높은 수익률을 의미한다.

- $E(r_{KS}) = [0.5 \times 20\% + 0.3 \times 5\% + 0.2 \times (-)10\%]$ =(+)9.50%
- $E(r_K) = [0.5 \times 10\% + 0.3 \times 0\% + 0.2 \times (-)10\%]$ =(+)3.00%

- $E(r_S) = [0.5 \times (-)12\% + 0.3 \times (-)4\% + 0.2 \times 20\%] = (-)3.20\%$
- $E(r_M) = [0.5 \times 8.4\% + 0.3 \times 1.3\% + 0.2 \times (-)1.0\%] = (+)4.39\%$

예제 7-4

본문의 A은행 예금, B채권, C주식 투자의 기대수익률을 계산하시오.

풀이 $E(r_A)$ = [0.5×10%(= 10만원/100만원) + 0.5×10%(= 10만원/110만원] = 10%
$E(r_B)$ = [0.5×20%(= 20만원/100만원) + 0.5×0%(0만원/100만원) = 10%
$E(r_C)$ = [0.5×40%(= 40만원/100만원) + 0.5×(-)20%(= -20만원/100만원)] = 10%

2.3 확률변수의 위험을 측정하는 분산과 표준편차

<예제 7-4>의 결과를 보면 B채권과 C주식의 기대수익률은 10%로 동일하지만 두 주식의 상황별 실현되는 수익률은 다를 수 있고, 상황별 실현수익률과 기대수익률과의 차이도 다를 수 있다는 것을 알 수 있다.

미래에 각 상황에서 실현되는 수익률(realized return)과 식 (5)로 추정한 기대수익률(expected return)과의 차이는 불확실한 미래 상황 때문에 발생하는 불확실성(uncertainty)의 크기를 보여준다. A은행 예금은 기대수익률과 실현되는 수익률이 모두 10%로 동일하므로 불확실성이 없으며, B채권은 좋은 상황에서 실현되는 수익률은 기대수익률과 +10%, 나쁜 상황에서는 -10%의 차이를, C주식은 좋은 상황에서 +30%, 나쁜 상황에서는 -30%의 차이를 보이고 있다. 앞에서 A은행 예금은 무위험자산, B채권과 C주식은 위험자산이라고 구분한 것은 바로 상황별 실현수익률과 기대수익률의 차이 발생 여부에 따른 것이다.

그러나 기대수익률이 10%로 동일하지만 상황별 실현수익률과의 차이는 B채권보다 C주식에서 크게 나타나고 있다. 단순하게 생각하면 B채권은 20%와 0% 사이에서 10%의 수익률이 예상된다는 것이고, C주식은 40%와 (-)20% 사이에서 10%의 수익률이 예상된다는 것이다. 따라서 C주식의 상황별 수익률이 기대수익률을 중심으로 보다 넓게 분포되어 있다는 것이고, 이는 곧 C주식 미래성과의 불확실성이 그만큼 더 크다는 것을 의미한다. 따라서 미래 상황별 실현수익률이 기대수익률을 중심으로 얼마나 넓게 퍼져 있는가를 측정하면 미래수익률의 불확실성, 즉 위험의 크기를 측정할 수 있다.

그것을 측정하는 것이 바로 확률변수의 미래 결과를 추정하기 위해 필요한 두 번째 통계치 분산(variance) 또는 표준편차(standard deviation)이며 다음 식 (6), (7)과 같이 계산한다.

분산과 표준편차는 투자의 불확실성이나 위험에 해당되는 미래수익 또는 수익률의 변동성(volatility)을 측정한다.

> ● 분산과 표준편차
>
> **분산** : $\sigma(r)^2 = p_1[r_1 - E(r)]^2 + \cdots + p_J[r_J - E(r)]^2 = \sum_{j=1}^{J} p_j[r_j - E(r)]^2 \cdots$ **식** (6)
>
> **표준편차** : $\sigma(r) = \sqrt{\sigma(r)^2} \cdots$ **식** (7)

식 (6)을 보면 기대수익률, $E(r)$과 상황별 실현수익률, r_j와의 차이, $[r_j - E(r)]$로 기대수익률을 중심으로 상황별 수익률이 얼마나 넓게 퍼져 있는가를 측정하여 위험의 크기를 추정하고 있음을 알 수 있다.

<표 2>의 상황별 수익률과 기대수익률로 3개 주식과 주가지수의 분산과 표준편차를 식 (6)과 (7)로 계산하면 다음과 같다.

- $\sigma(r_{KS})^2 = [0.5(20\% - 9.5\%)^2 + 0.3(5\% - 9.5\%)^2 + 0.2(-10\% - 9.5\%)^2]$

  $= 137.25\%^2 \Rightarrow \sigma(r_{KS}) = \sqrt{137.25\%^2} = 11.72\%$[3]

- $\sigma(r_K)^2 = [0.5(10\% - 3\%)^2 + 0.3(0\% - 3\%)^2 + 0.2(-10\% - 3\%)^2]$

  $= 61\%^2 \Rightarrow \sigma(r_K) = \sqrt{61\%^2} = 7.81\%$

- $\sigma(r_S)^2 = [0.5(-12\% + 3.2\%)^2 + 0.3(-4\% + 3.2\%)^2 + 0.2(20\% + 3.2\%)^2]$

  $= 146.56\%^2 \Rightarrow \sigma(r_S) = \sqrt{146.56\%^2} = 12.11\%$

- $\sigma(r_M)^2 = [0.5(8.4\% - 4.39\%)^2 + 0.3(1.3\% - 4.39\%)^2 + 0.2(-1.0\% - 4.39\%)^2]$

  $= 16.71\%^2 \Rightarrow \sigma(r_M) = \sqrt{16.71\%^2} = 4.09\%$

<표 1>의 자료들로 1기간 후 투자 성과에 대한 추정치를 정리하면 다음 <표 3>과 같다. 투자수익률은 KS주식이 9.5%로 가장 높을 것으로, 미래 수익률의 변동성, 즉 위험은 12.11%

3 $\sigma(r_{KS})^2 = [0.5(0.2-0.095)^2 + 0.3(0.05-0.095)^2 + 0.2(-0.2-0.095)^2] = 0.013725$, $\sigma(r_{KS}) = \sqrt{0.013725} = 0.1172 \rightarrow$ 11.72%와 같이 계산해도 됨.

로 S주식이 가장 높을 것으로 예상된다.

〈표 3〉 기대수익률과 위험

구분	기대수익률, $E(r)$	분산, $\sigma(r)^2$	표준편차, $\sigma(r)$
KS주식	(+)9.50%	137.25%^{2}	11.72%
K주식	(+)3.00%	61.00%^{2}	7.81%
S주식	(-)3.20%	146.56%^{2}	12.11%
주가지수	(+)4.39%	16.71%^{2}	4.09%

예제 7-5

본문의 A은행 예금, B채권, C주식 투자의 위험을 추정하시오

풀이 $\sigma(r_A)^2 = [0.5(10\%-10\%)^2 + 0.5(10\%-10\%)^2] = 0\%^2 \rightarrow \sigma(r_A) = (0\%^2)^{(1/2)} = 0\%$

$\sigma(r_B)^2 = [0.5(20\%-10\%)^2 + 0.5(0\%-10\%)^2] = 100\%^2 \rightarrow \sigma(r_B) = (100\%^2)^{(1/2)} = 10\%$

$\sigma(r_C)^2 = [0.5(40\%-10\%)^2 + 0.5(-20\%-10\%)^2] = 900\%^2 \rightarrow \sigma(r_C) = (900\%^2)^{(1/2)} = 30\%$

<예제>의 A은행 예금, B채권, C주식 투자의 기대수익률과 위험 측정결과를 연결하면 기대수익률은 모두 10%로 동일하지만, A은행 예금은 위험이 없고, B채권은 기대수익률과 상황별 수익률의 차이로 발생하는 위험을 10%, C주식은 30% 부담해야 한다. 불확실한 것을 싫어하는 위험회피(risk-avert) 성향을 가진 투자자라면 A은행 예금에 투자할 것이다.

지금까지 설명한 기대수익률(평균)과 위험(분산과 표준편차)으로 투자성과를 추정할 수 있는 것은 통계학의 '중심극한정리(central limit theorem)'에 이론적인 기반을 두고 있다. 중심극한정리란 우리 주변의 여러 변수들이 확률변수 형태이고 그 변수들의 확률분포가 정규분포는 아니더라도 표본의 크기가 증가하거나. 표본추출이 지속적으로 반복되면 그 표본 평균들의 분포는 점점 정규분포에 가까워진다는 것이다. 동전을 10회 던지면 앞면이 0회~10회까지 나올 수 있지만 10회씩 던지는 것을 지속적으로 반복하면(예를 들어, 10회씩 던지는 것을 1,000번 반복하면) 앞면이 나오는 횟수는 5회를 중심으로 정규분포를 보인다는 것이다. 따라서 투자수익률의 분포도 정규분포를 따른다면 미래 투자 성과를 기대수익률(평균)과 위험(분산과 표준편차)으로 분석 또는 추정할 수 있다는 것이다.

그러나 <표 1>의 3개 주식과 주가지수, <예제 7-5>를 보면 위험 크기를 분산으로 측정하면 기대수익률보다 높게 실현되는 수익률과의 차이도 위험에 포함되었다. 10%의 수익률을

기대했는데 (-)20%의 손실이 발생하는 것은 당연히 위험이지만 (+)40%의 수익률은 예상보다 좋은 결과가 발생한 것인데 위험에 포함시키는 것이 맞는가? 기대수익률보다 낮게 실현되는 수익률만 투자 위험에 해당되므로 그것만 측정해야 하지 않는가? 하는 의문이 발생한다.

확률변수의 확률분포를 바탕으로 평균과 분산을 이용하여 미래성과를 추정하는 것은 확률변수의 분포가 평균을 중심으로 종 모양의 좌우 완전대칭인 정규분포(normal distribution)일 때 가장 효과적이며, 여기서 분산과 표준편차는 확률분포가 평균을 중심으로 좌우로 얼마나 넓게 퍼져 있는가를 측정하는 통계학적(statistical) 접근이다. 그러나 기대수익률을 중심으로 반쪽만 위험에 해당하니 그것만 측정해야 한다는 것은 경제학적(economic) 접근이므로, 제기된 의문에 비하면 간단한 답변일 수 있지만 통계적 산출물인 분산과 표준편차를 절반으로 나눈 값을 투자 위험의 크기로 투자결정에 활용하면 된다.

분산과 표준편차로 위험을 측정하는 것에 대한 또 하나 제기될 수 있는 의문은 위험을 기대수익률 기준으로 측정해야만 하는 것인가이다. 투자자의 목표수익률이나 수용 가능한 최저 수익률 이하를 위험으로 판단할 수도 있을 것이다. 여기에 대해서는 완전한 답은 아니지만 투자자의 목표수익률이나 수용 가능한 최저수익률이 기대수익률과 거의 비슷한 수준이라면 기대수익률을 기준으로 분산과 표준편차로 위험을 측정하는 것도 적절한 방법이 될 수 있을 것이다.

다만 투자수익률 분포가 좌우 대칭이 아니거나, 투자자의 위험 인식 기준이 기대수익률과 차이가 크다면 분산과 표준편차로 위험을 측정하는 것은 한계가 있다는 것은 인지하길 바란다.

2.4 지배원리와 평균-분산 분석

이제 기대수익률(평균)과 위험(분산과 표준편차)으로 투자 대상의 미래성과를 추정하여 어디에 투자할지 결정해보자. 평균과 분산을 통하여 투자대상을 분석하는 것을 '평균-분산 분석(mean-variance analysis)'이라고 한다. 실제로는 평균의 기대수익률과 단위가 %로 동일한 표준편차를 위험으로 분석하지만 최초 이론이 발표될 때 평균-분산 분석이라고 한 것을 지금도 그대로 사용하고 있다.

평균-분산 분석의 핵심은 비교 대상의 기대수익률(평균)이 동일한 경우에는 위험(표준편차)이 적은 것이, 위험이 동일한 경우에는 기대수익률이 높은 것이 지배한다는 지배원리(dominance principle)이다.

<표 3>의 KS주식, K주식, S주식의 기대수익률과 표준편차를 기초로 평균-분산 분석을 하여 투자 대상을 선택해보자. 우선 S주식은 위험은 12.11%로 다른 주식들보다 높으면서

기대수익률은 (－)3.20%로 가장 낮기 때문에 지배원리에 의하면 S주식은 다른 주식들에게 지배당하므로 S주식을 제외한다.

다음 KS주식과 K주식을 비교하면 KS주식의 기대수익률이 9.50%로 K주식보다 높지만 위험도 11.71%로 K주식보다 크다. 이와 같이 두 주식이 기대수익률과 위험을 각자 하나씩 지배하면 평균-분산 분석으로는 어느 투자를 선택해야 하는지 결정할 수 없다. 이런 상황에서는 기대수익률과 위험을 동시에 고려했을 때 투자자가 어느 투자를 선호하는지를 파악해야 하는데, 그러기 위해서는 투자자의 효용과 위험성향, 위험성향을 나타내는 효용함수를 통하여 기대효용을 추정해야 한다.

먼저 투자자의 효용과 위험성향에 대해서 살펴보자.

2.5 투자자의 효용과 위험성향

<예제 7-4, 7-5>의 결과를 바탕으로 A, B, C 중 하나에만 투자해야 한다고 하면 위험회피 성향의 투자자들은 기대수익률은 모두 10%로 동일하므로 무위험자산인 A은행 예금에 투자할 것이라고 하였다. 그러면 B채권과 C주식과 같은 위험자산도 투자자에게 선택받기 위해서는 어떤 변화가 있어야 할까? 이는 무위험자산 투자자를 위험자산 투자로 전환시킬 수 있는 유인책이 무엇일까?와 동일한 질문이다.

무위험자산 투자자를 위험자산 투자로 유인하기 위해서는 투자자가 무위험자산과 위험자산 투자에서 차별을 느끼지 못하거나 이 정도면 위험자산에 투자하는 것도 괜찮겠다고 느끼게 해야 할 것이다. 그러기 위해서는 부담하지 않던 위험을 부담하는 것에 대한 보상, 즉 위험보상(risk-premium)이 적절한 수준으로 이루어져 위험자산의 기대수익률이 무위험수익률보다 높아져야 한다.

위험보상은 위험자산의 위험 크기와 투자자의 위험회피 성향 정도에 영향을 받는다. 투자자 Park은 자신의 위험회피성향과 위험자산의 위험 크기를 보고 A은행 예금에서 얻을 수 있는 무위험수익률 10%에 B채권에서는 10%, C주식에서는 20%의 위험보상을 추가하여 각각 20%와 30%의 기대수익률은 되어야 B채권과 C주식도 투자할 것이라고 해보자. 이와 같은 위험수익률과 무위험수익률과의 관계를 단순하게 표현하면 다음 식 (8)과 같다. 여기서 $E(r_i)$는 위험자산 i의 기대수익률, r_F는 무위험수익률, RP_i는 위험자산 i의 위험보상을 각각 의미한다. 위험자산 i의 위험이 클수록, 투자자가 위험을 많이 싫어할수록 RP_i는 커질 것이다.

● 위험자산 i의 기대수익률

$$E(r_i) = [r_F + RP_i] \cdots \text{ 식 (8)}$$

주식 투자는 여러 종목들 중에서 특정 종목을 선택하는 것이므로 효용과 무차별곡선을 활용하여 선택 과정을 설명할 수 있다.

효용(utility)이란 특정 선택에 대한 개인의 주관적인 만족도를 말하고, 무차별(indifferent)하다는 것은 A선택과 B선택에서 느끼는 개인의 주관적인 만족도, 즉 효용이 동일하다는 것을 의미한다. 앞의 예에 적용하면 A은행 예금의 무위험수익률 10%와 B채권의 위험 10%와 기대수익률 20%, C주식의 위험 30%와 기대수익률 30%에 대한 투자자 Park의 효용은 무차별하다는 것이다.

미래수익이 확실한 무위험투자에 대한 투자자 효용은 수익이 크면 클수록 증가할 것이므로, 수익을 가장 많이 얻을 수 있는 투자를 선택하여 투자자의 효용을 극대화해야 한다. 반면에 미래수익이 불확실한 경우, 즉 위험을 부담해야 하는 투자에 대한 효용은 수익 크기와 더불어 위험의 크기도 고려해야 하므로 기대수익률처럼 투자자의 효용도 식 (9)와 같이 추정하는 기대효용이 극대화되도록 위험자산 투자가 이루어져야 한다.

● 기대효용(Expected utility)

$$E[u(r)] = [p_1 \times u(r_1) + \cdots + p_n \times u(r_n)] = \sum_{j=1}^{J} [p_j \times u(r_j)] \cdots \text{ 식 (9)}$$

여기서 j와 $p_j (j = 1, 2, \cdots, J)$는 발생 가능한 상황과 상황 j가 발생할 확률을 각각 의미한다. $u(r_j)$는 상황 j에서 실현되는 수익률에서 투자자가 느끼는 효용을 의미하며 투자자의 위험성향이 반영된 효용함수로 추정해야 위험도 반영할 수 있게 된다.

총수익, R로 표현된 위험회피형 효용함수, $u(R) = \sqrt{R}$을 예로 들어 보자. 총수익이 0 → 1 → 2 → 3 으로 1씩 증가할 때 $u(R) = \sqrt{R}$ 효용함수의 총효용(total utility)과 한계효용(marginal utility, 이하 MU)은 다음과 같을 것이다. 수익률이나 수익으로 계산되는 효용의 단위는 따로 생각하지 말고 총효용이 1에서 1.41로 증가하였다는 식으로 이해하면 된다.

- $u(0) = \sqrt{0} = 0$ → $u(1) = \sqrt{1} = 1$ → $u(2) = \sqrt{2} = 1.41$ → $u(3) = \sqrt{3} = 1.73$
- MU(0→1) = [1 − 0] = 1 → MU(1→2) = 0.41 → MU(2→3) = 0.32

총수익이 1씩 증가할 때마다 증가하는 MU가 1 → 0.41 → 0.32로 점점 감소한다는 것은 MU을 1씩 증가시키기 위해서는 총수익이 1에서는 4로 3만큼 증가해야 하고, 4에서는 9로 5만큼 더 많이 증가해야 한다는 것이므로 위험회피형 효용함수임을 보여주고 있다.

- MU(1→4)= $[\sqrt{4}-\sqrt{1}]=1$ → MU(4→9)= $[\sqrt{9}-\sqrt{4}]=1$

A은행 예금, B채권, C주식의 총수익으로 기대효용을 계산하면 다음과 같다. 여기서는 투자비용이 100만원으로 동일하여 총수익을 그대로 사용하지만 투자비용이 다른 경우에는 총수익을 투자비용으로 나누어 표준화된 총수익에 대한 기대효용을 계산하면 된다.

- $E[u(R_A)]=[1\times\sqrt{110}]=10.488$
- $E[u(R_B)]=[0.5\times\sqrt{120}+0.5\times\sqrt{100}]=10.477$
- $E[u(R_C)]=[0.5\times\sqrt{140}+0.5\times\sqrt{80}]=10.388$

A은행 예금, B채권, C주식의 기대효용은 $E[u(R_A)]>E[u(R_B)]>E[u(R_C)]$ 순서로 나타났다. 위험회피형 효용함수로 기대효용을 계산하였기 때문에 무위험의 A은행 예금의 기대효용이 가장 크게, 위험이 가장 큰 C주식의 기대효용이 가장 낮게 나타난 것은 당연한 결과이다. 재무적 또는 경제적 의사결정 과정을 설명할 때는 투자자들은 일반적으로 불확실한 상황, 즉 위험을 싫어한다고 가정하지만 모든 투자자들이 그런 것은 아니다. 투자자의 위험성향(risk attitude)은 크게 위험회피형, 위험중립형, 위험선호형으로 구분된다.

위험회피형(risk-avert)은 기본적으로 위험을 싫어하여 기대수익률이 동일하면 위험이 낮은 투자에서, 위험이 동일하면 기대수익률이 높은 투자에서 효용이 증가하는 성향이고, 위험중립형(risk-neutral)은 위험 크기에 상관없이 기대수익률이 높은 투자에서 효용이 증가하는 성향이고, 위험선호형(risk-loving)은 기대수익률이 동일하면 위험이 높은 투자에서 효용이 증가하는 성향이다.

각각의 위험 성향에서는 동일한 크기의 위험을 추가적으로 부담할 때 위험보상이 어느 정도 되어야 이전과 동일한 효용을 느끼는지도 다르게 나타난다. 위험회피 성향은 부담하는 위험이 누적될수록 동일한 크기로 추가되는 위험에 대한 보상이 점점 증가해야 이전과 동일한 효용을 느끼고, 위험중립형은 부담하는 위험이 누적되어도 추가되는 동일한 크기의 위험에 대한 보상이 동일해도 이전과 동일한 효용을 느끼며, 위험선호형은 동일한 크기의 위험이 증가에 대해서 위험보상이 점점 감소해도 이전과 동일한 효용을 느낀다. <표 4>는 무위험수익률 4%에서 표준편차로 측정한 위험이 2%씩 증가하는 것에 대한 위험성향별 동일한 효용을 느끼게 해주는 위험보상의 크기를 예를 들어 정리한 것이다.

〈표 4〉 위험성향별 위험보상 크기

위험	추가위험	위험회피형		위험중립형		위험선호형	
		위험보상	기대수익률	위험보상	기대수익률	위험보상	기대수익률
0%		0%P	4%	0%P	4%	0%P	4%
2%	2%P	3%P	7%	2%P	6%	1%P	5%
4%	2%P	4%P	11%	2%P	8%	0.8%P	5.8%
6%	2%P	5%P	16%	2%P	9%	0.6%P	6.4%

위험회피형은 위험이 처음 2%로 증가할 때는 위험보상이 3%P 이루어지면 무위험 상황과 동일한 효용을 느끼고, 2%에서 4%로 2%P 위험이 추가로 증가하면 위험보상이 이전 3%P보다 많은 4%P가 이루어져 기대수익률이 11%가 되어야 이전 위험 2%, 기대수익률 7%와 동일한 효용을 느끼고, 여기서 또 2%P의 위험이 추가되면 위험보상은 이전보다 더 높은 5%P가 이루어져 기대수익률이 16%는 되어야 이전과 동일한 효용을 느낀다는 것을 의미한다. 위험과 기대수익률 조합으로 표현하면 위험회피형 투자자는 (0%, 4%), (2%, 7%), (4%, 11%), (6%, 16%)에서 동일한 효용을 느낀다, 즉 무차별하다는 것이다. 반면에 위험중립형은 2%P씩 추가되는 위험에 대해서 이미 부담하는 위험 크기에 상관없이 항상 2%P의 위험보상이 이루어지면 이전과 동일한 효용을 느끼고, 위험선호형은 위험부담이 누적되어도 2%P의 위험 추가 부담에 대해서 위험보상이 1%P → 0.8%P → 0.6%P 순서로 감소해도 동일한 효용을 느낀다.

<그림 1>은 위험성향별 기대수익률-위험 조합의 무차별곡선(indifference curve)을 보여주고 있다. 위험회피형은 x축의 위험이 동일한 크기로 증가하면 y축의 기대수익률은 위험보상이 점점 증가하여 누진적으로 증가하는 형태를, 위험중립형은 위험보상이 동일한 크기로 증가하여 선형적으로 증가하는 형태를, 위험선호형은 위험보상이 점점 감소하여 증가하는 정도가 점점 감소하는 형태를 보이고 있다. 위험회피형 무차별곡선의 모양은 위험을 싫어할수록 급격하게 기울어지는 모양을 가진다.

〈그림 1〉 위험성향별 기대수익률–위험 무차별곡선

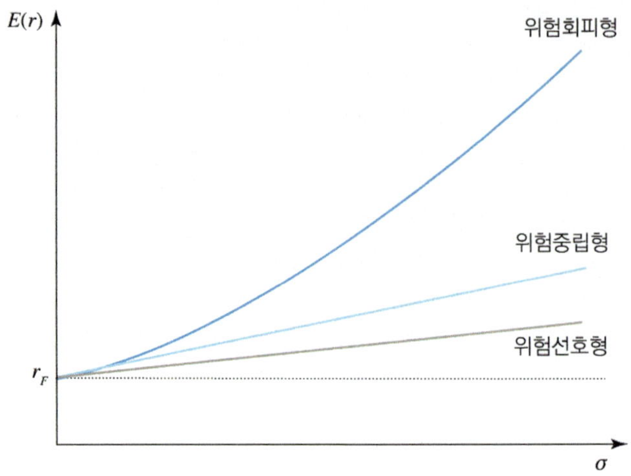

2.5 효용함수를 통한 투자 선택

투자자의 주관적인 만족도인 효용과 위험성향은 효용함수(utility function)로 구체화될 수 있다. 다음 식 (10)과 같은 형태의 효용함수를 살펴보자. 기대수익률, $E(r)$이 증가하면 효용, u가 증가한다. A는 투자자의 위험회피계수로 'A>0'이면 위험, σ가 증가할수록 u가 감소하므로 위험회피형, 'A=0'이면 위험에 상관없이 $E(r)$만으로 효용이 결정되는 위험중립형, 'A<0'이면 σ가 증가하여도 u이 증가하므로 위험선호형 효용함수가 된다.

- $u = [E(r) - 0.05 \times A \times \sigma]$ ··· 식 (10)

만약 KS주식과 K주식을 분석하는 Park은 A=6, Kim은 A=0, Lee는 (−)3이라고 하면 Park, Kim, Lee의 효용을 더 많이 증가시키는 주식은 무엇인지 식 (10)을 통하여 추정해보자.

- Park : $u(KS) = [9.50 - 0.05 \times 6 \times 11.71] = 5.99$

  $> u(K) = [3 - 0.05 \times 6 \times 7.81] = 0.66$

- Kim : $u(KS) = [9.50 - 0.05 \times 0 \times 11.71] = 9.50$

  $> u(K) = [3 - 0.05 \times 0 \times 7.81] = 4.00$

- Lee : $u(KS) = [9.50 - 0.05 \times (-)3 \times 11.71] = 11.26$

> $u(K) = [3 - 0.05 \times (-)3 \times 7.81] = 4.17$

기대효용을 극대화시키는 투자를 위해서는 Park, Kim, Lee 모두 KS주식에 투자해야 하는 것으로 추정되었다. 그러나 위험회피계수, A에 따라서 두 주식 간의 효용 차이는 다르게 나타나고 있고, 여기서는 나타나고 있지 않지만 위험회피 정도와 위험의 크기에 따라 효용이 큰 투자가 바뀔 수도 있다.

예제 7-6

본문의 A은행 예금, B채권, C주식 투자의 기대효용을 식 (10)으로 추정하시오. 위험회피계수는 6을 가정.

풀이 u(A) = [10−0.05×6×0] = 10 > u(B) = [10−0.05×6×10] = 7 > u(C) = [10−0.05×6×30] = 1
A은행 예금의 효용이 가장 큰 것으로 나타남.

3. 포트폴리오와 위험분산효과

3.1 포트폴리오의 개념

투자자들은 대부분 특정 주식 하나에 모든 금액을 투자하기보다는 여러 주식에 나누어 투자한다. 이는 모든 주식에서 높은 수익률을 얻으면 이상적이겠지만 현실적으로 하나의 주식에만 투자하였다가 투자자금 대부분을 잃을 수 있다는 불안감에 나누어 투자하는 것이다.

포트폴리오(portfolio)는 좁게는 금융시장에서 거래되는 주식, 채권 등의 금융자산(financial asset)으로 구성되는 투자집합을, 넓게는 부동산, 비트코인 등 투자 가능한 모든 자산들의 집합을 의미한다. 여기서는 금융자산들 중에서도 주식으로 구성된 포트폴리오를 가지고 설명하고자 한다. 그러나 그 내용들은 기업의 사업투자 결정이나 개인의 다양한 투자 결정에도 적용할 수 있다.

투자자들은 자신의 선호(preference)와 투자 목적에 따라 주식들을 선택하여 기대효용을 극대화시킬 수 있도록 포트폴리오를 구성한다. 포트폴리오는 구성 주식의 비율을 어떻게 정하는가에 따라 '등가중(Equal-weighted) 포트폴리오'와 '가치가중(Value-weighted) 포트폴리오'로 구분할 수 있다.

3,000만원의 자금으로 <표 1>의 KS, K, S주식으로 포트폴리오를 구성한다면 등가중 포트폴리오는 각 주식에 3,000만원의 ⅓인 1,000만원씩 투자하여 구성하는 포트폴리오를 말하고, 가치가중 포트폴리오는 모든 주식들의 시가총액을 합한 총가치에서 개별 주식의 시가총액이 차지하는 비율(=<표 1>의 가중치)만큼, 즉 KS, K, S주식에 각각 1,500만원[=3,000만원×0.5], 600만원[=3,000만원×0.2], 900만원[=3,000만원×0.3]씩 투자하여 구성하는 포트폴리오를 말한다.

3.2 포트폴리오의 기대수익률

포트폴리오의 기대수익률은 포트폴리오를 구성하는 주식의 미래 수익률 분포, 그것으로 추정한 기대수익률에 따라 다음 식 (11)과 같이 계산된다. 여기서 $E(r_P)$는 포트폴리오의 기대수익률, w_i은 포트폴리오에서의 주식 i의 비율, $E(r_i)$는 주식 i의 기대수익률을 각각 의미한다.

● 포트폴리오의 기대수익률

$$E(r_P) = [w_1 \times E(r_1) + \cdots + w_n \times E(r_n)] = \sum_{i=1}^{n} [w_i \times E(r_i)] \cdots \text{ 식 (11)}$$

<표 1>의 3개 주식들 중에서 KS와 K로 포트폴리오 X(이하 Pfo X), KS와 S로 포트폴리오 Y(이하 Pfo Y)를 구성하여 기대수익률을 식 (11)로 계산하면 다음과 같다. 여기서는 가치가중 포트폴리오를 가정하였다.

- $E(r_X) = \left[\frac{50}{50+20} \times 9.50\% + \frac{20}{50+20} \times 3.00\%\right] = (+)7.64\%$
- $E(r_Y) = \left[\frac{50}{50+30} \times 9.50\% + \frac{30}{50+30} \times (-)3.20\%\right] = (+)4.74\%$

예제 7-7

포트폴리오 X와 Y가 등가중 포트폴리오일 경우의 기대수익률을 계산하시오.

풀이 $E(r_X) = [0.5\times9.5\% + 0.5\times3.0\%] = (+)6.25\%$,
$E(r_Y) = [0.5\times9.5\% + 0.5\times(-)3.2\%] = (+)3.15\%$

3.4 포트폴리오의 위험

개별주식의 위험은 식 (6), (7)처럼 그 주식의 기대수익률과 실현수익률의 차이를 측정하는 분산과 표준편차로 추정하였다. 포트폴리오의 위험도 기본적으로 구성 주식의 분산을 활용한다. 그러나 포트폴리오의 위험을 추정하기 위해서는 구성 주식들 간의 위험에 대한 관계를 보여주는 통계치가 추가적으로 필요하다. 구성 주식들 간의 위험에 대한 관계란 어떤 상황이 발생했을 때 A주식의 가격은 상승하고, B주식의 가격은 하락하여 동일한 상황에서 반대 방향으로 움직인다거나 B주식도 상승하여 같은 방향으로 움직인다거나, A주식은 10% 상승하는데 B주식은 5% 상승하여 절반 정도만 같은 방향으로 움직인다거나, 아니면 A주식 가격과 B주식 가격의 움직임은 아무런 관계가 없다던가 하는 것을 말한다.

만약 A주식만 보유하다가 A주식 가격과 반대 방향으로 움직이는 C주식으로 포트폴리오를 구성하면 A주식 가격이 하락했을 때 C주식 가격 상승으로 A주식의 손실을 만회할 수 있다. 반대로 A주식 가격이 상승했을 때는 C주식 가격 하락으로 이익이 감소할 수도 있다. 구성 주식 모두의 수익률이 상승하여 1개의 주식에 투자했을 때보다 더 높은 수익률을 얻을 수 있다면 가장 좋겠지만 현실적으로 포트폴리오는 좋은 상황을 조금 희생하여 최악의 상황을 막고자 하는 것이 구성 목적이다. 즉, A주식 가격 상승에 따른 수익을 모두 가져가지는 못하지만 가격이 하락하였을 때의 손실을 막기 위하여 A주식과 C주식으로 포트폴리오를 구성하는 것이다.

만약 A주식과 모든 상황에서 같은 방향으로 가격이 움직이는 D주식으로 포트폴리오를 구성하면 좋은 상황에서는 이익을 취득하겠지만 나쁜 상황에서는 더 나빠질 수 있다. 만약 A주식은 좋은 상황에서 10% 수익률이 발생하는데 D주식은 5%의 수익률만 발생하거나 나쁜 상황에서는 A주식은 수익률이 5% 하락하는데 S주식은 10% 하락한다면 A주식만 보유했을 때보다 좋은 상황에서는 조금 덜 좋은 성과를, 나쁜 상황에서 더 나쁜 성과를 보게 된다. 포트폴리오를 구성할 이유가 없는 것이다. 그러면 A주식 수익률이 10% 증가할 때 15% 증가하고, 수익률이 10% 하락할 때 5%만 하락하는 E주식과 포트폴리오를 구성하면 A주식만 보유한 경우보다 더 좋은 상황과 덜 나쁜 상황이 발생하지 않는가?라고 생각할 수 있다. 그럴 경우에는 A주식을 모두 매도하여 E주식을 매수해야 하지 않을까?

이제 앞에서 개념적으로 설명한 포트폴리오를 구성하는 주식들 간의 위험에 대한 관계를 측정하는 통계치에 대해서 두 개의 주식으로 구성된 Pfo X와 Pfo Y를 가지고 살펴보자.

주식 KS와 K로 구성된 Pfo X의 위험은 다음 <그림 2>와 같이 개별 주식에서 발생하는 위험과 구성 주식들 간의 위험에 대한 관계 때문에 발생하는 위험(KS&K 위험)으로 구분할 수 있다. KS와 K의 위험은 식 (6)의 분산을 통하여 측정하면 되지만 가운데 교집합으로 표시한 부분의 위험은 공분산과 상관계수라는 통계치를 활용하여 측정해야 한다.

〈그림 2〉 KS주식과 K주식으로 구성된 Pfo X 위험

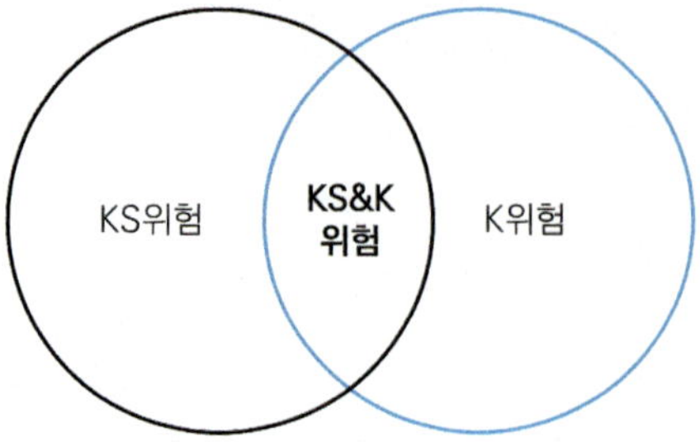

공분산(covariance)은 특정 상황에서 각 주식의 실현수익률과 기대수익률의 차이를 비교하여 두 주식 위험이 얼마나 관련되어 있는지를 측정한다. Pfo X의 구성 주식인 KS주식과 K주식의 공분산은 다음 식 (12)와 같이 계산한다. 식 (6)으로 계산한 KS의 분산과 비교하여 공분산의 특징을 살펴보자

● KS주식과 K주식의 공분산

$$\sigma_{KS,K} = p_1[\{r_{KS,1} - E(r_{KS})\}\{r_{K,1} - E(r_K)\}] \quad \cdots \text{ 식 (12)}$$
$$+ \cdots + p_3[\{r_{KS,3} - E(r_{KS})\}\{r_{K,3} - E(r_K)\}]$$

- $\sigma_{KS,K} = [0.5(20\% - 9.50\%)(10\% - 3\%) + 0.3(5\% - 9.50\%)(0\% - 3\%)$
  $+ 0.2(-10\% - 9.50\%)(-10\% - 3\%)] = (+)91.5\%^2$
- $\sigma^2_{KS} = \sigma_{KS,KS} = [0.5(20\% - 9.50\%)^2[=(20\% - 9.50\%)(20\% - 9.50\%)]$
  $+ 0.3(5\% - 9.50\%)^2 + 0.2(-10\% - 9.50\%)^2] = (+)137.25\%^2$

KS주식의 분산, $\sigma^2_{KS} = \sigma_{KS,KS}$은 각 상황별 오차를 제곱하므로 오차가 (+)이든 (−)이든 항상 0보다 큰 값을 가진다. 그러나 공분산은 두 주식의 오차가 다른 부호이면 (−)의 값을 가질 수도 있다. 한 주식의 실현수익률과 기대수익률의 차이는 (+)인데 다른 주식의 차이는 (−)라면 두 주식은 특정 상황에 대하여 주가가 반대 방향으로 움직이기 때문이다. 둘 다 (−)이거나 (+)이면 같은 방향으로 움직인다는 것을 의미한다. 그러나 공분산은 두 주식의 가격이 특정 상황에서 같은 방향 또는 다른 방향으로 움직이는지를 (+)와 (−)의 부호로 보여주지만, 구체적으로 얼마나 같은 방향으로, 다른 방향으로 움직이는지를 보여주지 못한다.

공분산의 크기로는 그저 많이, 적게 움직인다는 정도만 알 수 있다.

예제 7-8

포트폴리오 Y의 KS주식과 S주식의 공분산을 계산하시오.

풀이 $\sigma_{KS,S}$ = [0.5(20%−9.50%)(−12% + 3.2%) + 0.3(5%−9.50%)(−4% + 3.2%) + 0.2(−10%−9.50%)(20% + 3.2%)]
= [0.5(+ 10.50%)(−8.8%) + 0.3(−4.50%)(−0.8%) + 0.2(−19.50%)(+ 23.2%)]
= (−)135.6%^{2}

이와 같이 KS주식과 S주식의 공분산은 (−)값으로 두 주식의 가격은 미래에 평균적으로 다른 방향으로 움직인다는 것이다.

두 주식의 미래 수익률이 구체적으로 얼마나 같은 방향으로, 다른 방향으로 움직이는지는 상관계수로 추정할 수 있다. 상관계수(correlation coefficient)는 두 확률변수 사이의 상관관계의 정도를 보여주지만 구체적인 인과성을 말하는 것은 아니다. 단순한 선형적인 관계를 보여주는 식 (13)의 Pearson 상관계수를 보면 상관계수는 두 주식수익률의 공분산을 각 주식수익률의 표준편차를 곱한 값으로 나누어서 공분산을 표준화(standardize)한 값이며 (−)1에서 (+)1 사이의 값을 가진다. ρ는 'rho, 로'라고 읽는다.

● KS주식과 K주식의 상관계수

$$\rho_{KS,K} = \left[\frac{\sigma_{KS,K}}{\sigma_{KS} \times \sigma_K}\right] \cdots \text{식 (13)}$$

- $\rho_{KS,K} = \left[\frac{\sigma_{KS,K}}{\sigma_{KS} \times \sigma_K}\right] = \left[\frac{(+)91.5\%^2}{11.71\% \times 7.81\%}\right] = 1.00$

KS주식과 K주식 수익률 간의 상관계수가 (+)1이므로 두 주식은 '완전 양(perfectly positive)의 상관관계'에 있다고 하며, 이는 KS주식의 수익률이 10% 증가(감소)하면 S주식의 수익률도 10% 증가(감소)한다는 의미이다. 반대로 상관계수가 (−)1이면 '완전 음(perfectly negative)의 상관관계'에 있다고 하며, 한 주식의 수익률이 10% 증가(감소)하면 다른 주식의 수익률을 10% 감소(증가)한다는 의미이다. 또한 현실에서는 거의 나타나지 않지만 상관계수가 0에 가까운 값이면 두 변수 사이에는 아무런 관계가 없다는 의미이다. 대체로 주식 시장에서는 시장 전체의 변동에 많은 주식들의 가격이 같은 방향으로 움직이는 경향이 있어 두 주식의 상관계수는 0~(+)1 사이의 값을 가지는 경우가 많다. 물론 (-)의 값을 가지는 경우도 존재하고 포트폴리오를 통하여 손실을 보전하기 위해서는 (-)의 상관관계에 있는 주식들로 구성해야 그 효과가 크게 발생한다.

예제 7-9

포트폴리오 Y의 KS주식과 S주식 수익률의 상관계수를 계산하시오.

풀이 $\rho_{KS,S} = \left[\dfrac{\sigma_{KS,S}}{\sigma_{KS} \times \sigma_S}\right] = \left[\dfrac{(-)135.6\%^2}{11.71\% \times 12.10\%}\right] = (-)0.9576$

KS주식의 수익률이 10% 증가하면 S주식의 수익률은 9.576% 감소한다는 의미이다.

$\rho_{KS,K}$=1.00과 $\rho_{KS,S}$=(-)0.9576처럼 상관계수는 두 주식의 수익률이 구체적으로 얼마나 밀접한 상관관계를 가지고 있는지를 보여준다. KS주식과 K주식의 공분산은 식 (13)의 관계를 통하여 다음과 같이 구할 수도 있다.

- $\rho_{KS,K} = \left[\dfrac{\sigma_{KS,K}}{\sigma_{KS} \times \sigma_K}\right] \Rightarrow \sigma_{KS,K} = [\rho_{KS,K} \times \sigma_{KS} \times \sigma_K]$

지금까지 포트폴리오 구성 주식들 간의 위험에 대한 관계를 보여주는 통계치, 공분산과 상관계수를 살펴보았으니 포트폴리오 위험의 크기를 계산해보자. KS주식과 K주식으로 구성된 Pfo X의 위험도 다음 식 (14), (15)와 같이 계산한다. 여기서 w는 각 주식에 투자한 비중(weight)을 말한다. 식 (14)의 앞의 ( )의 값은 포트폴리오를 구성하는 주식의 개별 위험을, 뒤의 ( )의 값은 구성 주식들 간의 위험을 측정하는 것이다. 뒤의 ( )의 값은 <그림 2>의 교집합 부분에 해당되며, 교집합이므로 2회 측정하기 위해 '2를 곱한다'고 생각하면 이해에 도움이 된다.

- **KS와 K주식으로 구성된 포트폴리오 X의 위험**

$$\sigma_X^2 = \left[\left(w_{KS}^2 \times \sigma_{KS}^2 + w_K^2 \times \sigma_K^2\right) + \left(2 \times w_{KS} \times w_K \times \sigma_{KS,K}\right)\right] \cdots \text{식 (14)}$$

$$\sigma_X = \sqrt{\sigma_X^2} \quad \cdots \text{식 (15)}$$

식 (14), (15)에 따라 Pfo X가 등가중으로 구성될 경우와 가치가중으로 구성될 경우의 위험을 계산하면 다음과 같다.

- 등가중 포트폴리오 X의 위험 : $w_{KS}=w_K=0.5$

  : $\sigma_X^2=[(0.5^2\times137.25\%^2+0.5^2\times61\%^2)+(2\times0.5\times0.5\times91.5\%^2)]$ =95.3125%^{2}

  $\Rightarrow$ $\sigma_X=\sqrt{91.3125\%^2}$ =9.77%

- 가치가중 포트폴리오 X의 위험 : $w_{KS}=\left[\frac{50}{50+20}\right]=0.71$, $w_K=\left[\frac{20}{50+20}\right]=0.29$

  : $\sigma_X^2=[(0.71^2\times137.25\%^2+0.29^2\times61\%^2)+(2\times0.71\times0.29\times91.5\%^2)]$ =112.352%^{2}

  $\Rightarrow$ $\sigma_X=\sqrt{112.352\%^2}$ =10.60%

이번에는 KS주식과 S주식의 Pfo Y가 등가중으로 구성될 경우와 가치가중으로 구성될 경우의 위험을 계산하면 다음과 같다.

- 등가중 포트폴리오 X의 위험 : $w_{KS}=w_S=0.5$

  : $\sigma_Y^2=[(0.5^2\times137.25\%^2+0.5^2\times146.56\%^2)+(2\times0.5\times0.5\times-135.6\%^2)]$ =3.1525%^{2}

  $\Rightarrow$ $\sigma_Y=\sqrt{3.1525\%^2}$ =1.78%

- 가치가중 포트폴리오 Y의 위험 : $w_{KS}=\left[\frac{50}{50+30}\right]=0.625$, $w_S=\left[\frac{30}{50+30}\right]=0.375$

  : $\sigma_Y^2=[(0.625^2\times137.25\%^2+0.375^2\times146.56\%^2)+(2\times0.625\times0.375\times-135.6\%^2)]$

  =10.6607%^{2} $\Rightarrow$ $\sigma_Y=\sqrt{10.6607\%^2}$ =3.26%

포트폴리오의 기대수익률과 위험을 가지고 식 (10)의 효용함수에서 위험회피계수 A=6인 투자자의 가치가중 Pfo X와 Y의 효용을 계산하면 Pfo X의 효용이 조금 더 크므로 Pfo X를 선택해야 한다.

- u_X=[7.64% −0.05×6×10.6%] =4.46 > u_Y=[4.74% −0.05×6×3.26%] =3.762

〈표 5〉 구성 주식과 포트폴리오의 기대수익률과 위험

구분		KS 주식	K 주식	S주식	Pfo X[=KS+K주식]		Pfo Y[=KS+S주식]	
					가치가중	등가중	가치가중	등가중
$E(r)$		9.50%	3.00%	−3.20%	7.64%	6.25%	4.74%	3.15%
위험	σ^2	137.25%^{2}	61%^{2}	146.56%^{2}	112.35%^{2}	95.31%^{2}	10.66%^{2}	3.15%^{2}
	σ	11.71%	7.81%	12.11%	10.60%	9.77%	3.26%	1.78%
상관계수		−	−	−	$\rho_{KS,K}$=(+)1.00		$\rho_{KS,S}$=(−)0.9576	

<표 5>는 Pfo X와 Y, 구성 주식인 KS, K, S주식의 기대수익률과 위험을 정리한 것이다. 만약 당신이 KS주식을 보유하고 있는 상태에서 K주식과 S주식 중 하나와 포트폴리오를 구성해야 한다고 해보자. 상관계수가 (+)1인 K주식과 Pfo X를 구성하면 기대수익률은 9.50%에서 7.64%(가치가중인 경우) 또는 6.25%(등가중인 경우)로 감소하지만 위험도 11.71%에서 10.60% 또는 9.77%로 감소하게 된다. 그러나 상관계수가 (−)0.9576인 주식 S주식과 Pfo Y를 구성하면 위험이 11.71%에서 3.26% 또는 1.78%로 훨씬 더 많이 감소한다. 대신에 기대수익률도 4.74% 또는 3.15%로 더 많이 감소하는 것을 감수해야 한다. KS주식에만 투자할 때의 위험을 가능한 많이 감소시키기 위하여 포트폴리오를 구성하고자 한다면 상관계수가 (−)인 S주식과 포트폴리오를 구성하는 것이 유리하다.

이와 같이 포트폴리오의 위험은 상관계수가 (−)인 주식과 구성해야 보다 많이 감소한다. 이는 포트폴리오의 위험을 계산하는 식 (14)를 살펴보면 알 수 있다. 공분산 $\sigma_{KS,K}$를 '$\sigma_{KS,K} = [\rho_{KS,K} \times \sigma_{KS} \times \sigma_K]$' 관계를 적용하여 식 (14)를 다시 정리하면 다음과 같다.

- $\sigma_X^2 = \left[\left(w_{KS}^2 \times \sigma_{KS}^2 + w_K^2 \times \sigma_K^2\right) + \left(2 \times w_{KS} \times w_K \times \rho_{KS,K} \times \sigma_{KS} \times \sigma_S\right)\right]$

여기서 $\left(w_{KS}^2 \times \sigma_{KS}^2 + w_K^2 \times \sigma_K^2\right)$는 항상 (+)의 값을 가지므로 기본적으로 부담해야 하는 개별주식의 위험이지만 구성 주식들 간의 위험에 대한 관계를 보여주는 $\left(2 \times w_{KS} \times w_K \times \rho_{KS,K} \times \sigma_{KS} \times \sigma_S\right)$는 $\rho_{KS,K}$의 값이 (+), 0, (−)인가에 따라서 포트폴리오의 위험을 증가시킬 수도 있고, 아무런 영향을 주지 않을 수도 있고, 감소시킬 수도 있다. 따라서 $\left(2 \times w_{KS} \times w_K \times \rho_{KS,K} \times \sigma_{KS} \times \sigma_S\right)$의 값에 따라서 σ_X^2의 크기도 영향을 받는다.

나머지 측정치는 그대로 두고 $\rho_{KS,K}$만 (+)1, 0, (−)1인 경우의 등가중 Pfo X의 위험, σ_X^2의 크기를 비교하면 상관계수가 (+)1 → 0 → (−)1로 가면서 점점 σ_X^2의 크기가 다음과 같이 감소하는 것을 알 수 있다.

- $\rho_{KS,K}=(+)1$: $\sigma_X^2=[(0.5^2\times137.25\%^2+0.5^2\times61\%^2)$

  $+(2\times0.5\times0.5\times1\times11.71\%\times7.81\%)]=245.29\%^2$

- $\rho_{KS,K}=0$: $\sigma_X^2=[(0.5^2\times137.25\%^2+0.5^2\times61\%^2)$

  $+(2\times0.5\times0.5\times0\times11.71\%\times7.81\%)]=49.56\%^2$

- $\rho_{KS,K}=(+)1$: $\sigma_X^2=[(0.5^2\times137.25\%^2+0.5^2\times61\%^2)$

  $+(2\times0.5\times0.5\times-1\times11.71\%\times7.81\%)]=3.83\%^2$

지금까지의 포트폴리오에 대한 설명들을 간략하게 정리하면 포트폴리오를 구성하면 개별 주식의 위험을 분산시킬 수 있으며, 구성 주식의 상관계수가 (-)1에 가까울수록 위험분산효과는 크게 나타난다는 것이다. 그러나 상관계수가 (-)1로 두 주식의 가격이 정반대로 움직여도 분산되지 않는 위험이 존재한다.

3.5 포트폴리오의 위험분산 효과

투자자들이 특정 주식 하나에 모든 금액을 투자하지 않고 여러 주식에 나누어 투자하는 것, 즉 포트폴리오를 구성하는 것은 투자위험을 최대한 분산시키기 위해서이다. 그러기 위해서는 앞에서 설명한 것처럼 상관계수가 (-)1에 가까운 주식들로 포트폴리오를 구성해야 한다. 이와 같이 포트폴리오를 구성하여 투자위험이 분산되는 것을 '포트폴리오의 위험분산효과(diversification effect)'라고 한다.

투자위험 분산효과를 확대시키기 위해서는 포트폴리오 구성 주식 수를 증가시키는 것도 필요하다. 1개 주식보다는 위험을 분산시킬 수 있는 2개의 주식으로, 2개보다는 3개, 4개의 주식으로 포트폴리오를 구성하면 분산효과가 더 크게 발생할 것이다. 그렇다면 몇 개의 주식으로 포트폴리오를 구성해야 위험을 최소화할 수 있을까? 현실적으로 주식시장의 모든 주식에 투자할 수는 없을 것이다.

<표 6>은 Elton and Gruber의 'Modern Portfolio Theory and Investment Analysis(4th, 1991)'에서 제시한 포트폴리오 구성 주식 수, N에 따른 포트폴리오 수익률들의 표준편차 평균을 보여주고 있다. N이 증가할수록 수익률 표준편차, 즉 위험은 점점 감소하는 것으로 나타났다. 그러나 N이 증가하여도 어느 수준이 지나면 거의 감소하지 않고 있다. 주식 수가 10개를 넘어가면서 위험 감소폭은 급격히 작아져서 오히려 포트폴리오 구성하는 비용이 더 클 것으로 예상된다. 이는 구성 주식 수만 많다고 포트폴리오의 위험이 모두 제거되지는 않는다는 것을 의미한다. 즉, 포트폴리오를 구성하여도 제거 또는 분산되지 않는 위험이 있다는 것이다.

〈표 6〉 구성 주식 수에 따른 포트폴리오의 위험

N	σ 평균	N	σ 평균	N	σ 평균
1	46.62%	14	9.88%	100	7.45%
2	26.84%	20	9.04%	200	7.26%
4	16.95%	30	8.38%	400	7.16%
6	13.32%	45	7.94%	1,000	7.09%
10	11.01%	75	7.59%	∞	7.06%

포트폴리오의 구성 주식 수를 증가시켜 제거할 수 있는(분산 가능한) 위험을 비체계적 위험(unsystematic risk), 아무리 구성 주식 수를 증가시켜도 제거되지 않는(분산 불가능한) 위험을 체계적 위험(systematic risk)이라고 한다. 비체계적 위험은 특정 기업의 파업, 판매 부진, CEO의 일탈 행위처럼 해당 기업 고유위험(firm specific risk)으로 여러 주식에 분산투자하여, 즉 포트폴리오 구성을 통하여 제거할 수 있는 위험을 말한다. 반면에 체계적 위험은 시장 전체에 영향을 미치는 위험으로 경기 변동, 금리 또는 환율 변화 등의 거시적 경제요인에 의해 주로 발생하며 여러 주식에 분산투자하여도 제거되지 않는 시장위험(market risk)을 말한다.

〈그림 2〉 구성주식 수와 포트폴리오의 위험

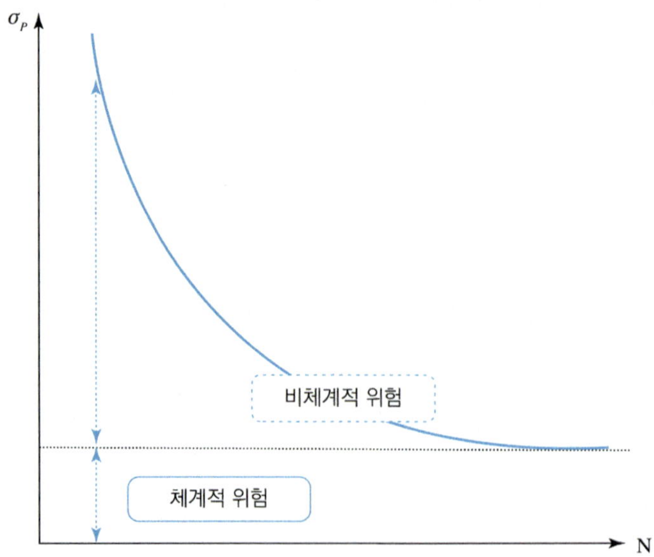

<그림 2>는 <표 6>의 결과와 체계적 위험과 비체계적 위험의 개념을 보여주고 있다. y축은 포트폴리오의 위험, x축은 포트폴리오에 포함되는 주식수를 의미한다.

연습문제

7-1. 수익과 수익률의 차이를 설명하시오.

7-2. 단일기간 수익률, 보유기간 수익률, 평균수익률에 대해서 설명하시오.

7-3. 투자자들의 위험에 대한 태도를 비교 설명하시오.

7-4. 포트폴리오의 위험분산효과를 두 가지 위험 개념을 가지고 그림을 그려서 설명하시오.

7-5. 10,000원에 매입한 주식의 가격이 1기간 후 12,000원, 2기간 후 9,600원이 되었다. 다음 질문들에 답하시오.

① 두 기간의 각각의 1기간 수익률, 2기간 보유수익률, 연평균수익률(산술, 기하평균 수익률 모두)을 계산하시오. 배당금은 지급되지 않았다고 가정

② ①에서 매 기간 배당금을 500원씩 받았다면 두 기간의 각각의 1기간 수익률, 2기간 보유수익률, 연평균수익률은 어떻게 변하겠는가?

7-6. 1기간 후 A주식 가격이 동일한 확률로 60,000원 또는 16,000원이 될 것으로 예상되며 현재 무위험수익률은 2%라고 한다. A주식을 지금 매수하여 1기간 후 매도하는 투자에 대한 다음 질문들에 답하시오.

① 투자자 Park은 위험자산인 주식투자에 대한 위험보상으로 8%를 생각하고 있다면 A주식 투자에 최대 얼마까지 투자할 용의가 있다는 것인가?

② ①에서 계산된 가격과 그 보다 10,000원 비싼 가격과 10,000원 싼 가격으로 매수했을 때의 각각의 기대수익률을 계산하여 비교해보시오.

③ 만약 ①에서 투자자 Park이 위험자산의 수익률로 37.5%를 기대하고 있다면 A주식 가격은 지금 얼마이어야 Park이 매수하겠는가?

7-7. 투자자 Kim은 B주식을 50,000원에 매수하여 배당금을 주당 2,000원 받았다. 현재 주가는 49,000원이라고 한다.

① 지금 매도할 경우 배당수익률, 자본수익률, 주식투자 수익률은 얼마인가?

② 1,000만원을 B주식에 투자했다면 배당수익과 자본수익은 각각 얼마인가?

7-8. 투자자 Park과 Kim의 2021년 분기별 투자수익률은 다음 표와 같다고 한다.

투자자	1분기	2분기	3분기	4분기
Park	25%	15%	−15%	−20%
Kim	2.5%	2%	2.5%	2%

① Park과 Kim이 2021년 1,000만원으로 투자를 시작했다면 연말에 총 얼마가 되었겠는가? 두 사람은 각 분기별 투자성과를 다음 분기에 전액 재투자함.

② Park과 Kim의 보유기간 수익률을 각각 얼마인가?

③ Park과 Kim의 산술평균, 기하평균수익률은 각각 얼마인가?

④ Park과 Kim의 분기별 수익률의 표준편차는 각각 얼마인가? 기대수익률은 산술평균수익률을 사용하고, 통계학의 자유도(degree of freedom)를 고려하여 계산하시오.

7-9. 주식 C, D와 무위험자산인 CD(양도성예금증서)의 1기간 후 상황별 수익률이 다음과 같다고 한다.

상황	확률	주식 C	주식 D	CD
경제 성장	0.75	30%	10%	2.5%
경제 침체	0.25	−10%	0%	2.5%

① 주식 C, D와 무위험자산 CD의 기대수익률을 계산하시오.

② 주식 C, D와 무위험자산 CD의 위험을 추정하시오.

③ 주식 C, D로 구성하는 등가중(equally-weighted) 포트폴리오 X와 주식 C, D와 무위험자산 CD로 구성되는 등가중 포트폴리오 Y의 상황별 수익률과 그것을 이용하여 포트폴리오의 기대수익률을 각각 계산하시오.

④ ③에서 구성한 포트폴리오 X와 Y의 분산과 표준편차를 비교하시오.

⑤ ③과 ④의 결과를 통하여 포트폴리오에 무위험자산을 포함하면 포함하지 않는 경우와 비교하여 어떤 변화가 발생하는지 설명해 보시오.

7-10. 미래 발생 가능한 상황별로 추정한 F기업의 3개 사업부의 영업이익률이 다음과 같다고 한다. F기업은 반도체 사업에 40%, 스마트폰 사업과 가전제품 사업에 예산의 30%씩을 투입하고 있다.

상황	확률	반도체 사업	스마트폰 사업	가전 사업
1	0.3	20%	25%	30%
2	0.5	15%	10%	15%
3	0.2	−10%	−5%	2%

① F기업 사업 전체의 기대영업이익율은 얼마로 추정되는가?

② F기업 사업 전체 영업이익률의 위험(분산과 표준편차)은 각각 얼마로 추정되는가?

7-11. 어느 투자자가 G주식을 주당 10,000원에 100주 매수하였고, 1기간 후 다음과 같은 가격 변화가 예상된다고 한다. 다음 질문들에 답하시오.

가격	8,000원	90,000원	11,000원	15,000원
확률	0.3	0.3	0.3	0.1

① 주식 G의 기대수익률을 얼마로 추정되는가?

② 수익률로 추정한 주식 G의 투자위험(표준편차)은 얼마로 추정되는가?

③ 기대투자수익과 투자수익의 표준편차를 추정하시오.

7-12. 주식 I와 J의 미래 상황별 수익률 분포가 다음과 같다. 각 질문들에 답하시오.

상황	발생확률	주식 I	주식 J
Good	0.3	20%	5%
Normal	0.5	10%	2%
Bad	0.2	−15%	1%

① 각 주식의 기대수익률을 추정하시오.

② 각 주식의 분산과 표준편차를 계산하시오.

③ 두 주식 간의 공분산과 상관계수를 계산하시오.

④ 투자자금의 60%를 주식 I에, 40%를 J에 투자하여 구성하는 포트폴리오의 기대수익률과 위험을 추정하시오.

7-13. 주식 K의 기대수익률과 표준편차는 모두 10%, 주식 KK의 기대수익률과 표준편차는 모두 20%라고 한다. 두 주식으로 포트폴리오를 구성할 경우 다음 표의 ①~④의 빈칸을 채우시오.

포트폴리오 구성 비율		포트폴리오 수익률과 위험	
주식 K	주식 KK	수익률	분산
0.8	0.2	12%	③
0.5	0.5	①	④
0.2	0.8	②	311.2%^{2}

7-14. 주식 L의 기대수익률과 표준편차는 각각 15%와 20%, 주식 LL의 기대수익률과 표준편차는 각각 10%와 15%, 두 수익률 간의 상관계수는 0.75라고 한다. 다음 질문들에 답하시오.

① 투자자금의 40%를 주식 L, 나머지를 LL에 투입하여 포트폴리오를 구성하면 포트폴리오의 기대수익률과 표준편차는 각각 얼마인가?

② 1,000만원을 가지고 있는 투자자가 LL주식을 공매도한 자금 500만원까지 L주식에 투자하였다면 이 투자의 기대수익률과 위험은 각각 얼마인가?

7-15. 주식 A, B, C 수익률의 확률분포는 다음과 같이 추정되었다고 한다. 다음 질문들에 답하시오.

상황	발생확률	주식 A	주식 B	주식 C
Good	0.3	30%	5%	10%
Normal	0.4	10%	10%	10%
Bad	0.3	−20%	12%	8%

① 각 주식의 기대수익률과 표준편차를 계산하시오

② 지배원리(dominance principle)를 설명하고 주식 A, B, C의 우선순위를 지배원리로 평가해보시오. 지배당한 주식을 제외한 나머지 두 개의 주식은 투자자의 효용함수, U=[E(r)-A×0.05×σ]를 활용하여 하나만 선택하시오. Park의 위험회피계수(A)는 5, Kim은 10이라면 각자의 최적 투자안이 다른지도 비교하시오.

③ 주식 A와 B, 주식 B와 C, 주식 C와 A 수익률의 공분산과 상관계수를 계산하시오.

④ 주식 A와 B, 주식 B와 C, 주식 C와 A로 등가중 포트폴리오를 구성하여 포트폴리오의 기대수익률과 위험을 계산하고 지배원리에 의하면 어느 포트폴리오를 선택해야 하는지 설명하시오.

7-16. 다음 표의 내용을 바탕으로 질문들에 답하시오.

주식	현재 주가	발행주식수	Good	Normal	Bad
			확률 : 0.5	0.3	0.2
X	20,000원	125주	24,000원	21,000원	20,000원
Y	10,000원	500주	15,000원	10,000원	7,500원
Z	5,000원	500주	8,000원	5,500원	2,000원

① 각 주식들의 상황별 수익률들은 각각 얼마인가? 다음 표를 완성하시오.

주식	Good	Normal	Bad
X	[ ]	[ ]	[ ]
Y	[ ]	[ ]	[ ]
Z	[ ]	[ ]	[ ]

② 주식 X, Y, Z의 기대수익률과 위험(표준편차)을 계산하시오.

③ 주식 X, Y, Z의 우선순위를 지배원리에 따라 평가해보시오. 또한 투자자의 효용함수가 $U=[E(r)-A\times0.05\times\sigma]$이고 투자자 Park과 Kim의 위험회피계수(A)가 각각 5와 10일 경우 투자자별 우선순위를 정하시오.

④ 주식 X와 Y, Z와 Y와의 상관계수를 각각 계산하고 그 의미를 설명하시오.

⑤ 주식 X와 Y의 동일한 비율로 구성된 포트폴리오 XY, 주식 Z와 Y의 동일한 비율로 구성된 포트폴리오 ZY의 기대수익률과 총위험(표준편차)을 계산하고 투자자의 효용함수가 $U=[E(r)-5\times0.05\times\sigma]$라면 어느 포트폴리오에 투자해야 하는지 결정하시오.

CHAPTER

08

투자이론 – CAPM등 요인모형

1. 체계적 위험과 베타(β)
2. 자본자산가격결정모형, CAPM
3. CAPM의 확장과 다요인모형

1. 체계적 위험과 베타(β)

1.1 체계적 위험과 시장포트폴리오

7장의 포트폴리오의 위험분산효과에서 살펴본 것처럼 투자위험은 특정 자산에게만 영향을 미치는 비체계적 위험(unsystematic risk)과 시장의 모든 자산에게 영향을 미치는 체계적 위험(systematic risk)으로 나눌 수 있고, 이를 다음 <표 1>과 같이 정리할 수 있다.

〈표 1〉 체계적 위험과 비체계적 위험

위험	구분	특징
위험 (risk)	체계적 위험 (systematic risk)	• 시장의 모든 위험자산에 영향 • 분산되지 않는 위험 • 시장위험(market risk) • 경기 변동, 금리와 환율 변화 등 거시경제변수
	비체계적 위험 (unsystematic risk)	• 특정 위험자산에만 영향 • 분산가능 위험 • 기업고유위험(firm specific risk) • 특정 기업의 파업과 판매 부진, CEO의 일탈 행위 등

특정 주식에게만 영향을 주는 비체계적 위험은 그 주식과 반대의 주가 변화를 보이는, 즉 상관계수가 (−)1에 가까운 주식과 포트폴리오를 구성하면 분산시킬 수 있으며, 이를 포트폴리오의 위험분산효과라고 하였다. 예를 들어, COVID 19 상황에서 해외여행이 거의 이루어지지 않아 매출이 급감하여 구조 조정을 시행하고 있는 항공회사 주식에 투자한 경우에는 이들과는 반대로 예년에 비하여 수요가 급증하고 있는 가전제품 회사 주식과 포트폴리오를 구성했었다면 손실을 막아(또는 상쇄시켜) 위험이 분산될 것이다.

이와 같이 위험자산(risky asset)들끼리 한 자산의 수익이 다른 자산의 손실을 상쇄시켜 비체계적 위험을 분산시키는 효과는 이론적으로 시장의 모든 위험자산들로 포트폴리오를 구성하면 가장 크게 발생할 것이다. 예를 들면, A자산의 손실을 B자산의 수익만으로는 60%를 상쇄시키지만 C자산이 추가되면 20%를, D자산이 추가되면 나머지 10%를 상쇄시켜줄 수 있다는 것이다. 즉 위험자산 2개만으로는 상대방의 고유위험을 상쇄시키는 효과가 크지 않지만 위험자산의 숫자가 증가할수록 상쇄시켜주는 효과는 확대되어 특정 자산의 고유위험은 모두 분산될 가능성이 높아진다.

따라서 위험자산들의 고유위험인 비체계적 위험은 시장의 모든 위험자산들로 포트폴리오를 구성하면 그들 사이의 상쇄효과가 극대화되어 모두 사라지고 남아 있는 위험은 모든 자산들이 공통적으로 영향을 받는 체계적 위험뿐일 것이다.

주식 시장에 <표 2>와 같이 X, Y, Z주식 3개만 존재한다고 하면 모든 위험자산들로 구성된 가치가중(value weighted) 포트폴리오인 '시장 포트폴리오(market portfolio, 이하 M Pfo)'는 다음과 같은 과정을 통하여 구성된다. 시장가치(market value)는 '주가×발행주식수'이고, 각 주식의 구성 비율은 가치가중 포트폴리오에 맞게 시장 전체의 가치(MV_M) 중에서 각 주식의 가치($MV_{X,Y,Z}$)가 차지하는 비율이고, 구성 비율들의 합은 1이 된다.

- $MV_M = [MV_X + MV_Y + MV_Z] = [(10\text{만주} \times 5\text{만원}) + (10\text{만주} \times 2\text{만원}) + (20\text{만주} \times 1.5\text{만원})] = 100\text{억원}$

- $\omega_X = \left[\frac{MV_X}{MV_M}\right] = \left[\frac{50}{100}\right] = 0.5,\ \ \omega_Y = \left[\frac{MV_Y}{MV_M}\right] = \left[\frac{20}{100}\right] = 0.2,$

  $\omega_Z = \left[\frac{MV_Z}{MV_M}\right] = \left[\frac{30}{100}\right] = 0.3 \Rightarrow \omega_X + \omega_Y + \omega_Z = [0.5 + 0.2 + 0.3] = 1.00$

〈표 2〉 X, Y, Z주식 자료

구분	발행주식수	주가	시가총액(MV)
X주식	10만주	50,000원	50억원
Y주식	10만주	20,000원	20억원
Z주식	20만주	15,000원	30억원

여기서는 M Pfo의 개념을 설명하기 위하여 3개의 주식을 가정하였지만 한국주식시장의 유가증권시장에만 약 930개 종목이 상장되어 있고, 시장 전체의 시가총액은 약 1,150조에 이른다. 따라서 모든 종목으로 포트폴리오를 구성한다는 것은 현실적으로 불가능하다.

그러나 다행히 KOSPI(KOrea composite Stock Price Index)와 같은 주가지수들이 M Pfo의 역할을 대신해줄 수 있다. KOSPI 지수는 '기준시점의 시가총액 대비 비교시점의 시가총액×100P'로 계산하는데 각 시점의 시가총액을 계산할 때 각 종목들의 시가총액이 더해지므로 KOSPI는 M Pfo와 같은 가치가중 형태의 포트폴리오이며 각 종목들의 변화율은 전체 시가총액에서 각 구성 종목들의 시장가치가 차지하는 비율만큼 KOSPI에 반영된다.

<표 2>의 가격이 기준시점 가격이고 비교 시점의 X, Y, Z주식의 가격은 각각 55,000원, 18,000원, 15,000원이라면 주가지수는 다음과 같이 계산된다.

- 기준시점의 $MV_M = [MV_X + MV_Y + MV_Z] = [50억원 + 20억원 + 30억원] = 100억원$
- 비교시점의 $MV_M = [(10만주 \times 5.5만원) + (10만주 \times 1.8만원) + (20만주 \times 1.5만원)]$
  $= [55억원 + 18억원 + 30억원] = 103억원$
- 비교시점의 주가지수 = [(103억원/100억원) × 100P] = 103P

구성 주식의 주가 변화율은 X주식 (+)10%[=(55,000−50,000)/50,000], Y주식 (−)10%[=(18,000−20,000)/20,000], Z주식은 0%로, 단순하게 합하면 0%이지만 주가지수는 비교 시점에 103P로 기준 시점의 100P보다 3% 증가하였다. 이는 주가지수에서 (+)10%의 X주식 구성비율(=0.5)이 (−)10%의 Y주식(=0.3)보다 크므로 주가지수 변화에 더 많이 반영되었기 때문이다.

이와 같이 주가지수는 시장의 모든 위험자산들로 구성된 가치가중 포트폴리오인 M Pfo의 역할을 대신 할 수 있다. 우리나라의 유가증권시장 주식들에 투자하는 경우에는 KOSPI 지수를, 코스닥시장 주식들에 투자하는 경우에는 KOSDAQ 지수를, 미국 뉴욕증권거래소 주식에 투자하는 경우에는 Dow 지수 등을 M Pfo의 대용치(proxy)로 사용하면 된다.

1.2 체계적 위험의 원칙

무위험수익률을 얻을 수 있는 투자자에게 위험자산 투자를 이끌어내기 위해서는 부담하는 위험에 대한 적절한 보상이 이루어져 위험수익률이 투자자가 수용할 수 있는 수준이 되어야 한다. 이를 잘 보여주는 표현이 '고위험, 고수익(high risk, high return)'이다. 많은 수익을 얻기를 원한다면 그에 상응하는 위험을 부담해야 하고, 위험이 싫다면 안전하지만 낮은 수익에 만족해야 한다는 의미이다.

만약 X주식 투자위험에 대한 적절한 수준의 보상은 6%라고 투자자들이 예상하고 있는데 무위험수익률 4%에 11%의 위험보상이 더해져 15%의 수익률이 예상된다면 매수 여부를 고민하던 투자자들의 X주식 수요는 증가하고, 보유하고 있던 투자자들은 팔려고 하지 않을 것이므로 초과수요가 발생하게 되고, 그 결과 X주식의 가격은 점점 상승하게 된다. 이전에는 10,000원 매수하여 11,500원에 매도할 수 있어서 15%의 수익률이 예상되었던 것인데 가격이 10,000원에서 점점 상승하게 되면 수익률이 15%에서 점점 하락하게 될 것이다. 적정 수준의 위험보상이 반영된 10%로 수익률이 하락하고, 그로 인하여 가격은 10,350원[=11,500/(1+0.1)]까지 상승할 것이다.

그러면 10,350원보다 더 상승하여 수익률이 10%보다 낮아지지는 않을까? 위험수익률이 10% 이하라면 적절한 수준의 위험보상도 받지 못하는 수준이므로 X주식 매수 여부를 고민하던 투자자는 매수를 포기할 것이고, 보유하고 있던 투자자는 더 수익률이 떨어지기 전에 매도하려 할 것이므로 X주식의 공급이 급증하여 초과공급이 발생하게 된다. 그 결과 주식의 가격이 점점 하락하여 기대수익률은 점점 상승하는 과정이 적절한 수준의 위험보상 6%가 추가된 기대수익률 10%가 될 때까지 이루어질 것이다. 이와 같이 부담해야 하는 위험수준보다 작거나 많은 보상이 반영된 위험수익률이 예상되면 투자자들의 차익거래(arbitrage)로 그 투자자산에 대한 수요와 공급 변화가 발생하여 부담하는 위험수준에 적절한 보상이 반영되는 위험수익률과 가격이 형성된다. 이와 같은 상태를 위험수익률의 '균형(equilibrium)'이라고 한다.

<표 1>에서 투자위험은 크게 분산 가능한 비체계적 위험과 분산되지 않는 체계적 위험으로 나눌 수 있다고 하였고, 분산 가능하다는 것이 포트폴리오를 적절하게 구성하면 제거할 수 있다는 의미라는 것과 위험수익률에는 부담하는 위험에 대한 적절한 수준의 보상이 반영되어야 한다는 것을 연결하면 다음 박스와 같은 '체계적 위험의 원칙(systematic risk principle)'을 설정할 수 있다.

> ● 체계적 위험의 원칙(Systematic risk principle)
>
> **위험자산의 기대수익률(위험수익률)에는 체계적 위험에 대한 보상만이 포함되어야 한다.**

체계적 위험의 원칙은 투자위험에 대한 보상은 포트폴리오를 구성하여 분산시킬 수 있는 위험은 제외하고 분산되지 않는 위험에 대한 보상만 이루어져야 하고, 위험수익률에도 분산되지 않는 위험, 즉 체계적 위험에 대한 보상만 반영되어야 한다는 것을 의미한다.

M Pfo의 위험은 모두 체계적 위험에 해당되므로 M Pfo의 기대수익률, $E(r_M)$이 바로 체계적 위험에 대한 보상만 반영된 위험자산의 수익률에 해당된다. 만약 체계적 위험보다 많거나 적은 보상이 이루어지면, 즉 균형 상태를 벗어나면 앞에서 설명한 X주식과 같은 차익거래가 발생하여 균형 상태로 돌아오게 된다.

1.3 체계적 위험을 측정하는 베타(β)

위험수익률에는 체계적 위험에 대한 보상만 포함되어야 한다면 체계적 위험의 크기가 얼마나 되는지를 알아야 보상 수준이 결정될 수 있을 것이다. 7장에서 주식 하나에 투자하는 경우의 위험은 개별주식의 분산(variance)과 표준편차(standard deviation)로, 주식으로 구성되는 포트폴리오의 위험은 공분산(covariance)과 상관계수(coefficient)를 추가하여 포트폴리오의 분산과 표준편차로 측정하였다.

그러나 분산과 표준편차로 측정한 위험은 <표 1>의 위험, 즉 체계적 위험과 비체계적 위험 모두를 포함하므로 체계적 위험에 대한 보상 수준은 분산과 표준편차를 기준으로 판단할 수 없다. 투자자들이 포트폴리오 구성 등을 통하여 스스로 제거할 수 있는 비체계적 위험이 제외된, 체계적 위험만을 측정할 수 있는 통계치가 필요하다

앞에서 주식시장의 모든 주식들로 구성된 M Pfo 위험에는 각 주식들의 비체계적 위험은 모두 상쇄되고 체계적 위험들만 남아 있다고 하였으므로 M Pfo의 위험은 구성 주식들의 체계적 위험들의 합이다. 여기서 M Pfo 위험과 개별주식이 그 위험에 기여한 또는 관련된 정도를 통하여 개별주식의 체계적 위험 크기를 추정할 수 있다. 식 (1)은 이를 바탕으로 주식 i의 체계적 위험을 측정하는 통계치 'β, 베타'를 계산하는 식이다.

● 위험자산 i의 체계적 위험

$$\beta_i = \left[\frac{COV(r_i, r_M)}{VAR(r_M)}\right] = \left[\frac{\sigma_{i,M}}{\sigma_M^2}\right] \cdots \text{ 식 (1)}$$

분모항 $VAR(r_M)$은 M Pfo 수익률의 분산(variance)으로 M Pfo의 위험, 즉 M Pfo의 체계적 위험의 크기이고, 분자항 $COV(r_i, r_M)$는 주식 i와 M Pfo 수익률 간의 공분산(covariance)으로 주식 i 수익률의 위험이 M Pfo 수익률의 체계적 위험과 얼마나 관련되었는지를 측정한다. 따라서 식 (1)은 마치 M Pfo의 체계적 위험에서 주식 i의 체계적 위험을 추출하는 과정과 유사하다.

M Pfo의 체계적 위험은 다음 식 (2)와 같이 '구성 주식들(주식 1 ~ 주식 n까지 총 n개)의 체계적 위험과 구성비율의 곱'으로 표현할 수도 있다. 이는 주식 i의 체계적 위험은 M Pfo의 체계적 위험에 '$w_i \times \beta_i$'만큼 기여한다는 것을 의미한다.

$$\beta_M = \left[w_1\left(=\frac{MV_1}{MV_M}\right)\times\beta_1 + w_2\left(=\frac{MV_2}{MV_M}\right)\times\beta_2 + \cdots + w_n\left(=\frac{MV_n}{MV_M}\right)\times\beta_n\right] \cdots \text{ 식 (2)}$$

또한 M Pfo도 투자자에게는 체계적 위험을 부담해야 하는 위험자산의 하나이므로 식

(1)로 체계적 위험의 크기를 다음과 같이 추정할 수 있다.

- $\beta_M = \left[\frac{COV(r_M, r_M)}{VAR(r_M)}\right] = \left[\frac{\sigma_{M,M} = \sigma_M^2}{\sigma_M^2}\right] = 1$

위험자산 M Pfo 수익률의 위험이 M Pfo 위험에 얼마나 관여했는지를 측정하는 것은 직관적으로 자신이 자신의 위험에 얼마나 관여했는지를 의미하므로 M Pfo의 체계적 위험은 1이 되는 것이고, 통계적으로는 M Pfo 수익률과 M Pfo 수익률 간의 공분산이 M Pfo 수익률의 분산으로 전환되어 M Pfo의 체계적 위험이 1이 되는 것이다.

예제 8-1

다음 자료를 이용하여 주식 A의 체계적 위험을 계산하시오.

상황	확률	r_A	r_M
불황	0.25	0.30%	0.20%
보통	0.50	23.70%	15.38%
호황	0.25	36.225%	24.15%

풀이 $E(r_A)$ = [0.25×0.30% + 0.50×23.70% + 0.25×36.225%] = 20.98%

$E(r_M)$ = [0.25×0.20% + 0.50×15.38% + 0.25×24.15%] = 13.78%

$COV(r_A,r_M)$ = [0.25(0.30%−20.98%)(0.20%−13.78%) + 0.50(23.70%−20.98%)(15.38%−13.78%) + 0.25(36.225%−20.98%)(24.15%−13.78%)] = $111.91\%^2$

$VAR(r_M)$ = $[0.25(0.20\%-13.78\%)^2 + 0.50(15.38\%-13.78\%)^2 + 0.25(24.15\%-13.78\%)^2] = 74.27\%^2$

$$\beta_A = \left[\frac{COV(r_A, r_M)}{VAR(r_M)}\right] = \left[\frac{111.91\%^2}{74.27\%^2}\right] = 1.50$$

체계적 위험을 측정하는 통계치 β에 대해서 조금 더 살펴보자. 식 (1)의 β_i는 주식 i의 M Pfo 체계적 위험에 대한 절대적인 기여도(즉, $\sigma_{i,M}$)를 M Pfo 체계적 위험(즉, σ_M^2)으로 표준화한 값으로 β_i가 (+)이면 주식 i의 수익률 또는 주가는 M Pfo와 같은 방향으로, (−)이면 반대 방향으로 움직인다는 의미이다. 또한 β_i는 주식 i의 수익률(즉, r_i)이 M Pfo 수익률(즉, r_M) 변화에 대하여 얼마나 민감하게 반응하는지를 나타내는 민감도(sensitivity)를 의미한다. 만약 $\beta_i = 1.50$라면 r_M이 1% 증가하면 r_i는 1.50배 많은 1.50%나 증가한다는 의미이고, $\beta_i = 0.5$라면 r_M이 1% 증가하면 r_i는 0.5배 수준인 0.5%만 증가한다는 의미이다.

β_i는 이론적으로 (−)의 값도 가능하지만 체계적 위험이 (−)라고 해석하기도 어렵고, 실제로 그런 주식은 매우 드물다. 최근에는 금융시장이 개방되면서 각국의 증시가 같은 방향으로 움직이는 경향이 점점 확대되고 있다. 미국 증시에서 Dow 지수가 오르면 우리나라 KOSPI도 상승세가 형성된다. 특히 우리나라에서는 외국인 투자 제한이 풀린 뒤 동조화(coupling) 현상이 더욱 심화되는 추세이고, 이로 인하여 시장의 움직임에 구성 종목들이 같이 연동되는 경우도 점점 강해지고 있어서 (−)β는 더욱 찾아보기 어렵다고 한다.

$\beta_i = 0$는 무위험자산(risk-free asset)처럼 위험이 없는 경우에 나타난다. 위험 자체가 없으므로 M Pfo 수익률과의 공분산, 상관계수가 모두 0이기 때문이다.

1.4 포트폴리오의 체계적 위험

<표 2>의 주식 X와 Y로 구성된 포트폴리오의 위험은 다음과 같이 추정하지만 여기에는 주식 X와 Y의 비체계적 위험까지 측정한 σ_X^2와 σ_Y^2가 포함되어 있으므로 포트폴리오의 체계적 위험 크기를 측정하는데 적합하지 않다.

- $\sigma_P^2 = \left[\left(w_X^2 \times \sigma_X^2 + w_Y^2 \times \sigma_Y^2\right) + \left(2 \times w_X \times w_Y \times \sigma_{X,Y}\right)\right]$

주식 X와 Y로 구성된 포트폴리오의 체계적 위험은 앞에서 M Pfo의 체계적 위험, β_M 계산 방법인 식 (2)처럼 주식 X와 Y의 체계적 위험과 포트폴리오 구성비율을 가지고 다음과 같이 추정할 수 있다.

- $\beta_P = \left[w_X \times \beta_X + w_Y \times \beta_Y\right]$

σ_P^2와 비교하면 β_P는 포트폴리오를 구성하여 분산시킬 수 있는 비체계적 위험에 해당되는 공분산이 없으므로 주식 X, Y, Z로 구성되는 β_P도 다음과 같이 비교적 간단하게 추정할 수 있다.

- $\beta_P = \left[w_X \times \beta_X + w_Y \times \beta_Y + w_Z \times \beta_Z\right]$

β_P와 σ_P^2를 설명하면서 따로 언급하지는 않았지만 기본적으로 포트폴리오를 구성하는 주식들의 구성비율 합은 다음과 같이 1이 되어야 한다[1].

- $[w_X + w_Y] = [w_X + w_Y + w_Z] = 1$

지금까지의 설명을 바탕으로 N개의 주식으로 구성된 포트폴리오의 체계적 위험 측정은 다음 식 (3)과 같이 일반화할 수 있다.

● **포트폴리오의 체계적 위험**

$$\beta_P = [\omega_1 \times \beta_1 + \omega_2 \times \beta_2 + \cdots + \omega_N \times \beta_N] = \sum_{i=1}^{N} (w_i \times \beta_i) \cdots \text{ 식 (3)}$$

예제 8-2

주식 B와 C 수익률의 표준편차는 각각 15%와 30%, 시장포트폴리오와의 상관계수는 각각 0.6과 0.8, 시장포트폴리오의 표준편차는 20%라고 한다. 주식 B와 C에 절반씩 투자하는 포트폴리오의 체계적 위험의 크기를 계산하시오

풀이 $\rho_{i,M} = \left[\frac{\sigma_{i,M}}{\sigma_i \times \sigma_M}\right] \Rightarrow \sigma_{i,M} = [\rho_{i,M} \times \sigma_i \times \sigma_M]$ 를 활용하면

$$\beta_B = \left[\frac{\sigma_{B,M} = \rho_{B,M} \times \sigma_B \times \sigma_M}{\sigma_M^2}\right] = \left[\frac{\rho_{B,M} \times \sigma_B}{\sigma_M}\right] = \left[\frac{0.6 \times 15\%}{20\%}\right] = 0.45,$$

$$\beta_C = \left[\frac{\rho_{C,M} \times \sigma_C}{\sigma_M}\right] = \left[\frac{0.8 \times 30\%}{20\%}\right] = 1.20$$

$$\beta_P = [w_B \times \beta_B + w_C \times \beta_C] = [0.5 \times 0.45 + 0.5 \times 1.20] = 0.825$$

예제 8-3

$\beta_D = 1.25$인 주식 D와 무위험자산인 국고채에 투자하여 $\beta_P = 1$인 포트폴리오를 구성하고 싶다면 주식 D의 구성비율은 얼마가 되어야 하는가?

풀이 무위험자산 국고채를 F라고 하면 포트폴리오 구성비율의 합은 $[w_D + w_F] = 1$이 되어야 하고, 무위험자산의 체계적 위험은 0이므로 $\beta_F = 0$을 활용하면

$\beta_P = [w_D \times \beta_D + w_F \times \beta_F] = [w_D \times 1.25] = 1$이 성립한다. 따라서 $w_D = 0.8$

---

1 개별종목의 구성비율이 항상 0보다 크고 1보다 작은 것은 아니다. 차입과 대출, 공매도 등을 투자 전략으로 취하는 경우는 1보다 클 수도 있고, (−)의 값을 가질 수도 있다. 그러나 구성비율들의 합은 항상 1이 된다.

2. 자본자산가격결정모형(CAPM)

2.1 위험보상과 위험보상 비율

위험수익률에는 적절한 위험보상이 포함되어야 한다는 것과 체계적 위험의 원칙을 연결하면 다음과 같이 위험자산 i의 기대수익률, $E(r_i)$은 무위험수익률, r_F에 체계적 위험에 대한 적절한 보상, RP_i이 더해진 수준이 되어야 무위험자산에 투자할 투자자들이 위험자산 투자도 고려하게 될 것이다.

- $E(r_i) = [r_F + RP_i]$ … 식 (4)

자본자산가격결정모형(CAPM)을 도출하기 위해서는 식 (4)를 조금 더 살펴보아야 한다. 우선 위험보상(risk premium)과 위험보상 비율(reward to risk ratio)을 구분해야 한다. 위험보상은 부담하는 체계적 위험, β_i에 대한 보상분이고 위험보상 비율은 위험보상을 체계적 위험, β_i으로 나눈 비율로 체계적 위험 1단위당 보상분을 각각 의미한다. 만약 $r_F = 4\%$, $\beta_i = 1.5$, $E(r_i) = 10\%$라면 위험자산 i의 위험보상은 6%[=10%-4%]이고, 위험보상 비율은 4%[=6%/1.5]가 된다.

다음으로 무위험수익률(risk-free rate), r_F의 의미와 통계적 특징을 이해해야 한다. r_F는 미래 수익의 불확실성이 없는, 즉 어떤 상황에서도 동일한 수익이 발생하는 무위험자산(risk-free asset)에 투자할 때 얻을 수 있는 수익률이므로 다음과 같은 통계적인 특징을 가진다.

- $E(r_F) = r_F$
- $\sigma_F^2 = \beta_F = COV(r_F, r_i) = 0$

$E(r_F) = r_F$는 무위험자산 수익률은 불확실성이 없으므로 기댓값과 실현된 값이 동일하다는 의미이고, $\sigma_F^2 = \beta_F = COV(r_F, r_i) = 0$는 무위험자산의 위험 측정치는 모두 0이고, 다른 위험자산 i와의 공분산도 0이란 의미이다.

이 내용을 바탕으로 위험자산인 주식 A와 무위험자산 F로 구성하는 포트폴리오 P의 기대수익률과 체계적 위험을 추정해보자. 주식 A에 투자하는 비중을 w_A라고 하면 무위험자산 F에 투자하는 비중은 $(1-w_A)$가 될 것이고, $\beta_F = 0$이므로 포트폴리오 P의 기대수익률과 체계적 위험은 다음과 같게 된다.

- $E(r_P) = [w_A \times E(r_A) + (1-w_A) \times r_F] = [r_F + \{E(r_A) - r_F\} \times w_A]$
- $\beta_P = [w_A \times \beta_A + (1-w_A) \times \beta_F(=0)] = [w_A \times \beta_A]$

여기서 $\beta_P = [w_A \times \beta_A]$를 조정한 $w_A = [\beta_P / \beta_A]$를 $E(r_P)$식에 대입하면 다음과 같이 정리된다.

- $E(r_P) = \left[r_F + \{E(r_A) - r_F\} \times \frac{\beta_P}{\beta_A}\right] = \left[r_F + \left\{\frac{E(r_A) - r_F}{\beta_A}\right\} \times \beta_P\right]$

  vs $\qquad y = [a + b \times x]$

이 식은 무위험자산 F와 위험자산 A로 구성된 포트폴리오의 기대수익률과 체계적 위험 사이의 관계를 보여주고 있다. $y = [a + b \times x]$과 비교하면 y에 해당되는 $E(r_P)$는 x에 해당하는 β_P가 1단위 변함에 따라 절편 a에 해당되는 r_F부터 기울기 b에 해당하는 $\left\{\frac{E(r_A) - r_F}{\beta_A}\right\}$만큼 변한다는 것이고, $\left\{\frac{E(r_A) - r_F}{\beta_A}\right\}$가 (+)이면 증가하면서, (−)이면 감소하면서 변한다는 것이다. $\left\{\frac{E(r_A) - r_F}{\beta_A}\right\}$의 분모항의 β_A는 대부분 (+)의 값이고, 위험회피 성향의 합리적인 투자자라면 체계적 위험을 부담하는데 무위험수익률보다 낮은 위험수익률에는 투자하지 않을 것이므로 분자항의 위험보상, $\{E(r_A) - r_F\}$도 (+)의 값을 가질 것이므로 $\left\{\frac{E(r_A) - r_F}{\beta_A}\right\} > 0$이 되어 $E(r_P)$는 β_P가 증가할수록 증가한다.

또한 $E(r_P)$와 β_P의 관계식의 기울기, $\left\{\frac{E(r_A) - r_F}{\beta_A}\right\}$는 체계적 위험 한 단위에 대한 위험보상비율을 의미한다. 위험자산 A와 무위험자산 F로 구성된 포트폴리오 P의 체계적 위험은 위험자산 A에서만 나올 것이므로 위험보상도 β_A에 대해서만 이루어지는 것이다.

위험자산 i의 체계적 위험에 대한 위험보상비율은 다음 식 (5)와 같이 일반화시킬 수 있다. 이는 투자성과 평가에서도 활용되는 위험자산 또는 포트폴리오의 체계적 위험 1단위당 초과수익률(abnormal return) 또는 위험보상이 어느 정도 이루어졌는가를 측정하는 'Treynor's ratio'라고 한다. 이 비율이 높을수록 투자 성과가 좋다고 평가한다.

- 위험자산 i의 체계적 위험에 대한 위험보상비율

$$\text{위험보상비율(Treynor's ratio)} = \left[\frac{E(r_i) - r_F}{\beta_i}\right] \cdots \text{식 (5)}$$

위험보상비율은 체계적 위험뿐만 아니라 분산 또는 표준편차로 측정되는 위험에 대해서도 다음 식 (6)과 같이 적용할 수 있고, 이는 'Sharpe ratio'라고 한다.

- 위험자산 i의 위험에 대한 위험보상비율

$$\text{위험보상비율(Sharpe ratio)} = \left[\frac{E(r_i) - r_F}{\sigma_i}\right] \cdots \text{식 (6)}$$

예제 8-4

〈예제 8-1〉의 주식 A의 Treynor's ratio와 Sharpe ratio를 계산하시오. 무위험수익률은 5.98%로 가정.

풀이

$VAR(r_A) = [0.25(0.30\%-20.98\%)^2 + 0.50(23.70\%-20.98\%)^2 + 0.25(36.225\%-20.98\%)^2] = 168.71\%^2$

$$\text{Treynor's ratio} = \left[\frac{E(r_A) - r_F}{\beta_A}\right] = \left[\frac{20.98\% - 5.98\%}{1.50}\right] = 10.00$$

$$\text{Sharpe ratio} = \left[\frac{E(r_A) - r_F}{\sigma_A}\right] = \left[\frac{20.98\% - 5.98\%}{\sqrt{168.71\%^2}}\right] = 1.15$$

2.2 시장 균형

시장 균형은 다양하게 정의될 수 있으나 금융시장에서는 추가적인 위험과 자기자금을 부담하지 않으면서(no additional risk, no additional capital) 이익을 실현시킬 수 있는 차익거래(arbitrage) 기회가 존재하는 않는 상태도 시장 균형(market equilibrium)이라고 한다. 예를 들면, 동일한 수익을 얻을 수 있는 두 투자대상에 투입되는 비용은 동일해야 균형 상태가 된다. 그렇지 않으면 균형에서 이탈하여 차익거래 기회가 발생한다. 모든 조건이 동일한 X주식과 Y주식의 가격이 1기간(t=1) 후 12,000원으로 예상되어 투자 수익은 12,000원이지만 X주식은 지금(t=0) 10,000원, Y주식은 11,000원에 거래되고 있다면 투자자는 다음과 같은 차익거래를 통하여 자기자금과 위험을 부담하지 않으면서 이익을 취할 수 있다.

- t=0 : [Y주식 1주 공매도(short sale) + X주식 1주 매수]
  ⇒ CF_0=[(+)11,000원(Y주식 공매도) + (−)10,000원(X주식 매수)]
  = (+)1,000원
  ⇒ 투자자 : [현금 1,000원, X주식 1주 보유, Y주식 1주 차입]

- t=1 : [X주식 1주 매도 + Y주식 1주 매수 & 상환]
  ⇒ CF_1=[(+)12,000원(X주식 매도) + (−)12,000원(Y주식 매수&상환)]=0원
  ⇒ 투자자 : 현금 1,000원

이와 같이 투자자는 본인 주머니에서 나오는 돈(자기자금) 없이 차익거래를 통하여 두 주식의 현재 가격 차이 1,000원만큼 차익을 실현시켰다. 여기서 CF_t는 t시점의 투자자의 현금흐름을 의미한다. 이와 같은 차익거래 기회는 투자자자들의 Y주식 공매도 증가(매도량 증가)로 가격이 11,000원에서 점점 하락하고, X주식 매수 증가로 가격이 10,000원에서 점점 상승하여 두 가격이 일치하면 사라지게 된다. 즉, 시장 균형 상태에 도달하면 사라진다.

차익거래 기회는 식 (5)의 체계적 위험에 대한 보상비율이 균형 상태를 벗어나도 발생할 수 있다. 먼저 두 주식의 체계적 위험, β_i은 동일하지만 기대수익률, $E(r_i)$의 차이로 위험보상이 다른 경우부터 살펴보자. I주식과 J주식의 체계적 위험이 모두 1.25이지만 기대수익률은 I가 15%(매수가격 10,000원, 예상매도가격 11,500원), J가 12.5%(매수가격 10,000원, 예상매도가격 11,250원), 무위험수익률이 5%라고 하면 동일한 체계적 위험에 대한 두 주식의 위험보상 비율은 다음과 같이 달라진다.

- $\left[\dfrac{E(r_I)-r_F}{\beta_I}\right]=\left[\dfrac{15\%-5\%}{1.25}\right]=8\% > \left[\dfrac{E(r_J)-r_F}{\beta_J}\right]=\left[\dfrac{12.5\%-5\%}{1.25}\right]=3.6\%$

위험보상비율에 의하면 I주식의 기대수익률에는 체계적 위험 1단위에 대한 보상 8%가, J주식의 기대수익률에는 3.6%가 반영된다는 것이므로 합리적인 투자자라면 동일한 체계적 위험을 부담하면서 더 많은 보상을 받을 수 있는 I주식에 투자할 것이다. 이 기회를 발견한 투자자는 J주식 1주를 공매도(short sale)하고 I주식 1주를 매수하는 차익거래를 통하여 다음과 같이 차익을 실현시킬 수 있다.

- t=0 : [J주식 1주 공매도 + I주식 1주 매수]
  ⇒ CF_0=[(+)10,000원(J주식 공매도) + (-)10,000원(I주식 매수)]=0원
  ⇒ 투자자 : I주식 1주 보유, J주식 1주 차입 상태

- t=1 : [I주식 1주 매도 + J주식 1주 매수 & 상환]
  ⇒ CF_1=[(+)11,500원(I주식 매도) + (-)11,250원(J주식 매수&상환)]
  =(+)250원
  ⇒ 투자자 : 현금 (+)250원

이와 같은 차익거래가 증가하면서 J주식의 공매도 물량이 증가하여 매수가격이 10,000원에서 하락하여 11,250원에 매도할 경우의 수익률이 상승하고, I주식 매수량이 증가하여 매수가격이 10,000원에서 상승하여 11,500원에 매도할 경우의 수익률이 하락하게 된다. 이와 같은 차익거래는 I주식과 J주식의 위험보상비율이 같아지는 균형 상태가 될 때까지 진행될 수 있다.

이번에는 체계적 위험, β_i이 다름에도 동일한 위험보상, $[E(r_i)-r_F]$이 예상되는 두 주식을 활용한 차익거래를 살펴보자. 주식 H와 Q 모두 매수가격 10,000원, 예상매도가격 11,500원으로 기대수익률이 15%로 동일하게 예상되지만 체계적 위험은 H주식 1.25, Q주식 1.00으로 다르다고 한다. 무위험수익률이 5%라면 위험보상비율은 다음과 같이 달라진다.

- $\left[\dfrac{E(r_H)-r_F}{\beta_H}\right]=\left[\dfrac{15\%-5\%}{1.25}\right]=8\% < \left[\dfrac{E(r_Q)-r_F}{\beta_Q}\right]=\left[\dfrac{15\%-5\%}{1}\right]=10\%$

H주식 기대수익률은 체계적 위험 1단위에 대한 보상 8%가, Q주식의 기대수익률은 10%가 반영된 것이므로 합리적인 투자자라면 동일한 기대수익률이지만 부담해야 하는 체계적 위험이 적은 Q주식에 투자할 것이다. 이 경우는 두 주식의 매수가격과 매도가격이 동일하므로 차익이 발생하지 않는다. 그러나 적은 위험에도 동일한 기대수익률이 예상되는 Q주식에 대한 수요가 증가하여 매수가격은 11,500원에 매도할 경우의 위험보상비율이 H주식의 8%와 동일하게 만들어 주는, 즉 기대수익률이 13%가 되는 균형 상태가 될 때까지 상승할 것이다.

위험보상비율 차이에 따른 두 경우의 차익거래 과정이 보여주는 것은 다음 식 (7)과 같이 시장 균형 상태에서는 개별 위험자산들의 체계적 위험에 대한 보상비율은 동일해야 한다는 것을 보여주기 위해서이다. 그렇지 않으면, 즉 균형 상태를 이탈하면 앞에서 설명한 것과 같은 차익거래가 가능해지고 다시 균형 상태로 회복하게 된다.

● 시장균형 상태의 두 위험자산 i와 j의 위험보상비율 관계

$$\left[\frac{E(r_i)-r_F}{\beta_i}\right]=\left[\frac{E(r_j)-r_F}{\beta_j}\right] \cdots \text{식 (7)}$$

2.3 자본자산가격결정모형, CAPM

이제 식 (7)의 관계를 통하여 위험자산 i의 체계적 위험에 대한 적절한 보상이 이루어진 기대수익률을 도출하는 과정을 살펴보자.

시장의 위험자산으로 구성된 M Pfo는 구성 자산들의 비체계적 위험은 모두 분산되어도 체계적 위험은 남아 있으므로 이 역시 위험자산의 하나라고 하였다. 따라서 식 (7)의 관계는 M Pfo와 위험자산 i 사이에도 성립해야 한다. 그렇지 않으면 차익거래 기회가 발생하고, 이로 인하여 결국 위험보상비율은 다음과 같이 동일하게 된다.

- $$\left[\frac{E(r_i)-r_F}{\beta_i}\right]=\left[\frac{E(r_M)-r_F}{\beta_M}\right]$$

여기에 앞에서 살펴본 M Pfo 체계적 위험의 특징, $\beta_M=1$를 대입하여 정리하면 다음과 같이 전형적인 $y=[a+b\times x]$ 형태가 된다.

- $E(r_i)=[r_F+\{E(r_M)-r_F\}\times\beta_i]$ vs $y=[a+b\times x]$

이 식에는 2가지 의미가 내포되어 있다. 첫 번째, 위험자산 i의 기대수익률, $E(r_i)$은 무위험수익률, r_F에 β_i에 대한 위험보상, $[\{E(r_M)-r_F\}\times\beta_i]$이 더해진 수준이라는 것과 두 번째, 위험자산 i의 기대수익률, $E(r_i)$은 체계적 위험, β_i의 변화에 대하여 $\{E(r_M)-r_F\}$의 비율로 변한다는 것이다. 이와 같이 위험자산의 기대수익률, $E(r_i)$과 체계적 위험, β_i사이의 균형관계를 보여주는 식 (8)을 바로 '자본자산가격결정모형(Capital Asset Pricing Model, 이하 CAPM)'이라고 한다.

- 자본자산가격결정모형, CAPM

$$E(r_i) = [r_F + \{E(r_M) - r_F\} \times \beta_i] \cdots \text{ 식 (8)}$$

CAPM에서 기울기 역할을 하는 $\{E(r_M) - r_F\}$은 시장위험프리미엄이라고 하며 시장포트폴리오의 위험보상(risk-premium)을 의미한다. 위험회피 성향의 합리적인 투자자라면 시장포트폴리오의 기대수익률이 무위험수익률보다 커야 하므로 '$\{E(r_M) - r_F\} > 0$'의 값을 가져 <그림 2>처럼 CAPM은 선형적으로 우상향하는 모양을 보일 것이다.

〈그림 2〉 **자본자산가격결정모형, CAPM**

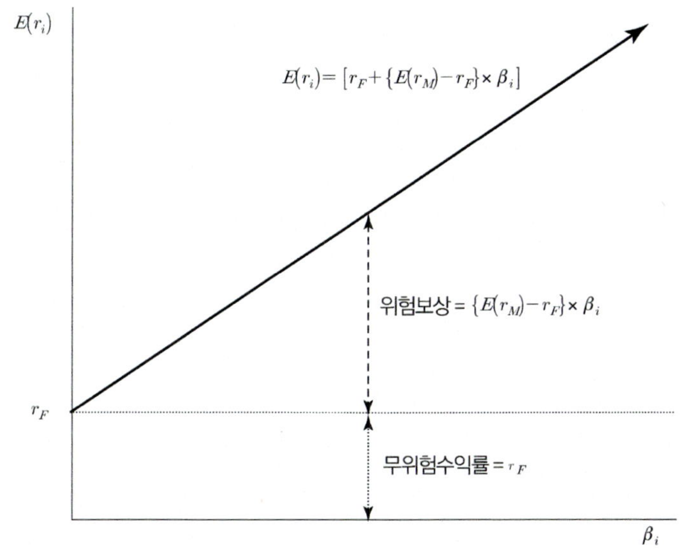

식 (8)을 다음과 같이 변형하면 시장 균형 상태에서는 위험자산들의 체계적 위험에 대한 위험보상비율은 시장위험프리미엄, $\{E(r_M) - r_F\}$과 동일해야 한다는 것을 알 수 있다.

- $$\left[\frac{E(r_i) - r_F}{\beta_i}\right] = [E(r_M) - r_F]$$

실무에서 위험자산의 기대수익률을 CAPM으로 추정하려면 몇 가지 기초자료가 필요하다. 먼저 무위험수익률, r_F은 정부가 발행하는 국고채 금리, 금융기관들끼리 짧은 기간 동안 거래하는 CD(양도성예금증서)나 RP(환매조건부채권)의 금리를 활용하고, 시장포트폴리오의 기대수익률, $E(r_M)$은 KOSPI와 같은 주가지수를 활용한다. 마지막으로 위험자산의 체계적 위험을 추정해야 하는데 이론적으로는 미래 기대치를 추정해야 하지만 현실적으로 쉽지 않으므로 과거 위험자산과 시장포트폴리오 수익률 사이의 단순회귀분석(simple regression)으로 추정한 역사적 베타(historical beta)를 대용치로 사용한다. 예를 들면, 삼성전자 주가의 변화율과 KOSPI의 변화율 사이의 상관관계는 과거 52주 동안 0.98이었으니 앞으로도 0.98과 유사할 것이라고 가정하여 체계적 위험의 크기를 추정하는 것이다[2]. 이는 체계적 위험 측정치, β_i가 주식 i의 수익률, $E(r_i)$이 시장포트폴리오 수익률, $E(r_M)$ 변화에 대하여 얼마나 민감하게 반응하는지를 나타내는 민감도(sensitivity)이기 때문에 가능한 것이다.

예제 8-5

CAPM이 성립하는 주식시장에서 주식 X와 Y의 체계적 위험이 각각 1.30과 0.78, 기대수익률은 각각 18%, 12.8%라고 한다. 무위험수익률과 시장위험프리미엄은 각각 얼마인가?

풀이 $E(r_X)=[r_F+\{E(r_M)-r_F\}\times\beta_X]\Rightarrow 18\%=[r_F+\{E(r_M)-r_F\}\times 1.3]$

$E(r_Y)=[r_F+\{E(r_M)-r_F\}\times\beta_Y]\Rightarrow 12.8\%=[r_F+\{E(r_M)-r_F\}\times 0.78]$ 두 식을 연립방정식으로 풀면 무위험수익률(r_F) = 5%, 시장위험프리미엄[$E(r_M)-r_F$] = 10%

2.4 CAPM의 활용

CAPM은 1960년대 중반 Sharpe(1964), Lintner(1965), Mossin(1966) 등이 모든 위험자산의 초과수요가 없는 상태를 시장의 균형(market equilibrium)이라고 정의하고, 시장균형 상태에서 위험자산 i의 기대수익률과 위험의 관계를 위험보상비율과 차익거래를 활용하여 확립한 이론이다[3]. CAPM은 Markowiz(1952)의 현대포트폴리오 이론에 기반을 두고 있으며 포트폴리오 이론과 함께 현대 투자이론의 핵심으로 인정받고 있다. 여기서 언급된 4명의 학자들은 모든 해당 이론의 기여로 노벨 경제학상을 수상하였다.

2 Daum이나 NAVER의 증권세션에 가면 '기업정보 → 시세 및 주주현황'에 가면 '52주 베타' 정보를 얻을 수 있다. 이는 지금부터 과거 52주, 즉 1년 동안의 해당 종목 주가 변화율과 주가지수 변화율 사이의 상관관계를 보여주고 있다. 공분산과 주가지수 변화의 분산으로 직접 구할 수도 있다.

3 Sharpe, W. F. (1964). Capital Asset Prices : A Theory of Market Equilibrium under Condition of Risk, *The Journal of Finance,* 19(3), 425-442., Mossin, J. (1966). Equilibrium in Capital Asset Market, *Econometrica*, 34(4), 768-783., Lintner, J. (1965). The Valuation of Risk asset and the Selection of Risky Investment in the Stock Portfolios and Capital Budgets, *Review of Economics and Statistics*, 47(1), 13-37., Markowitz, H. (1952). Portfolio Selection. *The Journal of Finance*, 12, 77-91.

그러면 이렇게 뛰어난 이론 CAPM은 어디에 활용되고 있을까? 첫 번째는 주식의 적정 가치(fair value)를 평가하기 위한 할인율로 활용되고 있다. 주식의 적정 가치는 그 주식을 보유함에 따라 얻을 수 있는 미래의 CF를 적절한 할인율(discount rate)로 할인한 현재가치들의 합으로 추정된다. 이 때 그 주식의 체계적 위험을 반영한 CAPM의 기대수익률은 미래 CF의 불확실성을 잘 반영할 수 있는 할인율이 된다. 무위험이자율 5%, 시장위험프리미엄 10%인 주식시장에서 체계적 위험이 1.85인 X주식에 투자하면 1년 후에 배당금 2,200원, 주가는 22,500원이 예상된다고 하면 X주식의 적정가치, V(X)는 얼마일까? 1년 후 CF[=2,200원+22,500원]을 적절한 할인율로 할인한 값이 X주식의 적정가치가 될 것이다. CAPM으로 X주식의 기대수익률을 추정하면 0.235, 즉 23.5%가 되므로, 23.5%를 할인율로 X주식의 적정가치를 추정하면 다음과 같이 20,000원이 된다.

- $V(X)= \left[\dfrac{24,700(=2,200+22,500)}{(1+r)^1}\right]$
- $E(r_X)= [0.05+0.1\times1.85]=0.235$

$$\Rightarrow V(X)= \left[\frac{24,700}{\{1+E(r_X)\}^1}\right]=\left[\frac{24,700}{(1.235)^1}\right]=20,000\text{원}$$

두 번째는 체계적 위험과 비교한 주가의 과대/과소평가 판단이다. 주식 투자를 하면서 기대수익률의 높고 낮음은 그 주식 투자에서 부담해야 하는 위험과 비교하여 판단해야 한다. 기대수익률이 다른 주식들보다 2배면 좋겠지만 부담해야 하는 위험이 5배라면 기대수익률이 높다고 좋은 투자대상이라 할 수는 없을 것이다. 따라서 주식 i의 기대수익률이 위험수준과 비교하여 적절한 수준인지를 판단해야 한다. CAPM은 바로 시장 균형 상태에서 해당 주식의 체계적 위험에 적절한 기대수익률을 보여주는 식이다. 다음 <표 3>와 같은 상황을 가정해보자. 투자자는 1년 후 주식을 매도할 예정이고 1년 후 추정된 CF, $E(CF_1)$에는 매도가격과 배당금 등이 포함되어 있다.

〈표 3〉 A, B, C 주식 관련 자료

주식	r_F	β_i	P_0	$E(CF_1)$	CAPM
A		0.80	9,500원	10,880원	8.8%
B	4%	1.00	10,000원	11,000원	10%
C		1.25	10,250원	11,150원	11.5%

A주식의 체계적 위험 0.80에 대한 적절한 수준의 위험보상이 이루어진 균형수익률은 CAPM으로 추정된 8.8%이고, 이를 할인율로 평가한 적정가치, V(A)는 10,000원이다. 그러나 시장가격(P_0)은 9,500원으로 과소평가(undervaluation) 되어 있다. 따라서 과소평가된 9,500원에 매수하여 균형가격인 10,000원으로 회복되면 매도하여 500원의 차익을 실현시킬 수 있다.

- $V(A)=\left[\frac{10,880}{(1+0.088)}\right]=10,000$원
- Buy 9,500, sell 10,000 ⇒ 1주당 차익 500원 실현

C주식의 체계적 위험 1.25에 대한 적절한 수준의 위험보상이 이루어진 균형수익률은 CAPM으로 추정된 11.5%이고, 이를 할인율로 평가한 적정가치, V(C)는 10,000원이다. 그러나 시장가격은 10,250원으로 과대평가(overvaluation)되어 있다. 따라서 과대평가된 10,250원에 공매도(short sale)하여 균형가격 10,000원으로 회복되었을 때 매수하여 상환하면 250원의 차익을 실현시킬 수 있다.

- $V(C)=\left[\frac{11,150}{(1+0.115)}\right]=10,000$원
- Short sale 10,250, buy 10,000 ⇒ 1주당 차익 250원 실현

B주식의 CAPM으로 추정한 체계적 위험 1.00에 대한 균형수익률은 10%이고 이를 할인율로 평가한 적정가치는 V(B)=10,000원이며 시장가격도 10,000원에 적정하게 형성되어 있다.

이와 같은 주식의 과대/과소평가 여부는 다음 <그림 3>으로도 파악할 수 있다. 먼저 A, B, C 주식의 현재 시장가격으로 매수하여 1년 후 $E(CF_1)$의 수익을 얻을 경우의 수익률을 시장가격 예상수익률, $E(r_i)^M$이라고 하고 CAPM으로 추정된 기대수익률, $E(r_i)^*$과 비교하면 각각 다음과 같은 관계가 형성된다.

- $E(r_A)^M=\left[\frac{10,880-9,500}{9,500}\right]=14.52\% \; > \; E(r_A)^*=8.8\%$
- $E(r_B)^M=\left[\frac{11,000-10,000}{10,000}\right]=10\% \; = \; E(r_B)^*=10\%$
- $E(r_C)^M=\left[\frac{11,150-10,250}{10,250}\right]=8.78\% \; < \; E(r_C)^*=11.5\%$

- CAPM : $E(r_i)^* = [4\% + 6\%(= 10\% - 4\%) \times \beta_i]$

〈그림 3〉 CAPM에 의한 과대/과소평가

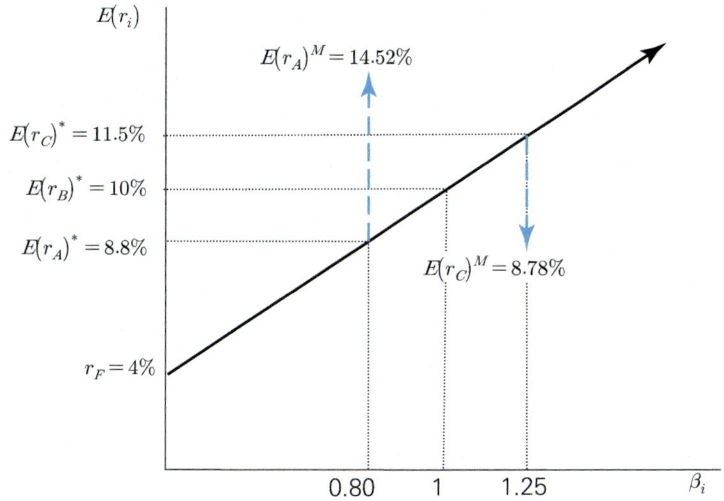

<그림 3>을 보면 과소평가된 A주식의 시장가격 예상수익률, 14.52%는 체계적 위험 0.80에 대한 균형수익률 8.8%보다, 즉 CAPM 선(line)보다 위쪽에, 과대평가된 C주식의 시장가격 예상수익률, 8.78%는 체계적 위험 1.20에 대한 균형수익률 11.5%보다, 즉 CAPM 선보다 아래쪽에 위치하고 알 수 있다. 이는 체계적 위험 수준을 고려한 균형수익률보다 높은 수익률을 올릴 수 있는 주식 A의 가격은 CAPM 기준으로는 굵은 점선의 화살표만큼 과소평가되어 있고, 낮은 수익률이 예상되는 주식 C의 가격은 CAPM 기준으로 굵은 점선의 화살표만큼 과대평가되어 있다는 것을 의미한다. 따라서 어떤 주식의 현재 시장가격으로 예상되는 수익률이 CAPM 선보다 위쪽에 있으면 과소평가된 것이고, 아래쪽에 있으면 과대평가된 것이다.

3. CAPM의 확장과 다요인모형

3.1 Zero-β CAPM

CAPM이 핵심적인 투자이론이긴 하지만 몇 가지 한계점도 가지고 있다. 무위험자산은 이론적으로나 가능하지 실제로 존재하는가? 무엇보다 위험자산의 기대수익률을 설명하는 요인에는 시장 전체의 움직임과 관련된 것 하나 뿐인가? 등은 충분히 제기될 수 있는 의문이다. 본서에서는 이 질문들에 대한 대안들을 간단하게 살펴보고자 한다. 보다 자세한 내용은 각종 투자론 교재를 참고하기 바란다.

먼저 무위험수익률은 국고채 수익률이나 CD, RP 수익률을 대용치로 사용할 수 있다고 했는데 이들도 발행자의 파산위험이 낮다는 것이지 국가의 통화정책이나 시중 금리의 변동으로 언제나 예상과 다르게 변할 수 있다. 따라서 투자기간이 아주 짧은 경우가 아니고서는 예측한 수익률이 그대로 실현되지 않을 수도 있다. 또한 CAPM의 중요한 가정에는 주식시장에 참가하는 모든 투자자들이 필요할 때는 언제나 원하는 금액만큼 차입(borrowing)과 대출(lending)을 무위험수익률로 할 수 있다는 것이 포함되어 있다. 그러나 현실에서는 개인투자자는 원하는 시점에 원하는 금액을 차입하는 것도 어렵고, 개인뿐만 아니라 모든 투자자들에게 차입이자율은 대출이자율보다 높게 적용된다. 따라서 금융시장에서의 무위험자산의 현실은 CAPM의 이론적인 가정과 매우 다르다.

여기에 대해서는 Black은 시장포트폴리오와 공분산이 0인 주식 또는 포트폴리오를 구성할 수 있다면 무위험수익률 대신 시장포트폴리오와 공분산이 0이면서 위험이 가장 작은 포트폴리오(그는 이를 'Zero-beta 포트폴리오'라고 함)를 활용하여 다음 식 (9)와 같이 변경한 Black CAPM을 주장하였다[4].

- Black CAPM

$$E(r_i)=[E(r_Z)+\{E(r_M)-E(r_Z)\}\times\beta_i] \cdots \text{ 식 (9)}$$

Black CAPM을 식 (8)의 Original CAPM과 비교하면 무위험수익률, r_F 자리를 Zero-beta 포트폴리오의 수익률, $E(r_Z)$로 대체하여 현실적인 제약을 개선한 것이다. 그러나 이 역시 무위험자산이 없어도 Zero-beta 포트폴리오 수익률로 대체할 수 있다는 것만 개선한 것이지 Zero-beta 포트폴리오를 어떻게 만들 수 있는지에 대해서는 구체적인 언급이 없어 여전히 한계로 남아있다.

4 Black, F. (1972). Capital Market Equilibrium with Restricted Borrowing, *The Journal of Business,* 45(3), 444-455.

3.2 차익거래결정이론, APT(Arbitrage Pricing Theory)

CAPM은 위험수익률, $E(r_i)$에 포함된 위험보상에 시장포트폴리오와 위험자산 i의 관계를 보여주는 체계적 위험(이하 시장 β)에 대한 보상만을 포함하고 있어서 공통 요인(common factor)이 1개인 'Single-factor model' 또는 'Single-beta model'이라고 한다. 그러나 주식을 포함한 위험자산의 기대수익률이 시장 β 하나만으로 모두 설명될 수 있을까? 모두는 아니더라도 얼마나 설명될 수 있을까? 등의 의문은 CAPM이 발표된 이후 바로 직면했던 비판이었다.

이에 대해서 Ross는 '시장 β' 이외의 여러 가지 공통요인들에 대한 위험자산의 β들로 위험자산의 기대수익률을 설명하는 APT를 제시하였다[5]. 여기서 β들은 각각의 공통요인들과 위험수익률 사이의 체계적 위험 또는 민감도를 의미한다. Ross는 위험자산 수익률은 여러 가지의 공통요인에 영향을 받으므로 'Multi-factor model'로 추정해야 하고, 시장에는 분산투자를 통하여 비체계적 위험을 제거할 수 있을 정도의 충분한 숫자의 자산들이 거래되고 있고, 시장은 매우 경쟁적(competitive)이서 차익거래 기회(arbitrage opportunity)는 존재하지 않는다고 주장하면서 다음 식 (10)과 같은 '차익거래결정 이론(Arbitrage Pricing Theory, 이하 APT)'을 제시하였다. Ross의 주장 중 뒤의 두 가지는 CAPM과 동일한 내용이지만 첫 번째 주장인 여러 요인들로 위험자산 수익률을 추정해야 한다는 것은 CAPM과 다른 부분이다.

● 공통 요인이 n개인 경우의 APT

$$E(r_i)= [\lambda_0 + (\lambda_1 \times \beta_{i.1}) + (\lambda_2 \times \beta_{i.2}) + \cdots + (\lambda_n \times \beta_{i.n})] \cdots \text{ 식 (10)}$$

여기서 λ는 '람다'로 읽으며, λ_0는 모든 공통 요인에 대한 민감도 β가 0인 포트폴리오의 기대수익률로 CAPM의 무위험수익률 역할을 하며, λ_n은 n번째 요인 포트폴리오(factor portfolio)의 위험보상(risk premium)으로 '$[E_{F,n} - \lambda_0]$'을 의미하고, '$E_{F,n}$'은 n번째 공통 요인에 대해서는 $\beta=1$, 나머지 공통 요인에 대해서는 $\beta=0$인 요인 포트폴리오 n의 기대수익률을 각각 의미하며, $\beta_{i,n}$은 공통 요인 n에 대한 위험자산 i의 민감도를 각각 의미한다. 따라서 APT와 CAPM에서 다음 항목들이 서로 비슷한 역할을 하고 있다고 보면 된다.

- APT의 $[\lambda_n \times \beta_{i,n}] = [\{E(r_{F,n} - \lambda_0)\} \times \beta_{i,n}]$ vs CAPM의 $[\{E(r_M - r_F)\} \times \beta_i]$

5 Ross, S. A. (1976). The Arbitrage Pricing Theory of Capital Asset Pricing, *Journal of Economic Theory,* 13(3), 341–360.

CHAPTER 08 투자이론 CAPM등 요인모형

APT도 차익거래 기회를 찾는데 활용될 수 있다. <표 4>의 Two-factor model, APT로 차익거래가 이루어지는 과정을 살펴보자. 주식의 기대수익률 $E(r_i)$는 다음과 같은 Two-factor model로 추정할 수 있으며, $\beta_{i,1}$과 $\beta_{i,2}$는 공통 요인 1, 2에 대한 주식 i 수익률의 민감도로 그 요인과 관련된 위험을 각각 의미한다.

- Two-factor model : $E(r_i)=[\lambda_0+(\lambda_1\times\beta_{i,1})+(\lambda_2\times\beta_{i,2})]$

〈표 4〉 H, I, J 주식 관련 자료

주식	$\beta_{i,1}$	$\beta_{i,2}$	$E(r_i)$
H	0.75	0.95	15%
I	1.50	1.25	20%
J	0.25	0.75	7.48%

먼저 J주식의 요인별 위험, $\beta_{i,1}$과 $\beta_{i,2}$를 동일하게 만들어주는 포트폴리오를 H주식과 I주식으로 구성하면 구성비율 w_H와 $w_I=(1-w_H)$은 다음과 같다.

- $[w_H\times\beta_{H,1}+(1-w_H)\times\beta_{I,1}]=\beta_{J,1} \Rightarrow [w_H\times0.75+(1-w_H)\times1.50]=0.25 \Rightarrow w_H=1.67$
- $[w_H\times\beta_{H,2}+(1-w_H)\times\beta_{I,2}]=\beta_{J,2} \Rightarrow [w_H\times0.95+(1-w_H)\times1.25]=0.75 \Rightarrow w_H=1.67$
- $w_I=(1-w_H)=(1-1.67)=(-)0.67$

$w_I=(-)0.67$이란 I주식을 0.67만큼 공매도, 즉 차입하여 매도한다는 의미이다. 그렇게 차입하여 매도한 자금을 처음 계획했던 투자자금에 더하여 H주식에 1.67의 비중을 투자하면 주식 J의 요인별 위험 0.25, 0.75와 동일한 포트폴리오가 구성된다. 동일한 위험을 부담하는 투자에서는 동일한 기대수익률이 발생해야 차익거래 기회가 발생하지 않는 균형상태가 되므로 H와 I주식으로 구성된 포트폴리오의 기대수익률과 J주식의 기대수익률은 동일해야 한다.

그러나 다음과 같이 포트폴리오의 기대수익률이 J주식 기대수익률보다 크면 차익거래 기회가 발생하여, 수익률이 낮은 J주식을 공매도하여 수익률이 높은 포트폴리오에 투자하면 4.17%[=11.65%−7.48%]의 차익을 실현할 수 있다.

- $E(r_P)=[1.67\times15\%+(-)0.67\times20\%]=11.65\% > E(r_J)=7.48\%$

이번에는 무위험이자율이 2%라면 $E(r_i)=[\lambda_0+(\lambda_1\times\beta_{i,1})+(\lambda_2\times\beta_{i,2})]$의 공통 요인 1, 2의 위험프리미엄 λ_1과 λ_2가 얼마인지 추정해보자. Two-factor model에 의하면 $E(r_H)$와 $E(r_I)$는

다음과 같을 것이고, 두 식을 연립방정식으로 풀면 $\lambda_1 = 8.1905\%$, $\lambda_2 = 4.5714\%$이 된다. 이 값들을 J주식에 대입하면 7.48%가 나오므로 제대로 추정된 값이다.

- $E(r_H) = [\lambda_0 + \lambda_1 \times \beta_{H,1} + \lambda_2 \times \beta_{H,2}] \Rightarrow 15\% = [2\% + \lambda_1 \times 0.75 + \lambda_2 \times 1.5]$
- $E(r_I) = [\lambda_0 + \lambda_1 \times \beta_{I,1} + \lambda_2 \times \beta_{I,2}] \Rightarrow 20\% = [2\% + \lambda_1 \times 1.5 + \lambda_2 \times 1.25]$
- $\lambda_1 = 8.1905\%$ & $\lambda_2 = 4.5714\%$
- $E(r_J) = [\lambda_0 + \lambda_1 \times \beta_{J,1} + \lambda_2 \times \beta_{J,2}] = [2\% + 8.1905\% \times 0.25 + 4.5714\% \times 0.75]$
  $= 7.48\%$

APT는 CAPM과 비교하여 투자자의 위험성향과 투자수익률의 정규분포 여부와 상관없이 자산수익률이 결정된다. 또한 CAPM처럼 시장포트폴리오가 필요하지 않으며, 여러 개의 공통 요인으로 위험자산의 수익률을 설명할 수 있으며 시장위험프리미엄 외의 다양한 경제 변수들을 활용할 수 있다. 그러나 구체적으로 어떤 공통 요인이, 또한 몇 개의 공통 요인이 위험자산의 수익률을 설명하는데 유용한지는 명확하게 제시하고 있지 않으며 실무에서 찾는 것도 쉽지 않다.

3.3 Fama-French의 Three-Factor Model

Fama & French는 주식 수익률에 영향을 미치는 공통 요인을 기업의 특징을 보여주는 변수들 중에서 선별하여 다음 식 (11)과 같은 Three-factor model을 제시하였다[6]. 그들은 'CAPM의 시장포트폴리오', '기업규모'와 '주식의 시장가치와 장부가치 비율' 등의 3가지 요인이 주가의 변화를 설명한다고 하였다.

- Fama-French의 Three-factor model

$$E(r_i) = \begin{bmatrix} r_F + \{E(r_M) - r_F\} \times \beta_{i,M} + E(SMB) \times \beta_{i,SMB} \\ + E(HML) \times \beta_{i,HML} \end{bmatrix} \quad \cdots \text{식 (10)}$$

여기서 $E(SMB)$는 'Small Minus Big = $[E(r_{SMALL}) - E(r_{BIG})]$'로 기업규모(시가총액)가 가

6 Fama, Eugene F. and Kenneth R, French. (1992). The Cross-Section of Expected Stock Return, *Journal of Finance,* 47, 427-465.

장 작은 기업들로 구성된 포트폴리오의 수익률과 가장 큰 기업들로 구성된 포트폴리오 수익률의 차이로 규모가 작업 기업의 주식에 투자하면서 큰 기업의 주식에서 부담하지 않았던 위험(예를 들면, 경기 변동에 더 민감하게 영향을 받는 것)을 추가적으로 부담해야 하는 것에 대한 위험보상(risk premium)을 의미하고, $\beta_{i,SMB}$는 주식 i의 $E(SMB)$에 대한 민감도를 의미한다.

$E(HML)$는 'High Minus Low $= [E(r_{HIGH}) - E(r_{LOW})]$'로 주식의 [장부가치(book value)/시장가치(market value)]가 가장 높은 기업들로 구성된 포트폴리오의 수익률과 가장 낮은 기업들로 구성된 포트폴리오 수익률의 차이이다. [BV/MV] 비율이 높다는 것은 BV에 비하여 MV가 창출한 가치가 크지 않다는 것이므로 재무적 곤경(financial distress)에 놓일 가능성이 상대적으로 높다는 것을 의미한다. 따라서 $E(HML)$는 [BV/MV] 비율이 높은 기업의 주식에 투자하면서 추가적으로 부담해야 하는 위험에 대한 보상을 의미하고, $\beta_{i,HML}$는 주식 i의 $E(HML)$에 대한 민감도를 의미한다.

식 (10)의 Fama-French Three-factor model을 식 (8)의 CAPM과 비교하면 시장포트폴리오 수익률에 대한 체계적 위험으로 설명할 수 없는 요인을 기업의 특성을 보여주는 요인들로 설명한 것이 큰 차이이며, 최근에 학문적으로 주식들의 초과수익률(abnormal return)을 추정할 때 많이 활용된다.

연습문제

8-1. 체계적 위험의 원칙을 설명하시오.

8-2. 시장포트폴리오에 대해서 설명하시오.

8-3. 위험보상, 위험프리미엄, Treynor's ratio, Sharpe ratio에 대해서 설명하시오.

8-4. 투자자 Park은 각 주식들의 기대수익률과 체계적 위험을 추정하여 투자자금을 다음과 같이 분배하였다. 다음 질문들에 답하시오.

투자대상	투자금액	기대수익률	체계적 위험
A	600만원	10%	0.80
B	800만원	25%	1.50
C	400만원	15%	1.25
국고채	200만원	2%	0.00

① 투자대상별 투자비중은 각각 얼마인가?

② Park이 구성한 포트폴리오의 기대수익률과 체계적 위험은 각각 얼마인가?

③ 주식 A와 B로 포트폴리오를 구성하여 체계적 위험을 1로 만들기를 원한다면 주식 A의 투자비중은 얼마가 되어야 하며, 그 때의 포트폴리오 기대수익률은 얼마가 되는지 계산하시오?

④ 주식 C와 국고채로 포트폴리오를 구성하여 20%의 수익률을 얻기를 원한다면 국고채의 투자비중은 얼마이며, 그 의미를 설명하시오.

8-5. 무위험자산과 위험자산에 해당되는 3개의 주식에 동일한 비중을 투자하여 포트폴리오를 구성하였다. 3개의 주식 중 2개의 체계적 위험이 각각 1.25와 0.80이라고 한다. 구성된 포트폴리오의 위험이 시장포트폴리오의 위험과 동일하다면 나머지 1개 주식의 체계적 위험은 얼마인가?

8-6. 다음 내용을 바탕으로 질문들에 답하시오.

- 주식 D의 체계적 위험과 기대수익률을 각각 1.50, 16.75%
- 무위험자산(F)인 예금의 이자율 1.75%
- 주식 D와 무위험자산 F로 포트폴리오 P를 구성하려고 함.

① 포트폴리오 P의 기대수익률과 체계적 위험 간의 관계식을 도출하시오.

② 등가중 포트폴리오를 구성했다면 포트폴리오의 기대수익률과 체계적 위험은 각각 얼마인가?

③ ②에서 포트폴리오의 체계적 위험이 1로 증가하면 기대수익률은 얼마가 되겠는가? 이때의 주식 D에 투자한 비중은 얼마가 되어야 하는가?

8-7. 주식 E와 F의 기대수익률, 표준편차, 시장포트폴리오와의 상관계수는 다음과 같다고 한다. 질문들에 답하시오.

주식	기대수익률	분산	상관계수
E	20%	$400\%^2$	0.50
F	5%	$25\%^2$	0.75
시장포트폴리오		$156.25\%^2$	

① 주식 E와 F의 체계적 위험을 계산하시오.

② 주식 E와 F에 자금의 40%와 60%를 투자하여 포트폴리오를 구성하였다면 기대수익률과 체계적 위험은 각각 얼마인가? 또한 주식 E와 F의 상관계수가 0.9라면 포트폴리오의 위험은 얼마인가?

8-8. CAPM이 성립하는 시장에서 주식 X와 관련된 사항들이 각각의 문제와 같을 경우 질문들에 답하시오.

① 주식 X의 체계적 위험은 1.45, 시장포트폴리오의 기대수익률은 8%, 무위험자산수익률은 2%라고 한다면 주식 X의 기대수익률과 위험보상은 각각 얼마인가?

② 주식 X의 기대수익률 15%, 무위험수익률 2%, 시장포트폴리오의 위험보상이 10%라면 주식 X의 체계적 위험은 얼마인가?

③ 주식 X의 기대수익률 20%, 체계적 위험 1.60, 무위험수익률 4%라면 시장위험프리미엄은 얼마인가?

④ 주식 X의 기대수익률이 10%, 체계적 위험이 0.6, 시장포트폴리오의 기대수익률이 15%라면 무위험수익률은 얼마인가?

⑤ 주식 X의 기대초과수익률(또는 위험보상)이 20%, 체계적 위험이 1.25이고 주식 XX의 체계적 위험은 2.00이라고 한다면 시장포트폴리오의 기대초과수익률과 주식 LL의 기대초과수익률은 각각 얼마인가?

⑥ 시장포트폴리오와의 상관계수가 0.55인 주식 X의 분산은 $100\%^2$이고 시장포트폴리오의 분산은 $144\%^2$라면 주식 X의 기대초과수익률은 얼마인가? 시장포트폴리오의 기대초과수익률은 10%라고 한다.

⑦ 주식 X의 기대수익률과 체계적 위험이 각각 20%와 1.5, 무위험자산수익률이 2%라고 한다. 두 자산으로 구성된 포트폴리오의 체계적 위험이 1.05라면 주식 X에 투자한 비율과 그 때의 포트폴리오 기대수익률은 각각 얼마인가?

⑧ ⑦에서 두 자산으로 구성된 포트폴리오의 기대수익률이 12.5%라면 포트폴리오의 체계적 위험은 얼마인가?

8-9. 다음 표의 내용을 바탕으로 질문들에 답하시오.

주식	현재 주가	발행주식수	Good	Normal	Bad
			확률 : 0.5	0.3	0.2
X	20,000원	125주	+20%	+5%	0%
Y	10,000원	500주	+50%	0%	−25%
Z	5,000원	500주	+60%	+10%	−60%

① 시장에 주식 X, Y, Z만 존재한다고 가정하고, 시장포트폴리오(market portfolio) M의 상황별 수익률을 계산하여 기대수익률과 위험(분산)을 계산하시오.

② 주식 X, Y, Z의 체계적 위험과 시장포트폴리오 M의 체계적 위험을 각각 계산하시오.

③ 주식 X와 Y의 등가중 포트폴리오 XY, 주식 Z와 Y의 등가중 포트폴리오 ZY 중에서 투자자의 효용함수가 '$U=[E(r)-5\times0.05\times\sigma-5\times\beta]$'일 경우 어느 포트폴리오에 투자해야 하는지 결정하시오. 포트폴리오 XY와 ZY의 표준편차는 각각 19.94%, 38.22%라고 한다.

8-10. 주식 G와 시장포트폴리오의 수익률이 다음 표와 같이 예상될 경우 질문들에 답하시오.

상황	발생확률	r_G	r_M
Good	0.3	6%	20%
Normal	0.5	3%	10%
Bad	0.2	0%	−2%

① 주식 G, 시장포트폴리오의 기대수익률, 분산, 둘 사이의 상관계수와 공분산, 주식 G의 체계적 위험을 계산하시오.

② 주식 G의 균형수익률을 CAPM으로 추정하고 ①에서 추정된 기대수익률의 과대/과소평가 여부를 판단하시오. 현재 무위험자산수익률은 2.25%.

8-11. 시장포트폴리오의 위험프리미엄이 8%, 무위험이자율 2%일 경우 시장포트폴리오와 무위험자산을 이용하여 8%의 수익률을 얻을 수 있는 포트폴리오를 구성하고자 한다. 다음 질문들에 답하시오.

① 포트폴리오의 체계적 위험은 얼마인가?

② 포트폴리오 수익률을 12%로 증가시키려면 무위험자산을 어떻게 활용해야 하는가?

8-12. 주식 H, I, J와 관련된 자료가 다음과 같다고 한다. P_0는 현재 거래 가격이고, $E(CF_1)$은 1기간 보유할 경우 매도가격과 배당금 등을 포함한 투자수익을 의미하고, CAPM은 체계적 위험을 반영한 각 주식들의 균형수익률을 의미한다. 무위험자산수익률은 2.5%라고 한다. 다음 질문들에 답하시오

주식	체계적 위험, β_i	P_0	$E(CF_1)$	CAPM
H	0.50	50,000	53,750원	7.5%
I	1.00	45,000	49,500원	12.5%
J	1.50	55,000	66,000원	17.5%

① 주식 H, I, J의 기대수익률을 계산하여 과대/과소평가 여부를 판단하시오.

② 주식 H, I, J의 현재 적정가격은 얼마인지 추정하시오.

8-13. 주식 L, P, Q의 2요인 모형 관련 자료가 다음과 같을 경우 질문들에 답하시오

주식	$\beta_{i,1}$	$\beta_{i,2}$	$E(r_i)$
L	0.50	1.25	15%
P	1.00	1.00	10%
Q	1.50	0.75	12.5%

① 주식 L과 요인별 위험의 크기가 동일한 포트폴리오를 주식 P와 Q로 구성할 경우 각 주식의 투자비중은 얼마가 되어야 하는가?

② ①의 결과로 주식 P와 Q로 구성한 포트폴리오의 기대수익률과 주식 L의 기대수익률을 비교하여 실현가능한 차익은 얼마나 되는지 추정하시오.

③ 무위험자산수익률이 2%라면 2개 요인들의 위험프리미엄, λ_1과 λ_2는 각각 얼마인지 추정하시오.

CHAPTER

09

투자사업결정 Ⅰ – 경제성 분석

1. 실물투자, 투자사업 결정의 기초

2. NPV, 순현재가치법

3. IRR, 내부목표수익률법

4. PI, 수익성 지수법

5. 회수기간법과 투하자본수익률법

6. 투자사업의 경제성 평가 : 예제

1. 실물투자, 투자사업 결정의 기초

1.1 실물투자, 투자사업 결정과 자본예산

5~8장에서는 대표적인 금융자산(financial asset)인 주식과 채권, 금융자산 투자의 핵심 이론인 포트폴리오 이론과 자본자산가격결정모형 등 금융자산 투자결정과 관련된 내용들을 살펴보았다. 이제는 실물자산(real asset) 또는 기업의 사업 투자결정과 관련된 투자사업의 경제성 분석(9장)과 투자사업의 미래성과 측정(10장)을 다루고자 한다.

대부분의 교재는 주어진 예산을 여러 투자사업에 효율적으로 분배하여 기업가치를 극대화시킬 수 있는 투자결정을 내리는 과정을 자본예산(capital budgeting)이라고 명명(命名, naming)하였으나 본서에서는 금융투자결정과 구분하기 위하여 '투자사업 결정'이라고 표현하고자 한다[1]. 투자사업 결정은 투자사업의 미래 성과와 투입 비용 등을 추정하여 기업이 활용할 수 있는 자금 범위 내에서 최적의 투자사업을 찾아내는 경제성 분석을 통하여 이루어지므로 자본예산과 동일한 개념이다.

기업에서는 각 사업부들이 투자하고자 하는 사업에 대한 경제성 분석 결과를 가지고 최고경영진을 설득해야 투자가 이루어진다. 이 과정에서 기업을 전체적으로 바라보면서 지속가능한 성장이 이루어지도록 의사결정을 해야 하는 다소 보수적이고, 위험회피적 성향을 가진 최고경영진의 최종 결정을 이끌어내기 위해서는 각 사업부의 투자사업 경제성 분석은 미래 불확실한 투자성과와 투자비용 등에 대하여 합리적으로 추정해야 하고, 최고경영진 역시 미래 불확실성을 전략적으로 판단하여 기업이 성장할 수 있는 투자결정을 내려야 한다.

투자사업 결정은 기업의 존속과 지속적인 성장을 좌우하고 기업의 핵심사업과 관련된 비유동자산, 그 중에서도 특히 유형자산 투자와 관련된 것으로 장기간 대규모의 현금흐름을 추정해야 하므로 매우 중요한 의사결정이다. 점점 더 급변하는 기업환경을 고려하면 미래의 투자사업 성과를 정확하게 예측한다는 것은 현실적으로 거의 불가능하다. 따라서 미래 성과들이 언제, 얼마나 발생할 것인지를 추정하는 과정에서 직면하게 되는 불확실성을 합리적으로 반영한 경제성 분석이 요구되는 것이다.

따라서 투자사업 결정 과정의 가장 중요한 부분은 투자사업의 미래성과를 합리적으로

1 금융(자산)투자와 대비되는 용어는 실물(자산)투자가 적합하지만 9장과 10장에서는 기업의 사업투자와 관련된 내용을 중심으로 설명이 진행되어 '투자사업 결정'이란 용어를 사용하는 것이 이해에 도움이 될 것이라고 판단함.

추정하는 것과 그것을 바탕으로 투자사업의 경제성을 분석하는 것이다. 본 장에서는 투자사업의 경제성 분석 방법들을 먼저 설명하고, 10장에서 투자사업의 미래성과를 추정하는 과정에 대해서 설명하고자 한다.

1.2 미래성과 추정의 어려움

기업을 장기간 지속적으로 유지 또는 성장시킬 수 있는 사업을 찾아내는 것은 기업 내·외부의 급격한 환경 변화를 고려하면 매우 어려운 일이다. 몇 달, 몇 분기, 1년 후도 예상하기 어려운 시대에 3~5년 또는 그 이상 지속되는 사업에 투입되는 자금과 창출되는 수익이 언제(timing), 얼마(amount)가 될지를 예상하는 것은 더욱 어려운 일이다. 그나마 초기에 투입되는 투자비용은 가까운 시점에 이루어지므로 어떤 곳에 얼마가 투입되어야 하는지를 비교적 정확하게 추정할 수 있겠지만 투자로 발생될 성과는, 그것이 이익(income)이든, 현금흐름(cash flow)이든 미래 여러 기간에 걸쳐서 발생하므로 추정하는 것도 쉽지 않으며, 추정하였다 하더라도 실제 결과는 크게 변동할 가능성이 항상 존재한다. 여기서 투자사업의 미래성과가 예상과 얼마나 다르게 발생하는가를 변동성(volatility)이라고 하고 통계학의 표준편차(standard deviation)를 활용하여 추정한다.

기업의 투자사업 경제성 분석에 주로 활용하는 방법은 NPV(net present value, 순현재가치)법과 IRR(internal rate of return, 내부목표수익률)법이다. 그러나 NPV법과 IRR법도 분석과정에서 직면하게 되는 불확실한 상황에 대해서 합리적인 假定(assumption)이 요구되므로 많은 주의가 요구된다. 무엇보다 투자사업 미래성과의 불확실성이나 변동성을 어떻게 반영해야 하는지는 NPV법과 IRR법뿐만 아니라 모든 경제성 분석 방법들이 제일 먼저 고려해야 하는 문제이다.

그러면 NPV법부터 어떻게 투자사업의 불확실성을 반영하여 경제성을 분석하는지 살펴보자.

2. NPV, 순현재가치법

2.1 NPV의 의미와 경제성 판단기준

NPV는 식 (1)과 같이 '투자사업에서 발생할 것으로 예상되는 미래 CF를 적절한 할인율로 할인한 현재가치에서 최초 투자비용을 차감한 금액'으로 그 투자를 하게 되면 현재 그만큼의 금액 또는 가치가 증가하거나 감소한다는 것을 의미한다. 여기서 현재가치를 기준으로 측정한 결과이므로 '현재' 그만큼의 금액 또는 가치가 증가한다고 하는 것이다. $E(CF_t)$는 투자기간 동안 시점별 예상되는 CF를, I_0는 최초 투자비용을, r을 현재가치를 계산하기 위한 할인율을 각각 의미한다.

- NPV

$$NPV = \left[\left\{\frac{E(CF_1)}{(1+r)^1} + \cdots + \frac{E(CF_T)}{(1+r)^T}\right\} - I_0\right] = \left[\left\{\sum_{t=1}^{T}\frac{E(CF_t)}{(1+r)^t}\right\} - I_0\right] \quad \cdots \text{ 식 (1)}$$

투자사업 경제성 판단 기준은 개별 투자사업에 대한 경우와 여러 사업들 중에서 최적 투자사업을 선택하는 상호배타적(mutually exclusive)인 경우로 나눌 수 있다. 개별적 판단에서는 투자할만한 가치가 있는지에 대하여, 상호배타적 판단에서는 여러 사업들 중에서 최적 투자사업 선택에 대하여 각각의 판단 기준에 따라서 경제성이 분석된다.

NPV법의 투자사업의 경제성 판단기준은 다음 박스와 같이 개별적 판단에서는 'NPV>0'이면 투자할만한 가치가 있고, 상호배타적 판단에서는 (+)의 NPV 사업들 중에서 가장 큰 NPV의 투자사업이 최적이라고 판단한다.

- 개별적 판단 : 'NPV>0'이면 투자 가치 존재
- 상호배타적 판단 : 'NPV>0'인 투자들 중에서 가장 높은 NPV의 투자 선택

NPV를 추정하는 식 (1)에서는 분자항의 $E(CF_t)$와 분모항의 r을 어떻게 추정하는지가 NPV를 합리적으로 추정하는 과정의 핵심이다. 그러나 두 항목 모두 불확실성과 관련된 현실적인 어려움이 존재한다.

2.2 미래 CF의 불확실성

투자사업의 미래 CF는 예상과 다르게 발생할 가능성이 항상 존재한다. 예상보다 적게 발생하기도 하고, (+)로 예상된 CF가 (-)로 변하기도 하고, 초기 투자비용이 예상보다 많이 투입되기도 하고, 오랜 기간 발생하기도 한다. 이와 같은 미래 CF의 불확실성은 결국 '언제,

얼마가 발생할지(timing & amount)'에 대한 것이다.

불확실성을 반영한 CF 추정을 위해서는 다음 <표 1>처럼 미래 각 시점마다 예상되는 CF의 분포를 예측하는 것이 필요하다. <표 1>은 K기업의 전자제품 사업 진출에 대한 미래 CF의 분포를 추정한 것이라고 하자.

〈표 1〉 상황별로 예상되는 미래 CF 분포 (단위:억원)

상황	확률	t=0	t=1	t=2	t=3	t=4	t=5
Best	0.35	16	10.4	14.7	19.4	17.2	15.0
Normal	0.50	16	2.4	5.1	7.8	7.6	7.0
Worst	0.15	16	−5.6	−4.5	−3.7	−2.0	−1.0
$E(CF_t)$		16	4.0	7.0	10.1	9.5	8.6

그러면 어떤 CF를 가지고 K기업의 전자제품 사업 진출에 대한 경제성 분석을 해야 할까? 이론적으로는 첫 번째, 미래 CF들의 기댓값에 불확실성을 부담해야 하는 위험 프리미엄(risk premium)을 차감한 값, 즉 $[E(CF_t)-\alpha]$을 사용하는 경우, 두 번째, 미래 CF들의 기댓값, $E(CF_t)$만을 사용하는 경우, 세 번째, 가장 발생 확률이 높은 상황의 CF을 사용하는 경우 등 3가지가 가능하다.

그러나 3가지 방법 모두 현실적인 문제점을 안고 있다. 첫 번째 방법은 위험을 어디까지 포함해야 할지, 위험프리미엄이 경영진의 불확실성에 대한 회피 성향에 대한 프리미엄이라면 어떻게 측정할 것인지 등 위험 프리미엄, α 크기에 대한 현실적인 문제들이 존재한다. 두 번째 경우는 <표 1>처럼 확률분포를 추정하였을 때 확률변수의 기댓값을 사용하는 일반적인 방법이지만 미래 발생 가능한 상황을 몇 가지로 해야 할지, 각 상황들이 발생할 확률과 그 상황에서의 CF를 얼마로 해야 할지를 정하는 것이 매우 어렵다. 세 번째 경우는 <표 1>의 Normal 상황처럼 가장 높은 발생 확률이 50%라면 반대로 50% 확률로 다른 상황들이 발생할 수도 있다는 것이므로 여전히 불확실성이 많이 남게 된다.

이와 같이 미래 CF의 불확실성은 현실적인 어려움으로 완전히 제거할 수는 없으므로 경제성 분석에서 반영할 수 있는 불확실성을 최대한 반영하고, 나머지에 대해서는 최고경영진의 전략적인 판단에 의존할 수밖에 없다.

2.3 NPV와 할인율

앞에서 투자사업의 미래 CF로 활용할 수 있는 3가지 경우를 설명하였는데, 어떤 CF로 NPV를 계산하는가에 따라서 할인율도 조정되어야 한다. 첫 번째 경우처럼 CF에 불확실성이 모두 반영되어 제거되었으면 무위험자산수익률을, 두 번째와 세 번째 경우처럼 CF에 불확실성이 여전히 남아 있으면 위험보상(risk premium)으로 상향 조정된 위험자산수익률을 할인율로 NPV를 계산해야 한다.

<표 1>의 1년차 CF를 보면 $[E(CF_1)-\alpha]$, 즉 미래 CF의 기댓값에 위험보상을 반영한 추정치는 위험보상(α)이 1억원이라면 3억원$[=E(CF_1)-\alpha=4-1]$이 된다. 이 과정에서 $E(CF_1)$을 4억원으로 추정하면서 CF의 변동성을 반영하였고, 여기에 위험보상 1억원을 차감하면서 경영자의 위험회피 성향을 반영하였으므로 t=1의 CF, 3억원은 발생시점과 금액 관련 불확실성을 모두 반영한 확실한 값이라는 의미의 '확실성 등가액(certainty equivalent)'이 된다. 직관적으로 생각하면 t=1의 CF가 10.4억원, 2.4억원, (-)3.6억원이 될 수 있는 불확실성을 반영한 것이 기댓값=4억원, 여기에 경영자의 위험회피 성향 1억원까지 반영한 3억원은 확실하게 실현되는 값이란 의미이다. 따라서 미래 경영 성과를 $[E(CF_1)-\alpha]$로 사용하여 NPV를 계산할 때는 불확실성이 모두 제거된 확실성 등가액을 할인하는 것이므로 분모의 할인율에는 '무위험(자산)수익률(risk-free rate)'을 사용해야 한다.

두 번째 경우인 미래 CF의 기댓값, $E(CF_1)$=4억원은 경영자의 위험회피 성향에 대한 위험보상이 아직 반영되지 않았기 때문에 확실성 등가액이 아니다. 따라서 $E(CF_1)$=4억원을 투자사업의 미래 경영성과로 NPV를 계산할 때는 분자항에서 반영하지 못한 위험보상을 분모항의 할인율을 무위험자산수익률에 위험보상을 더하여 상향 조정하여 간접적으로 반영한다.

세 번째 경우인 발생확률이 가장 높은(most likely) 경우의 CF_1=2.4억원을 사용하여 NPV를 계산할 때는 미래 CF의 불확실성과 경영자의 위험회피 성향 모두를 반영하지 못했으므로 할인율을 무위험자산수익률에 두 가지 위험보상을 모두 더하여 두 번째 경우보다 조금 더 상향 조정하여 반영한다.

두 번째, 세 번째 경우처럼 NPV를 추정할 때 할인율로 무위험자산수익률에 위험보상을 더하여 상향 조정한다는 것이 어떤 의미인지를 간단한 예를 통하여 살펴보자. 주식투자에서 1기간 후 주식가격이 11,000원이 예상되는 상황에서 10%의 수익률을 얻고자 하면 다음과 같이 미래 투자수익을 원하는 수익률인 10%로 할인된 가격에 매수해야 한다.

- 10% 수익률 실현하기 위한 매수가격 = $\left[\dfrac{11,000}{(1+0.1)^1}\right]$ = 10,000원

'NPV>0' 인 투자만을 고려하겠다는 기준을 설정하고 이와 같이 NPV를 추정하는 할인율을 높게 설정하는 것은 그 이상의 수익률이 발생하는 투자만을 고려하겠다는 것을 의미하므로 매우 엄격한 기준을 적용한 것이다.

실무에서는 보통 두 번째 경우의 각 상황별 발생확률과 상황별 예상 CF 모두 추정하기 어렵기 때문에 세 번째 경우로 NPV를 계산하고, 예상 CF와 할인율 변화량에 대한 NPV의 민감도 분석을 병행하고 있다[2].

그러면 위험보상 수준에 맞게 상향 조정된 할인율은 어떻게 추정할까? 가장 많이 활용되는 방법은 식 (2)의 자본자산가격결정모형(capital asset pricing model, 이하 CAPM)으로 추정한 기대수익률, $E(r_i)$이다.

- CAPM

$$E(r_i) = [r_F + \beta_i \times \{E(r_M) - r_F\}] \quad \cdots \text{ 식 (2)}$$

식 (2)의 CAPM은 무위험자산수익률(r_F)에 불확실성에 대한 위험보상 수준을 '체계적 위험(β_i)×시장위험프리미엄($[E(r_M) - r_F]$)'로 상향 조정한다. 다만 CAPM을 할인율로 사용할 때는 특정 사업의 체계적 위험을 추정하는 것이 어렵기 때문에 기업 전체의 수익률로 추정한 베타(β_i)를 사용하고, 시장위험프리미엄도 주식시장의 과거 자료로 추정해야 한다는 한계점과 개별 사업에서 나타날 수 있는 그 사업 고유의 위험은 제외하고 체계적 위험만을 고려한다는 한계점이 있다.

그 외에 투자자금을 조달하면서 부담한 자본비용 이상의 수익을 얻을 수 있는 투자사업만 고려하겠다고 하면 식 (3)의 '가중평균자본비용(weighted average cost of capital, 이하 r_W)'을 할인율로 사용할 수 있다. 여기서 D와 E는 부채와 (자기)자본을, r_D와 r_E는 부채비용과 자기자본비용을 각각 의미하고, t_C는 법인세율을 의미한다. r_W도 이자율과 같은 부채비용(r_D)은 상대적으로 추정하기 쉽지만 자기자본비용(r_E) 추정이 어렵다는 단점은 있다.

2 NPV의 민감도에 대해서는 10장의 추정위험 분석을 참고하기 바람.

- 가중평균자본비용

$$r_W = \left[\frac{D}{D+E} \times r_D \times (1 - t_C) + \frac{E}{D+E} \times r_E\right] \quad \cdots \text{ 식 (3)}$$

K기업의 전자제품 사업 진출에 대해서 K기업 현재 부채비율[=D/E]=1, r_D=8%, r_E=15%, t_C=20%라고 가정하고 <표 1>의 발생 가능성이 가장 높은 Normal 상황의 CF와 r_W로 NPV를 계산하면 (+)5.35억원이 된다. K기업의 전자제품 사업은 NPV법에 의하면 경제성을 확보한 투자이다.

- $r_W = [0.5 \times 8\% \times (1-0.2) + 0.5 \times 15\%]$ =10.7%
- $NPV = \left[-16 + \frac{2.4}{(1.107)^1} + \frac{5.1}{(1.107)^2} + \frac{7.8}{(1.107)^3} + \frac{7.6}{(1.107)^4} + \frac{7}{(1.107)^5}\right]$ =(+)5.35억원

2.4 NPV법의 장점과 활용

NPV는 투자사업의 성과를 금액(amount)으로 보여주므로 새로운 사업으로 기업가치가 얼마나 변하는지를 직접적으로 파악할 수 있다. 또한 중장기적인 관점에서는 수익성이 확보되는 전략적인 투자이지만 단기적으로는 수익성이 미흡한 투자결정에 유용하다. 투자사업의 경제성 판단 기준인 'NPV>0'은 투자기간 전체에서 발생할 것으로 예상되는 CF들의 현재가치가 초기 투자비용을 초과한다는 것을 의미하기 때문이다.

NPV법은 전략적으로 엄격한 경제성 평가를 진행하고자 할 때도 유용하게 활용된다. 예를 들어, $[r_W + \alpha]$ 처럼 r_W보다 상향 조정된 할인율로 추정한 NPV가 (+)인 경우만 투자하겠다고 판단기준을 강화하면 된다.

예제 9-1

1년 후 1,150만원이 발생하고 종료되는 투자사업의 최초투자비용은 1,000만원이라고 한다. 가중평균자본비용은 10%이지만 높은 수익률을 얻고자 가중평균자본비용에 10%를 추가한 20%의 목표수익률로 투자안을 평가할 것도 고려하고 있다면 각각의 할인율에 따른 투자사업의 NPV를 계산하시오.

풀이 $r_W = 10\%$인 경우의 $\text{NPV} = \left[-1{,}000 + \frac{1{,}150}{(1+0.1)}\right]$ =(+)45.45만원

$[r_W + \alpha] = 20\%$인 경우의 $\text{NPV} = \left[-1{,}000 + \frac{1{,}150}{(1+0.2)}\right]$ =(−)41.67만원

3. IRR, 내부목표수익률법

3.1 IRR의 의미와 경제성 판단기준

내부목표수익률(IRR, internal rate of return)은 '투자사업에서 발생할 것으로 예상되는 미래 CF들의 현재가치와 최초 투자비용을 일치시키는 할인율, 즉 NPV를 0으로 만드는 할인율'로 다음 식 (4)와 같이 추정된다. 최초 투자비용과 미래 CF가 추정되어 있다면 엑셀의 재무함수 IRR을 활용하면 IRR을 추정할 수 있다.

● IRR

$$NPV = \left[\left\{\frac{E(CF_1)}{(1+IRR)^1} + \cdots + \frac{E(CF_T)}{(1+IRR)^T}\right\} - I_0\right] = 0 \quad \cdots \text{ 식 (4)}$$

IRR법의 개별적 판단과 상호배타적 판단 기준은 다음과 같다. 여기서 비교 기준에는 식 (2)의 CAPM으로 추정한 투자 기대수익률과 식 (3)으로 추정한 WACC 등이 가능하다. 보다 엄격하게 판단하고자 한다면 CAPM과 WACC에 위험프리미엄, α를 추가하여 사용할 수 있다.

- 개별적 판단 : 'IRR>비교 기준'이면 투자 가치 존재
- 상호배타적 판단 : 'IRR>비교 기준'인 투자들 중에서 가장 높은 IRR의 투자 선택

K기업의 전자제품 사업에 투입된 자본비용, $r_W = 10.7\%$가 비교 기준이라면 엑셀 재무함수 IRR을 활용하여 추정한 IRR은 21.28%이므로 전자제품 사업은 경제성을 확보한 투자안이다.

$$NPV = \left[-16 + \frac{2.4}{(1+IRR)^1} + \frac{5.1}{(1+IRR)^2} + \frac{7.8}{(1+IRR)^3} + \frac{7.6}{(1+IRR)^4} + \frac{7}{(1+IRR)^5}\right] = 0$$

$$\Rightarrow IRR = 21.28\% > r_W = 10.7\%$$

이와 같이 IRR도 수익률이므로 높을수록 좋은 투자사업이라고 판단한다. 예를 들어, X와

Y 투자사업 모두 t=0에 10억원을 투자하여 1년 후에 종료된다고 하자. 예산제약으로 하나의 투자사업만 실행할 수 있다면 1년 후 CF를 더 많이 발생시키는 투자를 실행해야 한다. 1년 후 CF가 X는 20억원, Y는 11억원으로 예상된다면 X사업에 투자해야 할 것이다. IRR법도 동일한 판단을 하는지 계산해보자.

- $NPV_X = \left[-10 + \frac{20}{(1+IRR_X)}\right] = 0 \Rightarrow IRR_X = 1 = 100\%$
- $NPV_Y = \left[-10 + \frac{11}{(1+IRR_Y)}\right] = 0 \Rightarrow IRR_Y = 0.1 = 10\%$

IRR도 X가 100%로 Y의 10%보다 높게 계산되어 X사업에 투자하는 것이 최적이라고 판단한다. 위의 두 식을 보면 규모가 다른 각 사업의 미래 CF들의 현재가치를 동일한 투자비용과 같게 만드는 할인율이 다른 사업보다 크다는 것은 그 사업의 미래 CF가 그만큼 크게 발생하므로 크게 할인해야 한다는 것을 의미한다.

그러나 IRR법에도 투자사업의 경제성 분석에 활용하기에는 몇 가지 한계점들이 존재한다. 첫 번째, IRR은 투자사업의 CF 발생 형태가 특이하면 계산이 되지 않거나, 여러 개의 IRR이 발생하여 비교 자체를 할 수 없거나 비교 기준 선정이 어렵게 된다.

두 번째, NPV법이 금액(amount)에 초점을 둔 분석이라면 IRR법은 효율성에 초점을 둔 경제성 분석 방법이라 기업가치를 적게 증가시키는 투자안을 최적 투자안으로 선택하는 경우가 발생한다. 예를 들어, t=0에 1,000만원을 투자하여 1년 후 1,200만원의 CF가 발생하고 종료되는 L투자와 t=0에 1만원을 투자하여 1년 후 6만원의 CF가 발생하고 종료되는 S투자의 IRR과 할인율 10%로 평가한 NPV를 비교하면 다음과 같다.

- $NPV_L = \left[-1{,}000 + \frac{1{,}200}{(1+0.1)}\right] = 90.91$만원 $>$ $NPV_S = \left[-10{,}000 + \frac{60{,}000}{(1+0.1)}\right] = 44{,}545$원
- $NPV_L = \left[-1{,}000 + \frac{1{,}200}{(1+IRR_L)}\right] = 0 \Rightarrow IRR_L = 20\%$
- $NPV_S = \left[-10{,}000 + \frac{60{,}000}{(1+IRR_S)}\right] = 0 \Rightarrow IRR_S = 500\%$

NPV는 L투자가 S투자보다 약 20배[=90.91만원/4.4545만원] 크지만 IRR은 S투자가 500%로 L투자 20%보다 25배나 크게 나타나서 IRR법으로는 기업가치를 20배 더 증가시키는 L투자 대신 S투자가 선택된다. S투자와 동일한 CF를 보여주는 투자를 1,000개[=L투자

비용 1,000만원/S투자비용 1만원] 수행할 수 있다면 상관없지만 현실적으로는 어려울 것이므로 기업가치를 더 증가시킬 수 있는 기회를 놓치는 선택이 될 수 있다.

3.2 IRR의 비교 기준, 목표수익률

IRR법의 판단 기준 역할을 해주는 비교 기준으로 NPV법의 할인율로 적합한 CAPM으로 추정한 기대수익률과 투자재원을 조달하면서 부담한 자본비용의 가중평균, 즉 WACC가 가능하다고 했다. 그러나 앞에서 언급한 것처럼 CAPM과 WACC를 추정하는 것이 실무에서는 쉽지 않으므로 기업 전체의 자본구조, 영업 능력, 사업 환경, 자산 구조, 최고경영진의 위험에 대한 인식, 기업 지배구조 등을 고려하여 '전략적'으로 설정된 목표수익률을 비교 기준으로 활용하는 것도 현실적인 대안이다.

전략적으로 목표수익률을 설정하는 과정을 간략하게 살펴보자. 우선 투자사업의 성격을 여러 기준으로 분류한다. 대표적인 분류 기준으로 첫 번째, 그 사업이 기존 사업과 연관된 것인가? 처음 시도하는 사업인가?, 두 번째, 국내에서 수행할 사업인가? 해외진출 사업인가?, 세 번째, 사업에 투입되는 자금을 전액 부담해야 하는가? 다른 투자자들과 공동으로 부담하는가? 네 번째, 부담해야 하는 사업 투자자금 중 부채로 조달해야 하는 비중은 얼마나 되는가? 등이 있다.

그 다음 분류된 기준에 따라 추가적으로 부담해야 하는 위험에 대한 보상 또는 프리미엄(risk-premium)을 추가하여 목표수익률 설정한다. 예를 들어, 국내에서 기존 사업과 관련된 사업의 평균 수익률이 10%라고 가정하면, 처음 시도하는 사업이면 3%P, 해외진출 사업이면 4%P, 투자자금의 부채 비중이 60% 이상이면 1.5%P의 위험보상을 추가하여 목표수익률을 설정하는 것이다. 만약 처음 시도하는 사업의 투자자금 65%를 부채로 조달하여 해외 진출을 시도하는 경우라면 기준 목표수익률 10%에 신규사업 위험보상 3%P, 해외진출 사업 위험보상 4%P, 과도한 부채 사용 위험보상 1.5%P를 추가하여 목표수익률을 18.5%로 설정하게 되는 것이다.

여기서 각각의 위험보상 3%P, 4%P, 1.5%P에 대한 근거는 객관적으로 설명하기 어렵다. 그래서 기업의 여러 상황들을 반영하여 '전략적'으로 목표수익률을 설정한다고 언급한 것이다.

IRR의 비교 기준을 목표수익률로 활용하는 경우에도 주의해야 할 사항들이 몇 가지 있다. 첫 번째, 해당 사업을 추진하기 위해서 목표수익률보다 높은 IRR을 무리하게 산출하고자 객관적인 분석이 미흡해질 가능성이 존재한다. 해당 사업부는 사업부들 간의 경쟁이나 기존 사업과의 관계 등으로 반드시 투자해야 하는 사업이라면 기업 전체보다는 사업부 입장만 고려하여 무리하게 추진할 수 있기 때문이다.

두 번째, 일반적으로 위험사업에 투자할 때 목표수익률을 높게 설정하는 것은 기업의 한정된 자원을 효율적으로 배분하기 위한 합리적인 선택이지만, 목표가 너무 높게 설정되면 최고경영진의 High risk, high return 사업을 추진하려는 경제적 유인으로 기업가치를 감소시키는 결과가 발생할 수도 있고, 수익성은 높지 않지만 장기적 관점의 전략적인 투자가 수행되지 못하는 과소투자 위험도 발생할 수 있다. 특히 신규 사업의 경제성을 평가할 때 단기적으로는 수익성이 악화될 가능성이 높다는 점을 어떻게 판단해야 하는지가 최고경영진에게는 힘든 부분이지만 그들의 능력이 발휘되어야 하는 상황이기도 하다.

그러나 기존 사업이 지금은 많은 CF를 발생시키지만 곧 새로운 기술 출현으로 경쟁력이 하락할 가능성이 높은 경우와 사업 환경이 급변하여 경쟁력 유지에 많은 비용이 발생하는 경우는 기존 사업의 재투자를 엄격하게 판단하기 위해서 목표수익률을 높게 설정하는 것이 필요하다.

이와 같이 기업의 전략전인 판단에 따라 목표수익률을 탄력적으로 운영하는 것이 필요하지만, 기존 사업부의 반대와 사업부별 이해관계를 기업 전체적으로 조정할 수 있는 경영진의 역량이 있는지 등을 고려하면 쉽지 않은 부분이다.

3.3 IRR과 NPV 할인율의 관계

식 (1)로 계산한 NPV는 CF가 동일하다면 할인율(r)이 클수록 감소한다. 미래에 발생하는 CF가 많이 할인된 현재가치에서 최초 투자비용이 차감되기 때문이다. 여기에 투자사업의 NPV를 0으로 만드는 IRR의 개념을 더하면 IRR과 NPV의 할인율(r) 사이에는 다음과 같은 관계가 도출된다.

- 할인율, r < IRR ⇒ NPV > 0
- 할인율, r = IRR ⇒ NPV = 0
- 할인율, r > IRR ⇒ NPV < 0

K기업 전자제품 진출사업의 IRR=21.28%보다 낮은 할인율 10.7%로 계산한 NPV는 (+)5.35억원, 높은 할인율 25%로 계산하면 NPV는 (−)1.42억원이 된다.

- $NPV=\left[-16+\frac{2.4}{(1.107)^1}+\frac{5.1}{(1.107)^2}+\frac{7.8}{(1.107)^3}+\frac{7.6}{(1.107)^4}+\frac{7}{(1.107)^5}\right]=(+)5.35$억원

- $NPV=\left[-16+\frac{2.4}{(1.2128)^1}+\frac{5.1}{(1.2128)^2}+\frac{7.8}{(1.2128)^3}+\frac{7.6}{(1.2128)^4}+\frac{7}{(1.2128)^5}\right]$ =0억원
- $NPV=\left[-16+\frac{2.4}{(1.25)^1}+\frac{5.1}{(1.25)^2}+\frac{7.8}{(1.25)^3}+\frac{7.6}{(1.25)^4}+\frac{7}{(1.25)^5}\right]$ =(−)1.42억원

이와 같이 NPV는 추정된 CF뿐만 아니라 할인율(r) 크기에도 영향을 받는다. 따라서 NPV를 증가시키기 위해서는 할인율로 사용되는 CAPM이나 WACC를 가능한 낮은 수준으로 관리해야 한다.

NPV법과 IRR법은 모두 단기간의 수익성 악화에도 불구하고 사업기간 전체를 고려하여 투자사업을 평가하지만 NPV는 투자사업으로 미래 발생되는 CF들로 추정된 금액(amount)인 반면에 IRR은 사업기간 동안 달성하고자 하는 평균적인 수익률 개념이다. 따라서 금액으로 평가해야 하는 경우에는 NPV법이, 수익률로 평가해야 하는 경우에는 IRR법이 유용하다.

4. PI, 수익성 지수법

4.1 PI, 수익성 지수의 의미와 경제성 판단 기준

수익성 지수(profitability index, 이하 PI)는 '최초 투자금액 1단위당 창출된 NPV'를 의미하며 투자비용을 포함한 투입요소(input) 대비 결과물(output)의 관계를 가진 경우는 모두 적용할 수 있다. PI는 다음 식 (5)와 같이 투자사업의 NPV를 최초 투자금액으로 나누어 계산되며 투자로 인한 절대적인 금액의 증가보다는 상대적인 효율성에 초점을 맞춘 경제성 분석 방법이다.

- PI

$$PI=\left[\frac{NPV\left\{=\frac{E(CF_1)}{(1+IRR)^1}+\cdots+\frac{E(CF_T)}{(1+IRR)^T}-I_0\right\}}{I_0}\right] \quad \cdots \text{식 (5)}$$

PI법의 판단 기준은 PI의 분자항이 NPV이므로 NPV법 판단 기준과 유사하다.

- 개별적 판단 : ‘PI>0’이면 투자 가치 존재
- 상호배타적 판단 : ‘PI>0’인 투자들 중에서 가장 높은 PI의 투자 선택

할인율 $r_W = 10.7\%$로 계산된 NPV로 추정한 K기업의 전자제품 사업의 PI는 다음과 같이 (+)0.3344로 ‘최초 투자비용 1억원 당 NPV 0.3344억원이 창출되었다’는 의미이므로 경제성을 확보한 투자안이다.

- $PI = \left[\dfrac{NPV}{I_0}\right] = \left[\dfrac{5.35}{16}\right] = 0.3344$

PI법도 IRR법처럼 투자의 효율성에 초점을 맞춘 방법이므로 기업가치를 더 많이 증가시켜도 효율성이 낮은 투자안이면 선택하지 않는 경우가 발생한다. IRR법에서 예를 들었던 NPV가 90.91만원인 L투자와 4.4545만원인 S투자의 PI를 계산하면 다음과 같이 S투자는 4.4545, L투자는 0.0909가 된다. 상호배타적 판단에 따르면 S투자가 이루어져 약 86.4555만원[=90.91만원-4.4545만원]의 NPV를 놓치게 된다.

- $PI_L = \left[\dfrac{90.91}{1,000}\right] = 0.0909 \ < \ PI_S = \left[\dfrac{44,545}{10,000}\right] = 4.4545$

4.2 PI법의 활용

PI법은 투자자금이나 각종 투입요소들의 제약이 있는 상황에서 최적의 투자조합을 찾아낼 때 유용하게 활용된다.

기업이 지속적으로 성장하기 위해서는 높은 수준의 NPV와 투자수익률을 얻을 수 있는 사업들이 다수 존재한다면 최대한 투자되어야 한다. 그러나 현실적으로 기업이 동원할 수 있는 투자 자금이나 인력 등의 한계로 모든 사업을 투자하는 것이 쉽지 않다.

이런 상황에서 최선의 결과를 가져오는 투자조합을 선별해야 할 때, PI법이 유용하게 활용된다. 먼저 경제성이 있다고 분석된 투자 사업들의 PI를 계산하여 가장 큰 PI부터 순위를 부여한다. 그리고 제약된 예산이 허용하는 범위 내에서 가장 높은 순위의 PI 사업부터 차례대로 선별한다. 이 과정에서 가장 높은 PI라도 예산이 최초 투자비용보다 작으면 선별 대상에서 제외한다.

K기업이 전자제품 사업 외에도 다른 사업들을 고려하는 상황에서 가용할 수 있는 투자자금이 30억원이라고 가정하고, 13억원이 투입되는 커피전문점 사업의 NPV는 2.5억원, 14억원이 투입되는 편의점 사업의 NPV는 3억원이 예상된다고 하자. K기업은 어떤 사업들에 투자하는 것이 최선의 선택인가? 먼저 각 사업들이 PI를 다음과 같이 계산하여 순위를 부여한다.

- 전자제품 사업 : $PI=\left[\frac{NPV}{I_0}\right]=\left[\frac{5.35}{16}\right]=0.3344$ ⇒ 1순위
- 편의점 사업 : $PI=\left[\frac{NPV}{I_0}\right]=\left[\frac{3}{14}\right]=0.2143$ ⇒ 2순위
- 커피전문점 사업 : $PI=\left[\frac{NPV}{I_0}\right]=\left[\frac{2.5}{13}\right]=0.1923$ ⇒ 3순위

1순위 전자제품 사업에 16억원이 투입되고, 2순위 편의점 사업에 14억원이 투입되면 정확히 예산 30억원이 모두 소진된다. 커피전문점 사업도 편의점 사업과 비슷한 수준의 NPV를 보이지만 효율성 측면에서 조금 미흡하여 전자제품 사업과 편의점 사업이 K기업에게는 30억원의 예산제약 하에서 최선의 투자조합이 된다. 이는 다음과 같이 두 조합의 NPV와 가중평균수익성지수(weighted average of profitability index, 이하 WAPI)의 비교 결과에서도 나타나고 있다.

- NPV(전자제품+편의점) = [5.35 + 3] = 8.35억원
- NPV(전자제품+커피전문점) = [5.35 + 2.5] = 7.85억원
- WAPI(전자제품 + 편의점) = $\left[\frac{16}{30}\times 0.3344+\frac{14}{30}\times 0.2143\right]$ = 0.2784
- WAPI(전자제품 + 커피전문점) = $\left[\frac{16}{30}\times 0.3344+\frac{13}{30}\times 0.1923\right]$ = 0.2617

WAPI는 각 사업의 PI를 전체 예산 중에서 각 사업에 투자된 금액 비중을 가중치로 가중평균한 PI이다[3].

3 다만 전자제품과 커피전문점 사업 조합처럼 예산 30억원 중 소진되지 않은 1억원 처리에 대해서는 여러 방법들이 있으나 다소 논란의 여지가 있다. 본서에서는 WAPI의 의미와 어떤 상황에서 활용될 수 있는지 정도만 이해하면 된다.

5. 회수기간법과 투하자본수익률법

5.1 회수기간법

회수기간(pay-back period)이란 '최초 투자비용이 전액 회수되는데 걸리는 기간'으로 구체적인 추정은 매년 발생하는 CF들의 누적액이 최초 투자비용가 일치하는 시점을 찾는 과정이다. 회수기간법의 판단 기준은 다음과 같이 빨리 회수하는데 초점을 두고 있다.

- 개별적 판단 : '회수기간 < 목표기간'이면 투자 가치 존재
- 상호배타적 판단 : '회수기간 < 목표기간'인 투자들 중에서 가장 짧은 회수기간 투자 선택

K기업 전자제품 사업의 최초 투자비용 16억원의 회수기간은 다음과 같이 3.09년으로, 만약 목표 기간(예를 들어, 2.5년)보다 길면 투자할만한 가치가 없다고 판단한다.

- $$PBP = \left[3\text{년}\left(= \frac{2.4+5.1+7.8}{16} < 1\right) + \frac{16-(2.4+5.1+7.8)}{7.6}\right] = 3.09\text{ 년}$$

회수기간 개념에 의하면 K기업 전자제품 사업은 3.09년에 최초 투자비용 16억원이 모두 회수되고 그 이후부터 5년까지 1.91년 동안 발생하는 CF는 투자비용을 초과한 순이익에 해당된다.

그러나 회수기간법은 미래 CF들의 시간가치와 회수기간 이후의 CF를 고려하지 않고 판단하여 (-)의 NPV를 보일 것으로 추정되는 투자를 최적이라고 판단하는 상황이 발생한다[4]. 이와 같은 한계점에도 계산과 이해가 비교적 쉽고, 최초 투자비용 회수 시점에 대한 정보를 제공하므로 짧은 기간의 투자가 반복되는 소액거래나 투자결정의 보조 분석에 활용되고 있다.

5.2 ROIC, 투하자본수익률법

투하자본수익률(return on invested capital, 이하 ROIC)은 '영업이익(EBIT)을 투하자본으로 나눈 비율'이며 식 (7)과 같이 영업이익률과 투하자본회전율로 구분하여 수익성

4 화폐의 시간가치를 고려한 CF들의 현재가치로 회수기간을 계산하는 '할인회수기간(discounted pay-back period)법'도 있으나 NPV를 계산하는 과정과 유사하므로 많이 활용되지는 않는다.

(profitability)과 효율성(efficiency)을 동시에 고려하고 있다.

● ROIC

$$ROIC = \left[\frac{\text{영업이익}}{\text{투하자본}}\right] = \left[\frac{\text{영업이익}}{\text{매출액}} \times \frac{\text{매출액}}{\text{투하자본}}\right] \quad \cdots \text{ 식 (7)}$$

$$= [\text{영업이익률} \times \text{투하자본회전율}]$$

분모의 투하자본에는 장기부채와 자기자본이 포함되는데 장기부채 대신에 현금을 차감한 순부채를 사용하기도 하고, 분자항의 영업이익은 세후 영업이익[=영업이익×(1－법인세율)]을 사용하기도 한다.

IRR은 투자사업의 경제성 분석에서 사전적(ex-ante) 개념인 반면에 ROIC는 투자 종료 후 실제 그 사업의 경영성과를 평가할 때 활용되는 사후적(ex-post) 개념이다. 기업 내부의 성과 평가와 이를 기반으로 지급되는 성과급 수준을 결정할 때 ROIC가 활용되고 있으며 사후적인 경제성 판단 기준이므로 '~ 한 투자였다'고 표현된다. 비교 기준은 IRR법처럼 CAPM과 WACC를 활용하거나, 보다 엄격한 평가를 하고자 한다면 이들에게 위험보상을 추가하여 사용한다.

- 개별적 판단 : 'ROIC>비교 기준'이면 적절한 투자였음.
- 상호배타적 판단 : 'ROIC>비교 기준'인 투자들 중에서 가장 높은 ROIC가 최고의 투자였음.

그러나 ROIC는 화폐의 시간가치가 반영되지 못하는 한계가 있다. 예를 들어, 두 사업 모두 7,000만원이 투자되었지만 M사업은 t=1~4년에 순서대로 4,000만원, 3,000만원, 2,000만원, 1,000만원의 영업이익이 발생하였고 N사업은 순서대로 1,000만원, 2,000만원, 3,000만원, 4,000만원이 발생하였다면 할인율 10%로 계산한 NPV는 큰 금액이 나중에 발생하는 사업의 현재가치가 많이 할인되어 작게 추정되지만 다음과 같이 연도별 ROIC의 기하평균으로 계산한 두 투자안의 ROIC는 동일하게 계산된다.

투자사업 \ 기간	t=1	t=2	t=3	t=4
M	0.5714	0.4286	0.2857	0.1429
N	0.1429	0.2857	0.4286	0.5714

- $ROIC_M = [\{(1.5714)(1.4286)(1.2857)(1.1429)\}^{1/4} - 1] = 34.77\%$
- $ROIC_N = [\{(1.1429)(1.2857)(1.4286)(1.5714)\}^{1/4} - 1] = 34.77\%$
- $NPV_M = \left[-7{,}000 + \frac{4{,}000}{(1.1)^1} + \frac{3{,}000}{(1.1)^2} + \frac{2{,}000}{(1.1)^3} + \frac{1{,}000}{(1.1)^4}\right] = (+)1{,}301.35$만원
- $NPV_N = \left[-7{,}000 + \frac{1{,}000}{(1.1)^1} + \frac{2{,}000}{(1.1)^2} + \frac{3{,}000}{(1.1)^3} + \frac{4{,}000}{(1.1)^4}\right] = (+)547.98$만원

6. 투자사업의 경제성 평가 : 예제

6.1 기초자료

〈표 2〉 투자 사업별 미래 CF 분포 (단위:억원)

투자사업 \ 기간	t=0	t=1	t=2	t=3	t=4	t=5
A	–100	10	90	10	–10	–40
B	–100	0	0	30	70	130
C	–100	10	20	30	40	125
D	–100	25	35	45	55	65

<표 2>는 각 투자 사업별로 투자기간(5년) 동안 가장 발생 가능성이 높은 CF 추정자료이다. 모든 투자사업의 WACC는 15%로 동일하고, t=0의 값은 최초 투자비용이므로 (-)로 표기했다. 각 평가방법에서는 먼저 사업별로 투자할만한 가치가 있는지를 분석하고, 상호배타적인 관계라면 어떤 사업을 투자하는 것이 최적의 선택인지를 분석할 것이다.

6.2 NPV법의 평가

할인율을 WACC=15%로 계산한 사업별 NPV는 다음과 같다. 개별적으로 판단하면 (-)의 NPV가 예상되는 A사업을 제외한 나머지 사업은 투자할만한 가치가 있으며, 상호배타적으로 판단하면 가장 높은 NPV(=41.56억원)가 발생할 것으로 예상되는 D사업에 투자해야 한다.

- $NPV_A = \left[-100 + \frac{10}{(1.15)^1} + \frac{90}{(1.15)^2} + \frac{10}{(1.15)^3} + \frac{(-)10}{(1.15)^4} + \frac{(-)40}{(1.15)^5}\right]$

  $= (-)42.28$억원

- $NPV_B = (+)24.38$억원, $NPV_C = (+)28.56$억원, $NPV_D = (+)41.56$억원

만약 전략적으로 보다 엄격한 경제성 분석을 하고자 WACC=15%에 위험보상 10%P를 추가하여 25%의 할인율로 사업별 NPV를 계산하면 다음과 같다. 개별적으로 판단하면 D사업만 투자할만한 가치가 있는 것으로 나타났고, 상호배타적으로 판단하면 가장 높은 NPV(=9.27억원) 또는 유일하게 (+)의 NPV가 발생할 것으로 예상되는 D사업에 투자해야 한다.

- $NPV_A = \left[-100 + \frac{10}{(1.25)^1} + \frac{90}{(1.25)^2} + \frac{10}{(1.25)^3} + \frac{(-)10}{(1.25)^4} + \frac{(-)40}{(1.25)^5}\right]$

  $= (-)46.48$억원

- $NPV_B = (-)13.37$억원, $NPV_C = (-)6.50$억원, $NPV_D = (+)9.27$억원

6.3 IRR법의 평가

재무함수 IRR로 추정한 각 사업별 IRR은 다음과 같다. A사업의 (-)IRR은 미래 CF들의 현재가치와 최초 투자비용을 같게 만들어주는 할인율로 볼 수 없으며 투자 손실이 발생하는 정도로 판단한다. 비교 기준 WACC=15%로 비교하여 개별적으로 판단하면 A사업을 제외한 나머지 사업의 IRR은 WACC보다 크므로 투자할만한 가치가 있으며, 상호배타적으로 판단하면 가장 높은 IRR(=28.75%)이 예상되는 D사업에 투자해야 한다.

- $\left[-100 + \frac{10}{(1+IRR_A)^1} + \frac{90}{(1+IRR_A)^2} + \frac{10}{(1+IRR_A)^3} + \frac{(-)10}{(1+IRR_A)^4} + \frac{(-)40}{(1+IRR_A)^5}\right] = 0$

  $\Rightarrow IRR_A = (-)200\%$

- $\left[-100 + \frac{0}{(1+IRR_B)^1} + \frac{0}{(1+IRR_B)^2} + \frac{30}{(1+IRR_B)^3} + \frac{70}{(1+IRR_B)^4} + \frac{130}{(1+IRR_B)^5}\right] = 0$

  $\Rightarrow IRR_B = (+)20.92\%$

- $\left[-100 + \frac{10}{(1+IRR_C)^1} + \frac{20}{(1+IRR_C)^2} + \frac{30}{(1+IRR_C)^3} + \frac{40}{(1+IRR_C)^4} + \frac{125}{(1+IRR_C)^5}\right] = 0$

$\Rightarrow \text{IRR}_C = (+)22.79\%$

- $$\left[-100+\frac{25}{(1+IRR_D)^1}+\frac{35}{(1+IRR_D)^2}+\frac{45}{(1+IRR_D)^3}+\frac{55}{(1+IRR_D)^4}+\frac{65}{(1+IRR_D)^5}\right]=0$$

  $\Rightarrow \text{IRR}_D = (+)28.75\%$

여기서도 전략적으로 보다 엄격하게 분석하고자 IRR을 WACC=15%에 위험보상 10%P를 추가한 25%와 비교하여 개별적으로 판단하면 D사업만 투자할만한 가치가 있는 것으로 나타났고, 상호배타적으로 판단하면 가장 높은 IRR(=28.75%) 또는 비교 기준보다 유일하게 높은 IRR이 추정되는 D사업에 투자해야 한다.

6.4 PI법의 평가

WACC=15%를 할인율로 적용한 NPV로 추정한 각 사업별 PI는 다음과 같다. 개별적으로 판단하면 (-)NPV로 (-)0.4228의 PI가 예상되는 A사업을 제외한 나머지 사업의 PI들은 0보다 크므로 투자할만한 가치가 있는 것으로 나타났고, 상호배타적으로 판단하면 가장 높은 PI(=0.4156)가 예상되는 D사업에 투자해야 한다.

- $\text{PI}_A = \left[\frac{(-)42.28}{100}\right] = (-)0.4228$
- $\text{PI}_B = (+)0.2438, \quad \text{PI}_C = (+)0.2856, \quad \text{PI}_D = (+)0.4156$

전략적으로 보다 엄격하게 분석하고자 WACC=15%에 위험보상 10%를 추가한 25%로 할인한 NPV로 추정한 PI는 다음과 같으며, 개별적으로 판단하면 (+)의 PI가 예상되는 D사업만 투자할만한 가치가 있는 것으로 나타났고, 상호배타적으로 판단하면 가장 높은 0.0927의 PI이며 유일하게 (+) PI인 D사업에 투자해야 한다.

- $\text{PI}_A = \left[\frac{(-)46.48}{100}\right] = (-)0.4648$
- $\text{PI}_B = (-)0.1337, \quad \text{PI}_C = (-)0.0650, \quad \text{PI}_D = (+)0.0927$

6.5 회수기간법의 평가

동일한 최초 투자비용 100억원을 전액 회수하는데 걸리는 사업별 회수기간은 다음과 같다. 만약 목표회수기간이 3.5년이라면 개별적으로 A, D사업이 목표기간보다 빨리 최초 투자비용이 회수되므로 투자할만한 가치가 있으며, 상호배타적인 판단으로는 가장 빨리 회수되는 A사업에 투자되어야 한다.

- $PBP_A = \left[\frac{10+90}{100}\right]$ =2년, $PBP_B = \left[\frac{0+0+30+70}{100}\right]$ =4년

- $PBP_C = \left[\frac{10+20+30+40}{100}\right]$ =4년, $PBP_D = \left[\frac{25+35}{100}+\frac{40}{45}\right]$ =2.88년

여기서 주의해야 할 점이 NPV법, IRR법, PI법에서는 모두 A사업을 투자 가치가 없다고 판단하였다는 것이다. 이는 회수기간법은 투자비용의 빠른 회수 시점에 초점을 두기 때문에 A사업의 4, 5년차의 (−)CF, 즉 회수기간 이후의 CF는 반영되지 않았기 때문이다. 따라서 (−)NPV로 기업가치를 감소시키는 투자사업을 최적으로 평가하기 때문에 회수기간법을 사용할 때는 주의가 요구된다.

6.6 ROIC법의 평가

ROIC는 사후적 평가이므로 최초 투자비용을 투하자본으로, 5년 동안 발생한 CF를 해당 연도의 EBIT라고 가정하고 연도별 ROIC를 계산하여 5년 동안의 평균수익률을 계산하여 평가한다. <표 3>은 각 사업별, 연도별 ROIC이고 연평균수익률은 이들을 가지고 계산된 기하평균수익률로 다음과 같이 계산하여 각 사업의 ROIC를 추정한다.

- $ROIC_A = [\{(1+0.1)(1+0.9)(1+0.1)(1-0.1)(1-0.4)\}^{1/5}-1]$ =4.42%

- $ROIC_B = [\{(1+0.0)(1+0.0)(1+0.3)(1+0.7)(1+1.3)\}^{1/5}-1]$ =38.43%

- $ROIC_C = [\{(1+0.1)(1+0.2)(1+0.3)(1+0.4)(1+1.25)\}^{1/5}-1]$ =40.14%

- $ROIC_D = [\{(1+0.25)(1+0.35)(1+0.45)(1+0.55)(1+0.65)\}^{1/5}-1]$ =44.31%

〈표 3〉 투자 사업별, 연도별 ROIC

투자사업 \ 기간	t=1	t=2	t=3	t=4	t=5
A	0.10	0.90	0.10	−0.10	−0.40
B	0.00	0.00	0.30	0.70	1.30
C	0.10	0.20	0.30	0.40	1.25
D	0.25	0.35	0.45	0.55	0.65

비교 기준을 WACC=15%로 개별적인 판단을 하면 A사업의 ROIC만 4.42%로 WACC보다 낮아서 투자 성과가 좋지 못하였고, 나머지 사업들은 모두 WACC보다 높은 투자 성과를 보여주었다. 상호배타적으로 판단하면 D사업의 ROIC가 44.31%로 가장 높게 나타나서 가장 좋은 투자였다고 판단된다.

다음 <표 4>는 각각의 경제성 분석 방법별 결과와 순위를 정리한 것이다. ( )의 값은 순위를 의미하고, NPV는 WACC=15%로 추정한 값이다

〈표 4〉 경제성 분석 방법별 결과

사업 \ 방법	NPV법	IRR법	PI법	회수기간법	ROIC법
A	−42.28억원 (4)	−200% (4)	−0.4228 (4)	2년 (1)	4.42% (4)
B	24.38억원 (3)	20.92% (3)	0.2438 (3)	4년 (3)	38.43% (3)
C	28.56억원 (2)	22.79% (2)	0.2856 (2)	4년 (3)	40.14% (2)
D	41.56억원 (1)	28.75% (1)	0.4156 (1)	2.88년 (2)	44.31% (1)

연습문제

9-1. KIM은 당신에게 1년 후에 갚겠다고 하면서 1,000만원을 빌려달라고 한다. 이자율은 R만큼 주겠다고 한다. 당신은 1,000만원을 은행에 예금하면 1년 동안 2%의 이자를 받을 수 있다. 다음 질문들에 답하시오.

① KIM에게 빌려주는 거래의 NPV를 구하는 식을 나타내시오. 또한 R이 얼마이면 NPV가 (+)의 값을 가지겠는가?

② PARK도 당신에게 10%의 이자율을 제시하면서 1,000만원을 빌려달라고 한다. 그러나 PARK은 지난번에 빌려가서는 제 때에 갚지 못하고 1년이나 지나서 갚은 적이 있어서 PARK과의 거래에는 위험이 존재한다고 판단된다면 PARK에게 빌려주는 거래의 NPV를 구하는 식을 나타내시오.

9-2. 상호배타적인 관계의 두 투자사업의 현금흐름이 다음과 같을 것으로 예상된다. 질문들에 답하시오.

사업	t=0	1	2	3
A	−10,000만원	1,000만원	1,000만원	10,500만원
B	−10,000만원	4,000만원	4,000만원	4,000만원

① 할인율이 2.5%인 경우와 9%인 경우, NPV법으로 각각 어느 사업에 투자해야 하는지 판단하시오. 만약 두 할인율에서 선택된 사업이 다르다면 그 이유를 추정해보시오.

② IRR법에 의하면 어느 투자사업을 선택해야 하는가?

9-3. 두 투자사업의 현금흐름이 다음과 같을 것으로 예상된다. NPV법, IRR법, 회수기간법, 수익성지수법 등으로 각 사업별 투자 여부를 결정하고 상호배타적인 관계라면 어느 사업에 투자해야 하는지도 결정하시오. 단 목표수익률은 20%, 목표회수기간 2.5년.

사업	t=0	1	2	3	4
C	−10,000만원	2,000만원	4,000만원	4,000만원	5,000만원
D	−10,000만원	5,000만원	4,000만원	4,000만원	2,000만원

9-4. 다음 각각의 투자의사결정에 답하시오.

① CGL 영화사는 XX영화 제작을 고려하고 있다고 한다. 제작비용은 100억원 예상되며, 이는 영화 제작을 시작하면서 투입된다고 한다. 영화 개봉은 1년 후이고 흥행이 되면 200억원(40%의 확률), 실패하면 50억원(60%의 확률)의 수익이 예상된다. 또한 개봉 이후 2년 동안 IPTV, 캐릭터 사업 등으로 매년 10억원씩의 수익은 확실하게 얻을 수 있을 것으로 예상된다. 투자자들의 요구수익률이 20%라고 하면 XX영화를 제작해야 하는지 NPV법으로 판단하시오.

② XYZ기업은 상호배타적인 관계의 사업 E, F를 놓고 고민 중이다. 모두 초기투자비용은 50억원이지만 E사업은 매년 말 1.5억원씩의 CF가 영구히 발생할 것으로, F사업은 첫 해말에 1억원의 CF가 발생하고 그 이후로 매년 5%씩 지속적으로 증가할 것으로 예상된다. IRR법에 의하면 어떤 사업을 선택해야 하는가? 만약 목표수익률이 10%라면 각각의 사업은 투자해야 하는가?

③ Y출판사는 P작가에게 신간 소설을 2년 안에 출간하는 조건으로 10,500만원을 제시하였다. P작가는 이미 YY출판사와 매년 5,500만원을 받는 조건으로 여행에세이 출간에 대해서 거의 합의에 이르고 있는 상황이다. P작가의 요구수익률 수준이 10%라면 Y출판사의 제안을 받아들여야 하는가? NPV법과 IRR법으로 평가해보시오.

④ ③에서 나머지 조건은 동일하고 Y출판사는 P작가에게 계약금으로 2,000만원, 2년 후 소설이 출간되어 1년 동안 10,000부 이상이 팔리면 3년 후에 10,000만원을, 이하이면 5,000만원을 지급하는 계약으로 변경했다면 이 계약에 대하여 NPV법과 IRR법으로 평가해보시오. P작가는 10,000부 이상 가능성은 30%라고 판단함. 또한 NPV법으로 ③의 제안과 비교하여 어느 제안이 P작가에게 유리한지 판단하시오.

⑤ 사업 S, L은 모두 20억원이 투자되지만 S사업은 2년 후 CF가 1회 발생하고 사업이 종료되고, L사업은 5년 후 CF가 1회 발생하고 사업이 종료될 예정이라고 한다. L의 IRR은 10%, S의 IRR은 18%라면 두 사업의 종료시점에 발생하는 CF와 NPV를 추정하여 상호배타적인 관계라면 어느 사업에 투자해야 하는지 결정하시오. 투자자금 20억원을 조달하는데 15%의 자본비용을 부담했다고 한다.

9-5. 어느 대학 캠퍼스 내에 편의시설 도입에 대한 사전 조사결과가 다음 표와 같다고 한다. 편의시설은 외부 사업자에게 10년 단위로 위탁 운영할 예정이므로 투자기간은 10년이고 2년차 CF부터는 직전연도 CF보다 증가율만큼 증가할 것으로 예상된다. 할인율은 각 편의시설의 미래 CF 불확실성이 반영된 수치들이다. 다음 질문들에 답하시오.

편의시설	최초 투자비용	CF_1	CF 증가율	할인율
식당 1	5,000만원	1,000만원	2.5%	8%
카페	10,000만원	1,200만원	5%	10%
편의점	10,000만원	1,500만원	4%	10%
식당 2	8,000만원	1,200만원	0%	8%

① 상호배타적인 상황이라면 NPV법으로 최적 편의시설을 판단하시오.

② IRR법에 의하면 어느 투자사업을 선택해야 하는가?

③ 사업자 KANG이 20,000만원을 가지고 각 사업을 낙찰 받으려고 하며, 복수로 운영할 수도 있다고 하면, 어떤 편의시설들을 낙찰 받는 것이 KANG에게 가장 유리한가? 그 때의 가중평균수익성지수도 계산해보시오.

9-6. 다음과 같은 CF가 예상되는 3개 사업이 있다고 한다. 다음 질문들에 답하시오.

시점 \ 사업	사업 X	사업 Y	사업 Z
0	−100억원	−100억원	−100억원
1	120억원	60억원	0
2	0	72억원	144억원

① 각 사업의 내부수익률, IRR을 계산하시오.

② X, Y사업의 1년차 CF를 IRR로 2년차 말까지 재투자할 경우 2년차 말에 CF 총액은 얼마가 되는가? Z사업 2년차에만 발생하는 CF와 비교해보시오.

③ 할인율이 15%와 25%일 때 각 사업의 NPV를 계산해보시오. IRR법의 결과와 비교하여 다른 결과가 발생한 이유를 추정해보시오.

9-7. 어느 기업이 고려중인 사업의 추정 CF가 다음과 같다고 할 경우 질문들에 답하시오.

사업	t=0	1	2	3	4
I	−10,000만원	6,000만원	3,000만원	2,500만원	2,000만원
J	−10,000만원	4,000만원	4,000만원	4,000만원	4,000만원

① 할인율이 20%일 경우 각 사업의 NPV를 계산하시오.

② ①의 NPV값으로 각 사업의 IRR이 할인율이 20%보다 클지, 작을지 예상해보고 실제 IRR을 계산하여 예상과 맞는지 확인해보시오.

9-8. 어느 기업이 다음과 같이 추정된 자료의 3가지 사업을 고려중이라고 한다. 다음 질문들에 답하시오.

사업	최초 투자비용	투자기간과 시점별 CF
H	10,000만원	5년 동안 매년 3,000만원
K	10,000만원	3년 동안 매년 5,000만원
L	10,000만원	10년 동안 매년 1,500만원

① 할인율이 10%일 경우 각 사업의 NPV를 계산하시오. 모든 사업에서 투자기간 동안 회수되는 CF 총액은 15,000만원으로 동일한 상황에서 NPV법에 의하면 어느 사업이 최적 사업안인가?

② 각 사업의 회수기간을 계산하시오.

9-9. PARK은 커피점을 오픈하기 위한 사전조사를 통하여 다음과 같은 내용을 파악하였다. 다음 질문들에 답하시오.

최초 투자비용	시점별 CF
30,000만원	첫 해 3,500만원, 이후 2.5%씩 계속 증가

① PARK은 투자자금을 마련하기 위하여 총 10%의 이자율로 대출하였다. 따라서 커피점을 통하여 20%의 수익률을 얻고자 한다면 커피점 사업을 시작해야 하는지 NPV를 통하여 판단해보시오.

② ①에서 연도별 CF 증가율이 최소 몇 % 이상이 되어야 커피점 사업의 NPV가 (+)의 값을 가질 수 있는가?

③ ①에서 첫 해 CF가 최소 얼마 이상이 되어야 커피점 사업의 NPV가 (+)의 값을 가질 수 있는가?

④ ①에서 할인율이 최소 얼마 이하가 되어야 커피점 사업의 NPV가 (+)의 값을 가질 수 있는가?

CHAPTER

10

투자사업결정 Ⅱ – 투자성과 추정

1. 이익 추정

2. 이익으로부터 현금흐름 추정

3. 추정위험 분석

1. 이익 추정

9장(chapter)에서는 투자사업의 미래 경영성과가 추정되었다고 가정하고 추정값들을 바탕으로 투자사업의 경제성을 분석하는 방법들을 설명하였다. 본 장에서 특정 사업을 가정하여 그 사업을 수행할 경우 미래에 창출될 것으로 기대되는 이익(net income)과 그 이익으로부터 현금흐름(cash flow, 이하 CF)을 추정하는 과정에 대해서 살펴보고자 한다.

본 장의 예는 설명의 편의를 위하여 실무에서 직면하는 상황들보다 훨씬 단순하게 가정하여 각종 추정치를 산출하였지만, 이익과 CF를 추정하는 과정에서 어떤 요인들이 어떻게 고려되는지는 주의 깊게 살펴보기 바란다.

1.1 K기업의 가전사업 진출 관련 자료 - 수익과 비용

현재 공업용 기계만을 생산하고 있는 K기업이 최근 가전제품의 매출액이 증가하고 있는 것과 자신들의 핵심기술도 가전제품 생산에 활용 가능하다는 것 등을 바탕으로 가전제품 사업 진출에 대하여 사내 특별팀이 3,000만원의 비용을 들여 다음과 같은 내용들을 추정하였고, 그것을 정리한 것이 <표 1>이다.

- 매출액은 1년차 500,000만원 이후 3년차까지는 연 20%씩 성장하다가 4년차부터 하락하여 5년 후에 가전제품 사업을 종료할 예정

- 전자제품 생산기업들의 과거 매출액과 매출원가 자료를 분석한 결과, 감가상각비를 제외한 매출원가는 매출액의 평균 70% 수준임.

- 판매비및일반관리비(이하 판매&일반)에는 마케팅 비용과 인력 비용이 포함되며, 마케팅 비용은 첫 해에 가장 많이 발생할 것으로 예상되고, 그 이후는 매년 조금씩 감소할 것으로 예상되어 '판매&일반'은 첫 해 80,000만원 발생 이후 매년 10%씩 감소할 것으로 예상됨.

- R&D비용은 K기업의 핵심기술을 가전제품에 적용하면서 추가적으로 필요한 기술 개발비용으로 총 100,000만원이 제품 생산 이전(t=0)에 발생할 것으로 예상됨.

〈표 1〉 기초자료 (단위:만원)

	t=0	t=1	t=2	t=3	t=4	t=5
매출액	0	500,000	600,000	720,000	576,000	460,800
매출원가	0	350,000	420,000	504,000	403,200	322,560
매출총이익	0	150,000	180,000	216,000	172,800	138,240
판매&일반	0	80,000	72,000	64,800	58,320	52,488
R&D 비용	100,000	0	0	0	0	0

투자사업의 경제성 분석은 해당 사업으로 인한 증분이익(incremental earning)으로 이루어져야 한다. 즉, 각 항목들의 값들 중에서 그 사업으로 인하여 증감하는 부분만을 그 사업의 경제성 분석에 활용해야 한다는 것이다. 창업처럼 처음 사업을 시작하는 경우라면 상관없지만 이미 다른 사업을 진행하고 있는 상황에서 새로운 사업 진출 여부를 결정할 때는 순수하게 새로운 사업으로 증가하거나 감소하는 값들로 이익을 추정해야 한다. 이를 독립평가의 원칙(stand-alone principle)이라고 하는데 여러 사업을 동시에 수행하는 기업들에게서는 현실적으로 어려운 부분이다. 그래서 새로운 사업이 기존 사업 매출액이나 이익에 미치는 영향 일부는 외부효과(external effect)로 파악하여 새로운 사업의 이익에서 CF를 추정하는 과정에서 반영한다.

1.2 설비투자 현금지출과 감가상각비

K기업의 기존 생산설비는 공업용 기계 생산에 적합한 것이라 가전제품 생산에 적합한 생산라인을 새롭게 설치하는데 80,000만원이 투입되었다. 이는 본격 생산 이전에 전액 현금으로 지불했지만 손익계산서의 수익-비용 대응의 원칙에 따라 내용연수 5년 동안 감가상각비로 나누어 인식한다. 새로운 생산설비의 5년 말 장부 가치는 10,000만원으로 예상되고, 감가상각을 정액법으로 진행하면 연도별 감가상각비는 다음과 같이 14,000만원 발생하고, 감가상각비까지 반영한 영업이익(이하 EBIT)은 다음 <표 2>와 같다.

- 정액감가상각비=[(취득원가−내용연수 말 장부가치)/내용연수] … 식 (1)
  =[(80,000−10,000)/5]=14,000만원

〈표 2〉 감가상각비를 반영한 영업이익 추정

	t=0	t=1	t=2	t=3	t=4	t=5
매출액	0	500,000	600,000	720,000	576,000	460,800
매출원가	0	350,000	420,000	504,000	403,200	322,560
매출총이익	0	150,000	180,000	216,000	172,800	138,240
판매&일반	0	80,000	72,000	64,800	58,320	52,488
R&D 비용	100,000	0	0	0	0	0
감가상각비	0	14,000	14,000	14,000	14,000	14,000
영업이익	−100,000	56,000	94,000	137,200	100,480	71,752

1.3 이자와 세금

투자사업의 경제성 분석에서는 자본조달과 관련된 비용, 즉 자본비용은 직접적으로 고려하지 않는다. 특히 부채를 사용하여 발생하는 이자(interest)는 그 사업을 수행하는 과정에서 발생하는 것은 맞지만, 부채 사용 여부와 사용 정도는 그 사업이 정하는 것이 아니라 CFO가 기업의 상황에 맞게 결정하는 것이다. 즉, CFO의 재량으로 결정되는 것이지, 사업에서 예상되는 항목이 아니다.

미래 투자성과를 추정하는 과정에서는 그 사업이 직접 발생시킬 것으로 예상되는 수익과 비용들이 추정되어야 하므로 CFO의 재량에 따라 결정되는 이자는 이익을 추정하는 과정에서는 인식하지 않는다. 따라서 추정하고자 하는 투자사업의 이익은 부채를 사용하지 않는다고 가정한 이익이 된다. 이는 손익계산서의 순이익 항목과 다음과 같은 차이를 발생시킨다. 여기서 I(interest)는 이자, T(tax)는 법인세, t_C는 법인세율을 의미한다.

- 손익계산서의 순이익 = $[EBIT - I - T] = [(EBIT - I)\times(1 - t_C)]$ … 식 (2)
- 추정하고자 하는 순이익 = $[EBIT - T] = [EBIT\times(1 - t_C)]$ … 식 (3)

그러나 사업에 투자하기 위해서 당연히 자본이 필요하고, 그 자본을 마련하는 과정에서 부담해야 하는 자본비용을 전혀 반영하지 않을 수는 없으므로 NPV법 등에서 미래 경영 성과의 현재가치(present value)를 계산할 때 할인율 크기에 자본비용을 간접적으로 반영한다.

이번에는 기업에게 매우 큰 비용을 부담시키는 세금을 어떻게 처리해야 하는지 살펴보자. 2023년 기준 우리나라의 법인세율을 보면 과세표준 범위에 따라 과세표준의 9%, 19%, 21%,

24%를 법인세로 납부해야 한다. 따라서 세금을 반영하지 않고 경영성과를 추정하면 순이익이 예상되더라도 투자수익률이 법인세율보다 낮으면 엄청난 노력에도 불구하고 세금만 납부하고 기업의 금고로 유입되는 금액이 없을 수도 있다. 따라서 미래 경영성과를 추정할 때는 반드시 세후 기준(after tax-basis)으로 진행되어야 한다.

투자사업의 타당성 분석에서는 증분이익에 대한 세금을 계산하므로 한계세율(marginal tax rate)을 사용해야 한다. 그러나 직장인들이 연말정산할 때 세금공제를 받는 것처럼 기업들에게도 투자세액공제 등 각종 세금혜택을 보는 항목과 추가세금을 부담하는 항목들이 있으므로 이를 조정한 실제 세율은 과세표준의 세율과 다른 경우가 대부분이다. 이와 같이 손익계산서상 실제 부담한 법인세를 법인세차감전이익으로 나눈 세율을 '실효세율(effective tax rate)'이라고 하는데, 한계세율에 대한 정보를 추정하기 어려울 때는 실효세율을 사용하기도 한다.

여기서는 과세표준이 되는 EBIT가 56,000만원~137,200만원에 해당되므로 우리나라 법인세법의 과세표준 기준에 따른 세율 19%를 적용한 법인세까지 차감하여 다음 <표 3>과 같이 순이익을 추정하였다. t=0 법인세 (-)19,000만원은 손실에 대한 세금 환급으로 실제로 환급받는 것은 아니고 다른 손실을 그만큼 줄여주는 역할을 한다.

〈표 3〉 세금을 추가한 순이익 추정

	t=0	t=1	t=2	t=3	t=4	t=5
매출액	0	500,000	600,000	720,000	576,000	460,800
매출원가	0	350,000	420,000	504,000	403,200	322,560
매출총이익	0	150,000	180,000	216,000	172,800	138,240
판매&일반	0	80,000	72,000	64,800	58,320	52,488
R&D 비용	100,000	0	0	0	0	0
감가상각비	00	14,000	14,000	14,000	14,000	14,000
영업이익	−100,000	56,000	94,000	137,200	100,480	71,752
법인세(19%)	−19,000	10,640	17,860	26,068	19,091	13,633
순이익	−81,000	45,360	76,140	111,132	81,388	58,119

1.4 기회비용, 매몰비용, 외부효과

K기업의 가전사업 진출의 경제성을 분석할 때는 손익계산서 항목처럼 그 사업과 관련된 직접적인 항목과 명확한 금액뿐만 아니라 간접적으로 발생하거나 다른 사업에 미치는 영향도 고려해야 한다.

우선 고려해야 할 것이 실제 발생하지는 않아도 반드시 포함되어야 하는 기회비용이다. 기회비용(opportunity cost)은 그 사업에 투자하면서서 포기해야 하는 다른 투자수익을 의미하므로 그 사업은 포기한 기회비용 이상의 수익을 얻을 수 있어야 경제성이 있다고 할 수 있다. 예를 들어, 은행에서 5%의 이자율로 1,000만원을 차입하여 주식 투자를 하였는데 수익률이 3%이면, 이익은 발생했지만 은행 이자도 갚지 못하므로 주식 투자를 하지 말았어야 한다. 은행 이자율 5%를 초과하는 수익률이 실현되어야 이자를 갚고도 투자자 주머니로 들어오는 몫이 있을 것이다.

여기서는 K기업이 가전제품을 생산하기 위한 공장이 이전에는 연 2,000만원의 임대수익을 얻었던 것을 기회비용으로 파악하여 '판매&일반관리비'에 추가하고자 한다. 단, 기회비용도 세후 기준으로 인식하여 2,000만원의 임대수익 전액을 기회비용으로 인식하는 것이 아니라 세금을 제외한 금액만 인식한다. 2,000만원의 임대수익을 얻었다면 세금을 부담해야 하므로 실제 놓친 비용은 세금을 제외한 임대수익이기 때문이다. 여기서는 법인세율 19%를 적용하여 다음 식 (4)와 같이 5년 동안 매년 1,620만원을 기회비용으로 반영하고자 한다.

- 세후기회비용, 임대소득 = [임대소득 × (1 − 법인세율)] … 식 (4)
  = [2,000만원 × (1 − 0.19)] = 1,620만원

기회비용이 투자사업의 경제성 분석에 반드시 고려되어야 한다면 매몰비용(sunk cost)은 반대로 고려되지 말아야 한다. 매몰비용의 개념은 이미 발생하여 해당 사업의 투자 여부와 상관없이 어차피 부담해야 하는 비용이므로 미래 투자성과를 '그 투자가 창출하는 증분이익으로 추정해야 한다'는 원칙과 맞지 않는다. 경제성 분석에서는 그 투자로 발생할 미래의 성과가 중요하지 투자 여부와 상관없이 이미 발생한 비용은 의미가 없다. 여기서는 K기업 특별팀이 전자제품 사업 기초자료를 추정하면서 부담한 3,000만원이 사업 진출 여부와 상관없이 부담해야 하는 매몰비용에 해당된다.

투자사업의 경제성 분석에서는 그 사업으로 인하여 다른 사업의 매출이 증가하거나 감소하는 외부효과(external effect)도 그 사업의 수익이나 비용으로 반영해야 한다. 여기서는 기존 X사업의 역량(인적자본, 마케팅 비용 등) 일부가 가전제품 사업으로 이전되면서 매출액이 감소하는 것과 Y사업은 가전사업의 유통망과 마케팅과 연계되어 매출액이 증가하는 것을 외부효과로 다음과 같이 <표 4>의 순외부효과로 추정하여 매출액에 직접 반영하고자 한다.

- X사업 매출액 감소량 : 1년차 50,000만원, 그 이후는 매출액 증감과 동일한 비율로 발생
- Y사업 매출액 증가량 : 1년차 20,000만원, 그 이후는 매출액 증감과 동일한 비율로 발생
- 순외부효과[=X사업 매출액 감소량-Y사업 매출액 증가량]를 매출액에서 직접 차감

〈표 4〉 순외부효과

	t=1	t=2	t=3	t=4	t=5
X사업 매출액 감소분	50,000	60,000	72,000	57,600	46,080
Y사업 매출액 증가분	20,000	24,000	28,800	23,040	18,432
순외부효과	30,000	36,000	43,200	34,560	27,648

기회비용(세후임대수익), 외부효과(X사업 매출액 감소와 Y사업 매출액 증가) 등의 부수적 효과를 반영하여 추정된 순이익은 다음 <표 5>와 같다.

〈표 5〉 부수적 효과를 반영한 순이익 추정

	t=0	t=1	t=2	t=3	t=4	t=5
매출액	0	470,000	564,000	676,800	541,440	433,152
매출원가	0	350,000	420,000	504,000	403,200	322,560
매출총이익	0	120,000	144,000	172,800	138,240	110,592
판매&일반	0	81,620	73,620	66,420	59,940	54,108
R&D 비용	100,000	0	0	0	0	0
감가상각비	00	14,000	14,000	14,000	14,000	14,000
영업이익	-100,000	24,380	56,380	92,380	64,300	42,484
법인세(19%)	-19,000	4,632	10,712	17,552	12,217	8,072
순이익	-81,000	19,748	45,668	74,828	52,083	34,412

2. 이익으로부터의 현금흐름 추정

2.1 순이익 VS 현금흐름

<표 5>의 두 번째 연도(t=2)에 발생할 것으로 예상되는 순이익 45,668만원은 그 다음날부터 바로 종업원들의 임금을 지불하고, 필요한 물건을 구매하고, 주주들에게 배당을 지급하는데 사용할 수 있을까? 즉, 기업 금고에 정확히 45,668만원이 들어있어서 바로 사용할 수 있을까?

K기업 가전제품 사업의 5년 동안의 순이익은 손익계산서의 수익과 비용 작성 원칙인 발생주의 원칙과 수익-비용 대응의 원칙에 따라 추정되었다. t=2 순이익 45,668만원은 실제 t=2에 현금 유입된 수익뿐만 아니라 t=3에 유입될 수익이 포함되고 t=2에 유입된 수익임에도 포함되지 않은 것들이 있는 수익에서 t=2에 현금 유출된 비용뿐만 아니라 t=3에 유출될 비용이 포함되거나 t=2에 유출된 비용임에도 포함되지 않는 것들이 있는 비용을 차감한 것이므로 기업 금고에 정확히 45,668만원이 남아 있지는 않다.

미래의 성과를 추정하는 것에 불확실성이 없을 수는 없지만 현금주의 원칙에 따라 특정 기간에 실제로 유입된 현금에서 유출된 현금을 차감한 현금흐름(cash flow, 이하 CF)을 가능한 정확하게 추정하는 것이 투자사업의 경제성 분석이나 가치 평가에서 중요한 부분이다. 특정 기간의 가치는 그 기간에 실제로 이루어진 현금유입액에서 현금유출액을 차감한 CF가 창출하기 때문이다.

따라서 이익 역시 특정 기간의 수익에서 비용을 차감한 투자 성과임에도 투자사업의 경제성은 특정 기간에 실제 현금유입액에서 현금유출액을 차감한 CF로 평가되어야 한다.

지금부터는 t=2 순이익 45,668만원을 기초로 t=2에 실제 현금유입과 현금유출이 얼마가 발생하여 t=2의 가치 창출에 기여하는 CF가 얼마인지를 추정하는 과정에 대해서 설명하고자 한다.

2.2 설비투자비용의 정확한 시점 인식

가전제품 사업의 순이익을 추정하는 과정에서 생산라인 설치를 위하여 80,000만원을 생산 이전 전액 현금으로 지불했지만 수익-비용 대응의 원칙에 따라 내용연수 5년 동안 14,000만원의 감가상각비로 나누어 인식하였다. 그러나 14,000만원의 감가상각비는 t=1~5 기간에 실제 현금유출이 발생하지 않는 대표적인 비현금(non-cash) 항목이므로 설비투자비용을 실제 현금유출이 발생한 시점에 정확하게 인식해야 한다.

여기서는 생산설비는 본격적인 제품 생산 이전에 투자가 완료되었으므로 t=0에 비유동자산 투자를 의미하는 '자본적 지출(Capital Expenditure)'이라는 항목으로 80,000만원의 현금유출을 인식한다.

그러면 이제 설비투자비용이 정확한 시점에 인식 되었을까? t=1~5년의 순이익을 추정하는 과정에서 설비투자비용 80,000만원에서 5년도 말 잔존가치 10,000만원을 제외한 70,000만원을 5년 동안 감가상각비로 14,000만원씩 차감하였다. 그런데 t=0에 80,000만원을 전액 현금유출로 인식하고 끝나면 설비투자비용을 총 150,000만원(=80,000만원+5년×14,000만원)으로 거의 2배를 인식하는 오류가 발생하게 되므로 t=1~5년의 감가상각비를 각 연도의 순이익에 다시 더해주어야 한다. 여기에 추가하여 생산설비와 같은 유형자산들이 사업이 종료되어도 여전히 사용할 수 있다면 처분할 수 있으므로 처분 관련 CF도 파악해야 한다.

K기업 생산설비는 가전제품 사업이 종료된 5년 후에 15,000만원에 처분할 수 있다면 처분에 따른 CF를 다음 식 (5)와 같이 산출하여 t=5에 현금유입으로 처리한다.

- 투자자산 처분 CF=[처분가격-(처분가격-장부가치)×법인세율] … 식 (5)
  =[15,000만원-(15,000만원-10,000만원)×0.19]=14,050만원

여기서 (처분가격-장부가치)는 처분에 따른 손익으로 장부가치(book value)보다 높은 가격에 처분하면 이익에 대한 세금 부담, 낮은 가격에 처분하면 손실에 대한 세금 환급까지 투자자산 처분 CF에 반영되어야 한다. 따라서 투자자산 처분 CF는 처분가격만큼의 현금유입과 처분 손익에 대한 세금 부분까지 포함한다. 만약 처분가격이 5,000만원이라면 처분가격 5,000만원과 처분 손실에 대한 세금 환급 1,000만원이 더해진 6,000만원의 현금유입으로 처리해야 한다.

처분 손익에 대한 세금을 반영하여 세후(after-tax)처분 CF로 산출하는 것은 내용연수도 동안 발생한 감가상각비의 세금공제 효과에 대한 조정이라고 이해하면 된다. 앞의 <표 5>를 보면 법인세가 부과되는 기준이 되는 EBIT는 감가상각비가 차감된 소득이다. 만약 감가상각비 14,000만원이 없었다면, t=1 법인세는 4,632만원이 아닌 7,292만원[=(24,380만원+14,000만원)×0.19]이 되었을 것이다. 따라서 감가상각비가 비용으로 처리되면 매년 2,660만원[=7,292만원-4,632만원=감가상각비×법인세율=14,000만원×0.19]만큼 세금이 절약되었다.

그런데 5년 후 시장에서 15,000만원 받을 수 있는 생산설비의 내용연수 말 장부가치가

10,000만원에 불과하다면 내용연수 5년 동안 적정 수준 이상의 감가상각을 진행하여 세금공제 혜택을 과도하게 받았다는 것을 의미하므로 처분 과정에서 그 동안의 과도한 세금공제에 대한 추징이, 반대로 5년 후 시장에서 5,000만원 밖에 받을 수 없는 생산설비의 장부가치가 10,000만원이나 된다면 내용연수 5년 동안 적정 수준 이하의 감가상각을 진행하여 세금공제 혜택을 과소하게 받았다는 것을 의미하므로 처분 과정에서 그 동안의 과소한 세금공제에 대한 환급이 이루어졌다고 이해하면 된다.

〈표 6〉 설비투자 관련 조정이 반영된 CF 추정

	t=0	t=1	t=2	t=3	t=4	t=5
매출액	0	470,000	564,000	676,800	541,440	433,152
매출원가	0	350,000	420,000	504,000	403,200	322,560
매출총이익	0	120,000	144,000	172,800	138,240	110,592
판매&일반	0	81,620	73,620	66,420	59,940	54,108
R&D 비용	100,000	0	0	0	0	0
감가상각비	00	14,000	14,000	14,000	14,000	14,000
영업이익	−100,000	24,380	56,380	92,380	64,300	42,484
법인세(19%)	−19,000	4,632	10,712	17,552	12,217	8,072
순이익	−81,000	19,748	45,668	74,828	52,083	34,412
설비투자	−80,000	0	0	0	0	+14,050
감가상각비		14,000	14,000	14,000	14,000	14,000
CF	−161,000	33,748	59,668	88,828	66,083	62,462

2.3 순운전자본 변화량(ΔNWC) 반영

K기업이 가전제품 사업에 진출하면 유동자산과 유동부채도 영향 받게 된다. 매출액에 포함되어 있는 아직 받지 못한 수익인 매출채권, 제품 생산량에 맞춘 재고자산, 매출원가에 포함된 신용거래의 매입채무 등이 가전제품 사업의 매출액에 직접적으로 영향 받는 대표적인 유동자산과 유동부채 항목이다.

유동자산과 유동부채는 기업회계기준의 정의에 의하면 1년 이내에 결과를 발생시키는 항목들이다. 따라서 1년 단위로 변화량을 측정하면 유동자산과 유동부채 변화에 따라 얼마나 현금이 유입되고 유출되는지를 파악할 수 있으며 유동자산에서 유동부채를 차감한 순운전자본(net working capital, 이하 NWC)의 변화량으로 파악하면 유동자산과 유동부채 변화량이

CF에 미치는 영향을 모두 파악할 수 있다. 일반적으로 자산이 증가(감소)하면 현금유출(현금유입), 부채가 증가(감소)하면 반대로 현금유입(현금유출)이 발생한다[1].

순운전자본변화량(이하 ⊿NWC)을 통하여 유동자산과 유동부채 변화에 따른 CF를 추정하기 위해서는 1년 단위로 투자(현금유출)와 회수(현금유입)가 내용연수 동안 반복된다고 가정하는 것이다. 즉 연초에 투자된 순운전자본이 연말에 그대로 회수되고, 다시 다음 연도 초에 투자된 순운전자본이 다음 연도 말에 그대로 회수되는 과정이 반복된다는 것이다. 이때 전년도 순운전자본보다 금년도 순운전자본이 많으면, 즉 순운전자본변화량(이하 ⊿NWC)이 (+)이면 전년도 기초에 투자되어 기말에 회수된 금액(NWC_{t-1})보다 금년도 기초에 투자된 금액(NWC_t)이 많아서 전년도 회수된 금액을 초과하는 투자로 현금유출이 발생하는 것으로, 반대로 전년도 순운전자본보다 금년도 순운전자본이 작으면, 즉 ⊿NWC이 (−)이면 전년도 기초에 투자되어 기말에 회수된 금액보다 금년도 기초에 투자된 금액이 적어서 전년도 회수된 금액 중에서 남은 금액만큼 현금유입이 발생하는 것으로 파악한다.

그리고 마지막 연도에는 모든 투자가 종료되므로 전년도 순운전자본과 동일한 순운전자본을 가정하여 ⊿NWC =0이 되도록 조정한다. 이 부분에 대해서는 논란의 여지는 있지만 투자 종료를 강조하는 처리라고 생각하면 될 것이다.

K기업의 과거 재무제표 자료 분석을 통하여 NWC는 평균적으로 매출액의 8% 수준을 보이고 있다고 가정하여 <표 1> 매출액의 8%를 NWC으로 추정하고, t=0의 NWC는 30,000만원으로 가정하여 다음 <표 7>과 같이 ⊿NWC을 추정하였다. t=1의 ⊿NWC =(+)10,000만원[=40,000−30,000]은 그만큼 현금유출이, t=4의 ⊿NWC =(−)5,760만원[=51,840−57,600]은 현금유입을 의미한다.

〈표 7〉 ΔNWC 추정

	t=0	t=1	t=2	t=3	t=4	t=5
매출액	0	5000,000	600,000	720,000	576,000	460,800
NWC	30,000	40,000	48,000	57,600	46,080	46,080
⊿NWC	0	+10,000	+8,000	+9,600	−11,520	0

순이익을 기초로 추정한 CF는 생산설비 투자관련 비용의 정확한 인식과 처분 CF, 가전제품 사업 진출에 따른 유동자산과 유동부채와 관련된 CF를 ⊿NWC로 반영하여 식 (7)과 같이

1 보다 자세한 내용은 2장의 '재무상태표 항목의 변화와 현금흐름'의 내용과 예제를 참고하기 바람.

계산하며, K기업 가전제품 사업 진출로 향후 5년간 예상되는 CF를 정리한 것이 <표 8>이다. 식 (7)에서 NI는 식 (3)으로 추정한 순이익, CS는 생산설비 투자와 같은 자본적 지출, D는 감가상각비, ⊿NWC는 순운전자본변화량을 각각 의미한다.

- $CF_t = [NI_t - CS_t + D_t - \Delta NWC_t]$ … 식 (7)

〈표 8〉 순이익으로부터 CF 추정

	t=0	t=1	t=2	t=3	t=4	t=5
매출액	0	470,000	564,000	676,800	541,440	433,152
매출원가	0	350,000	420,000	504,000	403,200	322,560
매출총이익	0	120,000	144,000	172,800	138,240	110,592
판매&일반	0	81,620	73,620	66,420	59,940	54,108
R&D 비용	100,000	0	0	0	0	0
감가상각비	00	14,000	14,000	14,000	14,000	14,000
영업이익	−100,000	24,380	56,380	92,380	64,300	42,484
법인세(19%)	−19,000	4,632	10,712	17,552	12,217	8,072
순이익	−81,000	19,748	45,668	74,828	52,083	34,412
설비투자	−80,000	0	0	0	0	+14,050
감가상각비		14,000	14,000	14,000	14,000	14,000
⊿NWC	0	10,000	8,000	9,600	−11,520	0
CF	−161,000	23,748	51,668	79,228	77,603	62,462

2.4 경제성 분석 결과

K기업의 전자사업 진출의 NPV를 할인율 5%, 15%, 25%로 추정하면 다음과 같이 각각 (+)94,776만원, (+)29,400만원, (−)14,067만원이 되며, NPV를 0으로 만들어 주는 할인율 IRR은 21.33%로 추정된다. IRR=21.33%보다 낮은 할인율 5%와 15%에서는 (+)의 NPV를, 높은 할인율 25%에서는 (−)의 NPV가 발생하는 것을 확인할 수 있다. 만약 K기업의 목표수익률이 21.33%보다 낮으면 IRR법은 전자제품 사업을 진출할만한 가치가 있는 것으로, NPV법은 할인율이 15%라면 29,400만원의 (+)NPV가 추정되므로 역시 진출하는 것이 그 만큼의 가치를 증가시켜주는 것으로 평가한다.

- $NPV = \left[-161{,}000 + \frac{23{,}748}{(1.05)^1} + \frac{51{,}668}{(1.05)^2} + \frac{79{,}228}{(1.05)^3} + \frac{77{,}603}{(1.05)^4} + \frac{62{,}462}{(1.05)^5}\right] = (+)89{,}705$ 만원

- $NPV = \left[-161{,}000 + \frac{23{,}748}{(1.15)^1} + \frac{51{,}668}{(1.15)^2} + \frac{79{,}228}{(1.15)^3} + \frac{77{,}603}{(1.15)^4} + \frac{62{,}462}{(1.15)^5}\right] = (+)26{,}237$ 만원

- $NPV = \left[-161{,}000 + \frac{23{,}748}{(1.25)^1} + \frac{51{,}668}{(1.25)^2} + \frac{79{,}228}{(1.25)^3} + \frac{77{,}603}{(1.25)^4} + \frac{62{,}462}{(1.25)^5}\right] = (-)16{,}116$ 만원

지금까지 K기업의 가전제품 사업의 이익과 CF를 추정하여 NPV법과 IRR법으로 타당성 분석을 해보았다. 이 과정에서 적용되었던 중요한 원칙들을 정리하면 다음과 같다.

1. 증분이익을 바탕으로 증분 CF를 추정해야 한다.
2. 해당 연도의 실제 현금유입과 유출이 해당 연도의 가치 창출에 기여해야 한다.
3. 자본조달 방법에 따라 차이가 발생할 수 있는 이자 등은 차감하지 않는다.
4. 기회비용은 반드시 포함하고 매몰비용은 포함하지 않으며 외부효과도 고려해야 한다.
5. 모든 CF는 세후(after-tax) 금액으로 추정해야 한다.

3. 추정위험 분석

투자사업의 경제성 분석에서 미래의 경영성과와 현재가치로 할인하기 위한 할인율을 추정하는 것이 핵심이지만 매우 어려운 부분이다. 미래의 상황들을 추정하는 과정에서 발생하는 불확실성을 경영성과와 할인율에 반영해야 하는데 그러기 위해서는 많은 가정(assumption)들이 요구된다.

불확실한 상황에 대한 가정은 당연히 합리적인 수준에서 이루어져야 하지만 분석자나 최고 경영진이 전략적으로 판단하여 이루어지는 경우도 발생한다. 분석 내용을 기초로 최종 투자결정은 결국 최고 경영진이 하는 것이니 더욱 그들의 전략적인 판단이 중요하다.

그러면 투자사업의 경제성 분석 과정에서 불확실한 상황은 언제나 발생하는 것이고, 추정과정에서는 그렇게 가정할 수밖에 없었다고 하면 그만일까? 추정과정의 불확실성을 완벽하게 통제할 수는 없다. 그러나 어느 정도까지는 통제할 수 있는 분석이 진행되어야 한다.

분석 과정에서 이루어진 가정의 오류나 예측하지 못했던 상황들로 추정한 값들과 실현된 값들의 차이가 발생하여 NPV가 변동하는 것을 추정위험(forecasting risk)이라고 한다. 본

절에서는 대표적인 추정위험 관리 방법들에서 대해서 간단하게 설명하고자 한다.

3.1 손익분기점 분석

손익분기점 분석(Break-Even Point analysis)은 NPV를 0으로 만드는 추정 변수들의 NPV 손익분기점(이하 BEP)으로 각 변수들을 관리하는 방법이다. 각 변수들의 NPV BEP는 다른 변수들은 추정된 값으로 고정시켜 놓은 상태에서 해당 변수의 값이 얼마이면 'NPV=0'이 되는지를 보여준다. 따라서 NPV BEP 분석을 통하여 'NPV>0'이 되기 위해서는 해당 변수의 값이 최소(최대) 얼마 이상이(이하가) 되도록 관리해야 하는지를 알 수 있다.

이미 할인율의 NPV BEP는 분석해 보았다. NPV를 0으로 만드는 할인율이라고 했던 IRR의 개념을 떠올려 보면 IRR이 바로 할인율의 NPV BEP에 해당된다. 다음 <표 10>은 K기업 가전제품 사업 진출에 대한 일부 변수들의 NPV BEP와 어떻게 활용할 수 있는지를 간략하게 정리한 것을 보여주고 있다. 여기서 매출액은 2년차~5년차의 변화율이 동일하다고 가정하고 첫 번째 연도 매출액의 NPV BEP 수준을, 매출원가 비중은 매출원가가 매출액의 몇 %이면 'NPV =0'이 되는지를 보여주며, 두 경우 모두 NPV 추정에 할인율 8%를 적용하였다.

〈표 9〉 K기업 전자제품 사업 진출의 NPV BEP

항목	BEP	의미
할인율	9.4954%	할인율이 9.4954% 미만이어야 (+)의 NPV
매출액	492,155만원	매출액이 492,155만원을 초과해야 (+)의 NPV
매출원가 비중	약 70.46%	매출원가가 매출액의 70.46% 미만이어야 (+)의 NPV

3.2 민감도 분석

민감도 분석(Sensitivity analysis)은 다른 변수들의 추정값들을 고정시켜 놓은 상태에서 특정 변수의 값이 변할 때 NPV는 얼마나 변하는지, 즉 특정 변수 값의 변화에 NPV가 얼마나 민감하게 반응하는지를 분석하는 방법이다.

민감도 분석은 어떤 변수 변화에 NPV가 보다 민감하게 반응하는지를 보여주기 때문에 민감한 변수에 대한 집중된 관리를 수행할 수 있게 해준다. 각 변수 한 단위 변화량에 대하여 NPV가 얼마나 민감하게 반응하는지를 보여주는 NPV의 민감도를 식 (8)과 같이 추정하여 핵심 변수를 파악하는 것이다. K기업 전자제품 사업 타당성 분석에서 할인율에 대한 NPV 민감도를 계산해 보면 다음과 같다. 할인율과 NPV는 (-)의 상관관계에 있으므로, 할인율이 8%에서 5%로 37.5% 하락하면 NPV는 222.66% 증가하여 민감도 5.94배, 할인율이 8%에서 11%로 37.5% 상승하면 NPV는 194.04% 하락하여 민감도 5.17배를 보이고 있다.

- NPV 민감도=[NPV %변화율/특정 변수의 %변화율] … 식 (8)
- 8%에서 5%로 하락한 경우의 NPV 민감도

  : $\left[\frac{(24,564-7,613)/7,613}{(5\%-8\%)/8\%}\right]=\left[\frac{222.66\%}{-37.5\%}\right]=(-)5.94$
- 8%에서 11%로 상승한 경우 NPV 민감도

  : $\left[\frac{(-7,159-7,613)/7,613}{(11\%-8\%)/8\%}\right]=\left[\frac{-194.04\%}{37.5\%}\right]=(-)5.17$

또한 민감도 분석은 경제성 분석에서 추정해야 할 여러 변수들의 불확실성을 직접적으로 통제하지 못할 경우에 유용하게 활용된다. K기업 전자제품 사업 타당성 분석에서 할인율이 8%라면 NPV가 (+)7,206만원이지만 만약 5% 또는 11%라면 NPV는 (+)24,206만원 또는 (-)7,606만원이 될 수도 있다는 것까지 추정하면 잘못 예상할 경우의 결과가 어느 정도일지 추정할 수 있다.

〈표 10〉 K기업 전자제품 사업 진출의 NPV 민감도

항목	현재	변화	변화율	NPV 민감도
할인율	8%	5%	(-)37.50%	5.94배 증가
		11%	(+)37.50%	5.14배 감소
매출액	500,000만원	625,000만원	(+)25.00%	63.72배 증가
		375,000만원	(-)25.00%	63.72배 감소
매출원가 비중	70%	80%	(+)14.29%	148.64배 감소
		60%	(-)14.29%	148.64배 증가

<표 10>은 K기업 전자제품 사업 진출에 대한 일부 변수들의 NPV 민감도를 보여주고 있다. 매출액은 첫 번째 연도의 매출액을, 매출원가 비중은 매출액에 대한 %비율을 각각 의미한다. NPV 민감도 분석에 의하면 3가지 변수들 중에서는 매출원가 비중에 대한 NPV가

가장 민감하게 반응하는 것으로 나타났다. 따라서 다른 조건이 동일하다면 매출원가를 감소시키면 NPV를 보다 크게 증가시킬 수 있을 것이다.

3.3 시나리오 분석

민감도 분석은 다른 변수들의 추정값을 고정시킨 상태에서 특정 변수의 변화에 대한 NPV의 민감도를 분석하였다. 즉, 변수 하나의 변화에 대한 NPV의 변화를 분석한 것이다. 그러나 실무에서는 여러 변수들이 동시에 변하는 경우가 더 많이 발생하게 된다.

시나리오 분석(Scenario analysis)은 여러 변수들이 동시에 변하는 가상의 시나리오를 설정하여 시나리오별 NPV의 변화를 분석하는 방법이다. 일반적으로 시나리오는 가장 좋은(낙관적인) 상황, 가장 나쁜(비관적인) 상황과 그 중간인 평균적인 상황 등 3개로 많이 가정한다.

<표 11>은 할인율, 첫 번째 연도 매출액, 매출원가 비중 3가지 요소들 추정값의 상황을 Normal, 3가지 요소가 가장 좋은 경우를 Best, 가장 나쁜 경우를 Worst 시나리오로 설정한 NPV와 변화율을 보여주고 있다. 기업들은 이와 같이 각각의 시나리오별 예측을 통하여 보수적으로 가정하는 최악의 시나리오에 대한 대응책을 마련할 수 있을 것이다.

〈표 11〉 K기업 전자제품 사업 진출의 시나리오별 NPV

시나리오	할인율	매출액	매출원가 비율	NPV	변화율
Best	5%	625,000만원	60%	(+)367,639만원	(+)4,829%
Normal	8%	500,000만원	70%	(+)7,206만원	–
Worst	11%	375,000만원	80%	(–)239,296만원	(–)3,143%

CHAPTER 10 투자의사결정 II 투자성과 측정

연습문제

10-1. CF(cash flow, 현금흐름) 추정의 주요 원칙들을 설명하시오.

10-2. 커피 매장을 오픈하기 위하여 원두추출기를 구입하였다. 새 기계는 오픈 전 3,000만원의 현금으로 매입하였고, 3년 사용할 예정이다. 3년 동안 구입비용 전액을 정액감가상각할 예정이지만 3년 후 500만원에 중고로 처분할 수 있다고 한다. 법인세율이 15%라면 원두추출기 도입과 관련된 CF들을 추정하시오.

10-3. A기업은 주력 상품의 매출액 확대로 공장 신축 여부를 고민하고 있다. 공장은 5년 전에 50,000만원에 매입한 후 사용하지 않고 있는 부지에 신축하면 된다. 그 부지는 그 동안 가격 상승으로 지금 처분한다면 75,000만원을 받을 수 있다고 한다. 신축하게 되면 각종 비용들이 총 50,000만원은 소요될 것으로 예상된다. 법인세율이 20%라면 공장 신축에 따른 투자비용은 총 얼마로 인식해야 하는가?

10-4. B기업은 매출액 100억원, 매출원가[=변동비+고정비]에서 변동비는 매출액의 45%, 고정비는 25억원, 감가상각비는 10억원 발생할 것으로 예상하였다. 법인세율 15%를 적용하여 주어진 자료로만 간략하게 추정손익계산서를 작성하시오.

10-5. C기업의 추정손익계산서 작성을 위하여 추정한 매출액, 매출원가, 감가상각비가 각각 30억원, 20억원, 5억원이라고 한다. 영업이익, 법인세, 순이익, 영업현금흐름(OCF)과 감가상각비의 세금절약액을 추정하시오. 법인세율은 20%이고 영업외비용과 영업외수익은 0이라고 가정.

10-6. ○○○ 커피점은 현재 X커피 월 500잔(개당 4,500원), Y커피 월 300잔(개당 5,500원) 판매되고 있다. 이런 상황에서 Z커피를 추가로 판매하면 월 150잔의 매출(개당 6,000원)이 예상되지만 X커피와 Y커피의 판매가 각각 월 80잔과 50잔씩 감소할 것으로 예상된다. Z커피 추가 여부의 경제성을 분석할 때 Z커피의 연간 매출액은 얼마로 추정해야 하는가? 그 이유를 설명하시오.

10-7. DD 베이커리의 오븐 구입비용은 5,000만원, 4년 후 교체할 예정이며 연도별 감가상각률은 순차적으로 구입비용의 35%, 25%, 20%, 10%라고 한다. 연도별 감가상각비, 감가상각비누계액, 장부가치, 세금공제액을 추정하시오. 법인세율은 15%라고 한다.

10-8. E식당은 확장하게 되면 유형자산에 10,000만원을 투자해야 한다고 한다. 내용연수는 5년, 정액감가상각이 진행되면 5년 후 잔존가치는 1,000만원으로 예상된다. 5년 동안 확장된 식당의 매출액은 20,000만원, 30,000만원, 28,000만원, 25,000만원, 25,000만원 순으로, 감가상각비를 제외한 매출원가는 매출액의 평균 70% 수준으로 예상된다. 세율은 18%로 가정하고 다음 질문들에 답하시오.

① t=1~5의 영업현금흐름을 추정하시오. 여기서는 유형자산 처분은 무시.
② 자본비용이 20%라면 식당 확장의 NPV는 얼마인가?
③ 자본비용이 얼마 이상이면 'NPV<0'이 되어 식당을 확장하지 말아야 하는가?

10-9. F기업은 이번 스마트폰 출시로 영업이익이 100억원, 관련 유형자산의 감가상각비는 매년 10억원, 유동자산은 50억원, 유동부채는 10억원, 이자는 8억원 증가할 것으로 예상된다. 법인세율이 20%라고 한다.

① 스마트폰 출시로 예상되는 영업현금흐름은 얼마인가?
② 기말 유형자산이 기초와 동일하다면 자본적 지출(Capital Expenditure)은 얼마인가?
③ 스마트폰 출시로 예상되는 CF는 얼마인가?

10-10. G기업은 기존 수동식 생산설비를 자동화 설비로 30,000만원을 투자하여 교체하고자 한다. 자동화 설비는 5년 사용하면 다시 교체해주어야 한다. 감가상각은 매년 장부가치의 30%씩 진행되고, 법인세율은 20%라고 한다. 다음 질문들에 답하시오

① 내용연수 5년 동안 매년 말 자동화 설비의 장부가치를 추정하시오.
② 5년 후 자동화 설비를 다른 공장에 1,042.1만원에 매각할 수 있다면 매각과 관련된 CF는 얼마인가?
③ 자동화 설비로 교체하면 이전보다 연간 8,000만원의 영업이익이 증가할 것으로 예상된다. ①과 ②의 결과를 활용하여 자동화 설비와 관련된 CF를 추정하시오. 단 순운전자본 변화량은 5년 동안 발생하지 않았다고 가정하는 등 주어진 자료 이외는 무시하고 추정.

④ 자동화 설비 교체 자금 30,000만원을 은행에서 10%의 이자율로 차입하여 그보다 높은 수익을 얻고자 할인율 25%를 적용하면 NPV는 얼마인가? 또한 IRR을 추정하여 NPV가 0보다 클지, 작을지도 추정해보시오.

10-11. H기업이 출시하고자 하는 신제품은 사전 조사에 의하면 1개당 판매가격과 변동비용은 각각 10만원과 3만원, 고정비용은 10,000만원, 연간 판매량은 5,000개 등으로 예상된다. 또한 예상보다 상황이 불리해지거나 유리해지면 모든 추정치들의 ±25%의 오차가 발생할 수 있을 것으로 추정된다. 추정값을 보통, 각 요소별 유리한 상황의 Best, 불리한 상황의 Worst로 설정하여 3가지 시나리오별 매출총이익을 추정해보시오.

10-12. 투자 기간이 3년인 H사업은 생산설비를 t=0에 5,000만원 현금 투자하고, 그 설비는 3년 동안 정액감가상각이 진행되면 3년 말 잔존가치는 500만원이 될 것으로 예상된다. H사업 생산관련 추정자료는 제품가격은 개당 10만원, 개당 변동비용 6만원, 고정비용 2,000만원, 연간 판매량 1,200개와 같다. 한계세율이 25%라면 다음 질문들에 답하시오

① 연도별 영업현금흐름(OCF)은 각각 얼마인가?

② 만약 생산설비를 3년 후 200만원을 받고 처분할 수 있다면 CF를 추정하시오. 순운전자본변화량은 1년차와 2년차는 800만원, 3년차는 0만원으로 가정하시오.

③ 할인율을 5%로 하면 H사업의 NPV는 얼마인가? 또한 IRR은 얼마인가?

④ 만약 연간 판매량이 10% 증가하면 영업현금흐름과 NPV는 몇 % 증가하는지를 추정하여 판매량에 대한 영업현금흐름과 NPV의 민감도를 계산하시오.

3

PART

자본조달결정

CHAPTER

11

자본비용

1. 자본비용의 기초
2. 자기자본비용
3. 타인자본비용 또는 부채비용
4. 가중평균자본비용
5. 가중평균자본비용의 계산과 활용

1. 자본비용의 기초

1.1. 할인율의 자본비용

1장의 가치평가의 원칙에서 '자산의 가치는 그 자산으로부터 예상되는 미래 현금흐름(cash flow, 이하 CF)을 적절한 할인율로 할인한 현재가치의 합'이라고 하였다. 이 때 적절한 할인율(discount rate)에는 여러 가지가 사용될 수 있다.

첫 번째, 투자자의 기대수익률(expected return) 또는 요구수익률(required rate of return)이다. 투자자가 1년 후 11,000원의 CF가 발생할 것으로 예상되는 자산에 투자하면서 10%의 수익률을 원한다면 다음과 같이 자산의 미래 CF 11,000원을 10%로 할인한 10,000원에 매수해야 한다. 그 투자자에게는 자신이 원하는 수익률 10%로 미래 CF를 할인한 10,000원이 적정가치이기 때문이다.

- 적정가치 $=\left[\dfrac{11{,}000}{(1+r)^1}\right]=\left[\dfrac{11{,}000}{(1+0.1)^1}\right]=10{,}000$원

  $\Rightarrow r(=10\%)$ = 투자자의 기대수익률

두 번째, 자본의 기회비용(opportunity cost)이다. 앞의 예에서 투자자금의 기회비용이 10%라고 하면 현재 그 자산에 얼마 이하를 투자해야 포기한 기회비용 이상의 수익을 얻을 수 있을까? 기회비용은 이 투자를 위해서 포기한 수익이므로 이 투자에서는 기회비용 이상의 수익이 발생해야 합리적인 투자결정이 될 것이다. 따라서 다음과 같이 계산된 10,000원 이하의 투자비용이 투입되어야 기회비용 이상의 수익을 얻게 된다. 10,000원을 초과한 10,100원이 투자되면 수익률은 8.91%로 기회비용 10% 이하로 하락한다. 따라서 자본의 기회비용 이상의 수익을 얻기 위해서는 자산의 적정가치를 평가할 때의 할인율로 자본의 기회비용이 사용될 수 있다.

- 투자비용 $<\left[\dfrac{11{,}000}{(1+0.1)^1}\right]=10{,}000$원
- 10,100원 투자 수익률 $=\left[\dfrac{11{,}000}{10{,}100}-1\right]\times 100\%=8.91\%$ < 기회비용 10%

세 번째, 자본비용(cost of capital)이다. 기업의 가치를 평가하는 경우에는 기업 전체의

자본비용을, 특정 사업의 가치를 평가할 때는 사업자금을 조달할 때 부담한 자본비용을 할인율로 사용한다. 그 이유는 두 번째의 기회비용 경우처럼 자본비용 이상의 수익률을 올릴 수 있는 투자만을 선택하기 위해서다. 1년 후 11,000원의 CF를 발생시키고 종료되는 사업에 10,000원이 투입되고, 10,000원을 조달하면서 부담한 자본비용이 5%, 10%, 15%일 때의 NPV(net present value)를 계산하면 각각 다음과 같다. 그 사업의 미래 CF의 현재가치는 사업의 적정가치이면서 (+)의 NPV가 되기 위한 최대 투자가능 금액을 의미한다. 여기서는 1년 후 11,000원의 CF를 자본비용 5%로 할인한 경우에만 NPV가 (+)가 되어 투자할만한 가치가 있는 것이다.

- $r=5\%,\ NPV=\left[-10{,}000+\frac{11{,}000}{(1+0.05)^1}\right]=(+)476.19$원
- $r=10\%,\ NPV=\left[-10{,}000+\frac{11{,}000}{(1+0.1)^1}\right]=0$원
- $r=15\%,\ NPV=\left[-10{,}000+\frac{11{,}000}{(1+0.15)^1}\right]=(-)434.78$원

이번 장에서 살펴보고자 하는 것이 바로 세 번째 할인율인 자본비용이다. 자본비용은 기업이 투자와 사업운영 자금을 조달할 때 부담해야 하는 비용으로 크게 부채로 조달할 때 부담하는 부채비용 또는 타인자본비용과 주식을 발행하여 조달할 때 부담하는 자기자본비용으로 나눌 수 있다. 부채비용에는 은행대출의 이자비용과 채권수익률(또는 채권금리) 등이 해당되고, 자기자본비용에는 보통주 비용과 우선주 비용이 해당된다. 다음 장의 자본구조(capital structure)에서도 다루지만 자본구조와 자본비용은 장기적 자본조달에 대해서만 고려하므로 부채와 부채비용이라고 하면 유동부채를 제외한 비유동부채와관련 비용만을 말한다[1].

자기자본비용과 타인자본비용은 모두 자금을 조달하는 기업 입장에서는 비용에 해당되지만 자본제공자인 주주와 채권자 입장에서는 자본을 제공하면서 요구하는 요구수익률이 된다. 이는 채권자가 돈을 빌려주면서 요구하는 이자율과 주주가 출자하면서 요구하는 수익률은 기업 입장에서는 그들에게 자금을 조달하기 위해서 부담해야 하는 비용이기 때문이다.

따라서 기업은 지속적으로 성장하기 위해서는 자본제공자들의 요구수익률보다 높거나 최소한 동일한 투자수익률을 얻을 수 있도록 투자 사업을 선택하는 투자결정과 사업의 투자수

1 유동부채까지 포함한 부채총액과 자기자본총액에 대해서는 자본구조 대신 '재무구조(financial structure)'라고 한다.

익률보다 낮거나 최소한 동일한 자본비용으로 투자 자금을 조달하는 자본조달결정이 이루어져야 한다.

1.2 자본비용 크기에 영향을 주는 요인

1.2.1 투자 수익의 불확실성 크기

자본비용은 자본제공자들인 주주와 채권자의 요구 수준에 따라서 결정되고, 요구 수준은 그들이 기업에 투자하면서 부담해야 하는 위험 수준에 영향을 받는다.

채권투자자(채권자)의 기업에 대한 투자수익은 일정기간마다 지급되는 이자와 만기에 상환 받는 원금이다. 이자와 원금의 크기와 발생시점은 채권 투자 시점에 이미 결정되므로 투자자는 채권을 선택할 때 언제 얼마의 투자수익이 발생할지를 예상할 수 있다. 더구나 기업이 채권자에게 지급해야 하는 이자와 원금은 법적인 의무사항이므로 원금이 손실을 보는 경우는 쉽게 발생하지 않는다. 기업이 파산(bankruptcy) 상태가 되어도 자산의 소유권이 채권자에게로 이전되고 우선변제권을 가지기 때문이다. 만기 이전에 채권을 매도하는 경우에는 채권수익률에 따라 원금보다 높거나 낮은 가격에 매도될 수 있지만 만기까지 채권을 보유한다면 채권 투자수익의 크기와 발생 시점이 정해져 있고, 원금 손실 가능성도 매우 낮다.

반면에 주식투자자(주주)의 투자수익은 현금배당금과 주식가격 상승에 따른 매매차익이다. 배당금은 채권자에게 지급되는 이자와 다르게 이사회와 주주총회 의결사항으로 기업이 지급 여부와 지급 수준을 결정할 수 있다. 이는 주주 입장에서는 채권의 이자 수익보다 불확실한 배당금을 투자수익으로 얻게 된다는 것이다. 또한 주식가격은 투자금액(매수가격)보다 2배, 3배 상승할 수도 있지만 주가 하락으로 원금 손실도 발생할 수 있다. 따라서 원금이 보장되는 채권과는 다르게 만기가 없는 주식의 원금보장은 불확실하다.

이와 같이 투자 관점에서 보면 채권투자의 불확실성이 주식투자보다 낮고 채권자의 투자위험이 주주보다 낮으므로 위험보상도 적게 이루어져 채권투자자의 요구수익률이 상대적으로 낮게 형성될 것이다. 채권자의 요구수익률이 주주의 요구수익률보다 낮다는 것은 기업에게는 타인자본비용이 자기자본비용보다 낮다는 것을 의미한다.

1.2.2 사업위험과 재무위험

사업위험(business risk)은 기업이 수행하는 사업에서 발생하는 위험으로 그 사업의 성장가능성, 시장경쟁력, 시장점유율 등이 해당된다. 재무제표 항목들로 설명하면 재무상태표의 자산이 어떤 사업에 투자한 자산들로 구성되어 손익계산서의 영업이익의 변동성이 얼마나 되는지와 관련된 위험이다. 영업이익의 변동성이 크다면 기업이나 사업의 가치를 평가할 때 미래 발생할 것으로 예상되는 CF의 불확실성이 증가하므로 자본제공자인 채권자와 주주의 요구수익률 크기를 결정하는데 영향을 미치게 된다.

재무위험(financial risk)은 부채를 사용하면서 발생하는 위험으로 우선청구권자인 채권자보다 잔여재산청구권자(residual claimant) 주주가 많이 부담하는 위험이다. 기업은 수익이 발생하면 채권자에게 원금과 이자를 먼저 상환한 후 남은 금액을 주주에게 배당으로 분배하며, 기업의 파산 또는 청산 시의 자산청구권도 채권자가 우선이므로 부채가 증가할수록 주주 몫이 감소하고 불확실해진다. 채권자들 사이에서도 부채가 증가하면 선순위, 후순위 구분이 발생하여 후순위일수록 원금 손실 가능성이 존재하지만 주주에 비하면 낮은 수준이다.

주주가 부담하는 재무위험을 잘 보여주는 것이 '재무레버리지 효과(financial leverage effect)'이다. 부채를 많이 사용할수록 채권자에게 먼저 지급해야 하는 고정비 성격의 이자비용 때문에 주주 몫의 EPS[=순이익/발행주식수]와 ROE[=순이익/자기자본]의 변동성이 확대되는 것이 재무레버리지 효과이다. 여기서 주주 몫의 변동성이 확대된다는 것이 바로 주주가 부채 사용으로 부담해야 하는 재무위험이다. 따라서 부채를 많이 사용하여 주주 몫의 변동성이 확대되어 주주들의 요구수익률이 증가하면 기업의 자기자본비용도 증가하게 된다.

다음 박스는 본 장에서 자본비용을 설명할 때 사용될 표기이다.

■ 자본비용 설명을 위한 표기

- A(asset) : 자산 ◦ D(debt) : 부채 ◦ E(equity) : 자본 ⇒ A = [D + E]
- R_W : 가중평균자본비용(WACC, Weighted Average Cost of Capital)
- R_D : 부채비용(또는 타인자본비용)
- R_E : 자기자본비용(보통주) ◦ R_P : 자기자본비용(우선주)

2. 자기자본비용

2.1 보통주 자본비용

기업이 주식을 발행하여 조달된 자금이 자기자본에 해당된다. 대부분의 기업들은 보통주(common stock)를 발행하고 일부 대기업은 우선주(preferred stock)를 추가로 발행하여 자기자본을 구성한다. 따라서 자기자본비용은 우선주를 발행하지 않은 기업들에게는 보통주 자본비용만 해당되지만 우선주를 발행한 기업은 보통주와 우선주 자본비용의 가중평균이 자기자본비용이 된다.

삼성전자는 한국주식시장에서 시가총액 기준으로 압도적인 1위 기업이다. 2023년 7월 25일 기준 417조 8,847억원으로 2위 LG에너지솔류션의 138조 9,960억원의 3배나 된다. 그러나 이것은 보통주만 포함한 것이고 삼성전자의 우선주 시가총액도 47조 9,743억원으로 유가증권 시장 6위에 해당된다. 2023년 3월 31일 기준 분기보고서에 의하면 보통주와 우선주의 자본금은 각각 7,780억원과 1,195억원, 주식발행초과금 4조 4,039억원, 이익잉여금 336조 8,818억원 등 자기자본 총액은 359조 7,994억원이다. 삼성전자의 우선주는 장부가치 기준으로 보통주의 15% 수준으로 발행되었다. 그 외에도 현대자동차, LG화학, LG전자 등이 우선주를 발행하고 있으며 현대자동차는 발행조건이 다른 여러 종목의 우선주를 발행하고 있다.

자기자본 비용에 해당되는 주주들의 요구수익률은 채권이나 은행대출 등의 채권자들의 요구수익률과는 다르게 직접적으로 파악하는 것이 어려우므로 주식시장의 자료들을 활용하여 간접적으로 추정하고 있다. 그러나 이 방법 역시 주가 자료를 활용할 수 없는 비상장기업들에게는 한계가 있다.

보통주의 자본비용은 전통적인 주식가치평가 방법인 배당평가모형과 위험자산의 기대수익률을 추정하는 자본자산가격결정모형(capital asset pricing model, 이하 CAPM)을 활용하여 추정한다.

먼저 배당평가모형을 활용하는 방법은 배당금이 매기간 일정하게 지속적으로 지급되는 경우와 매기간 일정한 비율로 지속적으로 증가하는 경우의 배당평가모형에서 배당정보와 주식의 가격을 통하여 식 (1), (2)와 같이 할인율을 추정하여 보통주의 자기자본비용으로 보는 것이다. 여기에는 시장이 효율적(efficient)이어서 시장에서 형성된 가격은 그 주식의 배당관련 정보를 반영한 적정가격이라는 것과 투자자들이 그 가격에 주식을 사고판다는 것은 주식가격이 그들의 요구수익률을 반영한 적정가격이라는 암묵적인 가정이 요구된다. 이와 같은 가정에 의하면 효율적인 시장에서 거래되는 가격이 적정가치이고, 그 가격에는 주식투자자의 요구수익률이 적절하게 반영되어 있으니 배당평가모형의 할인율이 바로 주주의 요구수익률, 즉 자기자본비용이라는 것이다.

- 매기간 동일한 배당금이 지속적으로 지급되는 경우

$$P_0 = \left[\frac{D}{R_E}\right] \Rightarrow R_E = \left[\frac{D}{P_0}\right] \cdots \textbf{식 (1)}$$

- 배당금이 매기간 일정한 비율(g)로 지속적으로 증가하는 경우

$$P_0 = \left[\frac{D_1}{R_E - g}\right] \Rightarrow R_E = \left[\frac{D_1}{P_0} + g\right] \cdots \textbf{식 (2)}$$

예제 11-1

A기업은 지난 해에 보통주 배당금을 주당 3,000원 지급하였고, 현재 주가는 76,300원이라고 한다. 배당금을 매년 동일하게 지급하는 경우와 매기간 1%씩 증가시키는 경우의 보통주 자본비용은 각각 얼마인가?

풀이 배당금이 매기간 3,000원으로 일정 : $R_E = \left[\frac{D}{P_0}\right] = \left[\frac{3,000}{76,300}\right] = 0.0393$, 3.93%

배당금이 매기간 1%씩 증가 : $R_E = \left[\frac{D_1}{P_0} + g\right] = \left[\frac{3,000 \times 1.01}{76,300} + 0.01\right] = 0.0497$, 4.97%

배당평가모형을 활용한 보통주 자본비용 추정은 비교적 쉽게 이용할 수 있는 배당정보와 주가 자료를 활용할 수 있다는 장점이 있지만 배당을 지급하지 않는 기업의 자본비용을 추정할 수 없다는 것과 기업의 이사회가 재량권을 가지고 결정하는 배당금으로 자기자본비용을 추정하므로 그 기업과 관련된 위험이 주주들의 요구수익률에 제대로 반영되지 못한다는 한계점이 있다 무엇보다도 암묵적인 가정이라고 언급했던 시장이 효율적이고 현재 거래가격에 주주의 요구수익률이 적절하게 반영되었다는 것이 성립하지 않으면 실제 자본비용과 많은 괴리가 발생하게 된다.

이와 같은 배당평가모형의 자본비용 추정의 한계점은 CAPM을 활용하여 보통주의 자본비용을 추정하면 어느 정도 해결될 수 있다. 식 (3)의 CAPM은 위험자산인 특정 주식의 체계적 위험에 대한 적절한 보상이 추가된 시장균형 상태에서의 주식의 기대수익률이므로 투자자들이 그 기업의 체계적 위험을 고려할 때 요구하는 적정 수익률이라고 할 수 있다.

• CAPM으로 추정한 보통주 자본비용

$$E(r_i) = [r_F + \{E(r_M) - r_F\} \times \beta_i] \Rightarrow E(r_i) = R_E \cdots \text{식 (3)}$$

예제 11-2

A기업의 체계적 위험(β)이 0.98, 무위험수익률 1.51%, KOSPI 수익률 8.93%라고 한다. 보통주 자본비용은 얼마인가?

풀이 $R_E = [r_F + \{E(r_M) - r_F\} \times \beta_i] = [1.51\% + (8.93\% - 1.51\%) \times 0.98] = 8.78\%$

CAPM으로 자본비용을 추정하는 방법도 주가 관련 자료들을 활용하기 어려운 비상장기업들의 체계적 위험(β) 추정이 문제가 된다. 비상장기업들의 체계적 위험은 자신들이 속한 산업 내의 상장기업들을 참고로 간접적으로 추정하거나 주가수익률 대신 ROE 등의 경영성과 지표로 추정한 '펀더멘털 베타(fundamental beta)'를 활용하기도 한다.

<예제 11-1, 2>의 보통주 자본비용은 동일한 기업의 배당과 체계적 위험 자료를 활용하여 추정한 결과이다. 어떤 방법으로 추정하는가에 따라서 3.93%, 4.97%, 8.78%로 다양한 값을 보이고 있다. 3.93%와 8.78%의 차이는 매우 크므로 자본비용 관련 의사결정을 내릴 때 어떤 가정 하에서 어떻게 추정하는 것이 그 기업의 상황에서 가장 합리적인지를 고려해야 한다.

2.2 우선주 자본비용

보통주와 대비되는 우선주(preferred stock)의 가장 큰 특징은 매기간 배당금을 보통주보다 우선하여 지급한다는 것이다. 우리나라 상법에 의하면 우선주 배당금을 몇 가지 유형으로 다양하게 설정할 수 있지만 가장 많이 활용되는 방법은 일정한 수준의 배당금을 우선 지급하는 형태이다. 따라서 보통주처럼 우선주 역시 배당평가모형을 활용하여 식 (1)과 동일하게 식 (4)처럼 우선주 자본비용을 추정할 수 있다. 여기서 D_P는 우선주 배당금을 말한다.

• 우선주 자본비용

$$P_0 = \left[\frac{D_P}{R_P}\right] \Rightarrow R_P = \left[\frac{D_P}{P_0}\right] \cdots \text{식 (4)}$$

예제 11-3

A기업의 우선주 가격은 71,600원이고 매기간 3,050원씩의 배당금이 지급된다고 한다. 우선주 자본비용은 얼마인가?

풀이 $R_P = \left[\frac{D_P}{P_0}\right] = \left[\frac{3{,}050}{71{,}600}\right] = 0.0426,\ 4.26\%$

우선주 자본비용도 보통주처럼 CAPM를 활용하여 추정할 수 있겠지만 우선주의 체계적 위험이 보통주의 체계적 위험과 거의 비슷할 것이므로 우선주 자본비용은 보통주 자본비용과 유사한 수준으로 추정될 것이다. 그러나 대부분의 우선주들은 보통주보다 낮은 가격에 거래되는 것을 고려하면 주가를 통하여 자본비용을 추정하는 배당평가모형이 더 나을 수 있다.

2.3 사업위험, 재무위험과 체계적 위험(β)

앞에서 사업위험에 따른 영업이익의 변동성이 자본비용에 영향을 미친다고 하였다. 여기서 사업위험에는 기업이 어떤 산업에 속해 있는가에 따른 그 산업만의 특수한 상황들도 포함된다. 이는 자본제공자들 입장에서는 다른 산업의 기업에서는 부담하지 않아도 될 위험을 부담할 수도 있고, 반대로 다른 사업의 기업이 부담하는 위험을 부담하지 않을 수도 있으므로 그 산업만의 위험을 반영하여 요구수익률의 크기를 결정해야 한다.

■ B기업 시설 확장 관련 정보

- 주식 베타 = 1.25
- 현재 부채(D) = 0, 시설 확장 자금 10억원도 전액 자기자본으로 조달할 예정
- 시설 확장 후 다음 연도부터 매년 1.5억원의 추가 CF가 지속적으로 발생할 것으로 예상됨.
- 무위험이자율 = 1.50%, ◦ 시장포트폴리오 수익률 = 9%

앞의 정보들을 가지고 B기업이 지금 수행하고 있는 사업의 확장 여부에 대한 투자결정 과정을 살펴보자. NPV법으로 시설 확장에 대한 경제성을 평가하기 위해서는 미래 CF들의 현재가치를 계산하기 위한 적절한 할인율이 필요하다. B기업은 현재 부채를 사용하고 있지 않고, 시설 확장 자금도 자기자본만으로 조달할 예정이므로 재무위험은 발생하지 않는다. 따라서 NPV 계산을 위한 적절한 할인율로는 사업위험만 포함된 체계적 위험에 대한 기대수익률을 다음과 같이 CAPM으로 추정한 값이 될 수 있다. 이는 자기자본 제공자인 주주들의

기대수익률이면서 기업의 자기자본비용에 해당되는 것이다. 부채를 사용하지 않으므로 자기자본비용을 할인율로 계산한 사업 확장의 NPV는 (+)3.79억원으로 기존 사업의 시설 확장이 B기업에게 유리하다.

- $R_E = [r_F + \{E(r_M) - r_F\} \times \beta_i] = [1.50\% + (9.00\% - 1.50\%) \times 1.25] = 10.875\%$
- $\text{NPV} = \left[-10 + \frac{1.5}{0.10875}\right] = (+)3.79$억원

이번에는 나머지 항목들은 동일하고 B기업이 수행중인 사업의 확장이 아니라 새로운 분야의 사업에 진출하려고 하는 상황으로 변경해보자. 그러면 앞에서 추정한 10.875%를 할인율로 새로운 분야 사업의 NPV를 계산해도 상관없을까?

만약 새로운 사업위험이 기존 사업과 동일하고 여전히 부채를 사용하지 않는다면 그대로 사용해도 상관없을 것이다. 그러나 예를 들어 조선 사업에 적용되던 할인율을 이동통신 사업 진출의 NPV를 계산하는데 그대로 사용할 수는 없을 것이다. 이동통신 사업위험이 반영된 β로 추정한 주주의 기대수익률을 할인율로 사용해야 한다. 또한 부채를 사용하게 되면 부채비용과 부채 수준에 맞는 재무위험이 반영된 자기자본비용까지 모두 반영할 수 있는 할인율로 NPV를 계산해야 한다.

실제로 한국 주식시장 상장 기업들의 부채비율과 주식 베타는 산업별로 많은 차이를 보여주고 있다. 이는 특정 산업 고유의 특성과 기업들의 자금조달 방법에 따라 주주들이 부담해야 하는 위험이 다르다는 것이므로 주주들의 기대수익률, 즉 자기자본비용은 사업위험과 재무위험을 반영한 체계적 위험으로 추정되어야 한다는 것을 의미한다.

만약 부채는 계속 사용하지 않지만 새로운 사업의 위험을 반영한 체계적 위험이 0.80이라면 주주들의 기대수익률, 즉 자기자본비용과 그것을 할인율로 하여 평가한 NPV는 다음과 같이 각각 7.5%와 (+)10억원으로 추정되므로 새로운 사업에 진출하는 것이 B기업에 유리하다.

- $R_E = [r_F + \{E(r_M) - r_F\} \times \beta_i] = [1.50\% + (9.00\% - 1.50\%) \times 0.8] = 7.5\%$
- $\text{NPV} = \left[-10 + \frac{1.5}{0.075}\right] = (+)10$억원

만약 새로운 사업에 진출하면서 투자자금 조달에 부채를 사용했다면 재무위험까지 반영된 β로 추정한 자기자본비용과 부채비용을 가중평균한 비용을 할인율로 새로운 사업의 NPV

를 추정하여 진출 여부를 결정해야 한다. 여기서 새롭게 파악해야 할 부채비용과 가중평균한 비용이 앞으로 다룰 내용들이다.

3. 타인자본비용 또는 부채비용

3.1 대출 이자율[2]

은행, 증권회사 등의 금융기관에서 대출을 받아 투자자금 또는 기업 운영자금으로 사용하는 것은 기업 규모에 상관없이 많이 활용되는 자본조달 방법이다. 채권을 발행하여 자금을 조달하는 것은 중소기업들에게는 쉽지 않으므로 금융기관 대출(bank loan)이 전체 자본의 상당한 비중을 차지하고 있다.

대출 이자율은 정부와 한국은행의 통화정책에 따른 기준 금리 수준과 차입기관의 신용등급에 따라 결정된다. 기업 입장에서는 기준 금리는 외부결정 변수로 직접 통제할 수 없으므로 신용등급을 높게 유지해야 대출 이자율을 조금이라도 줄일 수 있을 것이다. 금융기관에 따라 차이가 있을 수 있지만 기본적으로 차입 기업의 신용등급에 따라 대출 가능 여부, 대출규모와 이자율 크기가 결정된다. 금융기관 입장에서는 기업에게 대출해는 것은 투자라고 할 수 있고, 대출이자율은 위험자산수익률이라고 할 수 있다. 따라서 투자 대상(차입 기업)에서 부담해야 하는 위험수준만큼의 위험보상이 이루어져야 한다. 금융기관이 부담해야 하는 위험수준을 보여주는 것이 바로 차입 기업의 신용등급인 것이다. 따라서 차입 기업은 금융기관이 부담해야 하는 위험을 낮추기 위해서 신용등급을 높게 유지해야 하는 것이다.

또한 일반적으로 제 1금융권(시중 은행)보다는 제 2금융권(증권, 보험회사, 마을금고 등)의 이자율이 높기 때문에 기업들은 가능한 제 1금융권에서 대출 받을 수 있는 신용등급을 유지해야 하며, 금융기관과의 좋은 관계도 대출에 영향을 미치므로 대부분 주거래 은행을 정하여 그들과 일반 금융거래도 같이 하고 있다.

2 대출 이자율은 돈을 빌려주는 금융기관 관점의 표현이고 돈을 빌리는 기업 입장에서는 차입 이자율(borrowing rate)이 정확한 표현이다. 그러나 일반인들은 차입보다는 대출이란 용어를 차입으로 이해하는 경우가 많아서 대출 이자율이라고 하였음.

3.2 발행 채권금리

기업이 금융기관에 대출을 받거나 채권(corporate bond)을 발행하여 자금을 조달하면서 금융기관과 채권투자자에게 제공하는 대가(cost)는 부채로 자금을 조달하면서 부담해야 하는 자본비용, 즉 부채비용 또는 타인자본비용이 된다. 부채 거래에서 자금을 빌려주는 금융기관과 채권투자자는 채권자(creditor), 차입하는 기업은 채무자(debtor)가 되므로 차입 기업은 채권자에게 미리 정한 조건에 따라 이자와 원금을 상환해야 하는 채무를 이행해야 한다. 이와 같은 법적인 강제성 때문에 채권자는 주주보다 상대적으로 안정적인 투자수익을 얻을 수 있으므로 그들보다 낮은 기대수익률을 기업에게 요구하는 것이다.

채권자에게 지급할 금리는 기준 금리 등을 포함한 시중 금리와 채권발행자의 신용등급과 차입기간 등이 반영되어 결정된다. 이렇게 결정된 채권금리는 다음 식 (5)와 같이 채권발행조건이 반영된 채권가격을 통하여 채권투자자들이 반영한 할인율을 채권금리(=채권수익률), 즉 부채비용(R_D)으로 파악한다. 여기서 B_0는 채권가격을 의미하고, C는 표면이자, FV는 액면금액, T는 만기(또는 남아 있는 만기) 등은 채권발행조건에 해당된다.

• 채권발행조건과 채권가격을 통한 부채비용 추정

$$B_0 = \left[\frac{C}{(1+R_D)^1} + \cdots + \frac{C}{(1+R_D)^T} + \frac{FV}{(1+R_D)^T}\right] \quad \cdots \text{ 식 (5)}$$

예제 11-4

만기 3년, 액면금액 10,000원, 표면이자율 0%(즉, 할인채권)의 조건으로 발행된 AA기업 채권이 채권시장에서 9,285.99원에 거래되고 있다면 부채비용은 얼마인가?

풀이 $9{,}285.99 = \left[\frac{0}{(1+R_D)^1} + \frac{0}{(1+R_D)^2} + \frac{10{,}000}{(1+R_D)^3}\right] = \left[\frac{10{,}000}{(1+R_D)^3}\right]$, $R_D = 2.5\%$

실무에서는 채권을 발행하는 과정에서 채권발행 대행기관의 수요 조사와 IR 등을 통하여 채권수요자들의 요구수익률 수준을 파악하고 요구수익률과 동일한 표면이자율(coupon rate)을 발행조건으로 하여 채권발행가격이 액면가액과 동일한 액면채권(par bond)으로 발행한다.

예제 11-5

만기 3년, 액면금액 10,000원, 표면이자율 6%(표면이자 1년마다 지급)의 조건으로 발행된 A기업 채권이 채권시장에서 10,999원에 거래되고 있다면 채권발행으로 조달한 자금의 부채비용은 얼마인가? 10,000원에 거래되면 부채비용은 얼마인가?

풀이 10,999원에 거래되면 이표채의 가치평가모형에 따라 다음 관계가 성립하고,

$10{,}999 = \left[\frac{10{,}000 \times 0.06}{(1+R_D)^1} + \frac{600}{(1+R_D)^2} + \frac{600+10{,}000}{(1+R_D)^3}\right]$, 재무함수 IRR을 이용하면 $R_D = 2.5\%$

10,000원에 거래되면 채권가격과 액면금액이 동일하므로 채권수익률 = 표면이자율 = 6%
따라서 부채비용은 6%

이와 같이 추정된 채권자의 요구수익률은 채권 용어로는 만기수익률(yield to maturity, 이하 YTM), 채권수익률, 채권금리라고도 한다. YTM은 채권을 그 가격으로 매입하여 만기까지 보유할 경우의 연평균수익률을 의미한다. <예제 11-5>의 A기업 '채권가격 10,999원의 YTM =2.5%'에는 A기업 채권을 10,999원에 매입하여 만기 3년 후까지 보유하여 3회의 표면이자 600원×3 =1,800원과 액면금액 10,000원을 지급 받으면 3년 동안의 연평균수익률이 2.5%라는 것을 의미한다.

또한 채권투자자가 A기업 채권을 10,999원에 매입하였다는 것은 채권발행자 A기업이 투자자들이 요구한 만기까지의 연평균수익률 2.5%를 약속한 것이고 지금 10,999원을 차입하면서 3년 동안 연평균 2.5%의 부채비용을 부담한다는 것을 의미한다.

그러나 YTM은 채권발행자가 표면이자와 원금을 안전하게 지급하는 경우를 가정한 개념으로 채무불이행(default) 상황을 고려하지 않은 수익률이다. 그러나 채권수익률을 결정할 때 반영된 발행기업의 신용 등급과 약속된 표면이자와 원금은 경기 변동과 기업의 상황 변화에 따라 언제든지 변할 수 있고, 지급되지 못할 수 있다. 이와 같은 채무불이행 가능성까지 고려한 채권의 기대수익률은 다음 식 (6)과 같이 추정할 수 있다. 여기서 y는 채권의 YTM, p는 채무불이행이 발생할 확률, d는 채무불이행이 발생할 경우의 손실률을 각각 의미한다.

- **채무불이행 위험이 반영된 채권의 기대수익률**

$$E(R_D) = [(1-p)\times y + p \times y \times (1-d)] \quad \cdots \text{ 식 (6)}$$

A기업의 채권가격이 10,999원일 때 채무불이행이 발생할 확률은 20%, 채무불이행이 발

생할 경우 표면이자와 원금 등의 손실률이 50%라면 A채권의 기대수익률은 다음과 같이 2.5%의 YTM에서 2.25%로 하락한다.

- $E(R_D) = [(1-p)\times y + p \times y \times (1-d)]$

$$= [(1-0.2)\times 2.5\% + 0.2 \times 2.5\% \times (1-0.5)] = 2.25\%$$

여기서 주의해야 할 것은 채권의 기대수익률이 감소하는 것을 채권금리가 하락하여 부채비용이 감소한 것으로 잘못 받아들이는 것이다. A채권 투자자들의 요구수익률은 2.5%로 변화가 없다. <예제 11-5>에서는 채무불이행 가능성이 없으니 10,999원이 채권투자자의 요구수익률 2.5%를 보장한 것이다. 이제는 손실률이 50%가 될 수 있는 채무불이행 가능성 20%가 추가되므로 채권투자자의 요구수익률 2.5%를 만족시키기 위해서는 YTM은 다음과 같이 2.5%에서 2.778%로 상승하고, 채권가격은 10,999원에서 10,915.28원으로 하락해야 한다. A기업 입장에서는 동일한 표면금리와 액면금액의 발행조건임에도 채권가격(기업에게 실제로 유입되는 금액)이 감소하고 부채비용이 증가하여 오히려 불리해지는 것이다.

- $2.5\% = [(1-0.2)\times y + 0.2 \times y \times (1-0.5)] \Rightarrow y = 2.778\%$
- $B_0 = \left[\frac{600}{(1+0.02778)^1} + \frac{600}{(1+0.02778)^2} + \frac{600+10,000}{(1+0.02778)^3}\right] = 10,915.28$원

3.3 이자비용의 세금감면효과

기업이 부채 사용에 대한 대가로 지불하는 이자비용은 세금이 부과되기 전 수익에서 차감되므로 부채를 사용하지 않는 경우와 비교하면 과세대상소득(법인세차감전순이익)을 줄여주어 법인세 감면효과를 발생시킨다.

구체적으로 이자비용만큼 감소한 법인세차감전순이익에 대하여 법인세율이 적용되므로 [이자비용×법인세율]만큼의 법인세가 절약된다. 따라서 실제로 기업이 부담하는 이자비용은 세금감면액을 제외한 세후이자비용이 된다.

<표 1>은 투자자금 10,000만원을 부채(D) 5,000만원(R_D=10%)을 포함하여 조달한 경우와 자기자본만으로 조달한 경우의 차이를 보여주고 있다. 영업이익(EBIT)은 5,000만원으로 동일하지만 법인세는 부채를 사용한 경우가 100만원 덜 부담하고, 이는 두 경우의 법인세 차이[=1,000만원−900만원]와 동일하고, [이자비용×법인세율=(5,000만원×0.1)×0.2]과도 동

일하다. 따라서 부채 때문에 실제로 부담한 이자비용은 500만원[$= D \times R_D = 5{,}000$만원$\times 0.1$]이 아니라 500만원에서 100만원을 차감한 400만원[$= D \times R_D \times (1 - t_C) = 5{,}000$만원$\times 0.1 \times (1 - 0.2)$] 이 된다.

〈표 1〉 부채 이자비용의 세금감면효과

손익계산서 항목	100% 자기자본	부채 포함
영업이익(EBIT)	5,000만원	5,000만원
이자비용	0	500만원[=5,000×0.1]
법인세차감전순이익	5,000만원	4,500만원
법인세(20%)	1,000만원	900만원
순이익	4,000만원	3,600만원
법인세 감면액	–	100만원[=(5,000×0.1)×0.2]
ROE	40%[=4,000/10,000]	72%[=3,600/5,000]

<표 1>의 맨 마지막 줄을 보면 부채를 사용하여 투자성과가 좋은 경우에는 주주들에게 중요한 투자성과 지표인 ROE[=순이익/자기자본]도 상승한다. 이는 이자비용의 법인세 감면 효과도 일부 영향을 주지만 근본적으로는 부채의 레버리지 효과(또는 재무 레버리지 효과) 때문에 발생한 결과이다. 만약 10,000만원 중에 부채를 8,000만원 사용했다면 <표 2>의 결과처럼 ROE는 72%보다 더 높아지고, 2,000만원만 사용했다면 72%보다 낮아진다.

〈표 2〉 부채의 레버리지 효과

손익계산서 항목	부채 2,000만원	부채 5,000만원	부채 8,000만원
영업이익(EBIT)	5,000만원	5,000만원	5,000만원
이자비용	200만원	500만원	800만원
법인세차감전순이익	4,800만원	4,500만원	4,200만원
법인세(20%)	960만원	900만원	840만원
순이익	3,840만원	3,600만원	3,360만원
법인세 감면액	40만원	100만원	160만원
ROE	48%	72%	168%

4. 가중평균자본비용

4.1 법인세 감면효과를 반영한 부채비용

부채 사용에 따른 이자비용의 법인세 감면효과를 반영하면 실제로 기업이 부담하는 세후 부채비용은 R_D가 아니라 다음과 같이 $[R_D \times (1-t_C)]$가 된다.

- 세후이자비용 = [이자비용$(D\times R_D)$ - 이자비용의 법인세 감면액$(D\times R_D \times t_C)$]
  $= [D\times R_D \times (1-t_C)]$
- 세후 부채비용 $= \left[\dfrac{D\times R_D \times (1-t_C)}{D}\right] = R_D \times (1-t_C)$

<표 1>의 내용으로 설명하면 부채(D) 5,000만원에 대한 이자율(R_D)은 10%이므로 500만원의 이자비용을 부담해야 하지만 500만원이 세금을 100만원을 감소시켜 실제 부담한 이자비용은 400만원이므로 세후 부채비용은 8%가 되는 것이다.

4.2 가중평균자본비용

가중평균자본비용(Weighted Average Cost of Capital, 이하 WACC)은 기업이 투자 또는 기업 운영자금을 조달하면서 부담한 비용을 말하며, 다음 식 (7)과 같이 기업의 자본조달 수단별 자본비용을 전체 자금에서 해당 수단으로 조달한 자본이 차지하는 비중만큼 가중평균하여 계산한다. 이와 같이 기업의 자본수단별 자본비용을 모두 반영하는 WACC은 특정 기업의 자본비용(cost of capital)을 의미한다.

- 가중평균자본비용(Weighted Average Cost of Capital)

$$R_W = \left[\frac{D}{D+E}\times\{R_D \times (1-t_C)\} + \frac{D}{D+E}\times R_E\right] \quad \cdots \text{ 식 (7)}$$

A기업은 자기자본 100억원, 부채(타인자본) 100억원으로 자본을 구성하고 있고, CAPM으로 추정한 자기자본비용은 15%, 부채비용은 10%, 법인세율은 20%라고 한다면 WACC는 다음과 같이 11.5%가 된다.

- $R_W = \left[\frac{100}{100+100} \times 10\% \times (1-0.2) + \frac{100}{100+100} \times 15\%\right] = 11.5\%$

만약 A기업의 자기자본 100억원 중에서 보통주로 80억원, 우선주로 20억원 조달하였고 보통주 자본비용은 15%, 우선주 자본비용은 10%라고 하면(나머지 조건은 동일) WACC는 다음과 같이 11.8%가 된다.

- $R_W = \left[\frac{100}{100+80+20} \times 10\% \times (1-0.2) + \frac{80}{200} \times 15\% + \frac{20}{200} \times 18\%\right] = 11.8\%$

A기업의 자본구성을 자기자본 50억원, 부채 150억원으로 변경하면 (나머지 조건은 동일) WACC는 다음과 같이 9.75%가 된다.

- $R_W = \left[\frac{150}{150+50} \times 10\% \times (1-0.2) + \frac{50}{200} \times 15\%\right] = 9.75\%$

현실적으로는 거의 발생할 수 없지만 만약 A기업이 자기자본 0억원, 부채(타인자본) 200억원으로 자본구성을 변경하면(나머지 조건은 동일) WACC는 다음과 같이 8%가 된다.

- $R_W = \left[\frac{200}{200} \times 10\% \times (1-0.2) + \frac{0}{200} \times 15\%\right] = 8\%$

이와 같이 A기업의 자본총액 200억원 중 부채를 100억원 → 150억원 → 200억원으로 증가시키면 WACC는 11.5% → 9.75% → 8%로 감소하는 것을 볼 수 있다.

4.3 부채사용에 따른 가중평균자본비용의 변화

앞에서 A기업의 부채가 증가할수록 WACC가 감소한 것은 상대적으로 자기자본비용보다 저렴한 부채비용의 효과가 반영된 결과이다. 그러나 자기자본 하나 없이 부채만으로 자금을 조달하는 경우의 WACC가 가장 낮다는 것은 현실적으로 받아들이기 어려운 부분이다.

자본총액에서 부채 비중이 높지 않은 경우에는 부채를 사용하면 자기자본비용(R_E)보다 상대적으로 저렴한 부채비용(R_D)의 장점이 부채의 가중치 증가에 반영되어 WACC가 하락하게 된다.

그러나 부채, 특히 금융부채가 증가하면 파산가능성의 확대로 추가적으로 부채를 차입할 때는 기존의 저렴한 R_D로 차입할 수 없게 된다. 타인자본비용이 부채 수준에 상관없이 언제나 저렴하지는 않을 것이다. 부채가 매우 낮은 수준의 기업이 은행에서 차입하려는 경우와 이미 부담할 수 있는 수준을 넘어선 부채를 지고 있는 기업이 차입하려는 경우의 이자율은 동일하지 않다. 따라서 부채 비중이 점점 증가하면 R_D도 증가하여 더 이상 저렴하지 않고 오히려 부담되는 수준이 되어 WACC의 상승을 가져올 것이다.

또한 부채가 증가하면 주주의 재무위험이 증가하고 재무 레버리지 효과의 확대로 주주들의 요구수익률이 상승하여 자기자본비용도 증가하게 된다. 우선청구권을 가진 부채가 많아지므로 잔여재산청구권자(residual claimant)인 주주 몫의 EPS나 ROE의 변동성이 확대될 것이기 때문이다.

따라서 부채가 점점 증가하면 A기업은 상대적으로 저렴한 $R_D = 10\%$ 수준을 계속 유지하지 못하고 R_D는 점점 증가할 것이고, $R_E = 15\%$도 점점 상승하여 WACC는 부채가 적을 때는 조금 하락하다가 특정 수준을 넘어서면 상승하여 $R_U = 15\%$보다도 상승하게 된다.

4.4 부채와 자기자본의 가중치 계산

WACC를 계산할 때 자본비용들의 가중치(weight)로 자본총액에서 부채와 자기자본이 차지하는 비율을 사용하였다. 이는 재무상태표의 각 항목들의 값, 즉 장부가치(book value, 이하 BV)를 기준으로 가중치를 계산한 것이다. WACC는 현재 기업의 부채와 자기자본의 가치를 잘 설명해줄 수 있는 시장가치(market value, 이하 MV)로 가중치를 계산하는 것이 논리적으로 더 타당하지만 비상장기업처럼 MV를 구할 수 없는 경우도 발생하고, 부채는 BV와 MV의 차이가 상대적으로 적어서 BV를 사용하고 있다.

대부분의 상장기업 자기자본은 부채와 다르게 BV와 MV의 차이가 크게 발생한다. 2020년 12월 31일 기준 한국 유가증권시장의 시가총액 상위 그룹들의 시가총액과 자기자본총액은 다음 <표 3>과 같다. 따라서 WACC를 계산할 때 MV와 BV의 가중치 차이가 크므로 무엇을 기준으로 자기자본과 부채의 가중치를 계산하였는지를 파악해야 한다.

〈표 3〉 유가증권시장 대표 기업의 시가총액과 자기자본총액(2023.3.31.기준, 단위 : 억원)

손익계산서 항목	삼성전자	LG엔솔	SK하이닉스	카카오
시가총액(MV)	382조 661	136조 6,560	64조 5,010	27조 2,254
자기자본총액(BV)	359조 7,994	22조 477	61조 85	15조 3,022
[MV/BV]	1.06	6.20	1.06	1.78

이외에도 가중치를 목표부채비율을 기준으로 추정하여 WACC를 계산하기도 한다. 어떤 기업의 이상적인 부채비율[=부채/자기자본]이 1이라면 지금은 그 수준이 아니더라도 자신들이 처한 상황에서 가장 적합한 부채수준이기 때문에 목표로 설정하여 자본조달 정책의 기본 방향으로 삼을 것이기 때문이다.

5. 가중평균자본비용 계산과 활용

5.1 가중평균자본비용 계산

지금까지 설명한 자기자본비용과 부채비용을 추정하는 방법에 따라 S기업의 WACC를 추정해보자. 먼저 자기자본비용 추정을 위하여 수집한 자료는 다음과 같다고 한다.

■ S기업 자기자본비용 추정과 재무제표 자료

◦ 자기자본(E) : 4조 원	◦ 부채(D) : 2.5조 원	◦ 법인세율 : 25%
◦ 주가 : 70,000원	◦ 발행주식수 : 60억 주	◦ 52주 베타(β) : 0.98
◦ 주당배당금 : 3,000원	◦ 배당성장률(g) : 0%	
◦ KOSPI 수익률 : 9.52%	◦ 무위험수익률 : 3.50%	

S기업은 3년 단위로 주주환원정책을 발표하고 있으며, 올해부터는 주당배당금을 3,000원씩 지급하겠다고 하였으나 3년 이후의 상황은 예측하지 못하여 배당성장률은 0%로 가정하였다. 52주 베타는 과거 1년 동안의 S기업 주가변화율과 KOSPI 변화율을 활용하여 추정한 값이며, S기업의 체계적 위험을 의미한다. 시장포트폴리오 수익률은 S기업이 속한 유가증권시장의 주가지수인 KOSPI가 지난 1년 동안 9.52% 상승하여 앞으로도 유사한 비율로 상승할 것이라고 가정하였다. 무위험수익률은 3년만기 국고채 수익률에 최근 미국 정부와 한국 정부의 기준금리 관련 통화정책을 반영하여 추정한 값이다.

배당평가모형과 CAPM으로 추정한 S기업의 자기자본비용(R_E)은 각각 다음과 같이 4.28%와 9.40%로 상당한 차이를 보이고 있다. 따라서 어떤 방법으로 추정한 자기자본비용인지를 명확하게 제시하거나 인지하고 있어야 한다.

- $R_E = \left[\frac{D}{P_0}\right] = \left[\frac{3,000}{70,000}\right] \times 100\% = 4.28\%$
- $E(R_E) = [R_F + \{E(R_M) - R_F\} \times \beta] = [3.50\% + (9.52\% - 3.50\%) \times 0.98] = 9.40\%$

다음은 S기업의 부채를 구성하고 있는 사채와 장기차입금 규모와 이자에 대하여 결산보고서 재무제표 주석에 공시된 내용들이다. 부채비용 추정을 위해서는 약간의 조정 작업이 요구된다.

■ S기업 부채(타인자본비용) 추정을 위한 자료

- 장기차입금 : 2조 원, 차입이자율 3.75%
- 채권 1 : 500억 원, 채권수익률 7.7%
- 채권 2 : 4,500억 원, 채권수익률 4.2%
- 채권 3 : 5,000억 원, 채권수익률 2.7%
- 채권 1~3의 총액 중 유동성 사채 5,000억 원

먼저 S기업 재무제표의 주석사항에는 채권 1~3의 총액과 채권수익률, 1년 이내에 갚아야 할 금액인 유동성 사채는 총액만 제시되었을 뿐 채권 1~3이 각각 얼마인지를 제시하지 않아서 먼저 다음 <표 4>와 같이 채권 1~3의 총액으로 채권의 가중평균자본비용을 계산한 후 장기차입금과 가중평균할 때는 유동부채 성격의 유동성 사채를 차감한 금액을 사용하고자 한다.

〈표 4〉 S기업 채권의 부채비용

채권종류	금액(억원)	비중	채권수익률	비중×채권수익률
1	500	0.05	7.70%	0.39%
2	4,500	0.45	4.20%	1.89%
3	5,000	0.50	2.70%	1.35%
합계	10,000	1.00		3.63%

S기업 장기차입금과 채권을 가중평균한 부채비용은 다음과 같다. 채권의 총액으로는 유동성 사채 5,000억원을 차감한 5,000억원을 사용하였다.

- $R_D = \left[\frac{5,000}{5,000 + 20,000} \times 3.63\% + \frac{20,000}{5,000 + 20,000} \times 3.75\%\right] = 3.73\%$

이제 추정된 R_E와 R_D를 활용하여 S기업의 WACC(R_W)를 추정해보자. 추정과정은 다음과 같이 CAPM과 BV를 활용한 경우만을 제시하였고, <표 5>에 R_E를 배당평가모형과 CAPM으로 추정한 경우와 자기자본의 가치를 BV(=4조원)과 MV(=420조원=7만원×60억주)로 계산한 경우를 구분하여 정리하였다.

- $R_W = \left[\frac{2.5}{2.5+4} \times 3.73\% \times (1-0.25) + \frac{4}{2.5+4} \times 9.40\%\right] = 6.86\%$

〈표 5〉 S기업 WACC

상황1	자기자본	부채	R_E	WACC
1	BV	BV	CAPM	6.86%
2	BV	BV	배당평가모형	3.71%
3	MV	BV	CAPM	9.36%
4	MV	BV	배당평가모형	4.27%

<표 5>를 보면 WACC는 상대적으로 추정하기 어려운 자기자본비용을 어떤 방법으로 추정하는가와 MV와 BV의 차이가 크게 발생하는 자기자본총액을 어떤 가중치로 계산하였는가에 따라서 3.71%에서 9.36%까지 큰 편차를 보이고 있다. 따라서 실무적으로 WACC를 추정할 때는 자기자본과 관련된 내용을 보다 논리적으로 정교하게 추정해야 한다.

5.2 가중평균자본비용의 활용

그러면 WACC는 어디에 활용되고 있을까? WACC는 기업가치를 평가할 때의 할인율과 투자사업의 경제성을 평가할 때의 할인율로 유용하게 사용된다. 또한 평가 목적이나 기업의 전략적인 목적에 따라서 [WACC+α]를 할인율로 기업가치와 투자사업의 경제성을 분석한다.

먼저 S기업의 가치평가에 앞에서 추정한 WACC를 활용해보자. S기업 가치평가와 관련된 정보는 다음 박스와 같다고 한다.

■ S기업 가치평가 관련 자료

- 영업현금흐름 : 62조 원
- 발행주식수 : 60억주
- 투자활동현금흐름[=자본적지출+순운전자본변화량] : 32조원
- 부채 : 2.5조 원
- 현금및현금성자산 : 0.5조 원

S기업의 CF는 영업현금흐름에서 투자활동현금흐름을 차감한 값이고, 매년 동일한 CF가 발생할 것으로 예상된다면, R_W=6.86%로 추정한 S기업의 적정가치와 1주당 적정가치는 다음과 같다. <표 6>은 앞에서 추정한 다양한 R_W로 추정한 다양한 가치를 보여주고 있다.

〈표 6〉 S기업 적정가치와 1주당 주식가치

WACC	기업가치	1주당 가치
6.86%	437조 3,178억원	72,553원
3.71%	808조 6,253억원	134,438원
9.36%	320조 5,128억원	53,085원
4.27%	702조 5,761억원	116,763원

- 기업가치$\left[\dfrac{CF}{R_W}\right]=\left[\dfrac{62-32}{0.0686}\right]$=437조 3,178억원

- 1주당 가치=[(기업가치－순부채)/발행주식수]

$$=\left[\frac{4,373,178-(25,000-5,000)}{60}\right]=72,553\text{원}$$

이번에는 S기업 기존 사업의 시설 확장을 위한 경제성 평가에 WACC를 활용해 보자. 시설을 확장하는데 100억원의 자금이 소요되고 확장 후에는 매년 10억원의 CF가 추가적으로 발생할 것으로 예상된다고 한다. 시설 확장과 같은 투자사업의 경제성을 평가할 때의 할인율로 WACC가 사용되기 위해서는 투자자금 100억원을 부채비율 0.625[=부채 2.5조원/자기자본 4조원]에 따라 부채 38.46억원, 자기자본 61.54억원으로 조달한 경우이어야 한다. 여기서는 S기업이 투자자금을 부채비율에 맞게 조달한 경우와 전략적인 목적으로 5%P를 WACC에 추가한 경우도 살펴보자.

- 시설확장 NPV$\left[-I_0+\dfrac{CF}{R_W}\right]=\left[-100+\dfrac{10}{0.0686}\right]$=(+)45.77억원
- 시설확장 NPV$\left[-I_0+\dfrac{CF}{R_W+0.05}\right]=\left[-100+\dfrac{10}{0.0686+0.05}\right]$=(−)15.68억원

<표 7>은 각각의 WACC와 WACC에 전략적인 목적으로 5%P를 추가한 경우의 시설 확장의 NPV를 보여주고 있다. 여기서 NPV는 WACC로 계산된, 전략적 NPV는 5%P를 추

가한 WACC로 계산된 값을 말한다. 앞의 <표 6>과 다르게 자기자본의 MV를 가중치로 계산한 WACC는 제외하였다. 시설확장 자금 100억원을 장부가치 부채비율에 맞게 부채와 자기자본으로 나누어 조달하였다고 가정했기 때문이다.

〈표 7〉 S기업 시설 확장의 NPV

WACC	NPV	전략적 NPV
6.86%	(+)45.77억원	(−)15.68억원
3.71%	(+)169.54억원	(+)14.81억원

<표 7>의 결과를 통하여 CF가 동일함에도 할인율 크기에 따라 투자사업의 NPV가 (+)가 될 수도 있고, (−)가 될 수도 있는 것을 보면 할인율 추정이 매우 중요하다는 것을 다시 한 번 확인할 수 있다. 할인율을 잘못 추정하면 기업가치를 감소시키는 투자를 실행할 수도 있고, 기업가치를 증가시키는 투자를 놓칠 수도 있기 때문이다.

연습문제

11-1. 다음 자본비용과 관련된 질문들에 답하시오.

① 현재 무위험수익률 2%, 시장포트폴리오의 기대수익률 8%라고 한다. 부채를 사용하지 않는 A기업의 체계적 위험이 1.50이라면 가중평균자본비용은 얼마인가?

② B기업의 현재 주가는 50,000원이며 올해 배당금은 주당 2,500원으로 예상된다. 앞으로도 계속 2,500원씩 배당금을 주는 경우와 앞으로는 매년 배당금을 2.5%씩 증가시키는 경우의 자기자본비용을 각각 계산하시오.

③ C기업의 올 해(t=1) 배당금은 주당 1,000원으로 예상되며, 과거 3년 동안의 배당금은 800원, 800원, 900원이었다고 한다. 현재 주가가 10,000원이고 t=2부터의 배당금은 최근 3년간 배당성장률의 산술평균 또는 기하평균만큼 지속적으로 증가한다고 할 경우 각각의 자기자본비용을 계산하시오.

④ D기업이 발행한 채권의 만기 3년, 현재가격은 액면가의 97.50%(액면가 10,000원), 표면이자율 2.50%(3개월 후지급)라고 한다. 법인세율이 20%라면 세전부채비용과 세후부채비용은 각각 얼마인가?

⑤ E기업 발행 채권의 3년만기 수익률은 15%, 3년만기 국채수익률은 3%, 회사채 시장의 위험프리미엄 8%, E기업 채권의 체계적 위험 1.25, E기업 채권의 채무불이행이 발생할 경우 손실률은 80%라고 한다. 채권의 기대수익률이 CAPM으로 예상한 기대수익률과 동일하기 위해서는 채무불이행 발생 확률은 얼마가 되어야 하는가?

⑥ F기업은 세전 3,500만원의 비용을 절감할 수 있는 설비 교체를 고려하고 있다. 비용절감액은 매년 5%씩 증가할 것으로 예상되며, F기업의 부채비율[=D/E]=0.25, 자기자본비용은 12%, 부채비용은 6%, 법인세율 20%, 설비교체의 위험은 기업 전체의 체계적 위험과 동일하다고 한다. 실비교체 비용이 얼마 이하이면 설비를 교체하는 것이 유리한가?

⑦ G기업의 가중평균자본비용 12.1875%는 G기업의 목표부채비율을 반영하여 추정되었다고 한다. 자기자본비용 15%, 부채비용 10%, 법인세율 25%라면 목표부채비율은 얼마인가?

11-2. H기업 자산 100억원, 부채 50억원, 부채의 위험은 없다고 하고, 법인세율 22%, 무위험이자율은 2.50%, H기업 주식 기대수익률의 분산은 36%^{2}, H주식이 거래되는 시장 주가지수의 기대수익률은 10%, 분산은 25%^{2}, H주식과 주가지수 간의 상관계수는 1.5라고 한다. 다음 질문들에 답하시오.

① 자기자본비용은 얼마인가?

② 타인자본비용(부채비용)은 얼마인가?

③ 세금을 고려하지 않은 경우와 고려한 경우의 가중평균자본비용을 각각 계산하시오.

11-3. I기업의 자본구조와 자본수단별 자본비용이 다음 표와 같다고 한다. 질문들에 답하시오.

구 분	장부가치(억원)	시장가치(억원)	자본비용(%)
부 채	250	200	4%
우선주	100	200	10%
보통주	650	1,200	12%

① 법인세율이 20%라면 장부가치로 계산한 WACC는 얼마인가?

② 법인세율이 20%라면 시장가치로 계산한 WACC는 얼마인가?

11-4. J기업의 다음 자료를 가지고 질문들에 답하시오.

자기자본 관련		부채 관련
주가 10,000원	무위험수익률 2.75%	채권 A: 수익률 4%, MV 3,000만원
지난 기 배당금 500원	시장수익률 12.75%	채권 B: 수익률 5%, MV 3,000만원
배당성장률 2.5%	체계적 위험 1.25	채권 C: 수익률 6%, MV 6,000만원
발행주식수 10,000주	법인세율 20%	MV는 시장가치를 말함.

① 배당평가모형과 CAPM으로 추정한 자기자본비용은 각각 얼마인가?

② 타인자본비용은 얼마인가?

③ CAPM으로 추정한 자기자본비용으로 가중평균자본비용을 계산하시오.

④ 부채와 자기자본의 합만큼 자산에 투자하여 매년 2,000만원의 세후현금흐름이 지속적으로 발생할 것으로 예상된다면 J기업 자산투자의 NPV는 얼마인가?

11-5. K기업 주식의 체계적 위험 0.75, 목표부채비율 1.5, 시장포트폴리오의 위험프리미엄 8%, 무위험이자율 2%라고 한다. 배당금은 매년 주당 1,500원을 지급할 예정이라고 한다. 주가가 18,750원이라면 다음 질문들에 답하시오.

① 자기자본비용을 CAPM과 배당평가모형을 이용하여 추정하시오.

② 부채비용이 5%라면 가중평균자본비용은 얼마인가?

11-6. L기업은 1.25의 부채비율을 목표로 하고 있으며, 가중평균자본비용 11.11%, 법인세율 20%라고 한다. 다음 질문들에 답하시오.

① 자기자본비용이 15%라면 부채비용은 얼마인가?

② 부채비용이 5%라면 자기자본비용은 얼마가 되는가?

11-7. M기업의 다음 자료를 가지고 질문들에 답하시오.

- 보통주 : 주가 50,000원, 체계적 위험 1.50, 발행주식수 10,000주
- 우선주 : 주가 40,000원, 주당 배당금 2,000원, 발행주식수 1,000주
- 채 권 : 액면가 10,000원, 표면이자율 4%(연 1회 지급), 만기 10년
채권가격=액면가의 100%, 발행채권수 10,000개
- 시장위험프리미엄 8%, 무위험이자율 2.50%, 법인세율 20%

① 보통주, 우선주, 부채비용을 각각 추정하시오.

② 보통주, 우선주, 부채의 시장가치와 자산에서 차지하는 비중을 추정하여 가중평균자본비용을 계산하시오.

11-8. N기업의 자본비용과 관련된 다음 질문에 답하시오.

- 지난 연도 배당금을 주당 1,000원 지급하였고, 앞으로 매년 배당금을 5%씩 증가시킬 것이라고 공시하자 주가는 15,000원으로 형성됨.
- 지난 1년간의 52주 베타는 1.25, KOSPI 지수 변화율은 10%(올 해도 10%의 수익률이 예상됨), 무위험수익률은 2%

① 배당평가모형과 CAPM을 활용하여 자기자본비용을 각각 추정하시오.

② N기업의 부채는 회사채(corporate bond) 40억원, 장기차입금 60억원으로 구성되어 있다. 회사채 금리는 7.5%, 장기차입금 이자율은 5%라고 한다. N기업 부채비용은 얼마인가?

③ 자기자본이 200억원, 법인세율이 20%라면 자본비용은 얼마인가?

④ ②에서 N기업 회사채 만기수익률이 7.5%라고 했다. 그러나 N기업의 자금 상황이 악화되면 채무불이행이 발생할 수 있으며(발생할 가능성은 30%로 예상), 그 때는 만기수익률의 2/3만 얻을 수 있다고 한다. 회사채의 기대수익률은 얼마인가? 또한 회사채의 기대수익률이 채무불이행 위험이 없을 경우의 수익률과 동일하게 형성되기 위해서는 N기업 회사채의 만기수익률은 얼마가 되어야 하는가?

CHAPTER

12

자본조달결정 Ⅰ: MM의 자본구조 이론

1. 자본구조의 기초

1.1 자본구조의 개념

자본구조(capital structure)란 재무상태표의 오른쪽 대변(貸邊, credit)을 구성하는 부채와 자본 중에서 단기자금인 유동부채를 제외하고 기업이 장기적으로 조달하는 비유동부채(debt, 이하 부채)와 자본(equity)의 구성을 말한다[1]. 대출 등의 장기차입과 채권 발행으로 채권자로부터 차입한 금액이 부채에, 우선주와 보통주 등을 발행하여 주주로부터 출자 받은 금액이 자본에 해당된다.

자본구조 이론들이 다루는 내용들은 '자본구조가 기업가치(firm value)와 관련 있는가?' '관련 있다면 기업가치를 극대화시키는 최적자본구조(optimal capital structure)는 무엇인가?'로 요약할 수 있다. 첫 번째, '자본구조가 기업가치와 관련 있는가?'는 수익과 위험 등의 투자관련 조건들이 동일한 상황에서 투자자금을 조달한 부채와 자기자본의 비율, 즉 부채비율에 따라서 자본비용이 변하여 기업가치도 변하는지를 분석하는 것이고, 두 번째, '기업가치를 극대화시키는 최적자본구조는 무엇인가?'는 자본비용을 최소화하여 기업가치를 극대화시킬 수 있는 최적부채비율을 찾는 것이다.

만약 기업가치가 자본구조와 관련 없다면 CFO(Chief Financial Officer)는 부채사용과 주식발행에 대한 고민이 크지 않겠지만, 관련 있다면 부채와 자기자본 사용이 미치는 긍정적, 부정적 효과를 비용 측면에서 파악하여 기업가치를 극대화시킬 수 있는 최적자본구조를 찾아야 한다.

이와 같이 자본조달결정(financing decision)은 장기간 기업 활동에 직·간접적으로 영향을 미치고, 특히 핵심 사업에 투입될 대규모 자금을 적시에 조달하는 등 기업가치 극대화와 관련된 CFO의 중요한 의사결정사항이다.

1 자본구조에서는 부채와 자본이라고 하지만 정확하게 부채는 장기부채인 비유동부채를 의미하며, 본서에서는 부채와 자본을 명확하게 비교하기 위하여 타인자본과 자기자본이라고도 표현한다. 유동부채까지 포함한 재무상태표 대변 전체의 구성은 재무구조(financial structure)라고 한다.

1.2 자본구조와 자본비용의 영향

1.2.1 투자안의 NPV

자본조달결정이 자본비용을 최소화하여 기업가치를 극대화시킬 수 있는 최적자본구조를 찾아내는 것이라면 어떤 자본구조를 '최적(optimal)'이라고 하는 것일까? 여기서 최적이란 똑같은 금액이라도 가능한 낮은 비용으로 조달하는, 즉 자본비용(cost of capital)을 최소화하는 것을 의미한다.

예를 들어, X기업의 신사업 관련 정보가 다음 박스와 같을 때 <표 1>은 자본구조별 가중평균자본비용(Weighted Average Cost of Capital, R_W, 이하 자본비용)과 그에 따른 신사업의 NPV(Net Present Value, 순현재가치)를 보여주고 있다. NPV는 최소한 자본비용 이상의 수익을 얻는 투자안을 선택하기 위하여 자본비용을 할인율로 계산하였다.

■ X기업 신사업과 자본조달 정보

- 투자자금이 100억원 투입되면 평균적으로 매년 10억원의 CF가 지속적으로 발생할 것으로 예상되고, 법인세율은 20%.
- 자본구조 1 : 자기자본(Equity) 100억원, 자기자본비용 = 10%
- 자본구조 2 : 자기자본 80억원, 자기자본비용 = 11%, 부채(Debt) 20억원, 부채비용 = 5%
- 자본구조 3 : 자기자본 20억원, 자기자본비용 = 16.40%, 부채 80억원, 부채비용 = 8%

〈표 1〉 자본구조별 자본비용과 신사업의 NPV

구조	D	E	자본비용 : R_W	NPV
1	0억원	100억원	10%	[−100+(10/0.1)]=0억원*
2	20억원	80억원	[0.2(5%)(1−0.2)+0.8(11%)]=9.60%**	[−100+(10/0.096)]=(+)4.17억원
3	80억원	20억원	[0.8(8%)(1−0.2)+0.2(16.40%)]=8.40%	[−100+(10/0.084)]=(+)19.05억원

* : 동일한 크기의 CF가 영원히 발생하는 경우의 현재가치 = [C/r]

** : $R_W = [(D/A) \times R_D \times (1-t_C) + (E/A) \times R_E]$, A = [D + E]

<표 1>의 결과를 보면 신사업 투자금액 100억원과 투자로부터의 CF 10억원이 동일하더라도 투자금액을 조달하는 자본구조에 따라서 자본비용(R_W)이 다르다면 신사업의 NPV도 달라지므로 자본조달결정에 따른 자본구조와 자본비용이 기업가치에 영향을 미친다는 것을 알 수 있다. <표 1>에서는 X기업 신사업 투자에서는 부채 80억원과 자기자본 20억원, 즉 부채비율(D/E) =4의 자본구조가 NPV와 기업가치를 극대화시키는 최적자본구조이다.

1.2.2 재무레버리지 효과

재무레버리지 효과(financial leverage effect)란 부채가 증가할수록 고정비 성격의 이자 때문에 주주 성과의 변동폭이 확대되는 효과를 말한다. 부채를 사용하면 주주 성과지표인 주당순이익(Earning Per Share, 이하 EPS)과 자기자본이익률(Return On Equity, 이하 ROE)의 불확실성이 커지고, 그 불확실성은 부채를 많이 사용할수록 점점 더 확대된다. 이와 같이 부채사용으로 발생하는 주주 성과지표의 불확실성을 재무위험(financial risk)이라고 하며 주주에게는 중요한 사항이다.

다음 박스의 부채수준에 따라 구분한 자본구조 U, L_1, L_2에서 재무레버리지 효과가 어떻게 발생하는지 살펴보자. 여기서 U(Unlevered)와 L(Levered)은 부채를 사용하지 않은 자본구조와 사용한 자본구조를 각각 의미하고, L_1보다는 L_2가 부채를 더 많이 사용한 자본구조이다. 현재 영업이익(Earing Before Interest and Tax, EBIT)은 10억원이고 내년에는 동일한 확률로 현재 수준을 유지, 25% 증가, 25% 감소할 것으로 예상된다.

■ U, L_1, L_2 자본구조 현황

- U : 자산(Asset) 100억원 = [부채(Debt) 0억원 + 자기자본(Equity) 100억원] → D/E = 0%
  부채비용 0%, 발행주식수 200,000주, 주가 50,000원, 법인세율 20%
- L_1 : 자산(Asset) 100억원 = [부채(Debt) 40억원 + 자기자본(Equity) 60억원] → D/E = 67%
  부채비용 5%, 발행주식수 120,000주, 주가 50,000원, 법인세율 20%
- L_2 : 자산(Asset) 100억원 = [부채(Debt) 80억원 + 자기자본(Equity) 20억원] → D/E = 400%
  부채비용 8%, 발행주식수 40,000주, 주가 50,000원, 법인세율 20%

〈표 2〉 영업이익별 U, L_1, L_2의 EPS와 ROE

구분	영업이익 유지			영업이익 25% 증가			영업이익 25% 감소		
	U	L_1	L_2	U	L_1	L_2	U	L_1	L_2
EBIT	10억원			12.5억원			7.5억원		
이자(I)	0억원	2억원	6.4억원	0억원	2억원	6.4억원	0억원	2억원	6.4억원
EBT	10억원	8억원	3.6억원	12.5억원	10.5억원	6.1억원	7.5억원	5.5억원	1.1억원
세금(T)	2억원	1.6억원	0.72억원	2.5억원	2.1억원	1.22억원	1.5억원	1.1억원	0.22억원
순이익	8억원	6.4억원	2.88억원	10억원	8.4억원	4.88억원	6억원	4.4억원	0.88억원
EPS	4,000원	5,333원	7,200원	5,000원	7,000원*	12,200원	3,000원	3,667원	2,200원
ROE	8.00%	10.67%	14.40%	10.00%	14.00%	24.40%	6.00%	7.33%	4.40%**

* : [순이익/발행주식수] = [8.4억원/120,000주] = 7,000원

** : [순이익/자기자본총액] = [0.88억원/20억원] × 100% = 4.40%

<표 3> 영업이익 증감에 따른 U, L_1, L_2의 EPS와 ROE의 변동폭

구분		[영업이익 25% 증가 vs 현재 수준]			[영업이익 25% 감소 vs 현재 수준]		
		U	L_1	L_2	U	L_1	L_2
EPS	변화량	+1,000원*	+1,667원	+5,000원	−1,000원	−1,667원	−5,000원
	변화율	+25.00%**	+31.24%	+69.44%	−25.00%	−31.24%	−69.44%
ROE	변화량	+2.00%	+3.33%	+10.00%	−2.00%	−3.33%	−10.00%
	변화율	+25.00%	+31.24%	+69.44%	−25.00%	−31.24%	−69.44%

* : 변화량 = [5,000원-4,000원] = +1,000원
** : 변화율 = [(5,000원-4,000원)/4,000원]×100% = +25.00%

<표 2>는 내년도 예상되는 EBIT별로 자본구조 U, L_1, L_2 주주의 성과인 EPS와 ROE를, <표 3>는 영업이익이 현재 수준에서 25% 증감했을 경우 자본구조별 EPS와 ROE의 변동폭을 보여주고 있다. EPS와 ROE의 변화량과 변화율 모두 부채를 사용하지 않는 U보다 부채를 사용하는 경우가 컸으며, 부채를 많이 사용하는 L_2에서 더 크게 나타나고 있다. 즉, 영업이익이 증가하면 주주의 EPS와 ROE는 부채를 많이 사용할수록 더 많이 증가하지만, 반대로 영업이익이 감소하면 더 많이 감소한다. 또한 순손실이 발생하면 주주의 손실은 부채수준에 따라 더 확대될 것이므로, 부채사용은 주주에게 '양날의 검(double-edged sword)'과 같은 요소이다.

2008년 글로벌 금융위기 당시 세계적인 대형 금융기관 리만브라더스(Lehman Brothers Holdings Inc), 바클레이스(Barclays), ING의 부채비율은 각각 3,500%, 6,000%, 5,000% 정도였다. 이는 금융업 기업들의 부채비율이 제조업보다 상대적으로 높은 수준임을 감안하더라도 매우 높은 수준이었다. 이익이 지속적으로 발생했다면 이들의 주주는 행복했겠지만 손실이 눈덩이처럼 불어나면서 주주의 부담도 급속도로 확대되었다. 결국 이들은 파산위기에 직면하여 불리한 조건으로 매각되거나 정부의 공적자금이 투입되는 결과를 맞이하였다.

이와 같이 부채사용으로 발생하는 재무레버리지 효과 때문에 주주는 부채수준에 비례하는 재무위험에 대한 보상(risk-premium)을 요구수익률에 반영하게 된다.

1.2.3 주가 상승으로 이어지지 않는 EPS의 증가

<표 2>에 의하면 자기자본만을 사용하던 U에서 부채를 사용하는 L_1으로 자본구조를 변경하면 영업이익이 10억원으로 동일하더라도 EPS는 4,000원에서 5,333원으로 증가한다. 이와 같은 EPS 증가를 일부 투자자들은 긍정적으로 판단하여 주가 상승을 기대할 수 있다.

그러나 EPS 증가가 주가 상승으로 이어지려면 EPS의 증가가 어떻게 발생했는지를 파악해야 한다. 여기서는 자산은 동일하면서 자본구조만 부채를 사용하는 자본구조로 변경되어 증가한 부채만큼 자기자본이 감소하였다. 부채 40억원으로 자기주식취득(stock repurchase)을 하면 자기자본은 40억원 감소하고 발행주식수도 80,000주(=40억원/5만원) 감소하게 된다[2]. 따라서 부채를 사용하는 L_1으로 자본구조를 변경하여 발생한 EPS의 증가는 가치를 창출할 수 있는 이익 증가로 발생한 것이 아니라 단순히 발행주식수의 감소에 따른 표면상의 변화에 불과하다. 오히려 부채사용에 따른 재무레버리지 효과로 재무위험을 더 부담하게 되어 주가에 부정적인 영향을 미칠 수 있다.

1.2.4 상대적인 지분율 감소와 절대적인 주식가치 불변

기업이 신주(新株)를 발행하여 자금을 조달하면 주식(株式)과 주주(株主)의 수가 증가하면 기존 주주의 지분율이 감소하고, 지분율에 비례한 이익이나 CF에 대한 몫도 감소하게 된다. 일부 투자자들은 이와 같은 주주 몫의 감소로 인하여 주가가 하락할 것이라 판단할 수 있다. 그러나 이런 판단은 신주발행으로 주식 수만 증가하는 것이 아니라 기업의 자기자본도 증가한다는 중요한 점을 놓치고 있다.

<표 2>의 자본구조 U처럼 주식 200,000주를 발행하여 조달한 자기자본 100억원의 기업이 새로운 투자자금 25억원도 신주 50,000주를 50,000원에 발행하여 조달하면 주식 수가 250,000주로 증가하여 기존 주주 지분율이 100%에서 80%(=200,000주/250,000주)로 감소하고 새로운 주주 지분율이 20%가 된다. 하지만 자본이 100억원으로 125억원으로 25억원 증가하여 1주당 가치는 여전히 50,000원(=125억원/250,000주)이 유지된다. 따라서 신주발행으로 주식 수가 증가하면 기존 주주들의 상대적인 지분율은 감소하지만 절대적인 주식 가치는 변하지 않는다.

2 자기주식은 배당, 의결권 등 주식의 각종 권리들이 소멸되므로, 자기주식을 취득하게 되면 발행주식수가 그만큼 감소한 효과가 발생한다. 그래서 발행주식수에서 자사주 등을 차감한 유통주식수를 EPS, 주당 가치 등을 계산할 때 사용하기도 한다.

2. MM의 자본구조 이론

2.1 자본구조 무관련 이론

기업의 최적자본구조를 찾으려는 노력은 그 이전에도 계속되고 있었지만 두 명의 노벨경제학상 수상자인 Franco Modigliani와 Merton Miller(이하 MM)가 1958년 자본구조(capital structure)와 기업가치(market value of the firm)의 관계를 체계적으로 설명한 이후 본격적으로 학문적 발전이 이루어졌다[3]. MM은 이 논문에서 완전자본시장에서는 기업가치는 자본구조와 아무런 관련이 없다는 무관련 이론(Irrelevance theory)을 주장하였다.

그러면 먼저 MM의 자본구조 무관련 이론의 중요한 가정인 완전자본시장이란 어떤 시장인지 알아보자.

2.1.1 완전자본시장

MM은 다음 조건들을 만족시키는 시장을 완전자본시장(perfect capital market)이라고 하였다.

첫 번째, 완전자본시장은 소수의 투자자가 시장가격에 영향을 미치지 못하는 완전경쟁시장(perfect competitive market)이다. 경제학에서는 완전경쟁시장을 동일한 품질의 제품을 수많은 수요자와 공급자가 거래하므로 특정 수요자나 공급자의 행동이 제품가격에 영향을 미치지 못하는 시장이라고 정의한다. MM은 자본시장도 특정 투자자만의 행동으로 증권가격이 변하지 않는 완전경쟁시장이라고 가정하였다.

두 번째, 완전자본시장에서는 대출이자율과 예금이자율이 동일하고, 시장참가자들은 자본조달의 제약이 없고, 파산비용(bankruptcy cost)이 발생하지 않고, 증권가격은 미래 CF의 현재가치로 형성되어 차익거래(arbitrage) 기회가 존재하지 않는다.

세 번째, 완전자본시장에서는 법인세와 개인소득세 등의 각종 세금, 증권의 거래비용(transaction cost)과 발행비용도 발생하지 않는다.

네 번째, 완전자본시장에서는 모든 시장참가자들이 정보를 동일하게 보유하고 있어 정보불균형(information asymmetry)이 존재하지 않는다. 즉, 기업이든 투자자이든 보유하고 있는 정보의 양(quantity)과 질(quality)에 있어 차이가 없다는 것이다.

---

3 Modigliani, F. & M. H. Miller(1958), "The Cost of Capital, Corporation Finance and the Theory of Investment," *American Economic Review*, Vol 48, 261-287.

이와 같이 MM은 현실과는 너무 다른 이상적인(ideal) 자본시장을 가정하였다. 그러면 지금부터 MM의 주장을 제 1명제부터 살펴보자.

■ 자본구조 이론 설명을 위한 표기

- L : levered, 부채를 사용하고 있다는 의미 ∘ U : unlevered, 부채를 사용하고 있지 않다는 의미
- V_L : 부채를 사용하는 경우의 기업가치 ∘ V_U : 부채를 사용하지 않는 경우의 기업가치
- E_L : 부채를 사용하는 경우의 자기자본 가치
- A(asset) : 자산 ∘ D(debt) : 부채 ∘ E(equity) : 자본 ⇒ A = [D + E]
- R_W : 가중평균자본비용(WACC, Weighted Average Cost of Capital)
- R_D : 부채비용(또는 타인자본비용) ∘ R_E : 자기자본비용
- R_U : 부채를 사용하지 않는 경우의 자기자본비용 또는 WACC
- R_L : 부채를 사용하는 경우의 WACC

CHAPTER 12 자본조달결정 I MM의 자본구조 이론

2.1.2 MM 제 1명제

MM은 완전자본시장에서 기업의 가치는 어떤 자산에 투자하여 수익을 얼마나 얻는가로 결정되는 것이지 자본구조와는 아무런 관련이 없다고 하였다(The market value of any firm is independent of its capital structure).

MM은 그들의 자본구조 무관련 이론을 부채를 사용하는 경우와 사용하지 않는 경우의 기업가치를 비교한 제 1명제와 부채를 사용하는 경우의 자기자본비용을 사용하지 않는 경우와 비교한 제 2명제로 정리하였다.

기업가치 관점에서 정리한 제 1명제는 다음 식 (1)과 같으며, 기업의 가치는 자본구조와 아무런 관련이 없으므로 부채를 사용한 경우의 기업가치(V_L)와 사용하지 않는 경우의 기업가치(V_U)는 동일하다는 의미를 담고 있다.

• MM 제 1명제(MM Proposition Ⅰ)

완전자본시장에서 기업가치는 자본구조와 아무런 관련이 없다

$$V_L = V_U \cdots \text{식 (1)}$$

MM의 무관련 이론은 파이를 어떤 크기로 잘라도 전체 크기가 변하지 않는 것처럼 부채와 자기자본을 어떤 크기로 조달하든 기업가치는 변하지 않는다고 하여 '파이 이론(Pie theory)'이라고도 한다.

2.1.3 MM 제 2명제

MM의 제 2명제는 부채를 사용하는 경우의 자기자본비용(R_E)을 사용하지 않는 경우의 자기자본비용(R_U)과 비교한 것으로 다음 식 (2)와 같다.

● MM 제 2명제(MM Proposition Ⅱ)

완전자본시장에서 자본비용은 자본구조와 아무런 관련이 없다

$$R_E = R_U + [R_U - R_D] \times \frac{D}{E} \cdots \text{식 (2)} \Rightarrow R_L = R_U$$

일반적으로 자기자본비용(R_U)보다 부채비용(R_D)이 적으므로, 자본비용을 줄이기 위하여 부채를 사용하면 재무레버리지 효과 등으로 주주의 재무위험이 증가하여 자기자본비용이 R_U 수준을 유지하지 못하고 부채수준(D/E)에 비례하여 점점 증가하여, 부채를 사용하는 경우의 자본비용(R_L)은 사용하지 않는 경우의 자본비용(R_U)과 동일하게 된다. 즉, 자본구조의 변화와 자본비용은 아무런 관련이 없다는 것이 MM 제 2명제의 내용이다.

예제 12-1

매년 10억원의 CF가 지속적으로 발생할 것으로 예상되는 X기업 현재 자본구조는 10%의 비용을 부담하는 자기자본 100억원만 사용하고 있다. X기업이 20억원의 부채는 5%, 80억원의 부채는 8%의 이자율로 조달할 수 있다고 한다. X기업의 현재 자본구조와 자기자본 80억원, 부채 20억원으로 변경하는 자본구조, 자기자본 20억원, 부채 80억원으로 변경하는 자본구조의 자기자본비용, 가중평균자본비용과 기업가치를 각각 계산하시오.

풀이 현재 자본구조의 가중평균자본비용과 기업가치는 각각 다음과 같다.

R_U = 10%, V_U = [10억원/0.1] = 100억원

[부채 20억원 + 자기자본 80억원]의 R_E를 식 (2)의 MM의 제2명제로 계산하여, 가중평균자본비용, R_L을 계산하고, R_L로 기업가치, V_L을 계산하면 각각 다음과 같다.

R_E = [10% + (10%−5%)(20/80)] = 11.25%,

R_L = [0.2×5% + 0.8×11.25%] = 10% ⇒ V_L = [10억원/0.1] = 100억원

[부채 80억원 + 자기자본 20억원]에 대해서도 동일한 방식으로 R_L과 V_L을 계산하면 각각 다음과 같다.

R_E = [10% + (10%−8%)(80/20)] = 18%,

R_L = [0.8×8% + 0.2×18%] = 10% ⇒ V_L = [10억원/0.1] = 100억원

<예제 12-1>의 결과처럼 MM 제 2명제에 의하면 자기자본비용 10%보다 상대적으로 낮은 비용(5%와 8%)의 부채를 사용하게 되면 자기자본비용이 10%로 유지되는 것이 아니라 부채 수준에 비례하여 각각 11.25%와 18%로 증가하여 낮은 비용의 장점이 모두 사라진다. 따라서 부채를 사용하는 경우의 자본비용(R_L)과 사용하지 않는 경우의 자본비용(R_U)이 10%로 동일하여 기업가치도 100억원으로 동일하게 된다. 즉, 자본구조 변화는 자본비용에 영향을 미치지 못하고 기업가치에도 영향을 미치지 않고 있다.

<그림 1>은 부채수준(D/E)에 따라 나타나는 자본관련 비용들의 변화를 보여주고 있다. 가로축의 부채 수준(D/E)이 증가함에 따라 세로축의 R_E도 증가하여 상대적으로 부담이 적은 R_D의 장점이 사라져서 R_L은 R_U와 동일하게 된다는 것을 보여주고 있다.

〈그림 1〉 MM 제 2 명제

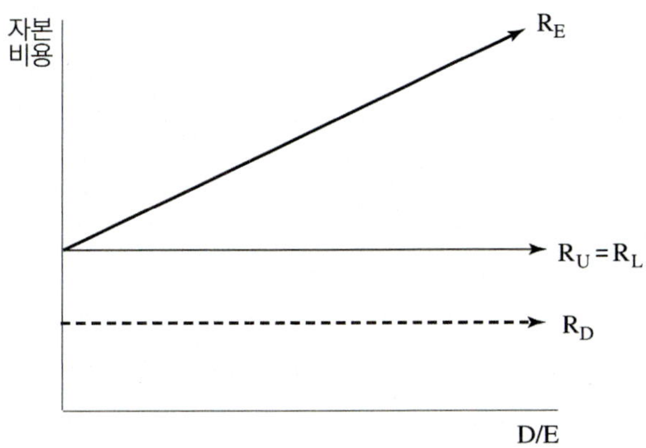

2.2 MM의 수정이론

2.2.1 이자의 세금감면효과

MM의 1958년 자본구조 무관련 이론은 자본구조에 대한 이론적인 체계를 갖춘 첫 연구라는 측면에서 학문적인 의의가 크지만, 그들이 가정한 완전자본시장에 대해서는 많은 반론들이 제기되었다. MM 자신들도 기업의 법인세를 고려하면서 처음 주장을 수정하였다.

기업이 부채를 사용하면 채권자들에게 이자를 지급하는데, 이자는 손익계산서의 비용항목이므로 법인세 과세대상금액을 줄여주어 부채를 사용하지 않는 경우보다 세금을 감소시킨다. 따라서 다른 조건이 동일하다면 부채를 사용하면 사용하지 않는 경우보다 세금으로 인한 현금유출이 감소하게 된다.

앞의 <표 2>에서 영업이익이 10억원으로 동일할 때 법인세를 고려하면 자본구조 U, L_1, L_2의 CF가 어떻게 되는지 살펴보자. 부채는 영구채를 사용하여 매년 동일한 이자비용(L_1에서는 5%, L_2에서는 8%)이 발생하고, 법인세율(t_C)은 20%, 영업이익(EBIT)은 매년 10억원씩 지속적으로 발생하고, CF 계산에 필요한 감가상각비, 자본적 지출, 순운전자본변화량은 모두 없다고 가정하면 CF는 영업이익에서 법인세를 차감한 금액이 된다.

<표 4>는 영업이익이 10억원 발생할 경우 부채를 사용하는 자본구조와 사용하지 않는 자본구조의 법인세, 순이익, CF 차이를 보여주고 있다. 표의 내용에 의하면 다음과 같이 영업이익은 10억원으로 동일하지만 부채를 사용하지 않는 U의 CF(=8억원)보다 부채비율이 1/4인 L_1의 CF는 0.4억원, 부채비율이 4인 L_2의 CF는 1.28억원 증가하고, 부채 사용으로 증가한 CF는 정확히 U의 법인세(T)보다 적게 부담한 세금과 일치하고, 이자에 법인세율을 곱한 금액과 동일함을 알 수 있다.

- [CF(L_1) − CF(U)] = [8.4억원 − 8억원] = (+)0.4억원
- [T(L_1) − T(U)] = [1.6억원 − 2억원] = (−)0.4억원
- [이자(=D_1×R_D)×t_C] = [40억원×0.05×0.2] = 0.4억원

- [CF(L_2) − CF(U)] = [9.28억원 − 8억원] = (+)1.28억원
- [T(L_2) − T(U)] = [0.72억원 − 2억원] = (−)1.28억원
- [이자(=D_2×R_D)×t_C] = [80억원×0.08×0.2] = 1.28억원

〈표 4〉 U, L_1, L_2 **자본구조별 법인세, 순이익, CF**

구 분	U	L_1	[L_1−U]	L_2	[L_2−U]
영업이익	10억원	10억원	−	10억원	−
이자	0억원	2억원	+2억원	6.4억원	+6.4억원
EBT	10억원	8억원	−2억원	3.6억원	−6.4억원
세금(20%)	2억원	1.6억원	−0.4억원	0.72억원	−1.28억원
순이익	8억원	6.4억원	−	2.88억원	−
CF	8억원[=10−2억원]	8.4억원	(+)0.4억원	9.28억원	(+)1.28억원

이와 같이 부채를 사용하는 자본구조의 CF는 사용하지 않는 자본구조 U보다 감면되는 세금만큼 증가하며, 이것은 부채의 이자가 법인세 과세대상액을 감소시키기 때문에 발생한

것이다. 이와 같은 경우를 '이자의 세금감면효과(interest tax shield)'라고 하며, 이자의 세금감면액은 다음 식 (3)과 같이 계산된다.

● 이자의 세금감면액

$$[\text{이자} \times t_C] = [(D \times R_D) \times t_C] \cdots \text{식 (3)}$$

기업가치 측면에서 보면 부채를 사용하면 식 (3)만큼의 현금유출이 매년 감소하므로, 투자 성과가 동일하더라도 부채를 사용하지 않는 경우보다 기업가치가 증가할 수 있을 것이다.

2.2.2 수정된 MM의 제 1명제

기업이 매년 일정한 금액의 이자를 영원히 지급하는 영구채(perpetual bond)를 발행하거나 일반채권이라도 만기 때마다 동일한 조건으로 계속 재발행하여 부채를 사용하면 부채를 사용하지 않는 경우보다 식 (3)으로 계산되는 이자의 세금감면액만큼 매년 CF가 많이 발생하게 된다. 단 법인세율은 매년 동일해야 한다.

따라서 부채를 사용하는 경우(이하 '자본구조 L')의 CF와 사용하지 않는 경우(이하 '자본구조 U')에는 다음의 관계가 성립하게 된다. 자본구조 L의 CF_L가 사용하지 않는 자본구조 U의 CF_U보다 이자의 세금감면액(=$D \times R_D \times t_C$)만큼 크고, 이것으로 인하여 부채를 사용하는 자본구조 L의 기업가치(V_L)는 사용하지 않는 자본구조 U의 기업가치(V_U)보다 이자의 세금감면액 가치만큼 크게 된다.

- $CF_L = [CF_U + D \times R_D \times t_C] \Rightarrow V_L = [V_U + \text{이자의 세금감면액 가치}]$

이자의 세금감면액 가치는 가치평가의 기본원리인 '미래의 CF를 적절한 할인율로 할인한 현재가치들의 합'을 적용하여 추정할 수 있다. 이자의 세금감면액은 부채 때문에 발생하므로 부채의 가치를 추정할 때 사용하는 부채비용(R_D)을 할인율로 사용하여, 동일한 크기의 CF가 지속적으로 발생하는 영구연금 형태의 현재가치 계산식(=CF/r)을 적용하면 이자의 세금감면액 가치가 다음 식 (4)와 같아진다.

● 이자의 세금감면액 가치

$$\left[\frac{D\times R_D\times t_C}{R_D}\right]=D\times t_C \cdots \text{식 (4)}$$

MM은 1963년 법인세를 고려하면 부채를 사용하는 자본구조의 CF가 사용하지 않는 자본구조의 CF보다 커지므로, 완전자본시장에서 기업가치는 자본구조와 아무런 상관이 없다고 정리한 그들의 제 1명제를 다음과 같이 수정하여 발표하였다[4].

● 수정된 MM의 제 1명제(modified MM proposition Ⅰ)

법인세를 고려하면 부채를 사용하는 경우의 기업가치는 사용하지 않는 경우보다 이자의 세금감면액 가치만큼 증가한다.

$$V_L = [V_U + D\times t_C] \rangle V_U \cdots \text{식 (5)}$$

〈그림 2〉 수정된 MM 제 1 명제

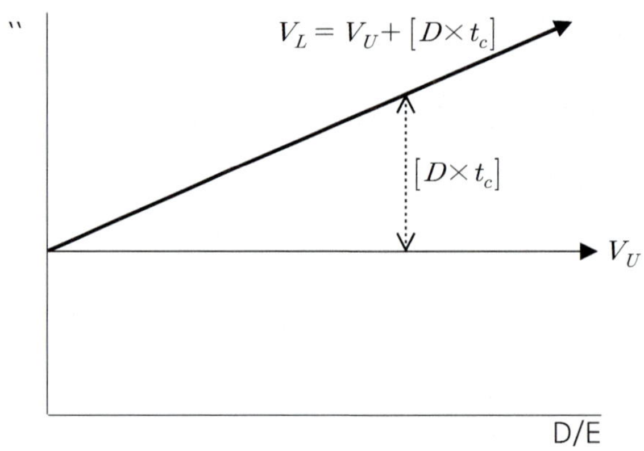

식 (5)의 수정된 MM의 제 1명제와 <그림 2>는 다른 조건이 동일하다면 부채를 사용하면 기업가치는 부채를 사용하지 않는 경우보다 이자의 세금감면액 가치[$=D\times t_C$]만큼 커지며, 그 차이는 부채를 많이 사용할수록[=D↑] 확대된다는 것[=D↑×t_C]을 보여주고 있다.

<표 4>의 자본구조 U의 기업가치는 자본비용이 10%라면 80억원이 된다. 반면에 법인세

4 Modigliani, F. & M. H. Miller(1963), "Corporate Income Taxes and the Cost of Capital:A Correction," *American Economic Review,* Vol 53, 433-443.

율이 20%라면 자본구조 L_1(부채 40억원 사용)과 L_2(부채 80억원 사용)의 기업가치는 수정된 MM 제 1명제에 의하면 다음과 같이 각각 88억원과 96억원으로 증가한다.

- $V_U = \left[\frac{CF_U}{R_U}\right] = \left[\frac{8}{0.1}\right]$ = 80억원
- $V_{L_1} = [V_U + D_1 \times t_C] = [80 + 40 \times 0.2]$ = 88억원
- $V_{L_2} = [V_U + D_2 \times t_C] = [80 + 80 \times 0.2]$ = 96억원

그러나 부채를 많이 사용할수록 기업가치가 증가한다는 것은 합리적인 결론이라 할 수 없다. 기업이 부채를 처음 사용할 경우에는 부채 사용으로 기업가치가 증가할 수 있지만 자본의 거의 대부분을 부채로 사용하는 경우까지 기업가치가 계속 증가하지는 않을 것이다.

MM은 법인세를 고려하여 그들의 처음 주장을 수정하였지만 부채 사용의 긍정적인 효과만을 고려하여 여전히 현실을 충분히 반영하지는 못하였다. 현실에서는 부채를 사용하면 그들이 주장한 이자의 세금감면효과 외에도 다른 긍정적인 효과와 원리금 상환 부담에 따른 파산위험 등의 부정적인 효과도 추가적으로 발생한다. 여기에 대해서는 13장의 자본구조의 상충이론(Trade-off theory)에서 자세히 살펴보고자 한다.

2.2.3 수정된 MM의 제 2명제

기업이 부채를 사용하면 세금감면효과로 인하여 실제 부담한 이자는 감소하게 된다. <표 2>에 의하면 영업이익이 10억원일 때 부채를 사용하지 않는 자본구조 U를 L_1과 L_2처럼 부채를 사용하는 자본구조로 변경하면 이자비용을 각각 2억원과 6.4억원 지급해야 한다. 그러나 자본구조 L_1과 L_2는 U보다 세금을 각각 0.4억원과 1.28억원 적게 부담하므로 실제 부담한 이자는 각각 1.6억원과 5.12억원으로 감소한 것이나 마찬가지이다. 따라서 세금감면효과를 반영하면 L_1과 L_2에서 기업이 실질적으로 부담하는 부채비용은 각각 다음과 같게 된다.

- 실제 부담 이자 = [이자 − 세금감면액] = $[D \times R_D - D \times R_D \times t_C] = [D \times R_D \times (1-t_C)]$
- 세금감면효과를 반영한 부채비용 = [실제 부담한 이자/원금]
  $= [D \times R_D \times (1-t_C)/D] = [R_D \times (1-t_C)]$

- L_1 이자 = [2억원 − 0.4억원] = [(40억원×0.05 − 40억원×0.05×0.2)]
  = [40억원×0.05×(1−0.2)] = 1.6억원

- 세금감면효과를 반영한 L_1 부채비용=[5%×(1 −0.2)] =4%

- L_2 이자=[6.4억원−1.28억원] =[(80억원×0.08 −80억원×0.08×0.2)]
  =[80억원×0.08×(1−0.2)] =5.12억원
- 세금감면효과를 반영한 L_2 부채비용=[8%×(1 −0.2)] =6.4%

이와 같은 세금감면효과로 인한 실질적인 부채비용의 감소는 주주의 재무위험도 감소시킨다. 잔여재산청구권자인 주주에게 세금감면액만큼 잔여재산이 증가하기 때문이다.

이와 같이 법인세를 고려하면 이자의 세금감면효과로 부채가 증가할수록 주주가 부담해야 하는 재무위험이 법인세가 없는 경우보다 작아져서, 부채 사용에 따른 주주의 재무위험에 대한 보상도 작아지게 된다. MM은 이 내용을 근거로 다음과 같이 제 2명제를 수정하였다.

- **수정된 MM의 제 2명제(Modified MM proposition Ⅱ)**

$$R_E = R_U + \left[(R_U - R_D)(1 - t_C) \times \frac{D}{E}\right] \quad \cdots \text{ 식 (6)}$$

'수정된 MM의 제 2명제'에 의하면 부채를 사용하는 경우의 자기자본비용 R_E는 부채를 사용하지 않는 경우의 자기자본비용 R_U보다 $[(R_U - R_D)(1 - t_C) \times (D/E)]$만큼 증가한다. 이것은 법인세가 없었던 경우에 자기자본비용이 $[(R_U - R_D) \times (D/E)]$만큼 증가하는 것과 비교하면 법인세가 고려되면 이자의 세금감면효과로 인하여 부채 증가에 따른 자기자본비용의 증가폭이 작아진다는 것이다.

예제 12-2

〈예제 12-1〉의 매년 CF(세후)가 10억원인 X기업 법인세율이 20%라고 한다. X기업의 현재 자본구조, 자본구조를 자기자본 80억원과 부채 20억원으로 변경하는 경우, 자기자본 20억원과 부채 80억원으로 변경하는 경우의 자기자본비용, 가중평균자본비용과 기업가치를 각각 계산하여 법인세가 없는 완전자본시장의 결과와 비교해 보시오.

풀이 현재 자본구조의 가중평균자본비용과 기업가치는 각각 다음과 같다.

R_U = 10%, V_U = [10억원/0.1] = 100억원

[부채 20억원 + 자기자본 80억원]의 R_E를 식 (6)의 수정된 MM의 제2명제로 계산하고, 가중평균자본비용, R_L을 계산하고, R_L로 기업가치, V_L을 계산하면 각각 다음과 같다.

R_E = [10% + (10%−5%)(1−0.2)(20/80)] = 11%,

R_L = [0.2×5%×(1−0.2) + 0.8×11%] = 9.6% ⇒ V_L = [10억원/0.096] = 104.17억원

[부채 80억원 + 자기자본 20억원]에 대해서도 동일한 방식으로 R_L과 V_L을 계산하면 각각 다음과 같다.

R_E = [10% + (10%−8%)(1−0.2)(80/20)] = 16.4%,

R_L = [0.8×8%×(1−0.2) + 0.2×16.4%] = 8.4% ⇒ V_L = [10억원/0.084] = 119.05억원

<예제 12-2>의 결과를 보면 상대적으로 낮은 부채비용의 장점이 부채 사용으로 증가한 자기자본비용으로 모두 사라지지 않아서 L_1과 L_2의 자본비용은 각각 9.6%와 8.4%로 부채를 사용하지 않는 U의 10%보다 감소하였다. 이것은 이자의 세금감면효과가 실질적인 부채비용과 주주의 재무위험을 감소시켜 가중평균자본비용을 감소시켰기 때문이다. 따라서 부채를 사용하는 경우의 자본비용(R_L)이 사용하지 않는 경우의 자본비용(R_U)보다 감소하여 기업가치가 증가하였다. 이것은 투자결정으로 인한 결과가 동일하더라도 자본조달결정에 따라서 기업가치가 달라질 수 있다는 것을 의미하는 중요한 결론이다.

〈그림 3〉 수정된 MM의 제 2명제

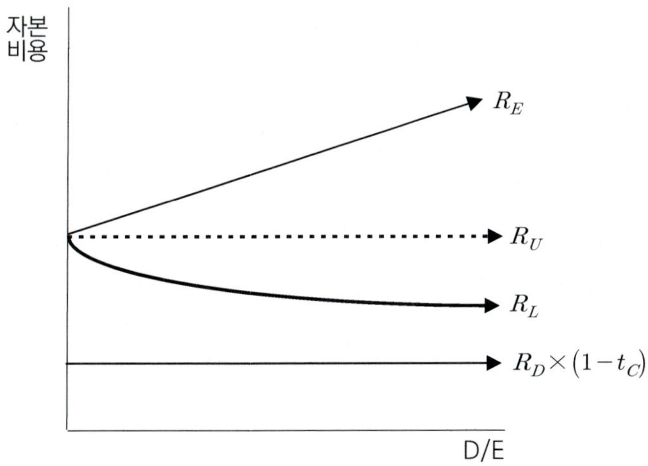

<그림 3>은 수정된 제 2명제의 내용을 보여주고 있다. <그림 1>과 비교하면 이자의 세금감면효과로 인하여 부채비용이 R_D에서 $R_D \times (1-t_C)$로 감소하고 부채를 사용하는 경우의 자기자본비용 R_E가 법인세가 존재하지 않았던 경우보다 상대적으로 적게(완만하게) 증가하여 자본비용 R_L도 부채를 사용하지 않는 경우의 R_U보다 감소하는 것을 알 수 있다.

<표 5>은 MM의 자본구조이론을 완전자본시장에서의 무관련 이론과 법인세를 고려한 수정이론으로 구분하여 정리한 것이다. 그러나 MM의 수정된 주장처럼 이자의 세금감면효과

로 기업가치가 증가하려면 영업이익이 이자보다 많이 발생해야 한다. 이자도 지급하지 못하는 영업이익을 내는 좀비(Zombi)기업들은 부채 사용에 따른 세금감면효과를 누리지 못한다.

〈표 5〉 MM의 자본구조이론

구분	제 1명제	제 2명제
무관련이론 (완전자본시장)	$V_L = V_U$	$R_E = R_U + (R_U - R_D)(D/E) \Rightarrow R_L = R_U$
수정이론 (법인세 고려)	$V_L = [V_U + D \times t_C] > V_U$	$R_E = R_U + (R_U - R_D)(1 - t_C)(D/E) \Rightarrow R_L < R_U$

예제 12-3

현재 부채를 사용하지 않고 있는 자산 100억원의 Y기업은 CF(세후)가 매년 10억원씩 지속적으로 발생할 것으로 예상된다. 그러나 자기자본비용 12.5%가 부담되어 6%의 비용으로 조달할 수 있는 부채 50억원을 사용하는 자본구조로 변경하려고 한다. 법인세율이 20%라면 현재 자본구조와 부채를 사용하는 자본구조의 자기자본비용, 가중평균자본비용과 기업가치를 각각 비교하시오.

풀이 현재 자본구조의 가중평균자본비용과 기업가치는 각각 다음과 같다.

$R_U = 12.5\%$, $V_U = [10억원/0.125] = 80억원$

부채를 사용하는 경우의 기업가치를 식 (5)의 수정된 MM의 제1명제로 계산하고 자기자본(E_L)은 재무상태표 등식($V_L = D + E_L$)을 활용하면 각각 다음과 같이 90억원과 40억원이 된다.

$V_L = [80억원 + 50억원 \times 0.2] = 90억원$, $E_L = [V_L(90억원) - D(50억원)] = 40억원$

D/E = (50억원/40억원)와 MM의 수정된 제 2명제를 활용하면 자기자본비용, R_E와 자본비용, R_L은 다음과 같이 각각 19%와 11.11%가 된다.

$R_E = [12.5\% + (12.5\% - 6\%)(1 - 0.2)(50/40)] = 19\%$,

$R_L = [(50/90) \times 6\% \times (1 - 0.2) + (40/90) \times 19\%] = 11.11\%$,

이렇게 계산한 R_L로 V_L를 직접 계산하여도 수정된 제 1명제로 계산한 90억원과 동일하다.

$V_L = [10억원/0.1111] = 90억원$

<참고 사항>

수정된 MM의 제 2명제 : $R_E = R_U + [R_U - R_D](1-t_C)\frac{D}{E}$

<도출과정>

부채를 사용하지 않는 기업의 가치(V_U)와 부채를 사용하는 기업의 자기자본가치(E_L)는 각각 다음과 같이 계산될 것이다.

$$V_U = \left[\frac{E(EBIT)(1-t_C)}{R_U}\right] \cdots ①,$$

$$E_L = \left[\frac{\{E(EBIT) - R_D \times D\}(1-t_C)}{R_E}\right] = \left[\frac{E(EAT)}{R_E}\right] \cdots ②$$

②의 오른쪽 항들에 의하면 ③의 관계가 성립할 것이다.

$$E(EAT) = [E(EBIT) - R_D \times D](1-t_C) \cdots ③$$

①을 $R_U \times V_U = E(EBIT)(1-t_C)$로 조정하여 ③에 대입하면 다음과 같이 정리될 것이다.

$$E(EAT) = [E(EBIT)(1-t_C) - R_D \times D \times (1-t_C)] = [R_U \times V_U - R_D \times D \times (1-t_C)] \cdots ④$$

④의 양변을 E_L로 나누고 수정된 제 1 명제와 $V_L = [E_L + D]$를 이용하면 다음과 같이 정리될 것이다.

$$\frac{E(EAT)}{E_L} = \left[\frac{R_U \times \{E_L + D \times (1-t_C)\}}{E_L} - \frac{R_D \times D \times (1-t_C)}{E_L}\right] \cdots ⑤$$

②의 관계를 이용하면 ⑤의 왼쪽 항은 R_E가 될 것이고, 오른쪽 항들을 정리하고 E_L의 첨자를 제거하면 수정된 제 2명제가 도출될 것이다.

$$\frac{E(EAT)}{E_L} = R_E = \left[\frac{R_U \times E_L}{E_L} + \frac{R_U \times D \times (1-t_C)}{E_L} - \frac{R_D \times D \times (1-t_C)}{E_L}\right]$$

$(\therefore)\ R_E = R_U + [R_U - R_D](1-t_C)\frac{D}{E}$

연습문제

12-1. A, B, C기업은 모두 매년 세전 CF가 1억원 발생하는 투자에 5억원이 필요하고, 법인세율은 20%로 동일하다고 한다. 그러나 5억원을 조달하는 비용은 A기업 10%, B기업 12.5%, C기업 16%로 다르다고 한다.

① 각 기업 투자안의 NPV와 기업가치를 계산하시오.

② 이번에는 세전 CF가 첫 해 1억원이 발생한 후 A기업은 매년 8%, B기업은 8.5%, C기업은 12%씩 증가한다면 각 기업 투자안의 NPV와 기업가치를 계산하시오.

③ ①~②의 결과들로 자본비용이 기업가치에 미치는 영향을 설명하시오.

12-2. D기업의 현재 자본구조는 부채는 없으며, 15%의 비용으로 주식 100,000주를 발행하여 조달한 자기자본이 50억원, 영업이익이 5억원, 법인세율은 20%라고 한다.

① 주당순이익(EPS)과 자기자본이익률(ROE)은 각각 얼마인가?

② 만약 자본구조가 부채 10억원(비용 8%), 자기자본 40억원(비용 16.4%)이라면 발행주식수, EPS와 ROE는 어떻게 변하는가?

③ 이번에는 영업손실 5억원으로 경영성과가 악화되면 현재 자본구조와 ② 자본구조의 EPS와 ROE를 계산하시오.

④ 부채비율(D/E)＝1의 자본구조라면 영업손실 5억원에서 영업이익 5억원으로 경영성과가 좋아지면 EPS와 ROE의 변화량은 각각 얼마인가?

⑤ ①~④의 결과가 설명하는 것은 무엇인가?

12-3. E기업의 현재 자본구조는 자기자본 50억원, 주가 25,000원, 발행주식수 200,000주이며, 법인세율은 20%라고 한다.

① 영업이익이 10억원일 때 EPS, ROE, PER(Price-Earning ratio)는 각각 얼마인가?

② 자본구조를 부채 20억원(비용 10%), 자기자본 30억원(비용 19.2%, 주가 25,000원)으로 변경하면 EPS, ROE, PER는 어떻게 변하는가?

12-4. EE기업의 현재 자본구조와 법인세율도 12-3의 E기업과 동일하다고 한다. 새로운 투자에 필요한 30억원을 신주 120,000주를 발행하여 조달하려고 한다.

① 영업이익이 10억원이라면 기존 주주와 새로운 주주의 투자성과와 주당순이익(EPS)은 각각 얼마인가?
② 영업이익이 10억원이라면 기존 주주의 신주발행 이전과 이후의 EPS와 ROE는 각각 어떻게 변하는가?
③ ②에서 신주발행 이전과 이후 기존 주주들의 1주당 가치를 비교하시오.

12-5. 완전자본시장에서 F기업과 FF기업은 자본구조만 다를 뿐, 매년 250억원의 CF가 발생하는 투자성과는 동일하다. F기업은 부채를 사용하고 있지 않으며 250만주의 주식을 발행하여 1,000억원의 자본(비용 15%)을 가지고 있다. FF기업은 부채를 10%의 비용으로 500억원 사용하고 있고, 자기자본은 500억원, 발행주식수는 125만주이다.

① MM의 주장에 따라 두 기업의 가치를 비교하시오.
② FF기업의 자본비용을 계산하여 F기업의 자본비용과 비교하시오.
③ 두 기업의 가치를 CF와 할인율로 직접 추정하여 비교하시오.
④ 두 기업의 1주당 가치를 비교하시오.

12-6. 12-5에서 20%의 법인세율이 존재하고 CF가 세전(before tax) 기준이라면 다음 질문에 답하시오.

① MM의 주장에 따라 두 기업의 가치를 비교하시오.
② FF기업의 자본비용을 계산하여 F기업의 자본비용과 비교하시오.
③ 두 기업의 1주당 가치를 비교하시오.

12-7. G기업과 GG기업 모두 영업이익은 매년 1,000만원씩 지속적으로 발생할 것으로 예상된다. G기업은 부채를 사용하고 있지 않고, GG기업은 4,000만원의 부채를 5%의 비용으로 사용하고 있다.

① 완전자본시장에서 G기업의 가치가 10,000만원으로 평가된다면, G기업의 자본비용은 얼마인가?
② 완전자본시장에서 GG기업의 자본비용과 자기자본비용은 각각 얼마인가?
③ 법인세율이 20%인 상황에서 G기업의 가치가 8,000만원으로 평가된다면, G기업의 자본비용은 얼마가 되겠는가?
④ 법인세율이 20%인 상황에서 GG기업의 가치, 자본비용, 자기자본비용은 각각 얼마가 되겠는가?

12-8. H기업은 현재 부채는 없으며, 주식 125,000주를 발행하여 자본을 조달하고 있다. 주가는 80,000원이라고 한다. H기업은 부채 50,000만원(이자율 8%)을 사용하는 자본구조로 변경하는 것도 고려하고 있다.

① 완전자본시장이라면 H기업의 현재 EPS와 자본구조 변경 후 EPS를 동일하게 만드는 영업이익과 그 때의 EPS는 각각 얼마인가?

② ①에서 법인세율이 20%라면 영업이익과 EPS는 어떻게 되겠는가?

③ ①, ②의 결과를 통하여 영업이익이 50,000만원이면 주주 입장에서 자본구조를 변경하는 것이 유리한지, 불리한지 판단해보시오.

④ ①, ②의 결과를 통하여 영업이익이 100,000만원이면 주주 입장에서 자본구조를 변경하는 것이 유리한지, 불리한지 판단해보시오.

12-9. 부채를 사용하지 않는 HH기업이 EPS를 증가시키기 위하여 자본구조를 부채비율=1로 변경하고자 한다. 현재는 발행주식수 100주, 자기자본 100만원이며, 부채를 8%의 이자율로 조달할 수 있다고 한다.

① 완전자본시장이라면 두 자본구조의 EPS를 동일하게 만드는 영업이익과 그 때의 EPS는 각각 얼마인가?

② ①에서 부채비율 1.5의 자본구조로 변경한다면 영업이익과 EPS는 각각 얼마가 되겠는가?

③ ①에서 ROE를 동일하게 만드는 영업이익은 얼마인가?

④ 법인세율이 20%라면 ①~③의 값들은 각각 어떻게 변하는가?

12-10. HHH기업은 새로운 사업에 필요한 100억원을 다음 두 가지 자본구조 중의 하나로 조달하려고 한다. 자본구조 U : 부채=0억원, 자기자본=100억원(비용 16%, 발행주식수 200만주), 자본구조 L : 부채 50억원(비용 8%)과 자기자본 50억원(발행주식수 100만주). 새로운 사업의 영업이익은 0.4의 확률로 15억원, 0.3의 확률로 10억원, 0.3의 확률로 5억원씩 매년 발생할 것으로 추정된다. 법인세율이 25%라면 자본구조별 내년도 ROE와 EPS의 기대값과 표준편차를 각각 계산하시오.

12-11. I기업은 현재 부채는 없으며, 자기자본은 100,000원(발행주식수 20주, 자본비용 8%)이다. I기업은 20,000원 정도는 4%의 비용으로 영구채 발행이 가능하여 자본구조를 부채 20,000원과 자기자본 80,000원(발행주식수 16주)로 변경할 수 있다고 한다. 감

가상각비, 자본적 지출, 순운전자본변화량은 모두 0원이라고 한다.

① 완전자본시장에서 현재 자본구조와 변경가능한 자본구조의 CF는 각각 얼마인가? 영업이익은 40,000원이라고 한다. 부채사용으로 CF는 얼마나 변하였는가?

② ①의 결과가 법인세율이 20%라면 어떻게 변하겠는가?

③ 법인세율 20%에 의한 두 자본구조의 세금 차이는 얼마인가?

④ 법인세율 20%에서 부채의 이자로 감면된 세금의 가치는 얼마인가?

⑤ 법인세율 20%에서 부채를 사용하지 않는 자본구조에서의 기업가치와 1주당 가치를 부채를 사용하는 자본구조와 비교하시오.

12-12. J기업은 현재 부채는 없으며, 자본비용은 15%, 자기자본의 시장가치는 10,000만원이라고 한다.

① 완전자본시장에서 J기업의 영업이익은 얼마인가?

② 법인세율이 20%이면 J기업의 영업이익은 얼마가 되겠는가?

③ J기업이 부채비율=1로 자본구조를 변경하고, 법인세율이 20%라면 기업가치, 자기자본가치, 자기자본비용, 자본비용, 영업이익은 각각 얼마가 되겠는가? 부채비용은 10%라고 한다.

12-13. 부채를 사용하고 있는 K기업의 자본비용은 16%, 부채비용은 13%, 부채비율은 2라고 한다.

① 완전자본시장에서 K기업의 자기자본비용은 얼마인가?

② 법인세율이 20%이면 K기업의 자기자본비용은 얼마인가?

CHAPTER

13

자본조달결정 Ⅱ: 상충이론과 우선순위 이론

1. 자본구조의 상충 이론

기업은 투자와 운용에 필요한 자본을 은행대출과 채권발행을 통한 부채(Debt)와 우선주, 보통주 발행을 통한 자기자본(Equity)으로 조달한다.

부채와 자기자본을 통한 자본조달은 기업에게 비용을 발생시키지만 부채를 사용하면 12장의 MM 수정이론에서 살펴본 세금감면효과와 더불어 주주들의 갈등으로 인한 문제를 방지할 수 있다. 그러나 부채를 사용하면 채무자로서의 원리금 상환 압박을 받게 되므로 파산위험도 발생한다. 이와 같이 부채를 사용하면 자본비용을 하락시키는 긍정적인 효과와 상승시키는 부정적인 효과가 모두 발생한다. 이들을 한계적으로(marginally) 비교하여 최적자본구조를 찾아내고자 하는 것이 자본구조의 상충이론(trade-off theory)이다. 한계적으로 비교한다는 것은 부채를 조금씩 늘려나가면서 발생하는 긍정적인 효과와 부정적인 효과를 비교한다는 것을 의미한다.

그러면 MM의 수정이론에서 언급한 이자의 세금감면효과 외에도 부채를 사용하면 발생하는 긍정적, 부정적인 효과에는 어떤 것들이 있는지 살펴보자.

1.1 부채사용의 부정적인 효과 : 파산위험

부채는 기본적으로 원리금 상환의 법적 의무를 기업에게 부담시킨다. 즉 부채를 사용하면 기업은 채권자에게 채무상환의 의무를 수행해야 하는 채무자가 된다. 기업의 수익이 안정적으로 발생하여 원리금 상환이 순조롭게 진행되면 부채는 기업에게 유용한 자본조달 수단이 되지만, 영업이익이 이자를 비롯한 각종 금융비용을 감당할 수 없는 수준이라면 기업은 파산위험에 직면하게 된다.

이와 같이 과도한 부채로 파산가능성이 높은 부실기업에 대한 우리나라의 정리(기업퇴출) 제도에는 '파산, 화의, 회사정리, 회사청산' 등이 있다. 파산(破産, bankruptcy)은 채무자가 부채를 모두 갚을 능력이 없을 경우 법원이 채무자의 재산을 현재 시가(市價)로 계산, 파산법에 정해진 기준에 따라 채권자에게 고루 나누어 주는 제도이고, 화의(和議, composition)는 일시적인 어려움만 넘기면 정상화가 가능하다고 판단될 경우 채권, 채무자가 합의하여 부채의 전부 또는 일부를 유예시켜주는 제도이며, 회사정리(또는 법정관리, corporate reorganization)는 파산위기에 직면했지만 회생가능성이 있는 주식회사의 회생을 법적으로 뒷받침하여 기업도산에 따른 사회·경제적 손실을 방지하기 위한 제도이고, 회사청산(corporate liquidation)은 상법에 따라 해산한 회사의 남은 재산을 공평하게 분배하여, 주주·채권자 등에 대한 피해를 최소화하는 제도이다. 따라서 파산은 부실기업에 대한 최고 수준의 법적 절차이다.

이와 같이 부채의 원리금 상환의 법적 의무를 제대로 수행하지 못하면 기업은 법적으로 정리될 수 있다. 부채가 과도하게 많아지면 기업의 파산가능성은 점점 증가하여 파산위험(bankruptcy risk)도 부채수준에 비례하여 증가한다. 언론에서 좀비(Zombie)기업이라고 표현하는 한계기업도 자신들의 영업이익보다 과도한 부채비용을 감당할 수 없는 상태의 기업을 말한다[1].

부채를 과다하게 사용한 기업이 원리금을 상환하지 못하는 파산 상태에 이르러 채권자, 주주 이외의 제 3자에게 지불해야 하는 비용을 파산비용(bankruptcy cost)라고 한다. 직접파산비용(Direct bankruptcy cost)은 주주, 채권자에게 귀속되는 몫에서 제외되는 직접적인 비용으로 구체적으로는 변호사, 회계사, 기타 전문가 수수료와 파산기업 관리에 소비되는 시간가치 등이 포함된다.

파산기업의 채권자에 대한 분배는 최대한 공평하게 이루어져야 하므로 각종 전문가들의 수수료가 발생하게 된다. 우리나라에서도 채무자 회생 및 파산에 관한 법률과 상법의 회사편 등에서 파산기업 채권자들의 공평한 취급과 파산기업 자산가치 하락의 최소화를 명시하고 있다.

간접파산비용(Indirect bankruptcy cost)은 파산 정리기간 동안 묶인 자금의 기회비용, 자본구조 변동으로 인한 자산가치의 손실, 재조직 기간 조업중단에 따른 매출액 감소, 높아진 대출금리 등의 금융비용, 주요 직원과 고객의 이탈 등이 포함된다.

파산비용은 미래에 발생하지만 기업가치의 하락 요인으로 작용하여, 부채를 사용하는 경우의 기업가치(V_L)는 식 (1)처럼 사용하지 않는 경우(V_U)보다 이자의 세금감면액($D \times t_C$)만큼 증가하지만, 파산비용의 현재가치만큼 하락한다. 따라서 부채사용에 따른 이자의 세금감면효과와 파산위험 증가 사이에는 기업가치 관점에서 상충관계(trade-off)가 존재한다. 여기서 PV(BC)는 파산시점의 파산비용 추정액의 현재가치를 의미한다.

● 세금감면효과와 파산위험을 동시한 고려한 부채사용 기업의 가치

$$V_L = [V_U + D \times t_C - PV(BC)] \cdots \text{식 (1)}$$

1 한계기업이란 회생가능성이 없는 파산직전의 기업, 지속가능한 수익을 창출하지 못하고 빚에 의존해 연명하는 기업으로 보통 이자보상비율(=영업이익/이자)이 3년 이상 1 미만이면 좀비기업이라고 한다.

12장의 예를 다시 가져와 보자. <표 1>은 영업이익이 10억원일 때 자본구조 U, L_1, L_2의 법인세, 순이익, CF 차이를 보여주고 있다.

■ U, L_1, L_2 자본구조 현황

- U : 자산(Asset) 100억원 = [부채(Debt) 0억원 + 자기자본(Equity) 100억원] → D/E = 0%
  부채비용 0%, 발행주식수 200,000주, 주가 50,000원, 법인세율 20%
- L_1 : 자산(Asset) 100억원 = [부채(Debt) 40억원 + 자기자본(Equity) 60억원] → D/E = 67%
  부채비용 5%, 발행주식수 120,000주, 주가 50,000원, 법인세율 20%
- L_2 : 자산(Asset) 100억원 = [부채(Debt) 80억원 + 자기자본(Equity) 20억원] → D/E = 400%
  부채비용 8%, 발행주식수 40,000주, 주가 50,000원, 법인세율 20%

〈표 1〉 U, L_1, L_2 **자본구조별 법인세, 순이익, CF**

구 분	U	L_1	[L_1-U]	L_2	[L_2-U]
영업이익	10억원	10억원	-	10억원	-
이자	0억원	2억원	+2억원	6.4억원	+6.4억원
EBT	10억원	8억원	-2억원	3.6억원	-6.4억원
세금(20%)	2억원	1.6억원	-0.4억원	0.72억원	-1.28억원
순이익	8억원	6.4억원	-	2.88억원	-
CF	8억원[=10-2억원]	8.4억원	(+)0.4억원	9.28억원	(+)1.28억원

법인세율이 20%라면 MM의 수정된 제 1명제에 의하면 자본구조 L_1과 L_2의 기업가치는 다음과 같이 각각 88억원과 96억원으로 부채를 사용하지 않는 자본구조 U의 80억원보다 증가한다.

- $V_U = \left[\dfrac{CF_U}{R_U}\right] = \left[\dfrac{8}{0.1}\right]$ = 80억원
- $V_{L_1} = [V_U + D_1 \times t_C] = [80 + 40 \times 0.2]$ = 88억원
- $V_{L_2} = [V_U + D_2 \times t_C] = [80 + 80 \times 0.2]$ = 96억원

여기에 부채사용에 따른 파산위험을 추가해보자. 부채를 40억원 사용하면 3년 후 파산가능성은 25%, 파산비용은 그 시점 기업가치의 15%로 예상되고, 부채를 80억원 사용하면 3년 후 파산가능성은 50%, 파산비용은 그 시점 기업가치의 50%로 예상된다면 부채를 사용하는

경우의 기업가치를 식 (1)로 계산하면 각각 다음과 같이 85.15억원과 76.95억원으로 이자의 세금감면효과만을 고려한 경우의 88억원과 96억원보다 감소하였고, L_2의 기업가치는 부채를 사용하지 않는 U의 기업가치 80억원보다도 작아졌다.

- $V_{L_1} = [\, V_U + D_1 \times t_C - PV(BC_1)] = \left[80 + (40 \times 0.2) - \left\{\dfrac{0.25(88 \times 0.15)}{(1+0.05)^3}\right\}\right]$

  = 85.15억원

- $V_{L_2} = [\, V_U + D_2 \times t_C - PV(BC_2)] = \left[80 + (80 \times 0.2) - \left\{\dfrac{0.5(96 \times 0.5)}{(1+0.08)^3}\right\}\right]$

  = 76.95억원

여기서 $PV(BC_1)$의 계산은 3년 후 파산비용 추정액은 [파산확률(0.25)×파산비용(88억원 ×0.15)], 할인율은 파산비용은 부채사용으로 발생하므로 부채비용(R_D) 5%를 사용하여 계산하였다.

〈그림 1〉 이자의 세금감면효과와 파산비용을 모두 고려한 기업가치

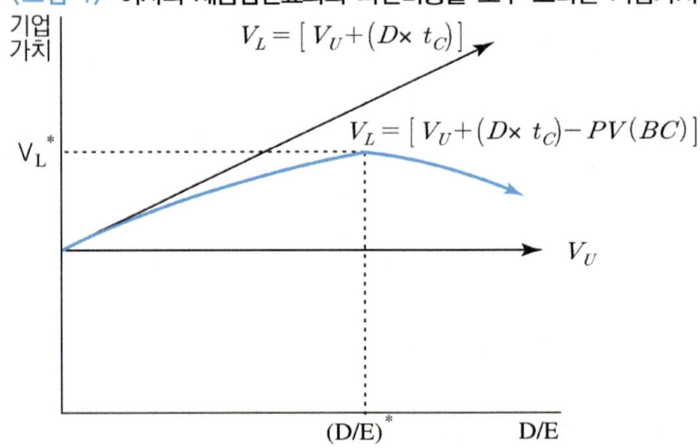

일반적으로 자본구조 L_1처럼 기업이 처음 부채를 사용하거나 낮은 수준의 부채를 사용하면 세금감면액의 긍정적인 효과가 파산위험의 부정적인 효과보다 클 것이므로 부채사용에 따른 기업가치는 증가한다. 그러나 자본구조 L_2처럼 부채가 과도하게 사용되면 긍정적인 효과보다 부정적인 효과가 커져서 부채사용에 따른 기업가치는 감소한다. 따라서 <그림 1>처럼 기업의 최적자본구조[$(D/E)^*$]는 부채사용의 긍정적인 효과와 부정적인 효과가 한계적으로 동일하여 기업가치가 극대화되는 수준이 된다.

예제 13-1

〈예제 12-3〉의 Y기업이 6%의 비용으로 조달할 수 있는 부채 50억원을 사용하면 2년 후 파산이 발생할 가능성은 20%, 파산비용은 30억원으로 추정된다. 법인세율이 20%라면 파산위험까지 고려한 부채를 사용하는 자본구조의 기업가치, 고려하지 않은 부채 사용 기업가치, 현재 자본구조의 기업가치를 비교하시오.

풀이 현재 자본구조의 기업가치는 V_U = [10억원/0.125] = 80억원
파산위험을 고려하지 않은 부채 사용의 기업가치는 다음과 같이 90억원이다.

V_L = [80억원 + (50억원×0.2)] = 90억원

파산위험까지 고려한 부채 사용의 기업가치는 식 (1)에 의하면 다음과 같이 84.66억원으로 파산위험을 고려하지 않았을 때의 90억원보다 감소하였다.

V_L = [80억원 + (50억원×0.2)−{0.2×30억원/$(1.06)^2$}] = 84.66억원

1.2 자본구조와 대리비용

1.2.1 대리문제와 대리비용

주인(principal)이 자신의 권한을 고용인(agent)에게 위임하는 계약을 체결할 때 둘 사이에 대리관계가 형성된다. 정상적인 대리관계라면 고용인은 주인의 이익을 우선하는 의사결정을 내려야 한다. 그러나 고용인이 자신의 이익을 우선하여 둘 사이에 갈등이 발생하면 대리문제(agency problem)가 발생하고, 이로 인하여 발생하는 비용을 대리비용(agency cost)이라고 한다.

이와 같은 대리관계는 기업이 자본을 조달할 때도 형성되며, 대리비용도 발생한다. 부채를 사용하면 채권자(주인)가 자금을 주주 또는 주주의 이익을 우선하는 경영자(대리인)에게 위임하는 대리관계가, 주식을 발행하면 주주(주인)가 자금을 경영자 또는 기존주주(대리인)에게 위임하는 대리관계가 형성된다. 전자는 채권자로부터 자금을 위임받은 주주와 경영자가 자신들의 이익을 우선하여 기업가치를 하락시키는 부채의 대리비용(agency cost of debt)을, 후자는 지분율 하락으로 변하게 되는 소유경영자의 인센티브 변화와 기존주주와 새로운 주주 사이의 갈등 등으로 주식가치를 하락시키는 자기자본의 대리비용(agency cost of equity)을 발생시켜 기업의 자본비용과 가치에 영향을 미친다. 그러면 부채와 자기자본의 대리비용에는 어떤 것들이 있는지 살펴보자.

(1) 부채의 대리비용 1 : 과대투자문제

■ X기업의 현재 자본구조와 신사업 투자관련 정보

- ◦ 현재 자산(A_0) = 5,000만원　　◦ 1년 후 부채(D_1) = 8,000만원 상환의무
- ◦ 신사업은 지금 5,000만원(I_0) 투자하여 1년 후 종료되며, 성공하면 자산가치(A_1) = 40,000만원, 실패하면 A_1 = 0만원, 성공 확률은 10%　　◦ 할인율은 0%로 가정

X기업의 박스 내용을 가지고 과대투자문제를 살펴보자. 먼저 성공 확률이 10%에 불과한 신사업의 NPV는 다음과 같이 (-)1,000만원으로 기업가치를 감소시키므로 투자되지 말아야 한다.

- NPV = [-5,000만원 + (0.1×40,000만원)] = (-)1,000만원 < 0

그러나 신사업 투자가 가져오는 자산, 부채, 자기자본의 변화(투자하지 않을 경우와 비교한)를 분석하면 주주 입장에서는 성공 확률이 10%에 불과하고, (-)NPV가 예상되는 위험한 투자를 하는 것이 유리해진다.

신사업에 투자하면 자산(A_1)은 (-)NPV만큼 감소하여 5,000만원에서 4,000만원으로 감소하게 된다. 부채(D_1)는 신사업이 진행되지 않으면 자산 5,000만원이라도 일부 상환 받지만, 투자하면 10%의 확률로 성공할 경우에만 8,000만원 전액 상환 받을 수 있으므로 투자에 따른 부채의 예상가치는 800만원에 불과하여 4,200만원이나 감소한다. 따라서 기업가치 관점이나 채권자 입장에서는 이와 같이 위험한 사업은 진행되지 말아야 한다.

그러나 자기자본의 변화를 살펴보면 주주의 입장은 다르다는 것을 알 수 있다. 신사업이 진행되지 않으면 자산 5,000만원 전액은 부채상환에 사용된다. 다행히 주주의 유한책임으로 나머지 미상환금액 3,000만원에 대해서 책임지지 않아도 되므로 자기자본은 0만원이 된다. 그러나 신사업에 투자하여 10% 확률로 성공하면 8,000만원의 부채를 상환하고 남은 금액 모두가 주주 몫이 되므로 투자에 따른 자기자본의 예상가치는 3,200만원이나 된다. 따라서 주주 입장에서는 10%의 낮은 성공 확률의 위험한 투자라도 진행되어야 한다. 이는 90%의 높은 확률로 실패하여도 주주는 부채 상환에 유한책임이기 때문이다.

- 자산변화량 = [(0.1×40,000) − 5,000] = (−)1,000만원
- 부채변화량 = [(0.1×8,000) − 5,000] = (−)4,200만원
- 자기자본변화량 = [0.1×(40,000 − 8,000) − 0] = (+)3,200만원

이와 같이 과도한 부채를 사용하는 기업의 주주와 경영자에게는 기업가치와 채권자의 부(wealth)를 감소시키는 위험한 투자라도 주주의 유한책임과 잔여재산청구권자 특징 때문에 투자할 유인이 발생하는 것을 '과대투자문제(over-investment problem) 또는 위험유인문제(risk incentive problem)'라고 한다. 또한 이런 투자는 기업의 자산을 위험이 낮은 안전자산에서 높은 위험자산으로 대체시키는 결과를 가져오므로 '자산대체문제(asset substitution problem)'라고도 한다.

만약 X기업이 1년 후 상환할 부채(D_1)가 1,000만원이라고 하면 다음과 같이 주주도 신사업에 투자하지 않는 것이 유리하다. 따라서 과대투자문제는 결국 기업의 과도한 부채 사용으로 발생하게 된다.

- 투자하지 않을 경우 자기자본(E_1) = [5,000 − 1,000] = 4,000만원
- 투자할 경우 자기자본(E_1) = [0.1×(40,000 − 1,000)] = 3,900만원

예제 13-2

앞의 X기업의 1년 후 상환해야 할 부채(D_1)가 얼마 이하이면 과대투자문제가 발생하지 않겠는가?

풀이 '투자하지 않는 경우의 E_1 ≥ 투자하는 경우의 E_1'이면 될 것이다.
$[5{,}000-D_1] \geq [0.1\times(40{,}000-D_1)] \Rightarrow D_1 \leq 1{,}111$만원

(2) 부채의 대리비용 2 : 과소투자문제

앞의 X기업 상황에서 신사업 정보만 다음과 같이 변경하여 과소투자문제를 살펴보자.

■ X기업의 현재 자본구조와 신사업 투자관련 정보
- 현재 자산(A_0) = 5,000만원
- 1년 후 부채(D_1) = 8,000만원 상환의무
- 신사업은 5,000만원(I_0) 투자하여 1년 후 종료되며, 확실하게(100%) 자산가치(A_1) = 7,500만원
- 할인율은 0%로 가정

CHAPTER 13 자본조달결정 II 상충이론과 우선순위이론

이번 신사업의 NPV는 (+)2,500만원[=−5,000만원+7,500만원]으로 기업가치를 증가시키므로 투자되어야 한다. 채권자 입장에서도 투자하게 되면 2,000만원 증가한 7,000만원을 상환 받을 수 있으므로 투자되어야 한다.

그러나 투자자금을 기업보유 현금 또는 주식을 발행하여 조달하면 주주 입장에서는 투자하는 것이 불리하게 된다. 먼저 X기업의 자산 5,000만원이 모두 현금이라고 가정하여 그것으로 투자하는 경우를 투자하지 않는 경우와 비교해보자.

- 자산변화량=[7,500−5,000]=(+)2,500만원
- 부채변화량=[7,500−5,000]=(+)2,500만원
- 자기자본변화량=[0−0]=0만원

주주와 경영자 입장에서는 신사업을 열심히 진행한 성과인 NPV=(+)2,500만원을 모두 채권자에게 상환하고 자신들의 몫은 여전히 아무것도 없게 된다. 즉 열심히 경영하여 채권자만 좋아진 상황이다. 주주와 경영자 입장에서는 신사업에 투자할 인센티브가 없게 된다.

이번에는 신사업 투자자금을 과도한 부채 때문에 주식을 발행하여 조달한 경우를 살펴보자. 1년 후 자산(A_1)은 새로운 주주로부터 출자된 신주발행금액 5,000만원과 투자안의 NPV 2,500만원이 추가되어 12,500만원[=5,000만원+5,000만원+2,500만원]이 되고, 부채 8,000만원은 전액 상환되고 자기자본은 4,500만원이 된다.

- 자산변화량=[12,500−5,000]=(+)7,500만원
- 부채변화량=[8,000−5,000]=(+)3,000만원
- 자기자본변화량=[4,500−0]=(+)4,500만원

그러나 여기서 주의해야할 것은 자기자본이 4,500만원 증가한 것처럼 보이는 것이다. 자기자본에는 기존주주의 출자금뿐만 아니라 새로운 주주들이 출자한 5,000만원도 포함되어 있다. 그런데 자기자본이 4,500만원에 불과하다는 것은 자기자본이 증가한 것이 아니라, 오히려 새로운 주주들에게 500만원의 손실을 입힐 정도로 감소한 것이다. 따라서 새로운 주주들 입장에서는 X기업의 신사업 투자에 참여할 인센티브가 없어진다.

이와 같이 과도한 부채를 사용하는 기업의 주주와 경영자 입장에서는 기업가치와 채권자의 부(wealth)만 증가시키는 (+)의 NPV 사업에 투자할 유인이 사라지는 것을 '과소투자문제(under-investment problem) 또는 부채과잉문제(debt overhang problem)'라고 한다.

여기서도 X기업이 1년 후 상환할 부채(D_1)가 1,000만원에 불과하다면 다음과 같이 주주도 신사업에 투자하는 것이 유리하다. 따라서 과소투자문제 역시 기업의 과도한 부채 때문에 발생하게 된다.

- 투자하지 않을 경우 자기자본(E_1) = [5,000 − 1,000] = 4,000만원
- 보유현금으로 투자할 경우 자기자본(E_1) = [7,500 − 1,000] = 6,500만원
  또는 신주발행자금으로 투자할 경우 = [12,500 − 1,000] = 11,500만원

예제 12-3

앞의 X기업에 출자 여부를 고민하는 투자자(새로운 주주) 입장에서 X기업의 상환해야 할 부채(D_1)가 얼마 이하이면 출자하겠는가?

풀이 '1년 후 E_1 ≥ 출자금 5,000만원'이면 될 것이다.
$[A_0(=5{,}000) + I_0(=5{,}000) + NPV(=2{,}500) - D_1] \geq 5{,}000 \Rightarrow D_1 \leq 7{,}500$만원

(3) 부채의 대리비용 3 : 자산유용

기업이 부채를 많이 사용할수록 기업의 경영성과나 자산가치 중에서 채권자 몫은 증가하고, 잔여청구권자인 주주 몫은 점점 감소하게 된다. 이런 상황에서 주주와 경영자가 자신들의 몫을 정상적인 경영활동을 통하여 증가시키려 하지 않고 기업의 수익 창출에 핵심적인 자산을 처분하는 등 비정상적인 방법으로 증가시키는 것을 '자산유용(milking the property)'이라고 한다. 과도한 부채사용으로 발생한 자산유용이 기업가치와 채권자 몫을 감소시키고 주주 몫을 증가시키면 부채의 대리비용에 해당된다.

앞의 X기업에서 자산가치가 4,000만원이나 되는 핵심자산을 채권자 모르게 경영자가 처분하여 주주에게 배당으로 지급하는 자산유용이 발생하면 1년 후 자산가치는 1,000만원[=5,000만원−4,000만원]으로 감소하고, 채권자의 몫은 1,000만원만 상환 받으므로 4,000만원 감소하고, 주주 몫의 자기자본은 0만원이 될 것이다. 그러나 주주는 자본가치는 0만원이지만 핵심자산 처분금액 4,000만원을 배당금으로 받았으므로 주주의 몫은 4,000만원 증가하게 된다.

만약 X기업이 1년 후 상환할 부채(D_1)가 1,000만원에 불과하다면 다음과 같이 자산유용을 하는 것이나 하지 않는 것이나 주주에게는 동일하다. 그러나 주주와 경영자가 자신들 몫의 변화가 없음에도 채권자의 신뢰를 저버리고 기업가치를 감소시키는 자산유용을 하지는 않을 것이므로 자산유용 역시 기업의 과도한 부채 때문에 발생하게 된다.

- 자산유용을 하지 않을 경우 자기자본(E_1) = [5,000 - 1,000] = 4,000만원
- 자산유용을 하는 경우 자기자본(E_1) = 4,000만원

(4) 부채 대리비용은 주주의 부담

시장이 효율적(efficient)이어서 주주와 경영자가 선택할 수 있는 상황을 채권자들도 충분히 예상할 수 있다면, 합리적(rational)인 채권자는 과대투자문제와 과소투자문제에 대한 적절한 보상을 채권금리에 반영할 것이다. 그러면 채권발행금리가 상승하고, 신용등급도 하락하여 주가에 부정적으로 작용한다. 또한 채권금리 상승으로 이자가 증가하면 잔여재산청구권자 주주의 몫도 그만큼 감소할 것이다.

자산유용에 대해서 채권자들은 채권발행약정서(indenture)에 배당이나 다른 차입에 대한 제한을 명시하여 방지하고 있다. 채권발행약정서에는 그 외에도 채권자와 채무자 사이의 투자에 대한 구체적인 합의사항들도 포함된다.

이와 같이 부채의 대리비용은 채권발행금리를 상승시켜 자본비용 부담을 증가시키고 주가에도 부정적인 영향을 미치므로 결국 기업의 주인인 주주가 부담하게 된다.

(5) 자기자본의 대리비용 1 : 소유경영자의 인센티브 변화

앞에서 살펴본 부채의 대리비용은 부채를 줄이고 자기자본을 늘리면 감소시킬 수 있을 것이다. 그러나 자기자본을 늘리면 주인 주주와 대리인 경영자 사이에도 대리문제가 발생하여 자기자본의 대리비용이 발생하게 된다.

우선 Y기업의 다음 상황을 가지고 자기자본을 확충하면 소유경영자의 인센티브가 어떻게 변하여 대리비용이 발생하는지 살펴보자.

■ Y기업의 현재 자본구조와 신사업 투자관련 정보

- 현재 자산(A_0) = 15억원, 전액 자기자본이고 CEO(소유경영자) Park이 100% 지분 소유
- 신사업은 5억원(I_0) 투자하면 1년 후 10억원의 CF를 발생시키고 종료
- 할인율은 0%로 가정 ⇒ 신사업의 NPV = (+)5억원

먼저 투자비용 5억원을 부채로 조달하는 경우 CEO Park의 부(wealth) 변화를 살펴보자. 부채로 투자비용을 조달했으므로 부채상환 후 남은 금액은 모두 100%의 지분을 가지고 있는 CEO Park의 몫이 되므로 그의 부는 다음과 같이 5억원 증가한다.

- A_1 =[15억원(A_0) + 5억원(D_1) + 5억원(NPV)] =25억원
- E_1 =[25억원(A_1) − 5억원(D_1)] =20억원
- Park 부의 변화량 =[20억원(E_1) − 15억원(E_0)] =(+)5억원

이번에는 투자자금 5억원을 외부 주주에게 신주를 발행하여 조달하는 경우 CEO Park의 부(wealth) 변화를 살펴보자. 부채는 없으므로 자기자본이 15억원에서 20억원으로 증가하면 Park의 지분율은 100%에서 75%(=15억원/20억원)로 하락하므로 그의 몫은 다음과 같이 18.75억원이 되고, 투자 이전보다 3.75억원 증가하게 된다.

- A_1 = E_1 =[15억원(A_0 = E_0 =Park) + 신주발행 5억원 + 5억원(NPV)] =25억원
- Park의 몫 =[25억원×0.75] =18.75억원
- Park 부의 변화량 =[18.75억원 − 15억원(E_0)] =(+)3.75억원

이와 같이 (+)5억원의 NPV를 얻을 수 있는 투자 자금을 부채로 조달하는냐 또는 주식을 발행하여 조달하는냐에 따라서 소유경영자 Park에게 미치는 영향은 다르다. 부채로 조달하면 5억원의 신사업 NPV를 소유경영자 Park이 모두 가져가지만, 주식을 발행하면 새로운 주주들과 지분율에 따라 나누어 3.75억원만 가져가게 된다. 새로운 주주들도 지분율 25%에 해당되는 1.25억원(=5억원×0.25)을 가져가게 된다.

소유경영자가 적극적인 경영으로 기업가치를 증가시키면 부채로 사업자금을 조달한 경우에는 일정한 금액의 원리금을 채권자에게 우선상환 후 남은 가치증가분 모두를 소유경영자가 가져갈 수 있지만, 신주를 발행하여 조달한 경우에는 소유경영자의 노력에 따른 성과를 다른 주주들과 나누어야 하므로 소유경영자는 적극적으로 경영활동에 참가할 유인이 감소하게 된다. 이와 같이 자기자본 사용으로 소유경영자의 인센티브가 변하여 기업가치가 증가할 수 있는 만큼 증가하지 못하는 것은 주주와 경영자 사이의 대리문제로 발생하는 자기자본의 대리비용이 된다.

(6) 자기자본의 대리비용 2 : 특권적 소비와 소극적인 경영활동

주식을 발행하여 자기자본을 확충하면 소유경영자나 기존 주주들의 지분율이 하락하게 된다. 소유경영자 입장에서는 비용을 혼자서 전부 부담하다가 주주들과 나누어 부담하게 되므로 회사 자금을 사적인 용도로 지출할 유인이 생긴다. 예를 들면, 집무실의 호화로운 인테리어, 고가의 차량, 전용비용기, 회사시설에서 회사비용으로 치루는 화려한 가족행사, 과도한

기부 등과 같은 특권적 소비(perquisite consumption 또는 Perks)의 유인이 증가한다. 이와 같은 특권적 소비 역시 자기자본 사용으로 발생하는 대리비용에 해당된다.

소유경영자의 지분율 감소는 그가 경영에 임하는 태도에도 영향을 미친다. 자기자본 증가로 자신의 지분율이 감소할수록 경영성과에 대한 소유경영자의 몫도 감소하게 되므로, 소유경영자 입장에서는 적극적으로 경영활동을 할 인센티브는 감소한다. 본인이 열심히 경영한 결과물을 단지 자금만 제공한 주주들과 나누는 것이 불편하기 때문이다.

다음의 Y기업의 자본구조와 신사업 관련 정보를 통하여 자기자본으로 투자자금을 조달하는 경우 소유경영자의 경영에 임하는 태도가 부채로 조달하는 경우와 비교하여 어떻게 변할 수 있는지 살펴보자.

■ Y기업의 현재 자본구조와 신사업 투자관련 정보

- 현재 자산(A_0) = 2,500만원, 전액 자기자본이고 CEO(소유경영자) Park이 100% 지분 소유
- 신사업 투자자금 10,000만원(I_0), ① 부채(R_D = 5%)로 조달, ② 신주발행으로 조달
- 소유경영자가 적극적으로 경영하면 1년 후 자산가치(A_1) = 25,000만원, 소극적으로 경영하면 15,000만원이 되고, 투자종료

먼저 부채로 투자자금을 조달하는 경우 소유경영자 Park의 몫은 투자결과인 자산가치에서 부채의 원리금을 상환하고 남은 금액이 된다. 따라서 다음과 같이 소유경영자 Park이 적극적으로 경영하여 증가하는 자산가치 10,000만원은 모두 소유경영자 몫이 된다. 따라서 소유경영자 Park이 적극적으로 경영하면 소극적으로 경영할 때 보다 10,000만원 더 가져갈 수 있다.

- 자산가치 차이[적극적 − 소극적] = [25,000 − 15,000] = (+)10,000만원
- Park(적극적) = [A_1 25,000 − 10,000×(1.05)] = 14,500만원
- Park(소극적) = [A_1 15,000 − 10,000×(1.05)] = 4,500만원
- Park 차이[적극적 − 소극적] = [14,500 − 4,500] = (+)10,000만원

투자자금 10,000만원을 신주로 발행하여 조달하면 소유경영자 Park의 지분율은 100%에서 20%(= 2,500만원/12,500만원)로 감소하므로, 소유경영자 Park의 몫은 투자결과인 자산가치의 20%가 된다. 따라서 다음과 같이 소유경영자 Park의 적극적인 경영으로 증가하는 자산가치 10,000만원은 20%의 지분을 가진 Park이 2,000만원, 80%의 지분을 가진 새로운 주주

들이 8,000만원 가져가게 된다. 따라서 소유경영자 Park이 적극적으로 경영하면 소극적으로 경영할 때 보다 2,000만원만 더 가져갈 수 있다.

- Park(적극적) = [A_1 25,000×0.2] = 5,000만원
- Park(소극적) = [A_1 15,000×0.2] = 3,000만원
- Park 차이[적극적 - 소극적] = [5,000 - 3,000] = (+)2,000만원
- 새로운 주주 차이[적극적 - 소극적] = [(25,000 - 15,000)×0.8] = (+)8,000만원

신사업의 투자자금 10,000만원을 부채로 조달하든, 자기자본으로 조달하든 소유경영자가 적극적으로 경영하면 소극적일 때 보다 자신의 몫이 증가한다. 그러나 부채로 조달하는 경우는 적극적인 경영으로 증가한 10,000만원 모두를 소유경영자가 가져가지만 주식을 발행한 경우는 새로운 주주들과 지분율에 따라 나누어 가져간다. 따라서 자기자본으로 투자자금을 조달하면 상대적으로 소유경영자가 적극적으로 경영할 인센티브가 적어진다. 2,000만원 더 가져가는 것을 포기하고 자신에게 주어진 시간을 여가활동이나 가족과 보내는 것이 소유경영자에게 더 나을 수 있기 때문이다.

이와 같이 자기자본으로 투자자금을 조달하는 경우 소유경영자의 소극적인 경영으로 놓치게 되는 자산가치 10,000만원(새로운 주주들의 몫 8,000만원이 포함된)도 자기자본의 대리비용에 해당된다.

(7) 자기자본의 대리비용 3 : 소유경영자의 제국건설

앞에서 살펴 본 소유경영자의 인센티브 변화, 특권적 소비와 소극적인 경영은 소유경영자의 지분율이 낮거나 기업의 소유권이 잘 분산된 기업에서 발생할 가능성이 높다. 그러나 소유권이 잘 분산된 기업에게 이들보다 훨씬 더 큰 부담이 되는 자기자본의 대리비용은 지분율이 매우 낮아졌음에도 여전히 소유경영자가 자신만의 기업인 것처럼 효율적이지 못한 과도한 투자로 자신만의 제국을 건설(empire building)하는 것이다.

수익성이 하락하는 사업을 계속 확장하고, 부실한 사업을 정리하지 못하고, 불필요한 자본적 지출을 늘리고, 무리한 M&A를 시도하는 등 경영의 효율성과 수익성보다는 소유경영자만의 제국을 확장하는 선택은 주가 하락으로 이어져 주주들의 부(wealth)를 감소시킬 것이다. 이와 같은 무리한 선택으로 사라지거나 부실해진 기업들이 적지 않으므로 소유경영자만의 제국건설을 위한 비합리적인 과도한 투자는 다른 대리비용보다 훨씬 더 큰 자기자본의 대리비용이다.

행태재무학(behavioral finance)에서는 소유경영자의 제국건설을 위한 비합리적인 과도한 투자를 자기과신(overconfidence)의 오류로 설명한다. 소유경영자는 언제나 자신은 남들보다 뛰어나고, 자신의 선택은 언제나 주주를 위한 것이고, 실패할 가능성도 거의 없는 선택이라고 과신하면서 객관적인 사실, 특히 자신의 생각과 반대되는 사실을 의도적으로 무시하는 오류를 범한다고 한다.

(8) 자기자본 대리비용은 기존 주주의 부담

시장이 효율적(efficient)이어서 경영자가 선택할 수 있는 상황을 잠재적인 주주를 비롯한 시장참가자들이 예상할 수 있다면, 합리적(rational)인 투자자는 자기자본의 대리비용으로 인한 기업가치 하락에 대한 보상을 요구할 것이다. 따라서 기업은 신주발행가격을 자신이 원하는 수준보다 낮은 가격으로 설정해야 새로운 주주에게 출자 받을 수 있게 된다.

신주발행가격의 하락은 기존 주식들의 가격도 하락시킬 것이므로 자기자본의 대리비용은 기존 주주들의 부(wealth)를 감소시킨다.

1.2.2 정보불균형과 자본구조

MM이 가정했던 완전자본시장과는 다르게 현실에서는 기업 내부의 CEO와 외부 투자자들 사이에 정보불균형(information asymmetry)이 존재한다. CEO는 정보의 양(quantity)과 질(quality) 모두 외부투자자보다 우위에 있다. 삼성전자나 Apple의 CEO와 우리들이 그 기업에 대하여 동일한 정보를 가지고 있지는 않다.

정보우위에 있는 CEO 입장에서는 외부 투자자들이 주가에 긍정적인 정보를 몰라서 주가가 저평가되는 상황을 원하지 않을 것이다. 따라서 정보우위에 있는 CEO는 정보열위에 있는 외부투자자에게 좋은 정보를 전달(Signaling)하여 주가에 반영될 수 있도록 해야 한다. 다만 정보전달은 그렇지 못한 기업들이 쉽게 따라할 수 없는 방법으로 이루어져야 한다. 쉽게 따라할 수 있다면 외부 투자자들은 자신들이 접하는 정보가 진짜인지 구분할 수 없게 되므로 진실된 정보를 전달한 기업이 아무런 효과를 얻지 못하게 된다.

또한 외부 투자자들에게 불확실하던 정보가 확실해지면 정보우위 측에 피해가 발생할 수도 있다. 예를 들어, 어떤 물건이 좋은지(10,000원 가치) 나쁜지(5,000원 가치) 정확하게 모르던 것이 확실하게 나쁜 것으로 판명되면 중간가격 7,500원으로 거래하던 정보열위자가 5,000원 가치의 물건을 7,500원을 주고 구입하고 있다는 것을 인지하게 되면서 가격은 5,000원으로 하락할 것이다.

이와 같이 정보우위에 있는 집단이 특정 수단을 활용하여 좋은 정보를 정보열위 집단에 전달하는 정보효과와 정보열위의 집단에게 불확실하던 내용이 확실해지면서 나타나는 역선택문제는 기업의 자본조달과정에서도 발생한다.

(1) 부채의 긍정적인 효과 : 정보전달효과

부채를 통한 자본조달은 그 기업의 높은 투자성과 또는 수익성이 지속될 것이라는 좋은 정보를 외부투자자에게 전달하는 정보전달(costly signaling) 수단으로 사용될 수 있다. 부채는 원리금 상환 의무 때문에 안정적인 수익성을 갖지 못하는 기업에게는 매우 부담되는 자본조달 수단이므로 그렇지 못한 기업이 따라할 수 없는 전달 수단 역할을 할 수 있다. 정보열위자들은 특정 기업이 투자자금을 부채로 조달하는 것을 통하여 그 기업의 미래 수익성이 지속적으로 높을 것이라고 추정할 수 있게 된다.

이와 같이 정보불균형 상황에서 부채로 자본을 조달하는 것은 그 기업의 긍정적인 정보를 외부 투자자에게 전달하여 주가에 반영되게 하므로 기업가치와 자본비용에 긍정적인 효과를 발생시킨다.

예를 들어, 부채가 없는 Y기업이 신사업을 고려중이라고 한다. 정보열위의 외부투자자들은 성공과 실패 확률은 50%로 동일하며, 성공하면 1년 후 10억원, 실패하면 2억원의 CF가 발생할 것이라는 정도의 정보만 가지고 있지만, 정보우위의 CEO Park은 100% 성공할 것이라는 확실한 정보를 가지고 있다. 만약 Y기업이 부채를 2억원 이상 사용하였는데, 사업이 실패하면 Y기업은 파산위험에 직면하게 된다. 파산위험에도 불구하고 Y기업이 2억원 이상의 부채를 사용하는 것을 통하여 외부투자자들은 신사업의 성공확률은 50%가 아니라 100%라고 확신하게 된다.

만약 Y기업이 2억원 미만의 부채를 사용하면, 사업이 실패해도 Y기업은 파산위험에 직면하지 않으므로 정보열위에 투자자들에게 아무런 정보도 전달하지 못한다.

(2) 자기자본의 부정적인 효과 : 역선택 문제로 인한 주가하락

'역선택 문제(adverse-selection problem)'는 정보불균형에 따른 문제로, 정보열위 집단이 자신들의 제한적인 정보를 가지고 최선의 선택을 하였지만, 부족한 정보로 원하지 않는 결과가 발생하는 상황을 말한다. Akerlof라는 경제학자가 주장한 역선택 문제를 다음과 같은 중고차 시장의 예를 통하여 살펴보자[2].

2 Akerlof, G. A. (1970), "The Market for "Lemons" : Quality, Uncertainty, and the Market Mechanism,

■ SUV 중고차 시장

◦ SUV 중고차 상태(quality)에 대한 정보는 매도자가 매수자보다 우위
◦ 정보열위 매수자의 정보 : SUV의 절반은 Good(1,000만원 가치), 절반은 Bad(500만원 가치)
◦ 정보우위 매도자의 정보 : 자신의 차가 Good인지 Bad인지 정확히 알고 있음.

정보열위 매수자가 제한된 정보로 제시할 수 있는 최선의 가격은 750만원(=1,000만원×0.5+500만원×0.5)일 것이다. 750만원의 매수가격을 보고 1,000만원 가치가 있는 Good SUV 매도자는 판매하지 않을 것이고, 500만원 가치가 있는 Bad SUV 매도자는 바로 판매할 것이다. 따라서 이와 같은 정보불균형 상황에서 거래가 성립되면 정보열위 매수자는 500만원 하는 Bad SUV를 750만원에 매입하는 역선택 문제에 직면하게 된다.

역선택 문제는 기업의 내부 CEO가 외부투자자들보다 기업에 대하여 정보우위에 있는 정보불균형 상황에서 주식을 발행할 때도 발생한다. 기업 Y의 주식가치에 대한 정보가 다음과 같은 경우 주식발행의 역선택 문제를 살펴보자.

■ Y기업 주식가치 관련 정보

◦ 부채는 없으며, 1,000주의 보통주를 발행하여 자기자본 사용
◦ 외부투자자들은 Y주식을 동일한 확률로 주당 150,000원 또는 200,000원의 가치로 판단.
◦ 투자자금 5,000만원이 소요되는 NPV=200만원의 신규 투자를 고려.
◦ 투자자금은 전액 신주발행으로 조달예정.

Y주식은 정보열위 외부투자자들의 제한된 정보 하에서의 합리적인 선택으로 175,000원(=150,000원×0.5+200,000원×0.5)에 거래될 것이다. Y주식의 적정가치가 150,000원인지 200,000원인지 정확하게 알고 있는 CEO는 거래가격 175,000원을 기준으로 신주발행 여부를 결정한다. 만약에 정보우위의 CEO는 적정가치가 200,000원이라는 것을 알고 있다면 과소평가된 175,000원에는 주식을 발행하지 않을 것이다. 반면에 적정가치가 150,000원이라는 것을 알고 있다면 과대평가된 175,000원에 주식을 발행할 것이다.

이런 상황에서 Y기업의 신주발행이 공시되면 적정가치가 150,000원과 200,000원 중의 하나라는 것만 알고 있던 외부투자자들은 적정가치가 150,000원에 불과한 Y주식을 과대평가된 175,000원으로 거래하고 있었다는, 즉 역선택 문제에 직면했음을 알게 될 것이다. 효율적인 시장에서 역선택 문제를 발생시킨 정보불균형이 해소되면서 투자자들의 합리적인 반응

” *Quarterly Journal of Economics*, Vol.84, 488-500.

으로 Y기업의 주가는 175,000원에서 150,000원으로 하락하게 된다.

이와 같이 CEO와 외부투자자 사이의 정보불균형이 존재하면 기업이 자금조달을 위하여 주식을 발행하면 정보열위 외부투자자의 역선택 문제가 해소되면서 주가가 하락하는 것은 자기자본 사용의 부정적인 효과에 해당된다.

예제 13-4

앞의 Y기업 주식의 적정가치에 대하여 외부투자자는 150,000원, 175,000원, 200,000원 3가지가 동일한 확률로 가능할 것이라는 정도의 정보를 가지고 있다면, Y주식의 현재 거래가격과 Y기업이 신주발행을 공시하였을 경우 주가의 반응은 어떻게 예상되는가?

풀이 정보불균형 상황에서 외부투자자의 제한된 정보가 반영한 거래가격은 다음과 같이 175,000원이 된다.

[1/3×(150,000원 + 175,000원 + 200,000원)] = 175,000원

CEO는 과소평가된 가격에는 신주발행을 하지 않을 것이므로, 175,000원이 과소평가 가격으로 여겨지는 적정가치는 200,000원뿐이다. 따라서 신주발행이 공시된다는 것은 Y주식의 적정가치는 동일한 확률로 150,000원 또는 175,000원이란 것이다. Y기업의 신주발행이 공시되면 다음과 같이 주가는 175,000원에서 162,500원으로 하락할 것으로 예상된다.

[1/2×(150,000원 + 175,000원)] = 162,500원

1.2.3 자본구조의 상충이론

지금까지 살펴 본 부채사용의 긍정적인 효과 또는 장점은 ① 이자의 세금감면효과, ② 자기자본의 대리비용 해결, ③ 정보전달효과, ④ 신주발행에 의한 주가하락 해결 등이고, 부정적인 효과 또는 단점은 ① 파산위험 증가, ② 부채의 대리비용 발생 등이 있다. 이외에도 본서에서 언급하지 않은 장·단점들이 있겠지만 부채를 사용하면 발생하는 이와 같은 긍정적인 효과와 부정적인 효과를 동시에 한계적으로 분석하면 자본비용을 최소화하여 기업가치를 극대화시키는 부채의 최적수준, 즉 최적자본구조(optimal capital structure)를 찾을 수 있다는 것이 자본구조의 상충이론(Trade-off theory)의 핵심이다.

초기에는 '이자의 세금감면효과와 파산위험'만 고려한 '상충이론'이라고 하였는데, 최근에는 부채사용에 따른 다른 효과들까지 추가하여 '확장된 상충이론'이라고 한다. 식 (1)의 상충이론이 다음 식 (2)와 같이 확장된 것이다. 여기서 $AC_{D,E}$는 각각 부채와 자기자본의 대리비용, INFO는 부채의 정보전달효과로 인한 가치증가분, NEW는 신주발행으로 인한 가치하락분의 절대값을 각각 의미한다.

- 부채사용의 긍정적인 효과와 부정적인 효과를 동시한 고려한 부채사용 기업의 가치

$$V_L = [V_U + (D \times t_C) + PV(AC_E) + PV(INFO) + PV(NEW) - PV(BC) - PV(AC_D)] \cdots \text{식 (2)}$$

2. 자본구조의 우선순위 이론

앞에서 살펴본 자본구조의 상충이론이 부채사용의 긍정적인 효과와 부정적인 효과를 한계적으로 분석하면 최적부채수준을 찾을 수 있다는 주장인 반면에 우선순위이론(pecking-order theory)은 최적부채수준이라는 것은 없으며 기업은 자본을 장기적으로 조달할 수 있는 여러 수단들 중에서 가장 비용 부담이 적은 수단들부터 순서대로 활용할 뿐이라는 주장이다.

기업이 장기적으로 활용할 수 있는 자본조달 수단은 내부보유현금, 채권과 같은 부채증권, 주식과 같은 지분증권과 더불어 최근에는 전환사채, 교환사채, 신주인수권부사채 등의 혼합증권 등도 있다. 이들로 자본을 조달할 때 기업이 부담해야 하는 비용들을 살펴보자.

2.1. 자본조달 수단별 비용

내부보유현금은 자본의 기회비용(opportunity cost)을 부담해야 한다. 다른 용도로 활용할 경우 얻을 수 있는 수익을 포기해야 하기 때문이다. 그러나 자본의 기회비용은 부채로 조달하든 주식을 발행하여 조달하든 자금을 조달할 때는 기본적으로 모두가 부담해야 하는 비용이므로 보유현금만 부담해야 하는 비용이 아니다. 또한 보유현금을 사용하면 자본조달을 위한 시간 지체가 적어 적시에 투자가 가능하고, 원리금 상환에 따른 주기적인 현금유출이 발생하지 않고, 새로운 주주들의 경영간섭도 받지 않아도 된다. 따라서 다른 자본조달 수단들보다 비용 부담이 가장 적은 수단이 내부보유현금이다.

대출이나 채권을 발행하여 조달하는 부채는 금리가 직접적인 비용이지만 앞에서 살펴본 부채의 부정적인 효과와 긍정적인 효과 등으로 발생하는 간접적인 비용도 부담해야 한다. 다만 직접적인 비용인 금리가 주식 발행의 직접적인 비용보다는 상대적으로 적다. 부채를 통하여 기업에 자금을 빌려주는 채권자의 수익인 이자와 원금은 언제 얼마를 받을 수 있는지가 비교적 확실하지만, 주식으로 기업에 출자한 주주의 수익인 배당금은 언제 얼마나 받을 수 있을지, 투자원금은 보장될지 모두 불확실하다. 따라서 상대적으로 확실한 투자수익을 얻

을 수 있는 채권자가 기업에게 자본제공의 대가로 주주보다 낮은 수익률을 요구할 것이므로, 기업은 부채의 자본비용을 주식보다 적게 부담하게 된다.

주식을 발행하여 조달하는 자기자본의 비용은 부채보다 높다. 주주의 요구수익률에는 앞에서 살펴본 자기자본의 대리비용, 신주발행에 따른 주가하락, 투자수익의 불확실성 등이 포함되기 때문이다. 특히 주주와 경영자 사이, 주주 사이의 기업지배권(control) 갈등은 계량화하긴 쉽지 않지만 다른 자본조달 수단들의 비용보다 기업에게 큰 부담이 된다.

최근에 기업들은 부채와 주식의 성격을 혼합한 전환사채, 교환사채, 신주인수권부사채 등으로도 자본을 조달하고 있다. 전환사채(CB, convertible bond)는 채권의 기본적인 특징에 일정 기간이 지나면 발행기업 주식으로 전환할 수 있는 권리, 교환사채(EB, exchangeable bond)는 발행기업 보유주식으로 전환할 수 있는 권리가 첨부된 채권이다. 신주인수권부사채(BW, bond with warrant)는 채권에 발행기업의 주식을 인수할 수 있는 신주인수권이 첨부된 채권이다. 이들의 직접적인 비용은 기본적으로 채권보다는 적지만 보통주로 전환되거나 신주인수권이 행사될 경우 주식발행과 동일한 부담을 기업에게 줄 것이므로 정확한 비용은 측정하기 어렵지만 채권보다는 높고, 주식보다는 낮다고 한다.

2.2 자본구조의 우선순위이론

자본구조의 우선순위이론은 활용 가능한 자본조달 수단들 중에서 비용 부담이 가장 적은 내부보유현금을 우선적으로 사용하고, 내부자금으로도 필요한 자본이 충당되지 않으면 위험이 적은 소규모 대출이나 부채발행(특히 중소기업)을 시작으로 CB, EB, BW와 같은 혼합증권과 대규모의 채권(대기업)을 발행하여 자금을 조달하고, 비용부담이 가장 큰 신주발행은 가장 마지막으로 활용한다는 것이다.

이와 같이 비용 부담이 적은 순서로 자본을 조달한다는 것은 최적자본구조는 존재하지 않는다는 것을 의미한다. 만약 특정 수준의 부채가 사용되었다면 부채보다 비용 부담이 적은 수단들로 필요한 자본을 충당하지 못한 우연의 결과이지 그 수준이 최적자본구조는 아니라는 것이다.

우선순위이론은 이익이 많이 발생하는 기업들이 부채를 적게 사용하는 것과 기업들이 여유자금을 내부적으로 많이 보유하려는 이유를 설명해준다.

지금까지 기업의 자본조달결정과 관련된 자본구조이론을 살펴보았다. 상충이론처럼 최적자본구조가 존재하는지, 우선순위이론처럼 우연의 결과인지는 실제 기업들의 자본구조와 자본조달을 결정하는 CFO들에게 직접 물어봐야 알 수 있을 것이다. 다만 '부채비율 50%가 최적자본구조이다!'와 같은 일괄적인 결론은 없다. 기업마다 상황이 다르기 때문에 최적자본구조가 존재하더라도 기업마다 부채비율은 다를 것이다. 본서에서는 자본조달결정에서 이런 요인들이 고려되어야 한다는 것을 제시할 뿐이다.

연습문제

13-1. 매년 영업이익이 50억원으로 예상되는 L기업은 현재 부채를 사용하고 있지 않으며, 자본비용은 10% 부담하고 있다고 한다. 법인세율이 20%일 때 다음 질문에 답하시오.

① 부채 50억원을 5%의 비용으로 사용하는 자본구조로 변경하면 현재보다 기업가치가 얼마나 증가하겠는가?

② 부채 100억원을 8%의 비용으로 사용하는 자본구조로 변경하면 현재보다 기업가치가 얼마나 증가하겠는가?

③ ①에서 부채 50억원을 5%의 비용으로 사용하면 2년 후 파산가능성은 25%, 파산비용은 파산시점 기업가치의 20%로 예상된다고 한다. 기업가치는 얼마로 예상되는가?

④ ②에서 부채 100억원을 8%의 비용으로 사용하면 2년 후 파산가능성은 50%, 파산비용은 파산시점 기업가치의 40%로 예상된다고 한다. 기업가치는 얼마로 예상되는가?

13-2. Park의 현재 자산은 1,000만원이고 1달 후 부채 5,000만원을 사채업자 Kim에게 갚아야 한다. Park은 성공 확률이 5%에 불과한 도박에 남은 재산을 모두 베팅하려고 한다. 베팅이 성공하면 1억원을 벌 수 있지만 실패하면 남은 재산마저 모두 잃게 된다. 도박수익의 할인율은 0%.

① 도박의 NPV는 얼마이며, 그 결과로 볼 때 베팅해야 하는가?

② 베팅 전·후의 Park의 자산, 사채업자 Kim의 몫, Park의 몫의 변화를 비교하여 Kim과 Park의 입장에서 베팅 여부를 판단해 보시오.

③ 부채가 얼마 이하이면 베팅하지 않는 것이 Park에게도 유리한가?

13-3. M기업의 현재 자산은 1억원(전액 현금)이고, 1년 후 부채 5억원을 상환해야 한다. M기업에게 지금 가능한 투자안은 1억원이 투입되면 1년 후 2억원의 CF가 보장된다고 한다. 할인율은 0%를 가정.

① 투자안의 NPV는 얼마이며, 그 결과로 볼 때 투자해야 하는가?

② M기업의 현재 자산으로 투자가 진행될 경우의 M기업 자산, 부채, 자기자본을 투자하지 않을 경우와 비교하여 M기업의 채권자와 주주 입장에서 각각의 투자여부를 판단해 보시오.

③ 신주를 발행하여 투자비용을 조달할 경우 M기업 자산, 부채, 자기자본을 투자하지 않을 경우와 비교하여 M기업의 채권자와 신주를 매입하여 출자한 주주 입장에서 각각 투자여부를 판단해 보시오.

④ ③에서 신주를 매입할 새로운 주주 입장에서는 M기업의 채권이 얼마 이하이면 출자하는 것이 유리하겠는가?

⑤ ③에서 투자안의 1년 후 CF가 얼마 이상이면 기존 주주들에게도 성과가 분배될 수 있겠는가?

13-4. N기업은 현재 부채를 사용하고 있지 않으며, 자산 15억원은 소유경영자 X가 전액 출자한 자기자본이라고 한다. N기업은 지금 30억원이 투자되는 사업 시행 여부를 고민하고 있다고 한다. 할인율은 0%를 가정.

① 투자의 1년 후 CF가 40억원 예상되고, 투자비용 30억원 모두를 부채로 조달할 경우 소유경영자 X의 부(wealth)는 어떻게 변하는가?

② 투자의 1년 후 CF가 40억원 예상되고, 투자비용 30억원을 소유경영자 X가 출자한 자기자본 15억원(모두 현금이라고 가정)과 부채로 나머지 15억원을 조달할 경우 소유경영자 X의 부는 어떻게 변하는가?

③ 투자의 1년 후 CF가 40억원이 예상되고, 투자비용 30억원은 새로운 주주로부터 15억원을 출자 받고 부채로 나머지 15억원을 조달할 경우 소유경영자 X의 부는 어떻게 변하는가?

④ 1년 후 투자의 CF가 예상과는 반대로 10억원에 불과하면 ②~③의 결과는 어떻게 변하는가?

⑤ ①~④의 결과를 보면 투자성과 좋을 때와 나쁠 때 부채발행과 주식발행 중 어떤 자금조달방법이 소유경영자에게 유리한지 판단해 보시오.

13-5. 13-4에서 N기업의 투자관련 사항만 다음과 같이 변경되고 나머지는 동일한 상황을 가정하여 다음 질문들에 답하시오. 지금 30억원이 투자되는 사업은 1년 후 CF를 50억원 발생시키고 종료된다. 할인율은 여전히 0%로 가정.

① 신사업의 NPV를 계산하여 N기업 입장에서의 투자 여부를 판단하시오.

② 투자비용 30억원 전액을 부채로 조달하면 소유경영자 X의 부는 어떻게 변하는가?

③ 투자비용 30억원 중 15억원은 N기업의 현재 자본(전액 현금이라고 가정)으로, 나머지 15억원만 부채로 조달하면 소유경영자 X의 부(wealth)는 어떻게 변하는가?

④ 투자비용 30억원 전액을 주식을 발행하여 조달하면 소유경영자 X의 부는 어떻게 변하는가?

⑤ 투자비용 30억원 중 15억원은 현재 자본으로, 나머지 15억원만 주식을 발행하여 조달하면 소유경영자 X의 부는 어떻게 변하는가?

⑥ ①~⑤의 결과를 보면 주식을 발행하여 투자자금을 조달하면 소유경영자의 인센티브는 어떤 영향을 받을 수 있겠는가?

⑦ 만약 예상과는 다르게 1년 후에 20억원의 CF만 발생시키고 투자가 종료되었다면 ①~⑤의 결과는 어떻게 변하는가?

13-6. O기업은 현재 15억원의 자기자본만 사용하고 있으며, CEO Kang이 100% 지분을 소유하고 있다. 지금 고려중인 투자는 30억원이 투입되고 1년 후에 종료된다고 한다. 투자비용 30억원은 5%의 비용으로 차입할 수도 있고, 신주를 발행하여 조달할 수도 있다고 한다. 다만 이 투자에 CEO Kang이 적극적으로 경영에 임하면 1년 후 자산가치가 70억원, 소극적으로 임하면 40억원으로 형성될 것으로 예상된다.

① 투자비용 30억원 전액을 부채로 조달하는 경우 CEO의 경영태도에 따른 CEO 몫의 차이는 얼마나 발생하는가?

② 투자비용 30억원 중 15억원은 CEO의 출자금 15억원(현재 자기자본), 나머지 15억원만 부채로 조달하는 경우 CEO의 경영태도에 따른 CEO 몫의 차이는 얼마나 발생하는가?

③ 투자비용 30억원 전액을 주식을 발행하여 조달하는 경우 CEO의 경영태도에 따른 CEO 몫의 차이는 얼마나 발생하는가?

④ 투자비용 30억원 중 15억원은 CEO의 출자금 15억원(현재 자기자본), 나머지 15억원만 주식을 발행하여 조달하는 경우 CEO의 경영태도에 따른 CEO 몫의 차이는 얼마나 발생하는가?

⑤ ①~④의 결과를 보면 주식발행과 부채조달 중 어떤 방법으로 투자자금을 조달할 때 소유경영자가 소극적으로 경영에 임할 가능성이 높은가?

13-7. 커피점을 운용하고 있는 친구가 자금 사정이 좋지 않다고 한다. 당신은 친구에게 시중 금리로 자금을 빌려줄 수 있다고 했지만, 친구는 당신의 지분 참여를 통하여 자신과 동업하자고 한다. 친구의 커피점 사업은 지금 1억원이 필요하고, 1년 후 회수 가능한 금액은 동일한 확률로 1.5억원 또는 1.2억원이라고 한다. 이것은 당신이 아는 정보이고 커피점 주인 친구는 어느 것이 진짜 회수되는 금액인지 정확히 알고 있을 것이다. 시중 금리는 0%로 가정.

① 시중 금리로 당신이 1억원을 빌려주면 회수금액별 당신과 당신 친구의 몫은 각각 얼마인가?

② 친구의 제안대로 지분을 받고 동업하려면 당신 입장에서 합리적인 지분율은 얼마가 되는가? 당신의 합리적인 지분율과 친구의 지분율에 의하면 회수금액별로 각자의 몫은 각각 얼마인가?(Tip : 최소한 빌려주었을 경우와 동일한 몫을 가져가야 당신에게 합리적인 지분율이 될 것임)

③ ①과 ②의 결과를 통하여 회수금액을 정확히 알고 있는 친구는 회수금액별로 당신에게 돈을 빌렸을 경우와 당신과 동업할 경우 중 어느 경우가 유리한지 비교하시오.

④ ③의 결과를 통하여 당신의 정보를 수정하여 친구가 동업을 제안하였을 때 당신의 합리적인 지분율을 ②의 결과에서 얼마로 수정해야 하는가? 수정된 지분율로 친구는 회수금액별로 당신에게 돈을 빌리는 경우와 동업하는 경우 중 어느 경우가 유리한지 비교하시오.

13-8. P기업 주식의 적정가치에 대한 주요 애널리스트들의 의견을 종합하니 50%는 70,000원, 30%는 60,000원, 20%는 50,000원으로 평가하고 있다.

① 애널리스트들의 예상이 반영되었다면 P주식은 얼마에 거래되겠는가?

② ①에서 형성된 가격을 보고 정보우위에 있는 P기업 내부자들이 P주식을 처분하기 시작하였다면 P주식 가격은 얼마로 조정되겠는가?

③ ②에서 형성된 가격에도 여전히 P기업 내부자들이 P주식을 매도하고 있다면 P주식 가격은 다시 얼마로 조정되겠는가? 정보열위의 외부투자자들이 정보우위자들의 거래를 통하여 알게 되는 P주식의 적정가치는 얼마인가?

④ 만약 ②에서 형성된 가격에 P기업 내부자들이 P주식을 매수하기 시작하였다면 P주식 가격은 얼마로 조정되겠는가? 정보열위의 외부투자자들이 정보우위자들의 거래 행태를 통하여 알게 되는 P주식의 적정가치는 얼마인가?

13-9. Q기업과 QQ기업은 모두 부채를 사용하고 있지 않은 상태에서 투자비용이 10억원 소요되는 투자안의 자금조달을 고민하고 있다. 두 기업 모두 우선은 내부보유현금으로 조달하고, 모자라는 금액을 외부에서 조달하려고 한다. Q기업은 5%의 비용으로, QQ기업은 7.5%의 비용으로 부채를 10억원까지 조달할 수 있다고 한다. Q기업의 자본은 현금 5억원, QQ기업의 자본은 2.5억원이라고 한다. 투자자금 조달이 완료되면 두 기업의 부채비율은 각각 얼마가 되겠는가?

CHAPTER

14

자본조달수단 : 주식과 채권

1. 자본조달의 기초
2. 주식과 주주
3. 종류주식
4. 주식발행과 자본금
5. 채권

1. 자본조달의 기초

1.1 자본조달의 의의

기업재무(corporate finance)의 중요한 두 축은 지속적인 성장을 끌어낼 수 있는 투자와 기업운용에 필요한 자본조달이다. 기업이 직면한 상황에서 최대한의 수익을 창출하기 위한 투자결정과 최소한의 비용으로 필요한 자본을 적시에 조달하기 위한 자본조달결정은 기업가치 극대화는 물론 기업의 생존에도 가장 기본적이면서도 매우 중요한 의사결정이다.

투자결정과 관련된 내용들은 '투자사업결정의 자본예산(capital budgeting)'에서, 자본조달결정과 관련된 내용들은 '자본조달결정의 자본구조(capital structure)'에서 살펴보았다. 본장에서는 실제로 자본조달에 활용되는 증권들의 종류와 특징을 살펴보고자 한다.

자본조달은 기업이 조달하는 자금의 만기에 따라 단기자본조달과 장기자본조달로 구분할 수 있는데, 이는 조달한 자금의 만기와 자금이 투입되는 투자기간과 연결된 분류이다[1]. 투자가 지속적으로 원활하게 진행되기 위해서 기업은 투자기간과 조달된 자금의 만기를 가능한 일치시켜야 한다. 예를 들어, 수익이 1년 이후 본격적으로 발생하는 투자에 1년 미만의 만기로 대출한 자금이 투입된다면 좋은 투자기회를 놓칠 수 있다. 따라서 기업의 장기적인 핵심투자는 장기자본으로 조달되는 것이 바람직하다. 장기자본으로 조달하는 경우에도 주식을 발행해서 조달해야 하는지, 채권을 발행해서 조달해야 하는지를 각각의 증권이 기업에 미치는 긍정적인 효과와 부정적인 효과를 고려하여 결정해야 한다.

자본조달은 기업 내부의 보유 현금으로 해결하는 내부금융(internal financing)과 증권을 발행하여 기업 외부에서 자본을 조달하는 외부금융(external financing)으로도 구분할 수 있다. 외부금융은 또한 채무관계를 형성하여 조달하는 자금과 기업의 소유지분을 분배하여 소유관계를 형성하면서 조달하는 자금으로 구분할 수 있는데, 전자는 사채(corporate bond) 등을 발행하여 조달하며 부채 또는 타인자본(debt)이라고 하고, 후자는 주식(stock)을 발행하여 조달하며 자본 또는 자기자본(equity)이라고 한다[2]. 일반적으로 주식회사 설립 시에는 사업자금을 대부분 주식발행이나 은행대출, 사채발행 등의 외부금융에 의존하지만 설립 후에는 사업이익 일부를 쌓아두고 있는 이익잉여금을 사용하는 내부금융이 가능해진다.

1 본장의 자본조달은 장기자본조달을 의미한다.

2 본장에서는 회사채라고도 불리는 기업이 발행하는 채권을 사채(社債), 사채를 투자 또는 매입한 투자자를 사채권자(社債勸者)로 통일하여 표기한다.

1.2 자본조달 증권 선택

자본조달결정은 결국 자본비용을 최소한으로 부담하는 자본조달을 수행하는 것이라고 할 수 있다. 기업은 장기적으로 금융기관으로부터 차입(bank loan) 또는 증권(security)을 발행하여 자금을 조달할 수 있다[3]. 금융기관으로부터의 차입은 대출심사와 담보설정 등 상대적으로 간단하게 이루어 질 수 있지만 증권을 발행하는 자본조달은 다음과 같은 사항들이 고려되어야 하므로 간단하지 않다.

첫 번째, 각 증권의 자본비용(cost of capital) 수준이다. 자본비용은 발행기업의 미래 현금흐름의 크기와 지속성 등과 증권투자자들(기업에게는 자본제공자)이 부담해야 하는 위험의 정도에 따라 결정된다. 주식과 사채 발행에 따른 긍정적·부정적 효과, 증권발행비용, 해외에서 조달하는 경우 환율 변동에 따른 환위험 등도 직·간접적으로 자본비용에 영향을 미친다.

두 번째, 기업지배권에 대한 영향이다. 사채를 발행하는 경우에는 정해진 시점에 원리금만 상환하면 사채권자가 기업의 운영에 간섭하지 않으므로 기업지배권에 미치는 영향은 거의 없다. 그러나 신주를 발행하게 되면 신주발행방법에 따라 새로운 주주들의 지분율만큼 기존 주주들의 지분율이 하락하여 기업지배권의 변화가 발생하게 된다. 따라서 주식을 발행하여 자금을 조달할 때는 원리금 상환의 부담이 없는 대신에 기존 주주와 새로운 주주 사이의 갈등이 기업가치에 부정적인 영향을 미칠 수 있다는 것을 고려해야 한다.

세 번째, 기업의 자본조달 결정 후 실제로 기업에 자금이 유입되는데 소요되는 기간이다. 주식과 사채 발행은 발행절차를 거쳐야 하지만 은행차입은 상대적으로 짧은 기간 내에 기업이 자금을 사용할 수 있도록 해준다. 또한 주식과 사채 발행은 시장 상황이나 발행기업에 대한 투자자들의 불안감 등으로 발행예정금액보다 적은 금액이 조달될 수도 있다.

네 번째, 자본의 사용기간이다. 단기적으로 사용할 곳에 장기자본으로 조달하면 높은 이자 부담과 기회비용이 발생할 것이고, 장기투자에 단기자본으로 조달하면 금융시장이 악화되면 만기연장이나 동일한 조건의 증권 재발행 등이 어려워질 것이다. 따라서 사업 소요기간이나 자산 투자기간과 조달하는 자본의 만기는 가능한 일치시켜야 할 것이다.

이외에도 자금조달에 대한 법적 규제도 고려해야 한다. 우리나라 상법은 '주식과 사채의 발행'에 대한 규정을 통하여 다수 투자자들로부터의 자금조달을 촉진시키기 위하여 주식과 사채의 양도와 권리 행사를 규정하고 있고, 자본시장법은 주식과 사채를 투자대상인 '증권'으로 파악하여 투자자 보호를 위한 규제를 하고 있다[4]. 예를 들면, 발행회사에게 주식, 사채관련

3 여기서 증권이란 주식, 종류주식, 사채, 특수사채(CB, BW 등) 모두를 포함한다.

정보 공시를 강제하고 있고, 주식과 사채의 불공정거래(내부자 거래와 시세 조종 등)를 금지하고, 금융투자업자의 건전성과 영업행위에 대한 규제 등을 하고 있다.

1.3 발행증권의 다양화

증권에 내포되어 핵심 기능은 현금흐름(cash flow, 이하 CF)에 대한 권리와 의결권이다. 발행기업의 CF에 대한 권리는 다양한 요인들(여기에는 예측 가능한 것도 포함되고 예측하지 못한 것도 포함)에 영향을 받는다. 해당 증권투자자는 다양한 요인들의 불확실성이 최소화되기를 원하지만 현실적으로 장기간에 걸쳐 발생하는 CF에 미치는 영향을 사전에 파악하고 통제한다는 것은 거의 불가능하다.

투자자의 CF에 대한 불확실성을 해소시켜주지 못하기 때문에 주식에 투자하는 주주에게는 CF에 영향을 미치는 기업의 의사결정에 참가할 수 있는 '의결권(voting right)'을 부여하고, 사채를 매입하는 사채권자에게는 기업의 CF에 대한 선순위권을 부여한 것이라는 법률적인 해석이 가능하다.

사채는 주식과 비교하면 기업 실적의 좋고 나쁨에 상관없이 발행계약조건에 정해진 금액을 우선하여 받을 수 있도록 보호되므로 주주에게 주어진 의결권이 제한되는 반면에 주식은 선순위청구권자인 사채권자에게 우선 분배되고 남은 CF에 대한 청구권(잔여재산청구권, residual claim)으로 기업과 동고동락(同苦同樂)하므로 의결권을 갖는 것이다.

기업이 사채를 발행하게 된 이유 중 하나는 주주보다 위험회피성향이 강한 투자자들의 자금을 유치하기 위해서 그들에게 선순위의 고정된 이익을 보장하는 증권이 필요했기 때문이다. 최근에도 주식, 사채 이외의 종류주식과 특수사채 등의 다양한 유형의 증권이 발행되고 있는데, 이 역시 다양한 시장 수요가 발생하였기 때문이다. 예를 들면, 사업위험이 높은 벤처기업이 투자자에게 성공할 경우에 충분한 성과를 공유할 수 있도록 발행하는 전환우선주(보통 기업공개 시에 보통주로 전환할 수 있음), 적대적 기업인수에 대한 경영권 방어수단으로 지배주주나 창업자 등에게 발행되는 차등의결권 주식, 국내 금융기관이 BIS자기자본 비율 요구조건을 충족시키기 위하여 발행하는 영구채(채권형태이지만 자기자본으로 인정받음) 등은 시장의 수요에 맞게 다양하게 발행되고 있는 대표적인 증권들이다.

4 본서와 본장에서 상법(商法)이라고 하면 당연히 우리나라 상법을 말하고, 주식과 사채에 대한 내용들은 '상법 회사편(제3편)'의 규정을 바탕으로 설명하였다.

2. 주식과 주주

2.1 주식

주식(株式, share, stock)이란 사원(社員)인 주주(株主, shareholder)가 주식회사에 출자한 일정한 지분 또는 이를 나타내는 증권을 말한다. 주식은 사채와 함께 자본조달의 주요 수단으로, 보통 주식이라고 하면 보통주(普通株, common stock)를 의미하며 종류주식에서 설명할 우선주와 함께 자기자본을 조달하기 위하여 발행된다.

우리나라 상법에서는 주식에 대하여 '주식의 균일성(均一性)과 불가분성(不可分性)'을 규정하고 있다. 주식의 균일성이란 주식의 원활한 유통을 위하여 주주의 지위를 균일한 단위인 주식으로 세분하는 것으로 주주 1인이 다수의 주식을 보유할 수 있어 합명회사와 합자회사 등의 인적회사에서 각 사원이 하나의 지분을 갖는 것과는 대비된다.

주식의 불가분성은 하나의 주식은 최소 단위이므로 주주가 임의로 세분할 수 없도록 한 것으로 만약 기존 주식단위 거래가 불편하면 주식분할 등의 법적인 절차를 거쳐서 주식의 크기를 조정해야 한다. 또한 상법에서는 1주 미만의 주식, 즉 단주(端株)를 허용하고 있지 않다. 신주발행, 주식배당, 무상증자, 주식병합, 합병, 전환사채의 전환 등으로 단주가 발생하면 금전으로 교환하여 처리해야 한다.

주식은 주주의 지위를 담고 있는 주권으로 정관에 1주의 금액이 기재되어 있는 액면주식(額面株式)과 1주의 금액은 표시되지 않고 정관에 주식의 수만 표시되어 있는 무액면주식(無額面株式)으로 구분된다. 과거에는 액면주식 발행만 허용되었으나 2011년 상법 개정에서 정관에서 정한 경우는 무액면주식 발행도 허용되었다. 단 무액면주식과 액면주식이 동시에 발행될 수는 없다. 따라서 액면주식을 발행한 기업이 신주를 무액면주식으로 발행하려면 기존의 액면주식도 모두 무액면주식으로 전환해야 한다. 주식의 액면금액과 시장가격과의 괴리가 심하고, 주주가 기업에 실제 납입하는 금액은 발행가격이므로 액면금액의 실효성이 거의 없다는 주장 때문에 무액면주식의 발행이 허용되었으나 액면주식의 무액면주식으로의 전환 등의 번거로움으로 국내에서 무액면주식이 발행된 경우는 아직까지 없다.

현재 액면주식은 액면금액을 100원 이상 균일하게 설정해야 하고 발행가액 중에서 액면금액은 자본금으로 나머지는 자본준비금으로 인식해야 한다. 반면에 무액면주식을 발행할 때는 발행가액의 50% 이상을 자본금으로, 나머지는 자본준비금으로 인식해야 한다.

예를 들어, X기업이 액면금액 5,000원인 신주 100주를 주당 15,000원에 발행하였다면,

발행가액 15,000원 중에서 액면금액에 해당하는 50만원[=5,000원×100주]은 자본금에, 나머지 100만원[=(15,000원-5,000원)×100주]은 자본준비금에 인식해야 한다. 만약 무액면주식 100주를 15,000원에 발행했다면 발행총액 150만원의 50%인 75만원 이상을 자본금에, 나머지를 자본준비금에 인식해야 한다.

주식은 또한 주권에 주주의 이름이 표기되어 있는 기명주식(記名株式)과 표기되어 있지 않는 무기명주식(無記名株式)으로 구분된다. 기명주식은 권리를 행사하는 주주가 구체적으로 누구인지 파악할 수 있지만 주주 교체에 따른 사무비용과 유통이 신속하게 이루어지지 못한다는 단점이 있다. 반면에 무기명주식은 현재 주주가 누구인지 명확하지 않으므로 기업이 예상치 못한 주주에게 지배당할 가능성도 있고, 주주총회에서 정족수 확보가 어려울 수도 있다.

2.2 주주

상법규정에 따른 전형적인 주주는 주식을 취득하여 소유하고, 명의개서가 이루어져 회사에 대한 대항력을 확보하고 있고, 주식가치의 증감에 따른 경제적 이해관계가 귀속되는 주체를 말한다. 실무에서 많이 언급되는 주주에는 '주요주주, 최대주주, 지배주주, 소수주주' 등이 있다.

주요주주는 명의에 상관없이 자기의 계산으로 의결권 없는 주식을 제외한 발행주식의 100분의 10 이상의 주식을 소유하거나, 상장회사의 주요 경영사항 결정에 사실상의 영향력을 행사하는 주주를 말하고, 최대주주는 상장회사의 주주로서 의결권 없는 주식을 제외한 발행주식총수를 기준으로 본인 및 그와 대통령령으로 정하는 특수관계인이 소유한 주식의 수가 가장 많은 경우의 본인을 말하고, 지배주주는 회사의 발행주식총수의 100분의 95 이상을 자기의 계산으로 보유하거나 특수관계인과 합하여 회사에 대하여 법률상, 사실상 지배력을 가진 주주를 말한다.

소수주주는 일반적으로 회사에 대한 지배력을 갖지 못하고 최대주주와 주요주주에 해당되지 않는 주주(보통은 기관투자자를 제외한 개인투자자)를 의미하지만 상법의 특정 규정에 따라 조금씩 다른 개념으로 사용되기도 한다. 특별지배주주의 매도청구권 및 소수주주의 매수청구권 관련 규정에서는 특별지배주주(95% 이상 보유주주)가 존재하는 기업의 나머지 주주를 의미하고, 일정한 지분율 이상을 보유한 주주에 한하여 일정한 주주권을 인정하는 '소수주주권' 규정에서는 일정한 지분율 이상을 가진 주주를 의미한다.

상법에서는 주주와 관련된 이익배당청구권과 의결권에 대하여 '주주평등의 원칙'을 기본적으로 적용하고 있다. 주주평등의 원칙이란 회사는 주주와의 법률관계에서 주주를 보유주식의 내용과 수에 따라 평등하게 대우해야 한다는 원칙이다. 여기서 평등은 균등(均等)의 개념이 아니라 보유주식과 출자액에 비례하여 적용되는 합리적인 평등으로, 주주 1인당 1개의 의결권이 아니라 주식 1주당 1개의 의결권을 부여하는 것이 여기에 해당된다.

주주평등의 원칙은 주주의 권리와 더불어 책임에도 적용되는데 기업의 사업위험과 파산 등으로 발생하는 손실에 대한 주주의 책임은 원칙적으로 출자액에 한정되는 유한책임이며, 유한책임 주주들에게 보유주식에 비례하여 책임이 분배된다. 따라서 보유주식이 많을수록 권리도 증가하지만 책임도 증가하는 것이 주주평등이다.

2.3 주주의 권리와 의무

주식회사의 주요 자본제공자인 주주는 사채권자와 함께 주식회사 재산에 대한 청구권을 가진다. 그러나 주주는 채권자의 청구권을 먼저 충족시키고 남은 재산에 대하여 청구권을 행사할 수 있으며, 이것을 주주의 잔여재산청구권(residual claim)이라고 한다. 선순위권리자인 사채권자에 대한 청구내용인 원금과 이자관련 내용은 채권발행 시점에 확정되지만 후순위 권리자인 주주에 대한 잔여청구내용은 회사의 경영성과에 연동된다. 따라서 주주는 기업의 가장 중요한 이해관계자가 되므로 주주를 회사의 주인이라고 하는 것이다.

주식회사의 출자자인 주주는 회사에 대하여 다양한 권리를 가지며, 이는 사원인 주주 지위 때문에 발생하므로 사원권(社員權)이라고 한다. 사원권은 주주가 회사로부터 직접적으로 경제적 이익을 받을 수 있는 자익권(自益權)과 회사경영에 참여하고 감독하는 공익권(共益權)으로 구분된다. 자익권에는 이익배당청구권이 핵심이며 그 외에도 신주인수권, 반대주주의 주식매수청구권, 회사 청산 시의 잔여재산배분청구권 등이 있으며, 공익권에는 의결권, 주주총회소집청구권, 주주제안권, 각종 소송권, 회계장부열람권 등이 있다. 자익권 행사의 효과는 권리를 행사한 주주에게만 미치지만 공익권 행사는 회사와 주주 전체에 미치므로 적절한 통제가 요구된다.

주주의 권리는 또한 주식 1주라도 보유한 주주라면 행사할 수 있는 단독주주권과 발행주식총수의 일정 비율의 주식을 보유한 주주만 행사할 수 있는 소수주주권으로 구분할 수도 있다. 앞에서 언급한 각종 자익권, 각종 소송 제기권, 각종 열람등사 청구권 등이 단독주주권에 해당된다. 소수주주권에 일정 비율의 주식을 보유할 것을 요구한 것은 공익권 남용을 방지하기 위해서이다.

대표적인 공익권인 의결권(議決權, voting right)이란 주주가 주주총회에 참석하여 주요 경영사항의 결정에 참여할 수 있는 권리를 말하여 주식 1주당 1개의 의결권을 가진다. 실무에서는 주주들이 주주총회에 참석하여 직접 의결권을 행사는 경우는 거의 없으며, 주주 자신들의 의견을 대변하여 경영에 참여할 수 있는 이사(director)를 선출할 때 의결권이 중요한 역할을 한다. 기업의 경영 관련 중요한 사항들은 대부분 이사회의 결의를 통하여 결정되므로 이사회에 자신들의 의견을 대변할 수 있는 이사가 포함되는 것이 주주에게는 중요하다.

의결권 행사를 통한 이사 선출 방식에는 과반수투표제(majority voting), 집중투표제(cumulative voting), 초다수결의제(super-majority voting) 등이 있다. 과반수투표제는 이사 1명 선출할 때마다 주주가 1주당 1의결권을 행사하는 방식이고, 집중투표제는 선출해야 할 이사 수만큼의 의결권을 1주에 부여하는 방식이다. 예를 들어, X회사가 이사 4명을 선출하고자 하는데 총발행주식 100주 중에 Park이 75주, Kim이 25주를 보유하고 있다고 하자. 과반수투표제로 선출하면 이사들마다 Park이 75%(75주)의 의결권을 행사하므로 Park이 지지하는 이사들만 선출되지만, 집중투표제로 선출하면 Kim이 자신이 지지하는 1명의 이사에게 100주[=25주×4명]을 집중투표하면 Park은 300주[=75주×4명]를 3명의 이사에게 나누어 투표해야 하므로 소수주주를 대표하는 이사가 선출될 수 있다. 이와 같이 집중투표제는 대주주의 일방적인 이사회 장악을 막기 위해 도입되고 있다. 초다수결의제는 주로 지분구조가 취약한 회사가 적대적 인수합병을 방어하기 위해 사용되는데 이사회 교체나 회사해산 등의 주요사항들은 발행주식총수의 70% 이상이 참석하고 그 중의 90% 이상이 찬성하는 경우에만 의결되도록 하는 것이다. 부당한 적대적 인수합병으로부터 소수주주를 보호하기 위한 방법으로 사용된다.

주주의 의무는 크게 회사에 대한 의무와 사채권자에 대한 의무로 구분된다. 회사에 대한 의무는 인수한 주식의 인수금액만큼의 출자의무 외에는 특별한 것이 없다. 출자의무는 회사 성립 전 또는 신주발행효력 발생 이전에 이행되어야 한다(상법에서는 '전액납입주의'라고 함). 주주의 사채권자에 대한 의무는 '주주유한책임의 원칙'으로 원칙적으로 출자금액 이상의 책임은 없다.

2.4 주주의 유한책임

주식회사는 법인격이 있으므로, 즉 법인(法人, a legal person)이므로 사원인 주주와 독립적으로 채무를 부담한다. 상법 규정에 의하면 주식회사의 주주, 유한회사의 사원, 유한책임회사의 사원은 회사에 채무에 대한 책임을 지지 않는다. 특히 주주는 자신이 인수 또는 출자한 금액만 납부하면 회사 채무에 대한 책임이 발생하지 않는다. 이것을 법률적으로 '주주유한책임(株主有限責任, limited liability)원칙'이라고 한다.

주주유한책임원칙은 주주 개인의 재산을 기업의 사업위험으로부터 보호하여 경영에 관여하고 싶지는 않지만, 즉 직접적인 책임을 지고 싶지는 않지만 기업에 투자하고 싶은 투자자를 유인할 수 있게 해주고, 사회적으로는 필요하지만 실패 위험도 높은 사업들의 자금조달을 가능하게 해준다.

그러나 사업이나 투자 위험이 아무리 크더라도 주주의 책임에 한계가 있다 보니 선순위로 고정된 수익만을 가져가는 사채권자보다 주주들은 위험이 큰 투자를 선호할 유인이 발생한다. High risk, high return이란 표현처럼 보통은 수익이 높은 투자는 그 만큼의 위험을 부담해야 하지만 주주는 유한책임 덕분에 high return을 추구하지만 limited risk만 부담해도 되기 때문이다. 반면에 사채권자는 기업이 아무리 큰 수익을 얻더라도 고정된 수익(fixed income)만을 가져갈 수 있으니 high risk가 동반되는 투자를 선호하지 않는다. 따라서 주주유한책임원칙은 사채권자와 주주 사이의 이해관계 충돌을 가져와 대리문제를 발생시킨다[5].

주주의 유한책임으로 회사의 나머지 위험은 사채권자가 부담하게 되므로 상법은 사채권자의 부담을 완화하기 위한 규정들을 두고 있다[6]. 또한 사채권자는 사채 발행조건에 회사의 도산, 파산 가능성, 주주와의 대리문제 등을 고려하여 금리를 높이거나 보증을 요구하는 사항들을 포함시킨다.

3. 종류주식

3.1 종류주식의 의의

주식은 원칙적으로 권리의 내용 차이가 없어야 한다. 즉 X기업이 발행한 주식들은 모두 동일한 권리를 담고 있어야 한다는 것이다. 그러나 우리나라 상법은 예외적으로 권리 내용이 다른 주식, 즉 종류주식(種類株式)의 발행을 허용하고 있다.

2011년 상법 개정 이전의 종류주식이란 회사의 이익이나 잔여재산, 즉 CF에 대한 권리의 내용이 다른 주식을 의미하여 보통주(普通株)를 기준으로 CF에 대한 권리가 선순위인 우선주

5 여기에 대해서는 13장의 부채의 대리비용의 과대투자문제를 참고하기 바람.

6 자본금제도, 자본충실원칙, 채권자 이의절차 등이 여기에 해당되며 자세한 내용은 상법의 회사편을 참고하기 바람.

(優先株)와 후순위인 후배주(後配株)의 발행만 가능하였지만 개정 이후 우선주는 상환주식과 무의결주식으로도 발행이 가능하며, 종류주식들로 전환이 가능한 전환주식 발행도 허용되었다.

자금을 조달해야 하는 기업과 투자자의 다양한 수요를 충족시키기 위하여 2011년 상법 개정에서 CF에 대한 권리 내용의 차이는 우선주와 후배주처럼 분배순위의 차이에만 제한되지 않는다고 명시하여 무의결권주식 외에도 특정 사항의 결정에만 의결권이 제한되는 주식도, 우선주가 아님에도 의결권의 배제와 제한이 허용되는 주식도, 전환과 상환의 내용이 보다 다양하게 설정되는 주식도 모두 종류주식에 포함되어 발행이 가능해졌다[7].

그러나 종류주식의 발행으로 주주의 동질성이 깨지고, 다른 종류의 주주집단이 증가하면서 이들 사이의 이해관계 충돌이 발생할 수 있으므로 종류주식의 발행은 현재와 미래의 주주에게 영향을 미치게 되므로 정관에 종류주식의 내용과 수를 정해두어야 한다.

종류주식은 크게 이익배당 및 잔여재산분배에 관한 종류주식, 의결권의 배제·제한에 관한 종류주식, 주식의 상환에 관한 종류주식, 주식의 전환에 관한 종류주식 등으로 구분할 수 있다. 각각의 종류주식에 대해서 살펴보자.

3.2 이익배당 및 잔여재산분배에 관한 종류주식-우선주

현재 상법에서는 이익배당에 관한 종류주식을 발행할 때는 정관에 그 종류주식의 주주에게 교부되는 배당재산의 종류, 배당재산가액의 결정방법, 이익을 배당하는 조건 등 이익배당에 관한 내용을 정하도록 하고 있으며, 우선주와 후배주가 여기에 해당된다.

우선주(preferred stock)는 이익배당, 잔여재산분배에 관하여 다른 주식보다 먼저 배당 또는 분배받을 수 있는 주식을 말한다. 우선주는 권리내용을 다르게 설정하여 1종, 2종, 3종 우선주 등으로 구별하여 발행되며 재무적 상황이 좋지 않은 기업이 자금을 조달하거나 벤처기업이 재무적 투자자를 유치하기 위하여 발행할 때 적합한 형태이다. 대부분의 우선주 투자자들도 기업의 경영 참여보다는 주식가치 상승과 이익 청구에 더 많은 관심을 가지고 있다.

후배주는 이익배당, 잔여재산분배에 관하여 다른 주식보다 나중에 배당 또는 분배받을 수 있는 주식으로 부실기업이 특수관계인에게 발행하기 적합한 형태이지만 우리나라에서 발행된 경우는 거의 없다고 한다.

우선주가 보통주보다 먼저 배당받을 금액은 우선배당금 또는 우선배당률이라고 하는데 우리나라 우선주는 대부분 액면금액에 대한 비율인 우선배당률로 표시하고 있다. 우선배당금

7 "회사는 이익의 배당, 잔여재산의 분배, 주주총회에서의 의결권 행사, 상환 및 전환 등에 관하여 내용이 다른 종류의 주식(이하 종류주식)을 발행할 수 있다"고 개정 상법에서 규정함.

도 이익배당금에 해당되고 보통주와 우선주 주주 모두에게 중요한 사항이므로 상법 규정을 적용받아 배당가능이익이 있는 경우에만 배당결의를 거쳐 지급된다. 여기서 결의를 거친다는 것은 배당가능이익이 충분하더라도 우선배당금에 대한 법적 의무는 없다는 것으로 사채의 이자와는 다름을 의미한다.

우선주는 누적 여부와 참가 여부를 기준으로 분류될 수 있는데, 먼저 누적 여부 기준에 의하면 우선주는 특정 연도의 배당금이 발행 시에 정한 우선주배당금보다 적은 경우 차액 배당금을 다음 연도 배당금에 누적하여 받을 수 있는가에 따라서 '누적적 우선주'와 '비누적적 우선주'로 구분된다. 정관이나 우선주 발행결의 시에 누적 여부를 명시하지 않으면 기본적으로 '누적적 우선주'로 간주한다. 누적은 또한 과거 3년분만 누적한다는 식으로 일정 기간 동안만 누적하는 것도 가능하며 누적된 배당금은 오래된 배당금부터 지급하여 모든 누적배당금이 해소된 후에 해당연도의 우선배당금을 지급하게 된다. 또한 미지급된 우선주배당금이 모두 지급될 때까지 보통주와 동일한 의결권이 주어지기도 한다.

참가 여부 기준에 의하면 우선주는 우선배당금이 지급된 후에도 기업이 추가 지급하려고 할 때 보통주와 함께 추가배당에 참가할 수 있는가에 따라서 '참가적 우선주'와 '비참가적 우선주'로 구분된다.

누적과 참가 여부 기준을 적용하면 우선배당률이 시장금리 수준인 비참가적·누적적 우선주는 사채에 가까운 형태이고, 우선배당률이 낮은 참가적·비누적적 우선주는 보통주에 가까운 형태이다. 전자를 사채형 우선주, 후자를 보통주형 우선주라고 한다.

우선배당금, 누적과 참가에 관한 사항은 주주와의 이해관계 조정을 위하여 이익배당 관련 종류주식에 대하여 상법에서 요구하는 가장 중요한 사항이다.

3.3 의결권 배제 · 제한 관련 종류주식

상법상 주식은 1주당 1개의 의결권이 원칙이다. 이전에는 의결권 없이 발행되는 배당우선주를 제외하고는 의결권이 배제·제한되는 주식의 발행이 허용되지 않았다. 그러나 2011년 상법 개정에서 '1주 1의결권' 원칙이 완화되면서 보통주는 25% 한도 내에서 의결권의 배제 또는 제한되는 종류주식의 발행이 허용되었다. 단 의결권이 복수인 복수의결권 주식과 1개 미만의 부분의결권 주식의 발행은 여전히 허용되지 않고 있다.

의결권이 배제된다는 것은 우선주처럼 주주총회 모든 결의사항에 대하여 의결권을 행사할 수 없다는 것을, 의결권이 제한된다는 것은 특정 사항이나 특정 시기에만 의결에 참여할 수 없다는 것을 각각 의미한다. 의결권 배제 또는 제한 주식은 우선주와 보통주 형태로 모두 발행 가능하고, 발행주식총수의 25%를 초과할 수 없으며, 정관에 발행내용과 수를 정해두어야 한다. 의결권이 배제된 주주는 의결권 이외의 주주 권리, 예를 들면 주주대표 소송권과 주주총회 결의 취소의 소 제기 등의 공익권에 대해서, 의결권이 제한된 주주는 의결권 행사가 허용되는 상황, 예를 들면 이익배당청구권, 잔여재산분배청구권 등에 대해서는 보통주 주주와 동일하게 의결권을 행사할 수 있다.

3.4 주식 상환 관련 종류주식

상환주식은 발행할 때부터 회사의 이익으로 소각하는 것이 예정되어 있는 주식으로 상환선택권을 누가 보유하는가에 따라서 회사상환주식 또는 수의상환주식(callable stock)과 주주상환주식 또는 의무상환주식(put stock)으로 분류할 수 있다. 2011년 상법 개정에서 기존의 회사상환주식에 추가하여 주주상환주식의 발행도 허용되었다.

주주상환주식에서 주주가 상환을 청구하면 회사는 상환의무를 부담해야 하며 상환재원은 상법상 배당가능이익에 한정되므로 주주의 상환청구권이 항상 보장되는 것은 아니다. 따라서 주주상환주식은 선순위 자본제공자인 사채권자에게 불리할 가능성은 높지 않다.

2011년 상법 개정은 상환대상을 우선주에게만 한정하던 것을 일반종류주식까지 확장하였으며 정관에 회사상환주식을 발행할 때는 그 내용과 수, 상환가액, 상환기간과 상환방법, 상환할 주식의 수를, 주주상환주식을 발행할 때는 주주의 상환청구권, 상환가액, 상환청구기간, 상환방법을 기재해야 한다.

회사상환주식의 상환방법으로는 회사가 주주와 자유롭게 계약하여 상환주식을 취득하여 실효시키는 임의상환(또는 매입상환)과 회사가 주주 의사와 상관없이 상환주식을 소멸시키는 강제상환이 있다.

상환가액은 상환대가로 지급하는 금액을 말하며 정관에 구체적인 금액(액면금액이나 발행가액처럼)이나 금액을 정하는 구체적인 기준(시장가격처럼)을 기재해야 한다.

상환기간은 회사상환주식의 상환이 이루어져야 하는 기간을, 상환청구기간은 주주상환주식에서 주주가 상환청구를 해야 하는 기간을 각각 의미한다. 각 기간은 주식발행일로부터 1년이 지난 후(시작 시점) 2년 이내(종료 시점)처럼 직접 정할 수도 있고, 정관에서 정한 시작 시점에서 종료 시점 이내에 이사회가 구체적인 기간을 정하도록 위임할 수도 있다.

상환재원은 상법에는 이익이라고만 규정되어 있지만 전기말의 배당가능이익을 의미하며 현금뿐만 아니라 '유가증권(다른 종류주식은 제외)이나 기타자산으로의 현물상환'도 가능하다. 기타자산의 장부가액은 배당가능이익을 초과할 수 없으며 상환 효력이 발생하여 주식이 소멸하여도 자본금이 감소하는 것이 아니고 발행주식총수와 종류주식수만 변하므로 정관에 변경 내용을 수정해야 한다.

3.5 주식 전환 관련 종류주식

종류주식을 내용이 다른 종류의 주식으로의 전환을 청구할 수 있는 전환권이 부여된 주식을 전환주식이라고 한다. 전환주식으로는 우선주를 보통주로의 전환을 청구할 수 있는 전환권이 부여된 전환우선주가 대표적이며 전환사채와 유사하지만 기본적으로 주식에 해당된다.

주주가 전환권을 행사하는 주주전환주식과 회사가 행사하는 회사전환주식 모두 발행 가능하다. 주주전환주식의 경우에는 전환조건, 전환의 청구기간, 전환으로 발생하는 주식 수와 내용 등을, 회사전환주식의 경우에는 전환사유, 전환조건, 전환으로 발생하는 주식의 수와 내용을 각각 정관에 기재해야 하는 것이 원칙이다. 그러나 정관에 사전에 특정 사항들을 고정해두면 자금조달의 신속성이 떨어질 수 있으므로 실무에서는 기존 주주에게도 영향을 미치는 '전환대상주식과 신주 수'를 제외하고는 이사회에 대부분 위임하고 있다.

전환조건은 전환가액과 전환율로 명시되는데 전환가액은 '보통주 1주 발행가액 5,000원'처럼 전환으로 발행되는 주식의 발행가액을, 전환율은 '우선주 1주당 보통주 1주'처럼 대상주식과 전환발행주식의 교환비율로 표기한다.

전환의 청구기간과 전환기간은 각각 상환종류주식의 상환청구기간 및 상환기간과 유사한 개념으로 주주가 전환을 청구하거나 회사가 전환할 수 있는 기간을 각각 의미하고, 보통 시작 시점과 종료 시점으로 표기된다. 전환기간 내에는 언제든지 전환권이 행사될 수 있으므로 회사는 전환으로 발행되어야 할 주식의 수를 정관에 명시한 종류주식의 수에 남겨두어야 한다.

회사전환주식의 전환사유는 전환권 남용을 막기 위해서 정관에 명시하도록 되어 있다. 또한 전환효력은 주주의 청구 시에는 그 청구 시점에, 회사의 청구 시에는 주권제출기간의 만료 시점에 발생하며, 전환효력이 발생하면 대상주식은 소멸하고 신주가 발행되면서 주주는 전환주주의 지위를 상실하고 신주의 주주가 되어 신주의 권리를 행사하게 된다.

4. 주식발행과 자본금

4.1 주식발행

주식회사는 설립 후 수권주식 범위 내에서 주식을 추가로 발행할 수 있다. 수권주식(授權株式, authorized share)은 정관에 정해 놓은 주식회사가 발행할 주식의 총수, 수권자본금은 주식회사를 설립할 때 이사회에서 증자할 수 있는 최대자본금 [=수권주식×액면금액]이며, 납입자본금은 수권자본금 범위 내에서 실제로 주식을 발행하여 자본금으로 확정된 것을 말한다.

주식은 여러 가지 이유로 발행될 수 있지만 일반적인 주식발행은 신주발행으로 자본금이 증가하는 유상증자(有償增資) 과정에서 주로 이루어진다. 이외에도 준비금이 자본금으로 전입되는 무상증자(無償增資), 주식배당, 전환주식이나 전환사채의 전환권 행사 등으로도 신주발행이 이루어진다.

신주발행은 배정대상 기준에 따라서 기존 주주에게 지분율에 따라 배정되는 '주주배정방식', 일반투자자에게 공개모집하는 '일반공모방식', 특정 제3자에게만 배정하는 '제3자배정방식' 등으로 구분되며. 일반공모방식과 제3자배정방식의 신주발행은 기존 주주에게 불리하게 작용할 수 있다.

예를 들어, X기업은 신주발행 이전 액면가 5,000원, 발행주식총수 100주, 자본금 50만원 [=5,000원×100주], 시가총액[=주식의 시장가격×발행주식총수] 150만원이었다고 하면, X주식의 가격은 15,000원[=150만원/100주]이 된다. 이런 상황에서 1주당 5,000원의 발행가액으로 신주를 발행하여 50만원을 조달하였다고 하면 신주발행주식수는 100주[=50만원/5,000원]가 된다. 신주발행 후 X기업의 발행주식총수는 200주[=100주+100주], 시가총액은 200만원[=150만원+50만원]이 되므로 주가는 10,000원[=200만원/200주]으로 하락하게 된다. 이와 같이 신주발행가격이 시장가격보다 낮으면 기존 주주 가치가 감소하게 되므로 상법에서는 일반공모방식과 제3자배정방식에서는 시가기준의 발행가액을 요구하고 있다. 실무에서 상장회사들은 시장가격을 청약일 이전 평균주가를 기준주가로 하여 일정한 할인율을 적용하여 산정하고 있다.

상법은 액면금액 미만의 신주발행을 특수한 경우를 제외하고는 허용하지 않고 있다. 발행가액이 액면금액을 초과하면 초과금액[=주당발행가액−액면가]을 '주식발행초과금'이라고 하여 상법상 법정준비금인 자본준비금에 적립하도록 되어 있다.

주식발행은 공모(공개모집, public offering)와 사모(사적모집, private offering)절차로 진행될 수 있다. 공모는 불특정 다수의 일반투자자를 대상으로 공개적으로 주식을 발행한 것을, 사모는 소수의 특정인(개인, 기존 주주, 회사와 관련된 기관 등)에게만 비공개로 주식을 발행하는 것을 말한다.

4.2 주식 또는 신주발행 절차

상법 규정에 의하면 신주발행은 다음의 절차를 따르도록 되어 있다.

① 발행결정 ⇒ ② 신주발행 공지 ⇒ ③ 인수 : 청약과 배정 ⇒ ④ 납입과 현물출자 ⇒ ⑤ 현물출자검사 ⇒ ⑥ 실권주와 단주 처리 ⇒ ⑦ 등기 ⇒ ⑧ 신주발행 효력발생

신주발행은 원칙적으로 이사회가 결정하지만, 주주총회에서 결정할 수 있도록 정관에서 규정할 수도 있고, 이사회 내의 위원회에 위임할 수도 있지만 대표이사에게 신주발행 결정을 위임하는 것은 허용되지 않는다. 신주발행과 관련해서는 배정기준일을 공고하고, 신수인수권자에게 청약일 2주 전까지 신주발행 내용을 알려야 한다.

신주를 인수하고자 하는 자의 청약과 이에 대하여 회사가 신주를 배정하면 주식인수계약이 성립되고, 인수인은 인수가액을 납부할 의무가 발생하게 된다. 만약 인수인이 납입기일에 현금을 납입하지 않거나 현물을 출자하지 않으면 인수 권리는 바로 상실되면서 실권주가 발생하게 된다.

현물출자검사란 현금 대신 납입하는 현물의 가치와 적정성을 법원이 선임하는 검사인의 조사나 감정인의 감정을 받는 것을 말하며 과대평가의 위험이 항상 존재한다.

실무에서는 실권주에 대하여 이사회에서 발행 결의할 때 이사회 임의로 실권주를 배정하도록 위임하고 있다. 또한 증자로 발생하는 1주 미만의 단주는 배정할 수 없도록 규정되어 있어 시가로 처분하여 발행가액과의 차액을 주주에게 지급한다.

신주발행이 이루어지면 등기사항인 '회사의 자본금, 발행주식총수, 주식의 종류와 수' 등에 변화가 발생하므로 '변경등기'를 해야 한다.

마지막으로 인수인의 납입이나 현물출자가 완료되면 납입기일 다음 날부터 신주발행의 효력이 발생하여 인수인은 주주의 권리를 행사할 수 있고 의무도 져야 한다.

실무에서 진행되는 신주발행은 주로 공모방식에 따라 증권회사 등의 금융기관이 발행업무를 대행해주는 간접발행 형태로 진행된다. 우리나라 공모방식 간접발행 절차를 단계별로 살펴보자.

■ Step 1

: 주식을 발행하고자 하는 기업은 이사회에서 발행규모, 자금의 용도 등을 결정하여 인수제안을 공고한 후 주식인수 의사가 있는 증권회사들로부터 인수제안서를 받음.

■ Step 2

: 발행기업이 인수제안서를 보고 주식발행업무를 대행할 대표주관사를 선정하면 대표주관사는 발행기업에 대한 실사를 진행한 후 발행기업과 협의하여 세부적인 발행조건을 결정하고 주식인수계약을 체결함.

■ Step 3

: 인수계약 체결 후 발행기업은 금융위원회에 유가증권신고서를 작성하여 제출하고, 유가증권신고서의 효력이 발생하기 전에 예비사업설명서를 작성하고 기업설명회(IR, investor relation)와 수요예측(book building) 등을 실시하여 신주발행가격을 결정한 후 최종인수계약을 체결함. 최종인수계약 내용을 신고하면 금융위원회로부터 유가증권신고서의 효력 발생을 통보받게 됨.

■ Step 4

: 발행업무 주관회사들은 주식발행 관련 내용을 공고하고 발행기업의 사업설명서, 증권청약서를 배포하여 일정 기간 동안 청약을 받음. 만약 청약이 미달되면 계약조건에 따라 주관회사가 미달분을 인수하거나 발행기업에게 돌려줌.

■ Step 5

: 주식판매가 완료되어 대금이 전부 납입되면 발행기업은 금융위원회에 유가증권발행 실적보고서를 제출하고 청약투자자들에게 주권을 발행·교부하면 주식발행 업무가 종료됨.

주식발행업무 대행은 특정 금융기관 단독보다는 여러 금융기관들이 인수단(underwriting syndicate)을 구성하여 진행된다. 이는 발행규모가 너무 커서 단독으로 인수할 능력이 부족하거나 인수업무에서 발생할 수 있는 발행위험을 분산시키고 보다 많은 투자자들을 유치하기 위해서다. 발행위험은 예정된 발행가격으로 발행하지 못하거나 발행물량을 전부 판매하지 못하여 예정된 발행금액을 조달하지 못하는 경우 등을 말한다. 발행대행기관은 발행가격(발행대행기관이 일반투자자들에게 판매하는 가격)과 매입가격(발행대행기관이 발행기업에게 지불하는 가격)의 차액 또는 신주발행금액의 일정비율인 인수 수수료 형태로 수익을 가져간다.

사모방식(private offering)의 발행은 소수의 개인, 기존 주주, 회사와 관련된 기관 등과 사적으로(privately) 접촉하여 주식을 발행하고 자금을 조달하는 방법으로 공모방식과 다르게 금융위원회에 유가증권신고서를 제출하지 않아도 되므로 신속하게 자금을 조달할 수 있고 발행비용도 상대적으로 적게 발생한다. 사모방식은 주식보다는 사채발행에 주로 이용된다. 특히 신용등급이 낮아서 담보설정이 어렵고, 발행규모의 제약이 발생하는 기업들이 주로 사모방식으로 채권을 발행한다. 투자자들은 신용위험이 부담되기는 하지만 공모방식보다 유리한 조건으로 사채에 투자할 수 있는 기회를 얻게 된다.

주식발행비용에는 발행업무 대행기관 또는 주관회사에 지급하는 인수 수수료, 각종 서류비용, 법률자문 비용, 세금, 주권 인쇄비용처럼 계량화된 직접비용과 신주발행의 최적결정을 위한 경영진의 수고, 주식발행 공시에 따른 주가 하락, 저평가될 수 있는 발행가격 등의 간접비용도 포함된다.

4.3 기업공개

기업공개(initial public offering, 이하 IPO)는 거래소가 요구하는 조건을 갖춘 기업이 처음으로 신주를 일반투자자에게 발행하거나 대주주의 소유권을 분산시키기 위하여 대주주 지분을 일반투자자에게 판매하는 것으로 주식회사의 최초 주식 공모를 말한다.

과거에는 IPO가 주식의 거래소 매매가 인정 또는 허용되는 상장(上場, listing)과 동시에 진행되어 엄격한 상장 요건이 IPO에도 요구되었으나 상장과 IPO가 분리되어 진행될 수 있도록 허용되면서 IPO의 요건이 다소 완화되었다. 자본시장법과 금융위원회가 제정한 '증권의 발행 및 공시 등에 관한 규정'의 공개기업의 주식발행 관련 요건들만 충족시키면 된다. 그러나 한국주식시장에서는 여전히 IPO와 상장이 동시에 진행되는 경우가 대부분이다.

IPO는 신주공모, 구주매출 또는 두 가지를 동시에 진행하여 기업의 소유권을 분산시킨다. 기업이 필요한 자금을 조달할 때는 신주를 공개모집하여 새로운 주주에게 발행하는 방식(신주 공모)으로, 신규자금 수요는 없으나 자본금이 과도하게 많이 형성된 경우에는 대주주(대부분 창업자들)의 보유주식을 일반투자자에 매도하는 방식(구주 매출)으로 소유권을 분산시킨다. 신주공모는 발행가액이 기업의 자본으로 유입되면서 기존 주주의 지분율을 하락시키는 반면에 구주매출은 대주주의 이익이 발생할 뿐 기업의 자본금은 증가하지 않는다.

기업들은 IPO를 통하여 대규모의 자본을 원리금 상환의 부담 없이 안정적으로 조달할 수 있고, 소유와 경영의 분리가 강화되며, 경영 활동의 성과를 객관적으로 평가 받을 수 있고, 기업의 이미지와 신뢰도를 향상시켜 부채(은행 대출이나 사채 발행 등)도 이전보다 유리한 조건으로 활용할 수 있게 된다.

4.4 자본금의 증가와 감소

재무상태표 등식에 의하면 자본은 자산에서 부채를 공제한 금액으로 순자본(또는 순자산)이라고 한다. 일반기업회계기준에 의하면 자본에는 '자본금, 자본잉여금, 이익잉여금(또는 결손금), 자본조정, 기타포괄손익누계액' 등이 포함된다. 상법은 자본금을 '발행주식의 액면총액'으로 규정하고 있어서 실제 주주들에 의해서 납입된 금액과 다를 수 있다. 자본잉여금이란 증자(增資)나 감자(減資) 등 주주와의 거래에서 자본을 변화시키는 잉여금을 말하며, 주식발행초과금, 자기주식처분이익, 감자차익 등이 여기에 포함된다.

예를 들어, X기업이 보통주 100주(액면가액 5,000원)를 발행하여 200만원을 조달하였다면 1주당 발행가액은 20,000원[=발행총액 200만원/발행주식수 100주]이다. 그리고 발행총액 200만원 중에서 액면가액에 해당하는 50만원[=5,000원×100주]은 자본금에, 액면가액을 초과하는 150만원[=(20,000원-5,000원)×100주]은 자본잉여금에 인식된다.

주식을 발행하여 자본금을 증가시키는 것을 증자(增資)라고 하고, 증자는 신주발행으로 실질적인 자산이 증가하는 유상증자(有償增資)와 실질적인 자산의 증가 없이 자본금만 증가하는 무상증자(無償增資)로 구분된다. 유상증자는 신주발행 절차를 통하여 기존 주주나 새로운 주주에게 현금이나 현물출자를 받아 자본총액이 증가하지만, 무상증자는 자본잉여금을 재원으로 기존 주주들에게 신주를 배정하여 자본잉여금의 자본금으로 전환만 발생할 뿐 자본총액의 변동은 없다.

유상증자가 '주식 또는 신주발행 절차'를 통하여 이루어질 때 신주발행가액을 결정하는 것이 자금을 조달하는 기업, 기업에게 출자하는 투자자, 중간에서 발행업무를 대행하는 금융기관 모두에게 중요하면서도 어려운 부분이다. 예를 들어, 100억원을 조달하고자 하는 기업은 가능한 높은 발행가액으로 적은 수의 수권주식을 소모하여 주주들 사이의 이해관계 충돌을 줄이고 싶을 것이고, 투자자는 과대평가된 가격에 투자하여 손실을 보고 싶지 않을 것이고, 금융기관은 기업과 투자자 모두가 수용할 수 있는 가격으로 신주발행 절차가 원활하게 이루어지기를 원할 것이다. 실무에서의 신주발행가액은 일반투자자 보호에 초점을 두고 이미 거래되고 있는 주식의 시장가격보다 할인된 수준에서 결정된다.

무상증자는 발행주식수가 증가하므로 주가가 하락하지만 보유주식수 증가로 주주 가치는 변하지 않고 잉여금으로 인식되어 있는 기업 보유의 현금이 주주의 몫으로 확정되는 것이므로 주주에게 유리할 수 있다.

유상증자와 무상증자 공시에 대한 주가 반응을 연구한 결과들에 의하면 대체적으로 시장은 유상증자에 대해서는 부정적인 반응(공시 후 주가 하락), 무상증자에 대해서는 긍정적인 반응(공시 후 주가 상승)을 보이는 것으로 나타났다. 여러 가지 이유가 있겠지만 우리나라에서는 최근 아시아나 항공처럼 재정 상황이 어려운 기업들이 부채를 조달하기 어려울 때 유상증자를 하는 경우가 많기 때문이라 추정되고, 무상증자에 대해서는 주주들 입장에서 보너스 주식을 받는 것으로 인식하기 때문이라 추정된다.

자본금의 감소(이하 감자, 減資)는 회사의 순자산이 자본금과 법정자본금에 미치지 못하여 발생하는 결손을 보전하기 위하여 이루어지는 '무상감자(無償減資)'와 회사재산과 자본금이 적정 수준을 초과하여 주주에게 반환할 필요가 있다고 판단되는 경우에 회사 재산을 주주에게 환급하는 '유상감자(有償減資)'로 구분된다. 무상감자는 자금의 계정상 이동만 발생할 뿐 회사재산이 외부로 유출되지 않지만 유상감자는 회사재산이 외부에 유출되므로 채권자의 이익에 영향을 미치게 된다.

감자는 액면주식의 자본금을 감소시켜 주식 수를 감소시키는 방법과 액면액의 크기를 감소시키는 방법으로 진행될 수 있지만 액면액의 감소는 거의 사용되지 않고 있다. 주식 수의 감소는 주식소각이나 주식병합을 통하여 이루어지며, 무상감자는 주식병합이나 무상소각으로, 유상감자는 유상소각으로 진행된다.

자본금 감소의 가장 나쁜 상황은 기업의 결손이 계속 누적되어 잉여금으로도 충당되지 못하여 자본금까지 잠식되는 '자본잠식(資本蠶食)'이다, 자본금 일부가 남아 있는 경우는 '부분잠식', 자본금까지 모두 잠식되어 자본총액이 (−)가 되는 경우를 '완전잠식'이라고 한다. 우리나라 유가증권시장에서는 자본잠식률이 50% 이상이면 관리종목으로 지정되며, 2년 연속 50% 이상이면 상장폐지 사유가 되고, 완전자본잠식이면 상장폐지 된다.

5. 채권

5.1 채권의 기초

채권(bond)은 정부, 지방자치단체, 금융기관 또는 주식회사가 투자자를 대상으로 장기간 대규모의 자금을 차용하기 위하여 발행하는 증권(또는 증서)를 말한다. 채권의 본질적인 특징은 첫 번째, 확정 이자부 증권이란 것이다. 채권은 발행 시에 지급해야 할 이자와 원금의 상환금액이 확정되거나 상환기준이 확정되어 있다. 두 번째, 이자지급 증권이란 것이다. 채권은 주식과 다르게 수익 발생 여부에 상관없이 이자를 지급해야 한다. 세 번째, 기한부 증권이란 것이다. 채권은 원리금의 상환기간이 사전에 정해져 있다. 네 번째, 장기 증권이란 것이다. 채권은 발행자가 투자자를 대상으로 장기적으로 안정적인 자금 조달을 가능하게 한다. 다섯 번째, 상환 증권이란 것이다. 채권은 발행자의 상환 능력이 있는 한 반드시 상환되어야 하는 증권이다.

채권은 발행주체에 따라 정부가 발행하는 국채, 자방자치단체가 발행하는 지방채, 금융기관이 발행하는 금융채, 주식회사가 발행하는 회사채 등으로 구분할 수 있고, 본절에서는 주식회사가 발행하여 사채권자에게 의무를 이행해야 하는 채무인 사채(社債, corporate bond)를 중심으로 설명하고자 한다.

기업(주식회사)이 불특정 다수의 투자자로부터 장기간 대규모의 자금을 안정적으로 조달하기 위하여 사채를 발행하면 기업(채무자)과 투자자(채권자) 사이에 채무관계가 성립되고, 채무자인 기업은 발행조건에 명시된 날(이자지급일 또는 만기일)에 정해진 금액(이자 또는 액면금액)을 지급해야 한다. 발행조건의 원리금 상환은 반드시 이행되어야 할 의무이지만 기업의 재정 상황에 따라 이행되지 않을 수도 있다. 이런 상황을 '채무불이행 위험(default risk)'이라고 하고, 투자자는 이를 고려하여 투자전략을 수행해야 한다.

기업이 사채를 발행하는 이유는 주주들 사이의 기업 지배권 경쟁을 발생시키지 않으면서 장기간 사용할 수 있는 대규모의 자금을 조달할 수 있기 때문이다. 또한 사채에 대한 이자비용은 기업에게 세금감면효과도 발생시키고, 우수한 신용등급의 사채 발행은 기업 이미지를 개선시켜 앞으로의 자본조달도 좋은 조건에서 이루어질 수 있게 해준다.

그러나 사채발행으로 조달한 자금은 엄연한 부채이므로 원리금 상환의 부담을 피할 수 없고, 파산 가능성 존재와 선순위권자의 존재는 이후의 자본조달에 부정적인 영향을 미쳐 자본비용의 부담이 커질 수 있다. 상법도 다수 사채권자 사이의 갈등 조정과 특수 사채로 발생하는 주주와의 갈등 조정을 위하여 여러 가지 규정을 두고 있다.

5.2 사채의 종류

사채는 만기에 원금을 상환하고 정기적으로 이자를 지급하는, 채권의 기본적인 특징만 가지고 있는 일반사채와 전환 조항, 신주인수권 등이 첨부된 특수사채로 구분할 수 있다.

특수사채는 일반사채 외의 모든 사채라고 보면 된다.

사채는 이자 지급 방식에 따라 이표채, 할인채, 복리채, 영구채로, 원금상환 방식에 따라 만기상환채, 분할상환채로 구분할 수 있다. 이표채(coupon bond)는 만기 이전에는 일정 기간마다 약속된 이자(coupon)만 지급하고 만기에 원금을 일시에 전액 상환하는 채권인 반면에 할인채(discount bond or zero-coupon bond)는 액면금액을 할인한 금액에 발행하고, 만기 이전에는 이자를 지급하지 않다가 만기에 원금이 일시에 상환되는 채권으로 채권자에게 지급되는 이자는 만기에 발행자가 상환하는 원금과 할인된 발행가격(채권자의 투자금액)의 차액이 되는 것이다.

영구채 또는 영구사채(perpetuity)는 확정된 원금상환기일(만기) 없이 일정 기간마다 약속된 이자만 영원히 지급하는 채권으로, 국제결제은행(BIS, Bank for International Settlement)의 은행에 대한 자기자본규제를 적용할 때 부채가 아닌 자본으로 인정되어 은행들이 주로 발행하고 있다. 실질적으로는 배당우선주와 유사하지만 회사의 청산 또는 파산 시에는 원금상환의무가 발생하고 잔여재산분배 순서도 주식에 우선하므로 사채 성격이 강하지만 우리나라 발행기업들의 재무상태표에는 '신종자본증권'이라고 자본에 분류되어 있다.

만기상환채는 원금을 만기에 전액을, 분할상환채는 원금을 사채 발행 후부터 만기까지 나누어 상환하는 채권을 각각 말한다.

사채는 원리금 지급에 대한 보증 여부에 따라 보증사채(guaranteed bond)와 무보증사채(non-guaranteed bond)로, 발행자에게 담보를 요구하는가에 따라 담보사채(secured bond)와 무담보사채(unsecured bond or debenture)로도 구분된다. 무담보사채는 발행자의 신용등급이 높은 기업들이 오로지 자신들의 신용(credit)을 근거로 발행하는 채권인 반면에 담보사채는 부동산, 유가증권, 기계설비 등을 담보로 원리금 지급을 보증하면서 발행하는 채권을 말한다. 우리나라 과거의 사채발행은 대부분 금융기관의 보증이 첨부된 보증사채 형태였으나 최근에는 발행자의 채무불이행 위험이 감소하면서 무보증사채 발행이 증가하고 있다.

사채에는 발행자(채무자)가 만기 이전에 원금상환(중도 상환)을 요구할 수 있는 상환권(Call 조항) 또는 투자자(채권자)가 만기 이전에 원금상환을 요구할 수 있는 상환청구권(Put 조항)이 첨부되어 발행되기도 한다. 만기 이전에 발행자가 상환을 요구할 수 있는 사채를 수의상환사채 또는 콜옵션부사채(callable bond), 투자자가 상환을 청구할 수 있는 사채를 상환청구사채(puttable bond)라고 한다.

예를 들어, 삼성전자가 3년만기, 액면가 1억원, 이자율 3%의 채권을 발행하면서 1년 후부터 만기까지 6개월마다 1억원을 중도 상환할 수 있다고 하자. 만약 1년 후 삼성전자가 3년만기, 액면가 1억원의 사채를 2.5%의 이자율로 발행할 수 있게 된다면, 이자 300만원[=1억원×3%]을 250만원[=1억원×2.5%]으로 줄이기 위하여 2.5%의 이자율로 사채를 발행하여 3% 이자율의 사채를 상환하는 것이 유리할 것이다. 이와 같이 사채발행 이후 금리가 하락하여 이자부담을 줄일 수 있을 경우에 중도 상환 권리를 행사될 수 있으며, 이는 발행자에게 유리한 조건이므로 수의상환사채의 금리는 일반사채보다 높게 형성된다.

이번에는 삼성전자가 3년만기, 액면가 1억원, 이자율 3%의 채권을 발행하면서 1년 후부터 만기까지 6개월마다 채권자가 1억원 상환을 청구할 수 있도록 했다고 하자. 만약 1년 후 채권자가 삼성전자 발행 사채와 동일한 조건의 다른 채권에서 3.5%의 이자율을 얻을 수 있다면, 이자 300만원[=1억원×3%]을 350만원[=1억원×3.5%]로 늘리기 위하여 3%의 이자율 사채의 원금을 상환 받아 3.5% 이자율의 사채에 투자하는 것이 유리할 것이다. 이와 같이 사채 투자 이후 금리가 상승하여 이자 수익을 증가시킬 수 있을 경우에 원금상환이 청구될 수 있으며, 이는 투자자에게 유리한 조건이므로 상환청구사채의 금리는 일반사채보다 낮게 형성된다.

이외에도 상법상 특수사채로 분류되는 사채로는 이익배당에 참가할 수 있는 이익참가부사채, 주식이나 다른 유가증권으로 교환 또는 상환할 수 있는 교환사채와 전환사채 등이 있으며, 교환사채와 전환사채는 발행기업 신주에 대한 인수권이 첨부된 신주인수권부사채, 수의상환사채, 상환청구사채와 함께 선택권부사채 또는 주식관련사채라고 불린다.

5.3 전환사채

전환사채(convertible bond, 이하 CB)는 채권자에게 표면이자와 만기에 원금 전액을 상환하는 일반적인 채권계약에 일정 기간 내에 특정 조건에 따라 사채를 발행회사 주식으로의 전환을 청구할 수 있는 전환권이 부여된 사채를 말한다.

CB는 발행 이후 전환권이 행사되기 전까지는 채권적 증권인 사채이지만 전환권이 행사되면 사원권적 증권인 주식으로 전환되므로 주식과 사채의 중간형태 증권(hybrid securities)이다. CB는 전환권 행사 후에는 사채권자의 지위가 소멸되며, 전환권을 따로 분리하여 양도 또는 거래할 수 없다. 또한 정해진 기간에 전환권이 행사되지 않으면 만기까지 사채로 남아있게 된다.

전환조건에는 전환가액과 전환비율이 있다. 전환가액은 전환으로 발행되는 주식 1주에 필요한 사채의 액면금액을, 전환비율은 CB의 액면금액 중 주식으로 전환되는 비율을 말한다. CB를 보유한 사채권자는 전환권 청구시점부터 주주의 자격을 가지며, 전환청구가 이루어지면 사채의 효력은 상실되고, 회사의 발행주식총수와 자본금이 증가한다.

CB를 발행하는 회사는 일반사채보다 낮은 이자율로 발행할 수 있고, 전환권이 행사되면 원리금 상환의무가 사라지면서 자기자본이 증가하는 효과를 볼 수 있으며, CB 사채권자는 고정적인 이자를 받고, 회사가 파산할 경우 주식보다 재산권에 대한 선순위를 가지면서, 즉 사채의 유리함도 유지하면서 발행회사 주가 상승으로 인한 이익을 얻을 수도 있다.

<표 1>은 한국거래소의 기업공시채널 KIND에 2021년 1월 15일 공시된 유가증권시장 소속 롯데관광개발의 '전환사채권발행결정' 공시 내용을 요약한 것이다. 롯데관광개발은 운영자금으로 사용하기 위하여 4년 만기, 액면금액 630억원, 표면이자율(coupon rate) 2.50%의 CB를 만기이자율(또는 채권수익률) 4.50%로 사모방식 발행을 한다는 내용이다. 전환과 관련된 내용으로는 CB 발행 1년이 지난 2022년 3월 11일부터 2025년 1월 7일 사이에 액면금액 630억원 전액을 1주당 15,550원(전환가액)으로 롯데관광개발 주식회사의 보통주식 4,051,445주[=630억원/15,550원]으로 전환할 수 있다는 것이다. 또한 특정 사건들이 발생하면 전환가액이 조정된다는 내용도 포함되어 있다. 전환권이 행사되지 않으면 사채에 대한 이자는 만기까지 1년 간격으로 액면금액 630억원의 2.5%인 15.75억원이 지급된다.

롯데관광개발 CB 투자자는 전환청구 기간 동안 롯데관광개발 보통주의 시장가격과 전환가격 15,550원을 비교하여 시장가격이 15,550원보다 충분히 높게 형성되었다고 판단하면 전환권을 행사한 후 바로 매도하여 차익을 실현시키거나 보통주의 가격이 앞으로 더 높게 형성될 것이라고 판단되면 전환권 행사를 유보하거나 행사한 후 보통주를 계속 보유하는 투자전략을 수행할 수 있다.

〈표 1〉 롯데관광개발 전환사채권발행결정 공시(2021년 1월 15일)

■ 사채의 종류	회차	7-2	종류	무기명식 무보증 무담보 사모 전환사채
■ 사채의 권면총액(원)				63,000,000,000
■ 자금조달의 목적		운영자금(원)		63,000,000,000
■ 사채의 이율	표면이자율(%)			2.50
	만기이자율(%)			4.50
■ 사채 만기일				2025년 1월 14일
■ 이자지급방법				
"본 사채"의 이자는 발행일로부터 만기일 전까지 발생하고, 본 사채 발행일부터 매 12개월 단위 이자지급일마다 본 사채의 전자등록금액에 표면이자율(연 2.5%)을 적용하여 실제 경과일수에 따라 일할 계산하여 후급한다.				

[이자지급기일]
2022년 1월 15일, 2023년 1월 15일, 2024년 1월 15일, 2025년 1월 14일

■ 원금상환방법

만기상환 : 만기까지 조기상환사유가 발생하지 아니하고 전환권을 행사하지 아니한 사채의 원리금에 대하여 만기일에 일시 상환한다.

<table>
<tr><td colspan="3">■ 사채발행방법</td><td colspan="2">사모</td></tr>
<tr><td rowspan="8">■ 전환에 관한 사항</td><td colspan="2">전환비율(%)</td><td colspan="2">100</td></tr>
<tr><td colspan="2">전환가액(원/주)</td><td colspan="2">15,550</td></tr>
<tr><td rowspan="3">전환에 따라 발행할 주식</td><td>종류</td><td colspan="2">롯데관광개발 주식회사 보통주식</td></tr>
<tr><td>주식수</td><td colspan="2">4,051,445</td></tr>
<tr><td>주식총수 대비 비율(%)</td><td colspan="2">5.5</td></tr>
<tr><td colspan="2" rowspan="2">전환청구기간</td><td>시작일</td><td>2022년 3월 11일</td></tr>
<tr><td>종료일</td><td>2025년 1월 7일</td></tr>
<tr><td colspan="2">전환가액 조정에 관한 사항</td><td colspan="2">사채권자가 전환청구를 하기 전에 발행회사가 시가를 하회하는 발행가액으로 유상증자, 주식배당 및 준비금의 자본전입 등을 함으로써 주식을 발행하거나 또는 시가를 하회하는 전환가액 또는 행사가액으로 전환사채 또는 신주인수권부사채를 발행하는 경우에는 아래와 같이 전환가격을 조정한다.
조정 후 전환가격 = 조정 전 전환가격 × [{A+(B×C/D)}/(A+B)]
A: 기발행주식수, B: 신발행주식수
C: 1주당 발행가격, D: 시가</td></tr>
</table>

5.4 신주인수권부사채

신주인수권부사채(bond with warrants, 이하 BW)는 채권자에게 표면이자와 만기에 액면금액을 상환하는 일반적인 채권계약에 일정 기간 내에 정해진 가격(인수가격)으로 발행회사에게 신주발행을 청구하여 매입할 수 있는 적극적인 권리인 신주인수권(warrants)이 부여된 사채를 말한다. BW는 신주인수권이 사채권에서 분리되어 양도 가능한 분리형과 사채와 신주인수권이 동일한 사채권으로 묶여서 분리 양도 되지 않는 비분리형 모두 발행가능하다.

BW의 신주인수권은 미리 정해진 행사기간 동안 미리 정해진 행사가격(인수가격)으로 행사할 수 있고, 행사하기 위해서는 신주인수가액의 납입이 필요하고, 행사 시점에 바로 주주의 자격을 얻을 수 있다. 신주인수권 행사 여부는 투자자가 BW 발행기업의 주가와 인수가격

을 비교하여 결정한다. BW는 신주인수권이 행사되면 CB의 전환권 행사 이후와는 다르게 사채의 성격은 계속 유지되어 이자와 원금의 상환을 받게 된다.

BW를 발행하는 회사는 일반사채보다 낮은 이자율로 발행할 수 있고, 신주인수권이 행사되면 발행주식총수와 자본금이 증가하는 효과를 볼 수 있으며, BW 사채권자는 고정적인 이자를 받고 회사가 파산할 경우 주식보다 우선하는 재산권에 대한 선순위를 가지면서, 즉 사채의 유리함도 유지하면서 발행회사 주가 상승으로 인한 이익을 얻을 수도 있게 된다.

<표 2>는 2020년 10월 15일 공시된 유가증권시장 소속 티웨이홀딩스의 '[정정]신주인수권부사채권발행결정' 공시 내용을 요약한 것이다. 티웨이홀딩스는 타법인 증권 취득을 위하여 3년 만기, 액면금액 300억원, 표면이자율(coupon rate) 2.0%의 BW를 만기이자율 4.0%의 공모방식으로 발행한다는 내용이다. 이자는 원금상환기일(만기)까지 액면금액 300억원의 표면이자율 2.0%에 당하는 6억원을 1/4씩 나눈 1.5억원을 매 3개월마다 후지급한다. 특이한 점은 만기에 상환되는 금액은 원금 300억원의 106.3412%인 319억원 236만원이란 것이다.

신주인수권과 관련된 내용으로는 BW 발행 1개월 지난 2020년 11월 22일부터 만기일 1개월 전인 2023년 9월 22일 사이에 신주인수권 1개당 1주의 보통주를 주당 902원에 인수할 수 있으며 이 기간 내에 신주인수권을 행사하지 않으면 본 사채의 신주인수증권에 의한 신주인수권은 소멸된다는 것이 공시되어 있다.

<표 2>에는 언급하지 않았지만 공시 내용에는 BW 사채권자의 조기상환청구권(Put-option)과 관련된 '사채권자는 본 사채의 발행일로부터 12개월(2021년 10월 22일)이 경과하는 날 및 그 이후 3개월마다 조기상환을 청구할 수 있다.'는 내용과 구체적인 조기상환기일과 조기상환율이 포함되어 있다. 티웨이홀딩스 BW 사채권자 입장에서는 만기에 액면금액 이상의 상환, 만기 이전에 조기상환 청구 가능 등의 혜택도 얻으면서 보통주 인수 여부를 보통주 시장가격과 행사가액 902원과 비교하면서 선택할 수 있는 것이다.

〈표 2〉 티웨이홀딩스 신주인수권부사채 발행결정 공시(2020년 10월 15일)

항목	내용
명칭	주식회사 티웨이 홀딩스 제24회 무기명식 이권부 무보증 신주인수권부사채
구분	가. 무기명식 이권부 무보증 신주인수권부사채 나. 분리형 신주인수권부사채 다. 현금납입 및 사채대용납입형 신주인수권부사채
자금조달 목적	타법인 증권 취득자금
권면총액(원)	30,000,000,000

항목	내용
만기이자율(%)	4.0
표면이자율(%)	2.0(3개월 후급)
사채발행방법	공모
이자지급방법	본 사채의 이자는 발행일로부터 원금상환기일 전일까지 계산하고, 매 3개월마다 본 사채의 표면이자율을 적용한 연간 이자의 1/4씩 분할 후지급
상환방법 및 기간	1. 만기상환 가. 본 사채의 만기는 발행일(납입일)로부터 3년이 경과하는 날. 나. 만기까지 보유하고 있는 본 사채의 원금에 대하여는 사채의 만기일에 사채 원금의 106.3412%에 해당하는 금액을 일시 상환하되, 원미만은 절사. 2. 상환기한 : 2023년 10월 22일
신주인수권의 조건	1. 권리행사로 발행되는 지분증권의 종류 및 내용 : 주식회사 티웨이홀딩스 기명식 보통주 가. 발행주식수 : 33,259,423주 나. 발행주식총수 대비 비율 : 43.37% 2. 행사가액 : 902원 3. 행사비율 가. 본 사채는 분리형 신주인수권부사채로 현금납입 또는 사채대용납입 모두 가능함. 나. 최초 발행되는 분리된 신주인수권증권의 행사비율은 100%로, 신주인수권증권 1주당 주식 1주의 신주인수권을 갖음. 4. 신주인수권 행사기간 : 본 사채 발행일(2020년 10월 22일)로부터 1개일이 경과한 날인 2020년 11월 22일부터 만기일 1개월 전인 2023년 9월 22일까지로 하며, 이 기간 내에 신주인수권을 행사하지 않으면 본 사채의 신주인수증권에 의한 신주인수권을 소멸됨. 5. 신주인수권 행사가액의 조정 가. 본 사채의 신주인수권증권 보유자가 신주인수권 행사 청구 전에 발행회사가 유상증자, 주식배당, 준비금의 자본전입 등으로 주식을 발행하거나, 신주인수권 또는 신주인수권이나 신주전환권이 부착된 회사채의 발행 등으로 신주인수권을 부여하는 증권을 발행하는 경우 시가를 하회하는 발행가액으로 진행되어야 할 경우 아래와 같이 행사가액을 조정함. 조정 후 행사가액=조정 전 행사가액×[(기발행주식수+신발행주식수×1주당 발행가액÷시가)/(기발행주식수+신발행주식수)]

5.5 기타 특수사채

일반사채 외의 특수사채에는 이익참가부 사채, 교환사채, 상환사채 등이 있다. 이익참가부 사채에는 이자를 받으면서 추가로 이익배당에 참가하는 사채와 이자는 받지 않고 이익배당에만 참가하는 소득사채 등이 포함된다. 이익참가부 사채는 주주의 배당청구권에 불리하게 작용할 수 있으므로 주주 이외의 자에게 발행이 허용되지 않는다.

교환사채 또는 상환사채는 사채권자가 주식이나 그 밖의 다른 유가증권으로 교환 또는 상환할 수 있는 사채이다. 여기서 주식에는 발행회사가 보유하는 자기주식과 타회사 주식도 포함되고, 다른 유가증권에는 발행회사가 발행한 CB, BW와 타회사 발행사채도 포함된다. 상환사채는 상환청구를 발행회사의 선택으로 할 수 있고, 일정한 조건의 성취나 기한의 도래에 따르게 할 수 있다.

연습문제

14-1. 증권을 발행하여 자본을 조달해야 할 때 고려해야 하는 요인들에 대해서 설명하시오.

14-2. 최근 사채 이외의 종류주식과 특수사채 등 다양한 유형의 증권이 발행된 배경에 대해서 설명하시오.

14-3. 액면주식과 무액면주식의 자본 항목의 처리에 대해서 설명하시오.

14-4. 주요주주, 최대주주, 지배주주를 어떻게 구분하는지 설명하시오.

14-5. 주주평등의 원칙에 대해서 설명하시오.

14-6. 주주의 사원권(社員權)에 대해서 설명하시오.

14-7. 이사선출 방식 중 집중투표제에 대해서 설명하시오.

14-8. 주주유한책임원칙의 기능에 대해서 설명하시오.

14-9. 종류주식의 개념과 종류에 대해서 설명하시오.

14-10. 누적적 우선주에 특징에 대해서 설명하시오.

14-11. 회사상환주식과 주주상환주식을 비교 설명하시오.

14-12. 신주발행 방식을 배정대상 기준에 따라서 구분하시오.

14-13. 주식발행 위험에 대해서 설명하시오.

14-14. 주식발행비용에는 어떤 것들이 포함되는지 설명하시오.

14-15. 기업공개의 개념과 기업공개가 기업에게 주는 혜택에는 어떤 것들이 있는지 설명하시오.

14-16. 유상증자와 무상증자를 비교 설명하시오.

14-17. 채권의 본질적인 특징에 대해서 설명하시오.

14-18. 기업의 사채발행의 장점과 단점에 대해서 설명하시오.

14-19. 전환사채와 신주인수권부사채의 특징을 비교 설명하시오.

CHAPTER

15

주주환원

1. 주주환원의 기초
2. 현금배당
3. 자기주식 취득
4. 주식배당

1. 주주환원의 기초

1.1 주주환원의 기초

기업의 장기적인 자본조달 방법은 채권자에게 차입하여 부채를 구성하는 것과 주주에게 출자 받아 자기자본을 구성하는 것으로 나눌 수 있고, 기업은 그들의 자금 제공에 대한 대가(cost)를 지불해야 한다. 채권자에게는 기업의 자금 사정에 상관없이 부채계약 시점에 정해진 조건에 따른 이자(interest)를 대가로 우선 지급해야 한다. 주주에게는 현금배당이나 자기주식 취득으로 대가를 지불하며, 이는 이자와 다르게 기업의 재량에 따라 지급 여부와 지급 수준이 결정되므로 CEO나 CFO들이 고려해야 할 사항들이 많다.

2020년 1월 20일 한국의 가장 큰 기업인 삼성전자는 '21년~23년 주주환원정책'이라는 제목으로 다음의 내용들을 공시하였다.

◦ '21년부터 '23년까지 3년간 발생하는 Free Cash Flow의 50%를 환원
◦ 정규배당 상향 - 연간 9.8조원 현금배당 예정
  ※ '18년~'20년 정규배당 연간 9.6조원
◦ 정규배당 外 잔여재원 발생時 추가 환원 - 매년 연간 Free Cash Flow 실적 공유 및 의미 있는 규모의 잔여재원 발생時 일부 조기 환원 여부 검토

한국주식시장에서 특정 기업이 향후 3년 동안 주주환원정책을 미리 공시한 것은 매우 이례적이며 삼성전자는 2018년 처음 공시한 이후 3년 간격으로 새로운 주주환원정책을 공시하고 있다.

주주환원은 기업이 벌어들인 수익을 배당(dividend)이나 자기주식 취득(stock repurchase) 등을 통하여 주주에게 돌려주는 것을 말하며 이와 관련하여 기업이 취하는 행위를 주주환원정책이라고 한다. 주주환원정책은 주주 가치를 증가시키면서 기업에게도 유리하게 이루어져야 한다.

현금배당이나 자기주식 취득은 기업의 이익잉여금을 감소시킨다. 그로 인하여 재투자 재원이 감소하면 투자수익 감소, 나아가 주가에도 부정적인 영향을 미칠 수 있으므로 주주환원이 오히려 기업과 주주에게 불리한 결과를 가져올 수 있다. 따라서 CEO는 주주환원이 기업과 주주에게 미치는 긍정적, 부정적 효과를 모두 고려하여 주주환원정책을 시행해야 한다.

과거에는 주주환원 대부분이 현금배당을 통하여 이루어졌으나 최근에는 자기주식 취득도

많은 기업들에게서 활용되고 있어서 주주환원정책에는 이익의 얼마를 환원하고 얼마를 유보하여 재투자재원으로 활용해야 하는지, 어떤 경우에 배당과 자기주식 취득을 환원수단으로 활용해야 하는지 등에 대한 결정이 포함된다.

본 장에서는 주주환원수단인 현금배당, 자기주식 취득, 주식배당을 살펴보고 한국 상장기업들의 최근 배당정책과 자기주식 거래 현황도 추가로 살펴보고자 한다.

2. 현금배당

2.1 배당의 기초

배당(dividend)은 기업의 부를 주주에게 환원하는 전통적인 방법으로 주주에게는 투자수익 또는 투입자본 회수 측면에서 중요한 항목이다. 배당은 지급 형태를 기준으로 현금배당(cash dividend)과 주식배당(stock dividend)으로 구분되며 표현 그대로 현금과 주식으로 배당이 이루어진다. 그러나 현금배당은 기업의 이익잉여금을 외부로 유출 시키지만 주식배당은 자기자본 계정상의 자금 이동만 발생할 뿐 기업 외부로 현금이 유출되지는 않는다. 주주는 자신들의 지분율에 비례한 현금과 주식을 배당으로 지급 받는다.

배당은 지급 시기와 지급의 연속성을 기준으로 정기배당, 추가배당, 특별배당, 청산배당으로 구분할 수 있다. 정기배당(regular dividend)은 결산 후 정기적으로 이루어지는 배당을 말하고, 추가배당(extra dividend)은 중간배당처럼 정기배당 사이에 추가적으로 이루어지는 배당을 말하고, 특별배당(special dividend)은 기업 내부에 적립해 둔 현금이 충분할 때 이루어지는 1회성 성격을 가진 배당을 말하며, 청산배당(liquidation dividend)은 기업의 청산절차 중 남은 잔여자산 중 납입자본금을 주주들에게 분배하는 배당을 말한다.

주주에게 지급하는 배당[1]은 채권자에게 납부하는 이자와 다르게 강제성은 없다. 우리나라에서 배당은 원칙적으로 주주총회에서 지급 여부를 결정하지만 대부분 대표이사를 포함한 이사회가 실질적으로 배당에 대한 내용을 결정하고 주주총회에서는 형식적인 의결 절차만 진행된다. 2015년 3월부터는 '외부감사인이 재무제표에 대한 적정의견을 표명하고 감사 또는 감사위원회 전원 동의'가 이루어지면 이사회에서 바로 배당 내용을 결정할 수 있다.

배당금 규모는 재무상태표의 순자산액에서 자본금, 그 해 결산기까지 적립된 자본준비금

1 본서에서는 배당이라고 하면 현금배당과 정기배당을 의미한다.

과 이익준비금의 합계액, 그 해 결산기에 적립해야 할 이익준비금 등을 차감한 배당가능 이익 범위를 초과할 수 없다고 상법에서 규정하고 있다. 또한 채권자의 손실을 막기 위해서 채권약정서(bond covenant)에 순이익의 일정 비율 이상을 배당금으로 지급하지 못하도록 하는 조항이 포함되기도 한다.

기업의 배당 수준을 보여주는 지표로는 다음과 같이 배당성향, 주당배당금, 배당수익률 등이 있다.

- 배당성향=[배당총액/당기순이익]
- 주당배당금=[당기순이익/발행주식수]
- 배당수익률=[주당배당금/주가]

배당성향(dividend payout ratio)은 순이익 중 얼마를 배당금으로 지급하는가를 보여주며, 주당배당금(dividend per share)은 1주당 받을 수 있는 배당금으로 투자자들에게는 배당총액보다 유용한 지표이다. 배당수익률은 주당배당금을 시장가격으로 나눈 값이며 투자자들은 자신들의 매입가격으로 나누어 계산하고 기업들 간 비교를 위해서는 결산기 마지막 거래가격으로 계산하며 시가배당률이라고도 한다.

기업지배권에 관심이 있는 일부 대주주들을 제외한 대부분의 주주들은 투자 목적을 달성하기 위하여 자주 주식을 교체하므로 기업 입장에서는 주주들이 자주 변경된다. 이는 기업이 배당금을 누구에게 지불해야 하는가에 대한 문제를 발생시킨다. 기업은 배당귀속 문제를 명확하게 위하여 특정일을 정하여 그날 주주명부에 올라 있는 주주에게 배당금을 지급한다고 공시한다. 예를 들면, S기업은 2021년 12월 15일 "2021년 12월 31일 주주명부에 올라 있는 주주들에게 주당 1,500원의 배당금을 2022년 3월 이내에 지급할 것"이라는 '현금배당결정'을 공시하면 현금배당이 공시된 2021년 12월 15일을 배당공시일(declaration day), 배당금을 받을 수 있는 주주를 결정하는, 즉 주주명부를 작성하는 2021년 12월 31일을 배당기준일(record day), 배당기준일 작성된 명부의 주주들에게 배당금이 실제로 지급되는 2022년 3월의 어느 날을 배당지급일(payment day)이라고 한다. 우리나라 기업들의 배당지급 절차를 고려하면 S기업은 2021년 12월 14일 이사회에서 배당관련 내용을 의결하였기에 15일 공시한 것이고, 2022년 2월 말 또는 3월 초에 진행될 주주총회에서 최종 의결할 것이고, 의결 이후 1개월 이내에 배당금을 주주들의 계좌로 입금해야 한다.

배당기준일 주식명부에 주주로 등재되기 위해서 주의해야 할 것은 오늘 주식을 매수하면 바로 주주가 되는 것은 아니라는 것이다. 국가별로 차이가 있지만 거래가 체결된 후 거래대금과 주식이 교환되기까지는 하루나 이틀이 소요된다. 우리나라는 'T+2일 결제' 시스템으로 오늘 주식거래가 체결되면 오늘은 계약만 체결하고 실제 거래대금과 주식이 교환되는 것은 거래일(trading day) 기준 2일 후가 된다. 따라서 실제로 주주가 되는 날은 최소 2일은 지나야 하며 주식과 거래대금이 2일 후 교환되어야 주주명부에 새로운 주주로 올라가게 된다[2].

S기업의 배당기준일 2021년 12월 31일에 주주 명부에 오르기 위해서는 이틀 전인 12월 29일에는 S기업 주식의 매수계약을 체결해야 한다. 그러나 한국주식시장은 12월 30일 그 해의 장이 마감되므로 31일은 장이 열리지 않는다. 따라서 거래일 기준 2일 후 결제를 고려하면 28일 주식을 매수해야 한다. 그러면 30일 주주명부에 올라서 S기업의 2021년 결산 배당금을 받을 수 있는 자격을 얻게 된다.

2.2 배당락

앞의 S기업 주식을 29일 매수하면 2022년 1월 첫 번째 거래일에 주주명부에 오르게 된다. 배당기준일이 지난 후에 주주가 되므로 2021년 결산 배당금을 받을 수 없게 된다. 이와 같이 특정 기간의 배당금을 받을 수 있는 권리가 상실되는 것을 '배당락(ex-dividend)'이라고 하고, 배당락이 발생하는 첫 번째 거래일을 '배당락일(ex-dividend day)'이라고 한다. 반대로 특정 기간의 배당금을 받을 수 있는 권리가 보장된 마지막 거래일을 '배당부일(cum-dividend day)'이라고 한다. 또한 배당락일 형성된 가격을 '배당락 가격(ex-dividend price, P_{ex})', 배당부일 형성된 가격을 '배당부 가격(cum-dividend price, P_{cum})'이라고 하는데 배당부 가격은 보통 배당부일 종가(close price)를 의미한다.

시장이 효율적(efficient)이라서 S기업 주식을 12월 28일에 매수하면 2021년 결산 배당금을 받을 수 있고, 하루 늦은 29일에 매수하면 받을 수 없는 것이 주가에 적절하게 반영된다면 배당부일 거래되는 S기업 주가와 배당락일 거래되는 S기업 주가는 배당금만큼 차이가 발생해야 한다. 즉, 배당락 가격(P_{ex})은 다음 식 (1)처럼 배당부 가격(P_{cum})보다 주당배당금(D)만큼 낮게 형성되어야 한다.

- 배당락 가격과 배당부 가격의 균형 관계

$$P_{ex} = [P_{cum} - D] \quad \cdots \text{ 식 (1)}$$

2 거래일 기준이란 주식시장이 문을 여는 날 기준이란 뜻이다. 금요일에 매수하면 토요일과 일요일은 주식시장이 열리지 않기 때문에 자금결제는 '금요일+2일'인 화요일이 된다.

예제 15-1

배당기준일 2021년 12월 31일, 배당부일 주가 50,000원, 공시된 주당현금배당금 1,000원이라면 배당락일 주가는 얼마로 형성되어야 하는가?

풀이 시장이 효율적이라면 식 (1)에 의하여 P_{ex} = [50,000원 - 1,000원] = 49,000원이 될 것임.

<예제 15-1>에서 만약 'P_{ex} = P_{cum} = 50,000원'이라면 'buy P_{cum}, sell P_{ex}'의 투자 전략은 50,000원에 매수하여 50,000원에 매도했음에도 배당금 1,000원의 수익을 발생시킨다. 시장이 효율적이라면 이 전략의 매도가격은 배당금 1,000원이 포함되어도 투자 수익이 0원이 되는 'P_{ex} = 49,000원'이어야 한다. 따라서 불과 하룻밤 사이에 2%[= 1,000원/50,000원]의 수익률을 얻을 수 있는 'buy P_{cum}, sell P_{ex}' 전략을 수행하는 투자자들이 증가할 것이고, 이로 인하여 배당부일 매수세는 증가하여 P_{cum}은 50,000원에서 두 가격의 차이가 배당금 1,000원과 동일한 수준이 될 때까지 점점 상승할 것이다.

그러나 국내 연구결과들에 의하면 한국주식시장의 배당락 가격은 배당부일 종가보다 배당금만큼 하락하지 않으며 배당부 가격보다도 상승하는 경우도 나타난다. 여기에 대해서는 다음 두 가지가 원인으로 추정된다.

첫 번째, 우리나라뿐만 아니라 해외 시장에서도 적용되는 '배당소득세율 차별(dividend tax differential)'이다. 현금배당에 대한 소득세가 동일한 금액의 매매차익에 대한 세금보다 높기 때문에 더 부담한 세금에 대한 보상으로 P_{ex}가 P_{cum}보다 'D×(1 - 소득세율 차이)'만큼만 낮게 형성된다는 것이다.

두 번째, 우리나라 기업들만의 특징으로 배당락일 이후에 현금배당금이 공시되는 것이다. 즉, 배당락 가격이 실제로 받게 되는 배당금 기준으로 형성되는 것이 아니라 투자자들 각자가 추정한 배당금을 기준으로 형성되므로 배당락 가격이 균형 관계를 벗어난다는 것이다. 최근에는 주주총회(대부분 2월 말 또는 3월 초) 이전에 '현금배당결정'을 공시하는 기업들이 증가하였지만 이 역시 대부분 배당락일 이후인 1월에 이루어지고 있다.

2.3 배당규모 결정 요인

상법에 의하면 이익배당은 재무상태표의 순자산액에서 자본금, 그 해 결산기까지 적립된 자본준비금과 이익준비금의 합계액, 그 해 결산기에 적립해야 할 이익준비금, 대통령령으로 정하는 미실현이익 등을 차감한 배당가능 이익 범위 내에서 이루어져야 한다. 현금배당도

이익배당의 하나이므로 동일한 제한을 받게 된다.

상법 조항이 아니라도 기업이 배당을 지급하기 위해서는 벌어 놓은 금액이 상당하거나 미래 수익이 안정적으로 발생해야 할 것이다. 따라서 기업의 배당 수준 결정에 영향을 미치는 첫 번째 요인은 순이익(net income) 규모와 변동성이다. 일반적으로 순이익이 증가하면 배당 수준도 증가하는 경향이 있다. 배당가능 이익 한도가 상승하기 때문에 법적으로도 여유가 생기고 주주들의 요구도 증가할 것이기 때문이다. 그러나 순이익의 변동성이 크다면 배당 정책을 소극적으로 운영하게 된다. 주주들의 기대수준을 고려하면 배당금은 한 번 늘리면 줄이기가 쉽지 않으므로 순이익의 변동성이 크다면 소극적인 배당정책을 운영하게 된다. 실제로 배당을 지급하는 기업들은 대체로 배당성향을 일정하게 유지하거나 순이익이 지속적으로 증가할 것이라는 강한 확신이 없으면 배당금을 쉽게 증가시키지 않는다.

두 번째 요인은 영업현금흐름(operating cash flow)의 규모와 변동성이다. 영업현금흐름은 순이익보다 실제 유입되고 유출된 현금을 강조하는 항목이므로 기업의 주된 영업활동에서 발생하는 현금흐름이 어느 정도 되는지와 현금흐름의 변동성 등은 배당 수준 결정에 중요한 고려 사항이 된다. 주주들에게 주주총회 의결 1개월 내로 배당금 지급을 완료하기 위해서는 현금주의 원칙에 따른 현금흐름 규모와 어떤 활동에서 현금흐름이 안정적으로 발생하는지는 중요하다.

세 번째 요인은 투자 기회이다. 기업이 계속 높은 수익성이 보장되는 사업이 많아서 그로 인한 수익과 주가 상승폭이 배당금보다 높으면 배당을 줄이고 사업에 투자하는 것이 주주에게도 보다 좋은 선택이 된다. 반대로 좋은 투자기회가 거의 없으면서 현금만 많이 보유하고 있으면 주주 입장에서는 그 현금이 어떻게 사라질지 모르므로 빨리 자신의 몫으로 확정시킬 수 있게 배당금을 많이 지급해주기를 원할 것이다.

네 번째 요인은 기업의 성장 단계이다. 기업이 현재 빠른 속도로 성장하는 것에 맞춘 투자가 지속되고 있다면 배당이 지급되지 않아도, 지급된다고 해도 그 수준은 주주에게 중요하지 않을 것이다. 주주가 배당금을 직접 자신의 투자에 활용하는 것보다 기업이 수행하는 사업의 급속한 성장에 따른 결과가 더 좋다면 투자자들은 배당보다는 기업의 적극적인 투자를 선호할 것이다. 미국의 MS사는 2003년 처음으로, 애플은 2012년 17년 만에 배당을 지급할 때까지 주주들은 무배당을 수용하였다.

그러다가 기업이 성숙기에 도달하여 안정적인 현금흐름이 확보되면 주주들의 배당 요구가 증가하게 된다. 애플이 2012년 3월 주당 $2.65의 현금배당을 발표한 것은 과도한 보유현금(2012년 3월 기준 약 $900억 정도)에 대한 주주들의 거센 압력이 있었기 때문이다. 애플은

이 때 앞으로 매년 주당 $10.6의 배당 지급을 약속했지만 주주들은 보유현금에 비하여 그것도 부족하다는 분위기였다.

다섯 번째 요인은 현금보유 수준이다. 기업이 과도한 수준의 현금을 보유하게 되면 주주들의 기대수익률에 미치지 못하는 불필요한 투자로 연결될 가능성이 높기 때문에 잉여현금을 감소시키기 위해서 현금배당을 지급하는 것이 합리적인 선택이 될 수 있다.

이외에도 배당소득세율이 상대적으로 높은 주주들은 배당금보다는 주가 상승에 따른 매매차익을 선호할 수 있고, 배당소득세율 부담이 적은 주주들은 배당금을 직접 받는 것을 선호할 수 있으며, 주가 상승에 따른 매매차익은 앞으로 실현될지 확실하지 않으므로 배당금을 선호하는 주주가 있는 반면에 얼마 되지 않는 배당금보다 몇 배나 될 수 있는 매매차익을 선호하는 주주가 있을 수도 있다. 이와 같이 주주 각자의 상황에 따라 각각의 요인들이 배당 전체에 미치는 영향이 상반될 수 있다.

2.4 배당의 고객효과

앞에서 예를 든 것처럼 주주 또는 투자자는 각자의 상황에 따라 동일한 금액이라도 배당금을 선호할 수도 있고, 매매차익을 선호할 수도 있다. 즉, 동일한 기업의 주주라도 고배당을 선호하는 주주와 저배당을 선호하는 주주가 공존할 수 있다는 것이다. 따라서 기업 입장에서는 대주주는 세금 부담이 크므로 배당금을 적게 지급해야 하는지, 주주 숫자로는 세금 부담이 적은 소액주주들이 훨씬 많으므로 배당금을 많이 지급해야 하는지 등이 고민될 것이다. 그러나 배당의 고객효과가 존재하면 기업들은 배당 수준에 대한 고민을 하지 않아도 된다.

기업은 앞에서 설명한 배당 수준 결정 요인에 따라 자신들의 상황에 맞는 배당 수준을 결정하면 그 수준을 선호하는 주주들은 받아들일 것이고, 보다 높은 수준이나 낮은 수준의 배당을 원하던 주주들은 자신들이 원하는 수준의 배당금을 지급하는 기업의 주주들 중에서 자신이 보유한 주식의 배당 수준을 선호하는 주주들과 주식을 교환하면 된다.

이와 같이 특정 수준의 배당을 지급하는 기업들에게는 그 수준을 선호하는 주주들이 존재한다는 것이 '배당의 고객효과(dividend clientele effect)'이다. 배당의 고객효과가 존재하면 기업은 배당 수준에 대하여 고민하지 않아도 된다. 어떤 수준의 배당금을 정하든 그 수준을 선호하는 주주들에 의해 선택되므로 배당 수준 때문에 주가가 크게 변하지 않을 것이다.

2.5 잔여배당정책과 배당의 안정성

주주에게 배당을 지급하기 위하여 주식을 발행하거나 부채를 통하여 외부자금을 조달하는 것이 적절한 배당정책인지는 논란이 될 수 있다. 기업은 그 동안 벌어들인 이익잉여금이나 안정적인 수익을 재원으로 배당을 지급하는 것이 외부자금을 조달하여 배당을 지급하는 것보다 좋은 배당정책이라 판단된다.

배당을 지급할 수 있는 금액을 결정할 때 좋은 투자 기회, 예를 들어 (+)의 NPV가 예상되는 사업에 먼저 투자하여 기업가치를 상승시킬 수 있는 기반을 마련하고 남은 금액을 배당으로 지급하는 정책을 '잔여배당정책(residual dividend policy)'이라고 하고, 성장 단계에 있는 기업의 주주들은 배당 수준을 먼저 일정하게 유지하고 투자나 사업자금의 변화를 주는 것보다는 잔여배당정책을 선호할 수 있다. 좋은 투자안이 많을 때는 투자를 통한 수익 창출로 주가를 상승시키는 것이 배당금을 지급하는 것보다 주주 가치 상승에 유리할 것이고, 좋은 투자안이 적을 때는 주주에게 배당을 증가시키는 것이 유리할 것이다.

그러나 이와 같이 좋은 투자안의 많고 적음에 따라서 배당 수준이 계속해서 변동하는 잔여배당정책은 안정적인 수익을 선호하고 배당 수익에 대한 의존도가 높은 주주들은 싫어할 것이다. 기업 또한 배당금을 한 번 증가시키면 주주들의 기대수준도 따라서 증가하므로 자금 사정이 여의치 않거나 좋은 투자안을 찾았다고 배당금을 줄이기가 어렵다. 실제로 배당을 지속적으로 지급하는 대부분의 기업들은 잔여배당정책처럼 자주 배당 수준을 변화시키지 않고 안정적인 배당성향이나 주당배당금의 배당정책을 시행하고 있다. 이와 같이 배당정책에 큰 변화를 주지 않고 안정적인 배당 수준을 유지하는 것을 '배당 유연화(dividend smoothing)'라고 한다.

기업의 안정적인 배당정책 시행에는 다음 절에서 설명할 배당의 정보효과도 영향을 미치고 있다.

2.6 배당의 정보효과

기업 내부의 경영자와 기업 외부의 투자자 사이에 기업의 미래 수익창출 능력에 대하여 정보불균형(information asymmetry)이 존재하면 정보우위(informed)에 있는 내부경영자가 결정하는 배당 수준은 정보열위(uninformed)의 외부투자자가 알지 못하는 정보를 전달해 줄 수 있다. 이를 '배당의 정보 효과(information effect)'라고 하고, 배당 수준을 통하여 정보를 전달하는 것을 'Signaling, 정보 보내기'라고 한다.

배당의 정보효과에서 중요한 것은 정보가 상대적으로 부족한 외부 투자자들이 배당 수준을 통하여 어떤 정보를 파악하는가이다. 좋은 투자 기회가 많으면 투자에 보다 많은 자금을 투입하고 배당 수준을 낮추는 잔여배당정책을 시행하는 기업의 투자 관련 정보에 대해서 외부 투자자들이 내부 경영자보다 열위에 있다면 배당 수준을 낮추는 것은 외부 투자자들에게 좋은 투자기회를 여전히 보유하고 있다는 정보를, 반대로 배당 수준을 높이는 것은 이제는 별로 좋은 투자기회가 없다는 정보를 전달하게 된다. 이런 경우에는 배당금이 감소하였음에도 주가가 상승할 수 있고, 증가하였음에도 하락할 수 있다.

반대로 안정적인 배당정책을 시행하는 기업이 배당 수준을 증가한 것에 대해서 외부 투자자는 "한 번 배당금을 늘리면 주주들의 기대수준 때문에 줄이는 것이 어렵다는 것을 잘 알고 있는 기업이 배당 수준을 증가했다?"는 것은 증가한 배당금을 지속적으로 유지할 수 있을 정도로 미래 투자 성과가 좋을 것이라는 긍정적인 정보로 인식하게 된다. 반면에 배당 수준을 감소시키면 "정말로 이 기업이 어려운가? 주주들이 싫어하는 것을 잘 알면서도 배당금을 줄일 수밖에 없는 상황인가보다"라는 부정적인 정보로 인식하게 된다.

많은 연구 분석 결과에 의하면 배당 수준의 증가가 공시될 때는 주가가 상승하고 배당 수준의 감소가 공시될 때는 주가가 하락하는 경향이 나타난다. 특히 공시된 배당 수준이 애널리스트 등의 전문가 집단의 예상치보다 높은 수준이나 낮은 수준일 때는 그 상승폭과 하락폭이 조금 더 크게 발생하고, 처음으로 배당을 실시하는 기업들의 주가 상승이 계속 배당을 지급해 오던 기업들이 배당 수준을 증가할 때 보다 높은 것으로 나타났다.

2.7 한국상장기업의 최근 현금배당 현황

다음 <표 1>은 최근 우리나라 유가증권시장과 코스닥시장에 상장된 기업들의 현금배당 현황을 보여주고 있다.

〈표 1〉 최근 연도별 유가증권시장과 코스닥시장 상장사 현금배당 현황

구분	유가증권시장				코스닥시장		
	배당 기업수(개)		배당금(억원)		배당사 (개)	배당금(억원)	
	상장사	배당사	총액	평균		총액	평균
2016년	725	522	209,496	401	502	12,615	25.1
2017년	745	537	218,085	406	544	14,082	25.9
2018년	753	545	213,038	391	553	14,647	26.5
2019년	762	528	206,903	392	553	15,734	28.5
2020년	769	529	331,638	627	557	17,662	31.7

유가증권시장을 보면 배당기업들이 최근에 감소하였지만 감소하던 배당금 총액과 평균 배당금은 2020년 60% 정도 증가하였다. 삼성전자(배당금 총액 13조 1,243억원)를 제외하면 2020년 배당금 총액과 평균 배당금은 각각 20조 395억원과 379.5억원으로 감소하지만 최근 5년 내 최대 수준을 보여주고 있다. 또한 2020년 배당 기업 529개 중 2년 연속 배당을 지급한 기업은 495개(93.6%), 5년 연속 배당을 지급한 기업도 415개(78.45%)가 된다.

배당성향[=배당총액/당기순이익]의 평균은 39.55%로 2019년 41.25%보다 감소하였으나 직전 4년간 평균 36.10%보다는 높은 수준을 보였으며 평균 배당수익률은 보통주 2.28%, 우선주 2.62%로 1년 만기 국고채(무위험자산 대용치) 평균 수익률 0.84%보다 높은 수준을 보였고, 통신(3.41%), 전기가스(3.17%), 금융(2.92%) 업종이 높은 수익률을 보였다. 그러나 배당지급 법인의 2020년 평균 주가 상승률은 26.36%로 KOSPI 상승률 30.75%보다는 낮은 수준을 보였다. 이는 유가증권시장 기업들의 평균 주가 상승률보다 배당지급 기업들의 주가 상승률이 낮았다는 의미이다.

코스닥시장을 보면 2020년 배당금 총액과 평균 배당금은 각각 17,622억원과 31.7억원으로 전년도보다 12.3%와 11.5% 증가하였고 2020년 배당기업 557개 중 5년 연속 배당을 지급한 기업은 334개(59.96%)로 전반적으로 유가증권시장보다 현금배당을 통한 주주환원 규모가 작은 것으로 나타났다.

평균 배당성향은 32.7%(2019년 32.4%), 평균 배당수익률은 1.56%로 유가증권시장보다 낮은 수준을 보였으나, 배당기업들의 2020년 평균 주가상승률 43.3%(KOSDAQ지수 상승률 44.6%)로 유가증권시장 배당기업들보다 높은 값을 보였다.

2020년 유가증권시장의 배당성향 39.55%는 G7 국가들의 평균 배당성향 40% 대와 유사하지만 이는 한국 기업들의 2020년 이익이 많이 감소하여 배당성향[=배당총액/순이익]이 높아진 결과라고 할 수 있다. 실제 많은 연구기관들의 통계에 의하면 G7 국가들의 평균 배당성향은 최소 한국의 1.5배 정도는 되고, G20 국가들 중에서도 한국 기업들의 배당성향은 최하위 수준이라고 한다. 그러면 한국기업들은 왜 상대적으로 배당을 적게 하고 있을까? 국내 각종 보고서와 연구결과들은 다음을 원인으로 제시하고 있다.

첫 번째, 투자재원을 확보하기 위해서이다. 적시에 투자기회 포착과 자금 투입으로 경쟁기업들을 추적하고 견제하기 위해서는 충분한 현금이 필요하므로 배당 지급보다는 기업 내부에 현금을 많이 보유한다는 것이다.

두 번째, 대주주 지분율이 낮은 것도 영향을 미친다고 한다. 한국 상장기업들의 대주주의 직접 보유지분은 평균 2% 정도에 불과하다고 한다. 따라서 배당금의 98%는 다른 주주들에게 분배되므로 특히 경영을 직접 담당하는 대주주 입장에서는 유보이익 확대와 지속적인 투자를 통하여 기업을 확장하는 것이 더 좋은 선택이 될 것이다. 삼성전자가 2018년 처음 주주환원 정책을 발표했을 때 삼성전자의 외국인 지분이 50%를 넘었고, 개인투자자는 6% 정도에 불과하여 자본의 해외 유출만 시키는 것 아니냐는 비판도 받았다.

세 번째, 학문적으로도 많이 언급되는 배당소득세의 차별이다. 동일한 금액이라도 배당금으로 받는 경우가 주식의 매매차익으로 받는 경우보다 소득세가 많이 부과되므로 경영권에 관심 없는 소액주주는 현금배당보다는 내부 유보를 통한 주가 상승을 선호하게 된다. 실제로 배당기업들 대부분은 결산 후 연 1회 지급되는 정기배당을 하고 있는데 주당배당금 정도의 주가 변화는 1년 동안 여러 번 발생할 수 있으므로, 배당소득세 15.4%가 원천 징수된 배당금은 대부분의 소액주주에게 관심을 받지 못한다.

두 번째와 세 번째를 연결하면 대주주는 자신이 통제할 수 있는 기업의 크기를 확장하는 데 관심이 더 많고 소액주주들은 배당금보다 높은 수준의 주가 변화에 따른 매매차익에 관심이 더 많으면 기업은 주주를 위해서 배당금을 많이 지급할 인센티브가 감소할 것이다.

3. 자기주식 취득

3.1 자기주식 취득의 기초

자사주 매입 또는 자기주식 취득(stock repurchase)은 기업의 이익을 주주에게 환원하는 수단 중 하나로 기업이 발행한 주식을 기업이 스스로 시장에서 다시 매입하는 것을 말하며, 우리나라에서는 '자기주식 취득 또는 처분'이란 제목의 공시가 이루어지므로 본서에서는 '자기주식'으로 표현하고자 한다.

자기주식 취득은 크게 3가지 방법을 통하여 이루어진다. 첫 번째, 공개시장매입(open market repurchase)으로 일반투자자와 같이 기업이 주식시장에 매수주문을 제출하여 원하는 수량을 시장에서 형성되는 가격에 직접 매입하는 방법이다. 우리나라 기업들의 자기주식 취득 결정 공시의 취득방법의 거의 대부분은 '장내 직접 매수'나 '장외 매수'로 되어 있어 공개시장매입 방식을 따르고 있다. 취득가격은 따로 공시하지 않고 '취득예정 주식수×이사회 결의일 전일 종가'로 계산한 취득예정금액을 설정하고 향후 주가 변동에 따라 실제 취득금액은 변경될 수 있다고 명시한다. 일반적인 주식거래 절차에 따라 자기주식 취득이 진행되므로 주주는 자신이 자기주식 거래를 했는지 알지 못한다.

두 번째, 공개매수(tender offer)로 기업이 자기주식 취득가격까지 공시하여 주주가 스스로 선택하게 하는 방법이다. 주주는 기업이 제시한 가격을 보고 매도 여부를 스스로 결정할 수 있으므로 주주 스스로 주주환원을 결정하는 것이다. 공개시장 매입방법과 공개매수 방법으로 자기주식을 취득하면 기업은 '자기주식취득 결과 보고서'를 공시하여 몇 주를 얼마에 매입하였는지, 취득 후 자기주식 보유 현황은 어느 정도 되는지를 시장에 공개한다.

세 번째, 사적 협의에 의한 매수(target repurchase) 방법이다. 이는 특정 주주에게만 비밀리에 자기주식 취득을 시도하는 것으로 몇 주가 얼마에 거래되었는지 공개되지 않는다.

자기주식 취득에는 현금이 사용되므로 자기주식을 취득하면 기업의 현금성 자산이 감소하여 총자산도 감소하게 되고, 취득한 자기주식은 자산으로 인식할 수 없으므로 순자산도 감소하게 된다. 따라서 기업은 자기주식 취득을 통하여 ROA[=순이익/총자산]와 ROE[=순이익/순자산]를 증가시켜 주가에 긍정적인 영향을 주고자 자기주식을 취득하는 것이다.

실제로 우리나라 기업들의 자기주식 취득 목적으로 가장 많이 공시되는 내용은 '주가 관리'이다. 기업은 주가가 계속 하락하면 더 이상의 주가 하락을 막기 위하여, 또는 자신들이 판단하는 적정가치보다 주가가 낮으면 주가를 끌어올리기 위하여 시장에 유통되는 물량을 감소시키는 자기주식 취득을 한다. 그 외에도 경영권 방어와 임직원의 보너스 지급을 목적으로 자기주식을 취득하기도 한다.

자기주식은 자산으로 인정되지 않아서 주주의 권리가 부여되지 않기 때문에 주식수가 관여된 지표들도 발행주식수 대신 자기주식수를 차감한 유통주식수[=발행주식수-자기주식수]로 계산된다. 이로 인하여 투자자들이 혼동할 수 있는 것이 다음에 설명할 'EPS의 증가'이다.

3.2 자기주식 취득과 EPS의 증가

■ S기업 현재 재무상황

- 현재 부채를 사용하고 있지 않으며, 발행주식수는 100,000주, 시가총액은 100,000만원
- 올해 순이익은 50,000만원이 발생할 것으로 예상되고 30,000만원의 현금을 보유하고 있음

자기주식 취득이 이루어지면 EPS(주당순이익, earning per share)에 어떤 변화가 발생하는지를 앞의 박스 안의 S기업의 재무관련 정보를 가지고 살펴보자.

현재 S기업의 주가, EPS, PER(price-earning ratio)는 각각 다음과 같고, 시장가치로 평가한 현재 S기업의 재무상태표는 <표 2>와 같다.

- 주가 = [시가총액/발행주식수] = [100,000만원/100,000주] = 10,000원
- EPS = [순이익/발행주식수] = [50,000만원/100,000주] = 5,000원
- PER = [주가/EPS] = [10,000원/5,000원] = 2배

〈표 2〉 현금 사용 이전 S기업 시장가치 재무상태표(만원)

자 산		부채 및 자기자본	
현 금	30,000	부 채	0
그 외의 자산	70,000	자기자본	100,000
자산총액	100,000	부채 및 자기자본총액	100,000

이런 상황에서 현금 30,000만원으로 자기주식을 취득한 경우의 변화를 살펴보자. 30,000만원으로 매입할 수 있는 자기주식수는 30,000주[= 30,000만원/1만원]이고, 자기주식 취득 후 현금과 자기자본이 감소하므로 S기업의 재무상태표는 <표 3>과 같이 변하게 된다. 따라서 주가, EPS, PER도 다음과 같이 변하게 된다.

〈표 3〉 현금 사용 이후 S기업 시장가치 재무상태표(만원)

자 산		부채 및 자기자본	
현 금	0	부 채	0
그 외의 자산	70,000	자기자본	70,000
자산총액	70,000	부채 및 자기자본총액	70,000

- 주가 = [자기자본 시장가치/유통주식수] = [70,000만원/70,000주] = 10,000원
- EPS = [순이익/유통주식수] = [50,000만원/70,000주] = 7,143원
- PER = [주가/EPS] = [10,000원/7,143원] = 1.40배

자기주식 취득 이전과는 다르게 유통주식수[= 발행주식수 - 자기주식수]로 주가와 EPS가 계산되어 EPS는 5,000원에서 7,143원으로 증가하였지만, 주가 10,000원은 그대로 유지되어 PER가 2배에서 1.40배로 하락하였다. 여기서 주의해야 하는 부분이 순이익과 주가가 자기주식 취득 전과 동일한 50,000만원과 10,000원으로 변화가 없다는 점이다. EPS가 상승한 것은 단지 발행주식수에서 자기주식수만큼 차감된 유통주식수로 계산한 결과이지 실질적인 경영성과의 개선으로 상승한 것이 아니다. 오히려 자기주식 취득에 사용된 현금의 기회비용을 고려하면 자기주식 취득이 주가에 부정적으로 작용할 수 있다.

S기업의 현금 30,000만원이 자기주식 취득에 사용되면 영업 및 투자활동에 사용할 수 있는 현금이 그만큼 감소하게 된다. 만약 현금 30,000만원을 핵심 사업에 투자하여 20%의 수익을 얻을 수 있다면 자기주식 취득 후 EPS는 다음과 같이 기회비용까지 반영하여 계산되어야 할 것이다.

- EPS = [(순이익 - 자기주식 취득금액의 기회비용)/유통주식수]
  = [(50,000만원 - 30,000만원×0.2)/70,000주] = 6,285원

3.3 현금배당 vs. 자기주식 취득

최근에 자기주식 취득은 이론적으로 현금배당과 동일한 결과를 얻을 수 있으므로 현금배당과 더불어 대표적인 주주환원 수단으로 활용되고 있다.

앞의 S기업이 현금 30,000만원을 현금배당(주당 3,000원 = 30,000만원/100,000주) 하였을 경우의 변화를 살펴보자. 먼저 현금과 자기자본이 감소하므로 현금배당 이후의 재무상태표는 <표 4>와 같이 변한다. 이는 <표 3>의 자기주식 취득 후의 재무상태표와 동일하다. 주가, EPS, PER도 다음과 같이 변하게 된다.

〈표 4〉 현금배당 이후 S기업 시장가치 재무상태표(만원)

자 산		부채 및 자기자본	
현 금	0	부 채	0
그 외의 자산	70,000	자기자본	70,000
자산총액	70,000	부채 및 자기자본총액	70,000

- 주가 = [자기자본 시장가치/발행주식수] = [70,000만원/100,000주] = 7,000원
- EPS = [순이익/발행주식수] = [50,000만원/100,000주] = 5,000원
- PER = [주가/EPS] = [7,000원/5,000원] = 1.40배

자기자본총액이 감소하여 주가도 7,000원으로 감소하였고 PER도 1.40배로 배당 이전의 2배보다 감소하였으나 자기주식 취득 이후의 PER와는 동일한 값을 보였다. 현금배당 후의 주가(7,000원)가 자기주식 취득 후의 주가(10,000원)보다 감소하였으므로 자기주식 취득은 현금배당과 동일한 결과를 보이지 않는다고 생각할 수 있다. 그러나 S기업 주식 10주를 보유한 투자자의 부(wealth)를 비교하면 다음과 같이 아무것도 하지 않았던 경우, 자기주식 취득

을 한 경우, 현금배당을 실시한 경우 모두 동일하다는 것을 알 수 있다.

- 아무것도 하지 않았을 때 : [10주×10,000원=100,000원]
- 자기주식 취득 : [10주×10,000원=100,000원]
- 현금배당 : [10주×(7,000원+3,000원)=100,000원]

현금배당을 실시하면 주가는 7,000원으로 3,000원 하락하지만 배당금 3,000원으로 정확히 상쇄되어 주주의 부는 주식가치와 배당금의 합인 100,000원이 된다. 현금배당과 자기주식 취득 후 PER와 주주의 부가 동일하다는 것은 현금배당과 자기주식 취득이 주주에게는 동일하게 인식된다는 것이다. 따라서 자기주식 취득은 현금배당의 주주환원 대체 수단으로 활용될 수 있는 것이다.

그러나 실무에서는 현금배당과 자기주식 취득에는 앞에서는 고려하지 않았던 세금과 거래비용이 발생한다. 세금과 거래비용까지 고려해도 자기주식 취득은 현금배당을 대체할 수 있을까? 한국거래소 장내시장에서 거래하는 소액주주를 기준으로 하면 현금배당금에 대해서는 15.4%의 배당소득세율이 원천징수 되지만 자기기주식 거래를 하면 이익이나 손실 여부에 상관없이 매도가격 기준의 거래세만 부과되고 주식의 매매차익에 대한 양도세는 대주주 이외에는 아직 부과되지 않고 있다[3]. 2023년 기준 유가증권시장은 매도가격의 0.05%(농어촌특별세 0.15% 별도), 코스닥시장은 0.20%를 거래세로 부과하고 있다. 이와 같은 배당소득세와 거래세를 포함하면 S기업(유가증권시장 가정) 주주의 현금배당과 자기주식 취득 이후의 부(wealth)를 비교하면 다음과 같이 자기주식 취득이 높아진다.

- 현금배당 : [10주×{7,000원+3,000×(1−0.154)}]=95,380원
- 자기주식 취득 : [10주×10,000원×(1−0.002)]=99,800원

또한 배당은 일괄적으로 지급되므로 주주가 배당 수령 여부와 수령 시점을 선택할 수 없지만 자기주식 취득은 주주가 매도 시점을 선택할 수 있어서 거래세 부담도 자신에게 유리한 시점으로 선택할 수 있다.

세금 부담이 적고 유연한(flexible) 선택이 가능한 점을 고려하면 주주환원 수단으로는

3 여기서 대주주는 단일 종목에 3억원이 넘는 지분을 보유한 경우로 본인과 배우자, 직계비존속 보유분까지 포함되며 양도분에 대해서 22%의 양도세가 부과된다. 그러나 2023년부터는 모든 상장주식과 펀드의 양도차익에 대한 세금 부과와 증권거래세를 대폭 할인할 예정이라고 한다.

자기주식 취득이 현금배당보다 주주에게 유리한 것으로 판단된다.

3.4 한국상장기업의 2020년 자기주식 거래 현황

<표 5>는 한국거래소 자료로 작성한 2020년 유가증권시장과 코스닥시장의 자기주식 거래 현황이다. '직접'은 기업이 직접 주식시장에서 취득한 경우이고 '신탁'은 금융기관에 취득을 위탁하는 경우이며 신고수량과 신고금액은 총수량과 총액이며 단위는 각각 만주와 억원이고, ( )의 값은 평균을 의미한다. 2020년 유가증권시장에서는 185개 기업에 의하여 241회, 코스닥시장에서는 306개 기업에 의해 398회, 코넥스 시장에서도 4개 기업에 의해 자기주식 관련 거래가 이루어졌다. 1년 동안 동일한 기업이 여러 번 자기주식 거래를 하기도 한다.

〈표 5〉 2020년 유가증권시장과 코스닥시장 상장사 자기주식 거래 현황

구분	유가증권시장				코스닥시장			
	직접		신탁		직접		신탁	
	취득	처분	취득	처분	취득	처분	취득	처분
N	106개	22개	111개	2개	110개	43개	233개	12개
신고수량	19,652 (185)	1,590 (72)	– –	– –	511 (4.6)	285 (66)	– –	– –
신고금액	27,669 (261)	6,161 (280)	28,026 (252)	7 (3.5)	3,591 (33)	3,235 (75)	8,216 (35)	251 (21)

〈표 6〉 2020년 자기주식 거래 이후 주가 변화율(%)

기간 \ 구분	유가증권시장				코스닥시장			
	직접		신탁		직접		신탁	
	취득	처분	취득	처분	취득	처분	취득	처분
N	106개	22개	111개	2개	110개	43개	233개	12개
+1일	1.68	0.82	3.60	−0.36	1.85	0.29	0.54	4.40
+1주일	3.28	5.42	7.48	−8.10	6.03	2.01	5.84	6.76
+1개월	9.82	4.92	18.33	14.66	25.86	3.84	26.41	15.72
+3개월	28.05	24.15	30.42	75.03	47.70	11.50	43.68	32.28
+6개월	49.42	32.35	47.70	100.70	72.50	28.35	70.86	71.54
+1년	75.51	59.28	98.87	173.63	107.63	60.57	109.86	113.68
'취득/처분'	30.89	−0.84	67.98	191.18	48.98	1.15	78.66	142.52

<표 6>은 자기주식 취득과 처분 이후 일정 기간마다의 주가 변화율을 공시일 종가(close

price) 대비 해당 시점의 종가로 추정한 단순평균값이다. 대부분 (+)의 변화율을 보이고 있으며, 기간이 확장되면 변화율도 확대되어 주가 관리를 위한 자기주식 취득의 목적이 달성되는 것처럼 보이지만 이는 동일한 기간의 주가지수 변화율과 비교하여 판단해야 한다. 시장 전체적으로 20% 상승했을 때 특정 종목의 15% 상승은 좋은 성과라고 할 수 없기 때문이다. 마지막 줄의 '취득/처분'은 공시일 종가 대비 취득이나 처분이 종료된 날의 종가를 비교하여 산출한 변화율이다.

4. 주식배당

4.1 주식배당과 액면분할

주식배당(stock dividend)은 주주의 지분율에 따라 주식을 배당으로 지급하는 것이며 현금배당과는 다르게 현금의 외부 유출을 발생시키지 않고 자기자본 계정의 잉여금이 자본금으로 이전(또는 확정)되면서 발행주식수가 증가하게 된다.

주식배당은 '25% 주식배당'처럼 공시되는데 이는 보유주식 4주당 신주 1주를 배당으로 받을 수 있다는 것을 의미한다. 25% 주식배당을 받으면 주주들의 보유주식수는 25% 증가하지만 지분율은 변하지 않는다. 또한 자기자본의 잉여금이 자본금으로 확정되는 것이라 자기자본 총액은 변하지 않으므로 시가총액도 변하지 않는다. 그러나 발행주식수의 증가로 1주당 가치는 25% 하락하게 된다.

주식배당과 동일한 결과를 보여주는 자본구조 변화가 '주식분할(stock split) 또는 액면분할'이다. 액면분할은 '1:10 액면분할'처럼 비율로 표시되며 기존 주식 1주를 신주 10주로 분할한다는 의미이다. 주주들의 보유주식수는 10배로 증가하지만 지분율은 변하지 않고 자기자본총액의 변화가 없으므로 시가총액도 변하지 않아서 주가는 1/10로 하락하게 된다. 이와 같이 액면분할은 주식배당과 유사한 결과를 보여주고 있다.

삼성전자는 2017년 11월 1주당 가격이 287만원까지 상승하여 투자자들의 접근이 쉽지 않아 거래량과 유동성이 감소할 것으로 우려되어 2018년 5월 액면가 5,000원인 주식을 액면가 100원 주식 50주로 '1:50 액면분할' 하였다. 그 결과 주식분할 당시 5만원하던 주가가 2018년 연말 반도체 불황으로 3만원대까지 하락하였다가 매출 회복과 2020년 이후 개미투자자들의 매수세가 급증하면서 2023년 7월 7만원 대에서 거래되고 있다. 이와 같이 액면분할은 자본가치의 변화는 없지만 투자자들의 접근을 용이하게 하여 분할 이전보다 주가의 변동성이 커질 수 있다.

4.2 예를 통한 주식배당과 액면분할 비교

다음 박스의 내용과 같은 SD기업의 주식배당과 주식분할을 비교해보자. 박스의 내용으로 추정할 수 있는 EPS, PER, 시가총액은 각각 다음과 같다.

■ SD기업 현재 자기자본과 재무상황

◦ 자본금 = [액면가 5,000원×발행주식수 10,000주] = 5,000만원, ◦ 자본잉여금 15,000만원,
◦ 이익잉여금 30,000만원
◦ 올해 순이익은 5,000만원이 발생할 것으로 예상 ◦ 주가 5만원

- EPS = [순이익/발행주식수] = [5,000만원/10,000주] = 5,000원
- PER = [주가/EPS] = [50,000원/5,000원] = 10배
- 시가총액 = [주가×발행주식수] = [5만원×10,000주] = 50,000만원

먼저 '25% 주식배당'을 실시하는 경우를 살펴보자. 25% 주식배당은 보유주식 4주당 1주를 배당으로 지급하는 것이므로 SD기업의 현재 발행주식수 10,000주에서 2,500주[= 10,000주×0.25]가 배당으로 지급되므로 발행주식수는 12,500주로 증가한다.

발행주식수 2,500주 증가는 자기자본계정의 자본금과 자본잉여금, 이익잉여금의 변화를 발생시킨다. 2,500주의 신주를 발행하는 것이므로 주가 5만원에 해당하는 신주발행금액이 회계적으로 처리되어야 한다. 즉, 신주발행으로 기업에 유입되는 자금 중에 액면가에 해당하는 금액은 자본금에, 액면가를 초과하는 금액(주식발행초과금)은 자본잉여금에 나누어 인식하는 것처럼 주식배당을 위한 신주발행도 동일하게 처리한다. 단 이익잉여금에서 자본금과 자본잉여금으로 자금이 이전할 뿐이지 실제로 현금유입이 발생한 것이 아니므로 자기자본총액은 변하지 않는다. 각 계정들의 변화금액은 다음과 같이 계산된다. 주식배당을 위한 신주발행금액과 이익잉여금 감소액이 동일하고, 그 금액만큼 자본금과 자본잉여금이 증가한 것을 알 수 있다. <표 7>은 주식배당 전후 자기자본계정 변화를 보여주고 있다. 자기자본 총액은 동일하고 각 계정 변화량의 합도 0인 것을 알 수 있다.

- 주식배당 신주발행금액=[주가×신주발행주식수]=[5만원×2,500주]
  =12,500만원
- 자본금 증가액=[액면가×신주발행주식수]=[0.5만원×2,500주]=1,250만원
- 자본잉여금 증가액=[(주가-액면가)×신주발행주식수]
  =[(5만원-0.5만원)×2,500주]=11,250만원
- 이익잉여금 감소액=[주가×신주발행주식수]=[5만원×2,500주]=12,500만원

〈표 7〉 **액면분할 전후 자기자본 계정 변화(만원)**

자기자본 계정	액면분할 이전	액면분할 이후	변화량
자본금	5,000	6,250	(+)1,250
자본잉여금	15,000	26,250	(+)11,250
이익잉여금	30,000	17,500	(-)12,500
자기자본 총액	50,000	50,000	0

발행주식수가 10,000주에서 12,500주로 증가하였지만 현금유입이 발생하지 않았으므로 시가총액은 주식배당 이전과 동일할 것이므로 주가는 다음과 같이 4만원으로 하락한다. 그러나 주식배당 이전 20주를 보유한 주주의 부는 주식배당 이후에도 100만원으로 변하지 않는다.

- 주가=[주식배당 이전 시가총액/발행주식수]=[50,000만원/12,500주]=4만원
- 주식 배당 이전 20주 보유 주주의 부=[5만원×20주]=100만원
- 주식 배당 이후 주주의 부=[4만원×(20주+5주)]=100만원

이번에는 '1:50 액면분할'을 실시하는 경우를 살펴보자. '1:50 액면분할'은 액면가 5,000원 주식을 액면가 100원 주식 50주로 분할하는 것이므로 발행주식수는 10,000주에서 500,000주로 증가한다. 또한 자본금은 5,000만원으로 변하지 않지만 주가는 하락한다. 20주를 보유한 주주의 부도 다음과 같이 100만원으로 변하지 않는다. 다만 액면분할은 주식배당과 다르게 다음 <표 8>처럼 자기자본 계정상의 자금 이동을 발생시키지 않는다.

- 액면분할 이전 자본금=[5,000원×10,000주]=5,000만원
- 액면분할 이후 자본금=[100원×(10,000주×50)]=5,000만원

- 시가총액=[5만원×10,000주]=50,000만원

- 액면분할 이전 주가=[50,000만원/10,000주]=5만원
- 액면분할 이후 주가=[50,000만원/500,000주]=1,000원

- 액면분할 이전 20주 보유 주주의 부=[5만원×20주]=100만원
- 액면분할 이후 주주의 부=[1,000원×(20주×50)]=100만원

〈표 8〉 액면분할 전후 자기자본 계정 변화(만원)

자기자본 계정	액면분할 이전	액면분할 이후	변화량
자본금	5,000 (0.5×10,000주)	5,000 (0.01×500,000주)	0
자본잉여금	15,000	15,000	0
이익잉여금	30,000	30,000	0
자기자본 총액	50,000	50,000	0

지금까지 살펴본 것처럼 주식배당과 액면분할은 자기자본 총액이나 시가총액에 아무런 영향을 미치지 못한다. 주주 입장에서도 주가는 하락하지만 보유주식이 증가하여 주주의 부에 영향이 없다. 그럼에도 불구하고 주식배당은 주주들에게 이익잉여금을 주주의 몫으로 확정시키기 위하여, 액면분할은 주가를 하락시켜 거래의 유동성을 확보하기 위한 수단으로 활용되고 있다.

주식배당이나 액면분할 이후 기업의 수익이 증가하여 배당금이 증가하거나 주가 상승을 통한 매매차익이 증가하게 되면 보유주식의 증가로 주주들에게 더 많은 혜택이 돌아갈 수 있다.

이외에도 액면분할과 반대인 '주식병합(reverse stock split)'도 자본금 조정 수단으로 드물지만 활용되고 있다. 만약 '1:10 주식병합'이라면 액면가 500원 주식 10주를 액면가 5,000원 주식 1주로 병합하는 것이다. 따라서 액면분할과는 반대로 발행주식수는 감소하고 액면가는 증가하지만 여전히 자본금과 시가총액에는 변화가 발생하지 않는다. 주식병합은 너무 낮은 주가로 받을 수 있는 불이익을 해소하기 위하여 활용된다.

연습문제

15-1. 주주환원정책의 개념에 대해서 설명하시오.

15-2. 현금배당과 주식배당의 차이를 설명하시오.

15-3. 기업의 배당 수준을 보여주는 지표들에 대해서 설명하시오.

15-4. 배당락(ex-dividend) 가격과 배당부(cum-dividend) 가격의 균형관계에 대해서 설명하시오.

15-5. 배당규모에 영향을 미치는 요인들에 대해서 설명하시오.

15-6. 배당의 고객효과(clientele effect)에 대해서 설명하시오.

15-7. 배당 유연화(dividend smoothing)에 대해서 설명하시오.

15-8. 배당의 정보효과(information effect)에 대해서 설명하시오.

15-9. 주주환원 수단으로 현금배당과 자기주식 취득을 비교 설명하시오.

15-10. 주식배당과 액면분할이 유사하다고 하는 이유를 설명하시오.

15-11. 다음 질문들에 답하시오.

① A기업의 주당배당금은 1,000원으로 예상된다. 주주들의 배당소득세율은 15.4%, 현재 주가가 10,000원이라면 배당락 주가는 얼마가 되어야 하는가?

② 부채를 사용하고 있지 않은 B기업은 2년 후 청산할 예정이다. $t=1$, 2의 CF는 각각 69,100만원, 66,125만원으로 추정된다. 발행주식수는 10만주, 주주들의 요구수익률은 15%라고 한다. CF 전액을 모두 현금배당 한다면 B기업 주가와 시가총액은 각각 얼마인가?

15-12. C기업은 올 해 주당 1,000원의 배당금을 지급하였다. 현재 부채는 없으며 여유현금 1,000만원을 주주들에게 환원하려고 한다. 현금을 제외한 자산의 시장가치는 49,000만원, 순이익은 2,000만원, 발행주식수는 1만주라고 한다. 다음 질문들에 답하시오.

① C기업 현재 주가, EPS, PER, 10주 보유한 주주 PARK의 가치를 계산하시오.

② 현금 1,000만원으로 현금배당을 하면 주가, EPS, PER, 10주 보유한 주주 PARK의 가치는 ①에서 어떻게 변하는가?

③ 현금 1,000만원으로 자기주식취득을 하면 주가, EPS, PER, 10주 보유한 주주 PARK의 가치는 ①에서 어떻게 변하는가?

④ ③에서의 EPS 변화에 대하여 투자자들이 어떻게 해석해야 하는가?

15-13. 부채를 사용하지 않는 D기업은 발행주식수 2만주, 자기자본비용 20%, 여유현금 5,000만원이라고 한다. 내년부터 매년 10,000만원의 CF가 지속적으로 발생할 것으로 예상된다. 완전자본시장을 가정하여 다음 질문들에 답하시오.

① 여유현금까지 고려한 D기업 가치는 얼마인가?

② 여유현금 5,000만원은 지금 바로 배당금으로 지급하고 내년부터 발생한 CF는 그 해 배당금으로 전액 지급할 것이라면 주가는 얼마로 추정되는가?

③ ②에서 여유현금 5,000만원으로 배당금을 막 지급한 시점이라면 주가는 어떻게 되는가?

④ ③에서 여유현금의 배당금 지급 전·후의 기업가치와 10주를 보유한 KIM의 가치와 관련된 다음 표를 완성하시오.

구 분	현금	CF 가치	기업가치	주식수	주가	KIM
지급 전						
지급 후						

⑤ D기업이 여유현금 5,000만원으로 자기주식을 취득하면 주식수는 어떻게 변하는가?

⑥ ⑤의 자기주식 취득 전·후의 기업가치와 10주를 보유한 KIM의 가치와 관련된 다음 표를 완성하시오.

구 분	현금	CF 가치	기업가치	주식수	주가	KIM
지급 전						
지급 후						

15-14. E기업의 자본금(액면가 5,000원)은 100억원, 자본잉여금 150억원, 이익잉여금 250억원이라고 한다. 다음 질문들에 답하시오.

① 현재 주가는 50,000원이며 10%의 주식배당이 이루어질 경우 발행주식수와 자기자본 각 계정의 변화를 추정하시오.

② '1:10'의 액면분할이 이루어질 경우 발행주식수와 자기자본 각 계정의 변화를 추정하시오.

③ '2:1'의 주식병합이 이루어질 경우 발행주식수와 자기자본 각 계정의 변화를 추정하시오.

CHAPTER

16

기업지배구조

1. 기업지배구조의 기초

2. 한국의 기업지배구조 역사

3. 순환출자와 지주회사

4. 주주총회와 이사회

5. 성과보상

1. 기업지배구조의 기초

1.1 기업지배구조란?

기업지배구조(corporate governance)란 넓게는 기업의 소유자인 주주뿐만 아니라 채권자, 근로자, 소비자, 거래처 등 각종 이해관계자와 회사 사이의 관계를 말하며, 좁게는 기업의 소유와 경영의 분리로 발생하는 주주와 경영자 사이의 이해관계를 말한다. 기업의 실질적인 경영을 누가 어떤 방식으로 하고 있으며, 의사결정은 어떻게 이루어지며, 주주와 경영자 사이의 대리문제(agency problem)를 어떻게 극복해야 하는지 등이 기업지배구조와 관련된 내용들이다. 본장에서는 좁은 의미의 기업지배구조에 대한 내용과 한국 고유의 특징인 재벌기업의 기업지배구조와 관련된 내용을 간단하게 다루고자 한다.

기업지배구조는 기업의 의사결정이 원활하게 적시에 이루어지는지, 이해관계자들 사이의 갈등이 어느 정도인지, 경영자의 일탈 행위가 매출에 어느 정도 영향을 미치는지 등과 관련되므로 경영 성과와 기업가치에 영향을 미친다. 국내외 관련 연구결과들에 의하면 일반적으로 기업지배구조가 좋을수록 합리적인 의사결정이 원활하게 진행되어 시장에서도 좋은 평가를 받는다고 한다.

소유와 경영의 분리로 인한 소수 지배주주와 다수 소액주주 사이의 갈등, 주주와 전문경영인 사이의 갈등, 일부 외국계 사모펀드 주주의 이기적인 돌출 행동 등을 극복하여 모든 이해관계자들이 만족할 수 있는 경영활동과 성과를 이끌어낼 수 있는 지배구조가 기업들이 추구해야 할 바람직한 지배구조일 것이다.

기업지배구조는 이해관계자들에게 매우 중요한 사항인 기업의 목적을 간접적으로 추정할 수 있게 해준다. 기업의 목적에 따라 기업 운영의 방향과 행태가 결정되므로 주주, 임직원 등의 이해관계자에게 중요함에도 불구하고 기업의 목적은 직접적으로 파악하기 어렵다. 그러나 누가 기업을 통제하는가를 알 수 있으면 구체적인 기업운영 행태도 알 수 있을 것이므로 기업지배구조는 기업의 목적을 추정할 수 있게 해준다.

기업을 실질적으로 누가 통제하고 있는지를 가장 잘 보여주는 것이 '기업의 주식소유 구조'이다. 이는 기업의 자금조달 방법에 영향을 받으며 은행차입이나 채권발행 비중이 많다면 주식 소유가 분산되지 않았을 것이고, 주식 발행 비중이 많다면 주식 소유가 분산되었을 것이다. 주식의 분산 정도에 따라서 주주와 경영자의 대리문제와 주주 간의 갈등 수준도 다를 것이고 극복하는 과정도 다를 것이다. 또한 기업이 신주발행을 통한 자금조달 비중이 증가한다면 좋은 가격의 원활한 발행을 위해서 주주의 이익을 중요하게 생각하는 지배구조가 유리할 것이다.

2. 한국의 기업지배구조 역사

2.1 한국의 기업지배구조 형성과 변천

역사적으로 한국의 기업지배구조에 가장 강력한 영향을 준 것은 한국전 이후 바닥에서 출발하여 성장에만 집중할 수밖에 없었던 국가 상황이다. 여기에 1961년 쿠데타로 출범한 제3공화국의 정통성 확보를 위한 정부 주도의 경제개발 과정에서 시장원리와 법령보다는 관료집단의 개입이 우선되면서 한국기업들의 지배구조도 관료 주도의 경제성장에 영향을 받게 되었다.

후진국을 벗어나지 못하던 시기라 국가 전체적으로 자본이 부족한 상황에서 정부가 은행의 자금 배분에 적극 개입하여 기업의 투자자금 조달은 대부분 은행대출을 통하여 이루어졌다[1]. 그 결과 기업의 부채비율은 상승하였지만 창업자의 지배주주로서의 절대적 지배가 가능하였다.

또한 이 시기에는 지배주주로부터 일반주주의 이익을 보호하는 견제장치들도 제대로 작동하지 못했다. 지배주주 지분이 과반수인 주주총회는 형식적인 절차에 불과했고, 이사회 역시 지배주주에 우호적인 이사들로 구성되었고, 감사 또한 거의 형식적인 존재에 불과하였다. 법령 또한 미흡하였고 사회의 도덕적 규범이나 언론이 지배주주의 전횡을 견제할 정도도 아니었다.

일단 먹고 살자는 기본적인 욕구에 많은 불편함을 감수하던 분위기는 1980년대 이후 경제 환경의 변화로 지배주주의 과도한 지배권이 사회적인 문제가 될 정도로 점점 악화되는 와중에 1997년 외환위기가 발생하면서 대전환이 이루어졌다. 기존의 지배구조는 더 이상 시대에 맞지 않으므로 개선되어야 한다는 분위기가 힘을 얻었고, IMF도 우리나라에 대한 구제

1 1960년대 경제개발 초기에는 모든 인프라가 미흡한 상황이라 자본시장(주식시장을 포함한) 인프라 역시 제대로 구축되지 못했고 은행을 통한 자금거래는 최소한의 법제만 편성되어도 가능하여 정부의 자금 배분 개입이 용이하였기 때문에 대부분의 기업들 자금조달은 은행차입이 많았음. 그러나 1997년 외환위기에 직접 경험하였듯이 기업부실은 금융기관부실로 이어지고 금융시스템 전체가 마비가 될 가능성이 있으므로 경제 성장과 자본시장 인프라 구축은 필요충분조건임.

금융 제공의 핵심 요구사항으로 기업지배구조 개선을 요구하였다. 반면에 지배구조 개선에 강하게 반발해야 하는 재벌은 외환위기의 주범이다 보니 적극적으로 반대하지도 못하였다. 기업지배구조 관련 법 규정도 외환위기를 계기로 사외이사와 감사위원회제도 도입, 소수주권의 강화, 회계 및 외부감사규정의 정비 등이 새로 도입되거나 강화될 수 있었다.

2.2 현재 한국의 기업지배구조

현재 한국 대기업, 특히 재벌의 소유구조는 '소수지배주주 체제'라고 간단하게 표현할 수 있다. 대기업의 지배주주는 수십 개의 크고 작은 상장, 비상장 기업을 순환출자와 지주회사 제도를 적극 활용하여 지배하고 있다.

앞에서 언급한 것처럼 1960년대 경제개발 초기에는 은행차입에 의존한 자금조달로 주식 상당 부분을 창업자가 보유하였으나 1960년대 말부터 정부가 자본시장 육성에 나서면서 주식발행이 증가하여 창업자의 지분은 조금씩 낮아졌지만 1980년대까지도 20%를 넘었다. 그러나 1980년대까지는 거의 없었던 총수들의 계열회사 지분 보유는 1990년대에 총수 지분이 평균 10% 이하로 떨어지면서 30% 대로 증가하였다. 최근에는 규모가 큰 기업일수록 총수 지분율은 더 낮아지고 있다. 이는 직접 지배에서 순환출자와 지주회사를 활용한 지배로 전환하였기 때문이다.

한국거래소 유가증권시장 상장기업들의 주주 유형별 주식소유분포에 나타나는 특징은 ① 계열회사로 추정되는 일반법인의 지분이 많고, ② 기관투자자의 지분은 낮으며, ③ 외국인 지분이 대기업일수록 높다는 것이다(2021년 10월 1일 기준 삼성전자 51.86%, SK하이닉스 47.13%, NAVER 56.58%, POSCO 55.02%, KB금융 58.08%, 현대차 28.53%, 한국조선해양 18.88% 등).

은행차입에 주로 의존하던 한국 기업들의 부채비율은 고도성장 시기에 폭발적으로 증가하였으나 외환위기 이후 정부가 200% 가이드라인 제시 등의 재무구조 개선을 유도하여 최근에는 100% 이하의 비율을 보이고 있다. 부채비율이 낮아졌음에도 주식발행 규모는 금융선진국에 비하여 여전히 높지 않다고 한다.

한국 기업지배구조 체제의 통제주체는 소수의 지배주주이다. 일반적으로 지배주주는 전문경영인과는 다르게 단기 실적이나 주가 상승에 연연하지 않고 기업의 장기적인 성장을 위한 전략적인 투자에 적극적이라고 한다. 여기에는 자신의 기업집단을 자식에게 마치 재산을 상속시켜주는 것과 같이 승계해주고 싶은 마음도 반영되어 있다고 한다.

소유와 경영이 분리된 주식회사의 주주와 경영자 사이의 대리문제 중의 하나인 전문경영자의 단기 실적과 주가 상승 추구로 기업의 중장기전략이 미흡하다는 점인데, 지배주주가 통제하고 있는 한국 기업들에게서는 잘 나타나지 않는다고 한다. 이는 아직까지 한국에서는 전문경영자 시장이 활발하지 않으므로 전문경영자는 성과보상보다는 안정적인 지위를 위하여 지배주주를 보좌하는 역할에 만족하는 경향 때문이라 추정된다.

2.3 소수지배주주 체제의 문제점

한국 기업들의 소수지배주주 체제는 나머지 주주(대부분 소액주주)의 이익을 무시하는 의사결정과 적은 지분으로 많은 계열사를 거느리는 기업집단 형태, 즉 재벌(chaebol) 구조를 만들어냈다. 재벌 구조는 지배주주의 과도한 권한 행사, 계열사 일감 몰아주기 및 지배주주의 사적 이익 추구(tunneling), 부당한 방법을 통한 경영권 승계 등의 나머지 주주들에게 피해를 입히는 행위를 가능하게 하였다.

많은 연구결과들에서 제기된 한국 기업지배구조의 특징인 소수지배주주 체제의 문제점들은 다음과 같다. 첫 번째, 과도한 지배권 행사이다. 순환출자와 지주회사 제도를 통하여 지배주주는 소유권의 몇 배가 되는 지배권을 행사하고 있다.

두 번째, 불법 또는 편법의 경영권 승계이다. 일반인보다 높게 적용되는 상속세를 회피하기 위하여 다양한 편법으로 경영권을 자녀들에게 승계시키고 있다. 이렇게 승계 받은 자녀가 기업가치를 더 증가시킨다면 방법에 상관없이 결과에 주주도 만족할 수 있겠지만 대부분은 창업자만큼의 도전적이고 혁신적인 기업가 정신이 부족하고 개인적인 성취만을 위하여 비합리적이고 과도한 투자가 이루어지는 것이 문제이다.

세 번째, 사익편취 가능성이다. 계열회사 간 부당한 내부거래와 일감 몰아주기 등을 통한 불공정거래가 재벌총수 일가의 지분이 많은 자회사 또는 경영권 승계 과정에 있는 자녀의 지분이 많은 계열사를 중심으로 이루어지면 기업가치에 부정적인 영향을 미쳐서 나머지 주주들의 부를 감소시킬 수 있다.

이와 같은 재벌들의 부당한 행태에 대하여 공정거래위원회는 공기업을 제외한 일반 기업집단을 대상으로 매년 4월에 직전 년도 결합재무제표 기준 자산규모 10조원 이상이면 '상호출자제한 기업집단', 5조원 이상이면 '공시대상 기업집단'으로 지정하여 다음과 같은 규제를 하고 있다.

상호출자제한 기업집단에 대해서는 ① 대규모 내부거래, 기업집단 현황, 비상장회사 중요사항 등에 대한 공시 의무, ② 신규 순환출자 금지와 계열사 간 상호출자, 채무보증, 일감몰아주기 금지 및 금융 보험사 의결권 제한, ③ 주식소유 현황 신고의무, 특수관계인에 대한 부당한 이익제공 금지 등의 규제를 하고 있고, 공시대상 기업집단에 대해서는 ① 집단별 내부지분율 및 순환출자 현황 등 공시의무, ② 내부거래, 채무보증, 지배구조 현황 등 공시의무 등의 규제를 하고 있다.

3. 순환출자와 지주회사

3.1 순환출자

순환출자는 다음 <그림 1>처럼 현대차그룹 안에서 현대모비스가 현대자동차에, 현대자동차가 기아자동차에, 기아자동차가 다시 현대모비스에 출자하여 계열사들끼리 돌아가며 출자하여 경영권을 행사할 수 있는 구조를 말한다.

〈그림 1〉 현대차그룹 순환출자(2022년 사업보고서 기준)

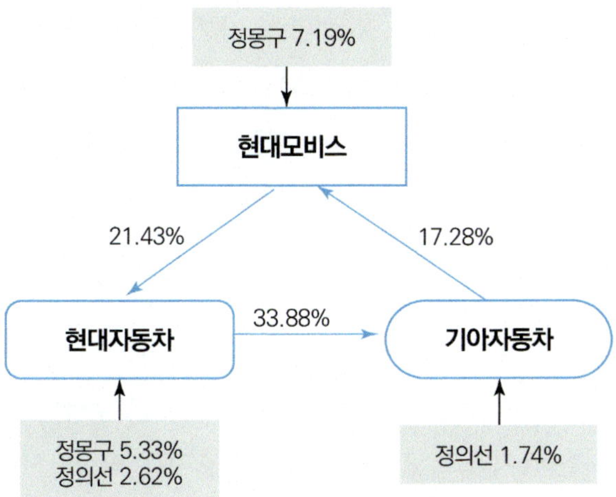

현대차그룹의 지배주주 정몽구 전회장과 정의선 회장의 현대모비스, 현대자동차, 기아자동차 지분은 각각 7.51%, 7.95%, 1.74%에 불과하지만 현대차그룹 전체를 지배하고 있다. 그들이 각 기업에 행사할 수 있는 의결권은 다음과 같으므로 '현대모비스 → 기아자동차 → 현대모비스'의 순환출자가 완성된다.

- 현대자동차 29.38% : [7.95% + 현대모비스 21.43%(= 정몽구 + 기아자동차)]

- 기아자동차 35.62% : [1.74%+현대자동차 33.38%(=정몽구, 정의선+현대모비스)]
- 현대모비스 24.93% : [7.51%+기아자동차 17.42%(=정의선+현대자동차)]

이와 같이 소유한 지분율보다 많은 지배권(control right)을 행사하는 경우의 그 차이를 '소유지배 괴리도(control divergence)'라고 하고 지분율의 몇 배를 의결권으로 행사할 수 있는지를 '의결권 승수'라고 한다. 현대차그룹 정몽구, 정의선 부자의 소유지배 괴리도와 의결권 승수는 다음 <표 1>과 같으며, 기아자동차의 소유지배 괴리도와 의결권 승수가 가장 높다. 1.74%의 지분으로 20.47배에 해당하는 33.38%의 소유권과 의결권을 행사할 수 있다.

〈표 1〉 정몽구, 정의선 부자의 소유지배 괴리도와 의결권 승수

기업	소유지배 괴리도	의결권 승수
현대모비스	17.42%	3.32배
현대자동차	21.43%	3.69배
기아자동차	33.38%	20.47배

이와 같이 소유지배 괴리도가 높을 경우 낮은 지분을 가진 지배주주는 다른 주주들과 나누는 배당금을 적게 지급하는 대신에 다양한 방법으로 사적이익을 추구할 가능성이 높아진다. 또한 배당금으로 유출될 재원을 가지고 느슨해진 기준으로 수익성보다 확장 위주의 투자를 진행하고 경쟁력이 떨어지는 사업도 계속 유지하고 경영정보 공시도 소홀하여 기업가치를 하락시키는 결과를 초래할 수도 있다.

순환출자는 순환출자 고리에 있는 계열사 하나가 부실해지면 다른 계열사까지 부실해지는 악순환이 발생할 수 있는 문제점을 안고 있다. 우리나라의 현행법 기준으로 두 계열사 간의 상호출자는 금지되고 있으나 순환출자에 대한 규제는 없는 상황이다. 다만 2014년부터 추가적인 신규 순환출자를 금지하고 있어서 기존 순환출자는 인정하지만 새로운 순환출자는 허용하지 않고 있다. 기존 순환출자는 많은 재벌그룹이 해체되어야 하는 현실적인 문제로 계속 인정해주고 있다.

3.2 과도한 지배권 견제 장치

최근에는 지배주주의 적은 지분으로 다수의 기업을 지배하는 과도한 지배권을 견제하기 위한 제도적 장치들이 많이 소개되고 있다.

첫 번째, 전자투표제도 도입이다. 소액주주의 무관심과 우리나라 기업들의 '슈퍼주총데

이[2]'의 부당함에 대한 해결책으로 주주가 직접 주주총회에 참가하지 않아도 의결권을 행사할 수 있는 제도이다. 우리나라는 아직 의무사항은 아니다.

두 번째, 섀도우 보팅(shadow voting) 폐지이다. 일반주주들의 주주총회 참석률이 저조하므로 소액주주 비중이 높은 기업들의 주주총회가 정족수 미달로 무산되는 것을 방지하기 위하여 참석하지 않은 주주들을 참석한 주주들의 표결 결과와 동일한 비율로 표결에 참가한 것으로 간주하는 'shadow voting'을 2018년 폐지하여 일부 대주주만이 원하는 안건들이 처리되는 것을 줄이고자 하였다.

세 번째, 스튜어드십 코드(stewardship code) 활성화이다. 기관투자자 대부분은 경영권 참여보다는 투자수익에 관심이 크고, 투자한 기업도 많으므로 주주총회에서의 의결권 행사를 거의 하지 않는다. 그러나 고객의 재산을 선량하게 관리하는 집사(steward)처럼 연기금과 자산운용사 등 주요 기관투자자도 적극적인 의결권 행사를 통하여 기업의 경영 개선에 참가하도록 하는 스튜어드십 코드가 최근에 강조되고 있다. 그러나 스튜어드십 코드에 대해서는 대주주를 견제하는 순기능과 더불어 지나친 경영 간섭으로 기업 활동이 위축될 수 있다는 우려도 동시에 제기되고 있다.

네 번째, 집중투표제도 활성화이다. 주주총회에서 각각의 이사진을 선임할 때마다 1주당 1개의 의결권을 주는 방식과 다르게 선임되는 이사 수만큼 의결권을 부여하고, 주주는 자신이 지지하는 이사에 집중적으로 투표할 수 있는 제도로 이사진 전원이 소수의 대주주에 의해서 선임되는 것을 방지하기 위한 제도이다. 그러나 아직은 정관에서 집중투표제도를 배제할 수 있고 이사 선임시점을 연도별로 분산시키면 도입 취지대로 운영되지 못할 수 있다.

다섯 번째, 증권관련 집중소송제도와 다중대표소송제도이다. 기업의 각종 불법행위로 다수의 소액투자자들이 피해를 본 경우에 1인 또는 몇 명의 주주만으로 손해배상 청구소송이 제기되면 판결의 효력이 피해자 전체에게 미치는 집단 구제제도가 증권관련 집중소송제도이고, 다중대표소송제도는 모회사가 50% 이상의 지분을 보유한 자회사 또는 손자회사 임원이 임무에 소홀하여 모회사 주주에게 피해를 입히면 모회사 주주가 이들을 상대로 손해배상소송을 할 수 있는 제도를 말한다. 그러나 소송 요건과 절차, 소송 기간, 소송 남발 등으로 아직은 많이 이루어지고 있지 않다.

2 우리나라 기업들(대부분 12월 결산법인)은 정기주주총회를 관행적으로 2월말이나 3월초 중의 하루(이를 '슈퍼주총데이'라고 함)에 동시에 개최하고 있음.

3.3 지주회사

지주회사(holding company)는 지배를 목적으로 다른 회사의 지분을 소유하는 회사로 '순주지주회사'와 지주회사가 자체 사업도 시행하는 '사업지주회사(또는 혼합지주회사)'로 구분된다.

과거 공정거래법은 경제력 집중을 예방한다는 취지에서 지주회사를 금지하다가 1999년 지주회사를 허용하는 방향으로 개정되고, 정부가 기업집단의 소유구조 단순화를 위하여 지주회사 전환을 정책적으로 유도하면서 지주회사 구조를 취하는 기업집단이 증가하였다. 공정거래법상 지주회사는 자산총액 5,000억원 이상, 자산총액 중 자회사 지분가액 비중 50% 이상이어야 설립할 수 있으며 설립 2년 이내에 여러 조건들을 충족시켜야 한다[3]. 2002년 공정거래법상 지주회사는 17개에 불과하였으나 2019년 기준 금융지주회사 10개를 포함하여 173개로 증가한 이후 증가세는 다소 둔화되었다. 재벌들 중에서는 2003년 LG 그룹이 최초로 지주회사체제로 전환한 이후 지주회사 체제는 증가하였다.

다음 <그림 2>는 2019년 대우조선해양을 인수하면서 형성된 지주회사를 활용한 현대중공업그룹의 지배구조를 보여주고 있다. 현대중공업지주와 더불어 한국조선해양도 지주회사와 유사한 역할(중간지주회사)을 하고 있다.

대우조선해양 인수는 2021년 12월까지 최종 승인이 나지 않아 2021년 6월 기준 최대주주는 55.7% 지분의 한국산업은행이고, 현대중공업은 2021년 9월 17일 상장하면서 한국조선해양의 지분이 100%에서 79.72%로 낮아졌다.

그러면 자체적으로 사업을 수행하지 않는 순수지주회사의 수익은 어디서 발생할까? 대부분 지분을 보유한 회사의 배당금, 그룹 명칭과 로고 사용에 대한 로열티 수입, 부동산 임대수익에서 발생하고 있다. 따라서 순수지수회사의 기업가치는 자회사의 지분가치와 보유 부동산의 가치로 결정된다. 우리나라 상장지주회사의 시가총액은 이렇게 평가한 가치보다 평균 30% 정도, 재벌 지주회사는 50% 정도 저평가 되었다고 하는데, 그 이유로는 순수지주회사의 수입이 상대적으로 높지 않고 지배주주 체제에 따른 대리문제 등이 언급되고 있다. 그러나 지배주주 입장에서는 주식을 매매할 것도 아니고, 경영권 승계에는 낮은 주가가 유리할 것이고, 필요한 자금은 배당을 늘려서 해결하면 되므로 주가의 저평가가 불리하지만은 않다고 한다.

3 지주회사 설립일로부터 2년 이내에 ① 부채비율 200% 이내, ② 지주회사는 자회사, 자회사는 손자회사 지분을 보유할 때 상장회사는 30% 이상, 비상장회사는 50% 이상, ③ 증손회사의 지분 보유는 손자회사가 지분 100% 보유한 경우에만 허용, ④ 자회사 또는 손자회사 사이의 수평적 지분 보유는 허용되지 않음, ⑤ 지주회사체제에서는 엄격한 금산분리가 적용됨, ⑥ 지주회사나 자회사가 국내 비계열회사의 주식을 소유할 경우 5%의 지분율을 초과할 수 없음 등의 행위제한 요건을 충족시켜야 함.

〈그림 2〉 현대중공업그룹 지주회사 지배구조체계(2020년 사업보고서 기준)

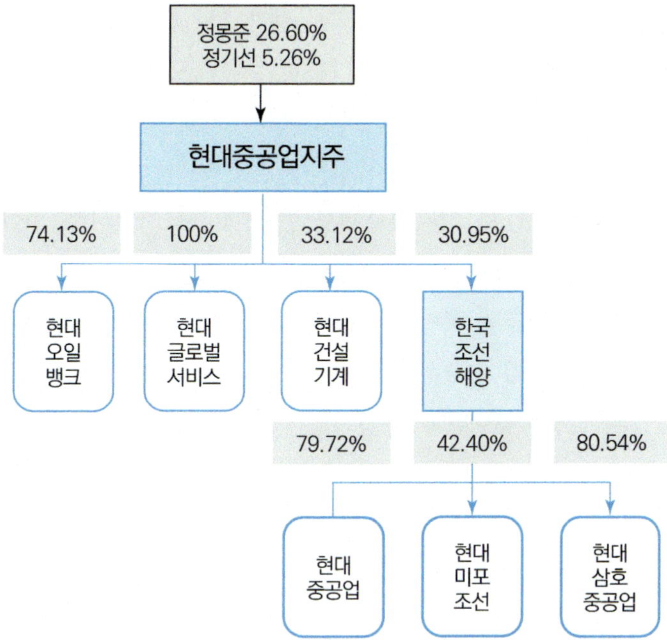

공정거래법 상의 설립과 행위제한 요건 등에도 불구하고 지주회사체제로 전환하려는 이유는 무엇일까? 공시 상에는 '주주 중심의 투명경영' 등을 언급하지만 실제 전환하는 이유에 대한 각종 연구결과는 다음과 같다.

첫 번째, 지주회사 지분으로 그룹 내의 강력한 경영권을 확보하기 위해서이다. 총수 일가는 지주회사 지분만 안정적으로 확보하면 계열회사는 지주회사가가 자회사와 손자회사 형태의 지분 보유로 지배할 수 있기 때문이다. 현대중공업 그룹은 최대주주와 아들이 한국조선해양의 지분을 안정으로 확보하여 4개의 자회사를, 그 중 하나인 한국조선해양이 3개의 손자회사를 확보하고 있는 지주회사 체계를 보이고 있다.

두 번째, 경영권 승계를 위해서이다. 총수 자녀가 지주회사 지분만 안정적으로 상속 받으면 자회사와 손자회사의 주식을 확보하지 않아도 그룹 전체의 경영권을 확보하게 된다. 이 방법으로 상속세를 회피하기는 어렵지만 정당하게 세금을 내고 상속 받았다는 우호적인 평가를 얻을 수 있다.

세 번째, 재벌의 순환출자에 대한 부정적 여론 및 규제에 대한 개선과 정부 정책에 따르면서 첫 번째와 두 번째 효과를 얻기 위해서이다.

그러나 이와 같은 효과를 얻기 위해서는 재벌그룹은 복잡하게 얽힌 계열회사 간의 지분 정리, 지배주주의 지주회사 지분 확보를 위한 비용 확보, 그룹 내의 핵심 계열사인 금융회사를 포기해야 하는 등의 어려움도 있다.

지주회사에 대한 설명은 삼성그룹의 지주회사 체제로의 전환이 현실적으로 어려운 이유를 살펴보면서 마무리 하고자 한다. 현재 삼성그룹의 주력 기업인 삼성전자의 총수 일가 지분은 3.776%(2022년 사업보고서 기준, 홍라희 1.96%, 이재용 1.63%, 이부진, 이서현 각 0.93%), 계열사 보유 우호지분은 15.12%(삼성물산 5.01%, 삼성복지재단 0.08%, 삼성문화재단 0.03%, 삼성생명보험 8.51%, 삼성화재해상보험 1.49%) 정도이다. 만약 가상의 삼성지주회사가 설립되기 위해서는 이재용 회장의 안정적인 지주회사 지분 확보를 위한 자금이 필요한 것은 물론 더 큰 부담은 주력 기업 삼성전자 지분 30% (2021년 이후 적용)이상을 확보하기 위해서 약 130조원 정도가 필요하다는 것이다. 게다가 삼성전자 지분을 각각 8.51%와 1.49% 보유하고 있는 삼성생명보험과 삼성화재해상보험을 포기해야 한다.

4. 주주총회와 이사회

4.1 주주총회

주주총회는 주주로 구성되는 회사에 필요한 의사결정기관이며, 회사의 기관이라는 의미와 권한 행사를 위하여 개최한 구체적인 회의라는 의미 모두를 담고 있다. 주주총회는 주주들이 회사의 중요 사안에 대해서 의결하는 최고 의사결정기관으로 모든 주주가 경영에 직접 참가할 수 없으므로 주주의 이익과 관련된 사안에 대하여 의결권을 부여하여 직접 의사결정에 참가하도록 하고 있다.

주주는 1주당 1개의 의결권이 원칙이지만 우리나라에는 아직 도입되지 않은 차등의결권(예를 들어, 1주당 10개의 의결권)이 부여되는 주식도 있다. 의결권은 주주 본인이 직접 주주총회에 참석하여 행사할 수도 있고 위임장을 통하여 다른 주주가 행사하도록 할 수도 있다.

주주총회에는 매년 1회, 결산일로부터 90일 이내에 개최되어 배당수준, 재무제표의 확정, 임원 선임 및 보수 한도 승인 등을 결정하는 정기주주총회와 영업 양도, 기업분할, 이사 또는 감사의 해임 등을 신속하게 결정하기 위하여 소집되는 임시주주총회가 있다.

주주총회 결의사항은 일반결의 사항과 특별결의 사항으로 구분되는데 일반결의 사항은 출석한 주주(위임장 포함) 의결권의 과반수와 발행주식총수(자기주식 제외)의 4분의 1 이상의 수로 결정되는 항목들로 이사 및 감사의 선임과 보수의 결정, 재무제표의 승인과 이에 따른 현금배당 및 주식배당, 자기주식취득 결정, 외부감사인 선임과 그 외의 상법 규정 또는 정관에서 특별결의로 규정한 사항 이외의 중요한 사항들이 여기에 해당된다. 특별결의 사항은 출석한 주주(위임장 포함) 의결권의 3분의 2 이상의 수와 발행주식총수(자기주식 제외)의 3분의 1 이상의 수로 결정되는 항목들로 정관 변경, 이사 또는 감사의 해임, 영업의 전부 또는 중요한 일부 양도 및 양수, 자본금 감소, 기업합병 및 분할, 주식의 포괄적 교환 및 이전 등 일반결의 사항보다는 주주들에게 보다 중요한 사항들이 포함된다.

주식회사의 중요한 의사결정은 주주총회와 이사회를 통해 이루어지지만 대부분 이사회가 발의하고 주주총회에서는 형식적인 승인 절차만 진행되므로 실질적으로는 의사결정은 이사회가 주도하고 있다. 또한 주주가 1인인 경우에는 주주총회를 하지 않아도 된다는 대법원 판례도 있다.

4.2 이사회

이사회(board of directors)는 이사 전원으로 구성되는 주식회사의 업무집행기관으로 업무집행에 관한 의사를 결정하고 대표이사를 비롯한 이사의 직무집행을 감독하는 권한을 가진다. 이사회의 권한은 법적 절차에 따라 소집된 회의에 의하여 행사된다. 이사회는 상법 또는 정관에 의해 주주총회 권한으로 정해진 항목 이외의 회사 업무집행에 관한 주요 의사결정을 수행하며, 이사회 결의는 과반수의 출석과 출석이사 과반수의 찬성이 원칙이나 일부 결의사항에 대해서는 정관으로 그 비율을 높일 수도 있다.

이사회 결의사항으로는 대표이사 선임 및 공동대표 결정, 주주총회 소집, 주식 및 사채발행 결정, 자기주식 처분 및 소각, 중간배당, 간이합병 및 소규모 합병 승인 등이 포함된다. 이 중에 대표이사 선임 및 공동대표 결정, 신주발행, 전환사채 및 신주인수권부사채 발행 등은 정관에서 주주총회 결의사항으로 정할 수도 있다.

이사(director)는 주식회사 이사회의 구성으로 이사 자체는 업무집행기관이 아니지만 이사회가 감독권한을 가지므로 개별 이사에게도 각종 감독시정권한이 인정되고 있다. 이사는 3명 이상이 원칙이며 자본금이 10억원 미만인 회사는 1명이나 2명의 이사만을 둘 수 있다. 상법상 이사 수에 대한 상한은 없으나 정관으로 상한과 하한을 정할 수 있다. 실무적으로는 적대적 기업인수의 방어를 위하여 이사 수의 상한을 두는 경우들이 증가하고 있다.

이사들 중에서 회사를 대표할 권한을 가진 이사를 대표이사라고 한다. 대표이사는 대외적으로는 회사를 대표하고 대내적으로는 업무집행의 실행을 맡으며 보통 회장이나 사장 등의 집행조직의 최고위직, 즉 최고경영자가 대표이사를 겸하는 것이 관행이다.

사외이사(outside director)제도는 지배주주 및 경영진과 독립된 외부전문가가 선임되어 객관적으로 기업의 경영활동을 감시하여 투명성을 제고하기 위하여 도입된 제도이다. 상장회사는 원칙적으로 이사 총수의 4분의 1 이상을 사외이사로 선임해야 하지만, 최근 사업연도말 자산총액 2조원 이상의 상장회사는 3명 이상, 그리고 이사 총수의 과반수가 되도록 선임해야 한다. 사외이사는 6년 이내에서만 연임할 수 있다.

최근 국내 연구들과 관련 기관들의 조사에 의하면 사외이사들이 이사회 결정 사항에 대한 '거수기 역할'에 불과하다는 지적이 많다. 따라서 도입 취지를 구현하기 위해서는 제도 개선과 기업의 적극적인 참여가 요구된다.

5. 성과보상제도

5.1 기업의 성과보상제도

주식회사에서 소유와 경영이 분리되면서 주주와 경영자 사이의 갈등으로 발생하는 대리문제(agency problem)를 해결하기 위해서는 단순하게 생각하면 주주를 위하지 않는 경영자를 해고하고 주주를 위한 경영자를 고용하면 될 것이다. 그러나 최근에 발생하고 있는 외국계 사모펀드들이 지배주주 체제에 대해서 제동을 거는 경우처럼 주주들 사이에도 의견이 다르면 경영자를 교체하는 것이 쉽지 않다. 또한 한국의 기업들이 기업집단에 속해 있는 경우가 많아서 CEO 시장이 활성화되지 못한 것도 경영자 교체를 어렵게 하고 있다.

경영자를 교체하여 주주와의 갈등을 해결하기 어렵다면 경영자가 달성한 성과에 대한 적절한 보상을 통하여 주주를 위한 경영을 할 수 있도록 해야 할 것이다. 과거에는 매출액이익률, 매출액증가율, ROA(총자산이익률), ROE(순자산이익률)을 경영지표로 하여 경영자에게 성과보상(compensation)을 해주었으나 최근에는 많은 기업들이 다음과 같이 추정하는 경제적 부가가치(economic value added, 이하 EVA)를 성과보상 기준으로 활용하고 있다.

- EVA = $[(\text{ROIC} - r_W) \times \text{IC}]$
- ROIC(return on invested capital, 투하자본수익률) = [세후영업이익/IC],
- IC(invested capital, 투하자본) = [영업자산 − 영업부채]
- r_W = 가중평균자본비용 또는 전략적 목표수익률

EVA는 기업의 주된 영업활동으로 창출되는 기업가치 증가분 또는 감소분을 의미하여, 매출액과 영업이익 증가(세후영업이익을 증가시키는)뿐만 아니라 불필요한 투자나 수익성이 낮은 사업의 투하자본을 줄이고, 기업의 재무위험을 감소시켜 자본비용을 감소시키는 것도 부가가치 창출 요인으로 측정하는 지표이다. 따라서 단순히 매출액과 순이익 증가만을 측정하는 기존의 성과보상 지표보다 경영자의 경영 능력을 보다 전체적인 관점에서 평가하는데 적절한 지표이다.

EVA가 (+)이면 기업가치 증가와 주식가치 증가로 주주 가치도 증가하고, 경영자를 비롯한 임직원은 (+)EVA의 일부를 성과급으로 받으면 EVA 확대를 위하여 지속적으로 노력할 수 있는 동기부여가 될 것이다. 실무적으로는 사업부별 EVA를 측정하고 성과급도 사업별로 차등 지급하고 있다.

기업이나 그룹 전체에서는 EVA의 절대적인 크기만으로 성과급을 결정하지 않고 목표치를 설정하고 초과 달성 정도에 따라 성과급을 지급하기도 한다. 이는 투자가 증가하면 ROIC의 분모항인 투하자본(IC)이 증가하지만 투자 초기에는 여러 이유로 세후영업이익이 적고 EVA가 악화될 가능성이 높으므로 이를 기준으로 성과급을 받게 될 경영진은 장기적이고 전략적인 투자에 소홀할 수 있기 때문이다. 이외에도 (−)의 EVA가 발생하더라도 작년보다 증가하면 $\Delta EVA_t[=EVA_t - EVA_{t-1}]$를 성과급에 반영하여 경영진의 사기를 진작시키기도 한다.

5.2 스탁옵션과 양도제한부 주식

스탁옵션(stock option)은 경영자나 근로자가 일정 수량의 자기회사 주식을 미리 정한 가격으로 미래 특정 기간에 인수 또는 매입할 수 있는 권리가 부여된 증권을 말한다. 만약 경영자 Park이 X회사의 CEO로 부임하면서 '연봉 1원 + 스탁옵션'으로 보수 계약을 체결하였다고 가정하자. 현재 주가는 10,000원이지만 2년 후 경영계약이 만료되는 시점에 주당 15,000원에 매입할 수 있는 권리를 행사할 수 있다면 권리 행사 시점의 주가(S_2)에 따른 Park의 스탁옵션 1주당 성과는 다음과 같다.

- S_2=10,000원 ⇒ Park의 보수=0원
- S_2=15,000원 ⇒ Park의 보수=0원
- S_2=20,000원 ⇒ Park의 보수=[20,000원−15,000원]=(+)5,000원
- S_2=100,000원 ⇒ Park의 보수=[100,000원−15,000원]=(+)85,000원
- Park의 보수=Max[(S_2−15,000원), 0]

S_2가 매입할 수 있는 가격 15,000원보다 낮으면 15,000원에 매입하는 권리를 행사할 이유가 없으므로 Park의 보수는 0원이 된다. S_2가 15,000원보다 높게 형성되어야 Park에게 그 차액만큼의 보수가 발생하고, S_2가 높으면 높을수록 Park의 보수도 증가한다. 따라서 경영자 Park은 주가를 상승시키려는 인센티브를 가지게 되고, 주가 상승은 주주 가치도 증가시키므로 주주도 좋아할 것이다.

스탁옵션(stock option)은 1990년대 초 미국 실리콘 밸리의 IT 기업들이 유능한 인재를 데려오거나 계속 붙잡기 위한 수단으로 많이 사용되었다. 그러나 실제로는 당시의 미국에서 스톡옵션 관련 내용을 인건비로 인식하지 않아도 되는 회계규정 때문에 단기간의 성과를 중시하는 경영자들이 비용 절감 수단으로 활용한 것이 더 큰 이유라고 한다.

우리나라에서는 2001년 국민은행과 주택은행의 합병 과정에서 통합행장으로 임명된 김정태 행장 보수가 '연봉 1원+스탁옵션'으로 체결되면서 스탁옵션이 일반인에게 알려지기 시작하였다. 또한 2000년대 초 IT 붐 속에서 임직원들에게 많이 지급되었으나 붐이 일찍 꺼지는 바람에 혜택을 본 임직원은 소수에 불과하다고 한다.

최근에는 스탁옵션의 행사가격(자기 회사 주식을 매입할 수 있는 가격)은 이사회에서 스탁옵션을 부여한 날의 주가에 일정한 상승률을 더하여 결정하고 있지만 초창기에는 스탁옵션을 부여한 날의 주가로 설정하여 임원들에게 매우 유리하였다. 다만 앞에서 언급한 김정태 행장은 당시 국민은행 주가보다 매우 높은 행사가격이 설정되었음에도 2006년 스탁옵션 권리를 행사하여 110억원의 성과급을 받았다.

스탁옵션의 행사기간은 보통 스탁옵션 부여일로부터 2년 이후 7년 이내로 정하여 중장기적으로 주가 상승을 유도하고 있다. 여기에는 경영자의 계약이 끝나는 시점에 옵션을 행사하도록 설정해보니 경영자는 권리 행사 시점의 주가를 최대한 끌어올리기 위하여 비용은 권리 행사시점 이후로, 권리 행사 이후에 발생할 수익은 행사 이전 기간으로 무리하게 조정하는 '분식회계(window dressing)'의 폐해와 과도하게 단기성과 위주의 경영을 추구하여 기업의 중장기적인 전략이 소홀해지는 문제점이 발생하였기 때문이다. 경영자에게는 옵션의 권리를 행사하는 시점의 주가만 중요하지 그 이후에 주가는 아무리 높은 가격이든, 낮은 가격이든 의미가 없기 때문이다.

이와 같이 권리 행사 시점의 주가만 중시하는 스탁옵션의 부작용을 해소하기 위하여 최근에는 스탁옵션 대신 '양도제한부 주식(restricted stock)'을 부여하는 경우가 증가하고 있다. 양도제한부 주식은 임직원에게 무상으로 제공되는 자사 주식이지만 일정 기간까지는 처분이나 양도가 금지되고, 그 기간 중에 임직원이 퇴사하면 반납하도록 하는 조항이 포함되어 있다.

따라서 주가가 하락하면 임직원이 가져갈 수 있는 몫이 감소하므로 스탁옵션에서 발생할 수 있는 과도한 단기성과 위주의 경영도 감소하고 임직원의 잦은 이직도 줄일 수 있을 것으로 예상된다.

경영자의 성과보상과 관련해서는 앞에서 언급한 분식회계까지는 아니지만 신임 CEO들은 취임 시점에 그 동안 적절하게 인식하지 않았던 부실 요인들을 일시에 손실로 인식하여 이익을 하향 조정하는 경향도 자주 발생한다. 이는 신임 CEO가 자신의 성과 판단의 기준을 낮추어 성과를 높게 보이게 하려는 전략으로 'Big Bath 현상'이라고 한다. 이익이나 주가가 처음에는 급격히 하락하다가, 일정 수준에서 유지되다가 다시 급격히 상승하는 모양이 목욕욕조 모형과 유사하다고 붙여진 이름이다. 이와 같은 현상은 스탁옵션 부여 직전에 주가를 낮추어 행사가격을 낮추고 행사시점에 주가를 높게 만드는 주가 관리에서도 나타날 수 있다.

연습문제

16-1. 기업지배구조의 개념에 대해서 설명하시오.

16-2. 소수지배주주 체제의 문제점에 대해서 설명하시오.

16-3. 우리나라 재벌들의 부당한 행태에 대한 공정거래위원회의 규제는 어떤 것들이 있는지 설명하시오.

16-4. 순환출자 형태에 대해서 설명하시오.

16-5. 소유지배 괴리도가 높을 경우 나타날 수 있는 현상에 대해서 설명하시오.

16-6. 섀도우 보팅(shadow voting)과 집중투표제도에 대해서 설명하시오.

16-7. 지주회사의 개념과 우리나라 공정거래법상 지주회사 설립 요건에 대해서 설명하시오.

16-8. 우리나라 기업들이 지주회사체제로 전환하고자 하는 이유에 대해서 설명하시오.

16-9. 주주총회와 이사회의 기능에 대해서 설명하시오.

16-10. 경제적 부가가치(EVA, economic value added)를 어떻게 측정하는지와 성과보상 기준으로 EVA가 다른 지표들보다 적절하다고 하는 이유를 설명하시오.

16-11. 스탁옵션과 양도제한부 주식이 성과보상 수단으로 활용될 수 있는 이유를 설명하시오.

4

PART

기타주제

CHAPTER

17

옵션

1. 옵션의 기초

1.1 옵션의 개념과 용어

옵션(option)이란 미리 정한 가격으로 미래의 특정 시점에 특정 자산을 매입하거나 매도할 수 있는 권리가 부여된 증권을 말한다. 옵션의 정의를 항목별로 살펴보면 '미리 정한 가격'은 미래의 권리행사 시점의 특정 자산의 매수 또는 매도가격으로 옵션의 행사가격(exercise price 또는 strike price, X)[1]이라고 하고, '특정 시점'이란 옵션의 권리를 행사하는 시점으로 옵션의 만기(maturity, T)라고 하며, 옵션은 만기에서만 권리를 행사할 수 있는 'European 옵션'과 만기 이전에도 언제든지 권리를 행사할 수 있는 'American 옵션'으로 구분할 수 있다. 옵션은 만기가 설정되어 있으므로 만기까지 권리가 행사되지 않으면 그 권리는 자동으로 소멸된다. '특정 자산'은 옵션의 권리를 행사하여 사거나 팔 수 있는 대상으로 기초자산(underlying asset, S)이라고 한다. 기초자산이 금융상품(주식, 채권, 이자율, 환율 등)인 경우를 금융옵션, 상품(금, 원유, 돈육, 옥수수 등)인 경우를 상품옵션이라고 한다. '권리(right)'가 부여되었다는 것은 옵션 매수자(buyer)가 행사가격으로 매수하거나 매도하는 것이 유리하면 권리를 행사하여 매수 또는 매도거래를 진행하고, 불리한 상황이면 거래를 포기할 수 있는 선택권이 부여되었다는 것이다. 매입할 수 있는 권리가 부여된 증권을 'Call 옵션', 매도할 수 있는 권리가 부여된 증권을 'Put 옵션'이라고 한다.

유리한 상황을 선택할 수 있는 옵션은 매수자(buyer)에게 유리하므로 옵션거래에서는 매수자가 매도자(seller)에게 권리에 대한 가격인 '옵션 Premium'을 지불한다. 옵션 Premium을 받은 옵션 매도자는 매수자의 권리 행사를 인수해야 하는 의무를 이행하므로 '옵션 인수자(underwriter)'라고도 한다. 옵션 매수자는 권리를 행사하여 수익이 발생하면 실제로는 Premium을 제외한 금액만 순이익이 되는 것이고, 옵션 매도자는 손실액 중에서 Premium을 제외한 손실만 부담하면 된다. 그러나 옵션 매수자가 권리를 행사하지 않으면 매수자는 실제로는 Premium만큼 손실이, 매도자는 Premium만큼 이익이 발생하는 것이다.

옵션거래의 수익과 손익은 다음 절에서 자세히 살펴보기로 하고 여기서는 ABC 주식을 12월 두 번째 목요일에만 50,000원에 매입할 수 있는 권리를 가진 ABC 옵션이 4,000원에 거래되고 있다고 가정하고 옵션 용어를 연결하여 다음과 같이 정리만 해보자.

1 용어 설명에서 사용된 영어 대문자는 이번 장에서 수식으로 설명할 때 그 용어를 나타내는 약자로 사용될 것임.

- ABC 주식 ⇒ 기초자산(S)
- 12월 둘째 목욕일 ⇒ 만기(T)
- 50,000원 ⇒ 행사가격(X)
- 매입할 수 있는 권리 ⇒ Call 옵션(C)
- 12월 둘째 목요일에만 매입할 수 있는 권리 ⇒ European Call 옵션
- 4,000원 ⇒ 옵션 Premium

1.2 옵션거래의 수익과 손익

옵션거래의 수익(payoff)은 만기일이나 권리행사 시점의 옵션가치를 말하고, 옵션거래의 손익은 옵션거래의 수익에서 옵션가격, 즉 옵션 Premium까지 고려한 옵션거래의 이익(profit) 또는 손실(loss)을 말한다.

옵션은 거래할 때 기초자산을 매수(buy)하는 것을 '매수 포지션 또는 Long Position'을 취하다고 하고, 기초자산을 매도(sell)하는 것을 '매도 포지션 또는 Short Position'을 취한다고 한다[2].

지금부터 다음 박스의 가상의 ABC 옵션을 통하여 European Call 옵션과 Put 옵션거래 매수자와 매도자의 수익과 손익을 살펴보자.

■ ABC 주식의 옵션 관련 자료

◦ 기초자산 : ABC 주식 ◦ 만기 : 3개월 후 ◦ 행사가격(X) : 50,000원
◦ Call 옵션 Premium(C) : 4,000원 ◦ Put 옵션 Premium(P) : 2,000원

(1) 만기에서의 Call 옵션 매수자와 인수자(매도자)의 수익과 손익

European Call 옵션이란 만기(T)에만 기초자산을 행사가격(X)으로 매입(buy)할 수 있는 권리가 부여된 증권이므로 만기에 형성되는 기초자산 가격(S_T)에 따라 Call 옵션의 가치가 결정된다.

ABC 주식에 대한 Call 옵션 매수자는 권리행사 시점(European 옵션은 만기, T)의 기초자산 ABC 주식의 가격(S_T)에 따라 행사가격(X) 50,000원에 매수할 수 있는 권리를 행사할

2 Long 포지션은 포지션을 취하려는 자산의 가격이 상승하면 이익을 얻는 경우를, Short 포지션은 반대로 하락하면 이익을 얻는 경우를 의미한다.

지 포기할지를 결정한다. 만약 'S_T(=80,000원) > X(=50,000원)'이면 X=50,000원에 매수하여 S_T=80,000원에 매도하면 30,000원[=S_T-X]만큼 차익이 실현되므로 권리를 행사하는 것이, 'S_T(=40,000원) < X(=50,000원)'이면 S_T보다 높은 X로 매수할 필요가 없으므로 권리를 포기하는 것이 Call 옵션 매수자에게 유리하다. 반면에 Call 옵션 인수자(즉, 매도자)는 매수자가 권리를 행사하는 경우에만 인수하면 된다. 이와 같은 Call 옵션 매수자와 매도자의 수익을 정리하면 다음과 같고, 식 (1), (2)처럼 일반화할 수 있다.

- **만기의 기초자산 가격(S_T)=80,000원 > 행사가격(X)=50,000원**
  - Call 옵션 매수자 수익=[S_T-X]=[80,000원-50,000원]=(+)30,000원
  - Call 옵션 인수자 수익=(-)Call 옵션 매수자 수익=[X-S_T]
    =[50,000원-80,000원]=(-)30,000원

- **만기의 기초자산 가격(S_T)=40,000원 < 행사가격(X)=50,000원**
  - Call 옵션 매수자 수익=권리 포기=0원
  - Call 옵션 인수자 수익=0원

- Call 옵션 매수자와 인수자 수익

Call **옵션 매수자 수익** = Max[(S_T-X), 0] … **식** (1)
Call **옵션 인수자 수익** = Min[(X-S_T), 0] … **식** (2)

식 (1)의 Max[~, ~]는 [ ]안의 값들 중에서 큰 값을, 식 (2)의 Min[~, ~]은 [ ]안의 값들 중에서 작은 값을 취한다는 의미이다.

이번에는 Call 옵션 거래가격인 Premium(C)까지 고려한 Call 옵션 매수자와 인수자의 손익을 정리하면 다음과 같고, 식 (3), (4)처럼 일반화할 수 있다.

- **만기의 기초자산 가격(S_T)=80,000원 > 행사가격(X)=50,000원 & C=4,000원**
  - Call 옵션 매수자 손익=[수익-C]=[30,000원-4,000원]=(+)26,000원
  - Call 옵션 인수자 손익=[수익+C]=[-30,000원+4,000원]=(-)26,000원

- 만기의 기초자산 가격(S_T)=40,000원<행사가격(X)=50,000원 & C=4,000원
  - Call 옵션 매수자 손익=권리 포기=[−C]=(−)4,000원
  - Call 옵션 인수자 손익=[+C]=(+)4,000원

- Call 옵션 매수자와 인수자 손익

$$\text{Call 옵션 매수자 수익} = \text{Max}[(S_T - X),\ 0] - C \quad \cdots \text{식 (3)}$$

$$\text{Call 옵션 인수자 수익} = \text{Min}[(X - S_T),\ 0] + C \quad \cdots \text{식 (4)}$$

<그림 1>은 만기에서의 Call 옵션 매수자의 수익과 손익을, <그림 2>는 Call 옵션 인수자의 수익과 손익을 보여주고 있다. 실선은 수익을, 점선은 손익을 의미한다.

〈그림 1〉 Call 옵션 매수자의 수익과 손익

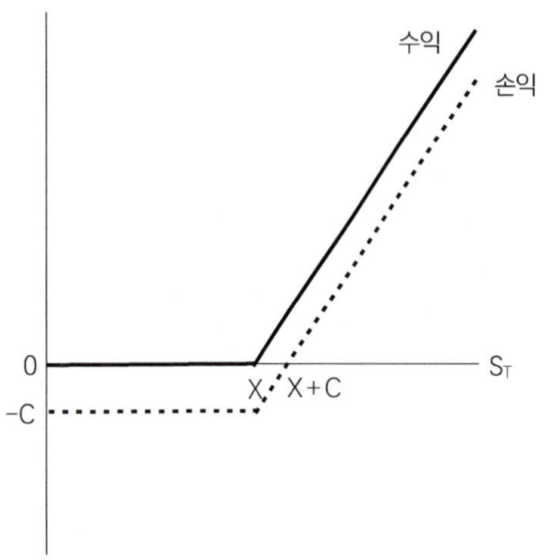

〈그림 2〉 Call 옵션 인수자의 수익과 손익

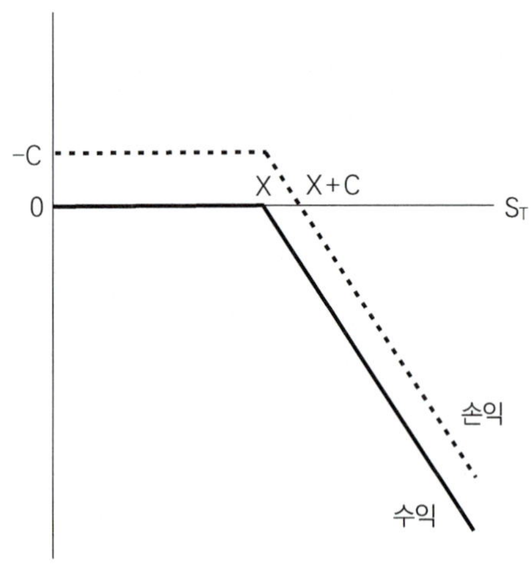

(2) 만기에서의 Put 옵션 매수자와 인수자(매도자)의 수익과 손익

European Put 옵션이란 만기(T)에만 기초자산을 행사가격(X)으로 매도(sell)할 수 있는 권리가 부여된 증권으로 Call 옵션과 마찬가지로 만기에 형성되는 기초자산 가격(S_T)에 따라 Put 옵션의 가치가 결정된다.

ABC 주식에 대한 Put 옵션 매수자도 권리행사 시점의 기초자산 ABC 주식 가격(S_T)에 따라 행사가격(X) 50,000원에 매도하는 권리를 행사할지 포기할지를 결정한다. 만약 'S_T(=80,000원) > X(=50,000원)'이면 S_T보다 낮은 행사가격 X에 매도할 필요가 없으므로 권리를

포기하는 것이, 'S_T(=40,000원) < X(=50,000원)'이면 S_T=40,000원에 매수하여 X=50,000원에 매도하면 10,000원[=X−S_T]만큼 차익이 실현되므로 권리를 행사하는 것이 Put 옵션 매수자에게 유리하다. 반면에 Put 옵션 인수자는 Put 옵션 매수자가 권리를 행사하는 경우에만 인수하면 된다. 이와 같은 Put 옵션 매수자와 매도자의 수익을 정리하면 다음과 같고, 식 (5), (6)처럼 일반화할 수 있다.

- **만기의 기초자산 가격(S_T)=80,000원 > 행사가격(X)=50,000원**
  - Put 옵션 매수자 수익=권리 포기=0원
  - Put 옵션 인수자 수익=0

- **만기의 기초자산 가격(S_T)=40,000원 < 행사가격(X)=50,000원**
  - Put 옵션 매수자 수익=[X−S_T]=[50,000원−40,000원]=(+)10,000원
  - Put 옵션 인수자 수익=(−)Put 옵션 매수자 수익=[S_T−X]
    =[40,000원−50,000원]=(−)10,000원

- Put 옵션 매수자와 인수자 수익

Put **옵션 매수자 수익** = Max[(X-S_T), 0] … **식** (5)

Put **옵션 인수자 수익** = Min[(S_T-X), 0] … **식** (6)

이번에는 Put 옵션 거래가격인 Premium(P)까지 고려한 Put 옵션 매수자와 인수자의 손익을 정리하면 다음과 같고, 식 (7), (8)처럼 일반화할 수 있다.

- **만기의 기초자산 가격(S_T)=80,000원 > 행사가격(X)=50,000원 & P=2,000원**
  - Put 옵션 매수자 손익=권리 포기=[−P]=(−)2,000원
  - Put 옵션 인수자 손익=[(+)P]=(+)2,000원

- **만기의 기초자산 가격(S_T)=40,000원 < 행사가격(X)=50,000원 & P=2,000원**
  - Put 옵션 매수자 손익=[수익−P]=[10,000원−2,000원]=(+)8,000원
  - Put 옵션 인수자 손익=[수익+P]=[−10,000원+2,000원]=(−)8,000원

- **Put 옵션 매수자와 인수자 손익**

$$\text{Put 옵션 매수자 수익} = Max[(X - S_T),\ 0] - P \quad \cdots \text{식 (7)}$$

$$\text{Put 옵션 인수자 수익} = Min[(S_T - X),\ 0] + P \quad \cdots \text{식 (8)}$$

<그림 3>은 만기에서의 Put 옵션 매수자의 수익과 손익을, <그림 4>는 Put 옵션 인수자의 수익과 손익을 보여주고 있다. 실선은 수익을, 점선은 손익을 의미한다.

〈그림 3〉 Put 옵션 매수자의 수익과 손익

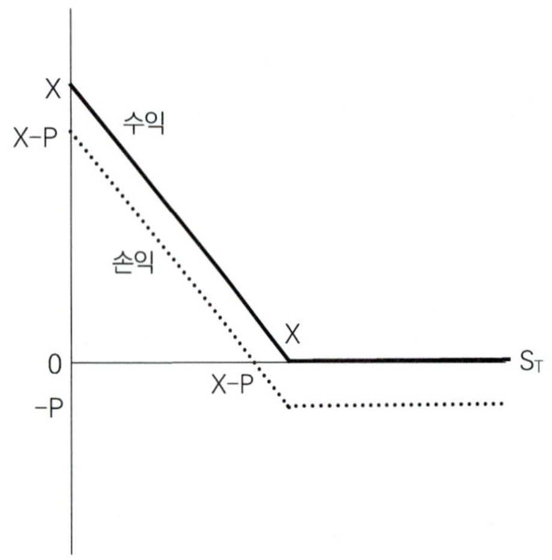

〈그림 4〉 Put 옵션 인수자의 수익과 손익

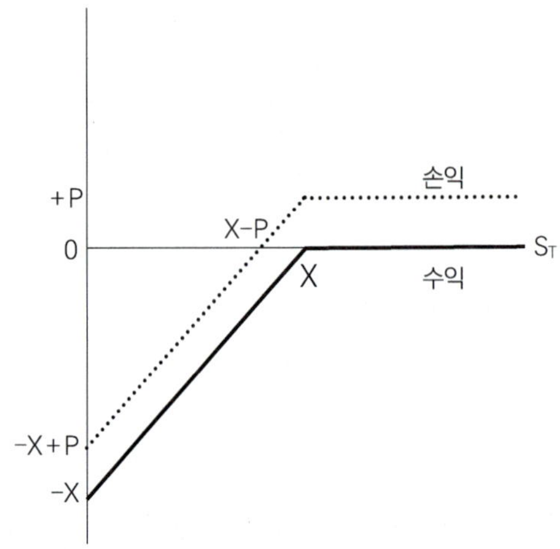

(3) Zero-sum 게임의 옵션거래

<표 1>은 European Call 옵션과 Put 옵션 거래자의 수익과 손익을 정리한 것이다. 표에서 보는 것처럼 매수자와 매도자의 수익과 손익을 합(sum)하면 모두 0(zero)이 됨을 알 수 있다. 앞에서 예를 든 ABC 주식에 대한 Call 옵션과 Put 옵션의 매수자와 인수자의 수익과 손익을 합하면 0이 되는 것을 확인할 수 있다. 이는 옵션거래 어느 한 쪽 거래자가 수익을 얻으면 다른 쪽 거래자가 동일한 크기의 손실을 보게 되는 'Zero-sum game'이라는 것을 보여주고 있다.

옵션거래가 Zero-sum game이라는 것은 <그림 1>과 <그림 2>를, <그림 3>과 <그림 4>를 합하면(매수자와 매도자의 수익과 손익 그래프를 합하면) '0'의 직선이 나타나는 것으로도 확인할 수 있다.

〈표 1〉 옵션거래 참가자의 수익과 손익

구분		S_T 〉 X			S_T 〈 X		
		매수자	인수자	Sum	매수자	인수자	Sum
Call	수익	$[S_T-X]$	$[X-S_T]$	0	0	0	0
	손익	$[S_T-X]-C$	$[X-S_T]+C$	0	−C	+C	0
Put	수익	0	0	0	$[X-S_T]$	$[S_T-X]$	0
	손익	−P	+P	0	$[X-S_T]-P$	$[S_T-X]+P$	0

1.3 옵션가치의 상태 : 내가격, 등가격, 외가격

옵션거래의 성과는 권리 행사시점(t)의 기초자산 가격(S_t)이 행사가격(X)과 비교하여 어떤가에 따라서 결정된다. 만기 이전 언제든지 권리를 행사할 수 있는 American 옵션까지 포함하여 옵션의 가치를 판단해보면 특정 시점(그것이 권리 행사 시점이든 아니든)의 기초자산 가격과 옵션의 행사가격을 비교하면 그 시점의 옵션의 가치가 (+)인지 0인지 (−)인지를 파악할 수 있다.

특정 시점의 기초자산 가격과 비교하여 옵션의 가치가 (+)라는 것은 지금 권리를 행사하면 이익을 얻을 수 있다는 것이고, (−)라는 것은 지금 권리를 행사하면 손실을 보게 되므로 권리를 행사하지 말아야 된다는 것을 의미한다. 이와 같이 특정 시점의 기초자산 가격과 비교하여 옵션가치가 (+)인 경우를 '옵션이 내가격(in the money, 이하 ITM) 상태에 있다'고, (−)인 경우를 '옵션이 외가격(out of money, 이하 OTM) 상태에 있다'고, 0인 경우를 '옵션이 등가격(at the money, 이하 ATM) 상태에 있다'고 한다.

ITM, ATM, OTM은 특정 시점의 옵션의 가치를 보여주므로 꼭 권리 행사 시점에서만 파악하는 정보는 아니다. 옵션의 거래가격인 Premium은 현재의 옵션이 이들 중 어떤 상태에 있는지, 앞으로 어떤 상태가 될 가능성이 높은지에 영향을 받게 된다. 투자자 입장에서 상대적으로 낮은 가격으로 매수한 OTM 상태의 옵션이 권리 행사 시점에 ITM 상태가 되는 것이 이상적일 것이다.

예제 17-1

앞의 ABC 주식에 대한 Call 옵션과 Put 옵션거래 다음 날 ABC 주가가 45,000원에 형성되었다면 각 옵션의 매수자에게 옵션은 어떤 상태에 있는가?

풀이 Call 옵션 매수자는 행사가격 50,000원보다 기초자산 가격이 45,000원으로 낮으므로 권리를 행사하지 않는 것이 유리한 OTM 상태이고, Put 옵션 매수자는 기초자산 가격 45,000원보다 비싼 행사가격 50,000원으로 매도하면 이익이 발생하므로 ITM 상태에 있게 된다.

다음 <표 2>는 옵션가치 상태에 해당되는 기초자산 가격과 행사가격의 상황을 옵션 매수자 입장에서 정리한 것이다.

〈표 2〉 옵션 매수자의 옵션가치 상태

구 분	$S_t > X$	$S_t = X$	$S_t < X$
Call 옵션	ITM	ATM	OTM
Put 옵션	OTM	ATM	ITM

2. 옵션가격결정모형(OPM)

앞에서 살펴본 것처럼 특정 시점의 옵션이 어떤 상태에 있는가는 옵션 매수자가 판단하는 옵션 가격에 영향을 준다.

옵션 가격 또는 가치 역시 다른 자산들과 마찬가지로 '미래에 발생시킬 CF를 적절한 할인율로 할인한 현재가치'에 따라 추정하게 된다. 옵션이 미래에 발생시킬 CF는 식 (1)과 (5)의 옵션 매수자 수익이므로 그 수익에 영향을 미치는 요인들이 파악되면 옵션가격결정모형(option pricing model, 이하 OPM)도 그 요인들로 구성할 수 있다.

본 절에서는 옵션 가격에 영향을 미치는 요인들을 살펴보고, 이항옵션가격결정모형과 블랙-숄즈 옵션가격결정모형으로 옵션의 가격을 추정하는 것을 살펴보고자 한다. 보통 Call 옵션 가격은 블랙-숄즈 옵션가격결정모형(Black-Sholes Option Pricing Model)으로 추정하고, Put 옵션 가격은 Call 옵션 가격과 풋-콜 항등식(Put-Call Parity)을 이용하여 추정한다.

2.1 옵션가격 결정요인

직관적으로 기초자산을 미리 정한 행사가격(X)으로 매수하거나 매도할 수 있는 권리가 부여된 옵션의 가격(옵션 투자자의 투자비용에 해당되는)은 권리 행사 시점의 옵션 수익 또는 옵션가치에 비례할 것이다. 옵션의 수익이 높을 것으로 예상되면 그 옵션에 대한 수요가 증가하여 옵션 가격도 높게 형성될 것이기 때문이다.

옵션 거래자들은 옵션의 가치를 추정하여 어느 정도의 가격이면 투자할 것인지 결정할 것이므로 Call 옵션과 Put 옵션의 가치가 어떤 요인에 의하여 영향을 받는지를 살펴보면 옵션 거래자의 옵션가격 판단에 도움이 될 것이다[3]. 각 요인이 옵션 가치에 어떤 방향으로 영향을 미치는지는 다음 식 구성 요인들이 특정 방향으로 변동하면 가치는 어떤 방향으로 변동하는지를 파악하면 된다.

- **Call 옵션 가치 = Max[(S_T − X), 0]**
- **Put 옵션 가치 = Max[(X − S_T), 0]**

(1) 권리 행사 시점의 기초자산 가격의 기댓값, E(S_T)

Call 옵션과 Put 옵션 매수자의 수익에서 이미 살펴보았지만 만기에서만 권리를 행사할 수 있는 European 옵션의 수익은 만기 이전 언제라도 기초자산의 가격이 옵션 거래자가 원하는 수준에 이르면 바로 권리를 행사할 수 있는 American 옵션보다 만기에서의 기초자산 가격(S_T)에 더 많은 영향을 받는다. European 옵션 거래자는 매입 시점에서 만기의 기초자산 가격이 얼마가 될지를 예상하여 옵션 가격의 수용 여부를 결정해야 한다.

만기에서의 기초자산의 기댓값, E(S_T)이 높을수록 Call 옵션의 수익과 가치는 증가할 것이고, Put 옵션의 수익과 가치는 감소할 것이다. 앞에서 예를 든 ABC 주식에 대한 옵션들의 권리 행사 시점의 ABC 주가의 기댓값이 30,000원, 40,000원, 50,000원, 60,000원, 70,000원으로 상승하면 행사가격이 50,000원인 Call 옵션의 가치는 각각 0원, 0원, 0원, 10,000원, 20,000원으로 증가하고, Put 옵션의 가치는 각각 20,000원, 10,000원, 0원, 0원, 0원으로 감소한다. 따라서 권리 행사 시점의 기초자산 가격의 기댓값은 Call 옵션가격과는 (+)의 상

3 본서에서는 기본적으로 만기에서만 권리를 행사할 수 있는 European 옵션을 기초로 한다. 또한 기초자산에서 발생할 수 있는 배당이나 이자수익 등은 없는 것으로 가정하여 가장 기본적인 형태의 옵션을 기초로 설명하고자 한다. 이보다 높은 수준의 내용들은 투자론이나 파생상품 관련 서적들을 참고하길 바란다.

관관계를, Put 옵션가격과는 (−)의 상관관계를 가지게 된다.

(2) 거래시점(t)의 기초자산 가격(S_t)

만기에서의 기초자산 가격은 옵션거래 시점의 기초자산 가격에 영향을 받는다. 기초자산 가격이 100,000원인 옵션과 1,000원인 옵션의 만기에서의 기초자산 가격을 비교하면 특별한 경우를 제외하고 가격이 100,000원인 기초자산이 클 가능성이 높다. 즉 거래시점의 기초자산 가격이 높을수록 만기에서의 가격이 높을 가능성이 높다는 것이다.

기초자산 가격이 동일하게 10% 상승하여도 가격변화량은 10,000원과 100원으로 차이가 크므로 옵션 거래자에게는 중요하다. 상대적으로 높은 가격 변화량에서 얻을 수 있는 수익이 크므로 거래시점의 기초자산 가격이 클수록 동일한 가격 변화율에도 가격이 많이 상승하므로 Call 옵션 매수자에게 유리하고 Put 옵션 매수자에게는 불리하다. 따라서 거래 시점의 기초자산 가격은 Call 옵션가격과는 (+)의 상관관계를, Put 옵션가격과는 (−)의 상관관계를 가진다.

(3) 행사가격(X)

행사가격이 높을수록 행사가격에 매수할 수 있는 Call 옵션의 권리행사 가능성은 낮아지는 반면에 행사가격에 매도할 수 있는 Put 옵션의 권리행사 가능성은 높아지므로 행사가격과 Call 옵션가치는 (−)의 상관관계를, Put 옵션가치는 (+)의 상관관계를 가진다.

앞에서 예를 든 ABC 주식에 대한 옵션들의 권리행사 시점의 ABC 주가가 55,000원이라면 행사가격이 50,000원, 55,000원, 60,000원으로 증가하면 Call 옵션의 가치는 각각 5,000원, 0원, 0원이 되고, Put 옵션의 가치는 각각 0원, 0원, 5,000원이 되므로, 행사가격은 Call 옵션가격과는 (−)의 상관관계를, Put 옵션가격과는 (+)의 상관관계를 가진다.

(4) 기초자산 가격 변동성(σ_{S_T})

Call 옵션 매수자에게는 만기에서의 기초자산 가격(S_T)이 옵션계약 시점의 가격보다 크게 변동하면 유리하다. S_T가 크게 상승하면 권리 행사를 통하여 수익을 많이 취할 수 있는 반면에 크게 하락하면 권리를 포기하면 되므로 S_T가 크게 변동하면 Call 옵션 가치는 증가한다. Put 옵션 가치도 S_T가 크게 하락하면 권리 행사를 통하여 많은 수익을 실현시키고, 크게 상승하면 권리를 포기하면 되므로 S_T가 크게 변동하는 것은 Put 옵션 매수자에게도 유리하다. 따라서 기초자산 가격의 변동성은 Call 옵션가격과 Put 옵션가격 모두와 (+)의 상관관계를 가진다.

만기 시점의 ABC 주식의 가격이 동일한 확률로 60,000원과 40,000원으로 예상되는 경우(이를 '상황 1'이라고 하자)보다 동일한 확률로 90,000원과 10,000원으로 예상되는 경우(이를 '상황 2'라고 하자)의 기초자산의 가격 변동성이 크고, 이를 기초로 추정한 기대수익(행사가격이 50,000원일 때) 역시 다음과 같이 기초자산의 가격 변동성이 큰 상황 2에서 확대될 것으로 예상된다.

- 상황 1 : Call 기대수익 = [0.5×(60,000원 − 50,000원) + 0.5×0] = (+)5,000원
  Put 기대수익 = [0.5×0 + 0.5×(50,000원 − 40,000원)] = (+)5,000원
- 상황 2 : Call 기대수익 = [0.5×(90,000원 − 50,000원) + 0.5×0] = (+)20,000원
  Put 기대수익 = [0.5×0 + 0.5×(50,000원 − 10,000원)] = (+)20,000원

(5) 만기(T) 또는 만기까지 남은 기간(T − t)[4]

앞에서 살펴본 것처럼 옵션 매수자에게는 만기에서의 기초자산 가격(S_T)이 옵션계약 시점의 가격보다 크게 변동하면 유리하다. 기초자산 가격이 변동성은 만기까지의 남은 기간이 길수록 다양한 요인으로 다양하게 변화될 가능성이 높아진다. 3개월 동안의 ABC 주식 가격 변화폭이 3일 동안의 변화폭보다 클 가능성이 높다. 따라서 옵션의 만기 또는 만기까지 남은 기간은 Call 옵션가격과 Put 옵션가격 모두와 (+)의 상관관계를 가진다.

(6) 금리 변화

Call 옵션 매수자가 만기에 행사가격을 지불하고 기초자산을 매입하는 권리를 행사하려면 행사가격(X)만큼의 자금이 필요하다. 만기에 사용할 자금을 옵션 계약 시점에 은행에 예금한다고 가정하면 금리가 높을수록 옵션 매수자에게 유리할 것이다. 행사가격보다 적은 금액을 예금할 수 있거나 행사가격만큼 예금하여도 이자소득이 증가하는 것은 매수자에게 유리하다.

Put 옵션 매수자는 만기에 기초자산을 매도하는 권리를 행사하여 행사가격만큼 받게 되는데, 이는 옵션 계약 시점에 기초자산을 매도하면 그 자금으로 얻을 수 있었던 이자수익을 놓치게 된다. 즉, 금리가 높을수록 기회비용이 커지게 되므로 Put 옵션 매수자에게 불리하다.

4 여기서 'T − t'는 t시점부터 만기(T)까지의 기간을 의미한다. 예를 들어, 발행 시점(t = 0)에 만기가 91일(T = 91)인 옵션을 발행 후 3일이 지난 시점에 매수하고자 하는 투자자는 만기 91일이 아니라 만기까지 남은 기간, 'T − t = 91 − 3 = 88일'을 기준으로 옵션가치를 판단해야 한다.

만약 ABC 주식에 대한 Call 옵션과 Put 옵션 매수자가 만기(3개월 후)에 행사가격 50,000원에 권리를 행사하다면 무위험이자율이 2%인 경우와 5%인 경우의 옵션 매수자에게 미치는 영향은 다음과 같다.

- 무위험이자율 2% : Call 옵션 매수자는 250원[=50,000원×(0.02/4)]의 이자수익을 얻거나, 행사가격 50,000원을 마련하기 위하여 49,751.24원 [=50,000원/(1+0.02/4)]만 예금해도 되고, Put 옵션 매수자는 250원의 이자수익을 놓치게 됨.
- 무위험이자율 5% : Call 옵션 매수자는 625원[=50,000원×(0.05/4)]의 이자수익을 얻거나, 행사가격 50,000원을 마련하기 위하여 49,382.72원 [=50,000원/(1+0.05/4)]만 예금해도 되고, Put 옵션 매수자는 625원의 이자수익을 놓치게 됨.

이와 같이 금리가 상승하면 Call 옵션 매수자에게 유리하고, Put 옵션 매수자에게는 불리하므로 금리와 Call 옵션 가격과는 (+)의 상관관계를, Put 옵션 가격과는 (-)의 상관관계를 가지게 된다.

지금까지 설명한 옵션가격결정요인과 옵션 가격과의 상관관계는 다음 <표 3>과 같이 정리할 수 있다.

〈표 3〉 옵션가격결정요인과 European 옵션가격과의 상관관계

가격결정요인	Call 옵션가격	Put 옵션가격
권리행사 시점의 기초자산 기댓값	+	−
거래 시점의 기초자산 가격	+	−
행사가격	−	+
기초자산 가격 변동성	+	+
만기 또는 만기까지의 기간	+	+
금리	+	−

2.2 이항옵션가격결정모형

이항옵션가격결정모형(Binominal Option Pricing Model)은 기초자산 가격은 특정 비율로 상승하거나 하락하는 두 가지로만 변한다는 이항분포[5]를 가정하고, 무차익 원칙을 적용하

여 옵션가격을 도출하는 모형이다.

무차익 원칙(no arbitrage principle)이란 동일한 수익을 얻을 수 있는 두 자산의 가격은 동일하여 차익거래(arbitrage) 기회가 존재하지 말아야 한다는 것으로 다음과 같이 다양하게 표현할 수 있다. 여기서 차익거래란 자기자금과 위험을 부담하지 않고 이익을 실현시키는 거래를 말한다.

● **무차익 원칙**(No Arbitrage Principle)

① 미래 수익이 동일한 두 자산의 가격(또는 투자전략의 비용)은 동일해야 한다.
② 자기자금과 위험을 부담하지 않는 투자의 수익은 0이 되어야 한다.
③ 위험을 부담하지 않는 투자에 대한 수익률은 무위험수익률이어야 한다.
④ 위험이 같은 투자에 대한 기대수익률은 동일해야 한다.

이항옵션가격결정모형은 이들 중에서 ①을 '옵션과 동일한 미래 수익을 발생시키는 포트폴리오의 가격(투자비용)은 옵션가격과 동일해야 한다'로 변형하여 옵션의 가격을 평가한다. 다음 박스와 같은 ABC 주식의 가격 변화에 대한 자료를 바탕으로 ABC 주식에 대한 Call 옵션가격을 이항옵션가격결정모형으로 추정해보자.

■ 기초자산 ABC 주식 관련 자료

◦ ABC 주식의 현재가격 : 50,000원　　　◦ 무위험채권이자율 : 연 4%

◦ 1년 후 ABC 주식의 가격은 동일한 확률로 47,000원 또는 67,000원이 될 것으로 예상됨.

ABC 주식은 1년 동안 배당을 지급하지 않으며, 무위험채권이자율이란 CD, RP, 국채와 같이 채무불이행 위험이 거의 없는 채권의 이자율로 무위험자산수익률 또는 무위험수익률(r_F)을 의미한다. 이제 이항옵션가격결정모형을 이해하기 위하여 필요한 항목들을 하나씩 살펴보자.

(1) ABC 주식의 할인율

현재 거래되는 ABC 주식의 가격에 1년 후 예상되는 CF가 반영되었다면 다음과 같은

5 이항분포에 대한 자세한 내용은 통계학 교재를 참고하기 바라고 여기서는 확률변수인 주가가 변할 수 있는 경우가 2가지로 가정한다는 것만 이해하면 된다.

관계가 성립하고, 주가 50,000원에 반영된 ABC 주식의 할인율(여기서는 주식투자자의 요구수익률)이 14%라는 것을 알 수 있다.

- $P_0 = \left[\dfrac{E(CF_1)}{(1+r)^1}\right] = \left[\dfrac{0.5 \times 47,000 + 0.5 \times 67,000}{(1+r)^1}\right] = 50,000 \;\Rightarrow r = 0.14$

(2) 1년 후 행사가격(X)이 40,000원인 Call 옵션가격과 할인율

ABC 주식에 대한 Call 옵션의 행사가격(X)이 40,000원이면 1년 후 ABC 주식 가격(S_1)이 47,500원으로 하락하든 67,000원으로 상승하든 모두 행사가격 40,000원보다 높으므로 권리 행사가 이루어질 것이고, 그 때의 Call 옵션 가치(C_1)는 다음과 같이 7,000원 또는 27,000원이 된다.

- S_1 =47,000원인 경우 ⇒ C_1 =[47,000원−40,000원] =(+)7,000원
- S_1 =67,000원인 경우 ⇒ C_1 =[67,000원−40,000원] =(+)27,000원

이번에는 ABC 주식에 대한 Call 옵션과 동일한 가치를 얻을 수 있는 가상의 C 포트폴리오(이하 C PFO)를 'ABC 주식 x주+무위험채권(risk-free bond) y원'으로 구성하고자 한다. C PFO의 1년 후 성과와 Call 옵션 가치(C_1)가 동일하다면 다음 관계가 성립하고, 두 식을 연립방정식으로 풀면 x =1주와 y =(−)38,461.54원이 된다. 이는 'ABC 주식 1주를 매수(buy)하고 무위험채권을 발행하여 38,461.54원을 차입(borrowing)[6]'하는 C PFO를 구성하면 ABC 주식의 가격이 47,000원으로 하락하든, 67,000원으로 상승하든 Call 옵션과 동일한 성과를 얻을 수 있다는 것을 의미한다.

- S_1 =47,000원인 경우 & r_F =4%
  ⇒ C PFO 수익=[47,000원×x주+1.04×y원] =(+)7,000원
- S_1 =67,000원인 경우 & r_F =4%
  ⇒ C PFO 수익=[67,000원×x주+1.04×y원] =(+)27,000원

---

6 무위험채권에 투자하는 금액, y가 (+)이면 그 금액만큼 채권을 매수하여 채권발행자에게 자금을 빌려주는 것(lending)이고, y가 (−)이면 그 금액만큼 채권을 발행하여 채권투자자에게 자금을 빌리는 것(borrowing)을 의미함.

- $[47{,}000원 \times x주 + 1.04 \times y원] = 7{,}000원$ & $[67{,}000원 \times x주 + 1.04 \times y원] = 27{,}000원$

  $\Rightarrow x = 1주,\ y = (-)38{,}461.54원$

무차익 원칙 ①에 의하면 미래 수익 또는 성과가 동일한 C PFO와 Call 옵션의 가격은 동일해야 하므로 C PFO를 구성하는데 투입된 비용과 Call 옵션가격도 동일해야 한다. 그러면 C PFO를 구성하는데 투입된 비용이 얼마인지 알아보자.

ABC 주식 1주를 매수하기 위해서는 50,000원이 투입되어야 하지만 이 중에 38,461.54원은 무위험채권을 발행하여 차입했으므로 순투자비용은 11,538.46원[=50,000원-38,461.54원]이 된다. 따라서 Call 옵션 매수비용(즉, Call 옵션가격)과 C PFO 구성에 투입된 순투자비용은 동일해야 하므로 1년 후에 행사가격 40,000원으로 ABC 주식을 매수할 수 있는 권리가 부여된 Call 옵션은 11,538.46원에 거래되어야 한다. 이 가격보다 높거나 낮게 형성되면 두 가격의 차액만큼 이익을 실현시킬 수 있는 차익거래가 C PFO와 Call 옵션을 활용하여 가능해진다.

ABC 주식에 대한 Call 옵션 가격은 1년 후 ABC 주식이 47,000원이든 67,000원이든 Call 옵션의 권리가 행사될 것이 확실하므로 다음과 같이 현재 ABC 주식의 가격에서 행사가격을 무위험수익률로 할인한 값을 차감하여 계산할 수도 있다.

- $C_0 = \left[S_0 - \frac{X}{(1+r_F)^1}\right] = \left[50{,}000 - \frac{40{,}000}{(1+0.04)^1}\right] = 11{,}538.46원$

두 가지 방식으로 추정한 Call 옵션 가격에 옵션 투자자들은 할인율을 얼마나 투영하고 있는지를 (1)에서 ABC 주식의 가격에 반영된 투자자들의 할인율을 추정했던 것과 동일한 방식으로 추정하면 Call 옵션 투자자들의 요구수익률은 다음과 같이 47.33%로 ABC 주식에 대한 투자자들의 요구수익률 14%보다 매우 높은 수준임을 알 수 있다. 이는 투자자들은 기초자산(underlying asset)인 ABC 주식보다 기초자산에 대한 파생상품(derivatives)인 옵션의 투자수익에 대하여 더 불확실하고 위험이 크다고 판단하여 높은 수익률을 요구하고 있다는 것을 의미한다.

- $C_0 = \left[\frac{E(CF_1)}{(1+r)^1}\right] = \left[\frac{0.5 \times 7{,}000 + 0.5 \times 27{,}000}{(1+r)^1}\right] = 11{,}538.46원$

  $\Rightarrow r = \left[\frac{0.5 \times 7{,}000 + 0.5 \times 27{,}000}{11{,}538.46} - 1\right] = 0.4733$

CHAPTER 17 옵션

(3) 헷지비율, h

(2)에서 Call 옵션과 동일한 수익을 얻을 수 있는 C PFO를 구성하기 위하여 기초자산인 ABC 주식 몇 주를 매수해야 하는지를 x를 계산하여 추정하였다. 이와 같이 옵션과 동일한 수익을 얻을 수 있는 포트폴리오를 구성하기 위하여 매수해야 할 주식의 숫자를 '헷지비율(hedge ratio, h)'이라고 한다. (2)에서 ABC 주식 1주를 매수하는 포트폴리오였으므로 'h = 1'이 된다. 금융거래에서 hedge라고 하면 가격 변동 위험을 회피한다는 의미가 내포되어 있으므로 헷지비율은 주가 변동 위험을 회피하기 위하여 필요한 주식의 숫자를 말한다.

헷지비율은 또한 주가 1단위 변화에 대한 Call 옵션 가격의 변화율을 의미하기도 하므로 투자위험관리에 유용하게 활용된다. (2)에서 'h = 1'은 ABC 주가가 10,000원 증감하면 다음과 같이 Call 옵션 가격도 'h = 1 = 100%' 만큼인 10,000원 증감한다는 것을 의미한다.

- $C_0 = \left[S_0 - \dfrac{X}{(1+r_F)^1}\right] = \left[50{,}000 - \dfrac{40{,}000}{(1+0.04)^1}\right]$ = 11,538.46원
- $C_0 = \left[S_0 - \dfrac{X}{(1+r_F)^1}\right] = \left[60{,}000 - \dfrac{40{,}000}{(1+0.04)^1}\right]$ = 21,538.46원 ⇒ (+)10,000원
- $C_0 = \left[S_0 - \dfrac{X}{(1+r_F)^1}\right] = \left[40{,}000 - \dfrac{40{,}000}{(1+0.04)^1}\right]$ = 1,538.46원 ⇒ (−)10,000원

(4) 1년 후 행사가격(X)이 57,000원인 Call 옵션가격과 할인율

ABC 주식에 대한 Call 옵션의 행사가격(X)이 40,000원에서 57,000원으로 상승하면 (2)의 결과들이 어떻게 변하는지 살펴보자.

가장 큰 변화는 Call 옵션의 권리가 행사되지 않는 상황이 발생한다는 것이다. ABC 주식의 1년(권리 행사 시점) 후의 가격(S_1)이 47,000원이면 57,000원의 행사가격으로 매수하지 않고, S_1 = 67,000원일 경우에만 57,000원에 매수하는 권리를 행사할 것이다. 따라서 1년 후 Call 옵션 가치(C_1)는 다음과 같이 0원 또는 10,000원이 된다.

- S_1 = 47,000원인 경우 ⇒ 권리 포기 ⇒ C_1 = 0원
- S_1 = 67,000원인 경우 ⇒ C_1 = [67,000원 − 57,000원] = (+)10,000원

ABC 주식에 대한 Call 옵션과 동일한 가치를 얻을 수 있는 가상의 C PFO를 'ABC 주식 x주 + 무위험채권(risk-free bond) y원'으로 구성하면 다음 관계가 성립할 것이고, x =

0.5주와 y=(−)22,596.15원이 된다. 즉, '무위험채권을 발행하여 22,596.15원을 차입(borrowing)하고 ABC 주식 0.5주를 매수(buy)'하는 C PFO를 구성하면 행사가격이 57,000원인 Call 옵션과 동일한 성과를 얻는다는 것이다.

- S_1=47,000원인 경우 & r_F=4%
  ⇒ C PFO 수익=[47,000원×x주 + 1.04×y원]=0원
- S_1=67,000원인 경우 & r_F=4%
  ⇒ C PFO 수익=[67,000원×x주 + 1.04×y원]=(+)10,000원
- [47,000원×x주+1.04×y원]=0원 & [67,000원×x주+1.04×y원]=10,000원
  ⇒ x=0.5주, y=(−)22,596.15원

ABC 주식 0.5주를 매수하기 위해서는 25,000원[=50,000원×0.5주]이 필요하지만 이 중에 22,596.15원은 무위험채권을 발행하여 차입했으므로 순투자비용은 2,403.85원[=25,000원−22,596.15원]이 된다.

차익거래 기회가 존재하지 않기 위해서는 C PFO와 동일한 수익을 얻을 수 있는 Call 옵션 매수비용(즉, Call 옵션가격)은 C PFO 구성에 투입된 순투자비용과 동일해야 하므로 1년 후에 행사가격 57,000원으로 ABC 주식을 매수할 수 있는 권리가 부여된 Call 옵션가격은 2,403.85원이 된다. 행사가격(X)이 40,000원일 때의 11,538.46원과 비교하면 행사가격이 57,000원으로 증가하면서 Call 옵션가격은 2,403.85원으로 감소하였다. 이는 <표 3>의 옵션가격결정요인의 행사가격과 Call 옵션가격과의 (−)상관관계를 보여주고 있다. Call 옵션 가격 2,403.85원에 반영된 Call 옵션 투자자들의 요구수익률도 다음과 같이 무려 108%로 상승하였다.

- $C_0 = \left[\dfrac{E(CF_1)}{(1+r)^1}\right] = \left[\dfrac{0.5\times 0 + 0.5\times 10{,}000}{(1+r)^1}\right] = 2{,}403.85$원
  $\Rightarrow r = \left[\dfrac{0.5\times 0 + 0.5\times 10{,}000}{2{,}403.85} - 1\right] = 1.08$

(5) 기초자산 ABC 주식의 가격 변동폭이 확대된 경우의 Call 옵션가격과 할인율

이번에는 1년 후 예상되는 기초자산 ABC 주식의 가격이 동일한 확률로 37,000원과

77,000원으로 (4)의 47,000원과 67,000원보다 변동폭이 확대될 경우 Call 옵션 가격과 할인율이 어떻게 되는지를 살펴보자.

행사가격(X)은 57,000원으로 (4)와 동일하다고 하면 ABC 주식의 1년(권리 행사 시점) 후의 가격(S_1)이 77,000원일 경우에만 57,000원에 매수하는 권리를 행사할 것이다. 따라서 1년 후 Call 옵션 가치(C_1)는 다음과 같이 0원 또는 20,000원이 되고, 이를 바탕으로 (4)의 결과들이 어떻게 변하는지 다음과 같이 순서대로 계산하였다.

- S_1 =37,000원인 경우 ⇒ 권리 포기 ⇒ C_1 =0원
  S_1 =77,000원인 경우 ⇒ C_1 =[77,000원−57,000원] =(+)20,000원

- C PFO 수익=[37,000원×x주 + 1.04×y원] =0원
  C PFO 수익=[77,000원×x주 + 1.04×y원] =(+)20,000원
  ⇒ x =0.5주, y =(−)17,788.46원
  ⇒ C PFO 순투자비용=[50,000원×0.5주−17,788.46원] =7,211.54원

- $$C_0 = \left[\frac{E(CF_1)}{(1+r)^1}\right] = \left[\frac{0.5\times 0+0.5\times 20,000}{(1+r)^1}\right] = 7,211.54\text{원}$$
  $$\Rightarrow r = \left[\frac{0.5\times 0+0.5\times 20,000}{7,211.54} - 1\right] = 0.3867$$

Call 옵션가격은 순투자비용과 동일한 7,211.54원으로, 여기에 반영된 옵션 투자자들의 요구수익률은 38.67%로 가격변동폭이 적었던 (4)의 Call 옵션가격 2,403.85원보다 상승하였고, 요구수익률 108%보다 하락하였다. 이는 기초자산 가격의 변동성이 Call 옵션가격과 (+)의 상관관계가 있다는 것을 보여준다.

2.3 블랙–숄츠 옵션가격결정모형

1973년 블랙과 숄츠(Black and Sholes)가 European Call 옵션의 가격을 계산하는 방법을 발표한 이후 Call 옵션의 거래와 파생상품 시장이 급속도록 성장하였다[7]. 이들의 노력으로 옵션가격과 이를 응용한 파생상품의 가치를 평가할 수 있게 되면서 다양한 방법의 위험관리가 금융기관들에 의해서 시도되었다.

7 Black, F., & Sholes, M, (1973), "The Pricing of Option and Corporate Liabilities", *The Journal of Political Economy*, Vol 81(3), pp 637~654.

블랙-숄즈의 옵션가격결정모형(Black and Sholes' Option Pricing Model, 이하 B-S OPM)의 복잡한 도출 과정은 본서의 수준을 벗어나는 수학적인 지식이 요구되므로 생략하고 모형에 도입된 가정(assumption)과 모형을 활용하여 Call 옵션가격을 계산하는 과정만 살펴보고자 한다.

(1) B-S OPM의 가정

Black and Sholes가 도입한 첫 번째 가정은 증권이 거래되는 시장은 완전자본시장(perfect capital market)이란 것이다. 완전자본시장에서는 차익거래 기회가 존재하지 않고, 투자자는 누구나 동일한 무위험이자율로 차입과 저축을 할 수 있고, 무위험이자율은 옵션의 만기일까지 변하지 않는다. 또한 증권의 거래비용과 세금도 존재하지 않고, 공매도(short sale)에 대한 제약도 존재하지 않는 완전히 이상적인(ideal) 시장을 의미한다.

두 번째 가정은 증권거래의 연속성(continuity)이다. 이는 증권의 거래는 옵션 만기일까지 매 순간 연속적으로 발생한다는 의미이다. 이 가정은 B-S OPM이 연속시간 모형(continuous time model)이므로 필요한 가정이다[8].

세 번째 가정은 기초자산 가격의 연속적인 변화와 안정된 변동성이다. 이는 기초자산의 가격은 부드러운 선 모양의 연속시간 모형 행태로 변하며 가격이 갑자기 폭등하거나 폭락하는 계단 형태의 변화는 발생하지 않는다는 것을 의미한다. 이렇게 가정해야 분산이나 표준편차로 측정하는 기초자산 가격의 변동성은 시간이 지나도 일정하게 된다. 또한 시장의 모든 투자자들은 이와 같은 기초자산 가격 변화와 변동성에 대해서 동일하게 예측(homogeneous expectation)한다고 가정한다.

마지막 가정은 기초자산이 주식인 옵션에 해당되는 것으로 옵션은 European Call 옵션이며 기초자산 주식은 만기일까지 배당을 지급하지 않는다는 가정이다.

B-S OPM을 도출하기 위하여 현실을 많이 반영하지 못하는 강한 가정들이 요구되는 것은 그만큼 옵션 가격을 추정하는 것이 쉽지 않다는 것을 의미하고, B-S OPM이 도출되는 과정에서도 매우 높은 수준의 수학 지식이 활용되었다.

8 연속시간 모형과 대비되는 개념이 이산형 모형(discrete time model)이다. 이산형 모형은 주식이 시간적인 간격을 두고 발생하는 형태를 말하고 연속시간 모형은 부드러운 선처럼 연속해서 연결되면서 발생하는 형태를 말한다.

(2) B-S OPM

앞에서 설명한 가정들을 기반으로 도출된 B-S OPM은 다음 식 (9)와 같다. 단순하게 보면 Call 옵션가격은 기초자산의 현재가격(S_0)에서 행사가격(X)을 차감하는 형태인데 $N(d_1)$과 $N(d_2)$가 각 항목에 곱해져 있다. B-S OPM이 복잡하고 어려운 것은 바로 $N(d_1)$과 $N(d_2)$ 때문이며, 이들은 표준정규분포의 d_1과 d_2까지의 누적확률을 의미한다.

- 블랙-숄즈 옵션가격결정모형

$$C = \left[S_0 \times N(d_1) - X \times e^{(-r_F \times T)} \times N(d_2) \right] \cdots \text{식 (9)}$$

- $d_1 = \left[\dfrac{LN\left(\dfrac{S_0}{X}\right) + \left(r_F + \dfrac{\sigma^2}{2}\right) \times T}{\sigma \times \sqrt{T}} \right]$
- $d_2 = \left[\dfrac{LN\left(\dfrac{S_0}{X}\right) + \left(r_F - \dfrac{\sigma^2}{2}\right) \times T}{\sigma \times \sqrt{T}} \right] = \left[d_1 - \sigma \times \sqrt{T} \right]$

여기서 S_0는 기초자산의 현재 가격, X는 Call 옵션의 행사가격, σ^2는 기초자산 가격의 변동성을 측정한 분산, T는 옵션의 만기까지의 기간, r_F는 무위험수익률을 각각 의미한다. 또한 LN(~)는 자연로그를 의미하고, $e^{(-r_F \times T)}$는 복잡하게 표현되었지만 $\left[1/(1+r_F)^T\right]$의 연속형 표현으로 $X \times e^{(-r_F \times T)}$는 행사가격의 현재가치를 의미한다. 만약 기초자산의 가격 변화가 드문드문 발생하는 이산형을 가정했으면 $\left[X/(1+r_F)^T\right]$이 되는 것이다.

식 (9)와 d_1과 d_2를 구성하는 항목들을 보면 옵션가격은 기초자산의 현재 가격(S_0), 옵션의 행사가격(X), 무위험이자율(r_F), 기초자산 가격의 변동성(σ), 만기까지의 기간(T)에 영향을 받는다는 것을 알 수 있다. 이들 중에서 옵션의 행사가격과 만기는 옵션계약을 통하여 투자자가 선택할 수 있는 것이며, 기초자산 가격과 무위험이자율은 금융시장을 통하여 파악할 수 있다.

그러나 기초자산 가격의 변동성(σ)은 옵션거래 시점부터 만기까지의 기초자산 가격 변화에 대한 표준편차이므로 투자자가 직접 추정해야 하는 변수이다. 기초자산 가격의 변동성은 과거 일정 기간 동안의 가격 변화를 통하여 추정한 과거 변동성(historical volatility)과 기초자산 가격의 변동성을 제외한 나머지 변수들과 실제 시장에서 거래되는 옵션가격을 식 (9)에 대입하여 역으로 추정한 내재적 변동성(implied volatility)이 활용된다.

(3) ABC 주식에 대한 Call 옵션 가격

그러면 식 (9)의 B-S OPM을 활용하여 다음과 같은 ABC 주식에 대한 Call 옵션의 가격을 추정해보자.

- ABC 주식 현재가격=50,000원, 행사가격=57,000원, 무위험이자율=4%, 만기=3개월(=0.25년), ABC 주가 변화의 표준편차=0.4

먼저 표준정규분포의 누적확률 $N(d_1)$과 $N(d_2)$를 계산하기 전에 표준정규분포에 대해서 필요한 정보들만 간단히 살펴보자. 정규분포들 중에서 평균이 0이고 표준편차 1인 정규분포를 표준정규분포라고 하며, 평균값을 중심으로 좌우가 대칭인 것은 정규분포와 동일하다. <그림 5>는 표준정규분포와 누적확률 N(a)를 보여주고 있다. 곡선 아래의 전체 면적은 1이며 이는 평균 0을 중심으로 왼쪽 부분의 누적확률 0.5와 오른쪽 부분의 누적확률 0.5의 합이다. 자주 활용되는 누적확률들은 다음과 같다. 각 변수값에 해당되는 누적확률값은 누적표준정규분포함수표를 참고하길 바란다.

〈그림 5〉 표준정규분포와 누적확률

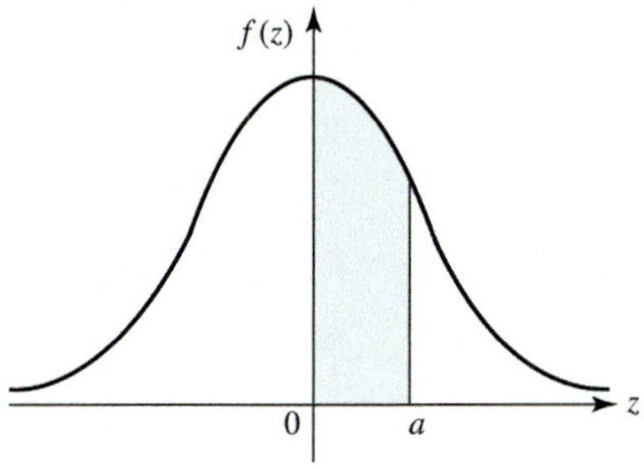

- $N(-\infty)=0,\ N(+\infty)=1,\ N(0)=0.5,\ N(a)=[1-N(-a)]$

이제 d_1과 d_2를 계산하면 다음과 같다.

- $d_1 = \left[\dfrac{LN\left(\dfrac{S_0}{X}\right)+\left(r_F+\dfrac{\sigma^2}{2}\right)\times T}{\sigma\times\sqrt{T}}\right] = \left[\dfrac{LN\left(\dfrac{50,000}{57,000}\right)+\left(0.04+\dfrac{0.4^2}{2}\right)\times 0.25}{0.4\times\sqrt{0.25}}\right]$

  $=(-)0.5051$

- $d_2 = \left[\dfrac{LN\left(\dfrac{S_0}{X}\right)+\left(r_F-\dfrac{\sigma^2}{2}\right)\times T}{\sigma\times\sqrt{T}}\right] = \left[\dfrac{LN\left(\dfrac{50,000}{57,000}\right)+\left(0.04-\dfrac{0.4^2}{2}\right)\times 0.25}{0.4\times\sqrt{0.25}}\right]$

  $= \left[d_1-\sigma\times\sqrt{T}\right] = \left[-0.50514-0.4\times\sqrt{0.25}\right] =(-)0.7051$

이번에는 N(−0.5051)과 N(−0.7051)를 계산하면 다음과 같다.

- $N(d_1=-0.5051) = [1-N(0.5051)] = [1-0.6933] = 0.3067$

  $\Rightarrow N(0.5051) = N(0.50) + [N(0.55)-N(0.50)]\times\dfrac{51}{500}$

  $= 0.6915 + [0.7088-0.6915]\times\dfrac{51}{500} = 0.6933$

- $N(d_2=-0.7051) = [1-N(0.7051)] = [1-0.7596] = 0.2404$

  $\Rightarrow N(0.7051) = N(0.70) + [N(0.75)-N(0.70)]\times\dfrac{51}{500}$

  $= 0.7580 + [0.7734-0.7580]\times\dfrac{51}{500} = 0.7596$

마지막으로 $N(d_1)=0.3067$과 $N(d_2)=0.2404$와 나머지 값들을 식 (9)에 대입하여 ABC 주식에 대한 Call 옵션가격을 추정하면 다음과 같이 1,768.54원이 된다.

- $C = \left[S_0\times N(d_1) - X\times e^{(-r_F\times T)}\times N(d_2)\right]$

  $= \left[50,000\times 0.3067 - 57,000\times e^{(-0.04\times 0.25)}\times 0.2404\right]$

  $=$ 1,768.54원

2.4 풋-콜 항등식(Put-Call Parity)

앞에서 다룬 이항옵션가격결정모형과 블랙-숄즈 옵션가격결정모형에서는 모두 Call 옵션가격만 추정하였다. 그러면 Put 옵션의 가격은 어떻게 추정해야 할까? 만약 차익거래가 발생하지 못하도록 하는 동일한 발행조건의 Call 옵션가격과 Put 옵션가격 사이의 균형관계를 표현할 수 있다면 Call 옵션가격을 통하여 Put 옵션가격도 추정할 수 있을 것이다. 이와 같은 동일한 발행조건의 Call 옵션과 Put 옵션가격 사이의 균형관계를 '풋-콜 항등식(Put-Call Parity)'이라고 한다.

Put-Call Parity를 유도하기 위해서는 우선 무위험포트폴리오 개념부터 이해해야 한다. 미래 특정시점에 특정자산을 매수하거나 매도할 예정인 투자자에게는 그 자산의 현재 가격보다는 미래 거래시점의 가격이 어떻게 형성될지가 중요하고 불리한 가격(매수할 경우에는 지금 가격보다 높게 형성되는 경우, 매도하는 경우에는 지금 가격보다 낮게 형성되는 경우)이 형성되지 않을까 걱정하게 된다. 이런 걱정은 미래에 매수하거나 매도하는 가격을 지금 특정 가격으로 고정시켜 놓으면 해결될 것이다. 이와 같이 미래 특정시점(투자자가 매도하거나 매수하는 거래시점)에 특정자산의 가격 변화에 상관없이 일정한 수익을 얻을 수 있도록 구성된 포트폴리오를 '무위험포트폴리오(risk-free portfolio)'라고 한다.

ABC 주식의 미래 T시점의 가격을 57,000원으로 고정시켜서 가격 하락 위험을 회피하고자 하는 투자자 Park이 ABC 주식 1주를 매수하고, ABC 주식을 기초자산으로 하고, Park이 고정시키고 싶은 가격 57,000원을 행사가격으로 하고, Park이 거래하려는 T시점을 만기로 하는 Call 옵션 1단위를 매도하고, 동일한 조건의 Put 옵션 1단위를 매수하여 구성한 포트폴리오를 'RF PFO'라고 하자.

<표 4>는 t=0에서 RF PFO를 구성하는데 소요된 비용과 만기(T)에서의 RF PFO의 수익을 보여주고 있다. t=0에서의 구성비용 중 '−C'는 Call 옵션 1단위를 C만큼의 Premium을 받고 매도한 것이므로 총비용에서 차감된다는 의미이다. 만기 T에서의 수익을 기초자산 ABC 주식의 가격이 행사가격보다 높게 형성된 경우와 낮게 형성된 경우로 나누어 보면 높게 형성된 경우[$=S_T \geq X$]에는 Park에게 Call 옵션 1단위를 매수한 투자자가 권리를 행사할 것이므로 Park은 그것을 인수해야 한다. 따라서 수익에서 [S_T-X]만큼 차감된 반면에 Park이 매수한 Put 옵션은 권리를 행사하지 않으므로 수익이 0이 된다.

반대로 기초자산 ABC 주식의 가격이 행사가격보다 낮게 형성된 경우[$=S_T<X$]에는 Park에게 Call 옵션을 매수한 투자자는 권리를 행사하지 않을 것이므로 수익은 0이 되고, Park이 매수한 Put 옵션은 권리를 행사하여 [$X-S_T$]만큼 수익을 얻게 된다. 따라서 3가지 거래의 투자성과를 합하면 기초자산 ABC 주식의 T시점 가격이 어떻게 형성되든지 행사가격(X) 57,000원만큼의 수익을 얻게 된다. 즉 Park은 RF PFO를 구성하여 자신이 거래하고자 하는 시점의 ABC 주식의 가격을 자신이 원하는 가격으로 고정시킨 것이다.

〈표 4〉 RF PFO 구성비용과 수익

거래 유형	구성비용(t=0)	수익(t=T)	
		$S_T \geq X$	$S_T < X$
주식 1주 매수	$+S_0$	$+S_T$	$+S_T$
Put 1단위 매수	+P	0	$[X-S_T]$
Call 1단위 매도	−C	$-[S_T-X]$	0
RF PFO	$[S_0+P-C]$	X	X

무차익 원칙의 '③ 위험을 부담하지 않는 투자에 대한 수익률은 무위험수익률이어야 한다'를 Park이 구성한 무위험포트폴리오에 적용하면 무위험포트폴리오의 수익률은 무위험수익률(r_F)이 되어야 한다. 따라서 다음과 같은 관계가 성립된다.

- RF PFO 수익률 = [T시점의 수익/t=0의 구성비용] = 무위험수익률

$$\Rightarrow \left[\frac{X}{(S_0+P-C)}\right]=[1+r_F]^T$$

이 관계를 옵션 거래시점(t)로 일반화하여 정리하면 다음 식 (10)과 같은 Put-Call Parity가 도출된다.

● 풋-콜 항등식(Put-Call Parity)

$$P_t=\left[C_t-\left\{S_t-\frac{X}{(1+r_F)^{T-t}}\right\}\right] \cdots \text{식 (10)}$$

여기서 P_t, C_t, S_t는 옵션거래가 이루어지는 t시점에서의 Put 옵션가격, Call 옵션가격, 기초자산 가격을 각각 의미하고, $\left[X/(1+r_F)^{T-t}\right]$는 만기 시점의 행사가격을 무위험이자율로 할인한 t시점에서의 가치로 $PV_t(X)$로 간단히 표현하기도 한다. 식 (10)에 의하면 기초자산, 행사가격, 만기가 동일한 Put 옵션가격(P_t)은 Call 옵션가격(C_t)과 $[S_t-PV_t(X)]$만큼 차이가 발생한다.

앞에서 B-S OPM에서 예를 들었던 ABC 주식의 Put 옵션가격은 다음의 자료를 가지고 식 (10)으로 계산하면 8,212.38원이 나온다. Put 옵션가격이 Call 옵션가격 1,768.54원보다 높게 추정된 것은 현재 기초자산의 가격 50,000원을 감안하면 3개월 후 행사가격 57,000원

은 상대적으로 높게 설정된 것으로 Call 옵션 매수자보다는 Put 옵션 매수자에게 유리하기 때문이다.

- ABC 주식 현재가격=50,000원, 행사가격=57,000원, 무위험이자율=4%, 만기=3개월(=0.25년)
- ABC 주식 Call 옵션 가격=1,768.54원
- $P_0 = \left[C_0 - \left\{S_0 - \frac{X}{(1+r_F)^T}\right\}\right] = \left[1,768.54 - \left\{50,000 - \frac{57,000}{(1+0.04)^{0.25}}\right\}\right]$
  = 8,212.38원

3. 옵션의 응용 1 : 자기자본과 부채가치

3.1 자산, 부채와 자기자본

재무상태표 등식, [A =D +E]에 의하면 자산(Asset)의 가치는 부채(또는 타인자본, Debt)의 가치와 자기자본(Equity)의 가치의 합과 동일하다. 이 때 부채의 가치(D)는 발생 시점의 계약조건에 의하여 기업이 원금과 이자를 적기에 지급한다면 일정한 값을 유지하지만 자기자본의 가치(E)는 자산가치(A)에서 부채가치(D)를 차감한 순자산가치[=A –D]이므로 A의 크기에 비례한다.

부채를 통하여 기업에 자금을 제공한 채권자는 기업의 수익이나 자산의 분배 과정에서 기업의 주인인 주주보다 먼저 청구권을 행사할 수 있지만 계약 조건에 해당하는 금액만 받게 된다. 반면에 자기자본을 통하여 기업에 자금을 출자한 주주는 채권자에게 우선 분배되고 남은 수익이나 자산에 대한 청구권, 즉 잔여재산청구권(residual claim)을 가지지만 채권자에게 먼저 분배하고 남은 몫은 모두 주주에게 분배된다. 또한 채권자에게 분배하고 남은 것은 없으면 주주 몫도 없지만 채권자에게 예정된 금액을 분배하지 못하더라도 주주는 책임지지 않아도 된다(이를 주주의 有限責任, limited liability라고 함).

이와 같은 부채와 채권의 성격에 따라서 기업이 영업활동 등으로 창출한 CF는 채권자에게 우선 분배되는 일정한 수준의 CF와 주주에게 분배되는 잔여 CF로 구분할 수 있고, 채권자에게 일정한 수준의 CF를 먼저 분배하고 남은 잔여 CF는 모두 주주에게 분배된다. 또한 채권자와 주주에게 분배되는 CF는 부채가치와 자기자본가치 추정에 활용되며 자산가치에서 부채가치를 차감하고 남은 순자산가치가 자기자본가치가 된다.

따라서 ABC 기업의 부채가 10억원일 경우 자산가치에 따른 부채와 자기자본가치는 다음 <표 5>와 같다. 표의 자산을 기업이 창출한 CF, 부채를 채권자에게 분배되는 CF, 자기자본을 주주에게 분배되는 CF로 변경해도 동일한 내용을 설명하게 된다.

〈표 5〉 자산 크기별 부채와 자기자본 가치

자산(Asset)	0억원	10억원	20억원	…	100억원
부채(Debt)	0억원	10억원	10억원	…	10억원
자기자본(Equity)	0억원	0억원	10억원	…	90억원

〈그림 6〉 자산, 부채, 자기자본가치

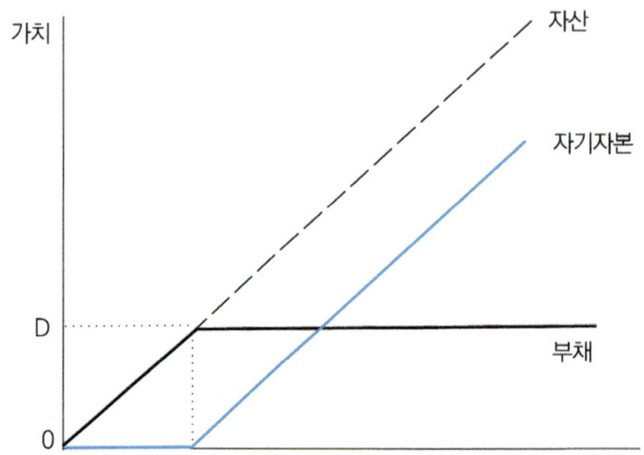

<그림 6>은 <표 5>의 내용을 바탕으로 자산가치의 변화에 따른 부채와 자기자본가치를 보여주고 있다. 지금부터 <그림 6>에서 부채가치와 자기자본가치 그래프 모양이 왜 이런 식으로 나타났는지를 옵션 개념을 가지고 살펴보자.

3.2 부채를 사용한 경우의 자기자본가치

<그림 6>에서 녹색으로 표시된 자기자본가치(E)는 부채를 사용하는 경우에 해당된다. 부채를 사용하지 않으면 자기자본가치는 자산가치와 동일할 것이다. 자산가치(A)가 부채(D)보다 낮으면 기업의 자산을 채권자에게 우선 변제해야 하므로 'E=0', A가 D보다 커지기 시작하면 E는 A중에서 D를 우선 변제하고 남은 [A－D]가 된다.

- 'A > D'이면, E=[A-D]
- 'A ≤ D'일 때는, E=0 ⇒ 주주의 유한책임 특징 때문에 E=[A-D]가 아님.

이것을 보면 부채를 사용한 기업의 자기자본(levered equity) 가치는 자산(A)을 기초자산으로, 부채(D) 수준을 행사가격으로 하는 'Call 옵션 매수'로 나타낼 수 있다. Call 옵션 가치(C_t)가 권리행사 시점(t)의 기초자산의 가격(S_t)이 행사가격(X)보다 낮으면 권리를 포기하여 0이 되지만, 'S_t>X'이면 권리를 행사하여 [S_t-X]가 되는 것처럼 부채를 사용한 기업의 자기자본가치(E_t)는 권리행사 시점(t)의 기초자산인 자산가치(A_t)가 행사가격인 부채(D_t)보다 낮으면 0이 되지만, 'A_t>D_t'이면 [A_t-D_t]가 된다. Call 옵션 가치와 부채를 사용한 기업의 자기자본가치는 다음과 같이 동일하게 표현할 수 있고, <그림 6>의 녹색 실선처럼 나타낼 수 있다.

- Call 옵션 가치, C_t = Max[(S_t-X), 0]
- **부채를 사용한 기업의 자기자본가치, E_t = Max[(A_t-D_t), 0]**

<표 5>의 ABC 기업의 E_t는 자산을 기초자산으로, 행사가격이 부채 10억원인 Call 옵션 가치에 해당된다. 기초자산인 자산가치(A_t)가 행사가격(X=D_t) 10억원 이하이면 권리를 포기하여 E_t=0, A_t=20억원이면 권리를 행사하여 E_t=[A_t-D_t]=[20억원-10억원]=10억원이 되는 것이다.

3.3 부채의 가치

이번에는 <그림 6>에서 검은 실선으로 표시된 부채의 가치를 옵션의 개념으로 살펴보자. 자산가치(A)가 부채(D)보다 크면 부채는 전액 우선 상환되어 부채가치는 D가 되지만 자산가치가 부채보다 낮은 수준이면 부채가치는 A가 된다. 이와 같은 부채가치를 Put 옵션 가치식에 사용되었던 Min[~,~]을 활용하면 다음과 같이 표현할 수 있다.

- D_t=Min[A_t, D]
- 'A ≥ D'이면, D=D
- 'A < D'일 때는, D=A(<D) ⇒ 주주는 유한책임이므로 [D-A]에 대해서 책임지지 않음.

이와 같은 부채가치(D)는 또한 '① 옵션의 권리 행사 시점에 부채 총액(D)만큼 상환 받을 수 있는 무위험채권 매입 + ② 기초자산은 기업의 자산, 행사가격은 부채 총액으로 하는 Put 옵션 1단위 매도'하는 투자전략의 가치와 동일하다. 다음 <표 6>의 '①+②' 투자전략의 수익을 보면 부채가치와 동일하고 <그림 6>의 검정 실선에 해당되는 것을 알 수 있다.

권리행사 시점의 기초자산인 자산가치(A_t)에 상관없이 ①의 무위험채권에서 부채(D)만큼 수익이 발생하고, ②의 Put 옵션 매도에서 '$A_t < D$' 상황에서는 Put 옵션 매수자가 행사한 권리를 인수하면 [$D-A_t$]만큼의 손실을 보게 되고, '$A_t < D$' 상황에서는 Put 옵션 매수자가 권리를 행사하지 않을 것이므로 0이 되므로 ①과 ② 전략의 결과를 합하면 다음 <표 6>과 같이 부채가치와 동일하게 된다.

〈표 6〉 자산 크기별 부채와 자기자본가하다

자산가치(A_t)	① 무위험채권 매입	② Put 옵션 매도	[①+②]	부채가치
$A_t < D$	D	(−)[$D-A_t$]	A_t	A_t
$A_t \geq D$	D	0	D	D

4. 옵션의 응용 2 : CB와 BW의 가치

최근에 기업들이 자본조달을 위하여 주식과 채권 외에도 다양한 형태의 증권을 발행하고 있다. 2011년 상법 개정에서 "회사는 이익의 배당, 잔여재산의 분배, 주주총회에서의 의결권 행사, 상환 및 전환 등에 관하여 내용이 다른 종류의 주식(이하 종류주식)을 발행할 수 있다"고 규정하면서 기업과 투자자들의 다양한 요구에 맞는 종류주식들의 발행이 전면 허용되었다. 우리나라 기업들이 많이 활용하고 있는 종류주식에는 상환우선주, 신주인수권부사채, 전환사채 등이 있으며 이들의 공통점은 주식과 채권의 특징이 혼합되어 있다는 것이다. 본 절에서는 주식과 채권의 특징이 혼합된 대표적인 Hybrid 증권인 전환사채와 신주인수권부사채의 가치를 옵션 개념을 활용하여 추정하는 것을 살펴보고자 한다.

4.1 전환사채

전환사채(convertible bond, 이하 CB)는 발행일로부터 일정 기간이 지나면 CB 발행기업의 주식으로 전환할 수 있는 권리가 부여된 채권으로, 발행시점에서는 채권과 동일하여 약정된 이자와 원금에 대한 청구권이 존재하지만, 주식으로 전환을 청구한 시점에서는 채권으로서의 권리는 사라지고 주주로서 경영참여와 배당에 대한 권리를 가지게 된다. 법적으로 사채이나 경제적 의미로는 잠재적 주식의 성격을 동시에 지니고 있는 대표적인 혼합증권이다.

CB는 발행기업의 보통주(이를 전환대상이라고 함)로 전환하는 것이 일반적이며, 사채에 대하여 전환될 수 있는 주식의 비율을 전환비율(conversion rato)이라고 하며 100% 이내에서 발행기업이 결정할 수 있으나 대부분 100%로 발행한다. 전환가액(conversion price)은 투자자가 전환청구기간 동안 발행기업의 주식으로 전환을 청구할 수 있는 가격을 말한다. CB의 표면이자율은 전환권 부여로 일반채권보다 낮은 것이 일반적이며 표면이자율이 낮을수록 전환가액이 낮게 책정된다. 전환청구기간은 자율적으로 정하되 대부분 정관에서 정하는 바에 따라서 발행일 익일부터 상환 직전일까지로 되어 있으나, 주권상장법인은 CB 발행 즉시 주식의 희석화에 따른 기존 주주의 피해를 방지하기 위하여 사모발행은 발행 후 1년이 경과한 후에 전환할 수 있는 조건으로, 공모발행은 1개월이 경과한 후에 전환할 수 있는 조건으로 발행할 수 있다. 또한 CB 발행시 전환가액이 공시된 이후 전환대상 주식의 가격이 하락하면 전환권을 행사할 때 투자자에게 불리하므로 전환가액을 조정하여 보상한다.

다음은 CB발행 조건을 ABC 기업의 CB 투자자의 예를 들어 정리한 것이다.

■ ABC 기업 CB 투자

- CB 투자금액 : 5,000만원 ◦ 전환비율 : 100% ◦ 전환청구기간 : 2021.11.01.~2024.11.01.
- 전환가액 : 50,000원 ⇒ 전환시 주식수 : 1,000주[= 5,000만원/5만원]
- 전환가액조정 : 48,000원 ⇒ 전환시 주식수 : 1,041.67주[= 5,000만원/4.8만원]

CB는 주식이면서 법적으로는 사채라는 이중적인 성격을 지닌 증권이므로 가치도 사채로서의 가치와 주식으로서의 가치를 모두 반영하여 다음과 같이 평가한다.

- CB 가격 = Max[(D_t, CV) + 전환권 프리미엄]

여기서 D_t(채권가치)는 미래에 CB로부터 발생할 이자, 원금, 만기상환액 등 현금유입액을 CB와 위험수준이 유사한 일반채권의 수익률로 할인한 가치로 추정한 값이며, 일반적으로

CHAPTER 17 옵션

CB의 표면이자율이 일반채권보다 낮으므로 CB의 채권가치는 일반채권의 가치보다 낮은 수준이다. 전환가치(conversion value, 이하 CV)는 전환대상주식의 시장가격에 전환비율을 곱하여 산출하며, CB가 주식으로 전환되었을 때의 시장가치를 말한다.

전환대상 주식의 가격이 전환가격보다 낮으면 '$CV < D_t$'가 되고, CV=0이 되어 CB 가격은 'D_t+전환프리미엄'으로, 전환대상 주식의 가격이 전환가격보다 높으면 '$CV > D_t$'가 되므로 '$CV > 0$'이 되어 CB 가격은 'D_t+CV+주가 상승에 대한 기대감' 등이 반영되어 결정된다.

투자자 입장에서 CB는 발행기업 주식의 가격이 상승하면 전환권을 행사하여 주식 거래를 통한 자본이익을 얻을 수 있고, 주가가 행사가격보다 낮으면 전환권을 행사하지 않고 발행시점에서 약속한 이자와 원금 상환에 대한 청구권을 유지할 수 있다. 발행기업 입장에서 CB는 전환권을 첨부함에 따라 일반채권에 비해 낮은 금리로 자금을 조달할 수 있고, 전환권이 행사되면 부채가 자본화되어 재무구조 개선에 도움이 된다.

4.2 신주인수권부사채

신주인수권부사채(bond with warrant, 이하 BW)는 만기까지 원리금을 상환해야 하는 전형적인 채권에 일정 기간 내에 정해진 가격(행사가격)으로 정해진 수의 발행기업의 신주 교부를 청구할 수 있는 권리, 즉 신주인수권(warrant)이 부여된 증권이다. 전환사채와 함께 안정적인 이자수익과 주가 상승에 따른 추가 수익을 얻을 수 있다. BW를 매입한 투자자는 채권자처럼 원리금을 상환 받으면서 BW 발행기업에게 신주 교부를 청구할 수 있는데, 이때 신주인수가격은 BW 발행 시점에 정해지므로 발행기업의 주가와 비교하여 신주교부 여부를 선택하면 된다. 이 과정은 Call 옵션 매수자가 기초자산 가격과 행사가격을 비교하여 권리 행사 여부를 결정하는 것과 유사하다. 즉, 발행주식을 기초자산, 인수가격을 행사가격으로 하는 Call 옵션과 동일한 Warrant를 보유한 BW 투자자는 기초자산(발행주식) 가격과 행사가격인 인수가격을 비교하여 신주교부 청구를 결정한다.

다만 전환사채의 전환권 행사와는 다르게 BW 투자자가 신주인수권을 행사하면 발행기업과 BW 투자자 사이에 신주와 인수금액의 교환이 이루어져서 BW 발행기업에게 신주인수금액이 유입되어 자산이 증가하게 되고, 부채는 그대로 유지된다.

BW는 투자자에게 유리한 옵션이 추가되므로 일반 채권으로 발행될 때보다 채권수익률이 낮지만 투자자 입장에서는 안정적인 이자수익과 공모가격보다 낮은 가격에 주식을 매입할 수 있는 기회를 얻을 수 있다. 또한 신주인수권, Warrant는 채권과 분리되어 따로 거래도 가능하다(분리형 신주인수권부사채). 반면에 기업에게는 BW 발행이 발행금리 부담을 낮추고 미래의 잠재적인 자본출자자를 확보하는 장점을 제공한다.

예를 들어, ABC 기업의 BW가 일반채권 표면이자율 4.00%보다 낮은 2.50%로 발행되면 신주인수조건의 행사가격(50,000원)을 보고 BW 투자 여부를 결정해야 한다. 주가와 신주인수가격의 차이가 얼마나 될지, 만약 주가가 인수가격 50,000원보다 높게 형성될 경우 어느 정도의 차익이면 상대적으로 적은 표면이자 수익을 받아들일 수 있을지, 주가가 낮게 형성된다면 신주인수권을 포기할지 아니면 앞으로 주가가 충분히 상승할 가능성이 있으니 인수할지 등을 고려해야 한다.

단순하게 주가와 행사가격(신주인수가격)만을 놓고 판단한다면 예를 들어, BW 투자자가 낮아진 표면이자 수익도 받아들일 수 있는 주당 5,000원 차익을 얻을 수 있는 수준으로 주가가 형성되면 신주인수권을 행사할 것이고, 그 이하로 형성되면 안정적인 표면이자와 원금상환의 채권에 만족하고 신주인수권을 포기할 것이다.

CHAPTER 17 옵션

5. 옵션의 응용 3 : 실물옵션(Real Option)

5.1 실물옵션과 자본예산

기업의 사업투자결정 과정에서 옵션거래와 유사한 형태를 가진 상황들이 많이 발생한다. 만약 건설회사가 보유하고 있는 해안가 토지의 리조트 개발 여부를 고민 중이라면 개발 이후 창출된 가치가 개발 이전보다 크다면 리조트로 개발해야 할 것이다. 여기서 리조트 개발 사업은 해안가 토지를 기초자산, 개발하지 않을 경우의 가치를 행사가격으로 하는 Call 옵션의 형태이다. 리조트 개발로 인한 토지의 경제적 가치(즉, 기초자산의 가치)가 개발하지 않았을 경우의 가치(행사가격)보다 낮으면 리조트 개발을 포기하고, 높으면 리조트 개발 권리를 행사하는 결정은 전형적인 Call 옵션 매수자가 내리는 의사결정과 동일하다.

영화사가 베스트셀러 소설에 대한 영화 제작권을 먼저 구입한 후 영화제작 여부를 결정할 때 손익분기점(BEP, break-even point) 이상의 수익을 얻을 수 없을 것으로 예상되면 영화를 제작하지 않을 것이다. 영화 제작에 따른 수익(기초자산의 가치)이 손익분기점 수준(행사가격)에 미치지 못하면 제작을 포기하고, 손익분기점 수준을 넘을 것으로 예상되면 제작할 것이므로 영화사의 수익은 영화제작을 기초자산, 손익분기점의 수익을 행사가격으로 하는 Call

옵션 가치와 동일하다.

벤처캐피탈(venture capital)은 주로 사업위험이 커서 자금조달이 어려운 벤처기업들에게 출자한다. 출자기업이 성공하면 IPO(initial public offering) 등을 통하여 높은 수익을 실현시킬 수 있지만 실패하는 경우가 더 많다고 한다. 이런 위험 때문에 출자기업의 성과가 나쁠 경우 벤처캐피탈은 투자에서 빠질 수 있는 '탈출 옵션(exit option)'을 출자계약에 포함시킨다.

탈출 옵션(exit option)은 출자기업을 기초자산, 벤처캐피탈이 원하는 성과를 행사가격으로 하는 Put 옵션으로 출자기업의 성과(기초자산의 가치)가 벤처캐피탈이 원하는 성과(행사가격)에 미치지 못하면 권리를 행사하여 투자에서 빠질 수 있게 해준다.

이와 같이 옵션 개념은 주식, 주가지수, 외환, 채권 등의 금융자산을 기초자산으로 하는 금융투자에서만 가능한 것이 아니라 기업이 수행하는 사업과 같은 실물자산 투자에도 적용할 수 있다. 리조트 개발, 영화 제작, 벤처캐피탈의 기업 출자 사업처럼 실물자산(real asset)을 기초로 하는 옵션을 실물옵션(real option)이라고 한다.

투자사업의 경제성을 분석하는데 가장 많이 활용되는 NPV법은 추정된 투자사업의 미래 현금흐름과 적절한 할인율이 투자 종료시점까지 변하지 않는다는 암묵적인 가정 하에 투자사업의 NPV를 추정한다. 그러나 사업 시작 전에 추정했던 상황들은 외부 환경과 기업 내부의 변화, 치열한 경쟁 등으로 투자 이후 변할 수 있으므로 예상과 다른 변화에 대한 유연한 대응이 요구된다. 이와 같이 대규모의 자금이 장기간 투자된 이후 발생하는 상황 변화들까지 고려해야 하는 사업투자결정에 실물옵션이 유용하게 활용된다. 여기서는 투자연기 옵션, 성장 옵션, 포기 옵션에 대하여 예를 통하여 살펴보자.

5.2 투자연기 옵션

투자연기 옵션(option to wait)은 지금 바로 투자결정을 하지 않고 불확실성이 사라지는 미래 특정 시점까지 투자결정을 연기할 수 있는 옵션을 말한다. 다음 ABC 기업의 새로운 사업 투자결정 과정을 통하여 살펴보자.

■ ABC 기업 신사업 투자관련 자료

- 현재 투자금액(I_0) = 12억원 ◦ 무위험수익률 = 2.5% ◦ 자본비용 = 15%
- 현재 추정된 1년 후부터 발생할 것을 예상되는 미래 CF에 대한 정보 : 동일한 확률로 0.2억원 또는 0.4억원씩 매년 지속적으로 발생할 것으로 예상됨.
- 1년이 지나면 그 사업의 CF가 얼마씩 발생할지 확실해 짐.

ABC 기업 신사업의 미래 예상 CF는 지금 시점에서는 매년 0.2억원이 될지, 0.4억원이 될지 불확실하지만 확실해지는 1년 후까지 투자결정을 연기할 수 있다면 사업의 NPV는 어떻게 평가해야 하고, 투자연기 옵션의 가치는 얼마나 되는지 살펴보자.

먼저 투자사업의 CF가 확실해지는 1년 후에 평가하는 투자사업의 가치(V_1)는 영구연금의 현재가치 공식을 활용하여 다음과 같이 추정할 수 있다. 여기서 1년이 지난 시점에서는 사업의 CF가 확실해지므로 할인율에 자본비용이 아닌 무위험수익률을 사용하였다.

- CF가 0.2억원으로 확실해진 경우의 $V_1 = \left[\dfrac{0.2}{0.025}\right] = 8$억원
- CF가 0.4억원으로 확실해진 경우의 $V_1 = \left[\dfrac{0.4}{0.025}\right] = 16$억원

지금부터 '현재(t=0) 불확실성이 존재하는 상황에서 투자하는 경우'와 '1년 후(t=1) 불확실성이 사라진 후 투자하는 경우'의 NPV가 어떻게 다른지 살펴보자.

(1) 현재 불확실성이 존재하는 상황에서의 투자결정

현재(t=0)는 투자사업의 CF가 0.2억원인지 0.4억원인지 불확실하므로 NPV를 추정하는 할인율에 불확실성이 반영된 자본비용 15%를 사용하여 다음과 같이 추정된다.

- $V_0 = \left[\dfrac{0.5\times(0.2+8)+0.5\times(0.4+16)}{(1+0.15)^1}\right] = (+)10.69$억원
- $NPV_0 = [-I_0 + V_0] = [-12 + 10.69] = (-)1.31$억원

첫 번째 식의 분자항은 불확실한 상황별 1년차 CF(0.2억원과 0.4억원)와 '불확실성이 사라진 t=2부터 매년 0.2억원과 0.4억원이 지속적으로 발생하는 경우의 V_1(8억원과 16억원)의 합에 대한 기댓값으로 추정한 CF로 상황별 모든 기간의 CF들이 포함되었다. 따라서 V_0는 불확실한 기간(t=1)과 확실한 기간(t=2~)의 CF 모두를 반영한 사업가치이고, 여기서 최초 투자비용(I_0)을 차감한 NPV_0는 (−)1.31억원으로 추정된다. 이는 현재 사업의 CF가 얼마가 될지 불확실한 상황에서의 투자는 NPV가 (−)로 추정되므로 진행되지 말아야 한다는 것을 보여주고 있다.

(2) 1년 후 확실해진 상황에서의 투자결정

1년 후 투자사업의 CF가 발생하기 시작하면 이 사업의 CF가 0.2억원인지 0.4억원인지 확실해진다. CF가 확실해진 t=1에서의 투자비용(I_1)이 최초 투자비용(I_0)과 동일하다면 CF별 NPV_1은 다음과 같다. 확실해진 시점이므로 할인율은 무위험수익률로 할인하여 NPV_1을 추정한다.

- CF가 0.2억원일 때의 $NPV_1 = \left[-12 + \frac{0.2}{0.025}\right]$ =(−)4억원
- CF가 0.4억원일 때의 $NPV_1 = \left[-12 + \frac{0.4}{0.025}\right]$ =(+)4억원

불확실성이 사라진 1년 후에는 '$NPV_1<0$'이면 투자하지 않을 것이라는 것까지 고려하여 NPV_0를 추정하면 다음과 같다.

- $NPV_0 = \left[\frac{0.5\times 0 + 0.5\times 4}{(1+0.15)^1}\right]$ =(+)1.74억원

(1)에서 불확실한 t=0에서의 투자 NPV는 (−)1.31억원이지만, CF의 불확실성이 사라지는 1년을 기다린 후 투자할 때의 NPV는 (+)1.74억원으로 증가한다.

여기서 투자사업의 CF 불확실성이 사라진 후 투자비용 12억원 이상의 수익을 얻을 수 있는 경우($NPV_1>0$)만을 선택할 수 있는 것은 투자사업을 기초자산, 투자비용을 행사가격으로 하는 Call 옵션을 보유하는 것과 동일하다. 기초자산 가치인 투자사업 CF의 가치, V_1이 투자비용(행사가격)을 초과할 경우에만 투자하기 때문이다.

ABC 기업은 투자옵션으로 NPV를 (−)1.31억원에서 (+)1.74억원으로 3.05억원만큼 증가시킬 수 있으므로 투자연기 옵션의 가치는 3.05억원이 된다.

5.3 성장 옵션

성장 옵션(growth option)은 투자 이후 불확실성이 사라지면서 투자사업의 CF가 좋아진 경우 투자 규모를 확장할 수 있는 선택권으로 확장 옵션(expansion option)이라고도 한다. 다음과 같이 DEF 기업이 커피 매장을 오픈하려는 경우를 가정하여 성장 옵션에 대해서 살펴보자.

■ DEF 기업 커피 매장 오픈관련 자료

- 투자금액(I_0) = 8억원 ◦ 무위험수익률 = 4% ◦ 자본비용 = 15%
- 성공 여부는 1년 후 소비자들이 차별화된 브랜드로 선호하는가에 달려 있고, 선호하면 매년 5,000만원, 아니면 1,500만원의 이익이 지속적으로 발생할 것이고, 선호될 확률은 50%.
- 계약하고자 매장은 지금은 1층만 활용할 수 있지만 1년 후 소비자들이 선호하면 2억원을 투입하여 2층까지 확장할 수 있고 그렇게 되면 매년 이익이 1,500만원 증가할 것으로 예상됨.

먼저 소비자의 DEF 커피에 대한 선호 여부의 불확실성이 사라진 1년 후에 커피 매장의 가치(V_1)를 평가하면 다음과 같다. 2년차부터 발생하는 이익은 선호 여부가 결정된 이후의 값들이므로 할인율은 무위험수익률을 활용해야 한다.

- 선호된 경우의 $V_1 = \left[\dfrac{0.5}{0.04}\right] = 12.5$억원
- 선호되지 못한 경우의 $V_1 = \left[\dfrac{0.15}{0.04}\right] = 3.75$억원

(1) 확장 옵션이 없는 경우의 NPV

현재(t=0)는 커피 매장 이익이 5,000만원이 될지 1,500만원이 될지 불확실하므로 NPV의 할인율에 불확실성이 반영된 자본비용 15%를 사용하여 다음과 같이 NPV_0가 추정된다.

- $V_0 = \left[\dfrac{0.5\times(0.5+12.5)+0.5\times(0.15+3.75)}{(1+0.15)^1}\right] = (+)7.35$억원
- $NPV_0 = [-I_0 + V_0] = [-8 + 7.35] = (-)0.65$억원

현재 불확실한 상황에서 확장 옵션이 없는 투자를 하게 되면 (-)0.65억원의 NPV가 예상되므로 DEF 기업은 커피 매장을 오픈하지 말아야 한다.

(2) 확장 옵션이 있는 경우의 NPV

이번에는 1년 후 소비자들에게 차별화된 브랜드로 인지되었을 경우 매장을 2층까지 확장하였을 경우, 2층 확장의 NPV는 다음과 같이 (+)3억원으로 추정되므로 매장을 확장해야 한다.

- 매장 확장의 $NPV_1 = \left[-2 + \frac{0.2}{0.04}\right]$ =(+)3억원

이와 같이 계산된 매장 확장 NVP_1을 활용하여 매장 오픈 시점(t=0)에서의 확장 옵션의 가치는 다음과 같이 계산된다. 절반의 확률로 확장될 수도 있고 되지 않을 수도 있으므로 분자항은 기댓값으로 추정하였고, 할인율은 불확실성을 반영하여 자본비용 15%를 사용하였다.

- 확장 옵션의 현재가치= $\left[\frac{0.5 \times 3 + 0.5 \times 0}{(1+0.15)^1}\right]$ =(+)1.31억원

마지막으로 확장 옵션이 추가된 DEF 기업의 커피 매장 오픈에 대한 NPV는 다음과 같이 계산할 수 있다. (1)의 확장 옵션이 없는 경우의 NPV=(−)0.65억원에 확장 옵션의 현재가치 =(+)1.31억원을 더한 확장 옵션이 추가된 NPV는 (+)0.66억원이 되므로 이번에는 커피 매장을 오픈해야 한다는 결과가 도출된다.

- 확장 옵션이 추가된 NPV=[확장 옵션이 없는 경우의 NPV + 확장 옵션의 현재가치]
  = [(−)0.65억원 + 1.31억원] = (+)0.66억원

DEF 기업의 커피 매장 오픈 결정에 포함된 확장 옵션은 매장 확장을 기초자산으로, 확장비용을 행사가격으로 하는 Call 옵션과 유사한 형태이다. 매장 확장의 NPV가 (+)인 경우에만 매장을 확장하는 것은 기초자산의 가격이 행사가격을 초과할 경우에 매수 권리를 행사하는 것과 동일하기 때문이다.

5.4 포기 옵션

포기 옵션(option to abandon)은 확장 옵션과 반대 개념으로 투자가 시작된 이후 불확실성이 사라지면서 투자 수익이 나빠지면 투자를 포기할 수 있는 선택권을 말한다. 대규모 자금이 장기간 투입되어야 하는 핵심사업을 수행하면서 좋지 않은 수익성을 극복하기 위하여 무리하게 노력하는 것보다 빨리 철수하는 것이 오히려 나은 경우에 유용하게 활용될 수 있다.

투자연기 옵션과 확장 옵션이 Call 옵션과 유사한 형태임에 반하여 포기 옵션은 투자사업을 기초자산, 투자비용을 행사가격으로 하는 Put 옵션과 유사하다. 기초자산의 가격, 즉 투자사업의 수익이 행사가격, 즉 투자비용에 미치지 못하면 바로 포기하는 옵션을 행사하기 때문

이다. 포기 옵션은 PSC 기업이 대학가에 커피 매장을 오픈하려는 경우를 가지고 살펴보자. 관련 정보는 다음 박스와 같다고 한다.

■ PSC 기업 커피 매장 오픈관련 자료

- 초기 투자금액(I_0) = 3.5억원 + 연간 유지비용 = 1,000만원 ◦ 무위험수익률 = 4% ◦ 자본비용 = 15%
- 커피 매장 성공 여부는 1년 후 대학생들이 차별화된 브랜드로 선호하는가에 달려 있다고 한다. 선호하면 매년 4,000만원, 선호되지 않으면 1,000만원의 이익이 지속적으로 발생할 것으로 예상되고, 선호될 확률은 50%로 파악되고 있음.
- 계약하고자 하는 매장은 지금 계약하고 2년 후 매출이 부진하면 추가 비용을 부담하지 않고 매장을 닫을 수 있음.

CHAPTER 17 옵션

먼저 대학생들의 PSC 커피에 대한 선호 여부의 불확실성이 사라진 1년 후 커피 매장의 가치(V_1)를 평가하면 다음과 같다. 2년차부터 발생하는 이익은 선호 여부가 결정된 이후의 값들이므로 할인율은 무위험수익률을 활용하고, 분자항은 이익에서 연간 유지비용을 차감한 값이다.

- 선호된 경우의 $V_1 = \left[\dfrac{0.4-0.1}{0.04}\right]$ =7.5억원
- 선호되지 못한 경우의 $V_1 = \left[\dfrac{0.1-0.1}{0.04}\right]$ =0억원

(1) 포기 옵션이 없는 경우의 NPV

현재(t=0)는 커피 매장 이익이 불확실하므로 NPV의 할인율에는 불확실성이 반영된 자본비용 15%가 사용되어 다음과 같이 추정된다.

- $V_0 = \left[\dfrac{0.5\times\{(0.4-0.1)+7.5\}+0.5\times\{(0.1-0.1)+0\}}{(1+0.15)^1}\right]$ =(+)3.40억원
- $NPV_0 = [-I_0 + V_0] = [-3.5 + 3.40] = (-)0.1$억원

현재 불확실한 상황에서 포기 옵션이 없는 커피 매장 사업의 NPV는 (−)0.1억원이 예상되므로 PSC 기업은 커피 매장을 오픈하지 말아야 한다.

(2) 포기 옵션이 있는 경우의 NPV

이번에는 1년 후 대학생들에게 차별화된 브랜드로 인지되었을 경우와 그렇지 못했을 경우의 NPV_1을 추정하면 다음과 같다.

- 선호된 경우의 $NPV_1 = \left[-3.5 + \frac{(0.4-0.1)}{0.04}\right]$ =(+)4억원
- 선호되지 못한 경우의 $NPV_1 = \left[-3.5 + \frac{0.1-0.1}{0.04}\right]$ =(−)3.5억원

따라서 대학생들에게 차별화된 브랜드로 선호되지 못한 경우에는 커피 매장을 닫는 것이 유리하다. 이런 경우 PSC 기업이 커피 매장을 2년만 운영하고 포기하는 경우의 t=0에서의 NPV는 다음과 같이 추정할 수 있다.

- $NPV_0 = \left[-3.5 + \frac{(0.1-0.1)}{(1+0.15)^1} + \frac{(0.1-0.1)}{(1+0.15)^2}\right]$ =(−)3.5억원

마지막으로 포기 옵션이 추가된 PSC 기업의 커피 매장 오픈에 대한 NPV는 매장을 계속 운영하는 경우와 포기하는 경우의 NPV들에 대한 기댓값으로 다음과 같이 추정할 수 있다[9].

- 포기 옵션이 추가된 NPV =[0.5×선호된 경우의 NPV +0.5×포기하는 경우의 NPV]
  =[0.5×4억원+0.5×(−)3.5억원] =(+)0.25억원

이와 같이 포기 옵션으로 인하여 (−)0.1억원이었던 NPV가 (+)0.25억원으로 증가하였으므로 포기 옵션의 가치는 포기 옵션이 추가된 경우의 NPV와 없는 경우의 NPV 차액인 0.35억원이 된다.

이와 같이 PSC 기업의 커피 매장 오픈 결정에 포함된 포기 옵션은 커피 매장을 기초자산으로, 투자비용을 행사가격으로 하는 Put 옵션과 유사한 형태이다. 기초자산의 가치인 커피 매장의 가치(이익을 기반으로 추정된)가 행사가격인 투자비용보다 적으면 사업을 포기하는 권리를 행사하여 손실을 최소화 하는 것이 Put 옵션 매수자가 기초자산의 가격이 행사가격보다 낮을 경우 매도 권리를 행사하는 것과 유사하기 때문이다.

---

9 여기서는 매기간 동일한 크기의 이익이 지속적으로 발생하기 때문에 영구연금의 현재가치 공식[=C/r]을 활용하였는데, 이렇게 계산한 NPV는 t=0에서 계산한 결과나 t=1에서 계산한 결과나 동일하다는 것에 주의하길 바란다. 만약 커피 매장 사업을 3년이나 5년까지만 한다고 했으면 NPV_1으로 NPV_0을 추정하기 위해서는 1기간 할인한 가치를 사용해야 한다.

연습문제

17-1. 옵션과 선물의 공통점과 차이점을 설명하시오.

17-2. 옵션거래가 'Zero-sum game'이라고 하는 이유를 설명하시오.

17-3. 옵션가격이 내가격(ITM), 외가격(OTM), 등가격(ATM) 상태에 있다는 것이 어떤 의미인지 설명하시오.

17-4. 옵션가격결정요인과 Call 옵션가격과 Put 옵션가격과의 상관관계를 설명하시오.

17-5. 무차익 원칙(No Arbitrage Principle)에 대해서 설명하시오.

17-6. 부채를 사용한 기업의 자기자본가치와 부채의 가치를 옵션 개념을 활용하여 설명하시오.

17-7. A기업 주식과 그 주식을 기초자산으로 하는 옵션 관련 내용이 다음과 같다고 한다. 각 질문들에 답하시오.

- 현재 주가=20,000원
- 행사가격=25,000원
- 만기=3개월 후
- Call 옵션 Premium=4,000원
- Put 옵션 Premium=2,000원

① 만기 시점의 A기업 주가(S_T)가 30,000원인 경우와 15,000원인 경우의 Call 옵션 매수자와 매도자(인수자)의 수익과 손익을 계산하시오.

② 만기 시점의 A기업 주가(S_T)가 30,000원인 경우와 15,000원인 경우의 Put 옵션 매수자와 매도자(인수자)의 수익과 손익을 계산하시오.

③ ①에서 Call 옵션 매수 투자의 수익률과 A주식을 직접 매수한 경우의 수익률을 비교해보시오.

17-8. 다음 B주식과 그 주식을 기초자산으로 하는 옵션 관련 내용이 다음과 같다고 한다. 각 질문들에 답하시오.

◦ 기초자산=B주식	◦ 행사가격=25,000원	◦ 만기=6개월 후

① B주식 1주를 보유한 PARK이 B주식에 대한 Put 옵션 1단위를 매수하였다. 만기 시점의 B주식 가격이 5,000원, 15,000원, 25,000원, 35,000원일 때 PARK의 투자수익을 계산하고 그래프로 나타내시오.

② B주식 1주를 보유한 KIM은 B주식에 대한 Call 옵션 1단위를 매도하였다. 만기 시점의 B주식 가격이 15,000원, 25,000원, 35,000원, 45,000원일 때 KIM의 투자수익을 계산하고 그래프로 나타내시오.

③ B주식을 보유하고 있지 않은 LEE는 B주식에 대한 Call 옵션과 Put 옵션을 각각 1단위씩 매수하였다. 만기 시점의 B주식 가격이 5,000원, 15,000원, 25,000원, 35,000원, 45,000원일 때 LEE의 투자수익을 계산하고 그래프로 나타내시오. LEE의 투자전략은 주가가 어떤 방향으로 움직일 것이라고 예상될 때 적절한 선택이 되겠는가?

17-9. C기업 주식과 그 주식을 기초자산으로 하는 옵션 관련 내용이 다음과 같다고 한다. 각 질문들에 답하시오.

◦ 현재 주가=16,000원, 주가는 이항분포를 따르며 만기 1년 후에 동일한 확률로 25,000원 또는 15,000원이 예상됨	
◦ 행사가격=22,000원	◦ 1년 무위험이자율=4%

① 현재 C기업 주주들의 요구수익률은 얼마인가?

② 만기 시점의 Call 옵션 가치는 얼마인가?

③ ②에서의 만기 시점 Call 옵션 가치와 동일한 성과를 얻을 수 있는 포트폴리오를 C기업 주식과 무위험채권으로 구성해보시오. 각각에 투자하는 비중은 얼마가 되어야 하는가?

④ ③의 결과를 통하여 Call 옵션가격과 그 가격에 반영된 옵션투자자의 요구수익률을 추정하시오.

⑤ 이번에는 Call 옵션 1단위를 매도하고 C 주식 m주를 매수하여 만기 시점의 주가 변화에 상관없이 동일한 수익을 얻을 수 있는 무위험포트폴리오를 구성하고자 한다. m은 얼마인가?

⑥ ⑤에서 구성한 무위험포트폴리오의 투자비용, 1년 후 수익과 무차익 원칙 등을 고려하면 Call 옵션 가격은 얼마가 되어야 하는가? ④의 결과와 비교해보시오.

⑦ C주식에 대한 Call 옵션과 동일한 기초자산, 행사가격을 가진 Put 옵션의 가격은 얼마인가?

17-10. Put-Call 항등식과 관련된 다음 질문들에 답하시오.

① 기초자산인 주식 가격이 현재 50,000원, 행사가격 60,000원, 만기가 6개월 후인 Call 옵션 가격이 4,000원이라고 한다. 무위험이자율이 연 5%라면 동일한 기초자산과 행사가격의 Put 옵션 가격은 얼마인가?

② 만기가 9개월 후이고 행사가격이 60,000원인 Put 옵션이 12,500원에 거래되고 있다. 현재 기초자산인 주식의 가격은 50,000원이고 무위험이자율은 연 7.5%라면 동일한 기초자산과 행사가격의 Call 옵션가격은 얼마인가?

③ 행사가격이 50,000원, 만기가 3개월 후인 Put 옵션과 Call 옵션이 각각 5,000원과 10,000원에 거래되고 있다고 한다. 무위험이자율은 연 10%라고 하면 기초자산인 주식의 현재가격은 얼마인가?

④ 행사가격이 55,000원, 만기가 1년 후인 Put 옵션과 Call 옵션이 각각 6,000원과 8,000원에 거래되고 있다. 현재 기초자산 가격이 55,000원이라면 무위험이자율은 얼마인가?

17-11. D기업 주식과 그 주식을 기초자산으로 하는 옵션 관련 내용이 다음과 같다고 한다. 각 질문들에 답하시오.

◦ 현재 주가=16,000원, ◦ 주가 변화의 표준편차=0.2 ◦ 만기=1년
◦ 행사가격=22,000원 ◦ 연속복리 무위험이자율=연 4%

① 블랙-숄츠 옵션가격결정모형의 $N(d_1)$, $N(d_2)$를 다음 누적표준정규분포함수표를 참고로 계산하시오.

구분	N(1.25)	N(1.30)	N(1.45)	N(1.50)
누적확률	0.8944	0.9032	0.9265	0.9332

② ①의 $N(d_1)$, $N(d_2)$값을 활용하여 D주식에 대한 Call 옵션 가격을 계산하시오.

CHAPTER 17 옵션

17-12. DD기업 주식과 그 주식을 기초자산으로 하는 옵션 관련 내용이 다음과 같다고 한다. 각 질문들에 답하시오.

◦ 현재 주가=22,000원, ◦ 주가 변화의 표준편차=0.4 ◦ 만기=91일
◦ 행사가격=20,000원 ◦ 연속복리 무위험이자율=연 4%

① 블랙-숄즈 옵션가격결정모형의 $N(d_1)$, $N(d_2)$를 다음 누적표준정규분포함수표를 참고로 계산하시오.

구분	N(0.40)	N(0.45)	N(0.60)	N(0.65)
누적확률	0.6554	0.6736	0.7257	0.7422

② ①의 $N(d_1)$, $N(d_2)$ 값을 활용하여 D주식에 대한 Call 옵션 가격을 계산하시오.

③ ②의 Call 옵션과 동일한 기초자산과 행사가격을 가진 Put 옵션 가격도 계산하시오.

④ 17-11번의 D주식에 대한 Call 옵션가격은 Put 옵션가격보다 낮게 형성되었지만 DD주식에 대한 Call 옵션가격은 Put 옵션가격보다 높게 형성되었다. 왜 그런지 이유를 추정해보시오.

17-13. 어느 투자자가 E기업 주식 1주를 매수하고, E주식에 대한 Call 옵션 1단위를 매도하고, Put 옵션 1단위를 매수하는 포트폴리오를 구성하였다. E주식과 옵션 관련 내용이 다음과 같다고 한다. 각 질문들에 답하시오.

◦ 현재 주가=50,000원, ◦ Call 옵션 Premium=5,000원 ◦ 만기=91일
◦ 행사가격=55,000원 ◦ 무위험이자율=연 2.5%

① 포트폴리오를 구성하는데 소요된 비용을 Put 옵션 가격은 P_0로 표기하고 추정하시오.

② 1년 후 E주식의 가격이 80,000원인 경우와 20,000원인 경우 포트폴리오의 성과를 추정하시오.

③ ①의 포트폴리오 구성비용과 ②의 포트폴리오 성과와 무차익 원칙을 활용하여 Put 옵션 가격을 추정하시오.

④ Put-Call 항등식을 활용하여 ③에서 계산된 Put 옵션가격이면 Call 옵션 Premium이 5,000원이 맞는지 확인해보시오.

17-14. F기업은 액면가액 10,000원의 채권을 발행하여 총 1,000만원의 부채를 조달하였다. 그 채권은 할인채권으로 현재 9,500원에 거래되고 있으며 1년 후 만기가 도래한다고 한다. F기업의 현재 자산가치는 2,500만원이고 무위험이자율은 5%라고 한다. 다음 질문들에 답하시오.

① 1년 후 F기업 자산가치가 동일한 확률로 2,500만원 또는 1,500만원으로 예상된다면 현재 부채와 자기자본의 가치는 각각 얼마로 추정되는가?

② ①에서 자기자본의 가치는 어떤 옵션을 활용하여 설명할 수 있는가? 그 옵션의 가치를 평가하는 방법으로 자기자본의 가치도 평가하여 ①의 결과와 동일한지 확인해보시오.

③ 이번에는 1년 후 F기업 자산의 가치가 동일한 확률로 2,500만원 또는 800만원으로 예상된다면 자기자본의 1년 후 가치는 얼마인가?

17-15. G기업이 새롭게 고려중인 사업관련 정보가 다음과 같다고 한다. 각 질문들에 답하시오.

◦ 지금 바로 투자하는 경우 : 투자비용 50억원, 1년 후 CF 65억원을 발생시키고 종료
◦ 1년 후 투자 : 투자비용 50억원, 2년 후 CF 70억원 발생시키고 종료

① 할인율이 20%라면 언제 투자해야 하는가?

② 연기 옵션의 가치는 얼마로 추정되는가?

17-16. H기업이 새롭게 고려중인 사업관련 정보가 다음과 같다고 한다. 각 질문들에 답하시오.

◦ 개당 1만원의 CF를 발생시키는 제품의 1년 후부터의 판매량은 동일한 확률로 2.5만개 또는 1만개가 될 것으로 추정된다. 그 이후의 판매량은 영원히 동일할 것이라고 가정.
◦ 투자비용 10억원, 할인율은 17.5%

① 지금 투자할 경우의 NPV는 얼마로 추정되는가?

② 이번에는 1년 후 판매량이 확정되면 7억원에 매각하고 철수할 수 있다고 한다. 판매량이 2.5만개인 경우와 1만개인 경우에 사업을 지속해야 하는지 철수해야 하는지 결정하시오.

③ ②번처럼 1년 후 사업을 철수할 수 있다면 사업의 NPV는 얼마로 변하는가? 또한 포기 옵션의 가치는 얼마인가?

17-17. PARK은 X 지역에 창고형 매장을 오픈하기 위하여, 사전 조사한 자료는 다음과 같다고 한다.

◦ X지역 오픈 비용으로 15억원이 소요되며, 1년 후 CF가 성공적으로 안착되면 2억원, 중간 정도의 성과를 내면 1억원, 가장 나쁜 상황이 되면 0.2억원이 발생할 것으로 예상되고, 각각의 경우가 발생할 확률은 순서대로 0.3, 0.4, 0.3이라고 한다. 1년 후 CF가 결정되면 그 이후에는 지속적으로 동일하게 발생할 것으로 가정함.

◦ X지역에서 성공하면 주변 지역에도 오픈할 예정이며 오픈 비용은 5억원, CF는 매년 0.9억원을 얻을 수 있을 것으로 추정됨.

◦ 무위험수익률 5%, 자본비용은 15%

---

① 1년 후 X지역 창고형 매장의 상황별 수익의 가치를 계산하시오.

② 확장 옵션이 없을 경우 X지역 창고형 매장 사업의 NPV를 계산하시오.

③ 주변 지역에 진출하는 경우의 NPV와 확장 옵션의 가치를 계산하시오.

④ 확장 옵션이 추가될 경우의 NPV를 계산하시오.

CHAPTER

18

선물

1. 선물의 기초

2. 선물거래 손익과 가격

3. 선물거래 유형

1. 선물의 기초

1.1 현물, 선도, 선물거래

현물거래(現物去來, spot transaction)란 시장이나 마트에서 현금을 지불하고 물건을 사는 것처럼 상품과 현금이 거래시점에 동시에 교환되는 거래로 금융시장에서 현금과 주식, 채권, 보험 등의 각종 금융상품에 현금을 투자하여 거래시점에 매입하는 것도 현물거래에 해당된다.

최근에는 거래조건(수량 및 가격 등)만 약속하고 현금과 상품의 교환은 미래 특정 시점에 이루어지는 선도거래(先導去來, forward transaction)가 증가하고 있다. 투자자가 특정 주식을 3개월 후에 얼마에 몇 주를 매수하겠다고 지금 계약하는 경우나 원유를 3개월 후에 배럴당 얼마에 매수하겠다고 지금 계약하는 경우가 대표적인 선도거래이다.

현물거래와 선도거래의 중요한 차이는 현물거래는 계약하면서 바로 상품의 인수 또는 인도(delivery)와 대금결제가 이루어져 계약시점과 결제시점이 일치하는 반면에 선도거래는 t시점에서는 미래 T시점에 거래할 상품의 가격과 수량에 대해서 계약만 하고 대금결제는 T시점에 이루어져 계약시점보다 나중에 상품의 인수 또는 인도와 대금결제가 이루어진다는 것이다.

본 장에서 설명하고자 하는 선물거래(先物去來, future transaction)는 품질, 수량 등이 표준화되어 있는 상품(이를 옵션처럼 '기초자산'이라고 함)을 미리 결정한 가격(이를 옵션의 행사가격과는 다르게 선물에서는 '선물가격'이라고 함)으로 미래 특정 시점(이는 옵션처럼 '만기'라고 함)에 인수 또는 인도할 것을 약정(약정이라고 표현하였지만 옵션처럼 권리 행사 여부를 선택하는 것이 아니라 선물은 무조건 계약 이행의 의무를 져야 함)하는 선물계약(futures contract)으로 선도거래와 거래 유형은 동일하지만 다음과 같은 몇 가지 중요한 차이점이 존재한다.

선도거래는 당사자들 간의 합의를 통한 사적 거래(private transaction)로 거래 장소, 형식, 조건 등이 다양하고 만기에도 당사자들끼리 상품을 인수 또는 인도하고 거래대금을 결제한다. 그러나 당사자들끼리 이루어진 약속이므로 손실을 보게 되는 거래자가 계약을 이행하지 않을, 즉 계약불이행 위험이 항상 존재한다. 그러나 선물거래는 공인된 거래소에서 거래 조건 등이 표준화된 상품에 대한 거래이므로 금, 원유 등의 선물거래 대상(즉, 기초자산)에 대한 품질이 보장된다. 무엇보다도 청산소(clearing house)가 관리하는 일일정산(daily settlement) 제도와 증거금 제도(margin system) 때문에 거래 상대방의 계약불이행 위험(counterpart risk)이 거의 없다는 것이 선도거래와 다른 점이다.

또한 선물거래는 상품이 아니라 상품에 대한 계약(contract)을 거래하며 만기 이전에 제3자와도 그 계약을 거래할 수 있다. 실제 금융선물 거의 대부분은 만기 이전 반대매매를 통한 차액결제로 소멸된다. 금, 돈육, 원유 등의 상품선물거래는 만기에 상품의 인수 또는 인수가 이루어지는 경우가 많지만 금융선물거래는 기초자산의 가격 변동에 따른 차익을 노리는 거래가 대부분이기 때문이다.

다음과 같은 한국거래소(Korea Exchange, 이하 KRX)의 삼성전자 주식 선물에 대한 시세 정보를 가지고 현물거래와 선물거래를 비교해 보자.

■ 삼성전자 주식에 대한 선물, '삼성전자 F 202308' 시세(2023.08.03. PM 03:58 기준)
◦ 거래가격 69,200 ◦ 대비 ▾800 ◦ 시가 70,000 ◦ 고가 70,300 ◦ 저가 68,700
◦ 현물가격 68,800

'삼성전자 F 202308'은 기초자산 삼성전자 주식에 대한 2023년 8월이 결제월인 선물거래(F)를 의미하며, 2023년 8월 3일 거래가격 69,200원은 8월이 결제월인 삼성전자 주식 1주를 69,200원에 매수 또는 매도할 수 있다는 것이고, 기초자산 삼성전자 주식은 현재 주식시장(현물시장)에서 68,800원(현물가격)에 거래되고 있다는 것이다. 즉 8월 3일 지금 바로 거래하면 68,800원에 거래할 수 있지만 8월 만기에 거래하면 69,200원에 거래해야 한다는 것을 의미한다.

또한 '대비 ▾800'은 선물가격 69,200원은 어제 종가와 비교하여 800원 하락하여, 어제 선물매수 계약을 체결했다면 오늘 선물매도 계약(반대매매)을 통하여 800원의 손실을 볼 수 있다는 것을 의미한다.

1.2 선물거래 용어

선물가격(future price)은 만기일에 기초자산이 인수 또는 인도될 때의 거래가격으로 선물계약 시점에 미래 여러 상황들을 예상한 투자자들의 판단에 따라 결정된다. 이는 만기일에 기초자산을 행사가격에 매입할 수 있는 권리에 대한 가격인 옵션가격(option premium)과는 다른 개념이다. 선물가격은 계약 시점의 기초자산 가격에 비례하며 선물거래의 성과를 결정하는 중요한 요소이다.

그 외의 선물거래에 사용되는 용어를 KRX에서 거래량이 많은 <표 1>의 코스피200 선물의 상품명세를 기초로 살펴보자. 기초자산(underlying asset)은 선물계약의 대상이 되는 상품을 말한다. 기초자산이 금, 돈육, 원유 등과 같은 선물을 상품선물(commodity)이라고 하고, 기초자산이 주가지수, 주식, 채권 또는 금리, 외환 등의 금융자산인 선물을 금융선물(financial futures)이라고 한다. 코스피200은 유가증권시장을 대표할 수 있는 200개 주식으로 산출되는 주가지수를 말한다. <표 2>는 KRX에 상장된 파생상품들을 기초자산별로 분류한 것이다.

〈표 1〉 코스피200 선물 상품명세

기초자산	코스피200 지수
거래단위	코스피200 선물가격×25만원(거래승수)
결제월	3, 6, 9, 12월
상장결제월	3년 이내 7개 결제월(3,9월 각 1개, 6월 2개, 12월 3개
가격의 표시	코스피200 선물 수치(포인트)
호가가격단위	0.05포인트
최소가격변동금액	12,500원[=25만원×0.05]
거래시간	08:45~15:45(단 최종거래일 08:45~15:20)
최종거래일	각 결제월의 두 번째 목요일(공휴일인 경우 순차적으로 당김)
결제방법	현금결제
가격제한폭	기준가격 대비 각 단계별로 확대 적용 ①±8%②±15%③±20%
정산가격	최종 약정가격(최종 약정가격이 없는 경우 선물이론정산가격)
기준가격	전일 정산가격
단일가격경쟁거래	개장시(08:30~08:45), 거래종료시 (15:35~15:45)
필요적 거래중단	현물가격 급변으로 매매거래 중단 시 선물거래 일시중단 및 단일가로 재개

〈표 2〉 KRX 파생상품 상장 종목

구분	파생상품	
주가지수	◦ 코스피200 선물&옵션&섹터지수선물	
	◦ 코스피배당지수 선물	◦ KRX K-뉴딜지수 선물
	◦ 미니코스피200 선물&옵션	◦ 코스닥150 선물&옵션
	◦ KRX300 선물	◦ 유로스톡스50 선물
변동성지수	◦ 코스피200 변동성지수 선물	
개별주식	◦ 개별주식 선물 삼성전자 보통주 등 총 192종목	◦ 개별주식 옵션 삼성전자 보통주 등 총 47종목
ETF	◦ ETF 선물 기초자산 : ARIRANG 고배당주 ETF, KODEX 삼성그룹 ETF 등 5개 ETF	
채권/금리	◦ 3년, 5년, 10년 국채선물	◦ 상품간 스프레드
통화	◦ 미국달러 선물&옵션	◦ 엔 선물
	◦ 유로 선물	◦ 위안 선물
Commodity	◦ 돈육 선물	◦ 금 선물

선물거래는 1계약 단위로 이루어지므로 1계약의 금액을 거래대상(기초자산)별로 정해두어야 한다. 코스피200 선물의 1계약은 [코스피200 지수×거래승수(25만원)]이다. 예를 들어, 2023년 8월 3일 코스피200 지수가 341.54라면 코스피200 선물의 거래단위 1계약은 8,538.5만원[=341.54P×25만원]이 되는 것이다.

결제월은 기초자산이 인수 또는 인도되어 선물계약의 의무가 이행되는 월을 말하고, 최종거래일은 각 결제월의 두 번째 목요일이다. 코스피200 선물의 결제월은 3, 6, 9, 12월이며 3년 이내 7개 결제월에 해당되는 상품들이 상장되어 거래되고 있다. 현재를 기준으로 가까운 결제월 순서로 근월물, 차월물, 차차월물이라고 하며 거래의 거의 대부분은 최근월물에서 이루어지고 있다. 선물거래는 기초자산의 인수와 인도를 위한 시간이 필요하므로 최종결제일 1~3일 전에 선물거래를 종료하는데, 이 날을 최종거래일이라고 한다.

가격의 표시는 거래대상 상품의 가치를 수치화한 것을 말하며 가치가 가격으로 표시되어야 가격의 상승과 하락을 예상한 선물거래가 이루어진다. 코스피200 선물은 코스피200 지수(P,포인트)로 가격을 표시하고, 호가가격 단위는 0.05P이므로 매수 또는 매도가격을 0.05P 단위의 배수로만 주문을 낼 수 있다. 이와 같은 호가단위로 거래가 진행되면 최소가격변동금액은 12,500원[=거래승수 25만원×호가단위 0.05P]이 된다.

가격제한폭은 가격의 급격한 변동으로 시장 혼란, 투자자들의 피해와 가격 조작 등을 방지하기 위한 제도로 선물가격 변동의 상한과 하한을 결정한다. 코스피200 선물은 기준가격의 크기에 따라 기준가격 대비 ±8%, ±15%, ±20%로 적용하고 있다. 기준가격은 전일 정산가격이며, 정산가격은 선물의 최종 약정가격이다. 최종 약정가격이 없는 경우 선물의 이론적인 가격을 사용한다. 현물가격의 급격한 변동으로 매매거래가 중단될 경우에는 선물거래도 일시 중단한다. 거래를 재개할 때는 아래에서 설명할 단일가격방식으로 가격을 정한다.

거래시간은 오전 8시 45분부터 오후 3시 45분까지로 기초자산인 코스피200 지수를 형성하는 주식시장보다 15분 뒤에 폐장한다. 그러나 최종거래일 거래시간은 오전 8시 45분에 개장하는 것은 동일하지만 폐장은 주식과 지수선물은 오후 3시 20분, 금리, 통화, 일반상품 선물은 오전 11시 30분, 금 선물은 오후 3시 45분 등 다양한 시간에 이루어진다[10].

또한 선물시장도 주식시장과 마찬가지로 시가와 종가를 결정하는 시간대(시가는 오전 8시 30분~8시 45분, 종가는 오후 3시 35분~3시 45분)의 거래는 단일가격 경쟁거래 방식을 취하고 있다. 즉 해당 시간대에 가격 체결을 중지하고 주문만 받아서 가장 많은 수량을 체결

10 KRX에서는 외국의 전문적인 금 유통업체로부터 제공 받은 국제 금 시세와 원화 환율을 반영한 가격을 금 선물 가격으로 사용한다.

시킬 수 있는 가격으로 시가와 종가를 결정한다.

최종결제일은 선물거래의 결제월에 기초자산의 인수 또는 인도가 실제로 이루어지는 날로 코스피200 선물은 '최종거래일 기준 T+1일'이다. 여기서 T는 거래일(trading day) 기준으로 최종거래일(결제월의 두 번째 목요일) 다음 날이 공휴일이면 최종결제일은 최종거래일 이후 첫 거래일인 다음 주 월요일이 된다.

선물거래의 결제방법에는 실물인수도 방식과 현금결제 방식이 있다. 실물인수도 방식(physical delivery settlement)은 원유, 금, 돈육 등의 상품선물처럼 만기에 기초자산을 인수 또는 인도하고 거래대금 전액을 결제하는 방식이고, 현금결제 방식(cash settlement)은 만기에 선물계약 시점에 정한 선물가격과 만기일의 기초자산 가격의 차액만 현금으로 정산하고 기초자산은 인수 또는 인수하지 않는 결제방식이다. 코스피200 선물은 기초자산이 실물이 아닌 지수(index)이므로 현금결제 방식을 취하고 있다.

1.3 거래량과 미결제약정

옵션거래처럼 선물거래에서도 기초자산을 매입(buy)하는 계약을 매수 포지션 또는 Long Position, 기초자산을 매도(sell)하는 계약을 매도 포지션 또는 Short Position을 취한다고 한다.

투자자 PARK이 'KOSPI200 F 202309'에 대하여 선물가격 342.70에 10계약 매수주문을 내고, 투자자 KIM은 동일 종목, 동일 가격에 대하여 15계약 매도주문을 내면 거래는 매수량과 매도량이 일치하는 10계약이 우선 체결되고, PARK은 KOSPI200 F 202309에 대하여 10계약 Long 포지션을, KIM은 Short 포지션을 취하게 되고, 선물거래량은 매수량과 매도량이 일치한 10계약이 된다.

투자자 PARK이 매수계약 이후 반대매매(매도계약)로 중간청산을 하지 않고 계속 보유하는 계약을 미결제약정, 그 수량을 미결제약정수량(open interest)이라고 한다. 매도계약을 체결한 KIM이 반대매매(매수계약)로 청산하지 않고 계속 보유하고 있는 계약도 미결제약정에 해당된다. 신규매수와 매도가 증가하면 미결제약정수량도 증가하고, 반대매매로 청산이 증가하면 미결제약정은 감소하므로 미결제약정수량의 변화로도 선물가격의 시세를 판단할 수 있다.

미결제약정수량이 증가하면 선물시장을 떠나는 자금보다 유입되는 자금이 많다는 것을 의미하고, 선물가격이 상승하거나 하락하는 흐름에서 미결제약정수량이 증가하면 그 추세가 당분간 지속될 가능성이 높다는 것을 의미한다.

1.4 증거금과 일일정산

선물거래와 선도거래의 차이에서 언급했던 계약 당사자 간의 선도거래에서 발생할 수 있는 계약불이행 위험이 선물거래에서 작아지는 것은 선물거래에 대한 청산 업무를 공인된 거래소가 수행하기 때문이다. 이는 청산소(clearing house)가 선물계약 매수자에게는 매도자가, 매도자에게는 매수자가 되어 매수자와 매도자게에게 계약이행을 보증할 수 있는 증거금을 요구하고 일일정산을 통하여 증거금을 관리하기 때문이다.

증거금(margin)은 기초자산을 미래에 인수 또는 인도하는 선물거래의 계약 이행을 약속하는 계약금로 전체 거래금액의 일부를 납부하도록 하는 제도이다. 증거금에는 위탁(또는 개시)증거금, 유지증거금, 추가(또는 변동)증거금이 있다[11].

위탁증거금(initial margin)은 선물거래자(고객)가 선물거래를 시작할 때 증거금 계좌에 예치해야 하는 보증금 성격의 증거금으로 현금 외에 증권으로도 납부할 수 있다. 유지증거금(maintenance margin)은 거래 개시 이후 증거금 계좌에서 유지되어야 할 최소증거금 수준으로, 만약 증거금 계좌 잔액이 유지증거금 이하로 하락하면 Margin call이 발동되어 선물거래자는 위탁증거금 수준으로 복구시켜야 한다. 이때 위탁증거금 수준으로 복구시키기 위하여 추가 납부되어야 할 증거금을 추가(또는 변동)증거금(variation margin)이라고 한다. 만약 추가증거금을 납부하지 않으면 청산소는 해당 선물계약을 강제로 정리하여 남은 증거금을 고객에게 돌려준다.

코스피200 선물의 위탁증거금은 계약금액의 17.55%, 유지증거금은 11.7%이다. 투자자 PARK이 'KOSPI200 F 202309'을 선물가격 342.70에 10계약 매수하려면 8,567.5만원[= 342.76P×25만원]을 거래계좌에 입금해야 하는 것이 아니라 8,567.5만원의 17.55%인 1,503.60만원만 개시증거금으로 입금하면 되고, 일일정산이 반영되는 거래계좌 잔액은 최소한 계약금액(8,567.5만원)의 11.7%인 1,002.40만원을 유지해야 한다. 만약 거래계좌 잔액이 일일정산으로 유지증거금보다 적은 953.60만원이 되면 계좌잔액이 위탁증거금 1,503.60만원이 되도록 추가증거금 550만원을 입금하라는 Margin call을 받게 된다.

이와 같이 선물거래자의 증거금은 청산소가 매일 시행하는 일일정산 때문에 잔액이 계속 변동하게 되므로 Margin call도 받게 된다. 일일정산(daily settlement)이란 청산소가 매일 변동하는 선물가격으로 계약한 거래의 손익을 매일 정산하는 것이다. 만약 일일정산 없이

11 증거금은 고객이 선물중개회사에 납부하는 위탁증거금 외에도 결제회원인 선물중개회사가 결제기관인 청산소에 납부하는 매매증거금(위탁증거금의 일부)도 있다.

최종결제일에 손실이 너무 커진 경우에는 선도거래와 마찬가지로 계약이 이행되지 못할 수 있기 때문에 일일정산을 통하여 매일매일 선물거래자의 계좌를 관리하는 것이다.

일일정산과 증거금 계좌관리가 어떻게 이루어지는지 PARK의 'KOSPI200 F 202309' 10계약 매수를 통하여 살펴보자.

■ 2023년 8월 'KOSPI200 F 202309'의 선물가격 변화

날짜	8월 1일	8월 2일	8월 3일	8월 4일
선물가격	390.00	392.00	362.00	360.00

◦ 2023년 8월 1일 'KOSPI200 F 202309' 10계약 매수
◦ 개시증거금은 거래금액의 17.55%, 유지증거금은 거래금액의 11.7%

- t=0(2023.8.1) : F_0=390.00, 10계약 매수(Long 포지션)
  ⇒ 개시증거금=[F_0(=390.00P)×25만원×10계약]×0.1755=17,111.25만원
  ⇒ 유지증거금=[F_0(=390.00P)×25만원×10계약]×0.117=11,417.5만원

- t=1(2023.8.2) : F_1=392.00
  ⇒ 일일정산=[F_1-F_0]=[392.00−390.00]×25만원×10계약=(+)500만원
  ⇒ 증거금 잔액=[10,822.5+500]만원=17,611.25만원

t=1의 일일정산으로 500만원의 이익이 발생한 것은 t=1에 매수하면 392.00P로 비싸게 매수하는 것을 t=0에 390.00P로 2P만큼 싸게 매수하기 때문이다. 증거금 잔액은 개시증거금 17,111.25만원에 일일정산 이익 500만원이 추가되어 17,611.25만원이 되었다. 개시증거금 수준을 초과하는 증거금 500만원에 대해서는 현금 인출도 가능하다.

- t=2(2023.8.3) : F_2=362.00
  ⇒ 일일정산=[F_2-F_1]=[362.00−392.00]×25만원×10계약=(−)7,500만원
  ⇒ 증거금 잔액=[17,611.25−7,500]만원=10,111.25만원<유지증거금=11,417.5만원
  ⇒ Margin call 발동
  ⇒ 추가증거금=[개시증거금−증거금잔액]=[17,111.25−10,111.25]만원
  =7,000만원 납부
  ⇒ 최종증거금 잔액=[10,111.25+7,000]만원=17,111.25만원

CHAPTER 18 선물

t=2의 일일정산으로 인한 7,500만원의 손실은 t=2에 매수하면 362.00P로 매수하는 것을 t=1에 392.00P로 30P만큼 비싸게 매수하기 때문이다. 여기서 주의할 것은 일일정산은 처음 계약시점의 선물가격(F_0)과 비교하는 것이 아니라 전날 선물가격(F_{t-1})과 당일 선물가격(F_t)을 비교하여 손익을 정산한다는 것이다. 선물매수계약에서는 전날 선물가격으로의 매수를 가정하고 그것과 비교하여 당일 선물가격으로 매수하는 것이 비싸게 또는 싸게 매수하는지를 통하여 손익을 정산하고, 선물매도계약에서는 전날 선물가격으로의 매도를 가정하고 당일 선물가격으로 매도하는 것이 비싸게 또는 싸게 매도하는지를 통하여 손익을 정산한다.

30P의 손실에 해당하는 금액이 7,500만원[=30P×25만원]이므로 증거금 계좌에서 7,500만원이 빠져나가 계좌 잔액은 유지증거금 11,417.5만원보다 낮은 10,111.25만원이 되어 개시증거금 수준으로 추가증거금 7,000만원을 납부하라는 Margin call이 선물거래자 PARK에게 발급된 것이다.

- t=3(2023.8.4) : F_3=360.00
  ⇒ 일일정산=[F_3−F_2]=[360.00−362.00]×25만원×10계약=(−)500만원
  ⇒ 증거금 잔액=[17,111.5−500]만원=16,611.5만원

t=3의 일일정산으로 인한 500만원의 손실도 t=3에 매수하면 360.00P로 싸게 매수할 수 있었던 것을 t=2에 362.00P로 2P만큼 비싸게 매수하여 발생한 것이다. 증거금 잔액도 2P에 해당하는 손실 500만원만큼 감소하였다. 이와 같이 일일정산은 선물거래자가 계약을 유지하는 동안 매일매일 진행되어 선물거래자는 계약 유지기간 동안 얻을 수 있는 이익이나 손실을 매일매일 나누어 정산하므로 최종결제일에 손실금액이 많아 거래를 이행하지 못하는 경우가 감소하는 것이다.

2. 선물거래 손익과 가격

2.1 선물거래 손익

선물거래는 최종결제일에 기초자산을 선물가격으로 매수 또는 매도하는 거래를 지금 계약하는 것이다. 선물가격으로 매수하는 매수계약은 최종결제일 형성되는 기초자산 가격이 매도가격이 되고, 선물가격으로 매도하는 매도계약은 최종결제일 기초자산 가격이 매수가격

이 된다. 이렇게 설정되는 매수가격과 매도가격의 차이로 선물매수자와 매도자의 성과를 결정한다. 단 옵션거래와 다르게 선물거래는 매수자와 매도자가 유리한 상황에서만 권리를 행사할 수 있는 것이 아니라 불리한 상황에서도 매수 또는 매도하고자 하는 가격으로 거래를 이행해야 하는 의무가 있다.

선물매수계약 성과는 최종결제일의 기초자산 가격으로 매수해야 할 것을 선물가격으로 매수하는 바람에 싸게 매수한 차액을 이익으로, 비싸게 매수한 차액을 손실로 파악한다. 반면에 선물매도계약의 성과는 최종결제일의 기초자산 가격으로 매도해야 할 것을 선물가격으로 매도하는 바람에 비싸게 매도한 차액을 이익으로, 싸게 매도한 차액을 손실로 파악한다.

다음 같은 LONG과 SHORT이라는 선물거래자의 선물거래 손익을 최종결제일 기초자산 가격이 선물가격보다 높은 경우와 낮은 경우로 구분하여 살펴보자.

■ 2023년 8월 1일 LONG은 'KOSPI200 F 202309'을 390P에 10계약 매수 약정
■ 2023년 8월 1일 SHORT은 'KOSPI200 F 202309'을 390P에 10계약 매도 약정

최종결제일(T)의 기초자산인 KOSPI200이 400P일 때와 385P일 때의 선물매수 계약자인 LONG의 성과는 다음과 같다. LONG은 최종결제일에 기초자산을 선물가격(F_0) 390P에 매수하는 계약이므로 최종결제일에 형성되는 기초자산 가격(S_T)을 매도가격으로 하는 차액을 선물매수 거래의 성과로 계산한다. 따라서 $S_T>F_0$이면 이익, $S_T<F_0$이면 손실이 발생한다.

- $S_T=400P > F_0=390P$
  $\Rightarrow [S_T-F_0]=[400P-390P]\times25$만원$\times10$계약$=(+)2,500$만원
- $S_T=385P < F_0=390P$
  $\Rightarrow [S_T-F_0]=[385P-390P]\times25$만원$\times10$계약$=(-)1,250$만원

반면에 SHORT은 최종결제일에 기초자산을 선물가격(F_0) 390P에 매도하는 계약이므로 최종결제일에 형성되는 기초자산 가격(S_T)을 매수가격으로 하는 차액을 선물매도 거래의 성과로 계산한다. 따라서 $S_T>F_0$이면 손실, $S_T<F_0$이면 이익이 발생한다.

- $S_T=400P > F_0=390P$
  $\Rightarrow [F_0-S_T]=[390P-400P]\times25$만원$\times10$계약$=(-)2,500$만원

- $S_T = 385P < F_0 = 390P$

  ⇒ $[F_0 - S_T] = [390P - 385P] \times 25$만원$\times 10$계약$= (+)1,250$만원

선물거래의 최종결제일 손익은 다음 식 (1), (2)와 같이 일반화할 수 있고, <그림 1>로 나타낼 수 있다.

● 선물거래 손익

선물매수거래의 손익 $= [S_T - F_0]$ ··· **식** (1)

선물매도거래의 손익 $= [F_0 - S_T]$ ··· **식** (2)

〈그림 1〉 **선물거래의 손익**

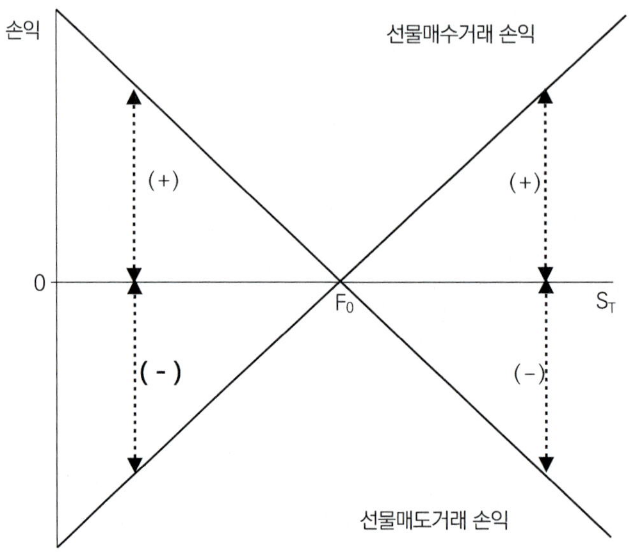

선물거래의 손익을 결정하는 최종결제일 기초자산 가격(S_T)은 시장 상황 등에 따라서 변하지만 선물가격(F_0)은 선물계약 시점에 거래자가 선택한 가격으로 고정된다. 따라서 기초자산의 특정 시점 가격을 지금 거래자가 원하는 가격으로 고정시키고 싶을 때 선물거래를 활용할 수 있다.

매수자 LONG과 매도자 SHORT의 성과를 비교하면 다음과 같이 선물거래도 옵션거래처럼 'Zero-sum game'임을 알 수 있다. 즉 <그림 1>의 (+)와 (−)가 보여주는 것처럼 선물거래에서 매수자와 매도자 중 어느 한 쪽이 이익을 보면 다른 쪽은 동일한 금액만큼 손실을

보게 된다.

- S_T =400P > F_0 =390P
  ⇒ [LONG의 2,500만원 이익 + SHORT의 2,500만원 손실] =0

- S_T =400P < F_0 =390P
  ⇒ [LONG의 1,250만원 손실 + SHORT의 1,250만원 이익] =0

2.2 선물거래의 레버리지 효과

선물거래는 거래금액(선물거래에서 약정금액이라고 하는)의 일정 비율만 위탁 또는 개시 증거금으로 납부하면 거래가 가능하므로 동일한 수량의 기초자산을 현물거래보다 적은 금액 또는 동일한 금액으로 현물거래보다 많은 수량을 거래할 수 있다. 따라서 선물거래에서는 현물거래보다 손익 규모나 수익률이 확대되는 레버리지 효과(leverage effect)가 발생한다. 그러나 선물거래의 레버리지 효과는 선물거래자의 수익을 확대시키지만 손실도 확대시키므로 투자 수익의 불확실성은 현물거래보다 훨씬 크다.

<그림 2>와 같은 삼성전자 주식의 현물거래와 선물거래를 비교하여 선물거래의 레버리지 효과를 살펴보자. 주식선물 위탁증거금은 계약금액의 10%, 선물 1계약은 10주라고 하자.

〈그림 2〉 삼성전자 주식의 현물, 선물가격

(1) 현물거래 : 삼성전자 주식 10주 매수

- t=0의 투자비용=[S_0×10주] =[73,200원×10주] =732,000원

- S_T =78,200원인 경우
  ⇒ 투자수익=[(78,200원−73,200원)×10주] =(+)50,000원
  ⇒ 투자수익률=[(78,200원−73,200원)/73,200원]×100% =(+)6.83%

- S_T=68,200원인 경우

  ⇒ 투자손실=[(68,200원−73,200원)×10주]=(−)50,000원

  ⇒ 투자수익률=[(68,200원−73,200원)/73,200원]×100%=(−)6.83%

(2) 선물거래 : 삼성전자 주식 선물 1계약(=10주) 매수

- t=0의 투자비용=[(F_0×10주)×10%]=[(73,600원×10주)×0.1]=73,600원

  ⇒ 선물거래의 투자비용=개시증거금

- S_T=78,200원인 경우

  ⇒ 선물거래 수익=[(78,200원−73,600원)×10주]=(+)46,000원

  ⇒ 투자수익률=[46,000원/73,600원]×100%=(+)62.5%

- S_T=68,200원인 경우

  ⇒ 선물거래 손실=[(68,200원−73,600원)×10주]=(−)54,000원

  ⇒ 투자수익률=[(−)54,000원)/73,600원]×100%=(−)73.37%

삼성전자 주식 10주를 매수하는 현물거래와 선물거래의 최종결제일의 삼성전자 주식 가격에 따른 투자성과와 수익률을 정리하면 다음 <표 3>과 같다.

〈표 3〉 현물거래와 선물거래 투자 성과 비교

구분	S_T=78,200원⬆			S_T=68,200원⬇		
	현물거래	선물거래	[선물−현물]	현물거래	선물거래	[선물−현물]
수익	+50,000원	+46,000원	−4,000원	−50,000원	−54,000원	−4,000원
수익률	+6.83%	+62.5%	+55.67%P	−6.83%	−73.57%	−66.74%P

표에서 보는 것처럼 현물거래와 선물거래의 손익은 거의 비슷하지만 선물거래 투자비용은 현물거래 투자비용의 약 10%에 불과하므로 선물거래의 수익률이 현물거래보다 확대되는 레버리지 효과가 나타난다. 이익을 볼 때는 현물거래보다 선물거래의 수익률이 55.67%P 확대되었고, 손실을 볼 때도 선물거래의 손실률이 현물거래보다 66.74%P 확대되었다.

만약 선물거래자가 현물거래와 동일한 투자비용으로 선물거래 하면 9.95계약[=투자비용/개시증거금] 매수할 수 있으므로 선물거래의 수익률은 현물거래에 비하여 다음과 같이 확대된다.

- t=0의 투자비용=현물거래 투자비용 732,000원
  ⇒ 선물거래 9.95계약[=732,000원/73,600원] 매수

- S_T=78,200원인 경우
  ⇒ 선물거래 수익=[(78,200원−73,600원)×10주×9.95계약]=(+)457,700원
  ⇒ 투자수익률=[457,700원/732,000원]×100%=(+)62.5%

- S_T=68,200원인 경우
  ⇒ 선물거래 손실=[(68,200원−73,600원)×10주×9.95계약]=(−)537,300원
  ⇒ 투자수익률=[(−)537,300원)/732,000원]×100%=(−)73.40%

2.3 선물가격결정모형

선물가격과 현물가격은 일반적으로 (+)의 상관관계를 가진다고 한다. 선물계약 이후 시간이 지남에 따라 현물가격이 상승하는데 선물거래에서 현물거래보다 낮은 가격으로 매도하려는 거래자는 없을 것이기 때문이다.

선물가격은 현물거래보다 먼 미래에 거래되는 가격이므로 현물가격에 현물을 매입하여 만기까지 보유하는 과정에서 발생하는 보유비용(cost of carry)을 더하고 보유수익은 차감하여 추정한다.

보유비용은 상품선물이냐 금융선물이냐에 따라서 조금 다르다. 상품선물은 기초자산(원유, 금, 돈육 등)을 매입하여 만기까지 보유하는데 들어가는 보관비용(storage cost), 운송비용(transportation cost), 보험료(insurance cost) 등이 보유비용에 해당되며, 금융선물은 기회비용 등을 포함한 금융비용(finance cost)이 보유비용에 해당된다. 보유수익은 기초자산을 보유함에 따라 얻게 되는 수익으로 주식이나 채권을 기초자산으로 보유하면 발생할 수 있는 배당금이나 표면이자 등이 여기에 해당된다.

선물의 이론적인 가격은 보유비용만 발생하는 경우와 보유비용과 보유수익 모두가 발생하는 경우로 나누어 살펴보자.

(1) 보유비용만 발생하는 경우

보유비용만 발생하는 경우의 선물의 이론적인 가격은 다음 식 (3)과 같다. 여기서 F_t와 S_t는 각각 선물계약 시점(t)의 선물가격과 현물가격(기초자산 가격), C는 t부터 T까지 현물을 보유하는데 발생하는 보유비용, r은 금융선물에서 발생하는 금융비용을 각각 의미한다.

CHAPTER 18 선물

> ● **보유비용만 발생하는 경우 선물의 이론적 가격**
>
> $$F_t = [S_t + C] \text{ 또는 } F_t = \left[S_t \times (1+r)^{T-t}\right] \cdots \text{ 식 (3)}$$

식 (3)은 또한 '현물-선물 등가식(Spot-Futures Parity)'이라고도 한다. 직관적으로 현물가격이 이 정도이면 선물가격은 이 정도는 되어야 균형을 이룬다는 것을 보여주는 식이다. 다음 금 선물 자료를 가지고 인도일이 1년 후인 금 선물의 이론적인 가격을 계산해보자.

■ 금 F 202308 관련자료

- 금 현물 99.99_1kg 가격 = 81,384.11원/g
- 1년 보관비용 = 4,069.20원/g
- 무위험이자율(r) = 3.50%

- 보유비용(C) = [보관비용 + 금융비용]

  = [4,069.2원 + (81,384.11원 + 4,069.2원) × 0.035] = 7,060.07원

- 금 F 202211의 이론적 가격, $F_0 = [S_0 + C]$

  = [81,384.11원 + 7,060.07원] = 85,444.18원

이와 같이 금 선물의 이론적인 가격은 [현물가격 + (보관비용 + 금융비용)]으로 추정된다. 금융비용은 현물가격과 보관비용을 만약 무위험수익률을 얻는 금융거래에 활용했다면 얻을 수 있었던 기회비용을 말한다.

(2) 보유비용과 보유수익 모두 발생하는 경우

보유수익은 기초자산을 매입하여 만기까지 보유할 때 기초자산에서 발생하는 수익으로 국채 선물의 국채 이자수익, 주식 선물의 주식 배당금처럼 대부분 금융선물에서 발생한다. 보유비용과 보유수익이 모두 발생하는 경우의 선물의 이론적인 가격은 다음 식 (4)와 같다. 여기에서 Y는 금액으로 나타나낸 보유수익, y는 보유수익률을 각각 의미한다.

보유비용과 보유수익 모두 발생하는 경우 선물의 이론적 가격

$$F_t = [S_t + (C - Y)] \text{ 또는 } F_t = \left[S_t \times \left\{1 + (r-y) \times \frac{T-t}{365}\right\}\right] \cdots \text{ 식 (4)}$$

보유수익을 발생시키는 코스피200 선물과 5년국채 선물의 이론적인 가격을 다음 자료를 기초로 추정해보자.

■ KOSPI200 F 202312 관련자료

◦ 현물가격(S0) = 341.25, 무위험이자율(r)=3.50%, 배당수익률=2.28%, 만기=91일

■ 5년 국채 F 202312 관련자료

◦ 현물가격(S0) = 130.75원(액면 100원당 원화로 가격 표시), 무위험이자율(r)=3.50%, 표면금리 = 3.25%(3개월마다 표면이자 지급), 만기=3개월(=91일)

- KOSPI200 F 202312의 이론적 가격

  $\Rightarrow F_0 = \left[341.25 \times \left\{1 + (0.035 - 0.028) \times \frac{91}{365}\right\}\right]$ =341.85

- 5년국채 F 202312의 이론적 가격 : $F_0 = [130.75 + (1.14 - 0.8125)]$ =131.08원

  $\Rightarrow$ 국채 보유비용, $C = \left[130.75 \times 0.035 \times \frac{91}{365}\right]$ =1.14원

  $\Rightarrow$ 국채 보유수익, $Y = \left[100 \times 0.0325 \times \frac{1}{4}\right]$ =0.8125원

보유비용과 보유수익에 대한 이자율과 수익률이 1년 기준이라면 보유기간 또는 만기까지 남은 기간에 맞게 조정해주어야 한다. 여기서는 두 선물 모두 만기까지 91일이 남았으므로 1년 기준 보유비용과 보유수익에 [91/365]을 곱한 것이다. 국채 보유수익에 해당되는 표면이자를 계산할 때는 표면금리(3.25%)는 국채 현물가격이 아니라 액면금액(여기서는 100원)의 3.25%를 3개월마다 4회에 걸쳐 나누어 지급하므로 국채 보유수익은 [(액면금액×표면금리)/4회]로 계산한 것이다.

식 (4)의 첫 번째 식을 다음과 같이 변경하면 선물가격과 현물가격의 차이는 현물을 매입하여 만기일까지 보유하는 동안 부담해야 하는 비용에서 얻을 수 있는 수익을 차감한 순보유비용과 동일하다는 것을 의미한다.

CHAPTER 18 선물

- $F_t = [S_t + (C - Y)] \Rightarrow [F_t - S_t] = [C - Y]$

또한 보유비용과 보유수익은 선물의 만기가 되면 발생하지 않으므로 다음과 같이 만기에서는 선물가격과 현물가격이 동일하게 된다. 이를 만기에 가까워질수록 '선물가격이 현물가격에 수렴(convergence)한다'고 표현한다.

- 만기(T)에서는 C = Y = 0 ⇒ $[F_T - S_T] = [C - Y] = 0 \Rightarrow F_T = S_T$

2.4 선물시장의 가격지표

선물가격에 대한 정보를 보여주는 대표적인 지표로는 베이시스(basis)와 괴리율이 있다. 베이시스는 선물가격과 현물가격의 차이로 다음 식 (5)와 같이 계산된다. 여기서 b_t는 t시점의 선물가격과 현물가격의 차이를 말한다.

● 베이시스(basis)

$$b_t = [F_t - S_t] \quad \cdots \quad \textbf{식 (5)}$$

일반적으로 선물의 이론적인 가격은 현물가격보다 높게 형성되므로 $b_t > 0$이면 정상적인 시장(또는 Contango), $b_t < 0$이면 선물가격이 현물가격보다 저평가된 시장(또는 Backwardation)이라고 한다. b_t는 만기에 가까워질수록 선물가격의 현물가격에 대한 수렴 현상으로 0에 가까워진다.

b_t는 또한 차익거래 가능 여부를 판단할 수 있는 지표이다. 만약 b_t가 확대되어 상대적으로 선물가격은 상승하고 현물가격은 하락하면 'buy low, sell high'에 따라 현물을 매수하고 선물을 매도하는 매수차익거래가 가능하고, b_t가 축소되어 상대적으로 선물가격은 하락하고 현물가격은 상승하면 현물을 매도 또는 공매도하고 선물을 매수하는 매도차익거래가 가능하다.

선물가격에 대한 정보를 얻을 수 있는 또 하나의 지표는 다음 식 (6)과 같이 계산되는 괴리율이다. 선물의 시장가격이 식 (3), (4)로 추정한 이론적인 가격과 비교하여 얼마나 높게 또는 낮게 형성되었는지를 보여준다. 여기서 F_t^M은 선물의 시장가격, F_t^*는 선물의 이론적인 가격을 각각 의미한다.

● 괴리율

$$\text{괴리율} = \left[\left(\frac{F_t^M - F_t^*}{F_t^*} \right) \times 100\% \right] \quad \cdots \text{ 식 (6)}$$

괴리율이 (+)이면, 즉 $F_t^M > F_t^*$ 이면 선물시장가격이 이론적인 가격에 비하여 상대적으로 고평가되어 있으므로 선물을 매도하고 현물을 매수하는 매수차익거래가, 괴리율이 (-)이면, 즉 $F_t^M < F_t^*$ 이면 선물시장가격이 상대적으로 저평가되어 있으므로 선물을 매수하고 현물을 매도하는 매도차익거래가 가능하다.

b_t 는 현물가격과 비교하여, 괴리율은 선물의 이론적인 가격과 비교하여 선물가격이 고평가 또는 저평가 되었는지를 판단하여 어떤 차익거래가 가능한지를 보여주는 선물가격 지표이다.

3. 선물거래유형

선물거래는 현물가격의 미래 특정 시점 가격이 어떻게 변할지를 예상하여 그 현물의 미래 시점의 매수 또는 매도가격을 고정시키고자 하는 투자자에 의하여 선물계약이 체결되면서 이루어진다. 이 때 현물가격의 미래 시점의 가격 변화에 대한 예측이 어떤 목적에 따라 이루어지느냐에 따라서 헷지거래, 투기거래, 차익거래 등으로 선물거래를 구분할 수 있다.

3.1 헷지거래

헷지(hedge)는 가축을 보호하기 위하여 나무로 만든 낮은 높이의 울타리를 뜻하는 고대 그리스어 'hecke'에서 유래되었다고 하며 사전적으로는 도박이나 투자할 때 금전적 손실을 막기 위한 대비책이란 의미를 담고 있다.

금융거래에서도 헷지는 자산의 가격 변동 위험을 줄이거나 제거하고자 하는 투자 전략을 말하며, 이와 같은 전략의 거래를 '헷지거래(hedge transaction)', 헷지거래를 하는 투자자를 '헷저(hedger)'라고 한다.

선물을 이용한 헷지거래는 미래 특정 자산의 가격 상승이나 하락으로 발생하는 손실을 줄이거나 막기 위하여 특정 자산을 기초자산으로 하는 선물에 매수 또는 매도 계약을 취하는 거래를 말한다. 옵션거래와 마찬가지로 선물거래에서도 매수 또는 매도(Long or Short) 포지션을 취한다고 한다.

현재 특정 자산을 보유하고 있어서 미래에 매도할 때 가격 하락으로 인한 손실을 막기 위하여 보유자산을 기초자산, 미래 특정 시점의 매도가격을 선물가격, 매도시점을 만기로 하는 선물매도 계약, 즉 Short 포지션을 취하면 선물거래자는 보유자산의 미래 매도가격을 그 시점의 가격에 상관없이 선물계약 시점에 확정지을 수 있다.

반면에 미래 특정 자산을 매수할 때 가격 상승으로 인한 비용 증가를 줄이거나 막기 위하여 선물거래자는 매수하고자 하는 자산을 기초자산, 미래 특정 시점의 매수가격을 선물가격, 매수시점을 만기로 하는 선물매수 계약, 즉 Long 포지션을 취하면 매수하고자 하는 자산의 미래 매수가격을 그 시점의 가격에 상관없이 선물계약 시점에 확정지을 수 있다.

이와 같이 헷지거래는 현물(기초자산)의 미래 특정 시점의 가격변동 위험을 선물거래를 통하여 줄이거나 막고자 하는 거래이며, 선물매도 계약(Short 포지션)을 통한 '매도 헷지(Short hedge)'와 선물매수 계약(Long 포지션)을 통한 '매수 헷지(Long hedge)'로 구분할 수 있다. 각각의 헷지를 예를 통하여 살펴보자.

(1) 매도 헷지(Short hedge)

PARK은 현재 주가가 70,000원인 삼성전자 주식 100주를 3개월 후에 처분하려고 한다. 3개월 후 삼성전자 주가가 지금 70,000원보다 상승하면 다행이지만 하락할 가능성도 있다. 이런 경우 PARK은 삼성전자 주식을 기초자산으로, 자신이 원하는 매도가격을 선물가격으로, 처분하고자 하는 시점을 만기로 하는 선물계약에 매도포지션을 취하면 가격 하락에 따른 손실을 막을 수 있다. 단, 삼성전자 주가가 선물가격 이상으로 상승하였을 경우 얻을 수 있는 이익은 포기해야 한다. 즉 이익을 희생하여 손실을 막는 전략이다.

PARK이 3개월 삼성전자 주식을 70,000원에 매도하는 선물 10계약(1계약=10주)으로 '매도 헷지(Short hedge)'를 하였을 경우의 성과는 선물매도계약 청산 성과와 현물거래 성과를 합하여 평가된다. 선물매도계약 청산 성과는 기초자산의 인도 없이 만기일의 반대매매를 통한 계약시점 선물가격과 만기일 선물가격 간의 차액결제 결과이다. 선물매도 거래는 앞에서 설명한 일일정산이 선물계약 기간 동안 누적되면서 최종적인 성과는 $[F_0-F_T]$으로 측정한다. 즉, F_T로 매도할 수 있는 것을 F_0로 매도하여 어떤 결과가 발생하였는지를 측정하는 것이다. 현물거래 성과는 만기의 기초자산 가격(S_T)으로 매도하면 선물계약 시점의 기초자산 가격(S_0)보다 얼마나 비싸게(또는 싸게) 매도하여 이익(또는 손실)이 얼마나 되는지를 측정한 성과이다. 이는 보유기간 동안의 현물의 가격변화량이기도 하다.

3개월 후 삼성전자 주가가 65,000원으로 하락하면서 선물가격의 현물가격 수렴현상으로 선물가격도 65,000원으로 하락하였다면 PARK의 '매도 헷지' 성과는 다음과 같이 0원이 된다. 이는 선물매도 계약을 하지 않았으면 현물거래에서 발생하는 손실 50만원을 선물매도 계약으로 전액 상쇄시키는 '완전 헷지(perfect hedge)'가 이루어졌다는 것을 보여주고 있다. 만약 선물매수 가격(F_0)이 69,000원이었다면 선물계약 청산 성과는 (+)40만원으로 현물거래 손실 전액을 상쇄시키지 못한다. 이런 경우를 '불완전 또는 부분 헷지(imperfect or partial hedge)'라고 한다. 선물계약 청산 성과는 만기일 선물가격으로 반대매매(여기서는 매수계약)하여 처음 선물매도 계약을 청산한 결과이다.

- S_T=65,000원 < S_0=70,000원
  ⇒ 현물거래 성과 = [S_T − S_0]×100주 = [65,000원 − 70,000원]×100주
  = (−)50만원
  ⇒ 선물계약 청산 성과 = [F_0 − F_T]×10계약×10주
  = [70,000원 − 65,000원]×100주=(+)50만원
  ⇒ PARK의 매도 헷지 성과 = [(−)50만원 + (+)50만원] = 0원

이와 같이 '매도 헷지'는 기초자산의 가격 하락에 따른 손실을 막았지만 기초자산 가격이 상승하면 얻을 수 있는 이익도 포기해야 한다. 만약 3개월 후 삼성전자 주가가 75,000원으로 상승하면서 선물가격도 75,000원으로 상승하였다면 PARK의 '매도 헷지' 성과는 다음과 같이 0원이 된다. 이는 헷지가 성공적으로 이루어진 것이 아니라 선물매도 계약을 하지 않았으면 현물거래에서 얻을 수 있는 이익 50만원을 선물매도 계약의 손실이 모두 잠식한 결과이다. 세상에 공짜는 없다(No free lunch!). 손실을 막고 싶으면 이익을 그만큼 희생해야 하는 것이 헷지거래의 특징이다.

- S_T=75,000원 > S_0=70,000원
  ⇒ 현물거래 성과 = [S_T − S_0]×100주 = [75,000원 − 70,000원]×100주
  = (+)50만원
  ⇒ 선물계약 청산 성과 = [F_0 − F_T]×10계약×10주
  = [70,000원 − 75,000원]×100주=(−)50만원
  ⇒ PARK의 매도 헷지 성과 = [(+)50만원 + (−)50만원] = 0원

CHAPTER 18 선물

(2) 매수 헷지(Long hedge)

KIM은 현재 주가가 70,000원인 삼성전자 주식 100주를 3개월 후에 매수하려고 한다. 3개월 후 삼성전자 주가가 지금 70,000원보다 하락하면 다행이지만 상승할 가능성도 있다. 이런 경우 KIM은 삼성전자 주식을 기초자산으로, 자신이 원하는 매수가격을 선물가격으로, 매수하고자 하는 시점을 만기로 하는 선물계약에 매수포지션을 취하면 가격 상승에 따른 부담을 막을 수 있다. 단, 삼성전자 주가가 선물가격보다 하락하였을 경우 얻을 수 있는 이익은 포기해야 한다.

KIM이 3개월 삼성전자 주식을 70,000원에 매수하는 선물 10계약(1계약=10주) '매수 헷지(Long hedge)'의 성과는 선물매수계약 청산 성과와 현물거래 성과를 합하여 평가된다. 선물매수계약 청산 성과는 $[F_T - F_0]$으로 측정한다. 즉, F_T로 매수할 수 있는 것을 F_0로 매수하여 어떤 결과가 발생하였는지를 측정하는 것이다. 현물거래 성과는 만기의 기초자산 가격(S_T)으로 매수하면 선물계약 시점의 기초자산 가격(S_0)보다 얼마나 비싸게(또는 싸게) 매수하여 손실(또는 이익)이 얼마나 되는지를 측정한 성과이다.

3개월 후 삼성전자 주가가 75,000원으로 상승하면서 선물가격도 75,000원으로 상승하였다면 KIM의 '매수 헷지' 성과는 다음과 같이 0원이 된다. 이는 선물매수 계약을 하지 않았으면 현물거래에서 발생하는 손실 50만원을 선물매수 계약으로 전액 상쇄시키는 '완전 헷지(perfect hedge)'가 이루어졌음을 보여주고 있다. 선물계약 청산 성과는 F_0=70,000원에 매수한 선물계약을 F_T=75,000원으로 선물매도 계약(반대매매)하여 청산한 결과이다.

- S_T=75,000원 > S_0=70,000원
  - ⇒ 현물거래 성과 = $[S_0 - S_T]$×100주 = [70,000원−75,000원]×100주
    = (−)50만원
  - ⇒ 선물계약 청산 성과 = $[F_T - F_0]$×10계약×10주
    = [75,000원−70,000원]×100주=(+)50만원
  - ⇒ KIM의 매수 헷지 성과 = [(−)50만원 + (+)50만원] = 0원

이와 같이 '매수 헷지'는 기초자산의 가격 상승에 따른 부담을 제거하였지만 기초자산 가격이 하락하면 얻을 수 있는 이익도 포기해야 한다. 3개월 후 삼성전자 주가가 65,000원으로 하락하면서 선물가격도 65,000원으로 하락하였다면 KIM의 '매수 헷지' 성과는 다음과 같이 0원이 된다. 이는 헷지가 성공적으로 이루어진 것이 아니라 선물매수 계약을 하지 않았으면 현물거래에서 얻을 수 있는 이익 50만원을 선물매수 계약의 손실이 모두 잠식한 결과이다.

- S_T =65,000원 < S_0 =70,000원

  ⇒ 현물거래 성과 = $[S_0 - S_T]$×100주 = [70,000원-65,000원]×100주

  = (+)50만원

  ⇒ 선물계약 청산 성과 = $[F_T - F_0]$×10계약×10주

  = [65,000원-70,000원]×100주=(-)50만원

  ⇒ KIM의 매수 헷지 성과 = [(+)50만원 + (-)50만원] = 0원

3.2 투기거래

헷지거래에서 헷저들이 원하는 선물포지션을 취하기 위해서는 반대포지션으로 선물계약을 받아주는 거래자들이 필요하다. 즉 매수(매도)포지션을 취하려면 동일한 조건으로 매도(매수)포지션을 취해주는 거래 상대방이 있어야 거래가 성립될 것이다. 만약 모든 선물거래자들이 현물가격의 방향을 동일하게 예측하여 동일한 선물포지션만을 취하고자 한다면 선물계약은 체결되지 않을 것이다.

일반적으로는 선물계약은 헷지거래에서 예를 들었던 PARK과 KIM처럼 동일한 기초자산에 대하여 미래의 가격 변화를 다른 방향으로 변할 것이라고 예측하는 거래자들 사이에 이루어진다.

이와 같이 일반적인 예측과는 반대 방향의 포지션을 취하여 고위험(high risk)을 부담하면서 고수익(high return)을 추구하는 거래자들도 선물거래에 유동성을 제공한다. 이들처럼 현물거래는 하지 않고 선물거래만을 이용하여 고수익, 고위험을 추구하는 거래자를 투기거래자(speculator)라고 분류하고, 이들의 거래를 투기거래(speculation)라고 한다. 투기거래자들은 낮은 확률이지만 자신들이 예상한 방향으로 가격이 움직이면 매우 높은 이익을, 예상과 반대 방향으로 움직이면 막대한 손실을 보게 된다.

선물시장에서 위험회피적 성향의 헷저들이 원하는 선물거래 포지션을 취할 수 있는 것은 위험선호적 성향의 투기거래자들이 반대 포지션으로 그 거래를 받아주기 때문이다. 투기거래자들이 없다면 기초자산의 가격 변동 위험을 헷지하고자 하는 헷저들의 거래는 원활하지 못할 것이다. 지금부터 선물가격의 변화를 일반적인 투자자들과 반대 방향으로 예측한 투기거래를 예를 통하여살펴보자.

(1) 선물가격 상승에 투자한 투기거래

PARK은 현재 70,000원인 삼성전자 주식 선물의 가격을 다른 투자자들과는 반대로 3개

월 후 상승할 것으로 예상하고 1계약 매수 포지션(Long position)을 취하였다. 3개월 후 PARK의 예상대로 삼성전자 주식 선물의 가격이 75,000원으로 상승하면 상승한 선물가격으로 반대매매인 매도계약을 체결하여 청산하면 다음과 같이 이익을 얻게 된다.

- 선물거래 성과=[F_T−F_0]×1계약×10주=[75,000원−70,000원]×10주=(+)5만원

그러나 PARK의 예상과는 반대로, 일반투자자들의 예상대로 선물가격이 65,000원으로 하락하면 다음과 같이 손실을 보게 된다.

- 선물거래 성과=[F_T−F_0]×1계약×10주=[65,000원−70,000원]×10주=(−)5만원

(2) 선물가격 하락에 투자한 투기거래

KIM은 현재 70,000원인 삼성전자 주식 선물의 가격을 다른 투자자들과는 반대로 3개월 후 하락할 것으로 예상하고 1계약 매도 포지션(Short position)을 취하였다. 3개월 후 KIM의 예상대로 삼성전자 주식 선물의 가격이 65,000원으로 하락하면 하락한 선물가격으로 반대매매인 매수계약을 체결하여 청산하면 다음과 같이 이익을 얻게 되고, KIM의 예상과 반대로 삼성전자 주식선물 가격이 75,000원으로 상승하면 손실을 보게 된다.

- 선물거래 성과=[F_0−F_T]×1계약×10주=[70,000원−65,000원]×10주=(+)5만원
- 선물거래 성과=[F_0−F_T]×1계약×10주=[70,000원−75,000원]×10주=(−)5만원

이와 같이 일반투자자들과는 반대로 선물가격의 상승을 예상하는 투기거래는 선물거래에 Long 포지션을, 하락을 예상하는 투기거래는 선물거래에 Short 포지션을 취하는 거래가 된다. 또한 현물거래를 하지 않고 선물계약만으로 투기거래를 하므로 거래대금 전액이 필요하지 않고 위탁증거금 또는 개시증거금만 증거금 계좌에 입금하면 된다. 따라서 선물거래의 레버리지 효과가 위험선호적 성향의 투기거래자와 만나면서 전형적인 'high risk, high return'의 투기거래가 가능하게 된다.

3.3. 차익거래

식 (6) 괴리율에서 선물의 이론적인 가격(F_t^*)과 시장가격(F_t^M)의 괴리가 발생하면 식 (3)의 현물-선물 등가식의 균형 관계도 성립하지 않게 되어 현물과 선물가격 중 상대적으로 하나는 저평가되고 하나는 고평가되는 상황이 발생하게 된다. 선물의 차익거래(arbitrage)는 이와 같은 상황에서 상대적으로 저평가된 것에 매수(Long) 포지션을, 고평가된 것에 매도(Short) 포지션을 취하여 추가적인 위험과 자금을 부담하지 않고 차익을 얻을 수 있는 거래를 말한다.

선물거래 기간 동안 보유비용만 발생하는 경우의 차익거래를 살펴보자. 먼저 $F_0^M > F_0^*$ 처럼 선물의 시장가격이 이론가격보다 고평가된 경우의 예를 들어보자. 삼성전자 주식의 현재가격 70,000원, 무위험이자율 2.00%인 상황에서 만기가 1년인 삼성전자 주식선물이 72,000원에 거래되고 있다고 한다.

식 (3)에 의하면 삼성전자 주식선물의 이론적인 가격은 다음과 같이 71,400원이므로 시장가격 72,000원은 과대평가된 가격이다.

- $F_0^* = [70,000 \times (1.02)^1] = 71,400$ 원 < $F_0^M = 72,000$ 원

선물가격이 과대평가되었으므로 선물에 매도(Short) 포지션을, 현물에 매수(Long) 포지션을 취하는 차익거래에 소요되는 비용(CF_0)과 1년 후 차익거래로 인한 성과(CF_1)는 다음과 같다. 거래자는 자기자금 투입 없이 t=1에 0.6만원의 차익을 실현시킬 수 있다. 여기서의 선물거래는 기초자산인 주식을 실제로 인도하는 계약을 가정하여 증거금은 고려하지 않는다. 선물거래에서 기초자산인 삼성전자 주식을 인도해야 하므로 현물거래에서 동일한 수량의 삼성전자 주식을 매입하여 만기까지 보유한 것이다.

- 차익거래 : buy low, sell high ⇒ buy 현물, sell 선물

- CF_0 =[선물의 CF_0 + 현물의 CF_0] =[0+0] =0만원
  - ⇒ 선물거래 : $F_0^M = 72,000$ 원에 1계약(10주) 매도(Short)계약
  - ⇒ 선물의 CF_0 : 매도계약만 하였으므로 0만원
  - ⇒ 현물거래 : 삼성전자 주식 10주 매수할 70만원[=70,000원×10주]을 무위험이자율 2%로 차입하여 매수

⇒ 현물의 CF_0 =[72만원−72만원] =0만원

- CF_1 =[선물의 CF_1 + 현물의 CF_1] =[72만원−71.4만원] =(+)0.6만원
  ⇒ 선물거래 : 현물거래에서 매수하여 보유하고 있던 삼성전자 주식 10주를 선물매도 가격 72만원[=72,000원×10주]에 매도
  ⇒ 현물거래 : 70만원에 대한 원리금 71.4만원[=70만원×1.02] 상환

이번에는 $F_0^M < F_0^*$ 처럼 선물의 시장가격이 저평가된 경우의 예를 살펴보자. 삼성전자 주식의 현재가격 70,000원, 무위험이자율 2.00%인 상황에서 만기가 1년인 삼성전자 주식선물이 70,400원에 거래되고 있어서 이론적인 가격 71,400원보다 과소평가되었다고 하자.

선물가격이 과소평가되었으므로 선물에 매수(Long) 포지션을, 현물에 매도(구체적으로 공매도) 포지션을 취하는 차익거래에 소요되는 비용(CF_0)과 1년 후 차익거래로 인한 성과(CF_1)는 다음과 같다. 거래자는 자기자금 투입 없이 t =1에 1만원의 차익을 실현시킬 수 있다. 여기서는 선물거래에서 기초자산을 만기에 인수하여 현물거래에서 주식을 상환하는데 활용한다.

- 차익거래 : buy low, sell high ⇒ buy 선물, short sale 현물

- CF_0 =[선물의 CF_0 + 현물의 CF_0] =[0 +0] =0만원
  ⇒ 선물거래 : $F_0^M = 70,400$ 원에 1계약(10주) 매수(Long)계약
  ⇒ 선물의 CF_0 : 매수계약만 하였으므로 0만원
  ⇒ 현물거래 : 삼성전자 주식 10주를 공매도한 70만원[=70,000원×10주]을 무위험이자율 2%로 예금
  ⇒ 현물의 CF_0 =[72만원−72만원] =0만원

- CF_1 =[현물의 CF_1 + 선물의 CF_1] =[71.4만원−70.4만원] =(+)1만원
  ⇒ 현물거래 : 70만원에 대한 원리금 71.4만원[=70만원×1.02]을 인출
  ⇒ 선물거래 : 기초자산인 삼성전자 주식 10주를 선물매수 가격 70.4만원에 인수
  ⇒ 현물거래 : 선물거래에서 인수한 삼성전자 주식 10주로 공매도 상환

이와 같이 삼성전자 주식선물의 시장가격(F_0^M)이 $F_0^M > F_0^*$ 인 경우에는 '선물 매도+현물 매수' 차익거래로 0.6만원의 차익을, $F_0^M < F_0^*$ 인 경우에는 '선물 매수+현물 공매도' 차

익거래로 1만원의 차익을 자기자금과 추가위험 부담 없이 실현시킬 수 있다.

그러나 차익거래는 현실적으로 증권거래세, 수수료 등의 거래비용이 발생하고, 예금이자율(lending rate)이 대출이자율(borrowing rate)보다 높고, 거래자들의 차입과 공매도 제약 등의 문제로 원활하게 수행되지 못할 수도 있고, 선물의 이론적인 가격과 시장가격의 차이보다 낮은 수준의 이익이 실현될 수도 있다.

3.4. 선물거래의 경제적 기능

헷지거래, 투기거래, 차익거래 등의 선물거래는 금융시장에서 중요한 경제적 기능을 수행하고 있다. 첫 번째, 위험관리 기능이다. 선물계약을 통하여 위험회피적 성향의 투자자에게서 위험을 위험선호적 성향의 투자자에게로 이전시키는 '위험 이전(risk transfer)'이 가능하게 되어 투자자별 위험성향에 맞게 위험이 효율적으로 배분될 수 있다.

두 번째, 가격예측 기능이다. 시장에서 형성되는 선물가격은 그 시점부터 만기일까지 기초자산과 관련된 많은 정보들이 반영된 만기일 기초자산 가격에 대한 예측치이다. 따라서 투자자들은 현물가격과 선물가격을 비교하여 기초자산의 미래 가격 변화를 예측할 수 있다.

세 번째, 자원의 효율적 배분 기능이다. 원유, 금, 돈육, 옥수수 등에 대한 상품선물(commodity)은 선물가격에 반영된 미래 현물가격에 대한 예측을 통하여 상품의 미래 수요와 공급에 대한 정보를 파악할 수 있게 해준다. 따라서 그 정보를 통하여 상품의 기간별 분배도 보다 효율적으로 할 수 있게 된다.

네 번째, 유동성 공급 및 강화 기능이다. 선물거래는 선도거래와 다르게 표준화된 선물계약들에 대한 청산소의 증거금과 일일정산제도로 계약이행이 보장되므로 거래가 보다 활발해 질 수 있다. 이로 인하여 선물거래자들은 원하는 기초자산을, 원하는 시점에, 원하는 가격으로 거래할 수 있는 유동성이 강화될 것이다.

다섯 번째, 다양한 형태의 새로운 금융상품 개발이 가능해진다. 선물거래와 현물거래의 합성, 다른 파생상품과 합성된 옵션, 선물거래끼리의 합성 등을 통하여 다양한 형태의 성과를 발생시키는 금융상품이 개발되고 있다. 이러한 금융상품들의 개발은 금융기관의 위험관리에 도움이 되고, 기초자산의 가격 변동 위험을 보다 효율적으로 제거할 수 있으며, 투자자들의 다양한 요구를 충족시킬 수 있게 된다.

연습문제

18-1. 현물, 선도, 선물거래를 비교 설명하시오.

18-2. 선물거래의 계약불이행 위험이 선도거래보다 작다고 하는 이유를 설명하시오.

18-3. A기업 주식의 현재가격은 50,000원, 배당은 지급하지 않는다고 한다.

① 1년간 A주식에 투자할 경우 1년 후 수익을 그림으로 나타내시오.

② 1년간 A주식을 공매도(short sale)할 경우 1년 후 수익을 그림으로 나타내시오.

③ A주식의 3개월 만기 선물의 현재가격은 55,000원이라고 한다. 3개월 A주식의 주가가 60,000원으로 상승할 경우와 45,000원으로 하락할 경우의 매입포지션과 매도포지션을 취한 선물거래자의 만기에서의 수익을 계산하시오.

18-4. 투자자 B는 6개월 후 만기가 도래하는 금 선물 1계약(1kg)을 g당 51,301.11원에 매수하였다. 만기의 금 현물가격이 g당 50,301.11원이라면 선물매수자의 수익은 얼마인가? 만약 선물매도계약을 체결했었다면 수익은 얼마인가?

18-5. PARK은 2023년 7월 7일 오전에 7월 10일 만기 금 선물 1계약(1kg)을 g당 51,245.00원에 매수하였다. 7일~10일 선물종가는 순서대로 g당 51,785.00원, 50,073.77원, 49,227.64원, 47,012.75원이라고 한다.

① PARK의 선물계약 일일정산의 일별 손익과 누적손익을 계산하시오.

② 선물 만기일에 반대매매로 차액결제할 경우의 수익을 계산하여 ①의 누적손익과 비교하시오.

18-6. KIM은 'KOSPI 200 F(선물)'을 200.00에 10계약 매수하였고, LEE는 동일한 선물을 동일한 가격으로 10계약 매도하였다. t=1~5의 선물가격이 순서대로 195.50, 196.20, 192.80, 189.45, 193.75로 형성되었다. 개시증거금은 거래금액의 11.1%, 유지증거금은 거래금액의 7.4%라고 한다.

① KIM 증거금 계좌의 잔액 변화를 계산하시오. 마진콜(margin call)이 언제 발생하는지도 확인하시오.

② KIM의 t=5일 마감 후 증거금으로 계산한 손익과 선물거래의 만기에서의 수익을 비교하시오.

③ LEE 증거금 계좌의 잔액 변화를 계산하시오.

④ LEE의 t=5일 마감 후 증거금으로 계산한 손익과 선물거래의 만기에서의 수익을 비교하시오.

18-7. F기업 주식의 현재가격은 80,000원, 만기가 3개월 후인 F기업 주식선물 가격은 90,000원이라고 한다. 개시증거금은 거래대금의 15%라고 한다.

① 3개월 후 F기업 주식의 가격이 100,000원으로 상승한 경우 현물투자자와 선물매수자의 수익률을 계산하시오.

② 3개월 후 F기업 주식의 가격이 70,000원으로 하락한 경우 현물투자자와 선물매수자의 수익률을 계산하시오.

18-8. 선물가격의 상승을 예상한 G가 현재 주가가 50,000원인 H주식 선물을 55,000원에 1계약(10주) 매수하였다. 개시증거금은 선물거래대금의 15%라고 한다.

① G의 예상대로 H주식 선물가격이 10% 상승한 경우, 현물가격도 10% 상승하였다면 선물거래의 수익률과 H주식을 직접 매입하였을 경우의 수익률을 비교하시오.

② G의 예상과는 반대로 H주식 선물가격이 10% 하락한 경우, 현물가격도 10% 하락하였다면 선물거래의 수익률과 H주식을 직접 매입하였을 경우의 수익률을 비교하시오.

③ ①과 ②의 결과로 선물계약만을 이용한 투기거래의 특징을 설명하시오.

18-9. 다음 질문들에 해당하는 선물의 이론적인 가격 또는 선물균형가격을 계산하시오.

① 2023년 1월 1일 은(silver) 1파운드의 가격이 250,000원이라고 한다. 보험료를 비롯한 보관비용은 6개월 동안 파운드 당 20,000원이고 선불로 지급해야 한다. 이자율이 연 6%라면 인도일이 6개월 후인 은 선물.

② 액면가=100,000원, 표면이자율=8%인 채권의 1월 1일 현재가격은 98,000원이라고 한다. 이자는 1월 1일, 4월 1일, 7월 1일, 9월 1일에 4회에 나누어 지급한다고 한다. 1월 1일 이자는 이미 지급하였다고 한다. 시장이자율이 연 5%일 경우의 채권선물.

③ I기업 주식의 1월 1일 현재가격은 250,000원, 배당금 2,500원은 4월 1일에 지급된다고 한다. 시장이자율이 5%인 경우 12월 31일 만기인 I기업 주식선물.

18-10. SS-Oil에서는 2023년 12월 31일에 원유 10,000배럴을 매입할 예정이다. 2023년 7월 1일 현재 원유가격은 배럴당 $50이며 점점 상승할 것으로 예상된다. 2023년 12월 31일이 만기인 원유 선물가격은 배럴당 $54이고 1계약은 1,000배럴이라고 한다.

① 원유가격 상승을 걱정하는 SS-Oil이 현재 취할 수 있는 전략을 설명하시오.

② 2023년 12월 31일 원유가격은 배럴당 $58로 상승하고, 선물가격도 배럴 당 $62로 상승하였을 경우 ①에서 취한 전략의 성과를 계산하시오.

③ ②에서 2023년 12월 31일 원유 선물가격이 배럴 당 $60로 상승하였을 경우 ①에서 취한 전략의 성과를 계산하시오.

④ ③과 같이 2023년 12월 31일 원유 선물가격이 배럴 당 $60가 예상될 경우 7월 1일에 선물 몇 계약을 체결해야 현물가격의 위험을 완전헷지할 수 있겠는가?

⑤ 2023년 12월 31일 원유 선물가격이 배럴 당 $65가 예상될 경우 현물가격위험을 제거하기 위하여 7월 1일 선물 몇 계약을 체결해야 하는가?

18-11. 2023년 7월 1일 현재 금 1g의 가격은 48,000원, 3개월 동안 보관비용은 g당 1,000원, 시장이자율 연 2.5%, 금 선물 1계약은 1kg이라고 한다.

① 3개월 후 만기가 도래하는 금 선물가격은 얼마이어야 하는가?

② 만약 금 선물이 현재 50,000원에 거래되고 있을 경우 차익거래?

③ 만약 금 선물이 현재 48,500원에 거래되고 있을 경우 차익거래?

④ 만약 금 선물이 현재 48,000원에 거래되고 있을 경우 차익거래?

18-12. 현재 K기업 주식의 가격은 45,000원, 배당수익률은 연 2.22%, 무위험이자율은 연 2.5%이라고 한다.

① 1년 후 만기인 K기업 주식 선물의 균형가격은 얼마인가?

② K기업 주식선물이 현재 47,000원에 거래되고 있다면 차익거래? 주식선물의 1계약은 10주라고 한다.

③ K기업 주식선물이 현재 44,000원에 거래되고 있다면 차익거래?

18-13. 2023년 7월 7일 현재 KOSPI 200 지수는 244.64이고, 무위험이자율은 연 1.54%, 배당수익률은 연 1.45%라고 한다.

① 2021년 9월 8일이 만기인 KOSPI 200 선물의 균형가격은 얼마인가?

② 2021년 7월 7일 'KOSPI F 202309' 거래가격이 242.25일 경우 차익거래?

③ 2021년 7월 7일 'KOSPI F 202309' 거래가격이 246.55일 경우 차익거래?

CHAPTER

19

M&A와 기업분할

1. M&A의 기초

2. M&A가 채권자, 주주에 미치는 영향

3. 현금인수와 주식인수 비교

4. 적대적 M&A 방어

5. 그 외 M&A 관련 내용

6. 기업분할

1. M&A의 기초

1.1 M&A의 개념

기업이 새로운 사업 진출, 시장점유율 확대, 생산과정의 수직적 계열화 등을 위하여 기업을 투자대상으로 하는 행위를 M&A(Merger and Acquisition)라고 한다. M&A는 합병을 의미하는 'Merger'와 인수를 의미하는 'Acquisition'의 합성어로 '인수합병'이라고 번역된다. 그러나 정확하게 합병은 삼성물산이 제일모직과 애버랜드를 합병한 것처럼 둘 이상의 기업이 하나로 통합되는 것을, 인수는 현대중공업이 현대오일뱅크를 인수한 것처럼 특정 기업이 다른 기업의 주식 또는 자산을 매입하는 것을 각각 의미한다.

기업재무 이론의 양축인 투자결정(9,10장)과 자본조달결정(11,12,13,14장)에서 다룬 내용들은 기업가치 극대화를 위한 내부적 성장에 관한 것이라면 본장에서 다룰 M&A는 기업 외부적 성장 또는 확장을 통하여 기업가치를 극대화시키려는 행위이다. 예를 들어, 자동차 회사가 재고 부족으로 생산이 중단되는 것을 방지하기 위하여 철강이나 페인트 사업을 직접 운영하지 않고 제철회사나 페인트 회사를 인수하는 것이다.

최근에 많이 진행되고 있는 A&D(Acquisition & Development, 인수 후 개발)는 R&D (Research & Development)와 M&A를 합한 개념으로 특정 회사가 자기들이 부족한 기술이나 인재 등을 직접 육성하기보다는 핵심기술과 인재를 보유한 기업을 인수하여 자신들의 상황에 맞게 발전시키는 방식으로 Google, Facebook, Amazon 등의 글로벌 ICT(Information & Communication Technology) 기업들이 주로 활용하고 있다. 국내에서도 '카카오'가 A&D 방식으로 김기사(네비게이션)를 개발한 '록앤올'을 인수하여 '카카오 택시'를 개발하였다.

합병(Merger)은 법적 지위가 소멸되는 '소멸법인'의 모든 자산과 부채가 법적 지위를 가진 '존속법인'에게 이전되므로 주주들의 동의가 필요하다. 법률적인 관점에서 합병은 T기업이 A기업에게 흡수되어 법적 지위가 소멸되어 A기업이 법적인 실체가 되는 흡수합병과 A기업과 T기업 모두 사라지고 새로운 기업이 설립되어 A기업과 T기업의 모든 자산과 부채를 인수하는 신설합병으로 나눌 수 있다[1].

합병은 경제적 관점에서 A기업과 동일한 업종의 생산과정과 판매경로가 유사한 T기업을 인수하는 수평적 합병(horizontal merger), A기업과 생산과정과 판매경로의 앞·뒤 단계에 있

1 본장에서는 M&A와 관련된 내용들을 A기업을 인수기업(Acquiring firm), T기업을 인수대상기업 (Acquired or Target firm)이라고 하여 설명하고자 한다.

는 T기업을 인수하는 수직적 합병(vertical merger), A기업과 생산과정이나 판매경로 모두 관련 없는 업종의 T기업을 인수하는 다각적 합병(conglomerate merger)으로 구분할 수 있다. 그러나 수평적 합병과 수직적 합병은 독과점을 발생시킬 수 있으므로 공정거래위원회의 제한을 받는다. 2023년 8월 기준 한국조선해양의 대우조선해양 인수 무산과 대한항공의 아시아나항공 인수가 최종 승인을 받고 있지 못한 것이 여기에 해당된다.

합병이 최종적으로 마무리되기 위해서는 A기업과 T기업 모두 주주들에게 승인을 받아야 하며 보통 '주주의 2/3 이상' 동의를 얻어야 한다. 이 과정에서 소액주주들은 자신들의 권익을 보호하기 위하여 '주식매수청구권(appraisal right)'을 행사할 수 있으나 대부분의 합병은 이해관계자들 간에 협상이나 법률적인 절차가 우호적으로 진행되어 행사되지 않는 경우가 많다. 주식매수청권이란 주식회사가 합병, 영업양도 등의 주주의 이익과 중대한 관계가 있는 회사 업무에 대해서 주주총회 결의가 진행되는 경우, 해당 결의사항에 반대하는 소액주주들이 자기소유주식을 공정한 가격으로 매수해줄 것을 회사에게 청구할 수 있는 권리를 말한다.

인수(acquisition)는 A기업이 자신들에게 필요한 T기업의 자산만을 인수하여 경영권을 확보하는 '자산인수(Asset acquisition)'와 주식을 매수하여 경영권을 확보하는 '주식인수(Stock acquisition)'로 나눌 수 있고 두 경우 모두 T기업의 법적 지위는 계속 유지된다. M&A에 가장 많이 활용되는 주식인수는 이론적으로는 A기업이 T기업 주식의 50% 이상을 취득해야 하지만 주식의 소유권이 잘 분산된 경우에는 그 이하의 지분만으로도 T기업의 경영권을 확보할 수 있다. 주식인수 과정에서 T기업 대주주 등이 보유한 기존 주식을 인수하면 '구주매입', T기업이 새로 발행한 주식을 인수하면 '신주인수'라고 한다. 신주인수는 T기업에게 신주발행자금이 유입되어 T기업의 투자와 운영에 효율적으로 활용될 수 있다. 과거에는 T기업의 주식을 A기업의 주식과 교환하는 방식도 사용되었으나 최근에는 대부분 현금으로 주식매입대금을 지불하고 있다.

1.2 기업지배권 확보 방법

1960년대부터 1980년대까지 우리나라 기업들은 은행차입에 의한 자금조달 비중이 높고, 소유권이 잘 분산되지 않았기 때문에 M&A를 통한 지배권 또는 경영권 확보가 어렵지 않았으나 주식발행 비중이 늘어나고 소유권이 잘 분산된 최근에는 지배권을 확보하기 위한 M&A가 상대적으로 복잡해지고 있는 상황이다.

기업지배구조에서 다룬 것처럼 기업지배권 경쟁은 기업 내에서도 발생하고 있지만 A기업이 M&A를 통하여 T기업 지배권을 확보하는 과정에서도 발생한다. M&A 과정에서 A기업이 T기업 지배권을 취득하는 방법들에 대하여 살펴보자.

첫 번째, 가장 많이 활용되고 있는 주식공개매수(tender offer)이다. 이는 A기업이 주식을 보유하고 있지만 경영에는 관심이 없는 수많은 T기업 소액주주들에게 공개적으로 주식을 매입하는 방법이다. A기업의 T기업의 주식공개매수는 보통 다음과 같은 절차로 진행된다.

① A기업이 매수하고자 하는 T기업의 주식 수(지분율), 매수가격, 매수기간, 매수 장소 및 방법 등을 공개
② A기업이 제시한 매수가격에 만족하는 T기업 주주는 T기업 경영진 의사와 상관없이 자신의 주식을 매도
③ A기업이 공개 매수한 T기업 주식 수가 T기업 지배권을 확보할 수준이 되면 T기업은 A기업에게 인수됨

이 과정에서 매수가격(tender price)은 T기업 주주들의 매도를 보다 많이 끌어내기 위하여 현재 시장가격에 프리미엄을 더하여 제시되며 T기업 주주는 누구나 매수에 응할 수 있다. 일반적으로 경영진의 지배권이 견고하고 높은 수익성 등으로 주가가 높게 형성된 T기업은 인수비용이 증가하므로 적대적 M&A가 어렵지만 경영진의 지배권이 허술하고 비효율적인 경영으로 주가가 저평가된 기업은 항상 적대적 M&A의 대상(target)이 될 수 있다.

두 번째, 차입매수와 경영자매수이다. 차입매수(Leverage Buyout, 이하 LBO)는 자금이 부족한 A기업이 T기업의 자산이나 미래 수익을 담보로 금융기관에서 차입 또는 채권 발행으로 인수자금을 조달하여 T기업 지배권을 확보하는 방법이다. LBO 과정에서 T기업 소유권뿐만 아니라 LBO로 증가한 T기업의 차입금도 A기업에게 인수된다.

경영자매수(Management Buyout, 이하 MBO)는 T기업의 경영자나 임원이 중심이 되어 T기업의 전부 또는 일부 사업부를 인수하여 T기업에 대한 지배권을 취득하는 것을 말한다. 기업이 구조조정을 위하여 내부 사업이나 계열사를 매각하는 경우에 자주 활용되는 방식이다.

세 번째, 위임장 경쟁이다. 위임장 경쟁(proxy fight)은 특정 기업 내부의 기업지배권 경쟁에 활용되는 방식이다. 주주총회에 참가하지 않는 소액주주들의 의결권은 다른 주주에게 위임하여 행사할 수 있는데, 의결권이 필요로 하는 주주들이 소액주주들의 위임장을 확보하기 위한 경쟁을 하게 된다.

T기업 주주들의 M&A에 대한 의견이 찬반으로 나누어질 경우 우호적인 T기업 경영진이나 주주들이 소액주주들의 위임장을 얻기 위하여 경쟁할 수 있다.

네 번째, 최근에 많이 활용되는 재무적 투자자 활용이다. 기업지배권 인수에 막대한 자금

이 필요한 경우 A기업이 동원할 수 있는 자금의 한계가 있다면 A기업은 경영권보다는 수익을 추구하는 재무적 투자자(Financial Investor, 이하 FI)와 공동으로 T기업을 인수한다. 이 과정에서 사모펀드, 연기금, 자산운용사 등의 FI는 인수 위험에 대한 안전장치를 A기업에 요구한다. 대표적인 안전장치가 Put-back option이었으나 현재는 FI에게 매우 불리한 계약조건이라고 금지되었다.

2006년 금호아시아나 그룹이 대우건설을 인수하는 과정에서 약 6.4조원(1주당 인수가격 26,200원)의 인수자금 중 3.5조원에 해당되는 지분은 FI가 인수하도록 하면서 다음과 같은 계약을 하였다. FI가 가진 의결권을 양도 받는 대신 3년 후에 대우건설 주식을 1주당 34,000원[$=26{,}200$원$\times(1+0.09)^3$]에 금호아시아나 그룹에 팔 수 있는 Put-back option을 부여하였다. 즉 옵션 권리 행사 시점에 FI가 26,200원에 매수한 주식의 가격이 34,000원보다 낮으면 그 차액을 금호아시아나그룹이 지불하고 주식 가격이 34,000원 이상이면 FI가 주식시장에서 직접 처분하면 FI는 최소한 1주당 34,000원을 확보할 수 있는 계약이다.

1.3 M&A의 NPV

M&A는 일반 사업투자보다 훨씬 커다란 규모의 자금이 투입되므로 막대한 인수자금을 마련해야 하는 자본조달결정과 그 비용이 투입되면 얼마의 NPV(net present value)를 얻을 수 있는지에 대한 투자결정이 매우 엄격하고 정교하게 진행되어야 한다. 앞에서 언급한 금호아시아나 그룹은 2006년 대우건설을 시장가치 14,000원에 프리미엄 12,200원을 더한 주당 26,200원으로 인수하였지만 2009년 대우건설의 주가는 8,000원대에서 형성되어 Put-back option 부담금이 최소 2.5조원이나 되어 결국은 산업은행에 다시 주당 18,000원(시장가치+50% 이상의 프리미엄)에 매각하였다. 투자결정과 자본조달결정 모두 실패한 사례이다.

A기업의 T기업 M&A에 대한 NPV를 추정하는 과정을 살펴보자. 설명의 편의를 위하여 T기업을 M&A한 이후의 A기업을 'AT기업'이라고 하자. 직관적으로 M&A의 NPV는 'M&A 이후 AT기업 가치(이하 V_{AT})'에서 'M&A 이전 A기업 가치(이하 V_A)'를 차감하면 될 것이다. 여기서 V_{AT}는 T기업 인수가격(이하 P_T)을 차감한 값으로 NPV가 투자비용을 차감하고 순수하게 증가한 가치를 의미하는 것과 동일하게 생각하면 된다. 이들을 정리하면 다음과 같은 관계가 성립된다.

- NPV(M&A) = [M&A 이후 AT기업 가치 − M&A 이전 A기업 가치]
  $= [(V_{AT} - P_T) - V_A]$

M&A의 NPV는 또한 'M&A 이후 예상되는 증분 현금흐름들의 현재가치'에서 'M&A 투자비용(또는 인수비용)'을 차감하여 계산할 수도 있다. 여기서 'M&A 이후 예상되는 증분 현금흐름들의 현재가치'는 'M&A 이후 AT기업 가치'에서 'M&A 이전 A기업 가치와 T기업 가치의 합'을 차감한 값이며 'M&A로 인한 시너지(이하 SYNERGY)'에 해당된다. 많은 기업들이 M&A를 하는 이유는 하나보다는 여러 개의 결합으로 얻을 수 있는 (+)의 시너지 효과를 얻기 위해서다. 'M&A 투자비용(또는 인수비용), P_T'은 T기업 인수에 소요된 비용으로 T기업의 M&A 이전 가치에 프리미엄(이하 PREMIUM)을 더한 인수가격이다. 이들을 활용하면 M&A의 NPV를 다음과 같이 정리할 수 있다.

- NPV(M&A) = [M&A로 인한 증분 CF의 현재가치 − M&A 인수비용]
  $= [\{V_{AT} - (V_A + V_T)\} - P_T] = [SYNERGY - P_T]$
- $V_{AT} = [SYNERGY + (V_A + V_T)]$ & $P_T = [V_T + PREMIUM]$

여기서 정리된 V_{AT}와 P_T를 처음 M&A의 NPV를 구하는 식에 대입하면 다음 식 (1)과 같이 M&A의 NPV 계산식이 도출된다.

- NPV(M&A) $= [(V_{AT} - P_T) - V_A]$
  $= [(SYNERGY + V_A + V_T) - (V_T + PREMIUM) - V_A]$
  $= [SYNERGY - PREMIUM]$

● M&A의 NPV

$$NPV(M\&A) = [(V_{AT} - P_T) - V_A] = [SYNERGY - PREMIUM] \quad \cdots \text{ 식 } (1)$$

A기업과 T기업 관련 자료가 다음과 같을 경우 A기업의 T기업 M&A의 NPV를 계산해 보자.

- 두 기업 모두 100% 자기자본
- 기업가치 : M&A 이전 V_A = 1,000억원, V_T = 350억원, M&A 이후 V_{AT} = 1,500억원
- T기업이 요구하는 인수가격 : 400억원

식 (1)의 첫 번째 항으로 계산하면 다음과 같이 NPV는 (+)100억원이 된다.

- $NPV(M\&A) = [(V_{AT} - P_T) - V_A] = [(1{,}500 - 400) - 1{,}000] = (+)100$억원

이번에는 SYNERGY와 PREMIUM으로 계산하면 다음과 같이 NPV는 (+)100억원이 된다.

- $SYNERGY = [V_{AT} - (V_A + V_T)] = [1{,}500 - (1{,}000 + 350)] = (+)150$억원
- $PREMIUM = [P_T - V_T] = [400 - 350] = (+)50$억원
- $NPV(M\&A) = [SYNERGY - PREMIUM] = [150 - 500] = (+)100$억원

1.4 M&A의 SYNERGY

M&A의 SYNERGY에 대해서 조금 더 살펴보자. M&A의 SYNERGY는 M&A로 인한 증분가치(incremental value)이므로 M&A 이후의 AT기업 가치에서 M&A 이전 두 기업의 가치($=V_A + V_T$)를 차감하여 계산할 수 있고, 할인율이 모두 동일하다면 각 기업의 CF를 가지고 다음과 같이 추정할 수 있다.

- $SYNERGY = [V_{AT} - (V_A + V_T)]$

$$= \left[\sum_{t=0}^{\infty} \frac{CF_t(AT)}{(1+r)^t} - \left\{\sum_{t=0}^{\infty} \frac{CF_t(A)}{(1+r)^t} + \sum_{t=0}^{\infty} \frac{CF_t(T)}{(1+r)^t}\right\}\right] = \left[\sum_{t=0}^{\infty} \frac{\Delta CF_t(AT)}{(1+r)^t}\right]$$

여기서 $CF_t(AT)$, $CF_t(A)$, $CF_t(T)$는 각각 M&A 이후 AT기업, M&A 이전 A기업과 T기업의 t시점의 CF를 의미한다. 또한 $\Delta CF_t(AT)$는 M&A로 인한 t시점의 증분 CF로 다음 식 (2)와 같이 증분 수익(ΔR), 증분 비용(ΔC), 증분 세금(ΔT), 증분 투자비용(ΔI)을 이용하여 추정할 수 있다.

● 증분 CF, ΔCF(AT)

$$\Delta CF(AT) = [\Delta R - \Delta C - \Delta T - \Delta I] \quad \cdots \text{ 식 (2)}$$

식 (2)에 의하면 M&A로 인하여 수익이 증가하고, 비용과 세금, 투자비용이 절감되면 M&A의 SYNERGY가 증가하여 성공적인 M&A가 될 것이다. SYNERGY가 확대되기 위해서는 M&A로 인하여 각 항목이 어떻게 변화되어야 하는지 간략하게 살펴보자.

첫 번째, 수익 증가이다. M&A 이후 AT기업의 매출액이 M&A 이전 A기업과 T기업의 매출액보다 증가한다면 (+)의 SYNERGY가 발생할 것이다. M&A 이전에는 비효율적인 광고, 빈약한 유통망, 취약한 제품군 등으로 저조했던 매출액이 두 기업이 결합되면서 마케팅 능력과 유통망 등이 강화되면 매출액이 증가할 것이다. 또한 M&A 이후 효율적인 비용 관리와 시장지배력(market power) 강화로 가격관리가 개선되면 매출액도 증가할 것이다.

두 번째, 비용 절약과 투자 감소이다. M&A 이후 두 기업의 영업활동을 동시에 진행하면 비용을 절감할 수 있는 부분이 있을 것이다. 또한 수평적 합병이나 수직적 합병 모두 생산단계의 협력 강화와 핵심기술 이전 등으로 규모의 경제가 발생하여 원가를 낮출 수 있을 것이다. 규모의 경제가 가능해지면 이외에도 유형자산 투자와 같은 자본적 지출(capital expenditure)과 운전자본 투자도 줄일 수 있다. 이와 같은 비용과 투자 절감으로 SYNERGY를 확대시킬 수 있을 것이다.

세 번째, 세금 혜택이다. 자본구조 이론에서 살펴본 것처럼 부채를 사용하면 이자비용의 세금감면효과와 파산위험 증가 등의 긍정적, 부정적인 효과가 동시에 발생한다. 그런데 만약 A기업의 부채수준이 높지 않아서 세금감면 혜택을 더 누릴 수 있다면 T기업 인수비용을 부채로 조달하면 세금 혜택을 확대시킬 수 있다. 주주들 입장에서도 배당소득세율이 자본소득세율보다 높다면 잉여현금으로 M&A를 진행하여 주가를 상승시킬 수 있다면 배당금을 받는 것보다 세금 부담을 줄일 수 있을 것이다.

1.5 M&A 이후 증가하는 이익?

M&A 이후 실질적인 경영성과가 변하지 않아도 성과지표가 변하는 것에 대해서 투자자들의 주의가 요구된다. 대표적인 것이 발행주식수의 감소로 이익이 증가한 것처럼 보이는 것이다.

M&A 이전 A기업과 T기업의 재무관련 주요 정보와 주당순이익(EPS), 주가수익비율(PER)과 시장가치(시가총액)는 다음과 같다.

■ 인수기업 A와 인수대상기업 T의 M&A 이전 재무관련 주요 정보

기업	EPS	주가	PER	발행주식수	순이익	시장가치
A	1,000원	30,000원	30배	100만주	10억원	300억원
T	5,000원	15,000원	3배	10만주	5억원	15억원

- EPS = [순이익/발행주식수], PER = [주가/EPS], 시장가치 = [주가×발행주식수]

M&A 이전 두 기업의 PER를 보면 A기업 주식은 EPS의 30배, T기업 주식은 3배 가격으로 평가받고 있어서 A기업은 시장에서 EPS에 대하여 상대적으로 높은 평가를, T기업은 낮은 평가를 받고 있다.

설명의 편의를 위하여 두 기업의 M&A로 SYNERGY는 발생하지 않는다고 가정하면 시장의 합리적인 투자자들은 M&A 이후 AT기업의 시장가치(V_{AT})는 M&A 이전 A기업과 T기업 시장가치의 합($V_A + V_T$)으로 평가할 것이다. 또한 M&A 이전 A기업의 주가(30,000원)는 T기업(15,000원)보다 2배 높게 형성되었으므로 T기업 주식 2주와 A기업 주식 1주로 교환될 것이다.

합리적인 투자자들은 M&A 이전 두 기업의 재무관련 자료와 M&A로 인한 SYNERGY는 발생하지 않는다는 정보를 가지고 M&A 이후의 AT기업의 재무관련 자료가 다음과 같을 것이라고 추정할 것이다.

- 시장가치 : $V_{AT} = [V_A + V_T] = [300 + 15] = 315$억원
- 발행주식수 : $N_{AT} = [N_A + N_{교환}] = [100만주 + (10만주/2)] = 105만주$
- 순이익 : $NI_{AT} = [NI_A + NI_T] = [10 + 5] = 15$억원
- 주가 : $P_{AT} = [V_{AT}/N_{AT}] = [315억원/105만주] = 30{,}000원$
- EPS : $EPS_{AT} = [NI_{AT}/N_{AT}] = [15억원/105만주] = 1{,}428.57원$
- PER : $PER_{AT} = [P_{AT}/EPS_{AT}] = [30{,}000원/1{,}428.57원] = 21배$

〈표 1〉 M&A 전후 재무관련 자료 변화

구분	기업	EPS	주가	PER	발행주식수	순이익	시장가치
M&A 이전	A	1,000원	30,000원	30배	100만주	10억원	300억원
	T	5,000원	15,000원	3배	10만주	5억원	15억원
이후	AT	1,429원	30,000원	21배	105만주	15억원	315억원

<표 1>은 M&A 이전과 이후의 재무관련 자료의 변화를 보여주고 있다. M&A 이전 A기업 $EPS_A = 1{,}000$원이 M&A 이후 $EPS_{AT} = 1{,}429$원으로 증가하였다. 여기서 주의해야 할 것이 EPS의 증가는 M&A 이후 두 기업의 순이익이 증가하여 발생한 것이 아니라 T기업 주식 10만주가 AT기업 5만주(T기업과 A기업 주식 교환비율 2:1)로 교환되면서 AT기업 발행주식수가 110만주가 아니라 105만주로 감소하였기 때문에 발생한 결과이다. AT기업의 순이익이

증가하였다면 M&A 이전 A기업의 PER와 비슷한 수준을 유지하겠지만 M&A 이후 AT기업의 PER는 30배에서 21배로 감소하였다. 즉 순이익 증가는 없었다는 것이 주가에 반영된 것이다.

만약 PER_{AT}가 PER_{A}=30배 수준으로 평가 되었다면 M&A 이후 AT기업의 주가와 시장가치는 각각 다음과 같을 것이고, 이는 M&A 과정에서 아무런 경영 성과가 창출되지 않은 것을 고려하면 과대평가된 것이다.

- $PER_{AT}=[P_{AT}/EPS_{AT}]$ ⇒ $30=[P_{AT}/1,428.57$원$]$ ⇒ $P_{AT}=42,857$원
- $V_{AT}=[P_{AT}\times N_{AT}]=[42,857$원$\times 105$만주$]=450$억원
  $>[V_{A}+V_{T}]=[300+15]=315$억원

2. M&A가 채권자, 주주에게 미치는 영향

M&A가 어떤 방식으로 진행되든 M&A는 채권자와 주주에게 영향을 미치게 된다. 이번 절에서는 A기업의 T기업 인수가 채권자와 주주의 부(wealth)에 미칠 수 있는 영향에 대해서 살펴보자.

2.1 부채를 사용하지 않은 경우의 주식인수

먼저 A기업과 T기업 모두 부채를 사용하고 있지 않는 상황에서 A기업이 T기업 인수비용을 주식으로 지불하는 경우를 살펴보자. <표 2>는 미래 상황에 따른 M&A 이전과 이후의 기업가치와 기업가치의 기댓값, E(V)을 보여주고 있다. 각 상황이 발생할 확률은 동일하다고 가정하였다.

〈표 2〉 두 기업 모두 부채를 사용하지 않는 경우의 기업가치(단위 : 억원)

구분	기업	상황 1	상황 2	E(V)
M&A 이전	A	800	200	500
	T	100	400	250
M&A 이후	AT	900	600	750

<표 2>를 보면 M&A 이전 A, T 기업가치의 기댓값은 각각 500억원과 250억원으로 예상된다. M&A 이후 AT 기업가치는 A와 T기업 가치의 합이므로 상황 1, 2에서 각각 900억원과 600억원이 될 것이고, 이를 바탕으로 추정한 $E(V_{AT})$는 750억원이 된다. 두 기업 모두 부채를 사용하지 않았고, M&A도 주식인수(1:1 주식교환)를 가정하고 있으므로 AT기업의 부채는 발생하지 않는다. 따라서 M&A가 주주에게 미치는 영향만 살펴보면 된다. $E(V_{AT})$ = 750억원 중 500억원은 A기업, 250억원은 T기업 주주 몫이 되므로 M&A 이전과 동일함을 알 수 있다.

2.2 두 기업 모두 부채를 사용하는 경우

이번에는 M&A 이전 A기업은 300억원, T기업은 150억원의 부채를 사용하고 있는 자본구조로 변경해보자. 이제는 잔여재산청구권자(residual claimant)인 두 기업 주주들뿐만 아니라 우선변제권을 가진 채권자들에게도 영향을 미치는 상황들이 발생하게 된다. A기업 채권자는 상황 2에서, T기업 채권자는 상황 1에서 채무불이행(default)에 직면하게 되기 때문이다.

먼저 채무불이행 상황을 반영한 M&A 이전 A기업과 T기업 부채의 기댓값, 즉 채권자 몫을 계산하면 각각 다음과 같다.

- $E(D_A) = [0.5 \times 300 + 0.5 \times 200] = 250$억원
- $E(D_T) = [0.5 \times 100 + 0.5 \times 150] = 125$억원

이런 상황에서 채권자 몫인 부채의 기댓값이 M&A 전·후 어떻게 변하는지 살펴보자. M&A 이전 두 기업 부채의 총액은 450억원[=300+150]으로 M&A 과정에서 부채의 변화가 발생하지 않는다면 M&A 이후 AT기업의 부채는 그대로 450억원이 되어야 한다. 그러나 M&A 이전에 상황 1, 2에서 두 기업 채권자들이 직면했던 채무불이행 상황이 M&A 이후에는 사라진다. AT기업은 어떤 상황에서도 기업가치가 두 기업의 부채총액 450억원보다 높기 때문이다. 따라서 다음과 같이 M&A 이후 채권자 몫인 부채의 기댓값이 증가하게 되므로 A기업과 T기업 채권자들 모두는 두 기업의 M&A를 적극 찬성할 것이다.

- $E(D_{AT}) = [0.5 \times 450 + 0.5 \times 450] = 450$억원

  $> [E(D_A) + E(D_T)] = [250 + 125] = 375$억원

그러면 주주들은 두 기업의 M&A에 대해서 어떤 입장일까? 채권자 몫인 부채의 기댓값을 M&A 전·후로 비교하여 추정한 것처럼 M&A 전·후 주주 몫의 자기자본 기댓값의 변화를 비교하면 알 수 있을 것이다. M&A 이전 잔여재산청구권자이면서 유한책임을 지는 주주의 몫, 자기자본의 기대가치는 각각 다음과 같이 250억원과 125억원이었다.

- $E(E_A) = [0.5 \times (800 - 300) + 0.5 \times 0] = 250$억원
- $E(E_T) = [0.5 \times 0 + 0.5 \times (400 - 150)] = 125$억원

그러나 M&A 이후 AT기업 주주 몫은 다음과 같이 300억원으로 M&A 이전 두 기업의 합인 375억원보다 감소하므로, 각 기업 주주 몫도 감소할 것이다. M&A 이전 자기자본의 기댓값은 A기업(250억원)이 T기업(125억원)의 2배이므로 M&A 이후 AT기업의 지분은 A기업 주주들이 2/3[=250/(250+125)], T기업 주주들이 1/3[=125/(250+125)]이 될 것이라고 가정하여 계산하였다.

- $E(E_{AT}) = [0.5 \times (900 - 450) + 0.5 \times (600 - 450)] = 300$억원
  $< [E(E_A) + E(A_T)] = [250 + 125] = 375$억원
- $E(E_{AT})$의 A기업 주주 몫$= [300 \times (2/3)] = 200$억원 $< E(A_A) = 250$억원
- $E(E_{AT})$의 T기업 주주 몫$= [300 \times (1/3)] = 100$억원 $< E(A_T) = 125$억원

A기업과 T기업 주주들의 몫은 모두 M&A 이후 감소할 것이므로 주주들은 M&A를 적극 반대할 것이다. 지금까지 설명한 부채를 사용하는 경우 M&A로 인한 기업가치(또는 자산), 채권자 몫(또는 부채), 주주 몫(또는 자본)의 변화를 정리하면 <표 3>과 같다.

만약 이와 같은 M&A가 진행되면 M&A 이후 기업가치, 즉 자산가치의 기댓값은 부채 사용 여부에 상관없이 750원으로 동일하지만, 채권자들의 부는 375억원에서 450억원으로 75억원 증가하고, 주주들의 부는 375억원에서 300억원으로 정확히 75억원 감소하게 된다. 즉 M&A로 인하여 '주주의 부가 채권자로 이전(wealth transfer from shareholders to creditors)'되는 결과가 발생한다. 이는 M&A 이전 두 기업 채권자들은 특정 상황이 발생하면 원금 일부를 상환 받지 못하는 채무불이행에 직면하였지만 M&A 이후에는 두 기업이 서로 특정 상황의 부족한 가치를 보완해주어 모든 원금을 상환 받을 수 있기 때문이다.

이와 같이 M&A를 통하여 두 기업의 채무불이행 위험을 서로 해소시켜 채권자의 부가 증가하는 것을 '공동보험효과(coinsurance effect)'라고 한다.

<표 3> 두 기업 모두 부채를 사용하는 경우 M&A 전후 변화(단위 : 억원)

구분		상황 1	상황 2	기대값	변화
M&A 이전 A	자산	800	200	500	–
	부채	300	200	250	–
	자본	500	0	250	–
M&A 이전 T	자산	100	400	250	–
	부채	100	150	125	–
	자본	0	250	125	–
M&A 이후 AT	자산	900	600	750	0
	부채	450	450	450	(+)75
	자본	450	150	300	(−)75

2.3 공동보험효과에 대한 주주의 대응

M&A로 인하여 자신들의 부(wealth) 일부가 채권자에게로 이전될 수 있다는 것을 예상하는 주주들은 어떤 대응을 할 수 있을까? 이론적으로는 M&A 이전 A기업과 T기업의 부채를 모두 상환한 상태에서 M&A가 완료된 후 다시 과거 부채 수준으로 돌아가는 것이다. 2.1절에서 살펴본 것처럼 두 기업 모두 부채를 사용하지 않으면 M&A 전·후 주주들의 부는 변하지 않기 때문이다.

앞의 상황에 적용하면 M&A 이전 A기업과 T기업의 채무불이행 위험을 반영한 부채의 기대가치, 각각 250억원과 125억원을 상환하고, M&A 이후 AT기업의 부채를 375억원[=250+125]만큼 사용하면 주주의 부 일부가 채권자로 이전되는 현상은 발생하지 않을 것이다.

그러나 현실적인 문제는 T기업 인수비용도 마련해야 하는 A기업이 부채 250억원까지 상환할 수 있는가이다. 만약 A기업의 잉여현금흐름(free cash flow, 이하 FCF)이 여유가 있다면 가능할 수 있다. FCF로 부채를 상환하고 M&A 이후 그 금액만큼 부채를 다시 사용하면 FCF도 M&A 이전 수준으로 회복되면서 부의 이전 현상도 발생하지 않는다. 또한 부채 상환 자금을 주식발행으로 조달하면 부의 이전 현상을 방지할 수 있을 것이다. 유상증자로 조달한 자금으로 부채를 상환하고 M&A가 종료되었을 때 다시 부채를 사용하여 추가 발행되었던 주식을 매수하여 소각(자기주식 취득 및 소각)하면 발행주식수는 M&A 이전 수준으로 돌아와서 주주의 부도 이전 수준으로 회복될 것이다. 그러나 유상증자는 기업에 부담되는 자금조달 방식이고 주식 수가 증가하여 하락한 주식가치가 바로 이전 수준으로 돌아올 수 있을지도 확실하지 않으므로 주식을 발행하는 방법도 부의 이전 현상 해결에 한계가 있다.

보다 현실적인 방법으로 M&A 이후 파산위험이 감소하게 되면 부채비용이 감소할 것이므로 감소된 비용으로 부채를 M&A 이전 A기업과 유사한 상황(채무불이행 가능성 등)의 자본구조로 재편성하는 것이다. 시간적인 차이가 있겠지만 주주의 부가 채권자로 이전되는 규모를 줄일 수 있을 것이다.

3. 현금인수와 주식인수 비교

3.1 현금인수

인수하는 A기업과 인수되는 T기업 관련 자료가 다음 박스와 같고 인수비용 150억원을 내부보유현금으로 조달할 수 있을 경우에 T기업을 인수해야 하는지 살펴보자. 현금인수는 T기업의 지분, 즉 주식을 현금으로 매수하는 것이므로 M&A 이후 AT기업의 발행주식수에는 M&A 이전 A기업의 발행주식수만 포함된다.

■ A기업과 T기업 관련 자료

- M&A 이전 A기업 시장가치 500억원, T기업 시장가치 100억원
- M&A 이후 AT기업 예상 시장가치 700억원
- 두 기업 모두 100% 자기자본을 사용하고 있고, T기업은 A기업에게 현금 150억원을 제시하면 M&A를 승인할 것이라고 함.
- A기업 발행주식수 100만주, T기업 20만주 → 두 기업 주가는 모두 50,000원

식 (1)로 A기업의 현금인수 M&A의 NPV를 계산하면 다음과 같이 (+)50억원으로 추정된다.

- $NPV(M\&A) = [(V_{AT} - P_T) - V_A] = [(700 - 150) - 500] = (+)50$억원
- $NPV(M\&A) = [SYNERGY - PREMIUM] = [\{V_{AT} - (V_A + V_T)\} - (P_T - V_T)]$
  $= [\{700 - (500 + 100)\} - (150 - 100)] = (+)50$억원

A기업이 T기업 인수비용 150억원을 자산에 포함되어 있는 현금으로 지불하므로 M&A 이후 부채가 없는 AT기업의 실제 시장가치는 현금 150억원만큼 하락한 550억원이 된다. 또한 현금으로 인수하였으므로 M&A 이후 AT기업의 발행주식수는 M&A 이전 A기업 발행

주식수 100만주를 계속 유지할 것이므로 M&A 이전 A기업 주가 50,000원은 M&A 이후 AT기업 주가 55,000원으로 증가할 것이다.

- $P_A = [V_A/N_A]$ = [500억원/100만주] = 50,000원
- $P_{AT} = [V_{AT}/N_{AT}]$ = [550억원/100만주] = 55,000원

부채를 사용하지 않고 있는 A기업 주주 입장에서 T기업의 현금인수는 NPV도 (+)50억원이고, 주가도 55,000원으로 5,000원 증가시키므로 진행되어야 한다.

그러나 현실에서는 M&A 이전 A기업 주가 50,000원은 M&A 관련 소문이 시장에 퍼지면 M&A 성사 가능성과 기대효과, M&A 자금조달 방법 등의 긍정적, 부정적 정보들이 반영되면서 M&A 이전임에도 변동될 가능성이 높다. 따라서 M&A 이전에 M&A 관련 정보가 공시된 시점의 A기업의 시장가치는 다음과 같이 M&A가 성사될 확률(p)과 성사될 경우의 시장가치(V_{AT})와 성사되지 않았을 경우의 시장가치(V_A)가 반영되어 결정될 것이다.

- $E(V_A)$ = [M&A가 성사될 경우의 가치 + 성사되지 않았을 경우의 가치]
  $= [p \times V_{AT} + (1-p) \times V_A]$

만약 성사될 확률이 50%라면 A기업의 시장가치는 500억원이 아니라 다음과 같이 525억원이 된다.

- $E(V_A)$ = [0.5×550억원 + (1−0.5)×500억원] = 525억원

3.2 주식인수

이번에는 다른 사항들은 앞의 상황과 동일하고 다음과 같이 T기업이 자신들의 주식 1주당 A기업 주식 1.5주로 교환하는 주식인수를 제시하였다고 하면 A기업 주주 입장에서는 T기업 주식인수를 진행해야 하는지 살펴보자. 부채는 여전히 사용하지 않는다고 가정하였다.

■ A기업과 T기업 관련 자료

◦ 두 기업 모두 100% 자기자본을 사용하고 있고, A기업 발행주식수 100만주, T기업 20만주
◦ T기업은 A기업에게 T기업 주식 1주당 A기업 주식 1.5주 교환을 제시함

T기업이 제시한 조건으로 A기업 주식과 교환되면 T기업 주주의 A기업 보유주식수는 30만주[=20만주×1.5], 시장가치(V_T)는 다음과 같이 150억원으로 현금인수와 동일한 것처럼 보인다.

- T기업 발행주식 20만주 ⇒ A기업 발행주식 30만주
- V_T=[교환된 A기업 발행주식수×P_A]=[30만주×50,000원]=150억원

그러나 M&A 이후 AT기업 발행주식총수는 A기업 주주들이 보유하던 100만주에 T기업 주주들에게 교환해준 30만주를 더한 총 130만주가 된다. 따라서 T기업 주주들의 AT기업 주식에 대한 지분율은 23.07%[=30만주/130만주]가 되므로 다음과 같이 AT기업 예상 시장가치 700억원의 23.07%만 T기업 주주들 몫이 된다.

- V_{AT}의 T기업 주주 몫=[700억원×0.2307]=161.49억원
- V_{AT}의 A기업 주주 몫=[700억원×(1−0.2307)]=538.51억원

이와 같이 A기업이 T기업을 주식으로 인수할 경우 부담하는 비용은 161.49억원으로 현금인수의 150억원보다 증가한다. 추가적으로 더 부담해야 하는 61.49억원은 부채를 사용하지 않는 A기업 입장에서는 모두 주주들이 부담해야 한다. 현금인수 후의 A기업 주주들의 몫은 AT기업 시장가치 550억원과 주가 55,000원과 비교하면 주식인수 후의 A기업 주주들 몫의 시장가치와 주가는 각각 538.51억원과 53,846원으로 감소한다. T기업에게 유리한 주식교환이 이루어진 것이다.

- P_{AT}=[V_{AT}/N_{AT}]=[700억원/130만주]=53,846원

그러면 주식인수가 현금인수와 동일한 비용을 부담하는 M&A가 되기 위해서는 두 기업 주식 간 교환비율은 얼마가 되어야 할까? M&A 이후 T기업 주주의 AT기업 지분율을 α, 보유주식수를 x라고 하면 V_{AT}의 T기업 주주 몫이 현금인수비용 150억원과 동일하게 되기 위해서는 α는 다음과 같이 21.43%가 되어야 한다. 또한 A기업 주주들의 보유주식수 100만주까지 고려하면 x는 272,750주가 되어야 한다.

- [V_{AT}×α]=150억원 ⇒ α=[150억원/700억원]=0.2143(=21.43%)

- $\alpha = \left[\frac{x주}{1,000,000주 + x주} \right] = 0.2143 \Rightarrow x = 272,750주$

x =272,750주가 의미하는 것은 T기업 주식 200,000주의 주식교환 조건은 A기업 주식 300,000주가 아니라 272,750주라는 것이다. 또한 주식교환 비율도 T기업 주식 1주당 A기업 주식 1.5주가 아니라 1.36375주이어야 현금인수 150억원과 동일한 비용을 부담한다는 것을 의미한다.

새로운 주식교환 비율로 M&A가 진행될 경우 V_{AT}의 T기업과 A기업 주주들 몫, M&A 이후 AT기업 주가는 다음과 같아질 것이므로 A기업 주주들 입장에서는 주가와 시장가치가 현금인수와 동일하게 된다.

- V_{AT}의 T기업 주주 몫=[700억원×0.2143]=150억원
- V_{AT}의 A기업 주주 몫=[700억원×(1-0.2143)]=550억원
- P_{AT}=[V_{AT}/N_{AT}]=[700억원/(100+27.275)만주]=55,000원

<표 4>는 A기업의 T기업에 대한 현금인수와 주식인수의 결과를 보여주고 있다. 주식인수 경우에는 주식교환 비율이 중요하다는 것을 알 수 있다.

〈표 4〉 현금인수와 주식인수의 비교

구분	M&A 이전		M&A 이후		
	A기업	T기업	현금인수	주식인수	
				1:1.5	1:1.36375
시장가치	500억원	100억원	550억원	700억원	700억원
발행주식수	100만주	20만주	100만주	130만주	127.275만주
주가	50,000원	50,000원	55,000원	53,846원	55,000원

3.3 주식교환비율(합병비율) 결정 방법

기업들 사이의 M&A에서 가장 중요한 항목은 각 기업의 합병가격에 따라 결정되는 합병비율 또는 주식교환비율이다. 흡수합병이든 신설합병이든 소멸법인 주주들에게 합당한 대가를 지불해야 하는데, 과거에는 합병대가로 인수기업 A가 신주를 발행하여 인수대상기업 T에게 지불하였으나 상법이 개정되면서 A기업이 보유한 다른 기업의 주식, 현금, 부동산 등 다양

한 형태로 대가를 지불할 수 있게 되었다. 그러나 여전히 많은 M&A에서는 신주를 발행하여 대가를 지불하고 있다.

합병비율은 세금회피, 경영권 편법 승계 등 지배주주나 대주주의 사익편취 수단으로 악용될 수 있으므로 합병비율이나 합병가액 결정에 대해서는 크게 3가지 경우로 나누어 상법, 자본시장법, 상속증여세법 등에서 규제하고 있다

첫 번째 경우는 상장회사와 상장회사 간의 합병이다. 이 경우에는 자본시장법에 따라 상장회사 간의 합병가액은 다음과 같이 추정된 '기준주가'로 하며, 기준주가 추정 기준일(이하 기산일)은 합병을 결의한 이사회 개최일과 합병 계약 체결일 중 빠른 날의 전날로 한다.

- 기준주가=[(과거 1개월간 거래량가중평균 종가+과거 1주일간 거래량가중평균 종가+기산일 전일 종가)/3]

기준주가를 그대로 사용해도 되고, 기준주가의 30% 이내에서 할인 또는 할증된 가격을 합병가액으로 사용하는 것도 가능하나 할인 또는 할증가격에 대해서는 두 기업 주주들의 동의를 이끌어내는 것이 쉽지 않으므로 대부분 기준주가를 합병가액으로 사용한다. 기준주가는 실제 주식시장 거래가격으로 결정되므로 객관적인 평가가 가능한 장점이 있지만 기산일 이전 1개월 동안 특정 기업에 유리한 주가가 형성되도록 조작할 수 있다는 부정적인 평가도 받고 있다.

한국거래소 상장공시 시스템에 2015년 5월 26일 삼성물산과 제일모적의 합병 계획이 공시되었다. 내용은 ① 제일모직이 삼성물산을 '1:0.35'의 비율로 흡수 합병, ② 합병 후 사명은 '삼성물산'으로 한다는 것이었다. 이어서 삼성물산은 6월 1일 '<주요 사항 보고서> 합병결정'의 제목으로 다음 내용을 공시하였다.

〈주요사항 보고서〉(합병결정)

구분	제일모직(합병회사)	삼성물산(피합병회사)
기준주가	159,294원	55,767원
할인 또는 할증률	-	-
합병가액(1주당)	159,294원	55,767원
합병 비율	1	0.3500885

그러자 2015년 6월 4일 미국계 헤지펀드 '앨리엇매니지먼트'가 삼성물산 지분 7.12%를 보유하고 있다고 공시하면서 삼성물산의 자산가치 등으로 보았을 때 삼성물산에게 매우 불공

정한 합병비율이라면서 주주총회 결의 금지 가처분 신청과 함께 합병 반대를 발표하였다. 그들은 삼성 후계자가 제일모직 대주주(23.23% 지분)이고, 합병목적이 후계자의 그룹 경영권 승계에 있기 때문에 제일모직에 유리한 합병이 되도록 삼성물산 주가를 의도적으로 낮추었다는 의심이 있다고 주장하였다.

두 번째 경우는 상장회사와 비상장회사 간의 합병이다. 이 경우에는 상장회사에 대해서는 기준주가를 원칙으로 하고, 기준주가가 자산가치[=순자산/총발행주식수]보다 작으면 자산가치를 합병가액으로 할 수도 있다. 비상장회사에 대해서는 자본시장법의 하위 규정인 「증권의 발행 및 공시에 관한 규정」에서 다음과 같이 상대가치와 본질가치를 산술평균하여 결정하도록 하고 있다.

- 비상장회사 주식가치=[(상대가치+본질가치)/2]
- 상대가치=Min[(유사기업 비교가치×0.7)의 평균, (유사기업 기준주가×0.3)의 평균]

여기서 유사기업은 자본금, 매출액, 재무비율, EPS 등을 비교하여 유사한 상장기업 중에서 선정된 2개 이상의 기업들을 말하고, 유사기업 비교가치는 유사기업의 PER와 PBR을 이용하여 추정한다. 그러나 상장된 유사기업이 3개 미만인 경우에는 본질가치만으로도 평가할 수 있고, 본질가치는 다음과 같이 자산가치와 수익가치로 추정한다.

- 본질가치=[(자산가치×0.4)+(수익가치×0.6)]
- 자산가치=[평가 기준일 현재 순자산가치/발행주식수]
- 수익가치 : 업종 특성을 고려하여 '현금흐름할인모형', '배당평가모형' 등의 일반적으로 인정되는 수익가치평가모델에 따라 결정

마지막 비상장회사 간의 합병이다. 비상장회사 간의 합병가액은 합병 당사자들끼리 합의하여 자율적으로 결정하는 것이 원칙이나 두 기업의 대주주들이 특수관계인(주로 상속 목적의 부모와 자녀) 사이라면 증여상속세를 줄이는 편법이 발생할 수 있으므로 상속증여세법에서 정한 비상장기업 주식가치 평가방식을 따르도록 하고 있다. 현재 우리나라 상속증여세법에 의하면 비상장회사의 주식가치는 다음과 같이 추정하고 있다.

- 비상장회사 주식가치=[(순자산액×0.4)+(순손익액×0.6)]
- 순자산액=[평가 기준일 현재 자산−부채]

- 순손익액=[평가 기준일 직전 3년 동안의 손익자료로 결정된 금액]

단 부동산 과다 보유기업은 순자산액과 순손익액의 비율을 각각 0.6과 0.4로 하고 있으며, 3년 연속 결손 법인은 순자산액으로만 평가하도록 하고 있다.

3.4 주식인수의 정보전달 효과

앞에서 A기업이 T기업을 현금으로 인수하는 경우와 주식으로 인수하는 경우가 A기업 주주들에게 동일한 결과를 가져다주는 예를 통하여 살펴보았다. 그러나 실제로는 A기업 주주들에게는 현금인수가 유리한 상황 또는 주식인수가 유리한 상황이 있을 것이다. 본절에서는 A기업 주식의 시장가치와 본질적 가치(intrinsic value 또는 적정가치)가 다른 경우를 가지고 어떤 경우가 주주에게 유리한지를 살펴보고자 한다.

M&A 이전 A기업 주식이 시장에서 50,000원에 거래되고 있지만 상대적으로 A기업에 대한 정보가 많은 내부 경영진은 본질적 가치를 40,000원으로 평가하고 있다. 그러나 T기업 경영진과 주식시장 참가자들은 A주식의 과대평가를 모르고 있다고 한다.

A기업의 T기업 현금인수에서는 A기업 주가가 별로 중요하지 않지만 주식인수에서는 A기업 주가의 과대/과소평가 여부가 중요하다. A기업은 T기업 발행주식 20만주를 현금 인수비용 150억원에 해당되는 A기업 주식으로 교환해주어야 한다. 그런데 적정가치가 40,000원인 A기업 주식을 과대평가된 50,000원을 기준으로 교환하면 150억원만큼의 주식으로 교환해주지만 과대평가된 금액을 제외하면 실질적으로 120억원으로 인수하는 것이므로 현금인수보다 적은 비용을 부담하게 된다.

따라서 A기업 주주들 입장에서는 T기업 주주들이 A기업 주가의 과대평가를 알지 못하도록 하면서 적극적으로 T기업에 대한 M&A를 주식인수로 진행하고자 할 것이다. 이와 같이 A기업 주가가 과대평가된 것을 T기업 주주들이 알지 못하는 '정보비대칭(information asymmetry)' 상황이라면 주식인수가 A기업 주주들에게 유리할 것이다.

그러나 T기업 경영진과 주주들은 현금인수나 주식인수가 A기업 주주들에게 동일한 비용을 부담시키는 것으로 알고 있었는데 A기업이 적극적으로 주식인수를 주장하면 A기업 주가의 과대평가를 의심할 수 있다. 실제로 A기업의 과도한 주식인수 시도가 과대평가된 주식 때문이란 것을 알게 되면 T기업은 새로운 협상조건을 제시할 것이다.

A기업의 적극적인 주식인수 행태에 대해서는 주식시장 투자자들도 T기업과 비슷한 의심을 할 것이므로 주식인수가 공시되면 A기업 주가는 과대평가 수준에서 적정가치 수준으로

하락할 것이다.

이와 같이 A기업과 T기업 사이에 A기업 주가에 대한 정보가 다르다면 A기업의 주식인수 시도는 상대적으로 정보가 부족한 T기업 경영진과 주주 그리고 시장참가자들에게 A기업 주가의 과대평가 정보를 전달하는 효과(Signaling effect)를 발생시킨다.

3.5 정보전달 효과를 고려한 인수가격의 프리미엄

M&A의 NPV를 계산하는 식 (1)에서 A기업의 T기업 인수가격(P_T)은 '[T기업의 시장가치(V_T)+PREMIUM]'으로 결정된다고 하였다. 따라서 PREMIUM은 인수가격 중에서 T기업의 시장가치를 초과하는 부분을 말하는데, 만약 PREMIUM에 대해서 내부경영자와 외부투자자 간의 정보비대칭 상황이라면 정보전달 효과가 PREMIUM에 영향을 미칠 수 있다.

A기업이 T기업을 시장가치 이상으로 인수할 것으로 소문이 주식시장에 퍼지면 투자자들은 T기업의 현재 주가는 저평가되어 있다는 Signal로 인식하여 T기업에 대하여 재평가 할 것이다. 실제로 저평가되었다면 T기업 주가와 시장가치(V_T)는 적정가치 수준으로 상승하여 A기업의 인수가격(P_T)도 상승할 것이다. 따라서 정보전달 효과(Signaling effect)를 고려한 T기업에 대한 인수가격 PREMIUM*은 다음 식 (3)과 같이 결정될 것이다.

● 정보전달 효과를 고려한 T기업 인수가격의 PREMIUM*

PREMIUM* = **[처음 인수가격**(P_T) − V_T + **정보전달 효과 추가분]** … **식** (3)

만약 A기업이 T기업을 시장가치 100억원보다 많은 150억원에 현금인수할 것이라는 소문이 시장에 퍼지면서 T기업 주가가 50,000원에서 62,500원으로 상승하였다면 정보전달 효과 반영 전·후 PREMIUM은 각각 다음과 같을 것이다. 정보전달 효과로 PREMIUM이 50억원에서 75억원으로 증가하면서 인수가격도 150억원에서 175억원으로 상승한다.

- 반영 전 PREMIUM = [P_T − V_T] = [150억원 − 100억원] = 50억원
- 반영 전 인수가격, P_T = [V_T + PREMIUM] = [100억원 + 50억원] = 150억원

- 반영 후 PREMIUM* = [P_T − V_T + 정보전달 효과 추가분]
  = [150억원 − 100억 + 25억원(= 20만주×12,500원)] = 75억원
- 반영 후 인수가격, P_T = [V_T + PREMIUM*] = [100억원 + 75억원] = 175억원

4. 적대적 M&A 방어

4.1 적대적 M&A 방어 수단

자본시장과 금융기법의 발달, M&A에 대한 규제 완화 등으로 인수대상 기업(target firm)의 경영진, 주주와 우호적인 관계 속에 진행되는 M&A뿐만 아니라 기업사냥꾼으로 불리는 대형 사모펀드들의 적대적 M&A가 증가하고 있다. 적대적 M&A는 조용히 진행되다가 갑자기 공개되는 경우가 많아서 인수대상기업의 경영진과 주주들이 경영권 방어에 많은 어려움을 겪게 한다. 본 절에서는 적대적 M&A에 대한 경영권 방어수단들에 대해서 간략하게 살펴보고자 한다.

첫 번째, 초다수의결(super majority) 규정을 활용하는 것이다. 초다수의결 규정은 M&A를 승인하는데 필요한 의결권을 일반적인 의결사항의 과반수보다 훨씬 많은 초다수의 동의가 필요하도록 정관에 규정을 만들어 놓는 것이다. 이는 인수기업의 비용과 시간 부담을 가중시켜 M&A 성공 가능성을 낮출 수 있다.

두 번째, 독소 조항(poison pill)을 두는 것이다. 독소 조항이란 적대적 M&A를 시도하는 인수기업에게 매우 불리한 결과나 많은 비용을 부담시키는 인수대상기업의 정관 규정이다. 독소 조항의 대표적인 것이 인수대상 기업의 경영진을 교체하려면 거액의 퇴직보상금을 지급하거나 매우 높은 비율의 주주 동의를 얻도록 하는 황금낙하산(golden parachute)이 있다.

세 번째, 핵심자산(crown jewel) 매각이다. 인수대상 기업이 자신들의 가장 중요한 핵심자산을 처분하여 기업가치를 하락시켜 인수기업의 M&A 기대효과 또는 SYNERGY를 감소시키는 것이다. 인수대상 기업이 직접 제3의 회사를 설립하여 그 기업에 핵심 자산을 매각하고 인수기업과 사용계약을 체결하기도 한다.

네 번째, 황금주(golden share)와 차등의결권주(dual class share) 도입이다. 황금주는 단 1주 만으로도 주주총회 의결사항을 거부할 수 있는 권리를 가진 주식으로 유럽에서 국영기업을 민영화하는 과정에서 정부가 민간 기업을 통제하기 위한 수단으로 사용한 적이 있다. 차등의결권주는 우리나라 기업들이 지속적으로 경영권 방어를 위하여 도입이 필요하다고 주장하는 것으로 '1주, 1의결권' 원칙을 따르지 않고 황금주 정도는 아니지만 1주당 10개의 의결권을 부여하는 것과 같이 많은 의결권을 행사할 수 있는 주식을 말한다.

다섯 번째, 백기사(white knight) 활용이다. 백기사는 인수대상 기업의 경영진이 적대적 M&A를 방어하기 위하여 자신들을 지지해달라고 요청하는 우호집단을 말한다. 우리나라에서는 외국계 사모펀드들과의 경영권 분쟁에서 오너들이 많이 사용하여 알려진 용어이다.

여섯 번째, 그린 메일(green mail)과 재매입불가 계약(repurchase standstill agreement)이다. 그린 메일은 인수대상 기업이 인수기업이 확보한 주식을 프리미엄을 주고 재매입하는 것을 말하며, 재매입불가 계약은 인수대상기업에게 주식을 매도한 자(green mailer)는 일정 기간 동안 인수대상기업 주식을 다시 매입하는 것을 금지하는 협정을 말한다.

일곱 번째, 사기업화(going private)와 LBO이다. 사기업화는 주식 시장에 상장되어 있는 기업(public firm)을 소수의 투자자가 발행주식 전부를 인수한 후 상장폐지 시켜 적대적 M&A 대상에서 사라지도록 만드는 것으로 주로 인수대상 기업의 경영진에 의하여 차입매수(leverage buyout, LBO) 형태로 진행된다.

여덟 번째, 주식거래 감시(shark watcher)와 5%룰이다. 주식거래 감시는 자사의 주식을 특정인이나 기업이 대량 매수하는지를 수시로 확인하여 지분 변동이나 비정상적 매매행위 등을 감시하는 것으로 바닷가에서 상어가 접근하는 것을 감시하는 것에 비유하여 'shark watcher'라고 한다. 우리나라 자본시장법에는 상장기업의 의결권 주식(여기에는 전환사채, 신주인수권부사채, 교환사채도 포함)을 5% 이상 보유한 자는 보유상황과 목적을 금융위원회와 한국거래소에 보고할 의무가 있는 '5%룰' 규정이 있으며 이를 통하여 감시 활동이 이루어지고 있다.

아홉 번째, 자기주식 취득 또는 자사주 매입(stock repurchase)이다. 자사주는 의결권이 박탈되므로 자사주를 많이 매입할수록 대주주의 의결권 지분이 상승하게 된다. 자사주 매입은 대부분 기업의 보유현금으로 이루어지므로 대주주는 자신의 자금을 투입하지 않고도 의결권을 확대할 수 있고, 일반주주도 유통주식수의 감소로 주가가 상승할 가능성이 높으므로 자주 활용되는 수단이다.

또한 자사주를 백기사에게 매각하면 의결권을 되살리면서 대주주의 의결권을 강화할 수 있다. 앞에서 언급한 엘리엇매니지먼트의 삼성물산 합병 반대 당시 삼성물산은 자사주 899만주(5.78% 지분)를 KCC에 매각하여 의결권을 되살리면서 우호지분을 강화한 적이 있었다.

5. 그 외 M&A 관련 내용

5.1 무임승차자 문제(Free-rider problem)

M&A 진행 과정에서 발생하는 정보비대칭 상황은 정보전달효과로 인한 인수가격의 PREMIUM 조정뿐만 아니라 '무임승차자 문제(free-rider problem)'도 발생시킨다. A기업과 T기업 관련 자료가 다음과 같다고 하자. 앞에서 설정한 상황에 애널리스트의 평가만 추가하였다.

■ A기업과 T기업 관련 자료

- M&A 이전 A기업 : 부채 = 0, 발행주식수 100만주, 시장가치 500억원
- M&A 이전 T기업 : 부채 = 0, 발행주식수 20만주(주주 20명이 1만주씩 보유), 시장가치 100억원
- 애널리스트 평가 : T기업 경영진의 비효율적인 경영으로 T기업 현재 시장가치는 저평가되었으며, 정상화가 이루어지면 200억원의 시장가치 상승이 예상됨.

이런 상황에서 A기업 경영진은 T기업 지분 50%(10만주)를 주당 75,000원에 매입하겠다고 '주식공개매수'를 공시하였다. 이 조건으로 주식공개매수가 이루어지고 T기업 경영이 정상화될 경우 나타날 수 있는 변화를 살펴보면 다음과 같이 주식공개매수에 참가한 두 기업 주주들 모두 이익을 보게 된다.

- T기업 인수비용 = [75,000원 × 10만주] = 75억원
- 주식공개매수에 응한 T기업 주주들 부의 변화량
  = [(75,000원 − 50,000원) × 10만주] = (+)25억원
- 경영정상화 이후 T기업 주가 = [200억원/20만주] = 100,000원
- 경영정상화 이후 A기업 주주들의 T기업 주식 보유에 따른 부의 변화량
  = [(100,000원 − 75,000원) × 10만주] = (+)25억원

그러면 T기업 주주들은 현재 주가 50,000원보다 높은 75,000원에 매도하여 25억원의 이익을 얻을 수 있으니 주식공개매수에 응하는 것이 합리적인 결정일까? T기업 주주들이 현재 비효율적인 경영으로 T기업 시장가치가 저평가되어 있다는 것을 모르면 주식공개매수에 응하는 것이 유리할 수도 있다.

그러나 A기업 경영진이 왜 현재 50,000원인 주식을 75,000원에 공개매수 하겠다고 하는지를 의심해보면 T기업 주식의 적정가치에 대한 자신들의 정보가 부족하다는 것을 알 수 있다. A기업이 손해 보는 거래는 하지 않을 것이라고 판단하면 75,000원에 매수해도 A기업에게는 이익이라는 것이므로 T기업 주주들은 현재 주가 50,000원은 저평가된 가격이고 A기업이 제시한 인수가격 75,000원 이상의 가치가 있을 것이라고 추정할 수 있다. 즉, A기업의 T기업 주식에 대한 현재 가격보다 높은 가격의 주식공개매수는 T기업 주가가 저평가되어 있다는 정보를 전달(Signaling)하게 된다.

이와 같이 분석한 T기업 주주들 각자는 자신들은 75,000원 이상의 가치가 있는 주식을 75,000원에 매도하지 않고 나머지 주주들이 공개매수에 참가하여 A기업이 50%의 지분을 확보하도록 하여 T기업 경영을 정상화하여 정확히는 모르지만 75,000원 이상의 적정가치로 상승하기를 기다릴 것이다. 또한 다른 투자자들도 저평가된 T기업 주식에 투자하여 가격이 상승하기를 기다릴 것이다. 즉 자신이 직접 하지 않고 다른 주주들이 주식공개매수에 참가하고 다른 투자자들이 T기업 주식을 매수하여 자신은 공짜로 혜택 보기를 기다릴 것이다. 이와 같은 '무임승차자(free-rider)'는 T기업 주주 20명 모두가 원하는 것이므로 A기업의 주식공개매수에 응하는 T기업 주주들은 없거나 매우 극소수에 불과하여 주식공개매수가 실패할 확률이 증가할 것이다. 만약 아무도 참가하지 않는다면 앞에서 살펴본 두 기업 주주들 부의 증가량 25억원씩은 사라지게 될 것이다. 이것이 바로 '무임승차자 문제(free-rider problem)'이다.

만약 A기업 경영진이 평가하고 있는 적정가치가 100,000원이라면 공개매수 가격을 75,000원에서 인상해서라도 적극적으로 T기업을 인수할 가능성이 높다. 이런 상황에서 공개매수가격이 75,000원에서 100,000원에 가까워질수록 T기업 주주들의 공개매수 참가로 인한 이익이 A기업 주주들의 T기업 경영정상화로 얻을 수 있는 이익보다 커질 것이다. 만약 공개매수가격이 80,000원이라면 T기업 주주들이 30억원, A기업 주주들이 20억원의 부의 증가가 있을 것이므로. A기업 경영진이 공개매수가격을 어디까지 인상할 수 있을지가 주식공개매수와 경영정상화로 인한 A기업과 T기업 주주들의 부의 증가량을 결정할 것이다.

5.2 차입매수(LBO)

이번에는 100% 자기자본을 사용하고 있는 A기업이 T기업 주식 50%(인수비용 75억원)를 차입매수(Leverage Buyout, 이하 LBO)하는 과정을 살펴보자.

A기업은 T기업을 합병하기 위하여 특수목적의 페이퍼컴퍼니(Special Purpose Company, 이하 SPC)를 설립하여 공개매수 예정인 T기업 주식 10만주를 담보로 금융기관에

서 75억원을 차입한다. 주식공개매수가 성공하면 SPC는 A기업에 합병되면서 SPC의 차입금 75억원은 A기업 부채가 된다. 이는 결과적으로 A기업이 부채 75억원으로 T기업 주식 50%를 인수한 것이 된다.

이후 경영정상화가 이루어져 T기업 자본의 시장가치가 200억원으로 상승하면 T기업 주식 50%를 보유한 A기업 주주들의 몫은 다음과 같이 25억원이 된다. 여기서 (−)75억원은 T기업 주식을 인수에 사용된 부채 75억원을 의미한다.

- 주식공개매수에 응한 T기업 주주들 부의 변화량
  =[(75,000원−50,000원)×10만주]=(+)25억원
- 경영정상화 이후 A기업 주주들의 T기업 주식 보유에 따른 부의 변화량
  =[200억원×50%−75억원]=(+)25억원

만약 T기업 주주들이 75,000원보다 높은 80,000원에 주식공개매수가 진행되었다면 앞의 결과는 다음과 같이 변할 것이다. 5.1절의 무임승차자 문제와 동일한 상황이 전개되고 있다.

- 주식공개매수에 응한 T기업 주주들 부의 변화량
  =[(80,000원−50,000원)×10만주]=(+)30억원
- 경영정상화 이후 A기업 주주들의 T기업 주식 보유에 따른 부의 변화량
  =[200억원×50%−80억원]=(+)20억원

사업이 안정적이고 고객충성도가 높은 담배, 게임, 전력 회사들이 주로 LBO의 대상이 된다. 안정적인 현금흐름으로 상대적으로 높은 부채비율을 부담할 수 있기 때문이다.

5.3 발판매수와 소수주식 강제매수

앞에서 살펴본 것처럼 주식공개매수는 A기업에게 처음 계획보다 많은 M&A 비용을 부담시킬 수 있다. 이와 같은 A기업의 인수비용 증가를 완화시킬 수 있는 제도는 없을까? 발판매수와 소수주식 강제매수가 인수기업의 비용 부담을 줄일 수 있을 것으로 예상된다.

발판매수(Toehold acquisition)는 주식시장을 통하여 은밀하게, 비공개적으로 T기업 주식을 원하는 수량만큼 확보해가는 전략이다. T기업 주주들은 자신들이 M&A에 관여하고 있는지를 모르는 상태에서 주식 매도 여부를 결정하므로 공개매수가격 상승이 발생하지 않고

주가 수준에 따라 A기업이 유연하게 매수량과 매수시점을 조정할 수 있는 장점이 있다. 그러나 원하는 수량을 확보하는데 예상보다 많은 기간이 소요될 수도 있고 법적인 문제가 발생할 수도 있다.

소수주식 강제매수(Freeze-Out 또는 Squeeze-Out)는 특정 조건들이 충족되면 발행주식의 95% 이상을 보유하고 있는 지배주주가 소수주주의 주식을 강제로 매입하여 소수주주를 경영에서 '축출'할 수 있도록 한 제도를 말한다. A기업이 공개매수에 응하지 않는 일부 T기업 주주들의 지분을 강제로 매수할 수 있다면 주식공개매수 가격을 인상하지 않을 것이다.

6. 기업분할

6.1 기업분할의 기초

기업분할(Split-off)은 기업의 사업부를 분할하여 여러 개의 회사로 만드는 것으로 M&A의 반대 개념이다. 구체적으로는 해당 사업부와 관련된 자본금과 부채를 나누는 과정이며 새롭게 설립되는 회사를 '신설법인', 기존 회사를 '존속법인'이라고 한다.

기업분할은 '물적분할'과 '인적분할'로 나눌 수 있다. 물적분할은 분리, 신설법인 주식을 존속법인인 모회사가 전부 소유하는 형태로 신설법인의 기업실적, 자산가치 등은 지분법을 적용하여 존속회사가 그대로 보유한다. 무엇보다 분할에 반대하는 소수 주주들의 주식매수청구권에 대한 부담을 지지 않아도 된다. 인적분할은 분리, 신설법인 주식을 존속회사 주주들이 지분율에 비례하여 나누는 형태로 존속법인과 신설법인의 분할비율이 중요한 쟁점사항이다.

다음 예를 통하여 인적분할과 물적분할의 차이를 살펴보자.

■ XX기업 기업분할 관련 자료

- XX기업은 X사업, Y사업을 수행하고 있으며 이 중에 X사업은 존속법인 ㈜XX에 Y사업은 신설법인 ㈜YY로 분할하고자 함.
- XX기업 발행주식 200주는 Park 회장 40%, Park회장 아들 20%, 나머지 40%는 일반주주가 보유하고 있음.

이런 상황에서 XX기업이 X사업은 존속법인이 계속 수행하고, Y사업을 신설법인에 이전하면서 분할비율 '0.5 대 0.5'의 인적분할을 하면 XX기업의 발행주식수 200주는 두 기업에게 각각 100주씩 분할되고 신설법인 ㈜YY의 100주는 Park 회장이 40주, Park 회장 아들이 20주, 일반주주가 40주씩 XX기업의 지분율에 따라 보유하게 된다. 그러나 물적분할을 하면 신설법인 ㈜YY의 100주는 모두 존속법인 ㈜XX가 보유하게 된다. 따라서 Park 회장과 아들이 존속법인의 경영권을 확보하면 신설법인의 경영권도 확보할 수 있게 된다.

분할비율은 보통 다음과 같이 결정되며 만약 X사업의 순자산은 250억원, Y사업의 순자산은 200억원, XX기업의 자기주식 보유액이 50억원이라면 존속법인과 신설법인의 분할비율은 '0.6 대 0.4'가 된다.

- 분할비율=[신설법인 해당사업 순자산/(분할 전 전체 순자산+자기주식)]
  =[200억원/(250억원+200억원+50억원)]=0.4

우리나라에서 기업분할은 2011년 백화점과 대형할인마트가 주력 사업인 신세계가 기업가치를 상승시키기 위하여 존속법인 '신세계', 신설법인 '이마트', 분할비율 '신세계 0.26 대 이마트 0.74'로 인적분할하면서 활용되기 시작하였다. 당시 신세계는 대형할인마트는 성장성이 높은 사업임에도 백화점 이미지와 구분되지 않아서 시장에서 저평가되고 있다고 판단하여 인적분할을 실시한다고 하였다. 분할 이후에는 신세계 주가는 하락하고 이마트 주가는 상승하는 추세를 보였으나 2023년 8월 4일 기준 신세계 시가총액은 19,582억원, 이마트 시가총액은 21,548억원으로 분할비율보다는 이마트의 가치가 상대적으로 하락하였다.

6.2 물적분할의 예 : 한화L&C

2013년 말 소재사업부(자동차, 전자, 태양광 소재 등)와 건자재 사업부(창호, 바닥재, 인조대리석, 마감재 등)를 운영하고 있던 '한화 L&C(대주주 한화케미칼 100% 지분 보유)'는 소재사업 확장 자금을 마련하기 위하여 건자재 사업부를 매각하겠다는 의사를 밝히고 2014년 4월 29일 다음과 같이 <회사분할결정>을 공시하였다.

공시 : 한화L&C 〈회사분할결정〉	
분할방법	상법에 따라 분할회사는 창호, 가구표면, 마감재 및 바닥장식재 등의 건축자재 부문 관련 사업 일체(이하 분할대상사업)를 분할하여 분할 신설회사를 설립하고 분할회사가 분할신설회사의 발행주식총수를 배정받는 단순 물적분할 방식으로 분할함. 〈회사분할의 내용〉 분할회사 : 한화첨단소재 주식회사 분할신설회사 : 한화L&C 주식회사
분할비율	분할회사가 분할 신설회사의 발행주식총수를 취득하는 단순물적분할이므로 분할비율은 산정하지 않음
기타 투자판단에 참고할 사항	주주의 주식매수청구권은 단순물적분할의 경우이므로 해당사항 없음

위의 내용을 보면 물적분할이므로 분할비율은 산정하지 않았고, 주주의 주식매수청구권은 해당 사항이 없다고 공시한 것을 알 수 있다. 한화L&C는 이후 2014년 6월 15일 다음과 같이 <중요한 자산양수도결정>을 공시하였다.

<table>
<tr><th colspan="5">공시 : 한화L&C 〈주요사항 보고서〉 (중요한 자산양수도 결정)</th></tr>
<tr><td>자산양수도가액</td><td colspan="4">141,300,000,000원</td></tr>
<tr><td rowspan="2">양도대상자산</td><td>종류</td><td>발행회사</td><td>주식수</td><td>지분율</td></tr>
<tr><td>주식</td><td>신설회사(가칭 한화L&C 주식회사)</td><td>540,000주</td><td>90%</td></tr>
<tr><td>자산양도목적</td><td colspan="4">보유자산 양도를 통한 소재사업 부문의 고도화 실현</td></tr>
<tr><td rowspan="2">자산양도 대상자</td><td>구분</td><td>양도인</td><td colspan="2">양수인</td></tr>
<tr><td>법인명</td><td>한화L&C(주)</td><td colspan="2">MSPE Vision Holdings AB</td></tr>
<tr><td>향후 회사 구조개편에 관한 계획</td><td colspan="4">- 본건 분할 이후 당사가 100% 보유하게 될 신설회사의 주식 중 90%는 본건 자산양도로 MSPE Vision Holdings AB에게 이전되며, 나머지 10%는 당사가 계속 보유
- 당사명은 (가칭)한화첨단소재 주식회사로 변경할 예정이고, 신설회사는 (가칭)한화L&C 주식회사로 정할 예정임.</td></tr>
</table>

<그림 1>은 한화L&C의 물적분할 과정을 보여주고 있다. 물적분할 이후 존속법인 ㈜한화첨단소재는 신설법인 ㈜한화L&C의 지분 90%에 해당하는 540,000주를 MSPE Vision Holdings AB에게 1,413억원을 받고 양도하였다. ㈜한화첨단소재는 이 자금을 차량경량화 신소재 R&D와 시설투자에 투입하여 초고강도, 초경량화 자동차부품 소재 분야 세계 1위를 달성하겠다고 하였다. 한화L&C는 특정 사업에 집중 투자하기 위한 자금을 마련하기 위하여 다른 사업부를 매각하는 물적분할을 활용한 것이다.

〈그림 1〉 한화L&C 물적분할 과정

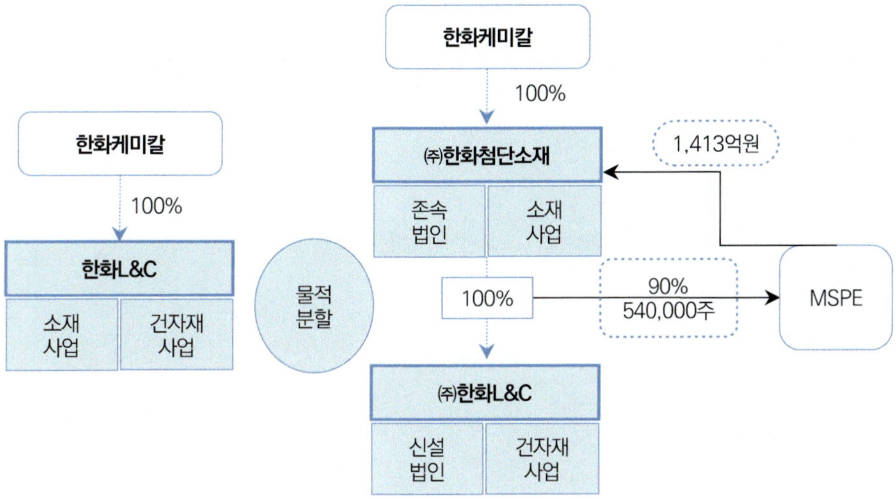

6.3. 인적분할의 예 : : 한화그룹 계열사 드림파마

2014년 3월에는 한화케미컬이 재무건전성 확보를 위하여 자신들이 100% 지분을 가지고 있는 드림파마의 의약품 사업부를 매각하겠다고 발표하였다. 우선협상 대상자는 다국적 제약회사 알보젠의 한국자회사인 근화제약이라고 하였다. 근화제약은 2012년 알보젠이 알보젠코리아를 설립하여 지분 67%를 인수한 상태였다.

2014년 8월 5일 드림파마는 <회사분할결정>을, 한화케미칼은 <타법인 주식 및 출자증권 처분결정>을 공시하였다.

공시내용을 보면 존속법인의 100% 지분을 가진 한화케미칼이 신설법인의 지분100%를 배정 받는 인적분할이고, 한화케미칼이 존속법인에게 배정된 신설법인 주식 100%를 근화제약에 매각하는 것이다. 여기서는 한화케미칼이 유일한 주주이므로 분할비율은 중요하지 않다. 다만 근화제약의 인수금액 1,945억원이 적절한 수준인가에 대한 논란은 있을 수 있다. <그림 2>는 한화케미칼이 재무건전성 강화를 위하여 자신들이 100% 지분을 보유한 드림파마의 사업부를 인적분할 후 매각하는 과정을 보여주고 있다.

공시 : 드림파마 〈회사분할결정〉	
분할방법	상법에 따라 인적분할의 방법으로 분할
분할비율	분할회사(주식회사 한화베이시스 (가칭)) : 0.441 분할신설회사(주식회사 드림파마) : 0.559
감자에 관한 사항	감자비율 55.9%

공시 : 한화케미칼 〈타법인 주식 및 출자증권 처분결정〉	
발행회사	주식회사 드림파마
처분 내용	처분주식수 193,147주 처분금액 194,522,422,064원
처분 후 소유주식수 및 지분비율	소유주식수 0주 지분비율 0%
처분 목적	재무구조 개선
기타 투자판단 관련 중요사항	인적분할 후 신설법인 주식 100%를 매각하는 구조

〈그림 2〉 드림파마의 인적분할 후 매각과정

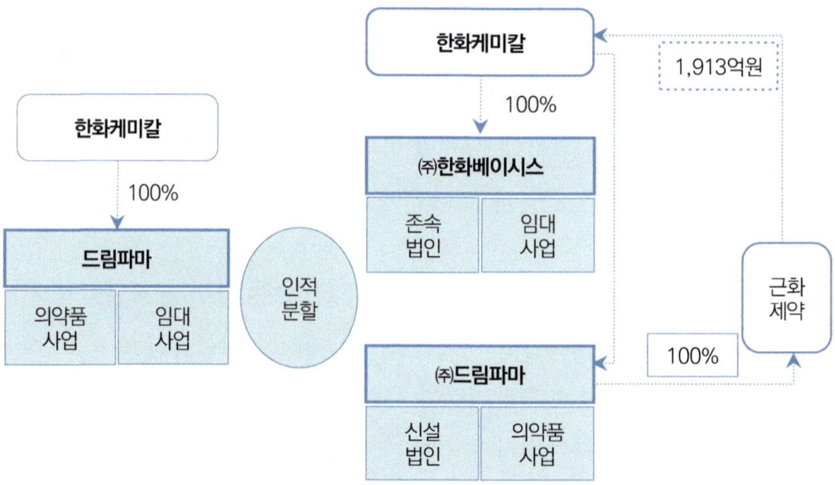

신설법인으로 넘기는 자산과 부채가격은 인적분할의 경우는 '장부가격'을, 물적분할의 경우에는 '공정가치(시장가격)'를 원칙으로 한다. 우리나라에서 진행된 기업분할의 70~80%는 물적분할이며, 물적분할의 목적으로는 구조조정을 위하여 외부에 사업부를 매각한다는 것이 가장 많았으며, 인적분할의 목적으로는 지주회사체제 전환이 많은 것으로 나타났다.

연습문제

19-1. M&A의 종류에 대해서 설명하시오.

19-2. M&A SYNERGY 원천에 대해서 설명하시오.

19-3. 인수기업(acquiring firm, 본문의 A기업)은 어떤 경우에 현금인수가, 어떤 경우에 주식인수가 유리한지 설명하시오.

19-4. 인적분할과 물적분할을 비교 설명하시오.

19-5. 부채를 사용하지 않는 A기업과 T기업의 기업가치는 각각 100억원과 40억원이라고 한다. A기업이 T기업을 인수한 후의 기업가치는 170억원으로 예상되며, T기업은 인수가격으로 60억원을 요구하고 있는 상황이다.

① M&A의 SYNERGY와 PREMIUM은 각각 얼마인가?

② M&A의 NPV는 얼마로 추정되는가?

19-6. M&A 인수대상 기업(target firm) T기업의 현재 주가는 25,000원이고 발행주식수는 20만주이다. 인수기업 A는 T기업 주식을 주당 28,000원에 공개매수할 예정이었다. 그러나 M&A 소문이 사전에 퍼지면서 공개매수가 공시되자 T기업 주가는 30,000원으로 상승하였다면 정보전달 효과(Signaling effect) 반영 전·후 인수가격에 포함되는 PREMIUM은 각각 얼마인지 추정하시오.

19-7. M&A 이전 인수기업 A와 인수대상 기업 T의 재무자료이다.

① 다음 표의 빈칸을 채우시오.

기업	EPS	주가	발행주식수	PER	순이익	시장가치
A	2,000원	80,000원	100만주	[ ]	[ ]	[ ]
T	1,000원	20,000원	50만주	[ ]	[ ]	[ ]

② T기업 주식은 A기업 주식 몇 주와 교환되어야 하는가?

③ A기업의 T기업 인수로 인한 SYNERGY가 없다고 하면 M&A 이후 AT기업의 시장가치, 발행주식수, 순이익, 주가, EPS를 각각 추정하시오.

CHAPTER 19 M&A와 기업분할

④ A기업 주식 10주를 보유한 주주 Park이 ③의 EPS를 보고 A기업의 PER로 P_{AT}가 저평가되었다고 주장한다. Park이 저평가되었다고 평가한 P_{AT}는 얼마이며, 실제 PER로 추정하여 Park의 주장을 평가하시오.

19-8. 부채를 사용하지 않는 M&A 이전 인수기업 A와 인수대상 기업 T의 유가 변화에 따른 기업가치이다. 유가 상승과 하락은 동일한 확률로 발생할 것으로 예상될 경우 다음 표의 기댓값을 추정하여 질문들에 답하시오.

기업	유가 상승	유가 하락	기댓값
A	100억원	20억원	[ ]
T	10억원	50억원	[ ]
AT	110억원	70억원	[ ]

① 이와 같은 상황에서 A기업은 부채 40억원, T기업은 20억원을 사용하는 자본구조로 변경하면 M&A 이전 두 기업의 부채와 자기자본가치는 각각 얼마인지 추정하시오.

② ①에서 M&A 이후 부채와 자기자본가치는 얼마인지 추정하시오.

③ ①과 ②의 결과로 M&A 이후 채권자와 주주의 부(wealth) 변화를 비교하여 당신이 A기업 주주라면 이번 M&A를 찬성할 것인지 판단하고 그 이유를 설명하시오.

④ ③과 같은 현상을 무엇이라고 하며 여기에 대한 주주들의 가능한 대응 방안을 설명하시오.

19-9. M&A 이전 인수기업 A와 인수대상 기업 T의 재무자료이다. M&A 이후 AT기업의 예상 시장가치는 160억원이라고 한다.

기업	부채	발행주식수	시장가치
A	0	20만주	100억원
T	0	5만주	30억원

① T기업이 인수조건으로 현금 45억원을 요구하고 있다면, 이번 M&A의 NPV 와 A기업 주가는 각각 얼마인가?

② A기업이 T기업에게 지불할 수 있는 최대인수금액과 그 때의 A기업 주가는 각각 얼마인가? M&A 이전 주가와 비교해보시오.

③ ①에서 A기업의 T기업 M&A에 관한 소문들과 기대효과 등의 정보들이 시장에 퍼지면서 M&A가 성사되지 못할 확률도 30%는 될 것이라고 추정되었다. 이 정보까지 반영할 경우 A기업의 주가는 얼마로 추정되는가?

19-10. 문제 9에서 T기업이 A기업에게 현금인수와 동일한 조건인 T기업 주식 10주를 A기업 주식 18주로 교환하는 주식인수를 제시하였다고 하자.

① T기업 경영진이 현금인수와 자신들이 제시한 주식인수의 주식교환비율이 동일하다고 판단한 근거를 추정해보시오.

② T기업이 제시한 조건의 주식인수가 이루어지면 실제로는 T기업 주주들의 지분율과 지분율에 따른 자본가치는 각각 얼마로 추정되는가?

③ T기업이 제시한 조건의 주식인수 후 A기업 주가는 얼마가 되겠는가?

④ 현금인수와 동일한 조건의 T기업과 A기업 주식교환 비율을 추정하시오.

⑤ ④의 결과에 따른 T기업 주주들의 자본가치, 주식인수 이후 A기업 주가는 각각 얼마인가? 현금인수의 경우와 비교하시오.

19-11. M&A 이전 인수기업 A와 인수대상 기업 T의 재무자료이다. 애널리스트들의 판단으로는 T기업 주가의 적정가치는 80,000원이라고 한다.

기업	부채	발행주식수	시장가치
A	0	10만주	80억원
T	0	5만주	30억원

① A기업이 T기업 지분 50%를 주당 70,000원에 매입한 주식공개매수 이후 T기업 주가도 적정가치로 형성되었다면 두 기업 주주 부의 변화량은 각각 얼마인가?

② T기업 주주 입장에서는 A기업의 인수가격을 보고 추정할 수 있는 정보와 그 정보를 바탕으로 바로 주식공개매수에 참가할 것인지 판단해보시오.

③ ②와 같은 T기업 주주들의 행동으로 A기업 주식공개매수가 원활하지 않아서 인수가격이 75,000원으로 인상되어 공개매수가 완료되었다고 한다. T기업 주가가 적정가치로 형성되었을 경우인 ①의 결과와 비교하여 두 기업 주주 부의 변화를 판단하시오.

④ ①에서 A기업이 T기업 인수비용을 T기업 주식을 담보로 금융기관에서 차입하였다면 T기업 주주들은 70,000원의 공개매수에 참가해야 하는가? 참가 여부에 대한 이유도 설명하시오.

찾아보기

ㄱ

ㅂ

ㅅ

ㅇ

ㅈ

ㅊ

기업재무의 이해

UNDERSTANDING OF CORPORATE FINANCE

발 행 일 2쇄 발행 2024년 2월 29일

저 자 박수철
발 행 인 김성남
발 행 처 (주)지필미디어

주 소 경기도 일산서구 이산포길 282
전 화 0031-923-4504
팩 스 031-917-4503
이 메 일 jpmkim@naver.com
홈페이지 www.jiphil.co.kr
등록번호 제 312-1997-000043호 (1997년 07월 16일)

I S B N 979-11-86674-89-5 (93320)
가 격 34,000원